Arne Weidemann, Jürgen Straub, Steffi Nothnagel (Hg.)
Wie lehrt man interkulturelle Kompetenz?

W0066263

Arne Weidemann, Jürgen Straub, Steffi Nothnagel (Hg.)

Wie lehrt man interkulturelle Kompetenz?

Theorien, Methoden und Praxis in der Hochschulausbildung.
Ein Handbuch

[transcript]

Bibliografische Information der Deutschen Nationalbibliothek
Die Deutsche Nationalbibliothek verzeichnet diese Publikation in der Deutschen Nationalbibliografie; detaillierte bibliografische Daten sind im Internet über http://dnb.d-nb.de abrufbar.

Umschlaggestaltung: Kordula Röckenhaus, Bielefeld
Lektorat & Satz: Arne Weidemann, Jürgen Straub, Steffi Nothnagel
Druck: CPI – Clausen & Bosse, Birkach
ISBN 978-3-8376-1150-2

Gedruckt auf alterungsbeständigem Papier mit chlorfrei gebleichtem Zellstoff.

Besuchen Sie uns im Internet: *http://www.transcript-verlag.de*

Bitte fordern Sie unser Gesamtverzeichnis und andere Broschüren an unter:
info@transcript-verlag.de

Inhalt

Vorwort   9

TEIL 1 EINLEITUNG

1   Interkulturelle Kompetenz lehren:
     Begriffliche und theoretische Voraussetzungen   15
     JÜRGEN STRAUB, STEFFI NOTHNAGEL UND ARNE WEIDEMANN

TEIL 2 THEORETISCHE GRUNDLAGEN

2.1   Lerntheoretische Grundlagen   31
     JÜRGEN STRAUB

2.2   Überlegungen zur Lehre interkultureller Kompetenz   99
     LOTHAR BREDELLA

TEIL 3 HANDLUNGSFELD HOCHSCHULE UND UNIVERSITÄT

3.1   Akteure   123
     ARNE WEIDEMANN UND STEFFI NOTHNAGEL

3.2   Funktionen und Organisationsformen
     interkulturell ausgerichteter Studienangebote   163
     MATTHIAS OTTEN

3.3   Qualitätssicherung   187
     FRANCES BLÜML

TEIL 4 METHODEN ZUR VERMITTLUNG INTERKULTURELLER KOMPETENZ

4.1 Training/Lehrtraining   215
STEFANIE RATHJE

4.2 Planspiele und Computersimulationen   241
STEFAN STROHSCHNEIDER

4.3 Linguistisch begründete Verfahren   265
KONRAD EHLICH UND JAN D. TEN THIJE

4.4 Sprachentandems   285
MARK BECHTEL

4.5 Deliberative Dialogue   301
KAMAKSHI P. MURTI

4.6 Critical Incidents und Kulturstandards   317
ASTRID UTLER UND ALEXANDER THOMAS

4.7 Literatur-Lektüren   331
LAURENZ VOLKMANN

4.8 Literatur und andere Künste   345
RALPH KÖHNEN

4.9 Spiel- und Dokumentarfilme   361
MARTIN GIESELMANN

4.10 Lehrfilme   375
GERD ULRICH BAUER

4.11 Der Lehrfilm KUSTOS – ein Praxisbericht   387
NIK OBERLIK

4.12 E-Learning   397
JÜRGEN BOLTEN

4.13 Virtual Classrooms   417

DORIS FETSCHER

4.14 Auslandssemester   433

STEFFI NOTHNAGEL

4.15 Fremdsprachenunterricht   463

WINFRIED THIELMANN

4.16 Lehrforschung und Lehrforschungsprojekte   489

ARNE WEIDEMANN

TEIL 5 EVALUATION

5   Evaluation   525

MAIK ARNOLD UND THOMAS MAYER

Autorinnen und Autoren   563

Vorwort

Im Jahr 2001 wurde ein Forschungsprogramm initiiert, in dessen Zentrum seit April 2004 das interdisziplinäre Graduiertenkolleg „Interkulturelle Kommunikation – Interkulturelle Kompetenz" stand. Als institutionelle Kooperation zwischen dem Kulturwissenschaftlichen Institut Essen, der Professur für Interkulturelle Kommunikation der Technischen Universität Chemnitz und der Hans-Böckler-Stiftung, die das Kolleg im Rahmen ihrer Doktorandenförderung maßgeblich finanzierte, ermöglichte dieses Projekt den kooperierenden Wissenschaftlern und Stipendiat/innen über mehrere Jahre hinweg eine intensive und fruchtbare Auseinandersetzung mit Problemen und Potenzialen der interkulturellen Kommunikation und Kooperation in verschiedenen Handlungs- und Berufsfeldern.

Drei Fragen strukturierten das Forschungsprogramm, nämlich:

- auf der begrifflichen und theoretischen Ebene: *Was ist ‚interkulturelle Kompetenz'?*
- auf der forschungsmethodischen Ebene: *Wie erforscht man interkulturelle Kommunikation, Kooperation und Kompetenz?*
- auf der didaktischen Ebene: *Wie lehrt und fördert man interkulturelle Kompetenz?*

Im Rahmen von drei Konferenzen wurden diese Fragen ausführlich mit eingeladenen Expertinnen und Experten erörtert: die Vorbereitungskonferenz des Graduiertenkollegs widmete sich im April 2004 im Museum Folkwang in Essen der ersten Frage; im Oktober 2005 wurden auf einer zweiten Konferenz auf Schloss Klaffenbach bei Chemnitz „Sozial- und kulturwissenschaftliche Methoden zur Erforschung interkultureller Kommunikation und Kompetenz" zur Diskussion gestellt; und im November 2007 wurde ein weiteres Symposium auf Schloss Klaffenbach durchgeführt, um Methoden und Lehrformen zu diskutieren, die zur Förderung interkultureller Kompetenz eingesetzt werden können.

Die thematische Perspektive war bei dieser dritten Konferenz auf die *Lehre an Hochschulen* gerichtet und sollte sowohl theoretische Grundlagen, didaktische Verfahren, Einblicke in das Handlungsfeld interkulturell ausgerichteter Studienangebote sowie Fragen der Evaluation umfassen. Das vorliegende Buch entstand zwar auf der Basis einiger ausgewählter Beiträge, die im Rahmen dieser Konferenz eingebracht wurden.[1] Es nahm bei seiner Konzeption aber sofort den Charakter eines Handbuchs an, dessen inhaltliches Spektrum sehr viel breiter sein sollte, als es der Rahmen eines Symposiums erlaubte. Es sollte das thematische Feld in möglichst systematischer Weise abdecken. Im Fokus des nun vorliegenden Handbuchs stehen bereits bewährte und innovative Lehrmethoden im Hochschulkontext. Dabei finden lerntheoretische Grundlagen solcher Verfahren ebenso Berücksichtigung wie Probleme und spezifische Herausforderungen der didaktisch fundierten Praxis.

Mit der vorliegenden Publikation ist das oben genannte Forschungsprogramm vorläufig abgeschlossen. Die Liste der direkt oder indirekt beteiligten Personen, die sich gewiss auch in Zukunft des gemeinsamen Themas annehmen, Desiderata ausmachen und offenkundige Wissenslücken zu schließen versuchen werden, ist so umfangreich, dass wir an dieser Stelle nicht allen Kolleginnen und Kollegen persönlich danken können. Besonders hervorheben möchten wir noch einmal die beiden Institutionen und ihre Vertreter, die unsere wissenschaftlichen Bemühungen maßgeblich gefördert haben: Neben dem *Institute for Advances Studies in the Humanities* in Essen (und namentlich seinem ehemaligen Präsidenten Jörn Rüsen sowie dem amtierenden Direktor Claus Leggewie) ist das die Hans-Böckler-Stiftung (die vor allem durch Werner Fiedler aktiv an der Verwirklichung des Projekts mitwirkte). Beide Institutionen schufen einen idealen Rahmen für Forschungen, die in zahlreiche wissenschaftliche Publikationen mündeten (über die entstandenen Dissertationen sowie weitere Veröffentlichungen informiert die Internetseite des Lehrstuhls für Sozialpsychologie und Sozialtheorie in der Fakultät für Sozialwissenschaft der Ruhr-Universität Bochum[2]).

Was das vorliegende Handbuch betrifft, geht unser Dank zuallererst an die Autorinnen und Autoren. Des Weiteren bedanken wir uns bei unseren studentischen Hilfskräften, namentlich bei Carola Graupner, Romy Hillig, Claudia Kirbach und Boris Kunofski, die uns unermüdlich unterstützt haben, sowie ganz besonders bei Romy Bauer, die den ‚Löwenanteil' beigetragen hat. Der transcript Verlag sorgte für die professionelle Umsetzung des Publikationsvorhabens in kooperativer Atmosphäre.

---

1   Zum Programm dieser Konferenz siehe http://www.tu-chemnitz.de/phil/ifgk/ikk/ik/files/de/content-174.html
2   http://www.sowi.rub.de/soztheo/index.html.de

Last but not least haben auch die Studierenden in den interkulturell ausgerichteten Studiengängen der Technischen Universität Chemnitz und anderenorts zu einer Reihe der im vorliegenden Handbuch formulierten Einsichten beigetragen. Ihr Interesse an interkultureller Kommunikation und ihr Wunsch, interkulturelle Kompetenz zu erwerben, ihre Neugier, ihre Probleme und ihre Bereitschaft zur Auseinandersetzung mit den Studieninhalten werden auch in Zukunft eine wichtige Voraussetzung dafür bilden, die uns gemeinsam interessierenden Fragen weiterhin zu stellen und Antworten darauf zu suchen.

Chemnitz und Bochum im Januar 2010

Die Herausgeber

Teil 1

Einleitung

1 Interkulturelle Kompetenz lehren: Begriffliche und theoretische Voraussetzungen

JÜRGEN STRAUB, STEFFI NOTHNAGEL UND ARNE WEIDEMANN

Die schlichte Frage, *wie* man interkulturelle Kompetenz denn eigentlich lehren könne oder solle, hat es in sich. Auf den ersten Blick scheint sie harmlos und bloßer Neugierde auf ein längst verfügbares Wissen geschuldet. Das ist jedoch keineswegs unbedingt der Fall. An Hochschulen, aber auch in anderen Bildungs- und Ausbildungseinrichtungen, ist die Vermittlung ‚interkultureller Kompetenz‘ längst Bestandteil der Studienprogramme sowohl von spezialisierten Studiengängen als auch von fächerübergreifenden Studienangeboten. Einschlägige Module sind immer öfter für Studierende aller Fachrichtungen und Fakultäten gedacht. Die neuen ‚Kompetenzzentren‘ vieler Hochschulen kümmern sich häufig um ein breit gestreutes, an einen größeren Adressatenkreis gerichtetes Angebot, in dem die Förderung der ‚allgemeinen Schlüsselqualifikation‘ interkulturelle Kompetenz ebenfalls vorgesehen ist. Internationale Hochschulkooperationen schreiben sich das Label ‚Interkulturalität‘ oft ganz selbstverständlich auf die Fahnen.

Interkulturelle Kompetenz ist folglich ein Thema, welches in der Lehre, aber auch in der Forschung sowie im Rahmen der Selbstverwaltung und Vermarktung für Hochschulen große Bedeutung besitzt (vgl. Weidemann/Nothnagel i.d.B., Kap. 3.1). Das vorliegende Handbuch widmet sich deshalb der Frage, wie man interkulturelle Kompetenz *theoretisch fundiert, didaktisch systematisiert und methodisch versiert* an Hochschulen und Universitäten vermitteln kann. Es versteht sich somit als ein Versuch, Antworten auf offene Fragen im Feld der Lehre interkultureller Kompetenz sowie ihrer theoretischen und empirischen Fundierung zu finden. Natürlich können solche Fragen nicht abschließend beantwortet werden. Wir hoffen jedoch, dass die im vorliegenden Buch versammelten Beiträge die Diskussion um vorhandene Probleme, Unwägbarkeiten und Chancen der Vermittlung interkultureller Kompetenz voranbringen werden.

Einführend möchten wir nicht nur das Anliegen, die Inhalte und den Aufbau des vorliegenden Buches vorstellen, sondern zunächst das Konstrukt ‚interkulturelle Kompetenz' begrifflich-theoretisch näher bestimmen, um dadurch einige der Voraussetzungen aller folgenden Beiträge zu klären. Die Beiträge im vorliegenden Handbuch teilen zwar keinen völlig einheitlich definierten Begriff ‚interkultureller Kompetenz', setzen aber voraus, dass die fokussierte Vermittlung von Lehr- und Lerninhalten stets nur auf *bestimmte Aspekte* interkultureller Kompetenz gerichtet sein kann, also auf einzelne *Komponenten* oder *Konstituenten* abzielt, die gemeinhin in einer schwer zu fassenden Weise zu einer theoretischen Einheit – einem Begriff eben – *zusammengefasst* werden. Im Folgenden sollen wesentliche Merkmale des theoretischen Begriffs identifiziert und so die logische bzw. semantische Struktur ‚interkultureller Kompetenz' expliziert werden. Da eingehendere Analysen des Konstrukts bzw. der Bestandteile dieses Kompositums (‚Kompetenz', ‚Kultur', ‚inter') an anderer Stelle durchgeführt wurden, beschränken wir uns hier auf die für das Buch zentralen Aspekte.[1]

Im Hinblick auf den Kulturbegriff soll der Hinweis genügen, dass sich die wissenschaftliche Auseinandersetzung mit ‚interkultureller Kompetenz' längst von der populären Identifikation von ‚Nation' (oder auch ‚Ethnie') und ‚Kultur' verabschiedet hat. ‚Kulturen' können sich über *ganz verschieden große* Zeitspannen und geographische Räume erstrecken; sie mögen einige wenige oder viele Millionen, sogar Milliarden von Menschen inkludieren und exkludieren. Sie sind *offene* und *dynamische*, an bestimmte explizite und implizite Wissensbestände, an Sprachspiele und Praxen gekoppelte Lebensformen, die sich jeweils durch *gewisse gemeinsame Merkmale* charakterisieren lassen, aber keineswegs vollkommen homogen sein müssen (in jeder Hinsicht). Sie sind im Übrigen, wie heute häufig betont wird, in ihrer Genese und Entwicklung von kulturellem Austausch abhängig. Es gibt keine Kultur ohne andere Kulturen.

Was ist ‚interkulturelle Kompetenz'?
Elementare Bestimmungsmerkmale eines
komplexen theoretischen Konstrukts

Wenn es überhaupt einen Punkt gibt, in dem sich alle an den einschlägigen *wissenschaftlichen* Debatten Beteiligten einig sind, so dürfte der wohl darin

---

1   Detailliertere Ausführungen finden sich z.B. bei Straub (2007a, 2007b), wo auch Aspekte der geschichtlichen Pragmatik und Semantik der Begriffe berücksichtigt und zahlreiche Literaturhinweise gegeben werden; weiterführende Literaturangaben finden sich außerdem bei Deardorff (2006: 233), Rathje (2006), Thomas (2003) sowie Straub (2009, woraus ein paar der folgenden Formulierungen entnommen werden).

bestehen, dass es eine wirklich aussagekräftige, einfache und kurze Definition von ‚interkultureller Kompetenz' nicht geben kann. Natürlich zirkulieren bündige Definitionen. Sie sind aber allesamt höchst voraussetzungsvoll und entsprechend erläuterungsbedürftig. Das theoretische Konstrukt setzt sich nämlich *notwendigerweise* aus einer *variablen Anzahl von Komponenten und Konstituenten* zusammen, die jeweils ziemlich *komplexe Dispositionen* – Merkmale, Eigenschaften, Wissensbestände oder Fähigkeiten und Fertigkeiten – einer Person bezeichnen, die in situationsangepasster Weise zum Tragen kommen und das Handeln leiten können (was keineswegs immer der Fall ist, wie die sozialpsychologische Einsicht in die handlungsbestimmende Relevanz *situativer* Faktoren nahe legt). Interkulturelle Kompetenz scheint alles Mögliche zu beinhalten, und entsprechend vielschichtig ist die Aufgabe, dieses kunterbunte Bündel an Wissen und Können zu lehren.

Darüber sollten relativ knapp gehaltene Versuche einer konzisen Definition nicht hinwegtäuschen. Sieht man sich gängige Definitionen an, dann erscheint die interkulturell kompetente Praxis zunächst ziemlich abstrakt „as effective and appropriate interaction between people who identify with particular physical and symbolic environments" (Chen/Starosta 1996: 358). Damit schließen sich die Autoren allgemeinen Bestimmungen *interpersonaler kommunikativer Kompetenz* oder *Interaktionskompetenz* an und versetzten diese lediglich in einen besonderen Kontext – inter*kulturelle* Überschneidungssituationen eben. Wichtig an der zitierten Definition ist gleichwohl, dass sie zwei zentrale *Kriterien* interkulturell kompetenten, *zielführenden* oder *erfolgreichen* Handelns hervorhebt, nämlich *Effektivität* und *Angemessenheit*:

- Kurz gesagt bedeutet ‚Angemessenheit': „[T]he actions of the communicators fit the expectations and demands of the situation. Appropriate communication means that people use the symbols they are expected to use in the given context" (Lustig/Koester 2003: 64);
- ‚Effektivität' dagegen bemisst sich daran, ob/inwieweit „desired personal outcomes" tatsächlich erreicht werden: „Satisfaction in a relationship or the accomplishment of a specific task-related goal is an example of an outcome people might want to achieve through their communication with others" (ebd.).

Diese beiden Kriterien tauchen in vielen Definitionen auf, oft ganz ausdrücklich, manchmal ein wenig versteckt. Allerdings ist man noch nicht sehr viel schlauer, was unsere Ausgangsfrage angeht, wenn man nun weiß, dass interkulturell kompetente Akteure im dargelegten Sinne angemessen und effektiv zu handeln vermögen. Was zeichnet sie weiter aus? Alexander Thomas definiert folgendermaßen:

„Interkulturelle Kompetenz zeigt sich in der Fähigkeit, kulturelle Bedingungen und Einflussfaktoren im Wahrnehmen, Urteilen, Empfinden und Handeln bei sich selbst und bei anderen Personen zu erfassen, zu respektieren, zu würdigen und produktiv zu nutzen im Sinne einer wechselseitigen Anpassung, von Toleranz gegenüber Inkompatibilitäten und einer Entwicklung hin zu synergieträchtigen Formen der Zusammenarbeit, des Zusammenlebens und handlungswirksamer Orientierungsmuster in Bezug auf Weltinterpretation und Weltgestaltung" (Thomas 2003: § 39).

Dieser kompakte Vorschlag und ähnliche Definitionen lassen sich besser – oder überhaupt erst einigermaßen – verstehen, wenn man ihre Bestandteile etwas auseinanderdividiert und systematisch ordnet, erläutert und vielleicht durch weitere ergänzt. Genau das geschieht in sogenannten *Komponenten-* oder *Konstituentenmodellen* interkultureller Kompetenz. Sie listen im Rahmen variabler systematischer Ordnungen wesentliche Aspekte des Konstrukts auf, so dass man dann eine etwas konkretere und erheblich differenziertere Vorstellung davon bekommt, was denn die so geläufige ‚Zauberformel‘ im Innersten ausmacht und zusammenhält. Tabelle 1 gibt ein solches exemplarisches Modell wieder. Wie man sieht, werden dort die Komponenten anhand verschiedener Dimensionen geordnet. Zöge man alternative Modelle hinzu (siehe Straub 2007a), sähe man sogleich, dass sich nicht nur diese Dimensionen selbst, sondern auch deren Anzahl unterscheiden können, und dasselbe gilt für die angeführten Komponenten. Alle derartigen Modelle zeigen jedoch auf einen Blick, dass sich ‚interkulturelle Kompetenz‘ aus vielerlei psychischen Dispositionen, Wissensbeständen, Fähigkeiten und Fertigkeiten zusammensetzt und sich demzufolge auch nicht kurz und knapp beschreiben lässt.

Modelle wie das in Tabelle 1 wiedergegebene sind eigentlich lediglich *geordnete Listen*, in denen einige als wichtig erachtete Eigenschaften interkulturell kompetenter Personen zusammengestellt sind. Gewiss gibt es in manchen Fällen gute Gründe dafür, die betreffenden Wissensbestände, Fähigkeiten oder Fertigkeiten als Teilmerkmale interkultureller Kompetenz aufzunehmen. Von einer ausgearbeiteten *Theorie interkultureller Kompetenz* sollte man dennoch nicht sprechen, zumal viele dieser Listen eher nach intuitiven Plausibilitätsgesichtspunkten zusammengestellt werden, als dass sie theoretisch hinreichend durchdacht oder empirisch sorgfältig genug begründet wären.

Dies zu sagen ist beim derzeitigen Stand der Forschung noch geboten. Der Wert und Nutzen solcher Modelle wird damit keineswegs verkannt oder auch nur gering geschätzt. Die mit ihnen verfolgte Strategie ist evident: man möchte den interessierenden Begriff klären, indem man angibt, was er nach eigenem Dafürhalten bzw. bislang vorliegenden Erkenntnissen alles enthält und voraussetzt. Das ist gut und recht – vor allem dann, wenn man sich der Genese und des davon abhängigen Status solcher ‚Listen-Modelle‘ bewusst bleibt.

Nach wissenschaftlichen Maßstäben sind derartige Modelle wohl noch nicht der Weisheit letzter Schluss.

Tabelle 1: Komponentenmodell interkultureller Kompetenz (nach Bolten 2006: 63)

Affektive/emotionale Dimension	Kognitive Dimension	Verhaltensbezogene/ konative/praxische Dimension
• Ambiguitätstoleranz • Frustrationstoleranz • Fähigkeit zur Stress-bewältigung und Komplexitätsreduktion • Selbstvertrauen • Flexibilität • Empathie, Rollendis-tanz • Vorurteilsfreiheit, Of-fenheit, Toleranz • Geringer Ethnozen-trismus • Akzeptanz von/ Re-spekt gegenüber ande-ren Kulturen • Interkulturelle Lernbe-reitschaft	• Verständnis des Kulturphänomens in Bezug auf Wahrneh-mung, Denken, Ein-stellungen sowie Ver-haltens- und Handlungsweisen • Verständnis fremdkul-tureller Handlungszu-sammenhänge • Verständnis eigenkul-tureller Handlungszu-sammenhänge • Verständnis der Kul-turunterschiede der In-teraktionspartner • Verständnis der Be-sonderheiten interkul-tureller Kommunikati-onsprozesse • Metakommunikations-fähigkeit	• Kommunikationswille und -bereitschaft i.S. der initiierenden Pra-xis der Teilmerkmale der affektiven Dimen-sion • Kommunikationsfä-higkeit • Soziale Kompetenz (Beziehungen und Vertrauen zu fremd-kulturellen Inter-aktionspartnern auf-bauen können)

Entscheidend für das resultierende Begriffsverständnis sind letztlich die (di-mensional geordneten) Teilmerkmale, Konstituenten oder Komponenten. Es hängt in solchen Modellen alles davon ab, wie genau die im Einzelnen ange-führten Komponenten (und ihre Beziehungen) geklärt sind. Wo sie sich nicht ohnehin von selbst verstehen, helfen da häufig, aber nicht immer, (psycholo-gische) Fachwörterbücher weiter. In anderen Fällen dagegen reichen Fachle-xika nicht aus, da gar keine allgemein akzeptierten und gebräuchlichen Be-griffsbestimmungen existieren. Für eine erste Annäherung an das Konzept sind solche Modelle, selbst wenn sie kaum mehr sind als geordnete Aufzäh-lungen, dennoch hilfreich. Sie vermitteln in der Tat eine alles in allem nachvollziehbare Vorstellung davon, was es heißt und speziell auf Seiten der tätigen Person voraussetzt, interkulturell kompetent zu sein bzw. handeln zu können.

Dabei ist klar, dass interkulturelle Kompetenz nicht in der Beherrschung von *Fremdsprachen* aufgeht – obwohl dies ein sehr wichtiger Aspekt sein kann und so gut wie immer ist, da Sprachkompetenz eng mit der Möglichkeit verwoben ist, an einer fremden Praxis oder Lebensform teilzuhaben. Wie bereits Wilhelm von Humboldt in seinen ausgefeilten sprachwissenschaftlichen Studien zeigte, sind Sprachen mit spezifischen „Weltansichten" und Handlungspotentialen verwoben. Wer eine bestimmte Sprache zu sprechen vermag, sieht die Welt in besonderer Weise und hat auch praktisch einen besonderen Zugang zu ihr – einen Zugang, den er mit den Angehörigen eben dieser Sprachgemeinschaft teilt. Diese Gemeinsamkeit fördert Austausch und soziale Integration ebenso wie sie die Chance erhöht, persönliche Nähe zu schaffen, Bindungen einzugehen und aufrechtzuerhalten – gerade auch zu Angehörigen anderer, vom eigenen Standpunkt betrachtet, relativ fremder Kulturen.

Weitere Aspekte des Handlungspotentials einer Person sind natürlich genauso elementar und wichtig, sobald es um die punktuelle Verständigung und zeitweise Zusammenarbeit oder das langfristige Zusammenleben von Menschen verschiedener kultureller Zugehörigkeit geht. Offen zu sein für die Erfahrungen und Erwartungen, Denkformen, Erlebnis- und Handlungsweisen, Gewohnheiten und Wünsche *Anderer*, verlangt eine bestimmte affektive Haltung und emotional-motivationale Bereitschaft des eigenen Selbst sowie Fähigkeiten zur Selbstreflexion, Selbstkritik und Selbst-Veränderung, die sich keineswegs per Knopfdruck herstellen lassen. Diese wichtigen Voraussetzungen sind nicht einfach schon deswegen vorhanden, weil Menschen in der Lage sind, noble Gesinnungen, sozial erwünschte Meinungen oder politisch korrekte Einstellungen zum Besten zu geben. Das ist der Grund dafür, warum man viel über interkulturelle Kompetenz reden kann und dennoch nicht in der Lage ist, *so* zu handeln (und zu fühlen), wie es dieses Konzept nahe legt. Bewusste Absichten oder Intentionen fallen eben oft nicht mit den unbewussten Motiven und dem faktischem Können eines Menschen zusammen. Häufig sind unbewusste Motive maßgeblich und bestimmen viel stärker als erklärte Vorhaben, was jemand tatsächlich tut oder lässt. Kaum jemand bekennt sich zu Ethnozentrismus, Intoleranz oder Fremdenfeindlichkeit – und doch verhalten sich viele ethnozentrisch, intolerant oder fremdenfeindlich, diskriminierend und stigmatisierend. Nicht weil sie dies wissentlich wollten, sondern weil sie im entscheidenden Moment nicht anders können (und oft noch nicht einmal merken, was sie da gerade sagen, tun und bewirken). Die meisten von uns dürften überzeugt davon sein, ambigue oder polyvalente, zwei- oder mehrdeutige Situationen ganz gut ertragen, sich bestens in Andere einfühlen und deren Perspektiven übernehmen zu können – und scheitern doch zuwei-

len, wenn einmal etwas mehr Geduld und Flexibilität gefordert ist als normalerweise oder wenn das eigene Empathievermögen ein wenig stärker als gemeinhin strapaziert wird.

Interkulturelle Kompetenz ist kein Begriff, der sich auf der kognitiven
Ebene des Wissens und Verstehens abhandeln ließe – obwohl die kritische
Auseinandersetzung mit anderen, mitunter fremden Weltbildern, Lebensfor-
men und Sprachspielen, Denk- und Handlungsweisen auf der Grundlage des
Vernunftvermögens zu dieser Fähigkeit und Fertigkeit gehört. Der interessie-
rende Begriff schließt Wissen und Denken, Reflexion und Urteilskraft mit ein,
erschöpft sich aber nicht darin. Er beinhaltet die argumentative Praxis gegen-
seitiger Kritik, meint aber weit mehr als intellektuellen Scharfsinn und die
Orientierung an allgemein wertvollen Gütern und verbindlichen Normen im
Sinne einer universalistisch ausgerichteten Vernunft. Er berührt tiefere
Schichten einer Person. Er bezieht sich auf deren dem Bewusstsein teilweise
entzogenen ‚Gefühlshaushalt‘, ihre Ängste und Befürchtungen sowie ihre
Wünsche und Sehnsüchte. Genau diese Tatsache, die in allen ernst zu nehmenden Modellen interkultureller Kompetenz gebührend zum Ausdruck
kommt, macht interkulturelles Lernen so kompliziert, einigermaßen anstren-
gend und mitunter sehr langwierig. Viele in der affektiven, emotionalen und
konativen/praxischen Dimension angesiedelte Lernprozesse berühren Tiefen-
schichten der kulturellen und psychosozialen Identität eines Menschen. Deswegen sind sie so mühsam. Oft sind wir nicht gewillt, uns darauf einzulassen.
Schon gar nicht, solange wir nicht *gute Gründe* haben anzunehmen, dass uns
solche Lernprozesse am Ende belohnen und bereichern. Solche Gründe entnehmen wir am ehesten eigener Erfahrung. Lernbereitschaft hängt nicht zuletzt von der bereits gemachten oder zumindest vorstellbaren Erfahrung ab,
dass sich interkulturelles Lernen irgendwann lohnt, also über kurz oder lang
zu einer willkommenen Erweiterung des eigenen Erlebnis- und Handlungspotentials führt (Straub i.d.B., Kap. 2.1).

Die Grenzen des Selbst zu überschreiten und so die eigene Identität ein
wenig zu verwandeln, ist häufig riskant und mitunter schmerzhaft – auch
wenn man im Nachhinein sagen mag, dass man diese Erfahrungen nicht mis-
sen möchte, weil man ihnen wichtige Einsichten und neue Möglichkeiten verdankt. Das gilt für alle Beteiligten, die im kulturellen Austausch gleichermaßen bereit und fähig sein müssen, sich selbst *und* die Anderen, also auch
deren Denken und Fühlen, Tun und Lassen in Frage zu stellen und sich über
die praktische und argumentative Basis ihrer Bedenken und Bemühungen
auseinanderzusetzen. Interkulturelle Kompetenz meint nicht, alles und jedes
gut zu heißen. Diese Fähigkeit und Fertigkeit verlangt danach, sich selbst und
die Anderen *ernst zu nehmen*. Dies bedeutet nicht zuletzt, sich selbst und die
Anderen hinterfragen und in Frage stellen zu können, und zwar kognitiv,
emotional und praktisch.

All dies machen Modelle wie die oben dargestellten einigermaßen klar. Sie verdeutlichen im Übrigen, warum ‚interkulturelle Kompetenz' als ein normatives, valoratives Konzept bezeichnet werden muss. Es geht hier um Zielvorgaben und ideale Zustände, die kein Mensch in der Vollständigkeit und Vollkommenheit theoretischer Modellvorgaben je wird erlangen können. Vielleicht ist es da nicht bloß beruhigend, sich zu vergegenwärtigen, dass niemand das perfektionistische Ideal des interkulturell kompetenten Menschen erreicht haben muss, um bereichernde Begegnungen und befriedigende Beziehungen mit Menschen dieser oder jener kulturellen Herkunft erleben zu können. Es mag überdies tröstlich sein zu wissen, dass alle bis heute verfügbaren Modelle interkultureller Kompetenz selbst alles andere als ‚perfekt' sind. Sie lassen viele Fragen offen. Ein paar davon seien hier erwähnt. Sie markieren allesamt erhebliche Wissenslücken und fordern uns vielleicht auch dazu auf, die prinzipiellen Grenzen von Modellen wie den dargestellten zu bedenken:

*   Die besagten Modelle wurden oben etwas despektierlich als ‚Listen' bezeichnet. Damit ist u.a. gemeint, dass keineswegs klar ist, welche exakte theoretische und praktische Bedeutung, welches *Gewicht* denn eigentlich den angeführten Teilmerkmalen interkultureller Kompetenz zukommt? Sind diese jeweils notwendig, und zwar prinzipiell und generell (also in allen denkbaren interkulturellen Situationen)? Sind sie in ihrer Gesamtheit oder in bestimmten Kombinationen – in welchen? – notwendig und hinreichend, um in interkulturellen Situationen angemessen und erfolgreich handeln zu können? Und wie spielen die aufgelisteten Teilmerkmale eigentlich zusammen, wie ‚interagieren' sie, wie beeinflussen, verstärken oder hemmen sie sich womöglich wechselseitig? All diese Fragen sind offen, manche noch kaum gestellt.
*   Sind solche Modelle *generell* verwendbar? Erheben sie begründete *allgemeine* Geltungsansprüche und sind demgemäß auf alle denkbaren Situationen gleichermaßen zugeschnitten? Oder sind nicht in verschiedenen Lebens- und Handlungsbereichen bestimmte Teilmerkmale eher gefordert als andere? Dann würde sich ändern bzw. spezifizieren, was wir *hier* oder *dort* mit ‚interkultureller Kompetenz' meinen. Für diese Annahme gibt es gute Gründe. Man frage sich nur einmal, ob denn interkulturelle Kompetenz in strategisch geführten Verhandlungen zwischen Managern in internationalen Wirtschaftskooperationen exakt dasselbe ist und sein kann wie jenes Bündel an Wissensbeständen, Fähigkeiten und Fertigkeiten, die aus einer bikulturellen Ehe ein gelingendes, einigermaßen glückliches Abenteuer menschlichen Zusammenlebens machten? Analoges gilt für Polizeieinsätze und Freundschaften, für die Entwicklungszusammenarbeit, religiöse Mission und touristische Unternehmungen oder für die interkulturelle psychosoziale Beratung oder Psychotherapie – *ad infinitum*. Ist interkulturelle Kompetenz, mit anderen Worten, nicht eher ein *domänen-*

spezifisches (und obendrein situationsspezifisch zu konkretisierendes und performativ zu aktualisierendes) Vermögen als eine *allgemeine* wissensbasierte Fähigkeit und Fertigkeit, die stets in genau der gleichen Weise in Anspruch genommen wird? Das müsste man in vergleichenden Untersuchungen genauer klären, als es bislang geschehen ist. Erst danach könnte man über womöglich tatsächlich allgemeine Aspekte interkultureller Kompetenz stichhaltige Auskünfte geben; oder man müsste die Idee bzw. den Anspruch einer *allgemeinen* Schlüsselqualifikation aufgeben bzw. revidieren (vgl. Weidemann/Nothnagel i.d.B., Kap. 3.1).

• Sind verfügbare Modelle interkultureller Kompetenz wirklich allgemein gültige, *universale* Modelle, wo sie doch ganz offenkundig vornehmlich von einem kleinen Häufchen westlicher, also vor allem US-amerikanischer und europäischer Wissenschaftler/innen entworfen, entwickelt und unter die Leute gebracht wurden? (Leute aus nicht-westlichen Kulturen waren zwar hie und da beteiligt, dann aber doch fast immer als in westlichen wissenschaftlichen Institutionen sozialisierte Kolleginnen und Kollegen.) Das ist schon eine etwas paradoxe Lage, fast schon eine Art ‚Ironie der Geschichte‘: ‚wir‘ sprechen bislang in hohem Maße über Definitionen, Modelle und Theorien interkultureller Kompetenz, ohne mit den viel beschworenen ‚Anderen‘ oder ‚Fremden‘ allzu ausgiebig gesprochen zu haben. Das ist nur ein ganz klein wenig übertrieben: Ein wirkliches Gespräch im Sinne eines *interkulturellen Dialoges* über das, was wir in verschiedenen Wissenschaften tun und weiterhin zu tun vorhaben, um das fragliche Konzept zu analysieren und zu reflektieren (auch in seinen politischen Dimensionen), ist allenfalls in ersten Ansätzen zustande gekommen – und das selbst auf nationalem Parkett. Indigenes Wissen sogenannter nicht-westlicher Kulturen liegt auch in diesem Feld weitgehend brach (vgl. Chakkarath 2007, 2010). Das merkt man den Modellen stark an. Man denke etwa an die stillschweigenden Bezugnahmen auf psychologische Begriffe und Unterscheidungen, die offenkundig der westlich-europäischen Tradition entstammen. Ein westlicher Einschlag lässt sich im Übrigen bereits an der Selbstverständlichkeit ablesen, in der ‚wir‘ die Frage nach ‚interkultureller Kompetenz‘ als ein heute weltweit gleichermaßen interessierendes, vermeintlich ziemlich ‚neues‘ Thema auffassen und verbreiten. Ob das alles wirklich so ist, fragen nur wenige.

Ungeachtet dieser Defizite und weiterer offener Fragen, die uns in Zukunft gewiss noch beschäftigen werden, lässt sich von den oben wiedergegebenen Definitionen und Modellen einiges lernen.[2] Wie dargelegt geht es dabei vor

---

2   Neben Komponenten- und Konstituentenmodellen sei auf Stufenmodelle interkulturellen Lernens (im Sinne der Entwicklung interkultureller Kompetenz oder

allem um *persönliche* Voraussetzungen, um Aspekte des Handlungspotentials von Personen, die in interkulturellen Konstellationen eben wichtig sind (so wird zumindest angenommen). Unbestritten ist dabei, dass das Gelingen interkultureller Kommunikation, Kooperation und Koexistenz nicht allein von personalen Faktoren abhängt, sondern auch von den jeweils gegebenen Situationsbedingungen. Damit sind auch institutionelle und politische Rahmenbedingungen gemeint. Allgemein anerkannt ist ebenfalls, dass das viel beschworene theoretische Konstrukt kein lediglich deskriptiver Begriff ist. Er fungiert als normative Kategorie und impliziert mitunter hohe – wenngleich keineswegs unbedenkliche – Ideale. Er ist einer der bereits gewohnheitsmäßig verwendeten Leitbegriffe unserer Zeit. Er gehört zur Signatur unserer Zeit und artikuliert normative Grundlagen zahlreicher politischer Auffassungen der globalisierten bzw. glokalisierten Welt. Er ist mit einem manchmal energischen Optimierungswillen verbunden, mitunter auch mit überzogenen Heilsideen – als ließe sich das kompliziert gewordene Leben in extrem dynamischen Gesellschaften durch allseits verbreitete interkulturelle Kompetenz bändigen und befrieden.

Interkulturelle Kompetenz ist nicht auf abstrakte Kenntnisse zu reduzieren. Sie lässt sich durch Klausuren und andere im Hochschulstudium übliche Prüfverfahren schwerlich lückenlos testen. Ihre Förderung nimmt eine interessierte Person in vielerlei Hinsicht in Anspruch – eben *als Person* und nicht bloß als ,Container' für wissenschaftliche Erkenntnisse, aus dem man bei Bedarf die angeeigneten Wissensbestände wieder hervorholen kann.

Das gilt für die Lehrenden ebenso wie für die Lernenden. Eine passive Rolle ist dabei niemandem zugedacht. Wer in das Studium interkultureller Kompetenz verstrickt ist, begibt sich auf den Weg eines Selbstversuchs, der Selbsterfahrungen angesichts der präsenten und absenten Anderen und Fremden einschließt.

Aufbau des Buches

Das vorliegende Handbuch ist an bestimmte Perspektiven gebunden und aus einem spezifischen Kontext heraus entstanden. Das Buch ist in Auseinandersetzung mit dem Themenfeld interkulturelle Kommunikation, Kooperation und Koexistenz entwickelt worden, wobei theoretische, forschungsmethodische und didaktische Fragen vorrangig waren, aber auch hochschulpolitische Aspekte nicht vernachlässigt wurden. Es ist daher keinem bestimmten disziplinären Kontext zuzuordnen. Die aus verschiedenen Disziplinen, trans- und

---

Sensibilität) verwiesen (z.B. Bennett 1993; kritisch dazu D. Weidemann 2007). Zur kritischen Einschätzung eignungsdiagnostischer Verfahren (allerdings im Wirtschaftskontext) siehe Deller/Albrecht (2007).

interdisziplinär organisierten Handlungsfeldern kommenden Autorinnen und Autoren sind in ganz unterschiedlichen Studiengängen, Fachbereichen, Universitäten bzw. Hochschulen mit der Lehre interkultureller Kompetenz befasst. Sie repräsentieren zahlreiche Facetten einschlägiger Bemühungen, aber keineswegs das gesamte Feld. So wird im vorliegenden Buch vieles von dem, was für die Lehre interkultureller Kompetenz an Hochschulen relevant ist, aber keineswegs alles und jedes berücksichtigt.

Als *Handbuch* wird es bezeichnet, weil es vergleichsweise umfassend und systematisch angelegt ist und sich an Lehrende vor allem im Hochschulkontext richtet, die sich einen *Überblick* über die Vielfalt an einschlägigen Lehrmethoden verschaffen und sich über spezielle Verfahren informieren wollen. Dabei werden in Teil 2 des Buches auch die theoretischen Grundlagen interkulturellen Lernens (Jürgen Straub) sowie der Lehre interkultureller Kompetenz (Lothar Bredella) ausführlich bedacht.

Der darauf folgende Teil 3 „Handlungsfeld Hochschule und Universität" nimmt den Kontext Hochschule und damit die wesentlichen Rahmenbedingungen (Ziele, Strukturen, Ressourcen etc.) der hier betrachteten Lehre interkultureller Kompetenz in den Blick. Damit wird eine Abgrenzung der Vermittlung interkultureller Kompetenz speziell an Hochschulen gegenüber der Vielzahl an interkulturellen Qualifizierungsmaßnahmen z.B. in Wirtschaft, Militär, Polizei und Verwaltung oder auch in der Entwicklungshilfe und Gesundheitsversorgung vorgenommen. In Kapitel 3.1 (Arne Weidemann/Steffi Nothnagel) werden die Akteure (Studierende, Lehrende, Hochschulleitung und -verwaltung u.a.) im Feld interkulturell ausgerichteter Studienangebote näher betrachtet. In Kapitel 3.2 (Matthias Otten) werden die Funktionen und Organisationsformen interkulturell ausgerichteter Studienangebote kritisch analysiert. Abgeschlossen wird Teil 3 durch eine Auseinandersetzung mit den Möglichkeiten und Problemen der Qualitätssicherung in diesem Feld (Frances Blüml).

Teil 4 präsentiert „Methoden der Vermittlung interkultureller Kompetenz" und stellt damit den Kern des Handbuches dar. Die Beiträge bewegen sich zwischen ausgewählten Praxisbeispielen sowie eher überblicksartigen Darstellungen bestimmter Verfahren und Ansätze. Beide Vorgehensweisen knüpfen teils im weiteren, teils im engeren Sinne an theoretische sowie empirische Grundlagen der didaktisch-methodischen Praxis an. Der Aufbau dieses Teils orientiert sich an Materialien, die für die Vermittlung interkultureller Kompetenz relevant sein können, außerdem an bestimmten Verfahren sowie ausgewählten Lehr- und Lernarrangements, die jeweils den Ausgangspunkt der Ausführungen bilden. Die ersten fünf Beiträge setzen bei etablierten bzw. teilweise innovativen Techniken wie Trainings/Lehrtrainings (Stefanie Rathje), Planspielen und Computersimulationen (Stefan Strohschneider), linguistisch begründeten Verfahren (Konrad Ehlich/Jan ten Thije), interkulturellen Sprachentandems (Mark Bechtel) sowie *Deliberative Dialogues* (Kamakshi Murti) an. Der zweite Abschnitt stellt ausgewählte Materialien in den Vordergrund, mit und an denen interkulturell gelernt werden kann: wie Critical Incidents und Kulturstandards (Astrid Utler/Alexander Thomas), Literatur und Kunst (Laurenz Volkmann und Ralph Köhnen), Spiel- und Dokumentarfilme (Martin Gieselmann), Lehrfilme im Allgemeinen (Gerd Ulrich Bauer) sowie der Lehrfilm KUSTOS im Speziellen (Nik Oberlik). Der dritte und letzte Abschnitt geht stärker von bestimmten Lehr- und Lernarrangements wie E-Learning (Jürgen Bolten), Virtual Classrooms (Doris Fetscher), Auslandssemestern (Steffi Nothnagel), Fremdsprachenunterricht (Winfried Thielmann) und Lehrforschungsprojekten (Arne Weidemann) aus. Die dieser Gruppierung zugrunde liegenden Unterscheidungen sind nicht ganz trennscharf und können es auch nicht sein, handelt es sich bei fast allen beschriebenen Verfahren doch um *per se* schon sehr komplexe Angelegenheiten, die sich zudem häufig gerade durch ihre Anschlussfähigkeit und Kombinierbarkeit mit anderen Methoden auszeichnen. Hieraus ergibt sich auch, dass die jeweiligen Beitragstitel nicht den Anspruch erheben, dass es sich notwendigerweise um *eine einzelne, klar abgegrenzte Methode* handelt.

Schließlich geht es in Teil 5 um die Evaluation interkulturell ausgerichteter Studienangebote (Maik Arnold/Thomas Mayer). Die Auseinandersetzung mit diesem Bereich zeigt (und damit schließt sich der Bogen zu den „theoretischen Grundlagen" in Teil 2), dass es im Kontext der Lehre interkultureller Kompetenz noch großen Forschungsbedarf gibt. Speziell im Handlungsfeld Hochschule befinden wir uns mitten in einem Wandel, der uns vor die Herausforderung stellt, mit teilweise noch tradierten Lehrformen, Rollenverständnissen und Bildungszielen praktisch bedeutsame Schlüsselqualifikationen nicht nur gegenstandsangemessen, innovativ und kreativ zu vermitteln, sondern das Gelehrte und Gelernte auch zu prüfen. Von soliden Verfahren für aussagekräftige Evaluation sind wir im hier interessierenden Bereich jedoch noch weit entfernt. Hochschulen stehen gegenwärtig vor der Aufgabe, im Spannungsfeld allgemein gesellschaftlich relevanter und hoch spezialisierter Bildung ein neues Selbstverständnis zu entwickeln. Vielleicht kann dieses Buch einen kleinen Beitrag dazu leisten, dass die Vermittlung der allgemeinen Schlüsselqualifikation ‚interkulturelle Kompetenz‘ in der Hochschullehre ihren festen Platz findet und auch in Zukunft weiter wissenschaftlich fundiert wird.

Literatur

Bennett, Milton J. (1993): „Towards ethnorelativism: a developmental model of intercultural sensitivity". In: Michael R. Paige (Hg.), Education for the intercultural experience, Yarmouth: Intercultural Press, S. 21-71.

Bolten, Jürgen (2006): „Interkultureller Trainingsbedarf aus der Perspektive der Problemerfahrungen entsandter Führungskräfte". In: Klaus Götz (Hg.), Interkulturelles Lernen, interkulturelles Training, München: Hampp, S. 57-75.

Chen, Guo-Ming/Starosta, William J. (1996): „Intercultural communication competence: A synthesis". Communication Yearbook 19, S. 353-383.

Chakkarath, Pradeep (2007): „Kulturpsychologie und indigene Psychologie". In: Jürgen Straub/Arne Weidemann/Doris Weidemann (Hg.), Handbuch interkulturelle Kommunikation und Kompetenz, Stuttgart: Metzler, S. 237-249.

Chakkarath, Pradeep (2010): „Internationalizing education and the social sciences: Reflections on the Indian context". In: Michael Kuhn/Doris Weidemann (Hg.), Internationalization of the social sciences: Asia – Latin America – Middle East – Africa – Eurasia, Bielefeld: transcript, S. 87-114.

Deardorff, Darla K. (2006): „Assessing intercultural competence in study abroad students". In: Michael Byram/Anwei Feng (Hg.), Living and studying abroad. Research and practice, Clevedon/Buffalo/Toronto: Multilingual Matters, S. 232-256.

Deller, Jürgen/Albrecht, Anne-Grit (2007): „Interkulturelle Eignungsdiagnostik". In: Jürgen Straub/Arne Weidemann/Doris Weidemann (Hg.), Handbuch interkulturelle Kommunikation und Kompetenz, Stuttgart/Weimar: Metzler, S. 741-754.

Lustig, Myron W./Koester, Jolene (2003): Intercultural Competence. Interpersonal communication across cultures, Boston: Allyn and Bacon.

Rathje, Stefanie (2006): „Interkulturelle Kompetenz: Zustand und Zukunft eines umstrittenen Konzepts". ZIF 11 (3), http://zif.spz.tu-darmstadt.de/jg-11-3/beitrag/Rathje1.htm, 19.01.2010.

Straub, Jürgen (2007a): „Kultur". In: Jürgen Straub/Arne Weidemann/Doris Weidemann (Hg.), Handbuch interkulturelle Kommunikation und Kompetenz, Stuttgart: Metzler, S. 7-24.

Straub, Jürgen (2007b): „Kompetenz". In: Jürgen Straub/Arne Weidemann/Doris Weidemann (Hg.), Handbuch interkulturelle Kommunikation und Kompetenz, Stuttgart: Metzler, S. 35-46

Straub, Jürgen (2009): „Interkulturelle Kompetenz – eine humanistische Perspektive". In: Jörn Rüsen/Henner Laass (Hg.), Interkultureller Humanismus. Menschlichkeit in der Vielfalt der Kulturen, Schwalbach: Wochenschau Verlag, S. 300-333.

Thomas, Alexander (2003): „Interkulturelle Kompetenz. Grundlagen, Probleme und Konzepte". Erwägen – Wissen – Ethik 14 (1), 2. Aufl., S. 137-150.

Weidemann, Doris (2007): „Akkulturation und interkulturelles Lernen". In: Jürgen Straub/Arne Weidemann/Doris Weidemann (Hg.), Handbuch Interkulturelle Kommunikation und Kompetenz, Stuttgart: Metzler, S. 488-498.

Teil 2
Theoretische Grundlagen

2.1 Lerntheoretische Grundlagen

Jürgen Straub[1]

> „Zwar gibt es zahlreiche, auch bewährte Definitionen,
> aber was genau beim Lernen geschieht, ist nach wie
> vor ungeklärt" (Käte Meyer-Drawe 2008: 33).
>
> „Kann man Menschenkenntnis lernen? Ja; Mancher
> kann sie lernen. Aber nicht durch einen Lehrkurs,
> sondern durch ‚Erfahrung'. – Kann ein Andrer dabei
> sein Lehrer sein? Gewiß. Er gibt ihm von Zeit zu Zeit
> den richtigen *Wink*. – So schaut hier das ‚Lernen' und
> das ‚Lehren' aus. – Was man erlernt, ist keine Technik;
> man lernt richtige Urteile. Es gibt auch Regeln, aber
> sie bilden kein System, und nur der Erfahrene kann sie
> richtig anwenden. Unähnlich den Rechenregeln"
> (Ludwig Wittgenstein 1984: 574f.).

Normativität und Attraktivität interkulturellen Lernens

Der Begriff ‚interkulturelle Kompetenz' ist ein komplexes theoretisches Konstrukt. Er bezeichnet und integriert verschiedene Wissensbestände, Fähigkeiten und Fertigkeiten. Interkulturelle Kompetenz ist, was immer darunter verstanden werden mag (Straub 2007a; Straub/Nothnagel/Weidemann i.d.B., Kap. 1), ein stets nur vorläufiges Resultat *lebenslangen Lernens*. Selbstverständlich basiert auch interkulturelle Kompetenz auf jenen universalen Eigenschaften des Menschen, welche die Biologie im Verbund mit anderen Natur-

---

1 Pradeep Chakkarath und Carlos Kölbl danke ich für die kritische Durchsicht des Textes und hilfreiche Hinweise. Wie viel ich den Arbeiten und Anregungen von Doris Weidemann verdanke, wird im Folgenden deutlich. Die vorliegende Abhandlung ist ein Baustein zu einer mit den genannten und anderen Personen avisierten Handlungs- und Kulturpsychologie interkulturellen Lernens.

wissenschaften erforscht. Sie ist jedoch vor allem ein *kulturelles Dispositiv*[2] und eine *personale Disposition*[3], die in der natürlichen *Lernfähigkeit* von Organismen überhaupt und außerdem in *spezifisch humanen Lernpotentialen* gründet. Menschen können vieles lernen, was anderen Lebewesen versagt oder erspart bleibt. Was genau sie lernen, liegt nicht fest. Lerngegenstände und -ziele unterliegen historischem Wandel und kultureller Variation.

Interkulturelle Kompetenz als heutzutage vielerorts *besonders fokussierter* Lerngegenstand setzt die Sprachbegabtheit, Reflexions- und Handlungsfähigkeit des Menschen voraus. Sie gründet im Vermögen des Menschen, auf *Distanz* zu sich selbst und zum Eigenen zu gehen. Sie bedarf eines Bewusstseins, das sich seiner selbst bewusst sein kann. Interkulturelle Kompetenz ist

2 Der Begriff des ‚Dispositivs' wird heute in erster Linie mit dem Denken Michel Foucaults in Verbindung gebracht (seit seiner „Wende" von der „Archäologie" zur „Genealogie"). Unter einem Dispositiv versteht Foucault zunächst einmal „ein entschieden heterogenes Ensemble, das Diskurse, Institutionen, architektonische Einrichtungen, reglementierende Entscheidungen, Gesetze, administrative Maßnahmen, wissenschaftliche Aussagen, philosophische, moralische oder philanthropische Lehrsätze, kurz: Gesagtes ebenso wohl wie Ungesagtes umfasst. Soweit die Elemente des Dispositivs. Das Dispositiv ist das Netz, das zwischen den Elementen geknüpft ist" (Foucault 1978: 119f.; zur Entstehung und komplexen Semantik des Begriffs, einschließlich seiner Abgrenzung vom ‚Diskurs', vgl. Link 2008). Die zitierte Begriffsbestimmung ist lediglich der Kern einer reichhaltigen Definition, die auch *die Art der Verbindung* zwischen den besagten heterogenen Elementen und – im vorliegenden Zusammenhang besonders wichtig – *ein Gebilde bzw. eine Formation* einschließt, die in einer historischen Situation vor allem die dominante strategische Funktion erfüllt, „auf einen Notstand zu reagieren" (Foucault 1978: 120). Inter- und transdiskursive Dispositive *disponieren* Subjekte zu bestimmten Operationen im Kontext historisch bestimmter Machtverhältnisse und -prozesse bzw. spezieller Experten-Laien-Systeme (in dem z.B. interkulturell Kompetente von Novizen unterschieden werden, oder Ärzte von Patienten, Pädagogen von Zöglingen, etc.). Dispositive sind komplexe „nicht-subjektive Orientierungs-, Kontroll-, Koordinierungs- und Regulierungsinstanzen" (Link 2008: 242), die disponierende und disponierte Subjekte unweigerlich und weitgehend unmerklich in eine bestimmte Richtung lenken und dazu bringen, dieses zu tun (zu denken, zu fühlen, zu schätzen, etc.), jenes zu lassen (zu missachten, zu missbilligen, etc.).

3 Den Begriff der ‚Disposition' verwende ich im Sinne von Gilbert Ryle (1949/1969: 52): „Sicherlich oder wahrscheinlich in einem bestimmten Zustand sein oder eine bestimmte Veränderung durchmachen, wenn eine bestimmte Bedingung erfüllt ist". Diese Definition verträgt sich gut mit dem in der Psychologie geläufigen Begriff, der sich auf relativ stabile Persönlichkeitsmerkmale bzw. -eigenschaften bezieht (wobei allerdings auch genetisch determinierte Merkmale einbezogen werden). Es versteht sich heute von selbst, dass sog. dispositionale Erklärungen von Handlungen Kontext- und Situationseinflüsse zu berücksichtigen haben. Dispositionen sind zwar relativ stabile Eigenschaften eines Individuums, ihre Wirksamkeit ist aber stets vermittelt durch den (kulturellen, sozialen, materiellen) Kontext bzw. die besondere Situation und deren Definition sowie Repräsentation durch das Handlungssubjekt (Thomas 2003).

eine *mögliche* Errungenschaft sozio-kultureller Praxis. Als solche erfreut sie sich zu verschiedenen Zeiten und in verschiedenen Kulturen, Gesellschaften oder Gemeinschaften unterschiedlicher Aufmerksamkeit und Wertschätzung. Individuen *können* sich dieses kulturelle Gut im Zuge ihrer Enkulturation und Sozialisation aneignen. Sie können es in ihr persönliches *Handlungspotential* integrieren (zu diesem Begriff vgl. Boesch 1991: 105f.). Häufig heißt es heutzutage: sie *sollten* genau dies versuchen. So lautet gegenwärtig ein gängiger Imperativ, der keinen identifizierbaren Urheber mehr zu haben scheint. Interkulturelle Kompetenz wird, ungeachtet erheblicher begrifflicher Unklarheiten, vielerorts nicht mehr nur als unverbindlicher *Wert* angesehen. Sie stellt in den Augen vieler eine Richtschnur für die Praxis aller dar, kurzum: eine allgemein verbindliche *Norm*, die das Handeln und die durch Lernen beförderte Entwicklung von so vielen Menschen wie möglich bestimmen *sollte*.

In der globalisierten bzw. glokalisierten Welt unserer Tage wächst der öffentliche, in der Politik, in den Medien, Erziehungs- und Bildungseinrichtungen vermittelte Druck, dieser Norm tatsächlich zu entsprechen. Demgemäß gilt: Interkulturelles Lernen ist keine bloße Option mehr, zu der sich Individuen ganz nach eigenem Gutdünken und Belieben verhalten könnten. Es ist vielmehr ein regulatives Ideal und normatives Gebot, das seine Wurzeln in *realen Bedingungen* und *praktischen Notwendigkeiten* hat. Interkulturelles Lernen gehört zu einem umfassenden, im Zeichen der kulturellen Pluralität und Heterogenität, der Multi-, Inter-, Trans- oder Hyperkulturalität[4] stehenden

---

4 Diese Begriffe sind natürlich keineswegs deckungsgleich. Allerdings gibt es auch keine allgemein gebräuchlichen Bestimmungen, durch die sie klar voneinander abgegrenzt wären. In der Regel sollen die Vorsilben (angebliche) semantische Verschiebungen anzeigen, die mit dem Wandel des Kulturbegriffs und der Vorstellung kulturellen Austauschs einhergehen. Dabei wird den betagteren Prädikatoren ‚multikulturell' und ‚interkulturell' meistens pauschal unterstellt, sie transportierten einen statischen, geschlossenen, essentialistischen, womöglich noch ethnisch oder national fundierten Kulturbegriff (Welsch 1999, 2004) und schlössen dynamische Transitionen, Transfere und Transformationen, heterogene oder hybride Konstellationen und dgl. aus (bezogen auf sog. ‚Lernkulturen' in der Erwachsenenpädagogik findet sich dieser Tenor z.B. bei Gieseke/Robak 2009). Das ist in dieser Allgemeinheit gewiss falsch und legt das Gewicht semantischer Innovationen bei der Begriffsbildung allzu sehr auf den Austausch von Etiketten, die mit dem marktförmigen Gestus der Radikalisierung und Überbietung des Dagewesenen eingeführt werden (vgl. etwa das interessante Büchlein von Han 1994). Im Übrigen werden auch in Theorien bzw. Theoremen der Trans- oder Hyperkulturalität viele (‚multi') Kulturen ausgemacht, Übergänge und Austausch zwischen (‚inter') ihnen diagnostiziert, etc.; es kommt also nach wie vor einfach darauf an, wie man Kulturen, ihre Konstitution und Transformation im kulturellen Austausch (Burke 2000), *en detail* theoretisch konzeptualisiert, empirisch erforscht, beschreibt und erklärt (zum Überblick: Eagleton 2001; Straub 2007b).

Programm einer *Normierung des Menschen*, die meistens als willkommene ‚Optimierung' des Einzelnen und der sozialen Verhältnisse angesehen wird. Interkulturelles Lernen ist zu einem *Politikum* geworden. Dazu passt leider auch der inflationäre und modische, oft gedankenlose Gebrauch dieses Ausdrucks. Die allgegenwärtige Beschwörung interkulturellen Lernens steht im Zeichen eines unbändigen Optimierungswillens, der nicht selten jedes Interesse an begrifflicher Klarheit erstickt. Dies zeigt bereits der Ausdruck selbst an.

Lernen, *interkulturelles*: ein qualifizierendes Adjektiv?

Die Verwendung des Prädikators ‚interkulturell' spezifiziert, wie Doris Weidemann (2004) feststellt, keinen besonderen *Modus* oder *Typus* menschlichen Lernens, der sich von anderen unterscheiden ließe (wie im Fall des ‚impliziten' oder ‚expliziten' Lernens, des ‚Verstärkungslernens', ‚Signallernens', ‚Beobachtungslernens', ‚expansiven Lernens', usw.; s.u.). Ebenso wenig präzisiert das Adjektiv den Lern*kontext* (wie im Fall des ‚informellen' oder ‚formellen' Lernens; s.u.). Wer das Lernen als ‚interkulturell' qualifiziert, verweist allenfalls auf einen nur vage angedeuteten Lern*gegenstand*: irgendwie geht es bei diesem Lernen um die sensible und aktive *Wahrnehmung von* sowie einen bestimmten (kognitiven, emotionalen, praxischen) *Umgang mit* kultureller Differenz, Andersheit und Fremdheit. Meistens wird interkulturell kompetentes Handeln mit normativen Adjektiven als ‚angemessen', ‚konstruktiv', ‚produktiv', ‚effektiv' oder ‚kreativ' ausgezeichnet. Eine einigermaßen klare Auskunft darüber, *wie* und *warum* hier etwas gelernt wird, wird dadurch nicht gegeben. So bleibt selbst dort, wo ausdrücklich von ‚interkulturellem Lernen' die Rede ist, völlig im Dunkeln, worin denn eigentlich die lerntheoretischen Grundlagen für die häufig geforderte Erklärung der Genese interkultureller Kompetenz bestehen (und wie die *darauf basierenden* Versuche ihrer Förderung durch didaktische Interventionen und Instruktionen z.B. in interkulturellen Trainings lerntheoretisch begründet werden könnten). Die seit den 1960er Jahren bekannten *Kulturschock*-Modelle (z.B. Oberg 1960) geben über all das ebenso wenig Auskunft wie die vor allem seit John Berrys Arbeiten (Berry 2005; Sam/Berry 2006) geläufigen Theorien der *Akkulturation* oder schließlich jene *Entwicklungs*modelle (z.B. interkultureller Sensitivität; Bennett 1993), welche zwar qualitative Stufen, Stadien oder Phasen interkultureller Kompetenz(en) unterscheiden, aber ebenfalls im Unklaren lassen, wie und warum Lernende denn eigentlich Fortschritte erzielen (einen knappen, kritischen Überblick bietet D. Weidemann 2007).

Misstraut man der eingeschliffenen Rhetorik, stellt sich auch die Frage neu, *weshalb* und *wozu* einzelne Personen – in jedem individuellen Fall und typischerweise – im interessierenden Feld denn eigentlich lernen *sollten* – oder lernen *wollen* sollten. Schließlich ist, genau besehen, noch nicht einmal wirklich klar, *was* genau hier im positiven Fall denn gelernt wird. Diesen Fragen, insbesondere der zentralen „Wie"-Frage, widmen sich die weiteren Ausführungen. Dabei stütze ich mich auf ausgewählte Theorien, deren Potenziale auch im Bereich interkulturellen Lernens bislang nicht ausgeschöpft wurden. Beginnen möchte ich jedoch mit der „Was"-Frage. Es liegt nahe, das „Pferd von hinten aufzuzäumen". Gelernt oder erworben wird, so heißt es gemeinhin, interkulturelle Kompetenz.

Komplexität interkulturellen Lernens: Selektivität, Fokussierung, Sukzessivität

Die Tatsache, dass das theoretische Konstrukt ,interkulturelle Kompetenz' auf verschiedenen *Dimensionen* angesiedelt ist und aus ganz unterschiedlichen *Komponenten* besteht (Straub 2007a; Straub/Nothnagel/Weidemann i.d.B., Kap. 1), hat für den Begriff und die Praxis des sogenannten *interkulturellen Lernens* erhebliche Folgen. Theorien des Lernens (und Lehrens) müssen diese Vielgliedrigkeit in Rechnung stellen und jeweils angeben, *worauf sie sich denn genau beziehen.* Die interne Komplexität interkultureller Kompetenz macht es schlicht unmöglich, beim Lernen (und Lehren) *jederzeit rundum alles* zu beachten und einzubeziehen, was zu diesem Konstrukt gehören mag. Das Lernen erfolgt hier, wie im Fall vergleichbar *komplexer Lerngegenstände* und *-ziele,* notwendigerweise *selektiv* und *sukzessiv.* Lernende müssen auswählen und *fokussieren, was genau* sie zu einem bestimmten Zeitpunkt in einer gegebenen Situation und Zeitspanne lernen (möchten). Selbst wenn Lernende keineswegs vollkommen bewusst, intentional und rational vorgehen, sind solche Fokussierungen *konstitutiv* für ein womöglich langwieriges, schrittweises Lernen. Analoges gilt für Lehrende. Sie müssen ihre Aufmerksamkeit konzentrieren, also in jedem Fall unweigerlich von vielem absehen, was für den Erwerb interkultureller Kompetenz *in toto* ebenfalls wichtig sein mag.[5]

---

5   Die Tatsache, dass interkulturelle Kompetenz stets nur partiell, in Gestalt fokussierter Dimensionen und Komponenten zum Lerngegenstand werden kann, hat also ihr Analogon in der Didaktik. Für sie gilt ebenfalls, dass sie sich, gleichsam modularisiert, auf ausgewählte und ausgegliederte Aspekte beschränken muss. Im Folgenden wird die Perspektive der Lehrenden allerdings ausgeklammert. Wie der Titel des Beitrags anzeigt, geht es hier um *lern*theoretische Grundlagen des Erwerbs interkultureller Kompetenz, und dementsprechend soll allein das Lernen thematisiert werden. Dabei wird keineswegs übersehen, dass Lernen häufig keine Angelegenheit sozial isolierter Monaden ist, sondern in einer mit anderen geteilten Praxis (in ,Lernkulturen') vonstattengeht, nicht zuletzt mithilfe der sozialen Unterstützung von Mitmenschen, die in der einen oder anderen

Lernende müssen, wenn sie mit komplexen Lerngegenständen zu tun haben, Akzente setzen. Das trifft für das bewusste und explizite, formelle oder instruierte Lernen ganz offenkundig zu. Es gilt aber auch für (eher) unbewusste, implizite und informelle Lernvorgänge, die sich im Vollzug einer Praxis (empraktisch) quasi nebenbei und automatisch einstellen können (keineswegs müssen). Interkulturelle Kompetenz wird unter wechselnden Gesichtspunkten entwickelt und stets nur ausschnittweise im Handeln ‚aktualisiert'. Die Performanz interkultureller Kompetenz ist notwendigerweise fragmentarisch. Sie zeigt sich in einzelnen, in der gegebenen Situation relevanten Komponenten. In konkreten *Situationen* in speziellen *Lebensbereichen und Handlungsfeldern* werden jeweils *bestimmte* Komponenten (z.B. Empathie und Toleranz) stärker herausgefordert als andere (z.b. deklaratives, propositionales Wissen über kulturelle Werte oder Normen und Gepflogenheiten). Auch aktuelle Motive und Intentionen, Interessen und Ziele des Lern*subjektes* sind maßgeblich für die unumgänglichen Akzentuierungen. Dessen bereits erworbenes Wissen und Können ist die Voraussetzung für die selektive Fokussierung und Bearbeitung des komplexen Lerngegenstandes. Kontextuelle Rahmenbedingungen, situative Anforderungen und sonstige für das Lernen relevante Merkmale der materiellen, sozialen und ideellen Umwelt wirken ebenfalls auf die jeweils mögliche und nötige Spezifizierung des Lerngegenstandes ein.

Nicht alle Personen lernen und können schließlich dasselbe (auf dieselbe Weise). Solche interindividuellen Unterschiede werden in der Perspektive der differentiellen Psychologie als (typisierbare) individuelle Ausprägungen einer komplexen *personalen Disposition* erfasst. Was (und wie) von einem Individuum jeweils gelernt wird, entscheidet über das schließlich erworbene Wissen, die angeeigneten Fähigkeiten und Fertigkeiten. Die Komponenten interkultureller Kompetenz können auch in Gestalt personaler Dispositionen in *va-*

Weise Mitlernende oder natürlich auch Lehrende sein können. Begriffe wie *coaching* oder *scaffolding* heben auf die soziale Situiertheit oder Instruiertheit zahlreicher Lernvorgänge ab und betonen den kooperativen Charakter vieler Tätigkeiten, die Lernziele verfolgen (und dabei vielleicht auch Lehrziele, Lehrpläne und dergleichen umsetzen; vgl. auch Rogoff/Matusov/White 1996; Scribner/ Cole 1973, sowie neuere Arbeiten, in denen der *kulturelle* Lehr-Lernkontext noch stärker berücksichtigt wird: Greenfield/Maynard/Childs 2000; Dasen/Akkari 2008). Dennoch ist Klaus Holzkamp (1993) darin Recht zu geben, dass die Verquickung lerntheoretischer mit lehrtheoretischen und didaktischen Fragestellungen nicht bloß zu Begriffsverwirrungen und einem diffusen Amalgam verschiedener Phänomene, Perspektiven und Aufgaben führt, sondern gerade auch zu einer Marginalisierung spezifisch *lern*theoretischer Fragestellungen. Die schlichte und dennoch so wichtige Frage, wie und warum eine Person etwas lernt, wird häufig an den Rand gedrängt und kaum mehr beachtet, weil man allzu schnell mit Problemen und Anliegen der Lehre und Didaktik befasst ist. Diese setzen jedoch theoretische Antworten auf grundlegende Fragen nach dem Lernen voraus.

riablen Formen arrangiert und integriert werden. Mit einem Wort: unter dem Begriff verbirgt sich selbst dann, wenn gleichermaßen erfolgreiche Lernprozesse absolviert wurden, mitunter sehr Verschiedenes. Die notwendige Selektion bestimmter Komponenten oder Aspekte, deren Fokussierung oder Akzentuierung im Lernvorgang ist vielfach 'determiniert'. Was als Ausschnitt des komplexen Lerngegenstandes überhaupt in Frage kommt, legen theoretische Begriffe und Modelle interkultureller Kompetenz fest. Üblicherweise tauchen die von D. Weidemann (2007: 494) zusammengestellten, hier einfach übernommenen und geringfügig ergänzten Aspekte als mögliche Ziele und Bezugspunkte interkulturellen Lernens auf. Dieses kann beinhalten:

- den Erwerb konzeptuellen Wissens über interkulturelle Inhalte (Kammhuber 2000);
- die Entwicklung der Fähigkeit zu „isomorphen Attributionen" und damit zum Lösen von *critical incidents* (Thomas 1995);
- das Erlernen einer Fremdsprache (z.B. Bechtel 2003);
- den Erwerb neuer „social skills" (Furnham/Bochner 1986);
- die Reduzierung von Angst und die Entwicklung von Ambiguitätstoleranz in der Interaktion mit Fremden (Gudykunst/Kim 2003);
- die hierfür erforderliche Entwicklung der Fähigkeit zu Emotionsregulation (Matsumoto/Yoo/Nakagawa 2008);
- das Entwickeln von Bewusstheit für die kulturelle Dimension sozialer Interaktionen (Brislin/Yoshida 1994);
- die Genese der generalisierten Fähigkeit, sich in fremdkulturellen Umgebungen schnell zu orientieren (Thomas 1988) oder die Entwicklung einer Haltung der aufmerksamen Informationsverarbeitung (*mindfulness*) (Gudykunst/Kim 2003).
- die Steigerung von Flexibilität und Anpassungsfähigkeit im Sinne Berrys (1976).

Die bekannten Strukturmodelle interkultureller Kompetenz konzeptualisieren nicht allein ein *intern differenziertes* Vermögen (auf dreierlei Dimensionen: kognitiv, emotional/affektiv, praxisch/behavioral). Sie setzen grundsätzlich voraus, dass sich alle einzelnen Komponenten *entwickeln*, unter Umständen ganz allmählich in langen Zeiträumen. Dies geschieht, so wird angenommen, teilweise unabhängig voneinander, teilweise in interdependenten Lernprozessen.[6] Interkulturelles Lernen ist nun nicht zuletzt deswegen eine überaus

---

6 Wie das im Einzelnen geschieht, ist bislang kaum geklärt. In einer der wenigen durchgeführten Längsschnittstudien nähert sich D. Weidemann (2004) einer Antwort auf diese Frage, indem sie auf der Basis einer qualitativ-empirischen Untersuchung rekonstruiert, warum und wie sich langfristig in Taiwan lebende Deutsche empraktisch und reflexiv handlungsrelevantes Wissen über das 'chinesische' Konzept 'Gesicht' aneignen. Die Studie fokussiert dabei sehr selektiv

komplizierte Angelegenheit, weil die diachronen und synchronen, independenten und interdependenten Entwicklungen einzelner Komponenten keineswegs zu einer *rundum harmonischen und restlos konsistenten oder kohärenten Struktur* führen. (Entsprechend ist auch eine *funktionale* Bestimmung interkultureller Kompetenz viel schwieriger, als es der Begriff suggeriert.) Alle gängigen Modelle interkultureller Kompetenz begreifen die theoretisch unterschiedenen Komponenten als gar nicht unbedingt kompatible, in logischer und *psycho*-logischer Eintracht koexistierende Elemente einer prästabilierten Ordnung. Sie betrachten sie vielmehr als *teilweise spannungsreiche Aspekte einer dynamischen Disposition* handlungsfähiger Personen. In Abhängigkeit vom jeweiligen Handlungskontext können die einzelnen Komponenten und *deren Relationen* – auch Beziehungen in Form eines *Widerspruchs* oder *Widerstreits* – von erheblicher Bedeutung sein. Meistens werden solche logischen und/oder psychologischen Spannungen stillschweigend übergangen (was Thomas 2003: § 25 zu Recht beanstandet).

Was heißt und wie erklärt man (interkulturelles) ‚Lernen'? Begriff und Theorie gesucht!

Trotz aller offenen Fragen lässt sich, wie ausgeführt, zumindest grob sagen, *was denn eigentlich* beim interkulturellen Lernen so alles gelernt wird. Die verfügbaren Theorien äußern sich dazu, weil sie ihren Gegenstand einigermaßen klar eingrenzen müssen. Auf die Frage, *wie und warum* (interkulturell) gelernt wird, bietet die Psychologie bislang keine überzeugenden Antworten – trotz der weit über ein Jahrhundert währenden Tradition einer theoretisch und empirisch ausdifferenzierten Lernpsychologie. Einige nützliche Unterscheidungen, viele hilfreiche Hinweise und ein paar wichtige Erkenntnisse gibt es selbstverständlich.

Zu den nützlichen Unterscheidungen gehört die Abgrenzung des *formellen* (oder *instruierten*) vom *informellen* (oder *inzidentellen*) Lernen.[7] *Infor-*

---

das interessierende Lernen über ‚Gesicht'. Weidemann zeigt vornehmlich, wie sich diesbezügliche Lernfortschritte in zunehmend differenzierteren, komplexeren und flexibleren ‚subjektiven Theorien' niederschlagen. Diese erfahrungsgesättigten subjektiven Theorien verdanken sich der Reflexion eigener Praxis und leiten fortan die Deutungs- und Verstehensleistungen der Akteure sowie deren hermeneutisch vermitteltes Fühlen und Handeln. Wie die Autorin ansatzweise darlegt, lernten ihre Forschungspartner, als sie ihr praktisches Wissen über „Gesicht" erweiterten, niemals *nur* etwas über dieses in Taiwan so wichtige Konzept. Interkulturelles Lernen ist in aller Regel multidimensional strukturiert und vollzieht sich synchron in mehreren Komponenten – oft in schwer zergliederbaren Interdependenzen.

7 Diese Begriffe sind nicht absolut deckungsgleich. Man könnte hier auch noch die Differenzierung zwischen explizitem und implizitem Lernen anführen, die sich wiederum nur teilweise mit den angeführten Unterscheidungen überlappt

mell oder *empraktisch* können Menschen lernen, wenn sie in ihrer alltagsweltlichen Praxis, ob sie wollen oder nicht, Erfahrungen kultureller Differenz machen und dabei Formen des Umgangs mit Anderen, Fremden zumal, ausbilden und einüben, die ausgewiesenen Komponenten und Kriterien interkultureller Kompetenz entsprechen. Dieses Lernen erfolgt außerhalb von eigens eingerichteten, institutionellen Lehr-Lern-Kontexten. Es stellt sich im Vollzug der Praxis selbst ein, manchmal eher *en passant*, zufällig, inzidentell, implizit, bisweilen geht es nicht ganz ohne die Aufmerksamkeit des Lernenden. Es resultiert in einem *praktischen Wissen*, das Aristoteles den in besonderen Handlungsfeldern kundigen oder allgemein lebenserfahrenen Menschen zuschreibt. Interkulturelles Lernen macht klug und stattet die im angedeuteten Sinne erfahrene Person – die ihre zahllosen Erlebnisse, Widerfahrnisse und Handlungen reflektiert und typisiert hat – mit *phronetischer Vernunft* und narrativer Intelligenz aus (zu diesen Begriffen vgl. Bruner 1986; Ricœur 1986; Straub 1998).

Formelles Lernen zeitigt im Prinzip dieselben Ergebnisse, wird jedoch in eigens eingerichteten oder aufgesuchten Kontexten bzw. Situationen interkulturellen Lernens initiiert, instruiert und womöglich evaluiert. Selbstredend ist dieses institutionalisierte, systematisch verfolgte Interesse eng mit Erziehungs- und Bildungsabsichten verknüpft. Es zielt auf die Gewährleistung und Beschleunigung von Lernprozessen, die sich ansonsten vielleicht gar nicht, bloß zufällig oder nur langsam einstellen. Seit ein, zwei Jahrzehnten ist der institutionalisierte Appell zum interkulturellen Lernen mit regelrechten Programmen der Modifikation des Menschen verknüpft, die alle auf die didaktisch versierte Förderung interkultureller Kompetenz auf der Grundlage einer Angewandten Psychologie hinauslaufen. Das vorliegende Handbuch handelt vor allem davon.

Die beiden unterschiedenen Typen des formellen und informellen Lernens verbindet selbstverständlich die schlichte Tatsache, dass hier wie dort *gelernt* wird. (Im Übrigen kann natürlich auch in formellen Kontexten instruierten Lernens mehr und anderes gelernt werden als instruiert worden ist. Formelles Lernen kann informelles – in nicht intendierten Bereichen – einschließen.) Was man nun unter ‚Lernen' *ganz allgemein* verstehen kann, lässt sich wiederum vergleichsweise leicht angeben. Unabhängig von den Besonderheiten einzelner Lerntheorien (und ihrer zugehörigen Forschungsprogramme) besteht über folgende Bestimmungsmerkmale weitgehend Konsens in der Psychologie (und in benachbarten Disziplinen):

(vgl. zur Implizität praktischen Wissens Baumgartner 1993). Dasselbe gilt für Polaritäten wie bewusst-unbewusst, intentional-unabsichtlich, kontrolliert-automatisiert, reflektiert-prozedural, etc. Im Übrigen ist die Begriffsverwendung ohnehin nicht ganz einheitlich.

- ‚Lernen' ist ein *Interpretationskonstrukt*, das sich auf nicht beobachtbare (psychische) Vorgänge bezieht; man muss von seinen wahrnehmbaren Ergebnissen und Folgen her auf seinen erfolgten Verlauf schließen;
- Lernen resultiert in psychischen *Veränderungen*;
- solche Veränderungen sind – anders als im Fall biologischer Reifungsvorgänge, medikamentöser Manipulation, Intoxikation, invasiver Eingriffe in einen Organismus oder auch bloßer Ermüdung – durch einmalige oder wiederholte *Erfahrungen* und/oder durch gezielte *Übung* zustande gekommen;
- durch Lernen bewirkte Veränderungen können in der *kognitiven, emotionalen und motivationalen* oder *praxischen* Dimension oder auf mehreren dieser Ebenen zugleich angesiedelt sein;
- solche Veränderungen besitzen *relativ überdauernden* Charakter, führen also zu merklichen und vergleichsweise stabilen, jedoch *keineswegs irreversiblen* Modifikationen des Selbst, seiner Dispositionen und Vermögen;
- im Übrigen müssen Lernergebnisse keineswegs sofortige (gleich beobachtbare) Ergebnisse und Folgen zeitigen, sondern können sich verzögert manifestieren; man kann von der möglichen *Ungleichzeitigkeit* des latenten Lernens einerseits, seines performativen Ausdrucks andererseits sprechen;
- und schließlich kann als Ergebnis und Folge prinzipiell *jede* Veränderung im definierten Sinn gelten, egal ob die damit verbundene, längerfristig verfügbare Modifikation des Erlebnis- und Handlungspotentials einer Person von dieser oder beliebigen Anderen erwünscht ist oder abgelehnt und verurteilt wird; *im Prinzip* ist der Lernbegriff deskriptiv und explanativ, also *nicht normativ*;
- dennoch sind viele theoretische Lernbegriffe an eine *valorative* und *normative Pragma-Semantik* gebunden, d. h.: sie koppeln das Lernen an bestimmte Werte und Normen und geben damit eine *Richtung* vor, in der Lernen stattfinden *soll*; der Begriff des ‚interkulturellen Lernens' macht dies in aller Regel geradezu beispielhaft klar (etwa wenn die Fähigkeit zur Perspektivenübernahme oder geringer Ethnozentrismus als Lernergebnisse betrachtet werden, rigider Nostrozentrismus und exzessive Fremdenfeindlichkeit dagegen als Zeichen dafür gelesen werden, dass jemand „nichts gelernt habe" – was im Lichte eines neutralen psychologischen Lernbegriffs ja offenkundig falsch ist).

Bis zu dieser Stelle ist die Aufgabe, lerntheoretische Grundlagen im interessierenden Feld zu formulieren, relativ gut zu bewältigen. Sehr viel schwieriger wird es, wenn man einzelne Theorieangebote sondiert und beurteilen möchte, ob sie denn die Frage nach dem *Wie* und *Warum* des Lernens, speziell des interkulturellen Lernens, in angemessener und zufriedenstellender Weise zu beantworten gestatten.

Zunächst einmal ist es erstaunlich, wie spärlich lerntheoretische Ansätze und Forschungen in diesem Feld sind, Theorien also, die sich tatsächlich um *Erklärungen der Genese, Veränderung oder Entwicklung* interkultureller Kompetenz bemühen. Häufig werden Lernvorgänge lediglich als evidente Tatsachen hingenommen oder als Ziele propagiert. Als Maßstab dienen dabei irgendwelche quantitativen oder qualitativen Unterscheidungen verschiedener *Niveaus* oder *Grade* dieser Kompetenz (anhand mehr oder weniger klarer theoretisch-struktureller Aspekte oder pragmatisch-funktionaler Anzeichen). Die Metrisierung verschiedener Ausprägungen interkultureller Kompetenz – alle verfügbaren Tests und sonstigen diagnostischen Instrumente operieren mit solchen Maßzahlen (vgl. hierzu etwa Kühlmann 2007) – oder die grobe qualitative Differenzierung von Niveaus folgt dabei der Idee einer hierarchischen Ordnung von Stufen und Stadien interkultureller Kompetenz. Dies ist etwa bei den bereits erwähnten Entwicklungsmodellen von Milton Bennett oder Colleen Ward der Fall. Solche Entwicklungstheorien gestatten es zwar, die einzelnen Phasen und Niveaus anhand bestimmter Kriterien (hypothetischer Natur oder empirisch fundiert) zu unterscheiden und Personen in diagnostischer Absicht zuzuordnen. Sie erklären jedoch kaum oder überhaupt nicht, wie und warum Menschen lernen und sich dabei von einem Niveau zum anderen bewegen (in die eine oder andere Richtung, wenn man nicht von vorneherein irreversible Entwicklungslogiken voraussetzen will).

Bezugnahmen auf Lerntheorien, die dieses Defizit beseitigen helfen könnten, sind erstaunlich selten. Versuche einer systematischen Sondierung und kritischen Prüfung dieser Theorieangebote im Hinblick auf den interessierenden Lerngegenstand bilden die Ausnahme (z.B. Kammhuber 2000). Im „Angebot" (auch der gängigen Überblickswerke, Hand- und Lehrbücher; vgl. etwa Bednorz/Schuster 2002; Edelmann 2000; Lefrançois 2006) sind vor allem folgende prominente Ansätze, die meistens allgemeine Gesetz- oder Regelmäßigkeiten des Lernens identifizieren und in die Form theoretischer Allaussagen bringen (möchten):[8]

---

8   In der technomorphen Terminologie der zeitgenössischen Psychologie werden solche Zusammenhänge häufig als „Mechanismen" bezeichnet und als Kausalbeziehungen aufgefasst. Paradigmatisch für dieses Denken sind die behavioristischen SR-Theorien, die Stimuli (Reize, S) kausal, gleichsam mechanisch eben, mit bestimmten Reaktionen (R) verknüpfen. Das zentrale Muster dieser Denkform (Laucken 1989), die zu einer als objektive Naturwissenschaft konzipierten Psychologie passt, findet sich jedoch auch in anderen Lerntheorien, einschließlich der meisten kognitiven Ansätze. Dazu gibt es, wie im Folgenden argumentiert wird, eine handlungstheoretische Alternative, die auch im Bereich des Lernens davon ausgeht, dass die in der Psychologie interessierenden Zusammenhänge häufig im Sinne des hermeneutischen Modells pragmatischer und seman-

- klassisches Konditionieren, Signallernen (behavioristischer Ansatz; Watson 1913, Watson/Rayner 1920);
- operantes oder instrumentelles Konditionieren, Verstärkungslernen, Lernen am Erfolg, programmiertes Lernen (behavioristischer Ansatz; Skinner 1973, 1974);
- Modell-, Beobachtungs-, Nachahmungs- oder Imitationslernen (soziale Lerntheorie bzw. sozial-kognitiver Ansatz behavioristischer Provenienz, der jedoch jeden rein behavioristischen Rahmen durch die Integration praktischer, sozialer und kognitiver/mentaler Elemente sprengt; Bandura 1979);
- Selbst-bezogene Lerntheorien, z.b. der auch als soziale Lerntheorie bekannte Erwartung-mal-Wert-Ansatz (Rotter 1954, 1966, der in diesem Zusammenhang auch das Konzept der internen vs. externen Kontrollüberzeugungen entfaltet), die Theorie der gelernten Hilflosigkeit (Seligman 1979) oder die Theorie der Selbstwirksamkeits-Erwartungen (Bandura 1977);
- implizites Lernen (neurophysiologische Konzeptionen und, ganz anders gelagert, die im vorliegenden Zusammenhang interessanten praxeologischen Ansätze – z. B. Bourdieu 1976, 1998, Polanyi 1985);
- gedächtnistheoretisch begründete Lernmodelle (von den informationstheoretischen Dreispeichermodellen über andere Differenzierungen von Speichersystemen, Komponententypen, Wissens- und Verarbeitungsformen sowie Theorien des autobiographischen Gedächtnisses bis hin zu teils sehr komplexen konnektionistischen Modellierungen von Gedächtnis und Erinnerung mit den theoretischen Mitteln der Künstliche-Intelligenz-Forschung, etwa im Rahmen des Paradigmas artifizieller neuronaler Netz-

---

tischer Beziehungen interpretiert werden müssen, als Ursache-Wirkungs-Zusammenhänge im strikt kausalistischen Sinn also missverstanden wären (vgl. hierzu allgemein Straub 1999a). Holzkamp ist einer jener Autoren – neben Aschenbach (1984), Brandtstädter (1982, 1984), Laucken (1989), Smedslund (1988), Werbik (1987) –, welche energisch auf die in der Psychologie gängige Verwechslung empirisch-kontingenter (kausaler) *Bedingungs*zusammenhänge mit (logisch-analytischen) pragma-semantischen *Begründungs*zusammmenhängen hingewiesen und dieses Argument mit ins Zentrum der Kritik an der nomologischen Psychologie gerückt haben. Das macht auch die Lektüre der hier interessierenden Monographie „Lernen" überaus klar (Holzkamp 1993: 17ff.; vgl. auch Holzkamp 1986). Holzkamp entfaltet eine spezifische Variante eines „alternativen" Theorie- und Forschungsprogramms, wenn er nicht Ursache-Wirkungszusammenhänge, sondern *Begründungsmuster intentional handelnder Subjekte* fokussiert. In seinem Buch finden sich auch ausführliche, auf weiten Strecken sehr detaillierte und informative Darstellungen der wichtigsten „traditionellen" Lerntheorien. Holzkamps Kritik verfährt dabei, seinem dezidiert subjektwissenschaftlichen (und im Grunde genommen hermeneutischen) Ansatz entsprechend, „begründungsanalytisch" (Holzkamp 1993: 39-173; s.u.).

werke; vgl. zusammenfassend wiederum Bednorz/Schuster 2002: 130ff.; kritisch Holzkamp 1993: 118-151);

- Lernen als Lernhandeln: besonders prominent sind handlungstheoretisch-kybernetische Ansätze im Sinne der Handlungsregulationstheorie (Hacker 1973, Volpert 1974, Oesterreich 1981), die u.a. die hierarchisch-sequentielle Organisation auch des Lernhandelns hervorheben (besonders relevant ist Dulisch1986; vgl., dazu Holzkamp 1993: 152-173, der diese Modelle im Hinblick auf ihre lerntheoretischen Implikationen und Bezüge rezipiert); in jüngerer Zeit wird der Rahmen dieser Modelle auch in lerntheoretischen Debatten überschritten, ohne das handlungstheoretische Denken aufzugeben. Genau so verfährt etwa Holzkamp in seiner handlungstheoretisch-subjektwissenschaftlichen Konzeption menschlichen Lernens (auf die ich noch ausführlich zu sprechen komme).

Es ist seit längerer Zeit üblich, die *beschränkte* Gültigkeit und Brauchbarkeit dieser so verschiedenen Modelle anzuerkennen, ihre Zuständigkeit und Reichweite also auf bestimmte Typen oder *Arten des Lernens* (und manchmal auch bestimmter Typen von Lern*gegenständen*) zu begrenzen. So braucht eine Person offenkundig nicht unbedingt für alle Verhaltensweisen verstärkt (z.B. belohnt) werden, um zu lernen (wie es die Theorie operanter Konditionierung voraussetzt). Menschen lernen vieles *en passant*, völlig unabhängig von Gratifikationen oder sogar von sonstigen Konsequenzen. Analoges gilt für die anderen theoretischen Modelle, sodass man deren Wert gemeinhin im Hinblick auf spezifische Arten des Lernens diskutiert. Dazu gehören, nach steigender Komplexität – insbesondere bezüglich der Einbeziehung kognitiver, sozialer und kultureller Aspekte – geordnet (vgl. Bednorz/Schuster 2002: 16ff.):

- das Reflexlernen,
- das Instinktlernen,
- das Lernen von Verhaltenssequenzen und die Automatisierung von Abläufen,
- das Lernen von Bedeutungen oder Überzeugungen und schließlich
- das Lernen von beliebig komplexen Überzeugungssystemen und von damit (pragma-semantisch) verwobenen Handlungen und Habitus, Sprachspielen und Lebensformen.

Beim lebenslangen Erlernen interkultureller Kompetenz scheint von all dem etwas dabei zu sein. Keine Art des Lernens scheint hier ausgeschlossen, kein theoretisches Modell gänzlich irrelevant. Die ‚Einsicht', dass wohl jedes theoretische Modell *irgendwie* zu *irgendeinem* Aspekt interkultureller Kompetenz passen könnte, ist freilich unbefriedigend. Sie führt allzu schnell zu einem willkürlich erscheinenden Eklektizismus. Der Gedanke einer *spezifischen Zu-*

ständigkeit einzelner Lerntheorien oder theoretischer Lerntypen für die Beschreibung und Erklärung einzelner Komponenten interkultureller Kompetenz
liegt dennoch nahe. Wer ihm folgen mag, bediente sich dann eben ganz gezielt aus dem vorhandenen Reservoir an psychologischen Lerntheorien. Er
(oder sie) nähme eben jeweils passende, zweckdienliche Zuordnungen vor,
um dann zu sehen, wie weit man damit (in der empirischen Forschung, bei der
theoretischen Erklärung interkulturellen Lernens oder bei der Entwicklung
‚komponentenspezifischer‘ Didaktiken etc.) kommt. Abgesehen davon, dass
eine derartig eklektizistische Vorgehensweise noch niemals als glanzvoller
Gipfel der wissenschaftlichen Arbeit mit Theorien gegolten hat, führt sie zu
einer eigentümlichen Eintracht, in der zwar alle ungestört nebeneinander her
leben dürfen und ihr Auskommen finden, sich aber auch nichts mehr zu sagen
haben. Parallelveranstaltungen stellen bekanntlich jede von Konkurrenz ange-
triebene Auseinandersetzung still und lähmen den Fortschritt.

Exkurs zu Entwicklungstheorien:
Genau genommen müssten im interessierenden Zusammenhang auch noch
Entwicklungstheorien berücksichtigt werden, auf die man sich im Feld interkulturellen Lernens bisweilen ebenfalls bezieht (z.B. Bennett 1993). Solche
Theorien enthalten, sobald sie Entwicklung nicht ausschließlich als rein biologisch determinierte Vorgänge in einem Organismus konzeptualisieren, ja
stets auch lerntheoretische Grundannahmen. Dies ist etwa in Jean Piagets ge-
netischem Strukturalismus der Fall. Piaget rekonstruiert im Rahmen seiner
empirischen Epistemologie die nicht zuletzt an Erfahrungen, speziell an
Handlungsprobleme gekoppelte Entwicklung des Denkens in qualitativen,
strukturtheoretisch definierten Stufen. Der genetische Strukturalismus koppelt
die kognitive Entwicklung des Kindes an eine handlungs- und interaktions-
theoretische Perspektive, in der biologisch nur teilweise festgelegte Organismen stets in einem durch ihre Umwelt konstituierten Kontext in (Denk- bzw.
Handlungs-) Schwierigkeiten oder Krisen geraten, die Assimilations- und
Akkommodationsprozesse und damit die Transformation kognitiver Schemata
‚nahelegen‘. Auf diese Weise führen das Lernen bzw. die Entwicklung auf
immer neue, komplexere, stets in sich ausbalancierte oder ‚äquilibrierte‘ Stufen. Piagets Äquilibrationsmodell wurde – nach moderaten Modifikationen
oder erheblichen Abweichungen – vielfach adaptiert, von Lawrence Kohlberg
im Bereich der (bereits von Piaget erforschten) Entwicklung moralischer Urteilsfähigkeit, von John Fowler oder Fritz Oser im Feld des religiösen Glaubens, von Jürgen Habermas im Hinblick auf die Interaktionskompetenz und
Identitätsentwicklung, von Jörn Rüsen bezüglich der Entwicklung von Ge-
schichtsbewusstsein, usw. Wie wir am Beispiel des Geschichtsbewusstseins
gezeigt haben (Kölbl/Straub 2003; Straub 1998), sind solche analogisierenden
Übertragungen von Piagets kompetenz- und strukturtheoretischem Ansatz in

alle möglichen Domänen menschlichen Denkens (Glaubens, Fühlens, Handelns) zwar verlockend, häufig aber sehr problematisch. Das gilt wohl nicht zuletzt für die Erforschung und Konzeptualisierung der durch Lernen vorangetriebenen Entwicklung interkultureller Kompetenz. Auch diesbezüglich müsste man nämlich – will man tatsächlich Piagets Ansatz oder anderen Kompetenztheorien, etwa Noam Chomskys sprachtheoretischem Modell einer generativen Grammatik oder Transformationsgrammatik, zumindest in ihrem Grundgedanken wirklich folgen – erst einmal präzise darlegen, in welcher Weise man verschiedene Entwicklungsniveaus – an präzisen Kriterien orientiert – tatsächlich als formale Strukturen bestimmen und klar voneinander abgrenzen kann. Piaget tut ja genau dies, wenn er das sensomotorische vom präoperationalen und beide vom konkret-operationalen und formal-operationalen Denken unterscheidet. (Für das Modell der Entwicklung moralischer Urteilsfähigkeit gilt im Prinzip dasselbe. Das zeigen Piagets und Kohlbergs Stufenmodelle ebenso wie deren handlungstheoretische Rekonstruktion bei Eckensberger und Reinshagen 1980.) Eine solche Entwicklungslogik, die mit klar definierten formalen Strukturen operiert, kennen bislang verfügbare (lerntheoretische) Modelle der Entwicklung interkultureller Kompetenz nicht. Es bleibt demzufolge bei vagen Analogien und partiellen Ähnlichkeiten mit den klassischen Stufenmodellen der kognitiven Entwicklungspsychologie. Interessant ist etwa, dass Piagets Modell u.a. eine sukzessive Loslösung des kindlichen Denkens vom natürlichen Egozentrismus postuliert, was offenbar das Vorbild für alle Modelle abgibt, in denen auch die Entwicklung interkultureller Kompetenz ganz entscheidend an die Überwindung eines ego-, ethno- oder nostrozentrischen Weltbildes gekoppelt ist. Man denke an die in Bennetts Modell besonders wichtige Transition vom Ethnozentrismus hin zum Ethnorelativismus im Zuge der Überwindung der dritten Stufe. Die Fähigkeit zur Perspektivenübernahme ist hier wie dort zentral. Es überrascht nicht, dass dies auch für allgemeine Theorien der Handlungs- und Interaktionskompetenz zutrifft (vom amerikanischen Pragmatismus eines George H. Mead bis hin zum Ansatz eines Jürgen Habermas etwa).

Ende des Exkurses

Die Aussicht auf ein Arsenal an Theorien, die nicht mehr miteinander konkurrieren und ins Gespräch kommen, ist nicht verlockend. Noch weniger ermutigend ist die begründete Erwartung, dass dieses Vorgehen dazu führte, vorschnell seinen Frieden mit einer insgesamt defizitären Verfassung psychologischer Lerntheorien zu machen. Betrachtet man die gängigen Theorieangebote genauer, kann man nämlich leicht feststellen, dass bis heute noch immer ziemlich unklar ist, was denn Lernen in seinen mannigfaltigen Formen und was speziell *interkulturelles* Lernen eigentlich sein soll und ausmacht, wie es sich vollzieht und wie es theoretisch angemessen beschrieben und erklärt werden kann. Deswegen soll im Folgenden ein anderer Weg eingeschlagen werden. Ich möchte zwei Ansätze vorstellen und diskutieren, die im Hinblick auf die hier interessierenden Lerngegenstände und -ziele besonders aussichtsreich erscheinen. Dies gilt generell im Hinblick auf komplexe Lerngegenstände und -ziele.

Die Potentiale sowohl der dezidiert handlungstheoretischen Konzeption von Klaus Holzkamp als auch des am Begriff der (leiblichen) Erfahrung ansetzenden phänomenologischen Ansatzes, wie ihn Käte Meyer-Drawe vertritt, sind bislang nicht ausgeschöpft, in der zeitgenössischen Psychologie sogar kaum beachtet. Dies ist umso bedauerlicher, als sich diese Konzeptionen menschlichen Lernens als *komplementär* auffassen lassen. Im Rahmen einer psychologischen Handlungstheorie (Straub 1999a), die zwar auch, aber nicht nur vom intentionalen Handeln partiell autonomer Subjekte, sondern ebenso von anderen Handlungstypen sowie von Widerfahrnissen, heteronom strukturierten Vorgängen des Erlebens und Erleidens spricht, lässt sich diese Auffassung plausibilisieren und spezifizieren. Ich werde dies zumindest in Ansätzen darlegen und für weitere Bemühungen um eine kohärente Integration der ausgewählten Ansätze argumentieren. Auch wenn ich hier keinen zufriedenstellenden 'integrativen Ansatz' präsentieren kann, betrachte ich die folgenden Prolegomena zu einer zukünftigen Theorie interkulturellen Lernens als hilfreich – gerade auch im Hinblick auf die interkulturelle Didaktik in Hochschulen und anderen Bildungseinrichtungen.

Halten wir fest: Die erwähnten psychologischen Lerntheorien haben die Forschung zweifellos bereichert und auch das anwendungsfähige Wissen vermehrt. Allerdings lassen sie viele Fragen offen, die im vorliegenden Zusammenhang entscheidend sind. Keine der angeführten Theorien belehrt uns in überzeugender Weise darüber, wie und warum eine Person interkulturelle Kompetenz erlernen kann, und sei es in der unvermeidlich selektiven und sukzessiven Weise. Gerade das eigentliche Lernen bleibt in diesen Theorien unterbelichtet, und dies hat nicht zuletzt mit jenen theoretisch grundlegenden Weichenstellungen zu tun, welche das Lernen als einen naturgesetzlich ablaufenden *Mechanismus* konzeptualisieren und dabei die eine oder andere Form elementaristischer Assoziationstheorien bemühen – sowohl in behavioristischen S-R-Theorien als auch in mentalistisch angereicherten sozial-kognitiven Lern- und Verhaltenstheorien oder schließlich in kognitiven Theorien der neueren Lern- und Gedächtnisforschung.

Helfen an dieser Stelle nicht jene (wenigen) Theorien weiter, welche ausdrücklich auf den Erwerb interkultureller Kompetenz zugeschnitten sind? Leider nein. Auch sie umschiffen die zentrale *lern*theoretische Frage. Ich erinnere zu exemplarischen Zwecken lediglich noch kurz an Edward Taylor (1994), der sein interessantes lerntheoretisches Modell der Entwicklung interkultureller Kompetenz auf Mezirows „theory of perspective transformation"

(1978) gründet, dabei aber vor allem ein paar Grundgedanken wiederholt, wie sie im amerikanischen Pragmatismus (also in der Handlungstheorie eines John Dewey oder George H. Mead) formuliert wurden. Solange Begriffe wie z.B. Krise oder Strukturtransformation abstrakt und metaphorisch bleiben, helfen sie kaum weiter genauer zu verstehen, wie und warum Lernende lernen.

Holzkamps subjektwissenschaftliche Konzeption menschlichen Lernens: eine kritische Darstellung

Die Lerntheorie, die diese Frage beharrlich stellt und genau in den Blick nimmt, findet sich in Holzkamps letzter umfangreicher Monographie. Im Rahmen seiner „Kritischen Psychologie" entfaltet der Autor seinen dem Lernen gewidmeten „subjektwissenschaftlichen Ansatz".[9] Dieser *handlungstheoretische* Ansatz beansprucht, herkömmlichen Lerntheorien überlegen zu sein, ihre Schwächen zu vermeiden und ihre Stärken sowohl zu integrieren als auch zu überbieten. Im Grunde genommen geht es um eine radikale Alternative. In der Tat ist Holzkamps Theorie bereits in ihren Prinzipien innovativ und eröffnet Perspektiven, in denen wir besser beschreiben, verstehen und erklären können, *wie und warum* Personen *im Vollzug intentionaler Lernhandlungen* sukzessive interkulturell kompetenter werden können – und warum Menschen nichts lernen, wenn sie dies nicht *aus eigenen guten Gründen* tun wollen. Wer lediglich äußerliche Lernanforderungen und -vorgaben zu erfüllen sucht, so-

---

9   Unverkennbar weist die Kritische Psychologie in dieser Monographie deutliche Spuren eines bereits länger währenden Umbaus auf. Die strikte, dogmatische Anbindung an eine bestimmte Spielart der marxistischen Wirtschafts- und Gesellschaftstheorie ist weitgehend verschwunden. Beibehalten hat Holzkamp eine begründete normative Perspektive, die auch die Semantik und Pragmatik seines theoretischen Lernbegriffs prägt. Seine Theorie *expansiven Lernens* hat gegenüber zahlreichen ‚kryptonormativen' Begriffen nicht nur den Vorteil, dass der Rezipient genau weiß, woran er ist (und welche *kritisierbaren* Argumente Holzkamp für seine Position aufzubieten hat), sondern auch den Vorzug, dass sie den anspruchsvollen Namen ‚Theorie' tatsächlich verdient. Verwunderlich ist, dass diese vergleichsweise komplexe, auf ca. 560 Seiten ausgebreitete Theorie in der zeitgenössischen Lernpsychologie kaum zur Kenntnis genommen wird. Es finden sich zwar mitunter vereinzelte Würdigungen (Brockmeier 1999) sowie selektive Bezugnahmen, so z.B. in Arbeiten von Stephan Kammhuber (2000) oder Verena Stengel (2008) sowie bei Jean Lave und Ettienne Wenger (1991), die allesamt mit konstruktivistischen Konzepten des *situierten Lernens* arbeiten. Von ausführlichen Auseinandersetzungen in der psychologischen Fachwelt (außerhalb des Kreises der Kritischen Psychologie; s. dazu etwa Held 1998, der sich speziell mit interkulturellem Lernen befasst, dabei die Holzkampsche Lerntheorie aber nur sehr ausschnitthaft mit seinem Gegenstand in Berührung bringt) kann aber keine Rede sein. Ausnahmen gibt es eher noch in der Pädagogik (Faulstich/Ludwig 2004; Wittpoth 2004).

lange dies eben unumgänglich ist – weil sonst Nachteile oder andere schmerzliche Sanktionen drohen –, lernt meistens wenig bis nichts. Von nachhaltigen
Erweiterungen des Erlebnis- und Handlungspotentials ist in solchen Fällen
kaum etwas zu sehen. Genau darum geht es jedoch in Holzkamps Theorie. Sie
gibt uns zudem den einen oder anderen Wink für die Gestaltung einer Lehre
und Didaktik interkultureller Kompetenz, die systematisch auf gegenstands-
angemessenen lerntheoretischen Einsichten aufbaut.

Wie nun entfaltet der Autor seine neue psychologische Theorie menschlichen Lernens? Holzkamp grenzt zunächst einmal bestimmte Formen des Lernens aus dem ihn interessierenden Bereich aus (und zögert bisweilen sogar,
diesbezüglich überhaupt von ‚Lernen‘ im engeren Sinn zu sprechen). Seine in
diesem Zusammenhang bemühten Unterscheidungen liegen häufig quer zu
den oben erwähnten Lerntheorien und Lerntypen. Sie rücken eine Form des
Lernens ins Zentrum der Aufmerksamkeit, die auch für den Erwerb (und sodann für die didaktische Vermittlung) interkultureller Kompetenz von besonderer Bedeutung ist. Das von Holzkamp so genannte *expansive* Lernen ist eine *spezifisch menschliche* Form des Lernens, die ganz im Zeichen der
Erweiterung des Erlebnis- und Handlungspotentials von Lern*subjekten* steht.
Egal, was im Einzelfall gelernt wird, stets dient dieses Lernen der Steigerung
von Erlebnis- und Handlungsmöglichkeiten, die eine Person am Ende eines
mehr oder weniger mühsamen Prozesses als willkommene Bereicherung erfährt. Lernen ist an die Überschreitung und Erweiterung bisheriger Grenzen
des eigenen Denkens, Fühlens, Wollens und Handelns gebunden. Es verschafft dem lernenden Subjekte erweiterte Spielräume des Verhaltens, macht
es mit neuen Gefilden eines im Prinzip unendlichen Bedeutungsuniversums
bekannt. Die lernende Person kostet, versucht und exploriert bestimmte Ausschnitte der materiellen, sozialen und ideellen Welt. Sie nimmt teil an kulturellen Errungenschaften, „bringt sich ein" und gestaltet das „Außen" so gut
wie das „Innen" (vgl. zu diesen psychologischen Begriffen Boesch 2005, der
die Außen- von der Innenwelt trennt, ohne ihre Interdependenz und Interpene-
tration zu verkennen).

Lernen führt die lernende Person über sich hinaus. Lernen bereichert, indem es den Wirklichkeits- und Möglichkeitssinn eines Menschen erweitert.
Es bringt die lernende Person jenem Ideal gelingenden Lebens näher, welches
Holzkamp emphatisch mit der Extension kognitiver, emotionaler und praxi-
scher Fähigkeiten und Fertigkeiten in Verbindung bringt. *Das* ist Sinn und
Zweck des Lernens und macht dieses so häufig als ‚Mechanismus‘ missver-
standene Bemühen von Menschen als absichtsvollen *act of meaning* verständlich (Bruner 1990). Der Wert des Lernens fällt in Holzkamps Psychologie in
nicht marginaler Weise mit dem „Sinn des Lebens" in eins (vgl. zu dieser be-
tagten, keineswegs veralteten Redeweise Eagleton 2008). Die subjektwissenschaftliche Lernpsychologie zehrt von dieser alles überwölbenden Idee. In

Holzkamps *normativ gehaltvoller* theoretischer Perspektive erscheint keineswegs *jede* in Erfahrungen begründete Veränderung menschlichen Verhaltens, Erlebens oder Handelns als Resultat eines Lernvorgangs im engeren Sinn. Es gibt durchaus Modifikationen und Differenzierungen psychischer Strukturen und Funktionen, die der passionierte Theoretiker gar nicht als Lernfortschritte klassifizieren würde.

Für das Lernziel ‚interkulturelle Kompetenz' scheint der subjektwissenschaftliche Ansatz aus mehreren Gründen besonders geeignet. Das am nächsten liegende Argument besagt, dass so gut wie alle Komponenten interkultureller Kompetenz Merkmale personaler Selbst- und Weltverhältnisse bezeichnen, die eine Person nicht nur oberflächlich beschreiben, sondern in einem ‚tieferen' Sinne charakterisieren. Interkulturelle Kompetenz wird, wie immer dieser Lerngegenstand bezüglich der im konkreten Lernen jeweils relevant gesetzten Komponenten spezifiziert werden mag, zumindest *sehr häufig* genau so erworben, wie es Holzkamps Theorie nahe legt. Interkulturelles Lernen modifiziert Grundstrukturen der Person selbst, transformiert deren Identität. Genau darum geht es Holzkamp. Das soll im Folgenden deutlich werden. Dabei werden auch Schwächen und Grenzen des subjektwissenschaftlichen Ansatzes ausgelotet und bereichernde Alternativen einbezogen.

Expansives Lernen als intentionales Handeln

Holzkamp fokussiert menschliches Lernen als eine spezifische Form *intentionalen Handelns*. Der Autor folgt damit Dulisch (1986), der diese grundlegende Begriffsbestimmung im Rahmen der Handlungsregulationstheorie entfaltet. Schon Dulisch untersucht das *bewusste* und *absichtliche* Lernen, das er vom bloß beiläufigen, in Tolmans Sinne *inzidentellen* Lernen abgrenzt. Während sich das Ergebnis und die Folgen inzidentellen Lernens im Erleben von beliebigen Widerfahrnissen oder im Vollzug *irgendwelcher* Handlungen als (meistens willkommene) Nebeneffekte einstellen, ist das intentionale Lernen eine *Handlung eigener Art*, die auf ein bestimmtes Lernergebnis (und dessen erwartete Folgen) ganz bewusst abzielt. Das intentional lernende Subjekt *will* etwas Bestimmtes lernen und *weiß* bzw. *glaubt* oder *meint* zu wissen, wie es das absichtsvoll angesteuerte Ziel erreichen kann.

Mitunter mag sich dieses Wissen zwar erst beim Lernen selbst einstellen. Es gehört dann zum Lernen wie andere Bestandteile dieses komplexen Vorgangs auch. Entscheidend ist aber, dass Lernvorgänge als eine „relativ dauerhafte Veränderung der eigenen Gedächtnisstrukturen" des Lernsubjekts konzeptualisiert werden und diese innovative Transformation einem im Grunde *praktischen Zweck* dient, nämlich dem Aufbau und der Verstetigung „von Handlungsdispositionen bzw. -kompetenzen" (Dulisch 1986: 150). Lernen in diesem Sinn ist eine Art wissentlich und willentlich angestrebter *Selbstbefä-*

higung handlungsfähiger Subjekte, die nicht zuletzt deren Selbstbewusstsein und Selbstwertgefühl stärkt.

Holzkamp fasst das ihn interessierende Lernen konsequent als zielgerichtete, zweckrationale Lern*handlung* auf, die nur unter Berücksichtigung der Perspektive des Handlungs- bzw. Lernsubjekts theoretisch konzeptualisiert und empirisch erforscht werden kann. Lernen ist demnach kein irgendwie gearteter Mechanismus, sondern „eine Weise begründeten menschlichen Handelns" (Holzkamp 1993: 225). Die psychologische Lernforschung steht damit vor der zentralen Aufgabe, subjektive *Gründe des Lernens* empirisch zu rekonstruieren. Zu diesem Zweck muss sie eine *emische* Perspektive einnehmen (zu diesem die Innenperspektive von Akteuren bezeichnenden Begriff und seinem an die Außenperspektive eines Beobachters gekoppelten Komplementärbegriff „etisch" vgl. Pike 1967; Straub 2001: 144). Subjektive Gründe lassen sich nicht aus der Beobachterperspektive wahrnehmen, sondern nur im Anschluss an die Selbst- und Weltverständnisse der Handelnden erschließen. Diese handeln auf der Grundlage bestimmter, *für sie* verbindlicher Prämissen. Und sie wollen persönliche Ziele erreichen. Das ist im Fall des interkulturellen Lernens nicht anders als sonst. Auch hier ist das Lernen idealiter an Selbstbestimmungsmöglichkeiten gekoppelt, die das Subjekt wahrnimmt, zu stabilisieren und auszudehnen trachtet.

Schauen wir kurz auf den uns interessierenden Lerngegenstand: Interkulturelle Kompetenz kann im Rahmen von Studiengängen an Hochschulen als institutionalisiertes, curricular festgeschriebenes *Lehr*ziel und zugleich als komplexes und vielgliedriges *Lern*ziel aufgefasst werden, das Subjekte erkennen und anerkennen sowie als eigene Aufgabe übernehmen können. Sie *müssen* dieses Ziel, wenn sie tatsächlich lernen wollen, selbständig und verantwortlich verfolgen, interkulturelle Kompetenz also als eine thematische *Lernproblematik sui generis* aus ihrer eigenen Lebens- und Handlungspraxis ausgliedern. Sie müssen interkulturelle Kompetenz (in bestimmten Ausschnitten) zum Gegenstand machen, fokussieren, differenzieren und bearbeiten, *wenn* sie erfolgreich lernen möchten. Andernfalls begnügen sie sich mit der Erfüllung formaler, per Immatrikulation eingegangener und dennoch gleichsam ‚äußerlicher' Pflichten, bemühen sich um des Scheinerwerbs oder bevorstehender Prüfungen willen, also eigentlich ohne Interesse an der ‚Sache' (dem eigentlichen Lerngegenstand). Nun können wir zwar interkulturelle Kompetenz langfristig als komplexes (und nie vollständig und definitiv erreichbares) Lernziel anstreben, als Lerngegenstand aber, wie dargelegt, nicht *in toto* und *auf einmal* in Angriff nehmen. Ein Subjekt kann motiviert und bestrebt sein, *sukzessive* – zu gegebener Zeit in geeigneten Situationen – jeweils *bestimmte* Komponenten, Aspekte oder Facetten der angestrebten Kompetenz zu fokussieren, aus dem kontinuierlichen Fluss der Alltagspraxis auszugliedern und zum Gegenstand (Thema, Inhalt) seiner *intentionalen Lernhandlungen* zu machen.

Diese Auswahl wird sich, folgen wir Holzkamps Theorie weiter, stets an aktuellen und konkreten, *subjektiv erlebten Grenzen* des eigenen Erlebnis- und Handlungspotentials orientieren. Sie wird an ärgerlichen Beschränkungen und leidlichen Einschränkungen des eigenen Selbst ansetzen, die den Zugang zur Welt in misslicher Weise kanalisieren und *limitieren*. Jedem intentionalen Lernen gehen Welt- und Selbsterfahrungen voraus, die einen Stachel im Fleisch des Subjekts verkörpern, kognitive Diskrepanzen erzeugen und die betroffene Person – mehr oder weniger – aus der emotionalen Balance bringen. Das motiviert sie, sich bislang versperrte Zugänge zur Welt zu erschließen und damit auch sich selbst in neuer Weise zu erleben. Lernen vollzieht sich im Übergang zu einer differenzierteren, komplexeren und ‚gestärkten‘ Form personaler Autonomie.[10]

Dieses transitorische und transformatorische Lernen nennt Holzkamp *expansiv*. Er grenzt es vom bloß *defensiven* Lernen ab, das ihn allenfalls als eine Art negativer Kontrasthorizont interessiert. Defensives Lernen erfolgt unter Bedingungen erlebter und unausweichlicher Heteronomie. Es ist ein Tribut an auferlegte Zwänge und dabei die Wahl des kleineren Übels. Durch defensives Lernen wendet man befürchtete negative Folgen ab, z.B. Sanktionen wie schlechte Zensuren oder das Nichtbestehen von Prüfungen. Es geht hier um Schadensvermeidung oder -begrenzung unter Bedingungen der Fremdbestimmung, also *eigentlich nicht um Lernen*. Wer in Prüfungen vom Sitznachbarn abschreibt, hat nichts gelernt und lernt nichts dazu (jedenfalls nichts zur Sache Gehörendes). Er vermeidet jedoch Schlimmeres, wendet den im Falle des Versagens absehbaren Schaden von sich ab. Er verteidigt sich und seinen Status quo. Derartiges geschieht beim defensiven Lernen.

Holzkamp unterscheidet im Übrigen auch scharf zwischen expansivem und *intrinsisch motiviertem* Lernen. Expansives Lernen bezieht seine motivationale Kraft gerade nicht aus dem Vollzug der Lernhandlungen selbst (oder der sich dabei einstellenden Funktionslust), sondern aus dem damit verfolgten Ziel und Zweck. Es geht beim expansiven Lernen nicht um irgendwelche lustvollen Befriedigungen, die die Ausführung bestimmter Lernhandlungen

---

10 Zum hier verwendeten Begriff der Autonomie, der stets eine von Heteronomie durchkreuzte Form der Selbstbestimmung meint, vgl. Meyer-Drawe (2000) sowie Straub (2002, 2004; Straub/Zielke 2005; Zielke/Straub 2008). Offenkundig gehört dieser paradoxe Begriff einer in der Moderne nahegelegten, erstrebten und zugleich nie erreichbaren, also stets nur *partiellen* Autonomie nicht mehr zum Vokabular jener rationalistischen Theorien des ‚starken Subjekts‘, die in der Psychologie des 19. und 20. Jahrhunderts ja ohnehin kein besonders großes Ansehen genossen. Rationalistische Überzeichnungen des Menschen und seiner Möglichkeiten waren in dieser Disziplin nie vorherrschend – trotz der bis heute einflussreichen *rational choice*-Ansätze –, schon gar nicht unwidersprochen.

bereiten mag. Man lernt nicht um des Lernens willen. Ein reines Vergnügen ist das Lernen ohnehin nicht (jedenfalls so gut wie nie). Lernhandlungen sind vielmehr häufig eine Qual, zumindest mühsam und ermüdend. Sie verlangen dem Subjekt den Aufschub unmittelbarer Befriedigungen ab. Sie bringen Anstrengungen mit sich. Sie fordern das Subjekt, bevor sie es fördern. Worin besteht diese Förderung genauer? Beim expansiven Lernen geht es um den anvisierten, nach subjektiver Einschätzung in Aussicht stehenden Zugewinn an Erlebnis- und Handlungspotential, *Verfügungsmacht* und *Lebensqualität*. In Holzkamps holprigen Worten: es geht „um die Überwindung meiner Isolation in Richtung auf die mit dem lernenden Gegenstandsaufschluß erreichbare Realisierung verallgemeinerter gesellschaftlicher Handlungsmöglichkeiten in meinem subjektiven Erleben" (ebd.: 191).

Wie das expansive Lernen nicht mit dem intrinsischen zusammenfällt, so ist das defensive Lernen nicht dasselbe wie das extrinsisch motivierte. Beim defensiv motivierten Lernen ringt das Subjekt nämlich darum, drohende Einschränkungen *seines* Handlungspotentials, *seiner* Verfügungsmacht und der Qualität des eigenen Lebens abzuwenden. Dazu fühlt es sich *genötigt*, weil es die akute Handlungsproblematik nicht einfach abstellen kann, sich also besonders anstrengen muss, um die missliche Situation zu bewältigen oder wenigstens zu überstehen. Es will einigermaßen heil aus der Misere herauskommen. Lernen im engeren, expansiven Sinn findet hier, wie gesagt, nicht statt. Es geht hier nicht um *nachhaltige* Erweiterungen des Handlungspotentials und sonstige Bereicherungen des eigenständig gestalteten Lebens – dies würde die Ausgliederung und Bearbeitung einer *Lern*problematik erforderlich machen –, sondern um die möglichst schnelle und effiziente Beseitigung eines *Handlungs*problems. In Prüfungssituationen etwa reicht dafür das Spicken. Immerhin ist bereits das defensive Lernen ‚mehr' als ein vollständig extrinsisch motiviertes Handeln. Beim defensiven Lernen ringt das Subjekt ja durchaus um die Aufrechterhaltung *seines* Erlebnis- und Handlungspotentials, es verteidigt *seine* bereits erlangten Möglichkeiten der Verfügung über die eigenen Lebensbedingungen sowie die erreichte Lebensqualität. Die extrinsische Motivation sorgt dagegen häufig einfach nur dafür, den Verlust bestehender Vergünstigungen zu vermeiden (negative Verstärkung) oder bestimmte Vergünstigungen zu erhalten (positive Verstärkung). Allerdings gilt auch für das defensive, abwehrende Lernen: Selbst wer sich aus Erfahrung zunehmend besser darauf versteht, herausfordernden Aufgaben geschickt und beharrlich auszuweichen *und dennoch erfolgreich zu sein* (durch Tricks und Täuschungen etwa), mag zwar durchaus etwas gelernt haben und weiterhin lernen (also auch sein Handlungspotential stärken, das hier eben darin besteht, mit List und Tücke durchs Leben zu kommen). Keinesfalls jedoch lernte er oder sie dasjenige, was in der Auseinandersetzung mit der eigentlich gestellten Aufgabe hätte gelernt werden können (und sollen). Das Subjekt wuchs in solchen Fällen nicht *an der Aufgabe*, sondern allenfalls dadurch, dass es *ihr mehr oder minder geschickt auswich* (und sich in diesem Ausweichen und Vermeiden übte).

Die für das expansive Lernen so charakteristische und motivierende Erschließung neuer Perspektiven und Horizonte bleibt im Fall des defensiven Lernens sekundär, ja irrelevant. Das Subjekt, das in bloßer Verteidigungshaltung agiert, ändert sich nicht wesentlich – jedenfalls nicht im Sinne des Holzkamp interessierenden *Über-sich-Hinauswachsens*. Auch seine Welt bleibt, wie und was sie war – abgesehen davon, dass im Erfolgsfall ein Handlungsproblem beseitigt und die damit verwobene Gefahr abgewendet wurde, mithin der *Status quo* erhalten werden konnte. Zu diesem Zweck braucht niemand eine Lernhaltung einzunehmen (die durch Merkmale wie Distanz, Dezentrierung und Aspektierung gekennzeichnet ist; s.u.). Es genügt für diese nicht aus freien Stücken übernommene und deswegen, wie Holzkamp auch sagt, *widerständige* Form des Lernens eine bloße *Bewältigung*shaltung (ebd.: 193).

Expansives Lernen führt eine Person in eine Welt neuer und erneuerter *Bedeutungen*. Sachlich-soziale Bedeutungen – die nach Holzkamp *symbolisch-ikonische, sprachlich-diskursive* oder *nicht-symbolische* Gestalt annehmen können und sich von den (von Holzkamp so genannten) *intersubjektiven* Bedeutungsstrukturen wie einer Familie oder einem Kollegenkreis unterscheiden lassen – sind stets an kulturell und gesellschaftlich gegebene Möglichkeiten des Erlebens und Handelns gekoppelt. Wer intentional und expansiv lernt, verschafft Sehnsüchten und Wünschen Raum, deren Erfüllung die handelnde Person über sich selbst hinausführt.[11] Gerade auch interkulturelles Lernen ist an Erfahrungen jener *Selbsttranszendenz* gekoppelt, durch welche Strukturen des je eigenen Selbst, Erlebnis- und Handlungspotentials erweitert werden (vgl. Joas 2004, 2009, der diesbezüglich insbesondere auf die Entstehung oder Veränderung von Wertorientierungen und Wertbindungen achtet). Interkulturelles Lernen zehrt, was seine emotional-motivationale Grundlage betrifft, von der imaginativen Vorwegnahme gerade auch solcher Erfahrungen. Diese Antizipation mag sich eher einem diffusen Spüren, einer Anmutung und einem Gewahrwerden verdanken als einer klaren Vorstellung und rationalen Erwartung.

Das Andere und Fremde affizieren und faszinieren Menschen bisweilen, locken und laden so zum Lernen ein. Wenn das Verunsichernde und Beäng-

---

11 Dass auch bewusste und reflektierte Intentionen eine ‚tiefer‘ liegende motivationale Basis haben, ist eine psychologische Binsenweisheit. Allerdings wird ihr oft nicht hinreichend Rechnung getragen. Eine Ausnahme bildet etwa Boeschs (in diesem Punkt von der Psychoanalyse und dem dort zentralen Konzept des Wunsches oder Begehrens geprägte) Handlungs- und Motivationspsychologie, in der die *Sehnsucht* einen systematischen Stellenwert besitzt (Boesch 1998; vgl. auch Straub 2010).

stigende, das das Andere und Fremde – gerade in Gestalt anderer und fremder Menschen – ja stets auch ausstrahlen kann, nicht die Oberhand gewinnt, mag diese ‚Einladung' angenommen werden. Selbstverständlich ist das nicht; häufig sogar eher unwahrscheinlich angesichts uneindeutiger Valenzen und Erwartungen, zwischen denen sich das Subjekt hin und her gerissen fühlen kann. Oft sind Attraktion und Aversion psychisch kopräsent. Sie regen sich in Gestalt sich widerstreitender Valenzen und Handlungstendenzen und verschaffen einer Person ‚gemischte Gefühle'. Lernen geht mit Verunsicherungen des Subjekts einher. Selbst wenn sich die Tendenz zum Lernen durchsetzt, erfolgt hier so gut wie gar nichts völlig automatisch. Das gilt auch für den weiteren Verlauf. Es mag eher förderliche oder hinderliche Umstände geben, Bedingungen, die den Willen zum Lernen befestigen und nähren oder aber untergraben und aushöhlen. Ohne maßgebliches Dazutun des Subjekts jedoch kommt das Lernen erst gar nicht in Gang und nicht voran, jedenfalls kein Lernen, das, so Holzkamp, seinen Namen wirklich verdient.

Festzuhalten ist: Bezogen auf das komplexe und differenzierte theoretische Konstrukt ‚interkulturelle Kompetenz' ist jedes Lernen selektiv und sukzessiv, unweigerlich partiell. Es ist zunächst einmal an *ausgewählte Bezugshandlungen* gekoppelt, an Handlungen etwa, mit denen eine Person in interkulturellen Überschneidungssituationen gescheitert ist oder nach Maßgabe der Vorstellungskraft des Subjekts zu scheitern droht. Lernen kann natürlich vorbeugend erfolgen, insofern persönliches Scheitern imaginierbar und antizipierbar ist. Menschen sind imstande, eigene Schwächen, Defizite ihres Erlebnis- und Handlungspotentials zumal, vorausschauend zu erkennen – auch wenn das bekanntlich nicht immer der Fall und mitunter alles andere als leicht ist. In der Perspektive des subjektwissenschaftlichen Ansatzes wird auch das interkulturelle Lernen als spezielle Form intentionalen Handelns sprachbegabter, reflexiver Subjekte konzeptualisiert, die aus *guten Gründen* – und zwar jeweils *ihren* guten Gründen – zu lernen trachten, sich zu diesem Zweck vom eigenen Selbst distanzieren müssen und dafür Mühen auf sich zu nehmen bereit sind.[12]

---

12 Zur genauen Abgrenzung des Lernhandelns vom sonstigen Handeln vgl. Holzkamp (1993: 182ff.). Leicht ersichtlich ist, dass die subjektwissenschaftliche Lerntheorie eine Handlungstheorie voraussetzt, ohne dadurch einer individualistischen oder solipsistischen Position das Wort zu reden. Im Gegenteil, die Kritische Psychologie geht stets davon aus, dass jedes Handeln *unter historischen und gesellschaftlichen Bedingungen* steht, deren methodische Rekonstruktion (und normative Kritik) für ein wissenschaftliches Verständnis konkreter Handlungen unerlässlich ist. Es gibt in dieser Perspektive keinen subjektiven Sinn, der nicht kulturell und gesellschaftlich vermittelt wäre. Holzkamps Ansatz hebt die primäre Sozialität und Kulturalität menschlichen Handelns hervor. In seinem letzten Werk (und teilweise bereits 1983) tritt dabei der früher allgegenwärtige Determinismus zurück, also jener ‚kausale Druck', den gesellschaftliche Struk-

Leidensfähige Vernunftmenschen, begründete Lernhandlungen und gelingendes Leben: expansives Lernen und Selbsttranszendenz an einem Beispiel

Das in Holzkamps „Begründungstheorie des Lernens" analysierte Lernen zielt auf die Überwindung eines *am eigenen Leib erlebten Unbehagens und Ungenügens*. Es resultiert in einer Erweiterung des Vermögens, *Neues* zu erleben und zu erfahren, zu denken, zu fühlen, zu wollen und zu tun. Es eröffnet einer Person neue Lebenschancen, steigert die Verfügungsmacht des Subjekts und die selbst empfundene Lebensqualität. Durch Lernen modifiziert eine Person ihren Zugang „zur sachlich-sozialen Welt gesellschaftlicher Bedeutungszusammenhänge" (ebd.: 181). Sie erschließt sich bislang unzugängliche Bereiche der materiellen, ideellen, sozialen und kulturellen Welt. *Interkulturelles* Lernen z.b. eröffnet demnach neue Zugangswege zur sachlich-sozialen Welt in anderen, bislang verschlossenen, partiell fremden Kulturen bzw. *Kulturatopen* (zu diesem Begriff siehe Straub 2007b).

Wenn Holzkamp vom Lernen spricht, denkt er nicht gleich an Anforderungen und Aufgaben, mit denen irgendwelche Lehrer ihre Schüler oder Erzieherinnen ihre Zöglinge konfrontieren, meistens in Institutionen, in denen Zwang herrscht und als legitim gilt. Die Kritische Psychologie des Lernens hat nicht gleich die üblichen Ziel- oder Problemgruppen vor Augen: Kinder, Jugendliche, Auszubildende, Alte, Benachteiligte, Arbeitslose, Drogensüchtige, Kriminelle, etc. – Leute allenthalben, die noch (oder wieder) zu lernen haben, sich ändern und bessern *sollen*, wachsen oder sich anpassen *müssen*. Holzkamps Lernpsychologie ist nicht auf Leute zugeschnitten, die man zwingen, abrichten oder dazu überreden muss, sich selbst zu disziplinieren und sich widerwillig gesellschaftlichen Anforderungen zu unterwerfen. Die subjektwissenschaftliche Lerntheorie wendet sich vielmehr ganz allgemein an leidensfähige und vernunftbegabte Menschen, die das Lernen *von sich aus* und aus *ihrer je subjektiven Perspektive* als eine Möglichkeit sehen, ihr Erlebnis- und Handlungspotential zu erweitern, die Intensität und Qualität ihres partiell autonomen Lebens zu steigern. Lernende Menschen sind hier, pathetisch gesprochen, ihres eigenen Glückes Schmied, und dazu verhilft ihnen erst einmal das Gefühl des Unbehagens *und* die rationale Einsicht in die eigene

---

turen – die ökonomische Basis und der davon abhängige Überbau – nach marxistischer Auffassung auf die Subjekte ausüben. Die Rolle der Individualität der Person und damit verwobene Autonomiepotentiale bleiben allerdings auch in der späten Kritischen Psychologie etwas unklar. Offenkundig ist jedoch, dass Holzkamp die zumindest für die empirisch-psychologische Forschung unhintergehbare Subjektivität menschlichen Handelns stark aufwertet. Sie hat ihren systematischen Ort nämlich in den sog. *Prämissen* des von v. Wright (1974; vgl. Straub 1999a: 102ff.) formalisierten, teleologischen oder intentionalistischen Schemas der (hermeneutischen) Handlungserklärung.

Unzulänglichkeit! Dies ist der Grund, warum sie mitunter lernen *wollen* und im gelingenden Fall über sich selbst hinauswachsen.

Der subjektwissenschaftliche Ansatz bezieht sich vornehmlich auf Lernhandlungen von *Erwachsenen* (oder quasi erwachsenen Lernern). Dementsprechend ist auch das zentrale Beispiel, der *exemplarische Lerngegenstand*, an dem Holzkamp die Grundzüge seiner handlungstheoretischen Lernpsychologie entfaltet, ein im Hinblick auf das darin verarbeitete gesellschaftliche oder kulturelle Wissen sehr *entwickelter*, komplexer Gegenstand. Es handelt sich um Arnold Schönbergs Orchestervariationen Opus 31 (komponiert 1926-1928). Darauf bezieht sich die in der autobiographischen Retrospektive verfasste Beschreibung von Holzkamps mühseligem Versuch, sich dieses nicht gerade auf Anhieb zugängliche Meisterwerk der einst avantgardistischen Zwölftonmusik lernend anzueignen, es in seinen ästhetischen Dimensionen fortan besser verstehen und sogar genießen zu können. Dieses Beispiel, auf das ich auch in den folgenden Abschnitten mehrfach zurückkomme, ist indes keine bloß nebensächliche Illustration der Theorie. Es ist vielmehr ein paradigmatischer Gegenstand, an dem sich diese erst entwickeln ließ und erläutern lässt. Es sind die in diesem Beispiel ‚eingeschlossenen‘, artikulierten und reflektierten Erfahrungen, die die *empirisch fundierte* Lerntheorie Holzkamps erst auf den Weg brachten und fortan konturieren.[13]

---

13 Man mag bei der gewählten Formulierung an den Ansatz der „grounded theory" denken, wie er durch Arbeiten von Barney Glaser und Anselm Strauss berühmt geworden ist (Glaser/Strauss 1967/1998; Strauss/Corbin 1996; Strauss 1987/1991; vgl. dazu Kelle 1998). Eine Besonderheit von Holzkamps Vorgehen kann man allerdings darin sehen, dass er zuvorderst *seine eigenen* musikalischen Erlebnisse – Frustrationen und Aversionen beim Vernehmen der zunächst so intransparenten, fremden dodekaphonischen Kompositionen – als intersubjektiv nachvollziehbare Erfahrungen formuliert und analysiert. Er bringt damit einen seine eigene Subjektivität umfassenden Begriff der *empeirìa* ins Spiel, der an Bestimmungen des Erfahrungsbegriffs bei Aristoteles erinnert (vgl. Straub 1989: 199ff.; Arnold 2009). Die empirisch gehaltvolle Lerntheorie Holzkamps baut mithin auf lebensweltlichen Erfahrungen auf, wie sie im Prinzip alle Menschen in ihrem Alltag machen können. Das empirische Fundament dieser Theorie ist damit sehr viel weiter, als es der neuzeitliche Empiriebegriff erlaubte. Dieser ist bekanntlich am naturwissenschaftlichen Ideal der methodisch kontrollierten *Herstellung* von Erfahrungen unter den standardisierten und kontrollierten Bedingungen des Experiments orientiert. Holzkamp dagegen schildert, was ihm in seinem Leben, speziell bei der Begegnung mit ‚neuer Musik‘, so alles widerfahren ist, was er erlebt, gefühlt, gedacht und begehrt hat und wie er seinen das eigene Selbst herausfordernden Wünschen schließlich nachgegangen ist und dabei gelernt hat. Diese (oft narrativen) Schilderungen sind mithin das Ergebnis einer sorgfältigen, auf intersubjektive Nachvollziehbarkeit und Verallgemeinerungsfähigkeit angelegten Rekonstruktion und Reflexion eigener Widerfahrnisse, Erlebnisse und Handlungen.

Holzkamps Erzählung handelt vom mehrfachen Versagen, Musik hörend zu genießen, von Gefühlen der Niedergeschlagenheit und des Unmuts, ja des Ärgers und einer gewissen Wut, schließlich vom wiederholten Bemühen, doch noch irgendwie Zugang zur sperrigen Tonkunst zu finden. Diese Lern*intenti-on* hat ihre emotional-motivationalen Wurzeln also in einem quälenden Unbehagen und schmerzlich empfundenen Ungenügen des eigenen Selbst: Warum in aller Welt sollte ihm, so sagte sich Holzkamp wiederholt, verschlossen bleiben, was andere für einen Meilenstein in der europäischen Musikgeschichte, für eine wahre Perle im weiten Meer ästhetischer Erfahrung halten und sogar als unvergleichliche Bereicherung des musikalischen Horizontes preisen? Warum sollte er nicht in der Lage sein, eine Musik zu hören, die einem, wie die Kenner und Liebhaber sagen, völlig neue Hörgenüsse, Erlebnis- und Handlungsmöglichkeiten eröffnen könne, wegen des nahe liegenden Transfers sogar in allen möglichen Lebensbereichen und Handlungsfeldern, nicht allein in musikalischen Gefilden? Warum sollte er sich weiterhin komposito-rischen Werken verweigern müssen, die das Subjekt, wie manche sagen, am Ende nicht bloß in einen neuartigen Hörzustand führen, sondern ihm sogar so etwas wie eine grundlegend andere Haltung dem Leben gegenüber gewähren? Warum sollte ihm, wie wir ohne weiteres auch sagen können, die durch Schönbergs Zwölftonmusik repräsentierte *Kultur* auf ewig fremd bleiben?

Das Hören wird hier offenkundig zur Metapher für einen Modus der Erfahrbarkeit der Welt, in dem eine subtile Ästhetik und Ethik der Existenz trefflich harmonieren. Die ersehnte Hörbarkeit des Anderen und ehemals Fremden wird zur Chiffre einer allgemeinen Offenheit gegenüber jedem Anderen und Fremden, das uns – oder jedenfalls ‚mir‘ – *etwas zu sagen* hat. An Holzkamps individuellem Beispiel zeigt sich etwas Allgemeines. Es platziert alle Überlegungen zum expansiven Lernen in einem Übergangsfeld, das durch die Spannung zwischen Vertrautem und Fremden konstituiert ist – und durch den Wunsch, das Begehren oder die Sehnsucht, diese Spannung vorübergehend zu beruhigen und zu lösen.

Zurück zum Beispiel: Holzkamps Lernen begann also mit einer Art *Sorge um sich*, die von *diffuser Unzufriedenheit mit sich und merklichem Ärger über sich* geprägt war. Der nunmehr Lernbegierige witterte in diesem emotional-motivational bewegten Zustand seine Chance, durch intentionale Lernhandlungen – eine gezielte Auseinandersetzung mit dem widerständigen, regelrecht widerspenstigen und bislang allen Genuss versagenden Werk – zu einer bereichernden und befriedigenden Erweiterung seines Handlungspotentials zu gelangen (einschließlich seiner sinnlichen Wahrnehmungs- und Erlebnisfähigkeit, seines Vermögens der *aísthesis*). Er wollte ‚mit sich‘ und ‚durch sich‘ über sich hinaus gelangen, aus eigener Kraft Grenzen des Selbst überschreiten. Zu diesem Zweck schien die bisher unzugängliche Musik gerade recht zu sein. Ihre Widerständigkeit wird in Holzkamps Schilderung zum allgemeinen

Anzeichen *eigener* Widerstände, sich der Welt gegenüber zu *öffnen*, in all ihrer Reichhaltigkeit und gerade auch dort, wo sie *anders* als das Vertraute, vielleicht sogar fremd und abweisend erscheint.[14]

Schönbergs Variationen für Orchester konfrontieren den ablehnenden Hörer mit seiner eigenen Beschränktheit und Borniertheit, Bequemlichkeit und psychischen Abwehr. Sie lassen diesen allerdings auch selbstaufmerksamen und selbstkritischen Hörer spüren, dass die heftigen Abneigungen gegen die unzugängliche Musik und die Abwertungen der Dodekaphonie als unverdauliche Kakophonie bloß einer allzu billigen Aufwertung des eigenen Selbst dienen. Der verunsicherte Hörer sucht Zuflucht bei einem Selbstschutz, der das Neue und Fremde abschirmt, es ausschließt und so jede kreative Entwicklung blockiert. Holzkamps Theorie expansiven Lernens ist mithin auch eine psychologische Theorie der Exklusion und Inklusion, die das Verhältnis zwischen dem eigenen Selbst sowie dem Anderen und Fremden fokussiert. Sie enthält eine Kritik jener abwehrenden Ignoranz, welche Menschen davor bewahrt, sich von anderen Menschen, fremden zumal, aber auch von sonstigen Lebewesen, von Dingen und Ereignissen jedweder Art, *etwas zeigen und sagen zu lassen.*

Kontingente Momente und intentionale Strukturen im expansiven Lernen

Horizonterweiterung durch Lernen setzt Handlungsfähigkeit voraus, stabilisiert und differenziert diese. Das ist ein offenes und kontingentes Geschehen, das keinem vorab bestehenden Plan der Natur oder einem sonstigen Ablaufmuster folgt. Holzkamp grenzt seine Lerntheorie strikt von psychologischen

---

14 Warum aber gerade diese Musik? Diese Frage bleibt dann doch ziemlich offen in Holzkamps narrativem Selbstbericht. Sie führt uns wohl schnurstracks auch (!) auf den Pfad gesellschaftlicher, kultureller Werte, sozialer Normen und Normierungen. Dafür hat uns insbesondere Michel Foucault die Augen geöffnet. Holzkamps Wunsch, er selbst möge doch eine Person sein, die verständig Schönbergs Orchestervariationen lauscht und die streng serielle Anordnung von zwölf gleichberechtigten Tönen wirklich genießt, ist ein schönes Beispiel für das, was man in Anlehnung an Charles Taylor (1985, 1988) mit einem auf sog. „starke Wertungen" bezogenen „Wunsch zweiter Ordnung" in Verbindung bringen kann (wie der Autor in Anlehnung an Überlegungen Harry Frankfurts ausführt). Wünsche können sich auf Wünsche beziehen: weil es eine Person als irgendwie wertvoll betrachtet, Schönbergs Musik zu schätzen und zu lieben, wünscht sie sich zu wünschen, Zeit mit der musikalischen Avantgarde des frühen 20. Jahrhunderts zu verbringen und diese tatsächlich zu ihren ästhetischen Leibspeisen zählen zu können. Sie wünscht sich, jemand zu sein, der (oder die) Schönbergs musikalischen Gedanken zu folgen wünscht (obwohl sie diese Musik, leider, in Wirklichkeit nicht ausstehen und kaum als ‚Musik' empfinden kann und freiwillig keine Minute zu ertragen gewillt ist, etc.).

*Entwicklungs*theorien ab. Ontogenetische Stufentheorien etwa haften allzu sehr an teleologischen Vorstellungen. Und sie erklären die dargestellte Entwicklung allenfalls unzulänglich. Holzkamp sucht seine „Grundbestimmungen des Lernens nicht in früheren Stadien der Ontogenese, sondern in der Welt- und Selbstsicht von ‚je mir' als Lernsubjekt" (ebd.: 180). Das Subjekt selbst, sein Erleben, Fühlen, Denken und Streben ist der Antrieb expansiver Bewegungen. Die unterstellte intentionale Struktur von Lernhandlungen – ihre intelligible Begründetheit – bringt es mit sich, dass Prozesse des *bloßen Mitlernens* in dieser Theorie außen vor bleiben.

Wie kann dieses expansive, ausschreitende Lernen noch genauer bestimmt werden?[15] Man muss diese Frage, so Holzkamp, am Beispiel typischer *Lern*problematiken bearbeiten. Diese unterscheiden sich grundsätzlich von allgemeinen *Handlungs*pragmatiken. Sie sind Spezifizierungen derselben. Lernen ist, wie gesagt, eine *besondere* Art des Handelns. Ausgangspunkte für die Analyse allen Lernens – und schon der *potentiellen* Lernanlässe, die vom Subjekt noch keineswegs als solche ernst genommen werden müssen – sind Situationen, in denen Subjekte an ihre Grenzen gelangen, an Widerstände geraten und mit ihrem Handeln scheitern. Sie stoßen auf erhebliche und für sie bedeutsame Handlungsprobleme, die allesamt eine gemeinsame Eigenschaft besitzen: Sie können nicht einfach durch den gesteigerten Einsatz verfügbarer Kräfte bzw. durch wiederholte Versuche mit den immer gleichen Mitteln gelöst werden. Man überwindet sie auch nicht durch den beiläufigen Zuwachs an Wissen und Können im Vollzug der routinierten Praxis, durch „inzidentelles Lernen" oder, wie Holzkamp sagt, durch bloßes „Mitlernen". Sie erfordern vielmehr einschneidende, aufwendige Modifikationen des eigenen Handlungspotentials. Lernanlässe ‚zwingen' das Subjekt, mit anderen Worten, zu intentionalen Lernhandlungen, zum Lernen „auf Grund einer speziell darauf gerichteten Handlungsvornahme" (ebd.: 183).[16]

---

15 Holzkamp gibt zunächst eine bewusst eingeschränkte Antwort auf diese Frage. Erst auf dieser Grundlage kann man dann, so kündigt er in seiner unnachahmlichen Art an, „die standortspezifischen Bestimmungen der Lernsubjekte und von da aus die Beschaffenheiten jeweils konkreter Lernhandlungen samt der darin eingeschlossenen Beziehung zwischen motorischem und mentalem Lernen und schließlich die historische Bestimmtheit institutioneller Lernverhältnisse zu erschließen suchen, die – sofern die Ausgangsabstraktion angemessen ist – eben *als* Spezifizierungen der allgemeinsten Lernbedingungen – in ihrem Verhältnis zueinander begreifbar werden, wobei auch der interpersonale Aspekt des Lernens ohne Hypostasierung von Lehrlernbeziehungen verständlich werden soll" (ebd.: 181). Ich halte mich im Folgenden im Wesentlichen an die ersten Schritte bei der Entwicklung einer subjektwissenschaftlichen Lerntheorie. Das reicht für den hier verfolgten Zweck einer ersten Sondierung dieses Ansatzes für das interessierende Gebiet.

16 Dies kann mitunter nicht nur einzelne Personen, sondern auch eine Vielzahl von Menschen zugleich und in ganz ähnlicher Weise betreffen. Das ist etwa dann der

Lernen in diesem engeren Sinn impliziert Nachhaltigkeit. Es gewährleistet die *Permanenz* und *Applizierbarkeit* des Gelernten auch dann, wenn die eigentlich problematische Situation bereits überwunden ist. Wer gelernt hat, wird in vergleichbaren Situationen in der Lage sein, auf dem erlangten höheren Niveau zu handeln. Lernproblematiken unterscheiden sich von bloßen Handlungsproblemen vor allem dadurch, dass die Bewältigung der Situation nicht einfach im Zuge *des jeweiligen Handlungsablaufes selbst* möglich erscheint. Man muss eigene, unter Umständen mühselige und langfristige, aufeinander aufbauende und miteinander verschachtelte Anstrengungen aufbieten, um die Hürden schließlich nehmen, die Aufgaben bewältigen, die Diskrepanzen und Dilemmata aufheben zu können. Wer dies erreichen will, muss spezielle Lernhandlungen aus der normalen Lebenspraxis *ausgliedern* und ausführen, also eine Art *Lernschleife* in seine ansonsten routinierte und habitualisierte Praxis einbauen. Lernproblematiken konterkarieren die alltagsweltliche Idealisierung, nach der alles einfach immer so weiter gehen wird. In dieser *Zeit reservierenden* und *freisetzenden* ‚Schleife‘ wird die ursprüngliche Handlungsproblematik zu einer *bleibenden Bezugshandlung* für die intentionale Lernhandlung. Man hat z.B. immer wieder jene Situation vor Augen, in welcher man eine wichtige Geschäftsverhandlung hat platzen lassen, weil man die andauernd ‚unkonzentrierte‘ und ‚umständliche‘ Art des fremdkulturellen Verhandlungspartners einfach nicht mehr ertrug und deswegen ‚explodierte‘. Oder man erinnert sich hartnäckig an jenes Verhalten, durch welches man mehrfach alles verpatzt hat, weil man mit seiner ‚plumpen Anmache‘ gegen alle Regeln einer kulturadäquaten Annäherung an ‚das andere Geschlecht‘ verstoßen hat.

Man muss sich also (in jedem individuellen Fall!) genau überlegen, was man im Hinblick auf interkulturelles Lernen als *Lern*problematik – und nicht nur als primäre *Handlungs*problematik – begreifen kann, und wie diese Lern-

Fall, wenn sich Menschen aufgrund historischer Veränderungen soziokultureller Lebensbedingungen irgendwann und fortan immer wieder in einer derartigen, von allen gleichsinnig erlebten und gleichermaßen erlittenen Situation wiederfinden. In solchen Fällen, in denen Menschen in typischen Situationen auf typische Probleme stoßen, an denen sie in typischer Manier scheitern, unternehmen Gesellschaften und Kulturen gemeinhin organisierte Anstrengungen zur Förderung des Handlungspotentials ihrer Mitglieder. Wissenschaften, die sich mit interkultureller Kommunikation, Kooperation und Koexistenz in der glokalisierten, pluralisierten und dynamisierten Welt befassen und die Förderung des just darauf zugeschnittenen Handlungspotentials fokussieren (und vielleicht selbst schon mit in die Wege leiten), bieten dafür ein Beispiel. Unter eigens eingerichteten Bedingungen der ‚Handlungsentlastetheit‘ erkunden wissenschaftliche Institutionen Ursachen und Gründe für das besagte Scheitern und bilden Erkenntnisse, die die identifizierten und typisierten Handlungsschwierigkeiten genauer zu verstehen erlauben, vielfach als Lernprobleme ausweisen und, wie vermittelt auch immer, beseitigen helfen.

problematik durch die Auslagerung einer intentionalen Lernhandlung jeweils bearbeitet und aufgelöst werden kann. Offensichtlich kann man in Kontexten interkultureller Kommunikation, Kooperation und Koexistenz *ganz unterschiedliche Typen* von Lernproblematiken unterscheiden (Intoleranz und Wissensdefizite mögen als Beispiele dienen). Entsprechend wird man Lernhandlungen differenzieren, die interkulturelle Kompetenz als ein komplexes, in sich vielfach gegliedertes Handlungspotential ausweisen, schaffen oder steigern. Interkulturelle Kompetenz wird je nach Lernproblematik in anderer Weise – und stets nur partiell – in Anspruch genommen und zugleich verfeinert oder vervollkommnet. Manchmal reicht ein bislang unverfügbares explizites Regelwissen, um eine interkulturelle Lernproblematik zu überwinden. Ein anderes Mal geht es um ein neues Niveau des emotional-affektiven Umgangs mit kultureller Differenz und dem konkreten Gegenüber in seiner Andersheit oder Fremdheit (wie im Falle der Entwicklung von Toleranz oder Anerkennung). Bisweilen bedarf es eines erweiterten praktischen Wissens im Sinne eines komplexen *Know-how*, um in interkulturellen Überschneidungssituationen das Angemessene und Erfolgversprechende tun zu können. Beim nächsten Mal bedarf es eines geschichtenförmigen Wissens, um die tiefere – z.B. historisch oder biographisch verwurzelte – Bedeutung von Handlungen Anderer zu erkennen und adäquat darauf antworten zu können. Weitere typische Fälle lassen sich unschwer ausmalen.

Daraus ergibt sich: *Wie* man lernen (und natürlich auch lehren) muss oder sollte, hängt von thematischen Aspekten ab, also davon, worum es jeweils geht, *was also zu lernen ansteht*. Außerdem sind natürlich auch sozio-kulturelle und subjektive Faktoren wichtig (etwa im Sinne traditioneller Unterscheidungen von habitualisierten Lehr- und Lernformen bzw. -praxen sowie von Lernertypen). Festzuhalten ist: Man kann nicht alles und jedes auf gleiche Weise lernen (und lehren). Das gilt für das komplex strukturierte interkulturelle Lernen ganz offensichtlich, da hier je nach den relevant gesetzten Komponenten oder Aspekten interkultureller Kompetenz erhebliche Variationen im Spiel sind. Das spiegelt sich nicht zuletzt in gängigen Typologien interkultureller Trainings wieder (vgl. Leenen/Grosch/Groß 2005: 48-61; Leenen 2007; Kinast 2005).

Mit anderen Worten: Die *operativen* und *methodischen* Aspekte des Lernens sind stets von den *thematischen* abhängig. Ein inhaltsneutrales, vermeintlich allgemeines oder universelles Lernen ist eine reichlich phantastische Vorstellung, auf die nur erfahrungsarme, ein wenig lebensferne Theoretiker verfallen können. Dafür liefert bereits die Grammatik unserer Sprache einen deutlichen Hinweis, sagt sie doch, dass man stets *etwas* lernt. Der sinnvolle Gebrauch des Verbums setzt ein Subjekt *und* ein Objekt voraus. Bekannt ist im Übrigen, dass man die operativen Aspekte des Lernens so ins Zentrum rücken und verselbständigen kann, dass das Lernen *deswegen* gleichsam leer läuft. Als käme es überhaupt nicht mehr auf den Lerngegenstand und die Aneignung der mehr oder weniger komplexen thematischen Struktur dieses Gegenstandes an! Auf diesen Irrweg eines leeren Lernens führen heute zahlreiche geläufige Anweisungen und Praktiken, die dem Lernen als Selbstzweck huldigen und sogar ein Lernen des Lernens betreiben. Die Theorie expansiven Lernens stellt dagegen stets einen für das Subjekt relevanten Gegenstand, ein für dessen eigenes Leben, Erleben und Handeln wichtiges Thema ins Zentrum der Aufmerksamkeit. Bei diesem Lernen *geht es um etwas*. Wenn dabei kulturell und gesellschaftlich bedeutsame Themen mit subjektiven Lerninteressen in eins fallen, vermehrt das expansive Lernen nicht zuletzt die Chancen einzelner Personen, am kulturellen und gesellschaftlichen Leben teilzuhaben und darauf Einfluss zu nehmen.

Die Kreativität des Lernens und die intentionalistische Schlagseite des subjektwissenschaftlichen Ansatzes

Der intentionale Charakter des aus dem kontinuierlichen Fluss routinierter Verrichtungen ausgelagerten Lernhandelns darf nun nicht darüber hinwegtäuschen, dass die für alles Lernen notwendige *Spontaneität und Kreativität* die unmittelbare Zielgerichtetheit zahlloser involvierter Handlungen zeitweise aufhebt oder suspendiert. Davon zeugen nicht zuletzt sog. *qualitative Lernsprünge*.[17] Das Lernen folgt keinem festgelegten Pfad. Holzkamp sieht diesen

---

17 Holzkamp macht nicht allein auf die insbesondere von der Gestaltpsychologie analysierte Tatsache aufmerksam, dass sich (auch) das Lernen bisweilen nicht sukzessive und kontinuierlich, sondern plötzlich und abrupt, nämlich in solchen qualitativen Sprüngen vollzieht. Er zeigt darüber hinaus, dass bislang keine Theorie verfügbar ist, die hinreichend beschreibt und erklärt, wie und warum solche Sprünge vollzogen werden (können). Im Kontext des Problemlöseparadigmas der kognitiven Psychologie sucht man vergeblich nach einer Antwort, und zwar schon deswegen, weil es hier gar nicht um expansives Lernen in Holzkamps Sinn geht. Wer keine Schachregeln kennt, muss diese eben zuerst lernen, um bestimmte strategische Schachzüge entwerfen zu können, etc. Das Lernen von Schachregeln und -strategien ist etwas anderes, ein anders geartetes Handeln, als das bereits nach beherrschten Regeln gespielte Schachspiel und die Bewältigung der in diesem Spiel auftretenden Handlungsprobleme im Sinne einer Denksportaufgabe (vor denen selbst der Weltmeister regelmäßig steht). Auch Gregory Bateson oder Jean Piaget sowie theoretisch verwandte Autorinnen helfen bei der Suche nach einer exakten Analyse qualitativer Lernsprünge nicht weiter. Piaget etwa gibt die qualitativ unterschiedenen Entwicklungsniveaus in seiner Theorie vor, ohne dass nachvollzogen würde, wie und warum die Subjekte den erforderlichen Sprung machen. Die Hinweise auf „Widersprüche", die zur Störung des auf einer Stufe gegebenen Gleichgewichts führen, reichen hier nicht aus. Diesbezüglich ist die von Holzkamp vorgenommene Explikation eines nicht nur auf *logische Widersprüche* zielenden Begriffs der *Diskrepanz* ein Gewinn (s.u.). Schon die diesem Punkt vorausgehende Feststellung trifft zu:

Punkt, obwohl er, genauer betrachtet, den Rahmen seiner Handlungstheorie sprengt. Diese Theorie ist dem intentionalistischen Modell verpflichtet: Sie bewegt sich in den engen Bahnen zweckrationalen Denkens. Bevor ich darauf näher eingehe, soll gezeigt werden, wie Holzkamps Ausführungen zum Lernen just dieses Modell überstrapazieren und seine Bahnen immer wieder verlassen müssen. Lernen lässt sich im Bezugsrahmen von intentionalistischen Zweck-Mittel-Schemata eben nicht angemessen rekonstruieren. Das gilt für jedes unter dem Aspekt seiner Kreativität betrachtete Handeln (Joas 1992; Straub 1999a). Für das Lernen trifft dies ganz besonders zu. Lernen darf nämlich als ein vornehmlich durch seine Kreativität ausgezeichnetes und deswegen besonders bedeutsames und beeindruckendes Handeln gelten.

Es geht beim Lernhandeln gerade nicht bloß um die instrumentelle oder strategische, *unmittelbare* und *planvolle* Verwirklichung eines Zweckes. Obwohl Lernhandlungen eine operative Seite haben, mithin – zumindest in bestimmten Phasen – bewussten Entwürfen und ausgeklügelten Plänen folgen, kommt es dabei stets auch auf anderes an. Wer in Holzkamps Sinne *lernt*, überschreitet mitunter spontan und unvorhergesehen kreativ die Grenzen des eigenen Handlungspotentials und Selbst. Eine lernende Person transzendiert jene Schranken ihrer Welt, welche ihr Unbehagen bereiteten und das Gefühl des Ungenügens aufbürdeten. Der Wunsch und Wille, eigene Grenzen anhand herausfordernder Handlungsprobleme *lernend* zu überschreiten, lässt sich häufig nur durch eine eigenartige Melange zwischen bewusstem, planvollem und zielgerichtetem Handeln, das aus klaren Vorstellungen und Autonomiepotentialen schöpft, sowie einem *heteronomen Getriebensein*, einem gelassenen *Sich-treiben-Lassen* und nicht völlig kontrollierbaren *In-etwas-hinein-Geraten* verwirklichen. Die Sehnsucht nach jenem Neuen, welches eine neugierige Person anzieht und in Anspruch nimmt, lässt sich nur erfüllen, wenn das Subjekt in der Lage ist, die schöpferische Balance zwischen konzentrierter Aufmerksamkeit und willentlicher Anspannung einerseits, diffuser Wachheit und aufnahmebereiter Entspannung andererseits zu halten. In lockerer Anspielung auf Sigmund Freud spricht Holzkamp auch von „freischwebender Aufmerksamkeit".

„Qualitative Sprünge als Resultat von Lernhandlungen können nur dann adäquat begriffen und begrifflich gefasst werden, wenn die dabei zu erreichenden höheren Stufen bzw. Stufenfolgen nicht vorab nach irgendwelchen kognitionspsychologischen, pädagogisch-didaktischen, entwicklungslogischen, etc. Kriterien vorkonstruiert sind: vielmehr müssen am *Verlauf von Lernprozessen selbst* Gesichtspunkte aufweisbar sein, aus denen verständlich wird, unter welchen Umständen dabei vom *Lernsubjekt* im Zuge des Lernfortschritts qualitative Sprünge vollzogen werden und gegebenenfalls wie die Eigenart dieser Sprünge durch die Art des vorgängigen Lernvollzugs und der sich dabei ergebenen Widersprüche bestimmt ist. – Wie aber kann man zu derartigen Gesichtspunkten gelangen?" (ebd.: 238 f.). Auf diese Frage komme ich zurück.

Lernen ist selbst dann, wenn man es als ein Handeln besonderer Art konzeptualisiert, in nicht genau lokalisierbarer Weise *zwischen* Aktivität und Passivität angesiedelt. Es ereignet sich, topographisch und temporal gesehen, in einem Zeit-Raum zwischen Selbstkontrolle und Selbstdisziplin einerseits, Selbstaufgabe und Geschehenlassen andererseits. Zielgerichtetes Streben und Tun geht im Lernen häufig Hand in Hand mit einem Innehalten und Gewährenlassen. Wer nicht zulassen kann, was sich beim Lernen (im eigenen Selbst) ereignet, ohne dass das Subjekt dies als ein zweckgerichtetes Vorhaben planvoll verfolgen oder als klar identifizierbares Geschehen kontrollieren könnte, wird das Lernen behindern und ,unterlaufen'. Wer nicht zulassen kann, dass ihm (oder ihr) auf unkontrollierbare Weise Neues widerfährt, wird allenfalls eingeschränkt lernen können. Wer immer Herr im eigenen Hause sein muss, versäumt, was sich draußen abspielt und lernend in das eigene Selbst integriert werden könnte. Der gemeine Menschenverstand weiß aus allgemeiner Erfahrung: Wer allzu verbissen lernen will, ,verkrampft sich' und *schließt* die Grenzen des eigenen Selbst. So wird Lernen unmöglich ,gemacht'.

Beim Lernhandeln nimmt man die Zielorientierung intentionalen Handelns zurück, ohne sie völlig aufzugeben. Man sucht nach Distanz gegenüber sich, der Situation und Aufgabe. Nur so eröffnet sich eine Chance, sich der herausfordernden Schwierigkeiten bewusst zu stellen und *an ihnen* wachsen zu können, sie lernend hinter sich zu lassen. Dezentrierung, Standpunkt- und Perspektivenwechsel, gedankliche Variationen, emotionale Wechselbäder und Ähnliches sind notwendige *Voraussetzungen* und integrale *Bestandteile* von Lernhandlungen, die zur Überwindung von Grenzen des Selbst und des Handlungspotentials führen. Sehr oft lässt sich dieser Zugewinn als Entspannung und als Lösung der eigenen Einseitigkeit und Festgefahrenheit in bestimmten Angelegenheiten deuten.

Man lernt, wenn man tatsächlich lernt, also zuerst einmal spüren und sehen, dass das eigene, gewohnte und eingefahrene Handeln gerade nicht zum Ziel führt. Der Lernende übernimmt die subjektive Lernproblematik in einer Art Übergang, in dem er in eine bestimmte *Haltung* (der Distanzierung, Dezentrierung, Aspektierung) gerät. Lernen erfordert eine Art Pause, einen Abbruch der gewohnten Routine, ein temporäres Ablassen von den gehegten Wünschen und verfolgten Absichten, die *so* – wenn man starr an ihnen festhält und sie verbissen verfolgt – in der gegebenen problematischen Situation keinesfalls zu verwirklichen sind. Lernen setzt diese Haltung voraus und bestärkt sie. Diese Haltung ist ein *praktisches Paradox*, ein Wechselspiel sich widerstreitender Tendenzen, eine dynamische und kreative Bewegung, die aus dem Ineinander von Anspannung und Entspannung hervorgeht.

Lernhandlungen zwischen Lernanforderungen und Lebensinteressen: die emotional-motivationale Qualität von Handlungsbegründungen

Lernen kommt nicht schon dadurch zustande, dass von dritter Seite Anforderungen gestellt und Anweisungen gegeben werden. Es kann auch nicht von anderen geplant, initiiert und instruiert werden, ohne dass Subjekte irgendwann selbst jene Lernhandlungen ausführen, welche ihr Handlungspotential nachhaltig erweitern. Lern*anforderungen* führen, wie Holzkamp darlegt, nicht zwangsläufig zu intentionalen Lern*handlungen*.[18] Sie müssen vom Subjekt als Lernproblematiken übernommen und reflektiert werden. Dabei werden übrigens auch Fehler keineswegs automatisch ,rückgemeldet', wie es die Handlungsregulationstheorie unterstellt. Um eine Rückmeldung über Fehler überhaupt verstehen zu können, muss man zuvor begriffen und/oder wenigstens im Gefühl haben,[19] was in der gegebenen Situation als Fehler zu gelten hat. Dazu muss man verstanden haben, worum es geht. Das freilich ist schon die halbe Miete im Lernprozess.

Holzkamps Unterscheidung zwischen „drittseitigen Lernanforderungen und subjektiven Lernproblematiken" (ebd.: 185) ist wichtig. Von außen gesetzte Lernanforderungen dürfen niemals ungeprüft als thematische Begründungsprämissen des Lernens aufgefasst werden. Sie gehen möglicherweise an dem, was das Subjekt einer Aufgabe gegenüber empfindet und in einer gegebenen Situation zu tun geneigt ist, völlig vorbei. Wer also in der universitären Lehre Lernanforderungen stellt, muss dies mit Rücksicht auf die potentiell Lernenden tun. Er (oder sie) muss die Novizen als individuelle Subjekte ernst nehmen – und ihnen zugleich (für sie) *Neues* nahebringen. Das gilt bezüglich

---

18 Dies ist für alle Bildungsinstitutionen von größter Bedeutung. Ich vernachlässige diese institutionelle Seite des Lernens hier und belasse es bei einem Hinweis auf Holzkamps (1993, Kap. 4) Ausführungen zu schulischen Kontexten des Lernens, die im Hinblick auf die Hochschulen und deren Studienangebote im Bereich der Interkulturalität modifiziert werden könnten.

19 Es ist in der Tat so, dass einem Handlungssubjekt manchmal nur sein Gefühl oder Gespür bleibt, weil es in vielen Fällen menschlichen Handelns gar keine *ganz klaren, präzise definierbaren* und *praktisch penibel einzuhaltenden* Kriterien gibt, die angäben, was in einer gegebenen Situation zu tun, was richtig oder falsch sei. Das ist sogar in Bereichen so, wo man es nicht unbedingt erwartet – eigentlich überall dort, wo *Erfahrung* als ein nicht vollständig explizierbares praktisches Wissen gefordert ist. Das gilt für den Autofahrer und die Pilotin im Cockpit ebenso wie für die Ärztin oder all jene, welche aufgrund ihrer interkulturellen Kompetenz mit vielen verschiedenen Menschen auch in Situationen umzugehen, zu kommunizieren, zu kooperieren und zusammenzuleben ,wissen', in denen andere ratlos sind und längst ohne Atem wären. Dieses Erfahrungswissen ist bekanntlich eher ein Können, das dem häufigen und reflektierten Umgang mit bestimmten Dingen, Situationen und Ereignissen erwächst, als ein Wissen im engeren Sinne des *knowing that*.

ihrer kognitiven Kompetenzen ebenso wie im Hinblick auf ihre emotionalen und motivationalen Voraussetzungen. Das heißt: Ohne Rücksicht auf die individuellen *Lebensinteressen* werden die für die Lehrenden vielleicht nahe liegenden Lernhandlungen den adressierten Lernsubjekten schwerlich schmackhaft gemacht werden können. Lernanforderungen und Bildungschancen haben immer auch eine subjektive Bedeutung. Sie werden, so Holzkamp, von Subjekten von ihrem je eigenen Standpunkt aus in Augenschein genommen und bewertet. An diese Einsicht muss die Lerntheorie und Lernforschung und jede darauf aufbauende Didaktik und Lehre anknüpfen, gerade auch in interkulturellen Studiengängen.

Die subjektive Begründung von Lernhandlungen erfolgt an ganz entscheidender Stelle durch deren Verknüpfung mit eigenen Lebensinteressen. Diese Interessen und damit verwobene Orientierungen begreift Holzkamp als *emotional-motivationale* Qualität von Handlungsbegründungen. Lernhandlungen sind nicht nur in kognitiven Gründen verwurzelt. Auch in diesem Feld gibt es, so könnte man sagen, neben Vernunftgründen auch *Gründe der Liebe* (Frankfurt 1995). Diese haben etwas mit rational nicht vollständig explizierbaren, erklärbaren und rechtfertigbaren *Bindungen* zu tun, mit Emotionen, Motiven und Volitionen, mit Wünschen und Begehren, die zum inneren Kern einer Person, zu ihrer Welt und eben zu ihren „Lebensinteressen" gehören. Sie bestimmen in oft entscheidender Weise, was eine Person tut und lässt in einer gegebenen Situation – und sogar, wer sie *ist* und *sein möchte* (vgl. hierzu Straub/Chakkarath 2010).[20]

Wer *weiß*, dass und warum bestimmte Lernhandlungen notwendig sind, um Prüfungen bestehen oder die berufliche Karriere fortsetzen zu können, beginnt noch keineswegs, die bevorstehenden Mühen und Risiken auf sich zu nehmen. Dementsprechend erfordert eine begründungstheoretische Explikation des thematischen Lernaspekts stets auch eine Rekonstruktion der emotional-motivationalen Prämissen von Lernhandlungen, mithin der subjektiven

---

20 Mit Frankfurt (und mit Freud sowie zahllosen anderen ‚psychologischen Realisten', die den idealistischen Überschwang jedes naiven Rationalismus in die Schranken weisen) teile ich die Auffassung, dass die Vernunft ein Derivat der Liebe ist, das Denken ein Abkömmling des Gefühls – ohne jede Chance, sich vollständig von diesem zu lösen. Menschen haben zwar die Möglichkeit, sich kraft ihrer Sprache und Vernunft von sich, von ihrem ‚tatsächlichen' Handeln und Denken zu distanzieren und Neues auszuloten, auszuprobieren – also in jenem Riss zu operieren, der ihr Welt- und Selbstbewusstsein konstituiert. Sie vermögen dies aber stets nur bis zu einem gewissen Grade, bleiben also ihren Leidenschaften, ihren lieb gewonnen Gewohnheiten und Vorurteilen stets auch treu. Die durch das Sprach- und Vernunftvermögen gegebene Chance der Distanzierung von sich und seinesgleichen ist prinzipiell limitiert. Sie findet, wo sie gelingt, stets auf dem Boden gelebter und erlebter Bindungen einer leiblichen Person statt.

Lebensinteressen. Diese werden im Rahmen der Kritischen Psychologie nun abstrakt und allgemein bestimmt als *„elementare subjektive Notwendigkeit, Verfügung über individuell relevante gesellschaftliche Lebensbedingungen zu gewinnen bzw. zu bewahren"* (ebd.: 189). Das mag man als einen Teil des marxistischen Erbes ansehen, der in der subjektwissenschaftlichen Psychologie des Lernens fortwirkt. Man kann diese Bestimmung subjektiver Lebensinteressen aber auch einfach als eine Einsicht betrachten, der alle zustimmen dürften, die das persönliche, private Glück nicht völlig von gesellschaftlichen, soziokulturellen Lebensbedingungen abkoppeln und die selbstbestimmte Gestaltung dieser Bedingungen als *eine* Voraussetzung oder Quelle dieses Glücks begreifen. Qualität und Ausmaß der „Weltverfügung" bestimmen, so Holzkamp, die „allgemeine Lebensqualität subjektiver Befindlichkeit in ihren vielfältigen konkreten Erscheinungsformen" (ebd.). Das ist und bleibt so lange richtig, wie man diesen Gedanken nicht überstrapaziert. Die Teilhabe an der ‚äußeren' Welt und die Möglichkeiten, Einfluss auf sie zu nehmen und sie mitzugestalten, tragen *womöglich* zum Glück des Einzelnen bei. Sie garantieren es jedoch nicht und machen es wohl niemals in Gänze aus.

Der *emotionale* Aspekt der Befindlichkeit eines stets *in* einer Welt situierten Menschen rührt daher, dass Bedeutungen immer subjektiv, nämlich als „Bedeutungen für mich" erlebt werden.[21] Eine Person lebt und handelt, mit

---

21 Wenngleich Holzkamp die Subjektivität von Bedeutungsrepräsentationen hervorhebt, betont er zugleich, dass die ‚wirkliche', ‚objektive' Welt und die in ihr vorfindbaren potentiellen Lerngegenstände bestimmen, *welche* Bedeutungseinheiten von lernenden Subjekten überhaupt bearbeitet werden können. „‚Bedeutungen' bestehen zwar nicht unabhängig von ihrer Erfahrbarkeit durch Menschen überhaupt, aber unabhängig davon, ob und wie ich sie als Individuum bereits erfahren habe" (ebd.: 220). Das ist m.E. zwar richtig, unterschlägt aber den Aspekt *individueller Kreativität* – bestimmte Bedeutungen können eben erst durch schöpferische, innovativ wahrnehmende und handelnde Individuen ‚in die Welt kommen'. Holzkamp hebt zu Recht die Angebotsseite materieller Gegebenheiten und soziokultureller Errungenschaften hervor, die bestimmte Lernhandlungen erst denkbar machen. Und er betont wiederum aus guten Gründen gleichsam objektive Strukturmerkmale potentieller Lerngegenstände, die (zwar einigermaßen bestimmte, aber keineswegs vollständig festgelegte) Lernprozesse ermöglichen und strukturieren, nahe legen oder abwegig erscheinen lassen. Er überzieht aber den vermeintlich objektiv-strukturellen Gehalt von Lerngegenständen und unterschätzt nicht nur die Bedeutung individueller Kreativität, sondern auch *kultureller Perspektivität* bei der Wahrnehmung und Selektion von Lerngegenständen. So meint Holzkamp zum Beispiel, dass der Badenweiler Marsch wohl kaum Probleme beim Hören bereiten könne, die den Hörer dazu bringen, diesen Marsch „als Chaos einzustufen" (ebd.: 220). Nun, das kommt wohl drauf an und ist in viel höherem Maße von kulturellen Hörgewohnheiten abhängig als der Autor suggeriert. Die so genannte Struktur eines Lerngegenstandes kommt allenfalls in einer sehr komplizierten Weise diesem Lerngegenstand zu. Im Prinzip erfahren wir auch diese Strukturen nur in Abhängigkeit sowohl von soziokulturellen als auch von subjektiven Wahrnehmungsapparaten,

anderen Worten, prinzipiell in *ihrer* Welt, wie sehr sie ihr Weltverhältnis und Weltverständnis auch mit (einigen) anderen teilen mag – und ohnehin allein im Verlauf ihrer Enkulturation und Sozialisation, also in der Diapraxis und im Dialog mit anderen, ausbilden konnte. Die *motivationale* Qualität von subjektiven Handlungsgründen verdankt sich dagegen dem jeweiligen „Verhältnis zwischen den mit einem Handlungsresultat antizipierbaren Verfügungsmöglichkeiten (in ihrer emotionalen Wertigkeit) und den zu seiner Realisierung aufzubringenden Anstrengung bzw. in Kauf zu nehmenden Risiken im Spannungsfeld zwischen echter Motivation und (verinnerlicht-motivationsförmigem) Zwang" (ebd.: 189f).

Man sieht, worauf in der Kritischen Psychologie menschlichen Lernens und Lebens im Grunde genommen alles hinausläuft. Holzkamp unterscheidet Lernbegründungen danach, ob die lernende Person die eigene Verfügungsmacht erweitert und (dadurch) ihre Lebensqualität erhöht, oder ob sich ihre Anstrengungen lediglich in der Abwehr einer Bedrohung oder bereits erlebten Beeinträchtigung des eigenen Handlungspotentials erschöpfen. Im ersten Fall handelt es sich um jenes eigentliche, expansive Lernen. Im zweiten Fall ist das Lernen defensiv und im Grunde genommen seiner verlockenden Aussichten beraubt. Im engeren Sinne *motiviertes* und *emotional positiv verankertes*, im wahrsten Sinne des Wortes leidenschaftliches Lernen ist dann und nur dann möglich, wenn in Aussicht steht, dass die eigene Verfügungsmacht tatsächlich erweitert und (dadurch) die Erhöhung der Lebensqualität spürbar gesteigert wird. Lernproblematiken müssen vom Subjekt als solche wahrgenommen werden. Das heißt, es muss einer Person in Anbetracht der herausfordernden Lernaufgaben klar sein, dass es hier um neue, bereichernde Zugänge zur Welt und um die eigene, an neue Einfluss- und kreative Gestaltungsmöglichkeiten gebundene *Stellung in dieser Welt* geht.

Kult der Verfügung, abwegiges Glück

Wie in anderen Texten, die zur Grundlegung und Profilierung der Kritischen Psychologie beitragen, mag man sich an der zwar keineswegs falschen, aber in psychologischer Hinsicht dennoch etwas rigiden und weltfremden Koppe-

---

Registern, Begriffen, Schemata und sonstigen Deutungsmustern. Holzkamp vereinfacht das angedeutete Problem immer wieder. Es ist zwar wahr: „ein *Aspekt* einer Sache ist eben ein Aspekt einer *Sache*" (ebd.: 220), aber diese Sache ist eben prinzipiell kein *factum brutum*, das in einer neutralen und universalen Beobachtersprache fassbar und beschreibbar wäre. Diesen Gedanken führen hinreichend komplexe Theorien der Bezugnahme, wie sie etwa Hilary Putnam (z.B. 1995) im Rahmen seiner pragmatistisch reinterpretierten Position des „internen Realismus" vorgelegt hat, eindrucksvoll aus. Putnam bewegt sich dabei jenseits von naivem Empirismus und radikalem Konstruktivismus. Das ist ein Standpunkt, der im Grunde genommen wohl auch Holzkamp vorschwebt.

lung von *Verfügungserweiterung* und *erhöhter Lebensqualität* stören. Überhaupt legt der technomorphe und instrumentelle Begriff der *Verfügung* (Verfügungsmacht, Verfügungsgewalt, etc.) die Vorstellung eines Menschen nahe, dessen Glück etwas allzu sehr und direkt von seiner Kontrolle über allgemeine gesellschaftliche Verhältnisse abhängig gemacht wird – und überhaupt von *Verfügungs*möglichkeiten, die ihn zum ‚Herrn des Geschehens‘ machen. Holzkamps Handlungssubjekte erscheinen, allen gegenläufigen Verlautbarungen zum Trotz, manchmal nicht nur als hyperrationale Akteure, sondern auch als ‚Kontrollzombies‘. (Gelernte) Hilflosigkeit ist, wie man weiß, ungesund. Wer daraus den Schluss zieht, Wohlbefinden und Glück hingen vollständig von der Kontrolle und Verfügung über die eigenen (und in gewisser Weise auch die allgemeinen) Lebensbedingungen ab, überdehnt diese Einsicht.

Holzkamps Begriff der Verfügung bezieht sich keineswegs nur auf die Sicherung der materiellen Existenz (Nahrung, Wohnung, Kleidung, Arbeitsplatz, etc.), sondern umfasst auch kulturelle, soziale und ideelle Aspekte des gesellschaftlichen Lebens. Allerdings ist der Begriff der Verfügung (Verfügungsmacht, Verfügungsgewalt, etc.) grundsätzlich unangemessen, sobald man z.B. an bestimmte Bereiche einer unter ästhetischen und ethischen Gesichtspunkten geführten Existenz denkt. Etwas schief ist der Begriff übrigens auch, weil es bestimmte Momente gibt, die die Lebensqualität erhöhen, Erlebnis- und vielleicht auch Handlungsmöglichkeiten steigern, obwohl sie gerade nicht mit wachsender Verfügung und Kontrolle einhergehen. Sie haben vielmehr mit einem Überwältigt-werden des Subjekts zu tun, mit Erfahrungen der ekstatischen Existenz, wie sie z.B. im Bereich der Sexualität oder im Feld des religiösen Glaubens bekannt sind. Überall dort geht es um Erfahrungen kreativer Selbsttranszendenz, die zumindest zunächst rein gar nichts mit einem Streben nach Verfügung und Kontrolle zu tun haben oder mit faktisch erweiterter Verfügungs- und Kontrollmacht. Lebensqualität stellt sich mitunter ein, wenn es gelingt, etwas *sein und geschehen zu lassen*, sich anderem und anderen *überlassen, hingeben* und *ausliefern* zu können. Dieser Erfahrungskomplex kommt in Holzkamps Theorie zu kurz, und dagegen schützt sein Plädoyer für einen umfassenden Begriff der Verfügung, der sich auch auf die symbolische (und nicht nur auf die materielle) Welt bezieht, nicht im Mindesten. Dieses Defizit ist nicht zuletzt für eine Theorie interkulturellen Lernens fatal. Es ist nicht das einzige.

Allgemeine Verhältnisse betreffen, wie Holzkamps „Psychologie vom Subjektstandpunkt“ betont, Personen in ganz unterschiedlicher Weise. Diese Verhältnisse stellen in der Tat Bedingungen dar, unter denen alle – in variabler Weise – ihr Leben führen müssen. Der Einfluss dieser Lebensbedingungen auf das individuelle Dasein ist jedoch vielfach vermittelt, gebrochen durch konkrete Umstände, die die Existenz des Einzelnen sowie seiner wichtigsten Bezugsgruppen und Mitmenschen in der Regel sehr viel direkter bestimmen als ‚allgemeine gesellschaftliche Verhältnisse'. Individuelle Freiheiten, Lebenschancen und Handlungsmöglichkeiten hängen gewiss von allgemeinen Rahmenbedingungen ab, auf die nur politisch handelnde (Kollektiv-)Subjekte Einfluss nehmen können. Diese politisch vermittelte Verfügungsmacht ist jedoch keineswegs unmittelbar mit dem ‚kleinen erlebbaren Glück' im Alltag jedes Einzelnen verschwistert. Menschen fristen ihre Zeit gemeinhin in diesem Alltag, den sie mit ihren Mit- und Nebenmenschen (Alfred Schütz) teilen. Um das *für sie* Beste aus ihrem Leben zu machen, begeben sie sich vielleicht auch auf den langen Weg politischer Partizipation. Unentwegt bewegen sie sich jedoch nur in den seltensten Fällen auf diesem Pfad, was auch immer die Stimme ihrer grundsätzlich politisch, langfristig und solidarisch denkenden Vernunft sagen mag. Das kann man bedauern und für kurzsichtig halten, es ist dennoch eine historisch ziemlich konstante Tatsache.[22] Revolutionen sind nicht alltäglich. Natürlich weiß auch die Kritische Psychologie, dass die meisten Leute vom normativen Ideal des politisch denkenden und handelnden Subjekts weit entfernt sind. Und so hat das Ziel der durch Lernen erreichbaren Erweiterung persönlicher Verfügungsmacht selbstverständlich noch einen anderen, nicht an politische Partizipation gebundenen Sinn. Lernen kann sich auf *alle möglichen* Aspekte des Erlebnis- und Handlungspotentials eines Menschen beziehen.

---

22 Im Übrigen finden sich bei Holzkamp so gut wie keine Überlegungen dazu, dass politische Partizipation aufgrund des damit unweigerlich verwobenen *Kampfes* nicht so sehr um Anerkennung, sondern *um Macht und Herrschaft* alle beteiligten Akteure schnell auf Abwege führen kann. ‚Glück' findet sich bei und unter Leuten, die miteinander ringen und gegeneinander kämpfen, nicht unbedingt – selbst auf Seiten der ‚überlegenen Sieger' bleibt es oftmals aus. Das gilt jedenfalls für alle Formen des Glücks, die nicht vom Erfolg instrumentell-strategischen Handelns, von der ‚geglückten' Durchsetzung des eigenen Willens und anderen Weisen der Selbstbehauptung abhängen. Im Gegenteil: Wo Gegner zugange sind, Feinde sogar, wo also Subjekte *einander angehen*, ist die Gefahr einer *durch die eigenen Taten* heraufbeschworenen Selbstgefährdung und bewerkstelligten Selbstverletzung nicht weit. In Kontexten der Politik können sich auch diejenigen Akteure beschädigen, die sich (und andere) vermeintlich befreien und tatsächlich stärken. Faktische, imaginierte oder intendierte Überlegenheit, Macht und Herrschaft haben ihren Preis. ‚Sieger' im politischen Kampf verlieren mitunter so manches aus den Augen und verschenken Erlebnis- und Handlungsmöglichkeiten, während und weil sie kämpfen, Einfluss und Überlegenheit erringen. Wer physische, psychische oder symbolische Verfügungsgewalt ausübt oder zu erweitern strebt, läuft stets auch Gefahr, nicht nur die anderen, sondern auch sich selbst zu verletzen und zu verlieren, etwas zu *ver*lernen. Dies ist ein im Hinblick auf praktische Kontexte der von Konflikten und Krisen durchsetzten interkulturellen Kommunikation, Kooperation und Koexistenz ziemlich wichtiger, in der Psychologie (und anderen Disziplinen) bislang noch kaum verfolgter Gedanke.

Holzkamp entwickelt seine Theorie, wie erwähnt, an einem Beispiel, das nicht gerade bestens zu den populären und ein wenig vulgären Varianten marxistischer Ideologie zu passen scheint. Ein Mensch, dem es zu einem ernsthaften Problem wird, dass er mit Schönbergs Orchestervariationen Opus 31 leider rein gar nichts anfangen kann, denkt wohl nicht unentwegt an politische Partizipation und den Sozialismus. Diese Variationen sind eine Blüte der elitären bürgerlichen Hochkultur Europas im frühen 20. Jahrhundert. Wer sich von diesem kompositorischen Meisterwerk ,abgeschnitten' fühlt und darunter leidet, weil er die gesellschaftlichen, sachlich-sozialen Bedeutungen der revolutionären Komposition mit zwölf gleichberechtigten Tönen nicht verstehen und goutieren kann, hat nicht gleich politische Proteste und soziale Bewegungen im Sinn. Er mag vielleicht an engagierte Bildungsbemühungen denken, hat aber dennoch zuerst einmal mit sich selbst und der etwas sperrigen Zwölftonmusik der einstigen Avantgarde zu schaffen. *Darin* besteht die subjektive Lernproblematik, die Holzkamp am eigenen Leib erlebte und zu überwinden trachtete. Verfügungsmacht ist da offenbar nicht direkt an politische Mitwirkung und die Gestaltung der allgemeinen gesellschaftlichen Lebensbedingungen gekoppelt. Es geht hier zuerst einmal um nichts als Musik. Wichtiger noch ist folgende, bereits benannte begriffliche Schwierigkeit: Erweiterte *Verfügungsmacht* ist in diesem und vielen anderen Zusammenhängen ohnehin nicht ganz das richtige Wort, um Lernergebnisse und -folgen auf den Begriff zu bringen. Nicht alles, was wir zum Erlebnis- und Handlungspotential eines Menschen rechnen, zielt auf instrumentelles Wissen und Verfügung über sich selbst, über Andere oder Anderes ab.

Lernsubjekte, Lerngegenstände, Lernziele

Holzkamp entwickelt seine lerntheoretische Grundbegrifflichkeit vom (exemplarischen, paradigmatischen) Lerngegenstand her. Er betrachtet das Lernsubjekt dabei zunächst sehr abstrakt als eine Art ,reines Intentionalitätszentrum'. Er unterstellt diesem zwar (bestimmte) subjektive Lebensinteressen, sieht ansonsten aber – wiederum fürs erste – von qualifizierenden Merkmalen ab. Klar ist dennoch: Das Lern*subjekt* ist immer schon eine Person in ihrer Leiblichkeit und Körperlichkeit, ein Individuum mit einer bestimmten Lebens- und Lerngeschichte. Was und wie gelernt werden kann, hängt von dieser Geschichte – dem vorher Gelernten – ab (vgl. ebd.: 209). Die interindividuelle Variabilität bisheriger Lerngeschichten oder Lernhandlungsgeschichten stellt für jede Didaktik, die in einer Gruppe angewandt wird, eine enorme Herausforderung dar. Sie zwingt dazu, didaktische Bemühungen am häufig beschworenen ‚Normalfall der Heterogenität' auszurichten.[23]

Den Lerngegenstand selbst begreift Holzkamp demgemäß nicht als neutrales Objekt, „sondern als Aspekt der widerständigen Welt, wie sie dem Subjekt von seinem Standpunkt aus gegeben ist" (ebd.: 206). Subjekt und Objekt, Welt und Selbst sind aufs engste miteinander verwoben und, recht besehen, nur zu analytischen Zwecken trennbar. Von diesem Ausgangspunkt aus wird Lernen auch als Differenzierung des „lernenden Weltaufschlusses" konkretisiert. Beliebige Sachverhalte – ein Hammer oder Stuhl, ein Verkehrsschild und eine Landkarte, eine Skulptur oder ein Gedicht, ein Flugzeug oder eine Waffe, eine kritische Interaktionssituation im Kontext kulturellen Austauschs – besitzen gesellschaftliche, kulturelle Bedeutungen, die einzelne Personen kennenlernen können. In variablem Ausmaß müssen sie solche Bedeutungen und die damit verbundenen Erlebnis- und Handlungsmöglichkeiten wahrnehmen und damit umgehen lernen. Diese in der Sozialisation und Enkulturation erworbenen Kenntnisse, Fähigkeiten und Fertigkeiten machen einen guten Teil der *kulturellen Zugehörigkeit* von Personen aus. Was die verbindlichen und die optionalen Lerngegenstände angeht, gibt es für den Einzelnen stets gewisse Spielräume und individuelle Wahlmöglichkeiten. Offenkundig gibt es unendlich viele potentielle Lerngegenstände für Subjekte. Das trifft auch für besondere Lebensbereiche und Handlungsfelder sowie spezielle Bildungsinstitutionen wie die Hochschule zu. Lerngegenstände müssen stets ausgewählt und spezifiziert werden, bevor es losgehen kann. Von den Lern*gegenständen* unterscheidet Holzkamp Lern*ziele*. Während erstere in der Welt (im skizzierten Sinn) objektiv gegeben sind, sind Ziele grundsätzlich vom Subjekt gesetzte und verfolgte Ziele.[24]

Wie lernen, wie anfangen? Die Erfahrung einer Lerndiskrepanz

Wie und warum gelangt eine Person nun zur Ausführung von expansiven Lernhandlungen – in einem Meer von potentiellen Lerngegenständen? Wieso und auf welche Weise beginnt eine Person mit dem Lernen, weshalb werden

---

23 Ich sehe hier aus Platzgründen von Holzkamps (1993) konkreten Bestimmungen des Subjekts ab und verweise auf Kapitel 3.3, das ganz diesem Thema gewidmet ist.

24 Ich verzichte auf ausführliche Auseinandersetzungen mit weiteren terminologischen Differenzierungen. Wenigstens erwähnt sei: Im Hinblick auf Lerngegenstände geht es um den *thematischen* Aspekt des Lernens. Mit *operativen* Problemen zielführender Handlungen befasst sich die Handlungsregulationstheorie. Vom Lerngegenstand und dem Lernziel unterscheidet Holzkamp eine Lern*aufgabe*. Aufgabenanalysen sind keine Analysen des bedeutungsstrukturierten Lerngegenstandes in Holzkamps Sinne mehr, sondern eine sehr viel spezifischere Angelegenheit.

bestimmte Lerngegenstände ausgewählt, andere gar nicht gesehen oder beachtet? Wann nehmen Subjekte ‚von sich aus' eine Lernhaltung ein, ohne Zwang durch Lehrende oder oktroyierte institutionelle Vorgaben? Am Anfang steht, wie gesagt, ein primäres Handlungsproblem und das Erlebnis einer *Diskrepanz*: das Handlungspotential einer Person erweist sich als ungenügend, dieses Problem zu bewältigen. Was jedoch meint hier ‚Diskrepanz'? Dieser Begriff verweist die betroffene Person auf Mängel ihres „Gegenstandszugangs" (ebd.: 213f). So, wie die Person bislang vorgegangen ist und noch immer handelt, wird sie scheitern. Sie bleibt ohne Verständnis und Erfolg in der gegebenen Situation. *Genau das* muss sie, bevor der Wunsch und Wille zu lernen sich regen kann, erleben bzw. erfahren. Sie muss zunächst einmal *spüren* – und sei es noch so diffus –, dass sie von bestimmten, ihr jedoch noch unbekannten Erlebnis- und Handlungsmöglichkeiten abgeschnitten ist. Sie hat keinen Zugang zu bestimmten Teilen der (materiellen, kulturellen, sozialen, ideellen) Welt.

Zu dieser Welt kann auch das eigene Selbst gezählt werden. Die Welt umfasst also die sog. Außenwelt ebenso wie die sog. Innenwelt. Selbsttäuschungen etwa können demgemäß als Barrieren gelten, die den Zugang zur inneren Welt einer Person versperren. Egal, ob sich die äußere oder innere Welt als unzugänglich und unwegsam, intransparent und unheimlich erweist: Dieses vage *Gewahrnis* (Boesch 2005: 118ff.) der partiellen Fremdheit und Verschlossenheit der Welt muss die betroffene Person als ein *Defizit ihres Selbst, ihres Erlebnis- und Handlungspotentials* erfahren, unter dem sie *leidet*. Abstraktes Wissen und erlebnisferne Einsichten reichen als Grundlage, die Initiative zu ergreifen und eine Lernhaltung einzunehmen, nicht aus. Entscheidend ist vielmehr das schmerzliche Erleben des eigenen Unvermögens, in einer *gegebenen* oder *imaginierten*, *erinnerten* oder *antizipierten* Situation angemessen und effizient handeln zu können.[25]

Die besagte Diskrepanzerfahrung muss am eigenen Leib gemacht und *als Provokation bewertet* werden. Sie muss als eine „spezifische Erlebnisqualität des primären Handlungszusammenhanges" *erlitten* werden (ebd.: 214), ohne dass sich das Subjekt mit seinen bitteren Erfahrungen duldsam abfindet und

---

25 Gerade Erinnerungen an Erlebnisse des Scheiterns können eine wichtige Rolle spielen. Diskrepanzerfahrungen der besagten Art beziehen sich im Lichte der Kritischen Psychologie im Übrigen nicht allein auf private Angelegenheiten. Sie signalisieren ja oftmals, dass das betroffene Subjekt aus bestimmten gesellschaftlichen Lebenszusammenhängen ausgeschlossen ist, nicht an ihnen teilhaben kann – und das vielleicht gar nicht aus subjektiven Gründen und eigener Verantwortung, sondern wegen ‚objektiver' gesellschaftlicher Ungleichheiten, Macht- und Herrschaftsverhältnisse. Die subjektive Lebensqualität Einzelner hat in Holzkamps Theorie also auch an diesem Punkt etwas mit der Partizipation an gesellschaftlichen Erfahrungs- und Handlungsmöglichkeiten zu tun, mit Macht und Marginalisierung, Diskriminierung und Exklusion.

so selbst aufgibt. Darin liegt eine emotional-motivationale Qualität, die Anlass zum Lernen gibt. Mit bestimmten Dingen nicht umgehen, kurz: nicht handeln zu können, mögen Menschen als Frustration, Beunruhigung, Angst oder dergleichen empfinden. Die Entstehung von Lernintentionen ist stets in solchen Gefühlen verwurzelt. *Quod erat demonstrandum*: Wenn hier von *Diskrepanz* die Rede ist, geht es um mehr oder anderes als um *kognitive Dissonanz* in Gestalt logischer Widersprüche oder sonstiger Ungereimtheiten im Denken. Holzkamp nennt die ihn interessierenden Konflikte und Krisen „inhaltliche Widersprüche zwischen meinem auf Grund des gegenwärtig angewendeten Lernprinzips allein erreichbaren realen Stand und dem in der komplex qualitativ-emotionalen Umgangserfahrung sich andeutenden möglichen Stand des lernenden Gegenstandsaufschlusses" (ebd.: 245). Entscheidend ist, dass solche Widersprüche eine *praktische* Unpässlichkeit anzeigen. Diskrepanzen besitzen existenzielle Bedeutung. Sie tangieren elementare Bedürfnisse und Begehren, Wünsche und Sehnsüchte, Interessen, Orientierungen und Ziele.[26]

Holzkamp bindet seinen Lernbegriff – speziell die motivationspsychologischen Aspekte – eng an die *bewusste Vergegenwärtigung* dieser emotionalen Qualität. Er koppelt Lernmotive an negativ bewertete Handlungsbeeinträchtigungen und deren Reflexion durch das Subjekt. Nur so entstehen Handlungs*vorsätze*, die auf eine nachhaltige Überwindung dieser Beeinträchtigungen abzielen. Man fühlt oder spürt, dass man etwas lernen und tun könnte, etwas, das zu den eigenen Interessen, Wünschen und Sehnsüchten passt – besser als das, was man bislang zu tun imstande und gewohnt war. Theoretisch kann man dabei davon ausgehen, dass sich eine Person über ihre eigenen Interessen, Wünsche und Sehnsüchte, Bedürfnisse und Begehren nicht immer vollkommen klar sein muss (und kann). Personen sind und bleiben sich partiell intransparent. Und sie wissen das in aller Regel, z.B. wenn sie sagen, selbst nicht zu wissen, was sie eigentlich wollen (und dabei vielleicht vieles, auch nicht miteinander Vereinbares begehren und erstreben). Negative Gefühle – von Orientierungsunsicherheiten und Verwirrung über diffuse Frustration, Genervtheit und Widerwillen bis hin zu massivem Ärger und heftiger Wut – können Hinweise darauf sein, dass *etwas auf dem Spiel steht*, etwas, das einem am Herzen liegt und die eigenen Lebensinteressen berührt. Solche Hinweise können – müssen aber nicht – signalisieren, dass eine Person im Zuge einer blockierenden und verstörenden, vielleicht quälenden und belastenden Diskrepanzerfahrung *mit einem potentiellen Lerngegenstand in Berührung gekommen ist*. Geht eine Person in ihrem weiteren Denken und Handeln sol-

---

26 Es ist auffällig, dass die Grundgedanken dieser Theorie Ernst Boeschs Motivationspsychologie ähneln, die, wie angedeutet, mit dem Konzept der Sehnsucht nach Vervollkommnung operiert. Vervollkommnung ist auch bei Boesch (1998) zumindest partiell nur über lernenden Weltaufschluss möglich.

chen Anzeichen nach, könnte man ganz im Sinne Harry Frankfurts (2007) von ihr sagen, sie *nehme sich selbst ernst*. Expansives Lernen ist eine besonders aufwendige und eindrucksvolle Weise, dem menschlichen Vermögen, sich selbst ernst nehmen zu können, Ausdruck zu verleihen.

Ohne eine gewisse Beunruhigung und mobilisierende Unruhe ist expansives Lernen schwerlich in Gang zu bringen. Allerdings müssen solche Irritationen, Verunsicherungen und Erschütterungen in einem für das Subjekt noch erträglichen Ausmaß erfolgen. Die Diskrepanzerfahrung muss angenommen und verarbeitet werden können. Wenn jemand etwas längerfristig als totales Chaos, völlig undurchdringliches Dickicht oder überwältigende Herausforderung erlebt, ist eine Annäherung an einen potentiellen Lerngegenstand schwer, oft sogar unmöglich. Traumatische Erlebnisse zeugen häufig genug gerade davon. Ein allgemeines Maß dessen, was noch erträglich ist und als Lernanlass fungieren kann, gibt es freilich nicht.

Für alle Betroffenen gilt jedoch, dass expansives Lernen häufig eines langen Atems bedarf. Gelassenheit bei der Suche nach Neuem, Geduld mit sich selbst nicht zuletzt, sind notwendige Ingredienzen des Lernens. Holzkamp zeigt an seinem eigenen Beispiel sehr schön, wie er trotz des frustrierenden Chaos, das Schönbergs Opus 31 in seinen Ohren bot, allmählich Anknüpfungspunkte ausfindig machte, die es ihm erlaubten, geeignete Lernstrategien zu entwickeln (wie wiederholtes Anhören auch nur bestimmter Auszüge der Orchestervariationen, etc.). Dabei nutzte der Hörer sein Vorwissen und seine habitualisierte ästhetische Erfahrung. Holzkamp hatte z.B. schon eine gewisse Ahnung von einem erweiterten „Verständnis von Melodien jenseits des üblich symmetrischen, sich auf dyatonische Intervalle sich spitzenden Periodenbaus" (ebd.: 216). Das half, das sperrige Opus Schönbergs als einen Lerngegenstand aus der eingeschliffenen Praxis des persönlichen Musikhörens auszugrenzen und neue Zugangswege zu ihm zu finden.

Das zuletzt Ausgeführte ist im Hinblick auf die durch Lernen sich verändernde Gestaltung interkultureller Kommunikation, Kooperation und Koexistenz außerordentlich wichtig: Ohne irgendwelche Diskrepanzen und subjektive Anknüpfungspunkte der besagten Art lassen Personen potentielle Lerngegenstände links liegen. Sie sind schlicht irrelevant für sie und bleiben uninteressante, äußerliche Angelegenheiten. Ein überwältigendes Übermaß an Diskrepanzerlebnissen, an damit verbundenen Herausforderungen und Zumutungen legt die Erlebnis- und Handlungsfähigkeit der betroffenen Person lahm und blockiert das Subjekt. Unter solchen Umständen wird niemand lernen wollen und können. Menschen lernen keineswegs automatisch, nur weil sie sich in kulturell differenzierten Welten bewegen, Reisen in ferne Länder unternehmen, Anderen und Fremden begegnen. Wer keine schmerzliche Diskrepanz erlebt, wird einfach weitermachen wie bisher. Touristen müssen sich in der Regel nicht ändern. Ihr Erlebnis- und Handlungspotential wird auf Reisen kaum mehr herausgefordert als zu Hause auch. Umgekehrt gilt, dass Reiz-überflutungen im Zuge überwältigender Diskrepanzerlebnisse zu einer Art der Hilflosigkeit führen, die die betroffene Person weitgehend lähmen kann. Der Impuls zur inneren Abschließung, zu Abwendung und Flucht, Aversion und Aggression liegt in diesem Fall näher als eine Lernhaltung im beschriebenen Sinn. Generalisierungen der erlebten Hilflosigkeit können auch zukünftige Lernchancen vereiteln.

Dimensionen des Lernens

Holzkamp hebt hervor, dass Lerngegenstände aus Lernproblematiken nach Maßgabe der subjektiven Diskrepanzerfahrung ausgegliedert werden. Diese Ausgliederung ist eine Selektion. Sie stellt den persönlichen Fokus auf gewisse Teile, Ausschnitte, Aspekte oder, wie Holzkamp sagt, auf bestimmte *Dimensionen* eines subjektiven Lerngegenstandes ein (der sich ja niemals völlig mit dem objektiven gesellschaftlichen Bedeutungszusammenhang deckt). Keinesfalls kann der ,gesamte' Lerngegenstand in all seinen Dimensionen thematisiert werden, schon gar nicht *ad hoc* und gleichzeitig.[27]

Auf welchen Dimensionen kann sich das expansive Lernen vollziehen? Auch diese Frage ist wichtig, wenn man theoretisch klären möchte, wie sich das Lernen tatsächlich vollzieht. Ich beschränke mich wiederum auf einige Hinweise. Holzkamp charakterisiert Lernprozesse zunächst anhand einer *exemplarischen* Dimension. Er spricht metaphorisch von einem „Fortschreiten von (relativer) Flachheit zu wachsender Tiefe des Gegenstandaufschlusses" (ebd.: 221). Musik etwa mag man zunächst bloß ganz oberflächlich, erst mit wachsendem Lernfortschritt etwas tiefer verstehen. Diesen Fortschritt begreift Holzkamp „als Durchdringung der *Unmittelbarkeitsbehaftetheit* der Erfahrung in Richtung auf die Erfassung immer *vermittelter* gesellschaftlicher Bedeutungsstrukturen" (ebd.: 221). Werden Lerndiskrepanzen überwunden, geschieht das also z.B. im Zuge des Fortschreitens „von der Unmittelbarkeit zur Vermitteltheit des Weltzugangs" (ebd.: 221). Den Begriff der Tiefe übernimmt Holzkamp aus der Gedächtnispsychologie von Fergus Craik und Robert Lockart, die von der Verarbeitungstiefe kognitiver Prozesse sprechen und damit „den Grad der aktiven Auseinandersetzung des Individuums mit dem Material [meinen], von der dessen Haltezeit im Langzeitspeicher abhängen soll" (ebd.).

Interessant ist, dass Holzkamp ,Tiefe' als ein Merkmal des wachsenden Gegenstandsaufschlusses im Lernprozess charakterisiert, das primär ein

---

27 Es ist leicht zu sehen, dass der Begriff der ,Dimension' hier nicht derselbe ist wie im Fall jener Dimensionen (kognitiv, emotional/affektiv, praxisch), die in Modellen interkultureller Kompetenz unterschieden werden.

Merkmal des Lern*gegenstandes* ist. Der Gegenstand selbst, seine strukturelle Beschaffenheit, weist mehr oder weniger Tiefe auf, in die das Subjekt, abhängig von seinem mitgebrachten Wissen und seiner Verarbeitung, eintauchen kann. Auch der handlungstheoretische Begriff des Weltaufschlusses ist also *relational* strukturiert. Er berücksichtigt objektive Tiefenstrukturen der Lerngegenstände. Was man als individuelle Person lernen, wie weit man in *verallgemeinerte* soziokulturelle Bedeutungszusammenhänge einzudringen vermag, ist nicht nur vom eigenen Wissen und Können, sondern vom Lerngegenstand selbst abhängig. Schönbergs Orchestervariationen geben diesbezüglich einfach mehr her als ein schlichtes Kinderlied. Ein Lerngegenstand, der nicht mehr ist als das, was er oberflächlich verkörpert, ist entsprechend *flach*. An ihm ist kein lernendes Überschreiten der Unmittelbarkeit möglich. Was man hier lernen kann, bleibt dementsprechend ein *vergleichsweise* oberflächliches Wissen und Können. Natürlich kann auch dies wichtig und in der aktuellen Praxis ausreichend sein. Dennoch lässt sich anhand der erläuterten Dimension zeigen, was Lernen sein und wie man Lernvorgänge unterscheiden kann, im Hinblick auf ihre strukturellen Merkmale und ihre möglichen (psychosozialen) Ergebnisse und Folgen.

Holzkamps Erläuterungen der variablen Tiefe von Lerngegenständen werfen im vorliegenden Zusammenhang natürlich die Frage auf, was denn in dieser Hinsicht im *interkulturellen* Lernen gelernt wird. Es ist evident, dass es in diesem Feld zahllose Lerngegenstände gibt, die sich nicht zuletzt durch ihre Tiefe erheblich unterscheiden. Dabei lassen sich auf Anhieb Erfahrungen kultureller Differenz in interkulturellen Überschneidungssituationen ausmachen, die uns auf Lerngegenstände verweisen, deren Tiefe sogar *unermesslich* ist. An kulturell *fremden* Bedeutungseinheiten hängt gleichsam eine *ganze Welt*, die vom lernwilligen Subjekt ‚aufgeschlossen‘, übersetzt und angeeignet werden kann. Man denke etwa daran, was es alles bedeutet, dass in einem katholischen Gottesdienst Oplaten gereicht und einverleibt werden! Oder dass jemand auf der *documenta IX* vor Bruce Naumanns Videoinstallation *Anthro/ Socio: Rinde spinning* steht und schaut und hört und grübelt. Oder dass jemand genüsslich und verständig ein japanisches Haiku-Gedicht liest. Komplexe Konstellationen interkultureller Kommunikation, Kooperation und Koexistenz, in denen sich *kulturell sehr distante* Interaktionspartner begegnen und aufeinander einspielen müssen, bieten womöglich Tiefen (und Untiefen), die nicht jeder *critical incident* zu bieten hat.

Nicht zuletzt diese Einsicht könnte Bestandteil der Lehre in interkulturellen Studiengängen sein, gerade in den Hochschulen. Es käme in einschlägigen Lehrveranstaltungen also stets darauf an, die variable Tiefe von Gegenständen interkulturellen Lernens exemplarisch zu verdeutlichen und Subjekte zu motivieren, sich auf diese Tiefe einzulassen und sie nicht, das mögliche Lernen abkürzend oder umgehend, abzuwehren oder zu verflachen. Die quasi unendliche Tiefe von vielen Gegenständen interkulturellen Lernens hängt im Übrigen mit der *holistischen* Struktur einer jeden Kultur zusammen. Einzelne ausgegliederte Lerngegenstände sind demnach lediglich Elemente eines umfassenderen Ganzen. Sie stehen stets in einem hermeneutischen Teil-Ganzes-Verhältnis. Gerade auch Gegenstände interkulturellen Lernens sind, mit anderen Worten, *pragma-semantisch interdependent*. Ihre Bedeutungen durchdringen sich wechselseitig. Sie verweisen ganz in Holzkamps Sinne auf umfassendere Bedeutungszusammenhänge, die Subjekte erschließen können. Lernende Menschen tun das sukzessive, kreuz und quer umherschweifend, stets aufs Neue auf der Suche nach groben oder filigranen Verbindungen, manifesten oder verborgenen Sinngehalten in einem dicht gesponnen Bedeutungsgewebe (Geertz 1973/1987), das wir heute oft ein ‚Netzwerk‘ nennen.

Holzkamp charakterisiert „die in den *verschiedenen* Dimensionen herausgehobenen unterschiedlichen An- und Ausschnitte des Lerngegenstands" als „*unterschiedliche Spezifizierungen von Flachheit-Tiefe*" (Holzkamp 1993: 223). Natürlich lassen sich auch andere Dimensionen finden, auf denen sich Lerngegenstände unterscheiden und anordnen lassen. Wenn Holzkamp sich mit dem vermeintlichen Chaos der Orchestervariationen von Schönberg auseinandersetzt, geht es unter anderem um die Dimension *Zufälligkeit-Gesetzmäßigkeit*. Eine weitere Dimension markiert die Funktion der Schlaginstrumente als Lerngegenstand, wobei hier vor allem die Pole *Globalität-Differenziertheit* zur Diskussion stehen. Zusätzliche, für die Analyse von Lerngegenständen und -vorgängen aufschlussreiche Dimensionen könnten sein: „Die Durchdringung der Isoliertheit in Richtung auf den Zusammenhang, die Durchdringung der Fixiertheit in Richtung auf die Prozesshaftigkeit (Entwicklungsqualität) von Strukturmomenten des Lerngegenstands" (ebd.: 223).

Die Unterscheidung zwischen Flachheit-Tiefe dient dabei als eine Art Leitdifferenz, ist aber spezifizierbar und ergänzungsfähig. Im Prinzip können wir immer neue derartige Dimensionen entdecken, und zwar *in Abhängigkeit von konkreten Lerngegenständen und Lernvorgängen*. Holzkamp präsentiert keine abgeschlossene Liste von Dimensionen – und kann dies aus prinzipiellen Gründen nicht tun. Welche Dimensionen wann und wo relevant werden können, vermag niemand im Vornherein zu wissen. Die Artikulation solcher Dimensionen des Lernens ist im Prinzip an die empirische Analyse bestimmter Lernproblematiken gebunden. Es können sich immer wieder neue ergeben. Nicht alle sind für die Analyse bestimmter Lerngegenstände relevant. Man muss also in jedem Fall überlegen, welche Dimensionen jeweils spezifisch und deshalb bedeutsam sind – auch für das womöglich interessierende interkulturelle Lernen. Die jeweils fokussierte Dimension der Diskrepanzerfahrung entscheidet darüber, wie ein Subjekt eine bestimmte konkrete Lernproblematik angeht und was dabei im weiteren Verlauf gelernt werden kann. Wichtig ist die Einsicht, dass Lernen grundsätzlich mehrdimensional strukturiert sein kann und faktisch fast immer mehrere Dimensionen aufweist, in denen sich Lernende abwechselnd oder nacheinander bewegen können.

Lernprinzipien und qualitative Lernsprünge

Lernen vollzieht sich, egal in welcher Dimension es sich gerade bewegt, bisweilen plötzlich und sprunghaft. Dies hat vor allem die Gestaltpsychologie – am Beispiel verschiedener psychologischer Funktionen (Wahrnehmung, Denken, etc.) – hinreichend deutlich gemacht. Neue Einsichten ergeben sich mitunter schlagartig. Auch neue Handlungsweisen können von einem zum anderen Moment emergieren. Natürlich muss nicht jede Lernproblematik durch solche *qualitativen Lernsprünge* überwunden werden. Bisweilen vollzieht sich Lernen kontinuierlich. Was jedoch ist typisch für den ersten Fall? Wann muss man qualitative Sprünge vollziehen als Lernender? Diesbezüglich ist es wichtig, das *Verhältnis* „zwischen der Elaboriertheit einer Lernproblematik und der durch die Struktur des Lerngegenstands ermöglichten ‚Tiefe' des lernenden Gegenstandsaufschlusses" zu beachten (ebd.: 239).

Konkret heißt das: Die Tiefe des Lerngegenstands muss Bedeutungsstrukturen mit mehreren Vermittlungsebenen aufweisen. Zugleich steht das Subjekt dieser Tatsache wegen seines bislang relativ wenig elaborierten Vorwissens ziemlich hilflos gegenüber. Es macht eine erhebliche Diskrepanzerfahrung, die zunächst nur auf einer Art *intermediären Zwischenebene* der Tiefenstruktur des Lerngegenstands überbrückbar ist. Die im potentiellen Lerngegenstand liegenden Erfahrungs- und Verfügungsmöglichkeiten bleiben weitgehend verschlossen und eröffnen sich erst dadurch, „dass *die Lernproblematik selbst* im Zuge des Lernprozesses so *verändert und entwickelt* wird, dass von einem bestimmten Stand des Lernvollzugs an die Beschränkung auf eine intermediäre Zwischenebene in Richtung auf die weitere lernende Aufschlüsselung der Tiefenstruktur des Lerngegenstands überwindbar ist" (ebd.: 239). Zu qualitativen Sprüngen im Zuge der Umarbeitung der Lernproblematik kann es mithin *nicht* kommen, wenn
- der Lerngegenstand nur minimale Tiefe aufweist;
- die ursprüngliche Lernproblematik bereits von Anfang an so weit elaboriert ist, dass das Subjekt die gesamte Tiefenstruktur des Lerngegenstands aufschließen kann;
- wenn die weitere Entfaltung der initialen Lernproblematik im Zuge des Lernprozesses nicht möglich ist, also der lernende Weltzugang irgendwie stecken bleibt beim Versuch, den Lerngegenstand weiter zu erschließen.

Das Lernsubjekt weiß am Anfang natürlich noch nicht, wie es lernen, ob und auf welche Weise es die gemachte Diskrepanzerfahrung überwinden kann. Entscheidend ist, dass im Zuge des Lernversuches das *Lernprinzip selbst* in den Blick gerät und so deutlich werden kann, dass dieses Prinzip im gegebenen Fall nicht zielführend ist. Lernaktivitäten können ins Stocken geraten, auf Schwierigkeiten, Widerstände und Barrieren stoßen. Dem muss die lernende Person, will sie ihr Tun fortsetzen, nachgehen. Diesbezüglich kann sie zunächst *operationale* Aspekte des Lernens in Augenschein nehmen, also die Planung, Organisation, hierarchische Durchstrukturierung, sequentielle und/oder zirkuläre Abwicklung der eigenen Lernaktivitäten. Das nützt manchmal jedoch nichts, und zwar einfach deshalb, weil das „bisherige thematische ‚Prinzip' der Realisierung meiner Lernintention" (ebd.: 240) unangemessen war und ist. Das ist entscheidend für die Vorbereitung eines qualitativen Sprungs. Das unproduktive Lernprinzip hat die betreffende Person ganz selbstverständlich, gleichsam automatisch angewandt. Es gehört zu ihrem impliziten Wissen und ihrer habitualisierten Praxis. Tauchen bei seiner Anwendung Probleme auf, steht sie vor der Aufgabe herauszufinden, warum just dieses Prinzip nicht mehr funktioniert. Sie muss ihr Denken und Handeln auf ein *neues Prinzip* umstellen.

Holzkamp macht das wiederum an seinem Beispiel der Schönbergschen Orchestervariationen deutlich. Diese wusste er sich zunächst nur so anzueignen, dass er sie als eine Art von Musik, wie er sie eben schon kannte, zu hören und zu erfassen versuchte. *Deswegen* verfehlte er sie, im Grunde genommen und immer wieder, im Wesentlichen zumindest. Er hörte an ihrem eigentlichen Kern vorbei und blieb ratlos, wusste mit den unzugänglichen, scheinbar strukturlosen Klängen nichts anzufangen. Manchmal schien sich zwar ein erster Fortschritt einzustellen, jedoch blieb das Gefühl des Unbehagens und Ungenügens. Die vertrauten musikalischen Parameter und Kriterien halfen nicht recht weiter. Lange Zeit war die Einsicht in die Beschränktheit des eigenen Versuchens unabweisbar. Die Besonderheit der sperrigen und chaotisch anmutenden Zwölftonmusik wurde gerade nicht erfasst, die vernommenen Variationen wurden verfehlt, solange sie *assimilierend* gehört wurden. Das an Wiederholungen des musikalischen Materials interessierte *Wiedererkennen als Lernprinzip* mochte zwar hie und da ein wenig helfen, führte aber nicht recht zum Ziel (selbst wenn die Wiederholung nun in Form von Maskierungen, Verkleidungen und Veränderungen auftreten durfte). Das Wiedererkennen eines komplizierten Themas konnte also wohl nicht alles sein, was es an den Orchestervariationen zu entdecken, zu erleben und sogar zu genießen gab. Die musikalische Organisation des Stückes beschränkt sich hier eben nicht auf polyphone Organisationsformen (wie man es etwa von Bach kennt, längst ohne jede Mühe). Die Tiefe der Bedeutungsstrukturen der Orchestervariationen ist größer, als es das Prinzip der Polyphonie auszuschöpfen vermag. Soviel zumindest wurde dem Hörer, der sich an seinem eigenen Missfallen gestoßen hatte, klar und klarer.

Deutlich ist, dass in Holzkamps Beispiel die initiale Lernproblematik zwar überwunden wird, sich dabei aber gleich eine neue auftut, womit der Tiefe des Lerngegenstandes Rechnung getragen wird. Die neue Lernproblematik erfordert ein neues Lernprinzip. Durch die Gewinnung dieses neuen Prinzips bewegt sich der Lerner auf ein qualitativ höheres Niveau zu und macht maßgebliche Lernfortschritte (ebd.: 243). Wenn das initiale Lernprinzip verworfen bzw. durch ein neues abgelöst wird, spricht Holzkamp von der Überwindung einer *Diskrepanzerfahrung höherer Ordnung*. Wenn die Diskrepanz nicht mehr angesichts der Lernproblematik selbst, sondern im Hinblick auf alternative Lernprinzipien auftritt, kommen solche Diskrepanzerfahrungen höherer Ordnung ins Spiel. Im skizzierten Zusammenhang erlebt das Subjekt „Ungenügen an der bisherigen Art und Weise des Lernens" (ebd.: 243). Das neue Lernprinzip muss „für mich soweit fassbar und erkennbar [werden], dass es für den weiteren Lernvollzug dominant werden kann und damit [...] tatsächlich eine neue Ebene des lernenden Gegenstandsaufschlusses [...] zu gewinnen ist" (ebd.: 243). Dann und nur dann kann der qualitative Sprung in einen neuen Hörzustand, eine neue Hörhaltung vollzogen werden. Analoge Exempel lassen sich leicht finden. Dabei mag man typisierbare Gemeinsamkeiten ebenso wie charakteristische Unterschiede ausfindig machen.

Wichtig ist, dass solche *Typen* qualitativer Sprünge wiederum nur empirisch rekonstruiert werden können. Da hilft keine vorgefertigte Systematik. Holzkamp bricht auch an dieser Stelle eine Lanze für eine erfahrungswissenschaftliche Lernforschung, die sich tatsächlich auf bestimmte Probleme aus der Perspektive betroffener Subjekte einlässt. Damit verweist er auf die Bedeutung der Analyse konkreter Lernproblematiken und argumentiert erneut gegen die allzu hohe Abstraktheit vermeintlich universaler Lerntheorien. Es gibt eben inhaltliche Eigenarten von Lernproblematiken, die Theorien durch entsprechende Spezifizierungen und Typisierungen unbedingt berücksichtigen müssen. Das betrifft speziell auch die qualitativen Sprünge im Lernen. Was die Problematik interkulturellen Lernens angeht, wäre genauer zu erkunden, wie qualitative Sprünge in bestimmten Domänen und Dimensionen interkultureller Kompetenz beschrieben werden können. Das ist eine der wichtigen Herausforderungen, die Holzkamps Lerntheorie im hier interessierenden Bereich nahe legt. Eine Didaktik interkulturellen Lernens könnte nicht zuletzt an diese empirischen Erkenntnisse anknüpfen.

Halten wir fest: Holzkamp postuliert eine Art *vorgängige* Erfahrung im Umgang mit dem Lern*gegenstand*, ohne die es nicht zum Wechsel von einem Lern*prinzip* zu einem anderen kommen kann. Emotional-motivationale Wertungsvorgänge sind „für die Herausbildung von Lerndiskrepanzen" wiederum entscheidend (ebd.: 244). Das alte Lernprinzip muss auch emotional als ungenügend erlebt werden und die eigenen Motive und Intentionen untergraben, es muss als einschränkende und hinderliche Barriere erfahren werden, welche neue Erlebnischancen und Handlungsoptionen vereitelt. Man *spürt* in entsprechenden Situationen eben regelrecht, dass einem das Faszinierende und Attraktive, das Verheißungsvolle und Bereichernde am Neuen (Anderen, Fremden) verschlossen bleibt. Dies ist für die betroffene Person ein irritierender und ärgerlicher, Frustration und Missmut weckender Befund. Ohne diese Voraussetzung und Initialzündung im Subjekt kommt expansives Lernen nicht in Gang, auch dann nicht, wenn der Übergang zwischen heterogenen Lernprinzipien und ein dadurch möglich werdender qualitativer Lernsprung ansteht. Genau darum geht es jedoch gar nicht so selten (gerade auch im Feld interkultureller Kommunikation, Kooperation und Koexistenz): Menschen können als Lernende scheitern, weil sie bereits *am alles weitere Tun bestimmenden Anfang* – im Prinzip eben! – falsch vorgehen. Ihr eingeschliffenes, prinzipien- und regelgeleitetes Handeln wird dem Lerngegenstand in sehr *grundsätzlicher* Weise nicht gerecht. *Deswegen* hören sie nicht, was gehört werden kann, sehen sie nicht, was es zu sehen gibt, verfehlen mit ihren Sinnen und ihrem Verstand, was Andere mühelos vernehmen und verstehen.

Der Ablauf expansiven Lernens: das typische Muster

Im groben Überblick lässt sich expansives Lernen nun als typisches Ablaufmuster beschreiben: Was eine Person zunächst nur diffus als Diskrepanz spürt und als Ungenügen empfindet, wird später als expliziter Widerspruch oder als Widerstreit identifizierbar. Sie merkt nun womöglich auch, dass das alte Lernprinzip nicht zum ersehnten, erweiterten Weltzugang führt, muss also dieses Prinzip überwinden und ersetzen. Genau dieser Übergang erfordert expansives Lernen: eine *neuartige, innovative und kreative* Auseinandersetzung mit dem Gegenstand *und uno actu* die Erweiterung eigener Lernprinzipien auf einem höheren, differenzierteren Niveau. Klar ist dabei, dass auch das neue Prinzip seine Grenzen hat – und nur *bestimmte* Dimensionen des Lerngegenstands zu erschließen vermag. Aufschlussreiche Dimensionen und fruchtbare Prinzipien lassen sich ohne eingehende Berücksichtigung struktureller Merkmale des Lerngegenstandes nicht ausfindig machen und beschreiben.

Lernen, transitorisches Selbst und die Kritik der Verhältnisse

Menschliches Lernen gehört zu den Kronzeugen der Kreativität des Handelns. Das trifft jedenfalls dann zu, wenn man Lernen – und speziell auch qualitative Lernsprünge – nicht lediglich als anonymes Geschehen konzeptualisiert, sondern als etwas, das *von mir als Lernsubjekt* (mit-)vollzogen wird (ebd.: 245). Ich als Subjekt nämlich habe „gute Gründe", ein „‚prinzipiell' höheres Niveau lernenden Gegenstandszugangs zu realisieren" (ebd.: 245). Die Betonung liegt hier natürlich auf den *subjektiv* guten Gründen, ohne die expansives Lernen eben niemals recht verständlich zu machen ist. Vielleicht kann man sagen, dass in der Subjektivität dieser guten Gründe auch die Freiheit liegt, durch die es Subjekten letztlich überlassen bleibt, potentielle Lerngegenstände als eine Herausforderung des eigenen Selbst zu betrachten (oder eben nicht). Wenn sie diese Herausforderung annehmen und produktiv zu bearbeiten in der Lage sind, wird der lernende Weltaufschluss die Verfügungsmacht und Lebensqualität des Akteurs spürbar steigern. Ihm (oder ihr) stehen fortan nicht zuletzt neue Lernprinzipien zur Verfügung, die bei zukünftigen Lernbemühungen womöglich weiterhelfen.

Lernerfolge hinterlassen Spuren. Jeder Erfolg mag dem Subjekt unter anderem bewusst machen, dass „ich mich dem Lerngegenstand bisher lediglich in defensiv begründetem, ‚widerständigem Lernen' – damit einseitig und beschränkt – annähern konnte" (ebd.: 247), nun aber diese eigene Begrenztheit hinter mir gelassen habe. Wie man sieht, läuft am Ende vieles auf eine (auch) rationale Durchdringung bisheriger Lern*widerstände* hinaus. Diese Widerstände waren und sind dabei, allem ersten Anschein zum Trotz, keine bloßen Privatangelegenheiten. Holzkamp bringt sie als Kritischer Psychologe mit restriktiven, repressiven gesellschaftlichen Verhältnissen und deren Niederschlag in Institutionen und Praxen aller Art in Verbindung. Irgendwie wird die Person, die wirklich zu lernen bereit und im Stande ist, in der Kritischen Psychologie dann doch noch zum ‚Gesellschaftskritiker' (bewusst und willentlich oder *nolens volens*). Lernen entpuppt sich mithin nicht nur als Überwindung persönlicher Widerstände und Grenzen, sondern auch als *Movens soziokulturellen Wandels*. Expansives Lernen ist eine humanspezifische Form des Lernens. Sie gehört zu einem expansiven, transitorischen Selbst (Straub/ Renn 2002), das seine Identität im Übergang gewinnt, nicht zuletzt eben in einer durch Lernen möglich werdenden Transition, in der die Grenzen zwischen Subjektivität und intersubjektiven Strukturen fließend sind.

Holzkamp koppelt den schwierigen Übergang von der subjektiven Bedrohungsabwehr zum expansiven Lernen (letztlich) an eine bewusste Auseinandersetzung mit gesellschaftlichen Machtinstanzen und Herrschaftsverhältnissen. Er hadert mit diesen mehr oder minder ‚misslichen' Verhältnissen, insofern sie so angelegt und darauf aus sind, dass Menschen nicht lernen können, allenfalls eingeschränkt und kanalisiert im Sinne der viel beschworenen, flexiblen Anpassung an eine sich rasant wandelnde Umwelt. Holzkamp sieht freilich, dass dieser von ihm fokussierte Zusammenhang mitunter nur sehr vermittelt wirksam werden kann. Gleichwohl ist evident, dass der Autor damit bereits das Feld der historischen und gesellschaftlichen *Bestimmtheit* von Lernverhältnissen betreten hat und die Veränderung dieser Verhältnisse als ein rationales Ziel von Menschen ausweist, die ihren Lebensinteressen näher rücken und ihre Lebensqualität steigern wollen. Die *Kritische* Psychologie des Lernens bleibt ihrem Namen und Programm treu. Auch als Psychologie vom

Standpunkt des Subjekts verschreibt sie sich dessen Emanzipation, die ohne Veränderung von gesellschaftlichen Verhältnissen, kulturellen Lebensformen und Sprachspielen nicht denkbar ist.

Resümee zum subjektwissenschaftlichen Ansatz: eine handlungstypologische Differenzierung des Lernhandelns

Im Vergleich mit den in psychologischen Lehrbüchern vorgestellten Lerntheorien hat der subjektwissenschaftliche Ansatz einiges zu bieten, was man im Feld interkulturellen Lernens und Lehrens besonders gut gebrauchen kann. Die handlungstheoretische Konzeptualisierung menschlichen Lernens führt zu einem Begriff expansiven Lernens, der sich in den behavioristischen und kognitivistischen Modellen der herkömmlichen sowie der aktuellen Lern- und Gedächtnispsychologie so nicht findet. Die Auffassung und Analyse des Lernens als besonderer Form menschlichen Handelns eröffnet Perspektiven, die allen elementaristischen und assoziationistischen Verhaltenstheorien verschlossen bleiben. Es darf dennoch bezweifelt werden, dass Holzkamps Theorie tatsächlich schon hinreichend differenziert angelegt ist, um auch nur das sog. expansive Lernen angemessen begreifen, untersuchen und unterstützen zu können. Das hat mehrere Gründe. Ein zentraler Einwand lautet: Der Handlungsbegriff der Kritischen Psychologie weist, wie angedeutet, just jene Enge auf, welche psychologischen Handlungstheorien generell eigen ist (Straub 1999a). Das wirkt sich negativ aus.

Holzkamp koppelt den Handlungsbegriff ganz ans intentionalistische oder teleologische Modell und huldigt demzufolge einem Rationalismus, der Zweckrationalität zum Maß der Vernunft schlechthin erklärt. Der damit verbundene instrumentalistische Zug seiner Lerntheorie kulminiert nicht zuletzt in der begrifflichen Fassung des alles überwölbenden Lern*zieles*. Wenn alles gut läuft, führen das Ergebnis und die Folgen expansiven Lernens zu einer Steigerung der *Verfügungsmacht* des Subjekts (s.o.). Zwar ist daneben auch noch ganz allgemein von *Lebensqualität* die Rede, doch scheint der zentrale Aspekt die als Verfügung gedachte Handlungsfähigkeit darzustellen (und für die Lebensqualität beinahe wie von selbst zu sorgen). Das ist zu kurz gedacht. Oft geht es Lernenden nicht einmal um *Expansion*, so dass auch dieser Prädikator nicht unbedingt das treffendste Wort ist.

Lernen kann, wie oben angemerkt, auch mit einer Zurückhaltung des Subjekts und einer Zurücknahme seines Handelns einhergehen. Bisweilen stellt der Verzicht auf Einfluss ein folgenreiches Lernergebnis dar. Eine Lerntheorie wäre womöglich ebenso vom Lassen und Seinlassen her zu denken wie vom Handeln her, zumal von einem ausgreifenden und auf Machtzuwachs versessenen Handeln, dessen Begriff nicht zufällig an *expansionistische Unternehmungen* aller Art erinnert. Der Mensch als Lernsubjekt ist kein bloßer

Expander. Lernen und Leistungen im Rahmen zweckrationaler Vernunft sind häufig zweierlei. Sie können zusammenfallen, müssen es aber nicht.

Die aufs intentionalistische oder teleologische Modell reduzierte *Begründungsstruktur*, die Holzkamp *allen* Handlungen zuweist, birgt die Gefahr eines rationalistischen Zugangs zur Lernproblematik (der offenkundig kulturspezifisch ist). Wer menschliches Handeln, einschließlich des Lernens, als ein nach Auffassung des Akteurs angemessenes Mittel zur Verfolgung vorab feststehender Ziele oder Zwecke konzeptualisiert, fügt das Lernen zwangsläufig diesem zweckrationalistischen, instrumentalistischen Schema ein. Der subjektwissenschaftliche Ansatz setzt eine Person voraus, die *im Grunde genommen* schon weiß, warum, wozu und was sie lernen will und die *aktiv danach strebt*, ihr eigenes Lernen bewusst zu entwerfen, zu planen und auszuführen. Sie handelt sogar als lernendes Subjekt wie in einem Ringen mit sich selbst. Sie richtet alle Kraft auf die verheißende Expansion der Selbst-Grenzen sowie des eigenen Erlebnis- und Handlungspotentials aus. Im subjektwissenschaftlichen Ansatz ist das Subjekt in hohem Maße Herr im Haus – oder jedenfalls dabei, diese Position (wieder) zu erringen. Es handelt absichtlich und bewusst. Es rechnet von vornherein mit der bezweckten Expansion eigenen Wissens und Könnens und der Erweiterung von Kontroll- und Verfügungsmacht.

Ein als *Widerfahrnis* gedachtes Lernen, ein Lernen als Geschehen oder Ereignis, das dem Subjekt *eher zustößt als dass es von ihm beherrscht würde*, kennt der subjektwissenschaftliche Ansatz allenfalls am Rande. Einen systematischen Ort hat *diese* Seite des Lernens in Holzkamps Handlungstheorie nicht. Auch im Hinblick auf die Ergebnisse und Folgen des Lernens für das Subjekt leidet die Kritische Psychologie an den skizzierten Einseitigkeiten. In den Beispielen und materialen Analysen Holzkamps ist von den heteronomen Momenten im Lernen zwar mehr die Rede als in der Sprache seiner Theorie, die gerade diese Perspektive kategorial ausschließt. Lernen erscheint hier praktisch ausschließlich als Ergebnis und Folge eines Machens, nicht jedoch eines Geschehenlassens, das auch mal Überwältigungen und bereichernde Schwächungen des Subjekts mit sich bringen kann (durchaus im Sinne des *soggetto debole* und vergleichbarer Konzeptionen; Vattimo 1983; Meyer-Drawe 2000).

Man lernt nicht nur dann, wenn man sich besonders zusammennimmt und anstrengt. Im Übrigen ist auch der Ausgang des Lernens häufig unbekannt und nicht vorhersehbar. Lernenden mangelt es mitunter nicht nur an Wissen, *wie genau* zu lernen sei angesichts einer Lernproblematik. Sie merken mitunter noch nicht einmal recht, dass sie in eine Lernproblematik eher hineingeraten als dass sie diese selbständig und selbstbestimmt ausgrenzen aus dem Fluss der Praxis und sodann ‚bearbeiten'. Das bedeutet nun nicht, man müsse sich deswegen in der Lerntheorie von der Handlungstheorie gleich wieder

verabschieden. Ganz von allein stellt sich auch das Lernen kaum ein. Es be-
darf in der Lerntheorie eines handelnden Subjekts. Jedoch muss man das
Handeln komplexer und differenzierter konzeptualisieren, als es die Kritische
Psychologie tut.

Intentionales, zielgerichtetes oder zweckrationales Handeln ist nur *ein*
Typ unter mehreren Handlungstypen. Das ist für die lerntheoretischen Grundlagen auch im Bereich der interkulturellen Kommunikation, Kooperation und
Koexistenz wichtig. Ohne dies hier genauer ausführen zu können, verweise
ich auf eine an anderer Stelle ausgearbeitete Handlungstypologie (Straub
1999a; zum Überblick: Straub 1999b, 2010), die neben dem *intentionalistischen* (oder teleologischen) Handlungsbegriff einen Begriff des *regelorien-
tierten* sowie einen an der Temporalität und Kreativität menschlichen Handelns orientierten *narrativen* Handlungsbegriff kennt. Diesen theoretischen
Begriffen korrespondieren darauf zugeschnitte, wiederum eigenständige und
nicht aufeinander reduzierbare, ausnahmslos aus dem nomologischen Schema
der Kausalerklärung ausscherende Modelle der Handlungs*erklärung*, nämlich

- das intentionalistische (oder teleologische) Modell, wie es Georg H. von
  Wright (1971/1974) formalisiert hat (Straub 1999a: 102ff.);
- das Modell der Handlungserklärung durch Bezugnahme auf konstitutive
  oder regulative Regeln, das im Anschluss an die wegweisende Arbeit Peter Winchs (1958/1966) präzisiert und formalisiert wurde (Straub 1999a:
  113ff.); diesbezüglich spielen soziale Normen sowie die Normen fundie-
  renden Werte eine besonders wichtige Rolle;
- das Modell der narrativen Handlungserklärung, das im Feld der Ge-
  schichtstheorie erstmals von Arthur Danto (1965/1980) im Hinblick auf
  temporal komplexe und irreduzibel kontingente Phänomene ausbuchsta-
  biert und ebenfalls in die formale Gestalt eines Schemas überführt wurde,
  das sich auch für die an *Veränderungen* interessierte psychologische
  Handlungstheorie bestens eignet (Straub 1999a: 141ff.).

Wenn nun auch das *Lernhandeln* im Rahmen dieser Typologie differenziert
wird, entgeht man der Gefahr einer intentionalistischen (und rationalistischen)
Engführung des Lernens. Es werden dann *im Rahmen* handlungstheoretischen
Denkens Aspekte des Lernens thematisierbar, die sich im dezidiert begrün-
dungsanalytischen Ansatz der subjektwissenschaftlichen Lernpsychologie
Holzkamps nicht angemessen erforschen lassen. Wir handeln eben auch als
Lernende nicht immer (bewusst und absichtsvoll) an Zielen orientiert und setzen unseres Erachtens zweckdienliche Mittel ein, um diese Ziele möglichst
effizient zu erlangen. Wir handeln vielmehr auch, indem wir uns in der Teilhabe an einer soziokulturellen Praxis an (expliziten oder impliziten) *Regeln*
(insbesondere sozialen Normen und den damit verwobenen Werten) orientieren und diesen folgen. Dies geschieht häufig stillschweigend. Bisweilen kön-

nen Handelnde selbst auf Nachfragen die Regeln, denen sie folgen, nicht explizieren. (Auch die Regeln, die sie beim Lernen anwenden!) Sie folgen ihnen gleichsam blind. Und schließlich handeln wir stets auch im Rahmen von (vielfältigen) *Geschichten*, die sich allein im Modus der Erzählung artikulieren lassen. In diesem Fall eröffnet allein das narrative Modell angemessene Möglichkeiten, in Geschichten eingebettete und womöglich selbst geschichtenförmig strukturierte Handlungen zu beschreiben, zu verstehen und zu erklären. All das gilt wiederum für Lernhandlungen ebenso wie für beliebige andere Handlungen.

Ich kann die genaueren Konsequenzen einer typologischen Differenzierung des Handlungsbegriffs (und der korrespondierenden Modelle der Handlungserklärung) für die Lerntheorie hier aus Platzgründen nicht weiter bedenken. Festzuhalten ist, dass diese Folgen den großen Wert und Nutzen, den der subjektwissenschaftliche Ansatz bzw. die intentionalistische Handlungstheorie auch für ein Begreifen und Befördern von Lernvorgängen im Feld der Interkulturalität besitzen, keineswegs schmälern. Warum wir dennoch unbedingt über den Tellerrand der intentionalistischen Handlungspsychologie hinausschauen müssen, ließe sich durch Überlegungen zu einem besonders der Phänomenologie nahestehenden Begriff des *Lernens als Erfahrung* genauer begründen. Dieser Begriff ersetzt das handlungstheoretische Sprachspiel keineswegs, sondern integriert und erweitert es. Dabei kommt nicht einfach etwas hinzu. Vielmehr verträgt sich die Reflexion auf ein als Erfahrung begriffenes Lernen bestens mit einer Theorie der Temporalität und Kreativität des Handelns, die auch das Handeln *in der Erfahrung* situiert und sogar widerfahrnisartige Momente *im Handeln selbst* akzeptiert, ja konstatiert (Straub 1999a: 41-55).[28]

Käte Meyer-Drawes (2008) Ausführungen machen das sehr deutlich. Sie schärfen im Übrigen – nur darum soll es abschließend noch gehen – den Blick für den *kulturellen und gesellschaftlichen Kontext* der heutzutage so intensiv geführten Debatten über das Lernen. Sie zeigen mithin, was man aus der bloßen Existenz dieser langlebigen und allgegenwärtigen Diskurse lernen kann – im Alltag, in Bildungsinstitutionen und anderen öffentlichen Einrichtungen wie den Wissenschaften. Diese scharfsinnigen Beobachtungen runden das Bild, das bislang vom (interkulturellen) Lernen gezeichnet wurde, ab – *und setzen es in den passenden Rahmen.* In diesem Rahmen ist im Übrigen das gesamte vorliegende Buch platziert. Die Fragen, wie man interkulturelle Kompetenz lehren (und lernend erwerben oder steigern) könne, haben hier ihren Ort. Diesen Ort sollte man, selbst wenn man sich gewöhnlich einfach dort

---

28 Vgl. zu diesem Themenkomplex auch neuere Bemühungen, Begriffe wie Erleiden, Erleben und Erfahren zu rehabilitieren und zu präzisieren (Junge/Šuber/Gerber 2008).

aufhält und ihn (professionell) gestaltet, von Zeit zu Zeit *aus einiger Distanz* betrachten. Insofern und solange man Wissenschaft betreibt, ist diese reflexive Distanzierung *auch von der eigenen Praxis* und der in ihr situierten *Subjekte* Pflicht.

Lernen im Zeichen von Kontrolldispositiven: gesellschaftlicher und kultureller Kontext

Meyer-Drawes Buch, das vor allem der Geschichte und Gegenwart maßgeblicher *Diskurse des Lernens* sowie damit verbundener Normierungen und vermeintlicher Optimierungen des Menschen gewidmet ist, lässt auch das Lernen selbst nicht ganz außen vor. Im Lichte ihrer phänomenologischen Konzeption des *Lernens als Erfahrung* erscheint Holzkamps theoretischer Zugang als krasse Überzeichnung und Indienstnahme des Menschen als eines zweckrational handelnden Akteurs (s.o.). Obwohl Holzkamps Theorie gegen die flächendeckenden, auf Effizienz versessenen Maßnahmen im Dienst einer Ideologie des keineswegs so selbstbestimmten und selbstgesteuerten, sondern vielfach heteronomen Lernens Stellung bezieht, zehrt seine Lerntheorie selbst von Diskursen, die der kritischen Phänomenologie nicht geheuer sind. Gewiss, es geht hier wie dort um eine Wachsamkeit, die den heutigen Menschen vor der tendenziell totalen Unterwerfung unter das ubiquitäre Gebot der Anpassung bewahren soll. Sowohl Holzkamp als auch Meyer-Drawe leihen ihre Stimme Leuten, die in Kindern, Erwachsenen und Greisen sowie in allen möglichen anderen ‚Kategorien' von Menschen noch mehr und anderes sehen als anpassungsfähige Subjekte. Sie widersprechen beide der Vorstellung, Lernen ließe sich auf der Basis der Erkenntnis seiner *Mechanismen* instruieren und regelrecht fabrizieren (von Verhaltensingenieuren in Lernfabriken). Sie widersetzen sich gleichermaßen den wandelnden Ideologien des chamäleonhaften flexiblen Menschen, der in vorauseilendem Gehorsam als *hochtouriger Lerner* (Meyer-Drawe 2008: 125ff.) lernt, was er lernen soll, zeitlebens und ohne allzu sehr darauf zu achten, ob das zu Lernende tatsächlich der Mühe wert ist.

Allein die Phänomenologin hat diesbezüglich jedoch jenen längst vollzogenen Übergang von der Disziplinar- zur Kontrollgesellschaft im Auge, welcher mit einem Wandel der zentralistischen, ‚von oben' kommenden Macht zu einem diffusen Machtnetz einherging, in das alle verstrickt sind (Foucault 1978).[29] Kontrolle hat sich „auf infame Art" geändert (Meyer-Drawe 2008: 207). Sie wird, oft in vorauseilendem Gehorsam, von allen betrieben, die sich

---

29 Holzkamp kann vorgehalten werden, dass er noch allzu sehr, allzu einseitig und ein wenig naiv von der Disziplinarmacht ausgeht, wenn er repressive Verhältnisse und das gegängelte Subjekt unter die Lupe nimmt. Im Hinblick auf die Erwachsenenbildung erhebt just diesen Einwand Forneck (2009: 94ff.).

um ihre vermeintlich eigenen Angelegenheiten kümmern und doch nur den allgemeinen Betrieb aufrecht erhalten: als „Manager ihrer selbst", die Initiative zeigen, (angeblich) intrinsisch motiviert sind und Verantwortung übernehmen. Rastlos sind sie tätig im Auftrag selbst formulierter Imperative: „Selbstorganisation, Selbststeuerung, Selbstkontrolle" oder „Engagement, Eigeninitiative, Eigenverantwortung" sind die Zauberwörter dieser selbstgenügsamen „autopoietischen Systeme", die ihre „Selbstwirksamkeitsüberzeugungen und Fähigkeitsselbstwahrnehmungen" auf dem Laufenden halten „für einen Sozialstaat unter finanziellem Druck", von Zeit zu Zeit subtil unterstützt von Lehrern und Erziehern, die als „Entwicklungshelfer, Coacher, Moderatoren" auftreten (ebd.: 208; diese Unterstützer helfen natürlich auch bei der Produktion und Stabilisierung von *Illusionen von Autonomie* und anderen Selbsttäuschungen von Leuten, die jede Authentizität und Intimität zu verlieren drohen, während sie sich unentwegt *outen* in exhibitionistischen und voyeuristischen *Talk-* und *Castingshows*, etc.). Dieser komplexe Befund verweist auf wichtige *gesellschaftliche und kulturelle Grundlagen heutigen Lernens* und einschlägiger Diskurse. Den allgemeinen Dispositiven entsprechen längst kollektive Habitusformen und personale Dispositionen, die Menschen in allzeit bereite Lerner auf der Suche nach Kompetenzsteigerungsgelegenheiten verwandeln. Diesen Tatbestand hat eine Theorie des Lernens zu berücksichtigen. Er gehört zur Pragma-Semantik der lerntheoretischen Grundlagen einer jeden interkulturellen Didaktik auch an Hochschulen.

Eine weitere Zeitdiagnose, die für unser eigenes berufliches Denken und Handeln oft allzu aufschlussreich ist, wird in der Phänomenologie besonders klar formuliert: Die schleichende Ersetzung kritisch angeeigneter Lern*inhalte* durch die euphorische Vermarktung von *Output*-orientierten Verfahren stellt eines der auffälligsten Merkmale jüngerer Diskurse und Praktiken des Lernens dar. In Wissenschaft, Öffentlichkeit und pädagogischer Praxis haben sich Fragen nach dem *Wie* des Lernens bereits so weit vor Fragen nach dem *Was* gedrängt, dass man längst unbedacht vom *Lernen des Lernens* spricht, als sei das ein Selbstzweck. Man kann jedoch zweifellos auch Unsinn und Unerfreuliches lernen (und lehren). Jedenfalls lernt, wie uns die Grammatik lehrt (Meyer-Drawe 2008: 187f.), stets *jemand* (und sei es ein System) *etwas* (und sei es Bedenkliches, Nutzloses oder Verwerfliches). Die Phänomenologin fragt nicht bloß beharrlich nach den Spezifika des Lernens als eines eigentümlichen Phänomens, sondern ebenso nach bedeutsamen Lerninhalten und Lernzielen, die keineswegs nur in testbarem Wissen bestehen (können und sollen). Meyer-Drawe wendet sich vehement gegen die „Inhaltsarmut" herkömmlicher Lerntheorien und deren daher rührenden „hohen Allgemeinheitsgrad und die faszinierenden Anschlussmöglichkeiten" (ebd.: 192), die freilich schnell ins Nichtssagende führen.

Die Phänomenologin sieht diese bedenkliche theoretische *Formalisierung* und *Intellektualisierung* des Lernens im Übrigen bereits in Aristoteles' Philosophie angelegt, die frühzeitig den Weg ebnete für einen Lernbegriff, der stärker als noch bei Platon auf aktive Wissensakkumulation setzt und die existenziell bedeutsame „Umkehr" marginalisiert und verdrängt. Lernen gerät bereits hier als eine „Leistung des *logos*" in einen Gegensatz „zum Leiden als Ergriffenwerden [...]. Die pathischen Züge des Lernens, d.h. das Leiden, das mit dem Abschied vom Vorwissen verbunden sein kann, geraten in der Folgezeit vor allem aufgrund der stoischen Einflüsse in Vergessenheit" (ebd.: 20). Diese Tendenz schreibt sich im Verlauf der (europäischen) Geschichte fort, wobei bereits im Hellenismus und sodann in alttestamentlichen Kontexten das Gewicht vom Lernen und Lernenden auf das Lehren und den Lehrer verlagert wird. Von wenigen Ausnahmen abgesehen intensiviert sie sich in der Neuzeit. Nicht zuletzt diese trivialisierende *Didaktisierung* des Lernens hat gerade auch eine Theorie *interkulturellen* Lernens im Auge zu behalten – insbesondere dann, wenn es um die Praxis in *Hochschulen* geht.

Zum Ausklang

Das Lernen hat „viele Facetten" (Meyer-Drawe 2008: 15): Es vereint Erkennen und Begreifen mit aisthetischen Dimensionen wie dem Hinsehen oder Hinhören, es verknüpft das Handeln mit dem Lassen und die intentionale Anspannung mit Selbstzurücknahme und Gelassenheit, es verbindet das Denken mit praktischen Hervorbringungen, kennt neben expliziten, wohl begründeten und elegant formulierten Erkenntnissen auch erweiterte implizite Wissensbestände, die allein in einem neuen *Know-how* zum Ausdruck gelangen. Blickt man zum Schluss auf die beiden theoretischen Ansätze zurück, von denen eine jede zukünftige Theorie und Praxis interkulturellen Lernens und Lehrens an Hochschulen m.E. besonders viel lernen kann, lässt sich folgende Bilanz ziehen. Die pädagogische Phänomenologie des Lernens betont das als (überwältigende, existentielle) *Erfahrung* konzeptualisierte Lernen. Sie hat dafür gute Gründe – und neigt dennoch bisweilen zu einer allzu stark generalisierenden *Dramatisierung* und überzogenen *Pathetisierung* des Lernens. Sie besitzt, so könnte man sagen, eine den Einseitigkeiten des *handlungstheoretisch-subjektwissenschaftlichen* Ansatzes *komplementäre* Schlagseite. Die Kritische Psychologie, die außerordentlich differenzierte Einsichten in nicht beobachtbare Vorgänge des Lernens gewährt, hängt, wie immer sie sich für erfahrungsgesättigte, theoretische ‚Schwächungen' des Subjekts offen zeigt, noch allzu sehr an der Idee eines auf gesteigerte *Verfügungsmacht* abzielenden Subjekts. Wer sich darüber im Klaren bleibt, dass beide in diesem Beitrag gewürdigte Richtungen auf gewisse Abwege führen können (nicht müssen), hat handlungs- und erfahrungstheoretische Instrumente parat und kann Erkenntnisse vermitteln sowie verfeinern, die weit über die Errungenschaften konventioneller (psychologischer) Lerntheorien hinausführen.

Literatur

Arnold, Maik (2009): Das religiöse Selbst in der Mission. Kulturpsychologische Analysen missionarischen Handelns deutscher Protestanten, Ruhr-Universität Bochum: Dissertation (Veröffentlichung in Vorbereitung).

Aschenbach, Günter (1984): Erklären und Verstehen in der Psychologie, Bad Honnef: Bock und Herchen.

Bandura, Albert (1977): „Self-efficacy. Toward a unifying theory of behavioral change". Psychological Review 84, S. 151-215.

Bandura, Albert (1979): Sozial-kognitive Lerntheorie, Stuttgart: Klett-Cotta.

Baumgartner, Peter (1993): Der Hintergrund des Wissens. Vorarbeiten zu einer Kritik der programmierbaren Vernunft, Klagenfurt: Kärntner Druck- und Verlagsgesellschaft.

Bechtel, Mark (2003): Interkulturelles Lernen beim Sprachenlernen im Tandem. Eine diskursanalytische Untersuchung, Tübingen: Narr.

Bednorz, Peter/Schuster, Martin (2002): Einführung in die Lernpsychologie, München: Reinhardt.

Bennett, Milton J. (1993): „Towards ethnorelativism. A developmental model of intercultural sensitivity". In: Michael R. Paige (Hg.), Education for the intercultural experience, Yarmouth: Intercultural Press, S. 21-71.

Berry, John W. (1976): Human ecology and cognitive style. Comparative studies in cultural and psychological adaptation, New York: Wiley.

Berry, John W. (2005): „Acculturation: Living successfully in two cultures". International Journal of Intercultural Relations 29, S. 697-712.

Boesch, Ernst E. (1991): Symbolic action theory and cultural psychology, Berlin: Springer.

Boesch, Ernst E. (1998): Sehnsucht. Von der Suche nach Glück und Sinn, Bern: Huber.

Boesch, Ernst E. (2005): „Über Musik". In: ders., Von Kunst bis Terror. Über den Zwiespalt in der Kultur, Göttingen: Vandenhoeck & Ruprecht, S. 107-168.

Bourdieu, Pierre (1976): Entwurf einer Theorie der Praxis. Auf der ethnologischen Grundlage der kabylischen Gesellschaft, Frankfurt/M.: Suhrkamp.

Bourdieu, Pierre (1998): Praktische Vernunft. Zur Theorie des Handelns, Frankfurt/M.: Suhrkamp.

Brandtstädter, Jochen (1982): „Apriorische Elemente in psychologischen Forschungsprogrammen". Zeitschrift für Sozialpsychologie 13, S. 267-277.

Brandtstädter, Jochen (1984): „Apriorische Elemente in psychologischen Forschungsprogrammen. Weiterführende Argumente und Beispiele". Zeitschrift für Sozialpsychologie 15, S. 151-158.

Brislin, Richard W./Yoshida, Tomoko (Hg.) (1994): Improving intercultural
interactions. Modules for cross-cultural training programs, London: Sage.

Brockmeier, Jens (1999): „‚Expansives Lernen' als Lebensmetapher. In me-
moriam Klaus Holzkamp". Forum Kritische Psychologie 40, S. 127-137.

Bruner, Jerome S. (1986): „Two modes of thought". In: ders., Actual minds,
possible worlds, Cambridge, MA/London: Harvard University Press, S.
11-43.

Bruner, Jerome S. (1990): Acts of meaning, Harvard, MA: Harvard University Press.

Burke, Peter (2000): Kultureller Austausch, Frankfurt/M.: Suhrkamp.

Danto, Arthur C. (1965/1980): Analytische Philosophie der Geschichte,
Frankfurt/M.: Suhrkamp.

Dasen, Pierre/Akkari, Abdeljalil J. (2008): Educational theory and practices
from the majority world, New Delhi: Sage.

Dulisch, Frank (1986): Lernen als Form menschlichen Handelns, Bergisch
Gladbach: Hobein.

Eagleton, Terry (2001): Was ist Kultur? Eine Einführung, München: Beck.

Eagleton, Terry (2008): Der Sinn des Lebens, Berlin: Ullstein.

Eckensberger, Lutz H./Rheinshagen, Heide (1980): „Kohlbergs Stufentheorie
der Entwicklung des moralischen Urteils. Ein Versuch ihrer Reinterpreta-
tion im Bezugsrahmen handlungstheoretischer Konzepte". In: Lutz H.
Eckensberger/Rainer K. Silbereisen (Hg.), Entwicklung sozialer Kogni-
tionen. Modelle, Theorien, Methoden, Anwendungen, Stuttgart: Klett-
Cotta, S. 65-131.

Edelmann, Walter (2000): Lernpsychologie, Weinheim: Psychologie Verlags
Union.

Faulstich, Peter/Ludwig, Joachim (Hg.) (2004): Expansives Lernen, Baltmannsweiler: Schneider.

Forneck, Hermann J. (2009): „Zur Gouvernementalität der Erwachsenenbildung". In: Wiltrud Giesecke/Steffi Robak/Ming-Lieh Wu (Hg.), Transkulturelle Perspektiven auf Kulturen des Lernens, Bielefeld: transcript, S. 87-
102.

Foucault, Michel (1978): Dispositive der Macht. Über Sexualität, Wissen und
Wahrheit, Berlin: Merve.

Frankfurt, Harry (2005): Gründe der Liebe. Frankfurt/M.: Suhrkamp.

Frankfurt, Harry (2007): Sich selbst ernst nehmen, Frankfurt/M.: Suhrkamp.

Furnham, Adrian/Bochner, Stephen (1986): Culture shock. Psychological reactions to unfamiliar environments, London/New York: Methuen.

Geertz, Clifford (1973/1987): Dichte Beschreibung. Beiträge zum Verstehen kultureller Systeme, Frankfurt/M.: Suhrkamp.

Greenfield, Patricia M./Maynard, Ashley E./Childs, Carla P. (2000): „History, culture, learning, and development". Cross-Cultural Research 34, S. 351–374.

Gieseke, Wiltrud/Steffi Robak (2009): „Einleitung. Kultur als offenes Konzept aus erwachsenenpädagogischer Perspektive". In: Wiltrud Giesecke/ Steffi Robak/Ming-Lieh Wu (Hg.), Transkulturelle Perspektiven auf Kulturen des Lernens, Bielefeld: transcript, S. 7-24.

Glaser, Barney S./Strauss Anselm (1967/1998): Grounded Theory. Strategien qualitativer Forschung, Bern: Huber.

Gudykunst, William B./Kim, Young Y. (2003): Communicating with strangers. An approach to intercultural communication, Boston: McGraw-Hill.

Han, Byung-Chul (2005): Hyperkulturalität. Kultur und Globalisierung. Berlin: Merve.

Hacker, Winfried (1973): Allgemeine Arbeits- und Ingenieurspsychologie. Psychische Struktur und Regulation von Arbeitstätigkeiten, Berlin, DDR: VEB.

Held, Josef (1998): „Interkulturelles Lernen aus der Sicht der Kritischen Psychologie". Das Argument 224, S. 115-129.

Holzkamp, Klaus (1986): „Die Verkennung von Handlungsbegründungen als empirische Zusammenhangsannahmen in sozialpsychologischen Theorien. Methodologische Fehlorientierung in Folge von Begriffsverwirrung". Zeitschrift für Sozialpsychologie 17, S. 216-238.

Holzkamp, Klaus (1993): Lernen. Subjektwissenschaftliche Grundlegung, Frankfurt/M.: Campus.

Joas, Hans (1992): Die Kreativität des Handelns, Frankfurt/M.: Suhrkamp.

Joas, Hans (2004): Braucht der Mensch Religion? Über Erfahrungen der Selbsttranszendenz, Freiburg: Herder.

Joas, Hans (2009): Die Entstehung der Werte, Neuaufl., Frankfurt/M.: Suhrkamp.

Junge, Kai/Šuber, Daniel/Gerber, Gerold (Hg.) (2008): Erleben, Erleiden, Erfahren: Die Konstitution sozialen Sinns jenseits instrumenteller Vernunft. Bielefeld: transcript.

Kammhuber, Stefan (2000): Interkulturelles Lernen und Lehren, Wiesbaden: Deutscher Universitäts-Verlag.

Kelle, Udo (1998): Empirisch begründete Theoriebildung. Zur Logik und Methodologie qualitativer Sozialforschung, Weinheim: Deutscher Studienverlag.

Kinast, Eva-Ulrike (2005): „Interkulturelles Training". In: Alexander Thomas/Eva-Ulrike Kinast/Sylvia Schroll-Machl (Hg.), Handbuch Interkulturelle Kommunikation und Kooperation. Bd. 1: Grundlagen und Praxisfelder, 2., überarb. Aufl., Göttingen: Vandenhoeck & Ruprecht, S. 181-203.

Kölbl, Carlos/Jürgen Straub (2003): „Geschichtsbewußtsein als psychologischer Begriff". Journal für Psychologie 12, S. 80-108.

Kühlmann, Torsten M. (2007): „Fragebögen". In: Jürgen Straub/Arne Weidemann/Doris Weidemann (Hg.): Handbuch interkulturelle Kommunikation und Kompetenz, Stuttgart: Metzler, S. 346-352.

Laucken, Uwe (1989): Denkformen der Psychologie. Dargestellt am Entwurf einer Logographie der Gefühle, Bern: Huber.

Lave, Jean/Wenger, Etienne (1991): Situated learning: Legitimate peripheral participation, New York: Cambridge University Press.

Leenen, Wolfgang R. (2007): „Interkulturelles Training: Psychologische und pädagogische Ansätze". In: Jürgen Straub/Arne Weidemann/Doris Weidemann (Hg.), Handbuch interkulturelle Kommunikation und Kompetenz, Stuttgart: Metzler, S. 773-784.

Leenen, Wolfgang/Grosch, Harald/Groß, Andreas (2005): Bausteine zur interkulturellen Qualifizierung der Polizei, Münster: Waxmann.

Lefrançois, Guy R. (2006): Psychologie des Lernens, 4. Aufl., Berlin: Springer.

Link, Jürgen (2008): „Dispositiv". In: Clemens Kammler/Rolf Parr/Ulrich Johannes Schneider (Hg.), Foucault Handbuch. Leben-Werk-Wirkung. Stuttgart: Metzler, S. 237-242.

Matsumoto, David/Yoo, Seung Hee/Nakagawa, Sanae (2008): „Multinational Study of Cultural Display Rules". Journal of Personality and Social Psychology 94, S. 925-937.

Meyer-Drawe, Käte (2000): Illusionen von Autonomie. Diesseits von Ohnmacht und Allmacht des Ich, 2. Aufl., München: P. Kirchheim.

Meyer-Drawe, Käte (2008): Diskurse des Lernens, München: Fink.

Mezirow, Jack (1978). Education for perspective transformation: Re-entry programs in community colleges, New York: Teachers College, Columbia University.

Oberg, Kalervo (1960): „Culture shock: Adjustement to new cultural environments". Practical Anthropology 7, S. 177-182.

Oesterreich, Rainer (1981): Handlungsregulation und Kontrolle, München: Urban & Schwarzenberg.

Pike, Kenneth L. (1967): Language in relation to a unified theory of structure of human behavior, Den Haag: Mouton.

Polanyi, Michael (1985): Implizites Wissen, Frankfurt/M.: Suhrkamp.

Putnam, Hilary (1995): Pragmatismus. Eine offene Frage, Frankfurt/M./New York: Campus.

Ricœur, Paul (1986): Zufall und Vernunft in der Geschichte, Tübingen: Gehrke.

Rogoff, Barbara/Matusov, Eugene/White, Cynthia (1996): „Models of teaching and learning: Participation in a community of learners". In: David Olson/Nancy Torrance (Hg.), Handbook of education and human development: New models of learning, teaching, and schooling, London: Basil Blackwell, S. 388-414.

Rotter, Julian B. (1954): Social learning and clinical psychology, Englewood Cliffs, N.J.: Prentice-Hall.

Rotter, Julian B. (1966): „Generalized expectancies for internal versus external control of reinforcement". Psychological Monographs 80 (609).

Ryle, Gilbert (1949/1969): Der Begriff des Geistes, Stuttgart: Reclam.

Sam, David L./Berry, John (Hg.) (2006): The Cambridge handbook of acculturation psychology, Cambridge: Cambridge University Press.

Scribner, Sylvia/Cole, Michael (1973): „Cognitive consequences of formal and informal education: New accommodations are needed between school-based learning and learning experiences of everyday life". Science 182, S. 553-559.

Seligman, Martin E.P. (1979): Erlernte Hilflosigkeit. München: Urban & Schwarzenberg.

Skinner, Burrhus Frederic (1973): Wissenschaft und menschliches Verhalten, München: Kindler.

Skinner, Burrhus Frederic (1974): Die Funktion der Verstärkung in der Verhaltenswissenschaft, München: Kindler.

Smedslund, Jan (1988): Psycho-Logic, Berlin: Springer.

Stengel, Verena (2008): Interkulturelles Lernen mit kooperativen Methoden, Frankfurt/M.: Lang.

Straub, Jürgen (1989): Historisch-psychologische Biographieforschung. Theoretische, methodologische und methodische Argumentationen in systematischer Absicht, Heidelberg: Asanger.

Straub, Jürgen (1998): „Geschichten erzählen, Geschichte bilden. Grundzüge einer narrativen Psychologie historischer Sinnbildung". In: ders. (Hg.), Erzählung, Identität und historisches Bewußtsein. Die psychologische Konstruktion von Zeit und Geschichte, Frankfurt/M.: Suhrkamp, S. 81-169.

Straub, Jürgen (1999a): Handlung, Interpretation, Kritik. Grundzüge einer textwissenschaftlichen Handlungs- und Kulturpsychologie, Berlin/New York: de Gruyter.

Straub, Jürgen (1999b): „Handlungsbegriff und Handlungserklärung – typologische Unterscheidungen unter besonderer Berücksichtigung des narrativen Modells". In: Jürgen Straub/Hans Werbik (Hg.), Handlungstheorie. Begriff und Erklärung des Handelns im interdisziplinären Diskurs, Frankfurt/M.: Campus, S. 261-283.

Straub, Jürgen (2001): „Psychologie und Kultur. Psychologie als Kulturwissenschaft". In: Heide Appelsmeyer/Elfriede Billmann-Mahecha (Hg.), Kulturwissenschaft. Felder einer prozeßorientierten wissenschaftlichen Praxis, Weilerswist: Velbrück, S. 125-167.

Straub, Jürgen (2002): „Personale Identität und Autonomie. Eine moderne Subjekttheorie und das ,postmoderne Selbst'". In: Klaus P. Köpping/ Rainer Wiehl (Hg.), Die autonome Person – eine europäische Erfindung, München: Fink, S. 255-271.

Straub, Jürgen (2004): „Identität". In: Friedrich Jäger/Burkhard Liebsch (Hg.), Handbuch der Kulturwissenschaften. Bd. 1: Grundlagen und Schlüsselbegriffe, Stuttgart: Metzler, S. 277-303.

Straub, Jürgen (2007a): „Kompetenz". In: Jürgen Straub/Arne Weidemann/ Doris Weidemann (Hg.), Handbuch interkulturelle Kommunikation und Kompetenz, Stuttgart: Metzler, S. 35-46.

Straub, Jürgen (2007b): „Kultur". In: Jürgen Straub/Arne Weidemann/Doris Weidemann (Hg.), Handbuch interkulturelle Kommunikation und Kompetenz, Stuttgart: Metzler, S. 7-24.

Straub, Jürgen (2010): ,Sehnsucht' als handlungstheoretischer und motivationspsychologischer Begriff (in Vorbereitung).

Straub, Jürgen/Chakkarath, Pradeep (2010): „Identität und andere Formen des kulturellen Selbst". Familiendynamik 36 (im Druck).

Straub, Jürgen/Renn, Joachim (Hg.) (2002): Transitorische Identität. Der Prozesscharakter des modernen Selbst, Frankfurt/M./New York: Campus.

Straub, Jürgen/Zielke, Barbara (2005): „Autonomie, narrative Identität und die postmoderne Kritik des sozialen Konstruktivismus: ,Relationales' und ,dialogisches' Selbst als zeitgemäße Alternativen?" In: Friedrich Jäger/Jürgen Straub (Hg.), Was ist der Mensch, was Geschichte? Perspektiven einer kulturwissenschaftlichen Anthropologie. Jörn Rüsen zum 65. Geburtstag, Bielefeld: trancript, S. 165-210.

Strauss, Anselm (1987/1991): Grundlagen qualitativer Sozialforschung. Datenanalyse und Theoriebildung in der empirischen soziologischen Forschung, München: Fink.

Strauss, Anselm/Corbin, Juliet (1996): Grounded Theory. Grundlagen qualitativer Sozialforschung, Beltz: PVU.

Taylor, Charles (1985): „Self-interpreting animals". In: ders., Human agency and language. Philosophical papers 1, Cambridge: Cambridge University Press, S. 45-76.

Taylor, Charles (1988): „Was ist menschliches Handeln?" In: ders., Negative Freiheit? Zur Kritik des neuzeitlichen Individualismus. Mit einem Nachwort von Axel Honneth, Frankfurt/M.: Suhrkamp, S. 9-51.

Taylor, Edward W. 1994. „A learning model for becoming interculturally competent". International Journal of Intercultural Relations 18 (3), S. 389-408.

Thomas, Alexander (1988): „Interkulturelles Lernen im Schüleraustausch – Abschlußbericht über eine Beobachtungsstudie". In: Alexander Thomas (Hg.), Interkulturelles Lernen im Schüleraustausch, Saarbrücken/Fort Lauderdale: Breitenbach, S. 15-76.

Thomas, Alexander (1995): „Die Vorbereitung von Mitarbeitern für den Auslandseinsatz: Wissenschaftliche Grundlagen". In: Thorsten M. Kühlmann (Hg.), Mitarbeiterentsendung ins Ausland, Göttingen: Verlag für Angewandte Psychologie, S. 85-118.

Thomas, Alexander (2003): „Interkulturelle Kompetenz. Grundlagen, Probleme und Konzepte". Erwägen – Wissen – Ethik 14, S. 137-150.

Vattimo, Gianni (1983): Il pensiero debole, Mailand: Feltrinelli.

Volpert, Walter (1974): Handlungsstrukturanalyse als Beitrag zur Qualifikationsforschung, Köln: Pahl-Rugenstein.

Watson, John B. (1913): „Psychology as the behaviorist views it". Psychological Review 20, S. 158-177.

Watson, John B./Rayner, Rosalie (1920): „Conditioned Emotional Reactions". Journal of Experimental Psychology 3, S. 1-14.

Weidemann, Doris (2004): Interkulturelles Lernen. Erfahrungen mit dem chinesischen ‚Gesicht‘, Deutsche in Taiwan. Bielefeld: transcript.

Weidemann, Doris (2007): „Akkulturation und interkulturelles Lernen". In: Jürgen Straub/Arne Weidemann/Doris Weidemann (Hg.), Handbuch interkulturelle Kommunikation und Kompetenz, Stuttgart: Metzler, S. 488-498.

Welsch, Wolfgang (1999): ‚Transkulturalität‘. In Interkulturalität – Grundprobleme der Kulturbegegnung. Mainzer Universitätsgespräche Sommersemester 1998, Trier: Paulinus-Druckerei, S. 45-72.

Welsch, Wolfgang (2004): „Auf dem Weg zu transkulturellen Gesellschaften". In: Lars Allolio-Näcke/Britta Kalscheuer/Arne Manzeschke (Hg.), Differenzen anders denken: Bausteine zu einer Kulturtheorie der Transdifferenz, Frankfurt/M./New York: Campus, S. 314-341.

Werbik, Hans (1987): „Zur rationalen Annehmbarkeit handlungspsychologischer Aussagen und Theorieskizzen". In: Jochen Brandtstädter (Hg.), Struktur und Erfahrung in der psychologischen Forschung, Berlin: de Gruyter, S. 125-158.

Winch, Peter (1958/1966): Die Idee der Sozialwissenschaft und ihr Verhältnis zur Philosophie, Frankfurt/M.: Suhrkamp.

Wittgenstein, Ludwig (1984): Philosophische Untersuchungen, Frankfurt/M.: Suhrkamp.

Wittpoth, Jürgen (2004): „Gerahmte Subjektivität. Über einige ungeklärte Voraussetzungen der ‚subjektwissenschaftlichen Grundlegung des Lernens'". In: Peter Faulstich/Joachim Ludwig (Hg.), Expansives Lernen, Baltmannsweiler: Schneider, S. 256-262.

Wright, Georg H. von (1971/1974): Erklären und Verstehen, Frankfurt/M.: Athenäum.

Zielke, Barbara/Straub, Jürgen (2008): „Culture, psychotherapy and the diasporic self as transitoric identity". In: Kenneth J. Gergen/Toshio Sugiman/ Wolfgang Wagner (Hg.), Meaning in action: Constructions, narratives and representations, Japan: Springer, S. 49-72.

2.2 Überlegungen zur Lehre interkultureller Kompetenz

LOTHAR BREDELLA

Interkulturelle Kompetenz ist zum unbestrittenen Erziehungs- und Bildungsziel geworden und hat im Rahmen des Fremdsprachenunterrichts die kommunikative Kompetenz als übergeordnetes Lern- und Bildungsziel verdrängt. Das große Interesse an interkultureller Kompetenz hat auch zu vielen unterschiedlichen Methoden geführt, so dass es für die Didaktik der interkulturellen Kompetenz wünschenswert wäre, einen Überblick über sie zu gewinnen, um sie jeweils gezielt für die Förderung *bestimmter Teilziele* einsetzen zu können. Wer jedoch einen solchen Überblick zu erstellen versucht, wird bald feststellen, dass mehrere Konzeptionen von interkultureller Kompetenz mit unterschiedlichen, wenn nicht sogar entgegengesetzten Zielen vorliegen und dass diese mit jeweils unterschiedlichen Methoden und Aufgaben realisiert werden sollen, so dass es keine einheitliche Methodik gibt. Das liegt vor allem auch daran, dass sich Modelle interkultureller Kompetenz explizit oder implizit auf unterschiedliche *Anwendungssituationen* beziehen und in ihnen die kognitiven, affektiven, ethischen und evaluativen Fähigkeiten der Lernenden unterschiedlich angesprochen werden.

Ich werde einige solcher Situationen hervorheben, um an ihnen verständlich zu machen, wie es zu unterschiedlichen Zielsetzungen und unterschiedlichen Methoden und Aufgaben kommt. Die dabei gewonnenen Einsichten sind für eine Didaktik des interkulturellen Verstehens von zentraler Bedeutung, weil sie uns befähigen, in einzelnen Fällen didaktisch und methodisch begründete Entscheidungen zu fällen und weil erst angesichts dieser vielfältigen Situationen Einsichten in die generelle Struktur interkultureller Kompetenz gewonnen werden können.

In Teil 1 meines Beitrages werde ich auf die Kontroverse zwischen Alexander Thomas und Ram Adhar Mall über die unterschiedlichen Zielsetzungen interkultureller Kompetenz hinweisen. Für Thomas besteht das Ziel interkultureller Kompetenz darin, insbesondere Manager und Geschäftsleute zu befähigen, sich in ihren jeweiligen wirtschaftlichen Tranksaktionen erfolgreich durchzusetzen. Deshalb darf interkulturelle Kompetenz nicht durch ethische und moralische Verpflichtungen eingeschränkt werden. Nach Mall gehört es jedoch zur interkulturellen Kompetenz, dass wir uns die Frage stellen, ob die eingesetzten Mittel den anderen als gleichwertige Person anerkennen. Wir sehen hier, dass in der einen Anwendungssituation ethische und moralische Vorstellungen ausgeklammert bleiben, während sie in der anderen eine konstitutive Rolle spielen. In beiden Fällen kommt es daher auch zur Bestimmung unterschiedlicher Aufgaben und zur Empfehlung bzw. zum Einsatz unterschiedlicher Methoden.

In Teil 2 stelle ich eine Aufgaben- und Übungstypologie zum interkulturellen Lernen vor, wobei diese sich auch an bestimmten Situationen orientiert, nämlich an ersten Begegnungen mit Mitgliedern der fremden Kultur im Ausland. In Teil 3 dagegen stehen Störungen bei engen Beziehungen (beispielsweise in Ehen und Freundschaften) zwischen Menschen aus unterschiedlichen Kulturen im Mittelpunkt. In Teil 4 lenke ich die Aufmerksamkeit auf Situationen, die erklären können, warum wir uns gegenwärtig nicht nur im Bereich der Wirtschaft intensiv für interkulturelle Kompetenz einsetzen. Sie soll helfen, Rassismus, Diskriminierung, Intoleranz und Fremdenfeindlichkeit zu überwinden. Bei dieser Konzeption der interkulturellen Kompetenz gehe ich von dem Kampf um Anerkennung („politics of recognition") aus. Bei diesem Kampf geht es um die Aufwertung der eigenen Gruppe bzw. der eigenen Lebensform, um Minderwertigkeitsgefühle zu überwinden und Selbstachtung zu erreichen. Dabei kann es zu Spannungen zwischen der kollektiven und individuellen Identität kommen. Aus dieser Einsicht kann die generelle Struktur interkultureller Kompetenz gewonnen werden, die darin besteht, Verschränkungen und Spannungen zwischen kollektiver und individueller Identität zu entfalten. In Teil 5 werde ich aufzeigen, wie diese Form der interkulturellen Kompetenz durch das Verstehen von Geschichten gefördert werden kann.

Die Auseinandersetzung zwischen Alexander Thomas und Ram Adhar Mall und ihre Konsequenzen für die Didaktik der interkulturellen Kompetenz

In einem grundlegenden Aufsatz „Interkulturelle Kompetenz: Grundlagen, Probleme und Konzepte" stellt der Psychologe Alexander Thomas, einer der prominentesten Vertreter der interkulturellen Kompetenz vor allem im Bereich der Wirtschaft, lapidar fest: „Interkulturelle Kompetenz wird mit zunehmender Internationalisierung und Globalisierung vieler Bereiche des gesellschaftlichen Lebens immer stärker zur Schlüsselqualifikation für Fach- und Führungskräfte innerhalb und außerhalb Deutschlands" (Thomas 2003:

137). Wer als Geschäftsmann und Manager nicht über interkulturelle Kompetenz verfügt, setzt sich der Gefahr aus, so Thomas, dass ihm Geschäfte entgehen und dass er mit seinen ausländischen Mitarbeitern Schwierigkeiten bekommt. Sie ist notwendig für den Erfolg der deutschen Wirtschaft im Allgemeinen und für den Erfolg einzelner Manager und Geschäftsleute im Besonderen.[1] Diese instrumentelle Begründung wird von Ram Adhar Mall jedoch in Frage gestellt. Seiner Ansicht nach geht es „bei der Kultivierung einer interkulturellen Kompetenz [...] um eine auch normative Selbsttransformation" (Mall 2003: 197). Das bedeutet, dass wir uns in interkulturellen Begegnungen selbst verändern müssen und beispielsweise auf Absolutheitsansprüche verzichten. Wir müssen erkennen, dass andere die Dinge anders sehen als wir und dass wir somit den Dissens zwischen ihrer und unserer Sicht akzeptieren. Wir brauchen interkulturelle Kompetenz, um den Mut aufzubringen, „mit und in Differenzen zu leben und Diskurse zu führen" (Mall 2000: 344).

Thomas lehnt diese Auffassung von interkultureller Kompetenz entschieden ab: „Was bringt die ‚Verzichtsleistung auf Absolutheitsansprüche' der Fach- und Führungskraft eines deutsch-chinesischen Gemeinschaftsunternehmens ein, die die Einhaltung quantifizierbarer Qualitätsmaßstäbe in der Produktion zu garantieren hat?" (Thomas 2000: 407). Er weist auch die von Mall vertretene Auffassung, die eigene Kultur nicht grundsätzlich als die überlegene anzusehen, als weltfremd und unrealisierbar zurück, und schließt sich der Kritik von Elsayed Elshahed an Mall an:

„Denn dieses Selbstverständnis [von dem Überlegenheitsgefühl der eigenen Gruppe] ist tief im Unterbewusstsein jedes Menschen verwurzelt und würde, trotz aller auch ernst gemeinter Unterdrückungs- bzw. Verdrängungsversuche, sein soziales Verhalten beeinflussen oder gar vorherbestimmen. Dies trotzdem zu erwarten, ist, meiner Ansicht nach, absurd und wird, jedenfalls im Diesseits, unrealisierbar bleiben." (Elshahed 2000: 362, zit. n. Thomas 2003: 145)

Die Auffassung, dass der Mensch zutiefst von der Überlegenheit seiner Kultur überzeugt ist, wird uns noch weiter unten beschäftigen, hier ist nur wichtig, dass wir erkennen, dass Thomas eine Didaktik der interkulturellen Kompetenz für Manager und Geschäftsleute entwickelt, die von moralischen Vorstellungen frei und mit ethnozentrischen Einstellungen vereinbar sein soll. Für ihn besteht interkulturelle Kompetenz zwar in der Kompetenz, „Denk- und Ver-

---

1   Wir stoßen hier auf eines der zentralen Motive, die erklären, warum interkulturelle Kompetenz gegenwärtig so hohes Ansehen besitzt. Sie ist von entscheidendem Nutzen für die Wirtschaft und daher eine Qualifikation, die die Berufschancen erhöht. Alfons Scholten (2007) bringt diese Auffassung bereits mit dem Titel eines seiner Aufsätze zum Ausdruck: „Interkultureller Kompetenzerwerb in der Schule als Beitrag zur employability".

haltensgewohnheiten [der fremden Kultur] zu respektieren und im Kontext der fremden Kulturentwicklung zu würdigen" (ebd.: 145), aber diese Kompetenz darf Manager und Geschäftsleute nicht daran hindern, intolerant zu sein und Gewalt anzuwenden, wenn es die Situation erfordert, „da in der Regel kommuniziert und sogar kooperiert wird, und das zum Nutzen beider Partner, unter Bedingungen intoleranter, einseitig dominierender und einseitig Macht ausübender Beziehungsverhältnisse, und das von Personen, die überzeugt sind, im Besitz der Wahrheit zu sein" (ebd.: 146). Es geht hier nicht um die Frage, ob Thomas das Verhalten von Managern richtig beschreibt, sondern um die normative Frage, wie er das von ihm beschriebene Verhalten *bewertet*. Er rechtfertigt es, weil interkulturelle Kompetenz allein am wirtschaftlichen Erfolg der Manager und Geschäftleute gemessen werden soll. Thomas orientiert sich an einem Modell rationalen Handelns, nach dem derjenige rational handelt, der es versteht, die jeweiligen Mittel so einzusetzen, dass die angestrebten Ziele maximal erreicht werden, wobei das Ziel selbst von außen vorgegeben wird und nicht zur Diskussion steht. Dagegen setzt Mall ein normatives Modell des Handelns, in dem ich so handeln soll, dass ich vor mir selbst und dem anderen in moralischer Hinsicht bestehen kann. Aufschlussreich für das Verständnis der Positionen von Thomas und Malls ist die von Martin Seel eingeführte Unterscheidung zwischen strategischer und dialogischer Interaktion. Im ersten Fall handelt es sich um einen weiten Begriff von Interaktion, bei dem es gleichgültig ist, ob die handlungsfähigen Individuen „einander zu- oder abgeneigt sind, ob sie einander wohl- oder übelwollen, aufeinander eingehen oder nicht, einander instrumentalisieren oder nicht" (Seel 1999: 151). Ganz anders erscheint der Andere in der dialogischen Interaktion: „Der andere ist hier nicht (primär) ein Gegenstand des Vollbringens, dessen Verhaltensweise wir berücksichtigen und berechnen, er ist ein Gegenüber, mit dem wir in einen selbstzweckhaften Austausch treten" (ebd.). Auch wenn man anerkennt, dass es sich hier nicht um Formen der Interaktion handelt, die sich nicht gegenseitig ausschließen, liegt auf der Hand, dass wir zu unterschiedlichen Konzeptionen und unterschiedlichen Aufgaben der interkulturellen Kompetenz kommen, je nachdem ob wir die strategische oder die dialogische Interaktion in den Mittelpunkt stellen. Im letzteren Fall geht es nicht nur um das Resultat, sondern auch um die Art der Interaktion, die durch gegenseitige Offenheit gekennzeichnet ist (vgl. ebd.: 157). Die Diskussion über Ziele gehört hier zum Handeln.

Wir werden noch sehen, ob wir nicht über beide Modelle des Handelns hinausgehen müssen. Doch zunächst will ich mich dem Begriff Kultur bei Thomas zuwenden, weil er ebenfalls bestimmt, welche Dimensionen der kognitiven, affektiven, ethischen und evaluativen Fähigkeiten der Lernenden in einer Didaktik interkultureller Kompetenz angesprochen werden.

Thomas folgt einem Kulturbegriff, der besagt, „dass das Leben in der jeweiligen sozialen Gemeinschaft unter ‚normalen‘, ‚alltäglichen‘ Umständen sich zügig, störungsfrei, ohne Reibungsverluste und damit höchst effizient vollzieht" (Thomas 2003: 138).[2] Dieser intrakulturellen Kommunikation, die scheinbar problemlos abläuft, stellt Thomas die interkulturelle gegenüber, bei der es notwendigerweise zu Missverständnissen kommt. Er erläutert seine Auffassung an dem folgenden Beispiel. Ein deutscher Psychologe interviewt einen chinesischen Manager, der seit zwölf Jahren in Deutschland lebt und fließend Deutsch spricht, um von ihm etwas über seine Erlebnisse mit Deutschen, die sich ihm gegenüber „völlig unverständlich und nicht nachvollziehbar" verhalten, zu erfahren. Nach Thomas kann der deutsche Psychologe aufgrund seiner Zugehörigkeit zur westlichen Kultur nicht erkennen, dass er den Chinesen mit seiner Frage in eine ‚unmögliche‘ Situation bringt. Er verletzt einen für die chinesische Kultur zentralen Kulturstandard (zu diesem Konzept siehe Erll/Gymnich 2007: 50ff.), der besagt, dass man einen Menschen nicht in die Situation bringen darf, über einen anderen etwas Schlechtes zu sagen. Der Chinese empfindet daher die Frage des deutschen Psychologen als unhöflich und äußert sich unverbindlich. Damit verstärkt er das Vorurteil der Deutschen über die Chinesen, das besagt, dass sie undurchschaubar seien. Aber auch der Chinese sieht sich durch die ‚unmögliche‘ Frage in seinem Vorurteil über die Deutschen bestärkt: Sie sind rücksichtslos und haben kein Gespür für Anstand und Etikette. Auf diese Weise entsteht ein Teufelskreis von Vorurteilen, der sich ständig verstärkt. Diese Argumentation ist nachvollziehbar, aber sie ergibt nur Sinn unter der Annahme, dass wir durch unsere Kultur determiniert sind und dass der Chinese während der zwölf Jahre in Deutschland weder neue Erfahrungen gemacht hat noch kreativ handeln kann.

Li Wenchao hält Thomas entgegen, dass es durchaus sein könnte, dass der chinesische Manager gerade aufgrund seines zwölfjährigen Aufenthalts in Deutschland keine konkreten Beispiele nennen will, weil er bereits weiß, dass sie ins Exemplarische erweitert werden und dass man nicht so leicht von *den* Deutschen und *den* Chinesen sprechen kann. Vielleicht hätte ihm ein Chinese,

---

2   Die Auffassung, dass unsere intrakulturelle Kommunikation störungsfrei abläuft, ist nur bedingt richtig. Man denke nur an die leidenschaftlichen Auseinandersetzungen um Abtreibung, bei denen deutlich wird, dass die Beteiligten sich nicht darüber einig sind, was Abtreibung bedeutet. Für die einen ist sie Mord, für andere ist sie Ausdruck der Selbstbestimmung. Aber selbst in einem oberflächlichen Gespräch mit unserem Nachbarn können wir erfahren, wie Ferenc Tallár zeigt, dass wir nicht eine gemeinsame Welt teilen, wenn der Nachbar beispielsweise die Wörter „Homosexuelle", „Zigeuner", „Juden" oder „Frauen" in unerwarteten Zusammenhängen gebraucht (Tallár 1993: 15). Diese Überlegungen zur intrakulturellen Kommunikation haben, wie wir noch sehen werden, weit reichende Konsequenzen für unsere Konzeption der interkulturellen Kommunikation und den ihnen entsprechenden Aufgaben.

der sich erst wenige Tage in Deutschland aufhält, Beispiele geben können, in denen sich Deutsche „völlig unverständlich und nicht nachvollziehbar" verhalten (Li 2003: 185f.). Wir können aus diesen Überlegungen schon erkennen, dass zur interkulturellen Kompetenz gehört, Menschen nicht als ein Exemplar ihrer Kultur zu betrachten, sondern ihnen zuzutrauen, neue Erfahrungen zu machen und kreativ zu handeln. Wir müssen den Mitgliedern der fremden Kultur zugestehen, was wir für uns selbst in Anspruch nehmen, nämlich, dass unsere Kultur nicht unser Verhalten determiniert, sondern einen Spielraum des Verhaltens eröffnet.

Die Vorstellung, dass das Leben in einer Kultur störungsfrei abläuft, ist für das intra- als auch für das interkulturelle Verstehen problematisch, weil es menschliches Handeln als Regelbefolgung konzipiert und die Kreativität menschlichen Handelns nicht in den Blick bekommt. In seinem Buch *Die Kreativität des Handelns* zeigt Hans Joas (1996) auf, dass menschliches Handeln kreativ ist, weil wir ständig mit Schwierigkeiten, Hindernissen, Problemen und Konflikten konfrontiert werden und darauf antworten müssen. Der bloße Rückgriff auf Regeln, Konventionen und Kulturstandards reicht nicht aus, denn der Situationsbezug ist nicht kontingent, sondern konstitutiv. Der Handelnde muss sich auf die Situation einlassen und sich ein Urteil über sie bilden, um sich in ihr zurecht zu finden:

„Umgangsprachlich sagen wir, man ‚gerate' in eine Situation, sie ‚widerfahre' uns, sie stoße uns zu und wir sähen uns ‚vor sie gestellt'. Damit drücken wir aus, daß die Situation etwas ist, das unserem Handeln (oder Lassen) vorausgeht, dieses aber auch herausfordert, weil sie uns ‚angeht', uns interessiert oder ‚betrifft'." (Joas 1996: 235f.)

Indem wir durch die Situation herausgefordert werden, bestimmen sich unsere Ziele in Abhängigkeit von der Situation und der uns zur Verfügung stehenden Mittel. Insofern entstehen Handlungen aus einer Wechselbeziehung zwischen Situationsbezug, Zielen, Mitteln, Deutungsschemata, Bedürfnissen und Interessen und gehen über das bloße Befolgen von Regeln, Konventionen und Kulturstandards hinaus. Joas spricht hier von einem Modell kreativen Handelns, bei dem wir Pläne und Ziele revidieren, um den jeweiligen Umständen gerecht zu werden. Deshalb ist es für ihn eine Bagatellisierung der Unterschiede zwischen den Menschen, wenn wir annehmen, dass „die Formung aller Individuen durch gemeinsame Sprache und Kultur gleichsam eine Garantie dafür [wäre], dass ihre Verständigung gelingen kann" (Joas 1999a: 243).

Wenden wir uns nach diesen generellen Überlegungen zur intra- und interkulturellen Kompetenz bei Thomas Aufgaben zu, mit denen die letztere erworben werden soll. Eine herausragende Rolle spielen „critical incidents" (siehe Utler/Thomas i.d.B., Kap. 4.6). In dem gemeinsam mit Eberhard

Schenk verfassten Buch *Beruflich in China. Trainingsprogramm für Manager, Fach- und Führungskräfte* (Thomas/Schenk 2008) wird dargestellt, wie „critical incidents" für den Erwerb interkultureller Kompetenz eingesetzt werden sollen: Im ersten Schritt wird den Teilnehmern der Sachverhalt eines „critical incidents" erläutert, und anschließend werden ihnen vier unterschiedliche Interpretationen dieses Sachverhalts angeboten, die sie danach beurteilen sollen, ob sie sie für „sehr zutreffend, eher zutreffend, eher nicht zutreffend oder nicht zutreffend" halten. Anschließend erfahren die Teilnehmer, wie Experten die ihnen vorgelegten Interpretationen bewerten. In einem nächsten Schritt werden sie aufgefordert, Lösungsvorschläge für das Problem zu formulieren, bevor ihnen die Experten selbst Lösungsvorschläge unterbreiten. Auf diese Weise sollen die Teilnehmer der Kurse ein Orientierungswissen erhalten, das es ihnen ermöglicht, das Verhalten ihrer Geschäftspartner in der fremden Kultur richtig einzuschätzen (vgl. Thomas/Schenk 2008; s.a. Utler/ Thomas i.d.B., Kap. 4.6). Positiv ist an den „critical incidents" hervorzuheben, dass sie das Bewusstsein für unterschiedliche Interpretationen einer Situation schärfen, zur Reflexion anregen und somit vorschnelle Schlüsse verhindern. Aber es besteht bei ihnen die Gefahr, dass sie zur Stereotypenbildung beitragen und Menschen als Exemplare ihrer Kultur betrachten. Problematisch werden sie, wenn sie die Auffassung nahe legen, dass wir mit dem Erwerb der Regeln und Kulturstandards der fremden Kultur problemlos und störungsfrei an der Kommunikation teilnehmen können.

Thomas und Mall beziehen sich auf unterschiedliche Situationen. Jener lenkt den Blick auf die Konkurrenzsituationen von Managern und Geschäftsleuten, während dieser den Blick auf das lenkt, „was heute als das Verhältnis: Ethik und wirtschaftliche Rationalität, Nord-Süd-Konflikt, internationaler Kapitalverkehr und die Menschenrechte dritter Generation usw. so leidenschaftlich und kritisch diskutiert wird" (Mall 2003: 198). Hier besteht die interkulturelle Kompetenz nicht nur darin, Missverständnisse zu vermeiden, sondern Verständigung dadurch zu erreichen, dass man über fremde und eigene Bedürfnisse und Normen spricht und einen fairen Ausgleich findet. Interkulturelle Kompetenz bedeutet hier, eine kreative Lösung zu finden bzw. zu erfinden, die die Realität verändert. Wir stoßen auf das Modell des kreativen Handelns, an dem Joas hervorhebt, dass es über die Anwendung von Normen hinausgeht: „Der Akzent liegt hier auf dem schöpferischen Moment einer Anwendung bzw. auf der nicht mehr ‚Anwendung' zu nennenden moralischen Problemlösung" (Joas 1999b: 300). Das Modell des kreativen Handelns klammert die Frage nach der Verallgemeinerbarkeit und Universalisierung der angewendeten Maximen und Normen nicht aus, aber zunächst geht es aus der Perspektive der Handelnden darum, eine kreative Lösung für die anstehenden Konflikte in der jeweiligen Situation zu entwickeln.

Ich habe schon darauf hingewiesen, dass wir nach Thomas von der Überlegenheit unserer eigenen Kultur in unserem Unterbewusstsein zutiefst überzeugt sind und dass es weltfremd wäre, dies nicht wahrhaben zu wollen. Ist damit der Anspruch einer Didaktik der interkulturellen Kompetenz, ethnozentrisches Handeln zu überwinden und für die gleichwertige Anerkennung der anderen einzutreten, bloße Illusion, wenn nicht sogar Heuchelei? In *Die Eroberung Amerikas. Das Problem des Anderen* hat sich Tzvetan Todorov (1985) mit dieser beunruhigenden Frage beschäftigt. Er zeigt auf, wie Cortez an den Sprachen und Kulturen der Indianer interessiert ist und wie er sein Wissen zur Manipulation und Ausbeutung der Indianer einsetzt. Daher drängt sich ihm die Erkenntnis auf, die er gerne verdrängen möchte: „Es ergibt sich somit eine erschreckende Verkettung, die vom Verstehen zum Nehmen, vom Nehmen zum Zerstören führt, eine Verkettung, deren unabwendbaren Charakter man gerade in Frage stellen möchte" (Todorov 1985: 155). In seinem Buch *Orientalism* kommt Edward Said zu einer ähnlichen Erkenntnis. Auf die Frage, was zum Studium der orientalischen Kulturen motiviert, gibt er die Antwort: „In short, Orientalism [is] a Western style for dominating, restructuring, and having authority over the Orient" (Said 1987: 3). Das Studium fremder Kulturen verfolgt das Ziel, die Macht der eigenen Kultur zu erhöhen. Gegenwärtig werden in Anlehnung an den Begriff des „kulturellen Kapitals" bei Pierre Bourdieu ähnliche Auffassungen vertreten: Interkulturelle Kompetenz ist ein Kapital, das Macht und Ansehen einbringt. Deshalb stellt sich Stefan Krotz die Frage, ob

„das heute vielenorts so geläufige Lob des Kulturdialogs und der dazugehörigen interkulturellen Kompetenz weit weniger humanistischen Motiven entspringt als der ernüchternden Feststellung, dass viele Strategien kommerzieller, militärischer, auch entwicklungspolitischer und missionarischer Art nicht mehr wie bisher – nämlich mittels irgendeiner Form der Gewalt – durchzusetzen sind" (Krotz 2003: 184).

Beim Missionar wird explizit deutlich, dass das Verstehen der fremden Kultur nicht ihre Anerkennung bedeutet, sondern dass das Wissen über sie dazu eingesetzt wird, um sie zu entwerten. Wie die jeweilige Anwendungssituation bestimmt, worin die Aufgabe der interkulturellen Kompetenz gesehen wird, zeigt sich besonders anschaulich im Bereich der Touristik. Die Kompetenz von Angestellten in Touristikunternehmen wird darin gesehen, dass sie dem Kunden „in der fremden Umgebung, möglichst ohne eigenes Zutun, seine Erwartungen an den Auslandsaufenthalt erfüllt" (Klinge 2007: 103). Interkulturelle Kompetenz wird hier, so kann man zugespitzt formulieren, dafür eingesetzt, das ethnozentrische Verhalten von Kunden zu bestätigen. Diese Beispiele lassen erkennen, wie wichtig es für eine Didaktik der interkulturellen Kompetenz ist, dass sie die Aufmerksamkeit auf die jeweiligen Anwendungssituationen und der in ihnen wirksamen Ziele lenkt. Dabei wird sie aber auch entdecken, wie wir schon bei Mall gesehen haben und in den folgenden Teilen noch deutlicher sehen werden, dass interkulturelle Kompetenz nicht nur zur Beherrschung der anderen eingesetzt wird, sondern auch ganz anderen Motiven entspringt und andere Ziele verfolgt.

Eine Aufgaben- und Übungstypologie zum interkulturellen Lernen

Das Lehrwerk *Sichtwechsel – neu. Mittelstufe Deutsch als Fremdsprache* orientiert sich an konkreten interkulturellen Kommunikationssituationen. Als Beispiele für Missverständnisse werden angeführt: „Ein Ausländer mag sich z.B. beleidigt fühlen, weil er ‚nur' zum Kaffee und nicht zum ‚Essen' eingeladen wurde, er mag die Deutschen unhöflich finden, weil sie ‚immer gleich mit der Tür ins Haus fallen'" (Bachmann/Gerhold/Wessling 1996: 77). Die Aufgaben- und Übungstypologie, die Saskia Bachmann, Sebastian Gerhold und Gerd Wessling vorstellen, soll dazu beitragen, dass solche Missverständnisse vermieden werden. Wie kann dies erreicht werden? Man kann nicht, so die Autoren, das fehlende Kulturwissen vermitteln, weil es zu vielfältig ist. Daher sollen im Unterricht nicht Wissen, sondern grundlegende Einsichten und Strategien vermittelt werden. Das übergreifende Lernziel der interkulturellen Didaktik – „Orientierungsfähigkeit in der fremden Kultur und die Fähigkeit, sich in einer interkulturellen Situation (sprachlich) adäquat zu verhalten" – soll durch die folgenden Teilziele verwirklicht werden:

a) Wahrnehmungsschulung: Eine Aufgabe für dieses Ziel besteht darin, dass die Lernenden zu Bildern persönliche Eindrücke und Assoziationen formulieren und anschließend über sie sprechen. Dabei sollen sie erkennen, dass sie nicht *objektiv* beobachten, sondern dass ihr Vorwissen in ihre Wahrnehmungen einfließt. Für diese Zielsetzung werden als weitere Aufgaben genannt: Handlungsabläufe sequenzieren, Situationen und Menschen einschätzen, Geschichten zu Bildern aus unterschiedlichen Perspektiven erzählen. Immer soll die Einsicht vermittelt werden, dass unser Vorverständnis mitbestimmt, wie wir etwas wahrnehmen.

b) Begriffsbildung und Bedeutungserschließung: Hier geht es um Aufgaben, die die Aufmerksamkeit der Lernenden auf Konnotationen und Funktionen, die bestimmte Worte erfüllen, lenken. So hat ‚Brot' im deutschen Kontext eine andere Bedeutung und Funktion als im französischen.

c) Kulturvergleich: Hier soll den Lernenden bewusst werden, dass sie bei den vorangegangenen Aufgaben bereits Kulturen vergleichen und dass diese Vergleiche schief ausfallen, wenn sie nicht funktionale Äquivalenzen beachten.

d) Diskursfähigkeit in interkulturellen Situationen: Hier sollen die Lernenden erkennen, was implizit an kulturspezifischem Wissen in der Kommunikation vorausgesetzt wird. Zu den Aufgaben in diesem Bereich gehören: eigen- und fremdkulturelle Kommunikationsabläufe und -strategien zu analysieren, textsortenspezifische Strukturen zu bestimmen und Textsortenwechsel vorzunehmen.[3]

Bachmann, Gerhold und Wessling legen eine beeindruckende Aufgaben- und Übungstypologie vor, die jedoch nur eine Dimension der interkulturellen Kompetenz erfasst: die ersten Begegnungen bei Auslandsaufenthalten. Die ganze Spannbreite der interkulturellen Kompetenz zeigt sich, wenn wir uns im nächsten Teil Situationen zuwenden, die ganz andere Dimensionen unserer Person ansprechen.

Störungen in engen Beziehungen zwischen Menschen aus unterschiedlichen Kulturen

In dem von Dagmar Kumbier und Friedemann Schulz von Thun (2008) herausgegebenen Sammelband *Interkulturelle Kommunikation: Methoden, Modelle, Beispiele* findet sich der Beitrag „Missverständnisse und Irritationen ergründen und bewältigen" von Helmut Rez, Monika Kraemer und Reiko Kobayashi-Weinsziehr. Das Ziel der Autoren wird im Titel schon deutlich. Zunächst geben sie ein Beispiel für Missverständnisse und Irritationen in intrakulturellen Begegnungen: Für das interkulturelle Verstehen zeigen sie an deutsch-japanischen Begegnungen auf, wie es zu Spannungen kommt, weil in beiden Kulturen unterschiedliche Selbstkonzepte wirksam sind: Auf der japanischen Seite herrscht ein „kollektivistisches Selbstkonzept" vor: Der Einzelne begreift sich weniger als Individuum, sondern aufgrund seiner Sozialisation als Teil einer Gemeinschaft (vgl. Rez/Kraemer/Kobayashi-Weinsziehr 2008: 28). Die Autoren sprechen von einem „Gemeinschafts-Ich" und stellen diesem auf der deutschen Seite ein „Individual-Ich" gegenüber, das sich als autonom versteht. Wenn das Gemeinschafts-Ich aus seiner Perspektive das Individual-Ich bewertet, wird es ihm vorwerfen, dass es sich rücksichtslos und egozentrisch verhalte und die Normen der Gemeinschaft verletze. Das Individual-Ich wird dagegen aus seiner Perspektive dem Gemeinschafts-Ich vorwer-

---

3   Viele werden die oben genannten Situationen, nämlich bei ersten Begegnungen in der fremden Kultur sich orientieren und sich sprachlich adäquat verhalten zu können, als paradigmatisch für die interkulturelle Kompetenz betrachten. In vielen Ländern liegt jedoch das Motiv für das Lernen fremder Sprachen und das Studium fremder Kulturen darin, Fremden ihre eigene Kultur erklären zu können. Damit gewinnen die Inhalte der fremden wie der eigenen Kultur ein viel stärkeres Gewicht als in der hier skizzierten Aufgaben- und Übungstypologie.

fen, dass es keine individuelle Identität und keine eigene Meinung besitze und sich unkritisch an die Gemeinschaft anpasse. Auf diese Weise kann sich das eigene Selbstkonzept behaupten, aber dadurch werden die Beziehungen zum anderen gestört. Der erste Schritt, um sie abzubauen, verlangt, dass die Perspektive des anderen eingenommen wird, was nicht leicht fällt, weil damit auch eine Veränderung des eigenen Selbstkonzepts impliziert ist.

Zur interkulturellen Kompetenz gehört, dass die Lernenden mit Kulturstandards, die das Denken, Fühlen und Handeln von Menschen prägen, vertraut gemacht werden. Diese bestimmen, wie beispielsweise das Verhältnis zwischen Ich und Gemeinschaft, zwischen den Geschlechtern, zwischen Alt und Jung, zwischen Selbstbestimmung und Gehorsam und das Verhältnis zu Zeit, Natur und Umwelt und gesellschaftlichen Institutionen gesehen wird. Es gibt zu diesen Kulturstandards in ihren verschiedenen Formen eine reichhaltige Forschung (vgl. Erll/Gymnich 2007). Die Ausführungen zum kreativen Handeln haben aber auch erkennen lassen, dass solche Kulturstandards das Verhalten der Menschen nicht festlegen und dass es sich bei ihnen nur um graduelle Unterschiede handelt.[4] Wir müssen darauf achten, dass Kulturstandards nicht so verstanden werden, dass sie von einem Kollektivsubjekt produziert werden. Eine Kultur ist kein homogenes Gebilde, sondern ein vielfältiger und widersprüchlicher Komplex, „in dem nie bloß Eigenes, sondern immer auch Fremdes Medium der Selbstverständigung und Selbstverwirklichung ist" (Joas 1996: 123). Das bedeutet, dass zu unserer Entwicklung nicht nur die Leistungen unserer eigenen, sondern auch die der fremden Kultur beitragen. Es wäre im Übrigen irreführend anzunehmen, dass Japanern der Begriff des ‚Individual-Ichs' und Deutschen der Begriff des ‚Gemeinschafts-Ichs' unverständlich sei. Beide Konzepte spielen in beiden Kulturen eine zentrale Rolle, auch wenn sie jeweils unterschiedlich gewichtet werden. Aber selbst diese Aussage muss relativiert werden, wenn man die heftige Debatte zwischen Vertretern des Liberalismus und des Kommunitarismus in Nordamerika verfolgt; eine Debatte, die auch Konsequenzen für die Konzeption der interkulturellen Kompetenz besitzt (vgl. Bredella 2010).

Wie sehr die jeweilige Situation Ziele und Aufgaben der interkulturellen Kompetenz bestimmen, zeigt sich an den Untersuchungen von Dagmar Kumbier und Ingrid Oske über die Beziehungen zwischen vietnamesischen Pflegekindern und ihren deutschen Pflegeeltern. Pflegeeltern, die ihren Pflegekindern partnerschaftlich und verständnisvoll begegnen, verlieren an Achtung und Autorität, was zur Folge hat, dass diese sich deren Einfluss entziehen und sich ganz auf sich selbst zurückziehen. Interkulturelle Kompetenz bedeutet

---

4 In ihrer Autobiografie *Lost in Translation* stellt Eva Hoffman (1990), die als 13-jährige aus Polen nach Nordamerika kommt, auf eine differenzierte Weise dar, wie sie unterschiedliche Kulturstandards erlebt und wie sie mit ihnen kreativ umgeht (vgl. Bredella 2002: 226-234).

hier, dass die Pflegeeltern wenigstens vorübergehend ein Verhalten praktizieren, das nicht ihrem Selbstverständnis entspricht, um die Kommunikation aufrecht zu erhalten und um Verständigung zu ermöglichen. Im Vergleich zu anderen Situationen wie beispielsweise bei Thomas oder Mall werden hier unterschiedliche Dimensionen der Person angesprochen (vgl. Kumbier/Oske 2008).

In dem von Kumbier und Schulz von Thun herausgegebenen Sammelband finden sich Beiträge, die zeigen, wie die Anwendung von Kulturstandards zu Missverständnissen führt. In „War das nun ein interkulturelles Missverständnis?" berichtet Sarah Wiechelmann, wie sie zunächst eine Verstimmung ihrer russischen Freundin interkulturell interpretiert, bis sich herausstellt, dass es sich um einen personenzentrierten Konflikt handelt. Wir sollten bei Spannungen zwischen Menschen aus unterschiedlichen Kulturen bedenken, dass es zwischen Menschen ein und derselben Kultur Spannungen gibt, und dass diese Ursachen auch bei Spannungen zwischen Menschen aus unterschiedlichen Kulturen wirksam sein können (vgl. Wiechelmann 2008: 332). Gesche Keding macht an einem Beispiel deutlich, wie gerade das Wissen um Kulturstandards zu Fehlurteilen führt. Ein Chef ist durch das häufige Zuspätkommen seiner kompetenten Mitarbeiterin genervt, aber ist stolz auf sein interkulturelles Training, in dem er über die unterschiedlichen Zeitvorstellungen in unterschiedlichen Kulturen gelernt hat, so dass er ihr Verhalten als kulturbedingt akzeptiert. Aber die wirkliche Ursache für ihr Zuspätkommen ist nicht kulturell, sondern sozial bzw. sozioökonomisch bedingt. Sie lebt in einem armen Wohnviertel mit schlechten Verkehrsbedingungen (vgl. Keding 2008: 336ff.). Es gehört zur interkulturellen Kompetenz, sich die Frage zu stellen, ob das jeweilige Verhalten nicht durch historische, soziale oder geschlechtsspezifische Unterschiede besser erklärt werden kann als durch kulturelle. Wenn wir die vorreflexiven Handlungsimpulse anerkennen, wird deutlich, dass wir das Verstehen von Handlungen nicht aus Kulturstandards ableiten können, sondern der Kreativität des Handelnden Rechnung tragen müssen (s.o.; vgl. Joas 1996: 237).

Ich habe in diesem Teil den Blick auf Situationen gelenkt, die sich von denen in Teil 1 und 2 dargestellten in vieler Hinsicht unterscheiden. Eine weitere in unserer Gesellschaft wichtige Situation, in der interkulturelle Kompetenz notwendig ist, ist die, in der Sozialarbeiter tätig sind. Aus Platzgründen kann ich jedoch auf diese Situationen und die in ihnen geforderte interkulturelle Kompetenz nicht eingehen (vgl. das Handbuch zur interkulturellen Kompetenz in den sozialen Berufen von Zacharaki/Eppenstein/Krummacher 2007). Im folgenden Teil werde ich auf Situationen hinweisen, die erklären können, warum der interkulturellen Kompetenz in unserer Zeit nicht nur in der Wirtschaft eine herausragende Bedeutung zukommt.

Interkulturelle Kompetenz im Rahmen des Kampfes um Anerkennung

In diesem Teil werde ich eine Konzeption von interkultureller Kompetenz skizzieren, bei der die Anerkennung des anderen im Mittelpunkt steht. Charles Taylors einflussreicher Essay „The Politics of Recognition" wurde 1994 mit den Kommentaren von K. Anthony Appiah, Jürgen Habermas, Steven C. Rockefeller, Michael Walzer und Susan Wolf unter dem Titel *Multiculturalism and Examining the Politics of Recognition* von Amy Gutmann veröffentlicht. Taylor beginnt seinen Essay mit den Worten:

„A number of strands in contemporary politics turn on the need, sometimes the demand, for recognition. The need, it can be argued, is one of the driving forces behind nationalist movements in politics. And the demand comes to the fore in a number of ways in today's politics, on behalf of minority or 'subaltern' groups, in some form of feminism and in what is called the politics of 'multiculturalism'." (Taylor 1994: 25)

Was motiviert diese Bewegungen, und was wollen sie erreichen?

„The thesis is that our identity is partly shaped by recognition or its absence, often by the *mis*recognition of others, and so a person or group can suffer real damage, real distortion, if the people or society around them mirror back to them a confining or demeaning or contemptible picture of themselves." (Ebd.)

Menschen wird Leid zugefügt, wenn sie aufgrund ihrer Zugehörigkeit zu einer Kultur, einer Religion, Ethnie oder bestimmten Lebensweise herabgesetzt werden, weil unsere Identität nicht monologisch, sondern dialogisch verfasst ist.[5] Wir existieren nicht aus uns selbst, sondern sind auf die Anerkennung

---

5   Die Einsicht in den dialogischen Charakter unserer Identität ist für eine Didaktik der interkulturellen Kompetenz unverzichtbar, weil sie nur so den Einwand widerlegen kann, dass wir andere gar nicht wirklich verstehen können, weil Verstehen nichts anderes als Projektion sei. Dieser Einwand kann solange nicht überzeugend zurückgewiesen werden, solange wir von einer monologischen Konzeption des Selbst ausgehen. Doch die Überlegungen von Taylor und vor allem die von Mead machen deutlich, dass wir nicht zuerst ein Selbst besitzen und nachträglich mit anderen in Kontakt treten, sondern dass wir nur ein Selbst besitzen, weil wir mit anderen interagieren. Subjektivität setzt Intersubjektivität voraus. Was den Menschen auszeichnet, ist seine Fähigkeit zur Rollen- und Perspektivenübernahme. Schrittweise lernen wir seit unserer Geburt die Rollen und Perspektiven anderer zu übernehmen und sie zu einem „generalized other" (Mead) zu integrieren. Wir können an einer „conversation of gestures" nur teilnehmen, wenn wir uns die Folgen der eigenen Gesten beim anderen und die erwarteten Reaktionen vergegenwärtigen können (vgl. Joas 2000: 151). Unser Selbst entsteht daher nicht durch Ausgrenzung, sondern durch die Hereinnahme

anderer angewiesen. Daher ist es das Ziel der „politics of recognition", eine Umwertung zu erreichen, so dass die Zugehörigkeit zu einer Gruppe bzw. Lebensform nicht mehr ein Grund für Minderwertigkeitsgefühle und Scham, sondern für Stolz und Selbstachtung darstellt. Das Ziel eines solchen Kampfes um Anerkennung kommt exemplarisch in dem Slogan „Black is beautiful" zum Ausdruck, der die Afro-Amerikaner auffordert, ihre Hautfarbe nicht länger als ein Zeichen der Minderwertigkeit, sondern des Stolzes zu betrachten.[6]

Beim Kampf um Anerkennung kommt es jedoch nicht selten zu Spannungen zwischen kollektiver und individueller Identität. Es wird gefordert, dass sich der Einzelne der kollektiven Identität unterordne und für deren Bewahrung eintrete. Hier wird der dialogische Charakter unserer Identität nach einer Seite hin aufgelöst. Auf diese Gefahr weist Stephen Rockefeller hin und betont das Recht des Einzelnen auf Selbstbestimmung (vgl. Rockefeller 1994: 88). Appiah argumentiert in die gleiche Richtung. Wer missachtet wird, weil er schwarz ist, muss dafür kämpfen, dass er als Schwarzer und nicht nur als Individuum respektiert wird. Deshalb begrüßt Appiah die *Black Power Movement*, die den Schwarzen ein positives Selbstkonzept vermittelt, aber er sieht sie kritisch, wenn sie ihm vorschreibt, wie er als Schwarzer zu handeln habe: „It is at this point that someone who takes autonomy seriously will ask whether we have not replaced one kind of tyranny with another" (Appiah 1994: 162). Appiah will verhindern, dass die „politics of recognition" Menschen auf ihre kollektive Identität festlegt:

„The politics of recognition requires that one's skin color, one's sexual body, should be acknowledged politically in ways that make it hard for those who want to treat their skin and their sexual body as personal dimension of the self. And personal means not secret, but not too tightly scripted." (Ebd.: 163)

Habermas betont ebenfalls, dass der Mensch auf kollektive Identitäten angewiesen ist, weil er nicht aus sich selbst heraus existieren kann, hebt aber gleichzeitig das Recht des Einzelnen hervor, sich von ihnen zu distanzieren. Man darf dem Menschen nicht „die Freiheit des Ja- und Neinsagens rauben" (Habermas 1996: 259). Wie werden wir dieser Dialektik gerecht?

Wolfgang Welsch gibt auf diese Frage eine verblüffend einfache Antwort. Wir müssen den Begriff der Interkulturalität abschaffen und durch den Begriff

---

der Auffassungen und Einstellungen anderer. Wenn wir einmal erkannt haben, dass Menschen die Fähigkeit zur Rollen- und Perspektivenübernahme besitzen, ist auch einsichtig, dass wir kulturelle Grenzen überschreiten können.

6 Der Slogan „Black is beautiful" ist eine kreative Leistung, die eine Umwertung vorherrschender Wertvorstellungen bewirkt; er impliziert aber auch eine umgekehrter Diskriminierung. Wie umstritten der Kampf um Anerkennung ist, zeigt besonders eindringlich die Auseinandersetzung zwischen Martin Luther King und Malcolm X (vgl. Bredella 2002: 119-122).

der Transkulturalität ersetzen. Deshalb lehnt er auch den Kampf um Anerkennung ab, weil er darin eine unheilvolle Belebung des Kulturbegriffs sieht. Er begründet seine Forderung zunächst mit dem Argument, dass die Grenzen zwischen Kulturen in der globalisierten Welt sowieso verschwunden seien, so dass es nur noch unterschiedliche Lebensformen gebe, die quer zu den traditionellen Kulturen stehen:

„Ob man an die Lebensform des Arbeiters oder des Intellektuellen, des Managers oder des Fremdenführers denkt: Sie sind weltweit und transkulturell *gleich* – was auch faktisch zunehmenden Austausch zur Folge hat. Nationale Prägungen werden eher als hinderlich betrachtet, als anachronistische Überstände, die es abzuschleifen gilt." (Welsch 1994: 159)

Sicherlich hat sich durch die Globalisierung das Verhältnis zwischen den Kulturen verändert, aber die Annahme, dass dadurch kulturelle Unterschiede verschwunden seien, ist nicht richtig. In vielen Bereichen haben sie sich sogar verschärft. Das hängt auch mit dem Kampf um Anerkennung zusammen, der die Bedeutung der Kultur für die Selbstachtung des Einzelnen hervorgehoben hat. Zudem verkennt Welsch, dass die komplexen Identitäten vieler Menschen in der globalisierten Welt nicht trans-, sondern multikulturell sind. Die Bindungen der Menschen an ihre Kulturen sind komplexer geworden, aber sie sind nicht verschwunden.

Es geht Welsch aber gar nicht so sehr um eine angemessene Beschreibung des gegenwärtigen Zustandes, sondern um seine Forderung nach einer transkulturellen Welt. Für ihn bedeutet Kultur Ausgrenzung und Rassismus: „Ihm [dem Begriff der Kultur] ist eine Art von Rassismus eingebaut, der dort noch erhalten bleibt, wo man den biologisch-ethnischen Rassismus ablegt, wo man also die jeweilige Kultur nicht mehr auf ein Volkswesen definiert" (ebd.: 152f.). Kultur hat nach Welsch die Aufgabe, Menschen auszugrenzen:

„[E]s braucht eine Polizei nach innen wie nach außen: nach *innen*, um über die Authentizität der Kultur zu wachen, die nicht durch Importe verwässert, durch Einwanderung untergraben werden darf; nach *außen*, um die Grenzen dicht zu halten: kein freier Warenverkehr zwischen den Kulturen, hohe Schutzzölle und Kennzeichnungspflicht für jeden Kulturartikel." (Ebd.: 153)

Können wir das Problem der Ausgrenzung durch die Abschaffung von Kulturen lösen? Diese Erwartung liegt auch der Schrift *Fremde sind wir uns selbst* von Julia Kristeva (1990) zugrunde. Wenn wir uns alle als fremd verstehen, gibt es keine Fremden mehr. Welsch und Kristeva glauben, dass die globalisierte Welt es den Menschen ermöglicht, sich als frei schwebendes postmodernes Individuum jenseits der Kulturen zu verstehen, aber Menschen sehen sich weiterhin als Teil von kollektiven Identitäten (vgl. Walzer 1990: 15). Zudem beantwortet die Vorstellung des frei schwebenden Individuums nicht die Frage, wie wir uns zu denen verhalten, mit denen wir jeweils zusammenleben. Appiah spricht in diesem Zusammenhang von „rooted cosmopolitanism": Wir sind nicht auf eine Kultur festgelegt, sondern können in mehreren Kulturen leben, aber wir haben denen gegenüber, mit denen wir zusammenleben, Verpflichtungen (vgl. Bredella 2010). Auch hier ergibt sich eine besondere Aufgabe für die Didaktik der interkulturellen Kompetenz: Auf der einen Seite stehen die postmodernen Auffassungen, die Bindungen an Kulturen als einengend betrachten und „das Preislied auf den ständigen Gewinn andersartiger Erfahrungen" (Joas 1996: 377) ertönen lässt, auf der anderen Seite diejenigen, die die Freisetzung aus konkreten Gemeinschaften als Überforderung kritisieren und für das Leben in begrenzten Kulturen eintreten (ebd.: 376f.). Die Didaktik darf weder in das eine noch in das andere Extrem verfallen und muss ihre Verfahren darauf einstellen.

Die „politics of recognition" hat deutlich gemacht, dass wir die kollektive Identität von Menschen achten müssen und dass wir sie nicht als Exemplar ihrer Kultur betrachten dürfen. Wir haben auch gesehen, dass individuelle Identität auf Intersubjektivität angewiesen ist. Das gilt nach Seel auch für die Selbstbestimmung. Sie kann „nicht rein solitär vollzogen werden. Sie nimmt geteilte Lebenspraxis auf und führt sie auf eigene Rechnung bewahrend oder verändernd fort" (Seel 1999: 129). Daher muss interkulturelle Kompetenz die Verschränkungen und Spannungen zwischen kollektiver und individueller Identität entfalten und verfolgen. Dabei kann auch die befreiende Wirkung des interkulturellen Verstehens erfahren werden, wenn man sich intensiv auf die fremde Kultur einlässt und sie nicht als Bedrohung und Desorientierung, sondern vielmehr als Befreiung und Bereicherung erlebt, indem man Aspekte der fremden Kultur in die eigene Identität integriert. In diesem Sinne versteht Lei Wang (2008) das interkulturelle Verstehen in ihrem Beitrag „Wenn Konfuzius Schulz von Thun trifft". Nach Wang enthält unsere Identität unterschiedliche Stimmen, so dass Begegnungen mit fremden Kulturen uns ermutigen, auf Stimmen zu achten, die in der eigenen Kultur eher unterdrückt werden. Entscheidend ist bei diesem Ansatz, dass wir uns intensiv darauf einlassen, wie Mitglieder der fremden Kultur mit den Werten ihrer Kultur leben, wie sie sich in interkulturellen Begegnungen verhalten, wie sie mit Widerständen und Konflikten umgehen und nach Lösungen suchen. Geschichten sind besonders geeignet, uns in solche Verstehensprozesse zu involvieren. Deshalb sind sie für die Didaktik interkultureller Kompetenz von herausragender Bedeutung.

Interkulturelle Kompetenz durch das Verstehen von Geschichten

In einem einflussreichen Essay „Human Rights, Rationality, and Sentimentality" weist Richard Rorty darauf hin, dass wir diejenigen, die andere verachten und verfolgen, nicht dadurch von ihrem Verhalten abbringen können, dass wir an eine transhistorische Vernunft appellieren, die von ihnen verlangt, dass sie die Würde eines jeden Menschen zu achten haben. Sie werden uns vielmehr entgegen halten, dass sie diejenigen, die sie verachten und verfolgen, Feinde sind, die verdienen, was ihnen zugefügt wird. Sie sind ganz anders und gehören nicht zu uns. Mit dem Appell an Vernunft und Menschenwürde können wir sie daher nicht erreichen. Wenn überhaupt können wir es nur mit Geschichten, die ihnen zeigen, dass die anderen wie sie leiden, wenn sie gedemütigt und beleidigt werden. Das können nach Rorty sehr einfache Geschichten sein, die mit Worten wie den folgenden beginnen: „‚Because this is what it is like to be in her situation – to be far from home among strangers', or ‚Because her mother would grieve for her'" (Rorty 1993: 129). Geschichten geben eine Antwort auf die Frage: „Why should I care about a stranger, a person who is no kin to me, a person whose habits I find disgusting?" (ebd.: 133).

In Geschichten erleben wir, wie andere Pläne schmieden, wie sie ihr Handeln begründen, wie sie in Konflikte geraten und nach Lösungen suchen. Der Leser wird dadurch angeregt, sich zu fragen, was er an ihrer Stelle gedacht und gefühlt und wie er gehandelt hätte. Dadurch nimmt er Anteil und erfährt den anderen als einen von uns, „one of us". Rorty ist wegen dieser Formulierung heftig kritisiert worden. Sie sei Ausdruck von Ethnozentrismus und verlange Assimilation vom anderen. Doch dies ist offensichtlich eine Fehlinterpretation. „One of us" meint nicht, dass sich der andere an uns angleichen muss (das ergibt in den von ihm geschilderten Situationen gar keinen Sinn), sondern meint vielmehr, dass ich den anderen, obwohl ich seine Ansichten und sein Verhalten schrecklich finde, als ein verletzliches Wesen sehe, das vor Grausamkeit und Demütigungen geschützt werden muss. Das Verstehen von Geschichten bedeutet daher nicht, dass wir den anderen vereinnahmen und ihn assimilieren, sondern dass wir uns in ihn versetzen und unseren Horizont erweitern. Geschichten sind wichtig, weil wir in ihnen den anderen nicht als ein Exemplar seiner Kultur, sondern als ein Individuum in der Auseinandersetzung mit anderen erleben. Daher orientiert sich der Ethnologe Anthony P. Cohen bei seiner Feldforschung am Verstehen von Geschichten, weil er damit die Gefahr umgehen kann, Menschen der fremden Kultur unter vorgegebene Kategorien, Regeln und Normen zu subsumieren (vgl. Cohen 1994: 181).

In Geschichten überschreiten wir ohne große Anstrengungen vielfältige Grenzen. Darauf weist Maxine Hong Kingston eindringlich hin, wenn sie schreibt:

„One of the first things I ever noticed and loved about reading is that words can get through all kinds of barriers; they can get through skin color and culture. It is easy to read and go through all kinds of struggles with an author. I love the way, when we read, we actually take on the mind of the person we're reading." (Kingston 1991: 787)

Man könnte gegen diese Auffassung einwenden, dass es nicht darum geht, Grenzen in Geschichten, sondern in der Realität zu überschreiten. Das ist richtig, entwertet aber nicht das Verstehen von Geschichten. Martha Nussbaum betont in einer Reihe von Veröffentlichungen die Bedeutung von Geschichten, weil sie uns einen Einblick in die komplexen Gedanken, Gefühle und Motivationen von Menschen aus anderen Kulturen gewähren, denen wir in der Realität nicht begegnen können und von denen wir, wenn wir ihnen begegneten, wenig über ihre Gedanken und Gefühle erfahren würden:

„It is for this reason that literature is so urgently important for the citizen, as an expansion of sympathies that real life cannot cultivate sufficiently. It is the political promise of literature that it can transport us, while remaining ourselves, into the life of another, revealing similarities but also profound differences between the life and thought of that other and myself and making them comprehensible, or at least more nearly comprehensible." (Nussbaum 1998: 111)

Wichtig sind für Nussbaum vor allem die Geschichten von Minderheiten in multikulturellen Gesellschaften, weil sie es ermöglichen, „to identify sympathetically with individual members of marginalized or oppressed groups within our own society, learning both to see the world, for a time, through their eyes and then reflecting as spectators on the meaning of what we have seen" (Nussbaum 1995: 92). In ihrem Buch *Reading Lolita in Teheran* beschreibt Azar Nafisi (2003), wie sie englische und amerikanische Romane mit Studenten im Iran der 1980er und 1990er Jahre liest. Nicht wenige der revolutionären Studenten fordern sie auf, die Romane, die nach ihrer Sicht eine dekadente westliche Weltsicht propagieren, von der Leseliste zu streichen. In einem ihrer Seminare begründet sie die Lektüre von Romanen mit folgenden Worten:

„A good novel is one that shows the complexity of individuals, and creates enough space for all these characters to have a voice; in this way a novel is called democratic – not that it advocates democracy but that by nature it is so. Empathy lies at the heart of *Gatsby*, like so many other great novels – the biggest sin is to be blind to others' problems and pains. Not seeing them means denying their existence." (Nafisi 2003: 132)

Die Formulierung – „the biggest sin is to be blind to others' problems and pains. Not seeing them means denying their existence" – könnte auch zur Kennzeichnung einer Didaktik der interkulturellen Kompetenz herangezogen werden. Wenn es um die Frage geht, wie wir die fremde Welt in Schule und Hochschule bringen können, sind Geschichten von herausragender Bedeutung, weil sie die Lernenden veranlassen, eine komplexe fremde Welt beim Lesen in ihren Köpfen aufzubauen, diese Welt zu deuten und sich über diese Deutungen zu verständigen, so dass nicht nur ihre Empathie-, sondern auch ihre Urteilskraft gefördert wird. Um das Potenzial von Geschichten zur Entfaltung zu bringen, hat die Literaturdidaktik vielfältige Aufgaben, auf die ich hier jedoch nicht eingehen kann, entwickelt (vgl. Nünning/Surkamp 2006; Bredella/Burwitz-Melzer 2004: 164-166, 201-270; siehe ausführlich auch Volkmann i.d.B., Kap. 4.7; Köhnen i.d.B., Kap. 4.8; sowie zum Spielfilm Gieselmann i.d.B., Kap. 4.9).

Literatur

Appiah, K. Anthony (1994): „Identity, authenticity, survival: Multicultural societies and social reproduction". In: Amy Gutmann (Hg.), Multiculturalism. Examining the politics of recognition, Princeton: Princeton UP, S. 149-163.

Bachmann, Saskia/Gerhold, Sebastian/Wessling, Gerd (1996): „Aufgaben- und Übungstypologie zum interkulturellen Lernen". Zielsprache Deutsch 27, S. 77-91.

Bredella, Lothar (2002): Literarisches und interkulturelles Verstehen, Tübingen: Narr.

Bredella, Lothar (2010): „How to conceive of intercultural understanding considering the tensions between the liberal and the communal concept of the self?". In: Heinz Antor/Matthias Merkl/Klaus Stiersdorfer/Laurenz Volkmann (Hg.), From interculturalism to transculturalism. Mediating encounters in cosmopolitan contexts, Heidelberg: Winter (im Druck).

Bredella, Lothar/Burwitz-Melzer, Eva (2004): Rezeptionsästhetische Literaturdidaktik mit Beispielen aus dem Fremdsprachenunterricht Englisch, Tübingen: Narr.

Cohen, Anthony P. (1994): Self consciousness. An alternative anthropology of identity, London/New York: Routledge.

Elshahed, Elsayed (2000): „Konsenslos kommunizieren oder den Konsens neu definieren?". Ethik und Sozialwissenschaft 11 (3), S. 361-362.

Erll, Astrid/Gymnich, Marion (2007): Interkulturelle Kompetenzen. Erfolgreich kommunizieren zwischen den Kulturen, Stuttgart: Klett.

Gutmann, Amy (Hg.) (1994): Multiculturalism. Examining the Politics of Recognition, Princeton: Princeton UP.

Habermas, Jürgen (1996): „Kampf um Anerkennung im demokratischen Rechtsstaat". In: ders., Die Einbeziehung des Anderen. Studien zur politischen Theorie, Frankfurt/M.: Suhrkamp, S. 237-276.

Hoffman, Eva (1990): Lost in translation. A life in a new language, New York et al.: Penguin.

Joas, Hans (1996): Die Kreativität des Handelns, Frankfurt/M.: Suhrkamp.

Joas, Hans (1999a): Die Entstehung der Werte, Frankfurt/M.: Suhrkamp.

Joas, Hans (1999b): Pragmatismus und Gesellschaftstheorie, Frankfurt/M.: Suhrkamp.

Joas, Hans (2000): Praktische Intersubjektivität. Die Entwicklung des Werkes von George Herbert Mead, Frankfurt/M.: Suhrkamp.

Keding, Gesche (2008): „Der falsche Wohnort. Zur Macht und Struktur in der interkulturellen Begegnung". In: Dagmar Kumbier/Friedemann Schulz von Thun (Hg.), Interkulturelle Kommunikation: Methoden, Modelle, Beispiele, Reinbek bei Hamburg: Rowohlt, S. 336-347.

Kingston, Maxine Hong (1991): „Interview with Maxine Hong Kingston". American Literary History 3 (4), S. 782-791.

Klinge, Tilman T. (2007): „Interkulturelle Kompetenz im DaF für Touristik". In: Lothar Bredella/Herbert Christ (Hg.), Fremdverstehen und interkulturelle Kompetenz, Tübingen: Narr, S. 181-108.

Kristeva, Julia (1990): Fremde sind wir uns selbst, Frankfurt/M.: Suhrkamp.

Krotz, Stefan (2003): „Symbolwelten und Machtstrukturen: zwei sich ergänzende Aspekte für die Analyse der Interkulturalität". Erwägen, Wissen, Ethik 14 (1), S. 183-185.

Kumbier, Dagmar/Schulz von Thun, Friedemann (Hg.) (2008): Interkulturelle Kommunikation: Methoden, Modelle, Beispiele, Reinbek bei Hamburg: Rowohlt.

Kumbier, Dagmar/Oske, Ingrid (2008): „Vietnamesische Pflegekinder in einer deutschen Familie". In: Dagmar Kumbier/Friedemann Schulz von Thun (Hg.), Interkulturelle Kommunikation: Methoden, Modelle, Beispiele, Reinbek bei Hamburg: Rowohlt, S. 108-130.

Li, Wenchao (2003): „Kompetenz, Projektion und interkulturelle Kompetenz". Erwägen, Wissen, Ethik 14 (1), S. 185-187.

Mall, Ram Adhar (2000): „Interkulturelle Verständigung – Primat der Kommunikation vor dem Konsens?". Ethik und Sozialwissenschaften 11 (3), S. 337-350.

Mall, Ram Adhar (2003): „Interkulturelle Kompetenz jenseits bloßer ‚political correctness'". Erwägen, Wissen, Ethik 14 (1), S. 196-198.

Nafisi, Azar (2003): Reading Lolita in Teheran. A Memoir in Books, London/New York: Fourth Estate.

Nünning, Ansgar/Surkamp, Carola (2006): Englische Literatur unterrichten. Grundlagen und Methoden, Seelze-Velber: Klett/Kallmeyer.

Nussbaum, Martha (1995): Poetic justice, Boston: Beacon Press.

Nussbaum, Martha (1998): Cultivating humanity: A classical defense of reform in liberal education, Cambridge/Mass.: Harvard UP.

Rez, Helmut/Kraemer, Monika/Kobayashi-Weinsziehr, Reiko (2008): „Warum Karl und Keizo sich nerven. Eine Reise zum systematischen Verständnis interkultureller Missverständnisse". In: Dagmar Kumbier/Friedemann Schulz von Thun (Hg.), Interkulturelle Kommunikation: Methoden, Modelle, Beispiele, Reinbek bei Hamburg: Rowohlt, S. 28-72.

Rockefeller, Stephen C. (1994): „Comment". In: Amy Gutmann (Hg.), Multiculturalism. Examining the politics of recognition, Princeton: Princeton UP, S. 87-98.

Rorty, Richard (1993): „Human rights, rationality, and sentimentality". In: Stephen Shute/Susan Hurley (Hg.), On human rights, New York: Basic Books, S. 111-134.

Said, Edward W. (1987): Orientalism, New York: Vintage.

Scholten, Alfons (2007): „Interkultureller Kompetenzerwerb in der Schule als Beitrag zur employability". Interculture Journal 4, S. 3-26.

Seel, Martin (1999): Versuch über die Form des Glücks, Frankfurt/M.: Suhrkamp.

Tallár, Ferenc (1993): „Worüber sprechen wir?". In: Christoph Menke/Martin Seel (Hg.), Zur Verteidigung der Vernunft gegen ihre Liebhaber und ihre Verächter, Frankfurt/M.: Suhrkamp, S. 15-25.

Taylor, Charles (1994): „The politics of recognition". In: Amy Gutmann (Hg.), Multiculturalism. Examining the politics of recognition, Princeton: Princeton UP, S. 25-74.

Thomas, Alexander (2000): „Interkulturelle Verständigung unter dem Blickwinkel interkulturellen Handelns". Ethik und Sozialwissenschaften 11 (3), S. 405-408.

Thomas, Alexander (2003): „Interkulturelle Kompetenz – Grundlagen, Probleme und Konzepte". Erwägen, Wissen, Ethik 14 (1), S. 137-150.

Thomas, Alexander/Schenk, Eberhard (2008): Beruflich in China. Trainingsprogramm für Manager, Fach- und Führungskräfte (Handlungskompetenz im Ausland): Trainingsprogramm für Manager, Fach- und Führungskräfte, Göttingen: Vandenhoeck & Ruprecht.

Todorov, Tzvetan (1985): Die Eroberung Amerikas. Das Problem des Anderen, Frankfurt/M.: Suhrkamp.

Walzer, Michael (1990): „The communitarian critique of liberalism". Political Theory 18 (1), S. 6-23.

Wang, Lei (2008): „Wenn Konfuzius Schulz von Thun trifft: Kommunikationspsychologie einer Chinesin". In: Dagmar Kumbier/Friedemann Schulz von Thun (Hg.), Interkulturelle Kommunikation: Methoden, Modelle, Beispiele, Reinbek bei Hamburg: Rowohlt, S. 187-205.

Welsch, Wolfgang (1994): „Transkulturalität. Lebensformen nach der Auflösung der Kulturen". In: Kurt Luger/Rudie Renger (Hg.), Dialog der Kulturen. Die multikulturelle Gesellschaft und die Medien, Wien: Österreichischer Kunst- und Kulturverlag, S. 147-169.

Wiechelmann, Sarah (2008): „War das nun ein interkulturelles Missverständnis? Von der Gefahr vor lauter Kultur die Person aus dem Blick zu verlieren". In: Dagmar Kumbier/Friedemann Schulz von Thun (Hg.), Interkulturelle Kommunikation: Methoden, Modelle, Beispiele, Reinbek bei Hamburg: Rowohlt, S. 323-335.

Zacharaki, Ionna/Eppenstein, Thomas/Krummacher, Michael (Hg.) (2007): Praxishandbuch Interkulturelle Kompetenz vermitteln, vertiefen, umsetzen, Schwalbach/Ts.: Wochenschauverlag.

Teil 3

Handlungsfeld Hochschule

und Universität

3.1 Akteure

ARNE WEIDEMANN UND STEFFI NOTHNAGEL

Geht es um die Ausbildung interkultureller Kompetenz an Hochschulen und Universitäten, denkt man zunächst an Studierende, die diese Kompetenz erwerben sollen, und an Lehrende, die sie auf dem Weg zu diesem Ziel führen und unterstützen. Bei genauerer Betrachtung der Akteure dieses Handlungsfeldes, die für das Lehrziel interkulturelle Kompetenz und folglich für die Ausbildung, Anwendung und Erforschung interkultureller Kompetenz relevant sind, stellt man jedoch leicht fest, dass diese Sichtweise in mehrfacher Hinsicht zu kurz greift:

1. Die Komplexität der Pragma-Semantik des Konstrukts ‚interkulturelle Kompetenz' sowie seine begriffliche Unschärfe (siehe dazu Straub 2007 und Straub/Nothnagel/Weidemann i.d.B., Kap. 1) erschwert das Ableiten konkreter Teillehrziele, Lehrinhalte und -methoden von dem umfassenden Lehrziel interkulturelle Kompetenz. Es bedarf also einer genauen Kenntnis des jeweiligen Kontextes, für den diese Kompetenz erworben wird, sowie der dazu jeweils (am besten) geeigneten Lehrmethoden. Auch ist ein gewisses Maß an Lebenserfahrung und Erfahrung mit kultureller Differenz seitens der Dozierenden, wie auch der Studierenden selbst, zentral für die Auseinandersetzung mit diesem Lehr- und Lernziel. Zieht man nun in Betracht, dass Studierende aufgrund individuell je verschiedener Biografieverläufe partiell über einen größeren bzw. anderen Erfahrungsschatz verfügen als die Dozentin/der Dozent bzw. andere Studierende, verschiebt sich das Lehrer-Lerner-Verhältnis jenseits der traditionellen Rollen und üblichen Lehrformen. Dies erfordert gegenseitige Anerkennung, Flexibilität und Veränderungsbereitschaft auf *allen* Seiten. Setzt man diesen Gedanken konsequent fort, wird deutlich, dass insbesondere die konative und affektive Dimension interkultureller Kompetenz ganz spezifische Herausforderungen an Studierende, Dozierende, aber auch an die Gestaltung der Rahmenbedingungen universitärer Lehre stellt. Dies wiederum betrifft Personen, die sich mit jenen *formalen* Abläufen der Lehre, Prüfung, Bera-

tung etc. befassen, welche als typisch für die Ausbildung von Schlüsselqualifikationen gelten können.

2. Die Lehre interkultureller Kompetenz lässt sich zudem nicht unabhängig
von gesellschaftlichen Diskursen betrachten, in die das Handlungsfeld
Hochschule eingebunden ist. Einerseits sollen Hochschulen – unter dem
Schlagwort ‚Employability' (vgl. Bolten/Rathje/Busch 2007) – zunehmend Absolventen hervorbringen, die auf einen globalisierten Arbeits-
markt vorbereitet sind. Dazu gehört die gezielte Vermittlung von Schlüsselkompetenzen, zu denen insbesondere auch interkulturelle Kompetenz
zu rechnen ist. Andererseits agieren die Hochschulen selbst auf einem
globalisierten Wissenschafts- und Forschungsmarkt, der im Verlauf zunehmender Internationalisierung spezifische Anforderungen an Akteure
auf allen Ebenen der Universität stellt und entsprechend den Zielen der
Hochschule und dem jeweiligen Internationalisierungsgrad (vgl. Lee-
nen/Groß 2007) den beteiligten Akteuren interkulturelle Kompetenz ab-
verlangt.[1]

Setzt man sich mit dem Handlungsfeld Hochschule auseinander, zeigt sich,
dass die Lehre interkultureller Kompetenz als einschlägige Schlüsselqualifikation (vgl. Straub 2007; Bolten 2001) in mehrere Entwicklungsverläufe eingebunden ist, die je nach Perspektive andere Akteure in den Vordergrund
rücken. Dabei spielen das Konstrukt ‚interkulturelle Kompetenz' mit all seiner begrifflichen Unschärfe, aber auch seiner Veränderlichkeit und Dynamik,
sowie sich wandelnde inner- und außeruniversitäre Rahmenbedingungen eine
wesentliche Rolle. Der Frage nach den relevanten Akteuren wird im Folgenden – zwar im Lichte der, jedoch nicht ausgehend von ‚außeruniversitären'
gesellschaftlichen Diskursen – nachgegangen.

Die Notwendigkeit der Vermittlung interkultureller Kompetenz ließe sich
zwar anhand gesellschaftlicher Rahmenbedingungen und den sich daraus er-

---

1 Es sei darauf hingewiesen, dass interkulturelle Kompetenz natürlich nicht allein
in internationalen Kontexten relevant ist, denn kulturelle Differenzen können
auch im Hinblick auf Verwaltungs- vs. Wissenschaftsbetrieb, Geistes- und Kulturwissenschaften vs. Natur- und Ingenieurwissenschaften (vgl. Müller 2006)
vs. Wirtschaftswissenschaften, ferner auf fakultärer Ebene zwischen einzelnen
Disziplinen und schlussendlich in Deutschland zwischen Ost- und Westdeutsch-
land aufgrund über 50 Jahren getrennt gewachsener Wissenschaftssysteme von
Bedeutung sein. Im Hinblick auf letzteres ist zudem relevant, dass Professuren
und akademische Ämter in den neuen Bundesländern insbesondere in den Geis-
tes-, Sozial-, Kultur- und Wirtschaftswissenschaften nach der Wiedervereinigung in hohem Maße durch im westdeutschen Wissenschaftsbetrieb ausgebildete
und sozialisierte Wissenschaftler und Wissenschaftlerinnen besetzt worden sind.
An ostdeutschen Universitäten addieren sich somit bestehende kulturelle Differenzen auf disziplinärer und fakultärer Ebene entlang ost-westdeutscher Wissenschaftstraditionen (Werte, Ideologien, Kommunikationsmuster etc.).

gebenden Anforderungen an Hochschulen ableiten. So etwa beeinflussen (ge-
samt-)gesellschaftliche Diskurse nicht nur Bedarfe und Inhalte von Lehre und
Forschung (z.B. im Hinblick auf Fragen der Integration, multikulturellen Gesellschaft, Migration, Chancengleichheit, Globalisierung, Konkurrenzfähig-
keit, Bildungsgesellschaft, Demokratieerziehung etc.), sondern prägen das
Hochschulsystem durch die daraus resultierenden politischen Entscheidungen
auf transnationaler, nationaler sowie föderaler Ebene (bildungspolitische hochschulübergreifende Einflussfaktoren/Akteure: Bologna Prozess, europäische
Mobilitätsprogramme, Wissenschaftsrat, Kultusminister- und Hochschulrektorenkonferenz, Hochschulrahmengesetz etc.). Unter diesen Maßgaben werden
inneruniversitäre infrastrukturelle Voraussetzungen geschaffen, die die konkrete Umsetzung von Ausbildungszielen mitbestimmen. Gerade die Ausbildung interkultureller Kompetenz stellt im Zusammenspiel mit dem Bologna-
Prozess einen wichtigen Faktor dar.

Die Akteure, die aus der Perspektive eines stetigen Hochschulreformpro-
zesses im Zeichen von Modernisierung und Internationalisierung in den Blick
geraten, unterscheiden sich je nach Hochschule aufgrund differenter Zielsy-
steme und der unterschiedlichen Verfügbarkeit von Ressourcen so stark, dass
sich eine Betrachtung der ‚relevanten' Akteure aus einer solchen Perspektive
als höchst komplexes und ausuferndes Unterfangen erweist.

Aus diesem Grunde werden wir – ausgehend von dem Ziel, Studierende
interkulturell kompetenter zu machen – relevante Akteure, die Schnittstellen
zwischen ihnen sowie deren Einbindung in das Handlungsfeld Hochschule
betrachten. Die Sichtweise auf das Handlungsfeld Hochschule entspricht dabei notwendigerweise einem systemischen Blick, der dem Umstand Rechnung
zu tragen versucht, dass neben einzelnen Akteuren auch organisationale Einheiten und Gremien das Handlungsfeld und damit den Möglichkeitsraum aller
Akteure im Hinblick auf die Entwicklung interkultureller Kompetenz mitbestimmen.

Den Ausgangspunkt stellen *Studierende* und *Dozierende* dar. Daneben
werden als relevante Akteure (im Sinne von Funktionsträgern) Lehrstuhlinhaber, die Hochschulleitung sowie die Hochschuladministration berücksichtigt.
Nach einigen Vorbemerkungen zum Konstrukt ‚interkulturelle Kompetenz'
geht es in einem zweiten Schritt um die Beschreibung der Akteursgruppen
hinsichtlich ihrer Ziele und Aufgaben. Aus diesen lassen sich Anforderungen
sowie Herausforderungen für die Akteure ableiten, die teils wiederum zur
Spezifizierung des Konstrukts ‚interkulturelle Kompetenz' durch neue Perspektiven beitragen können. Drittens werden die Schnittstellen zwischen den
Akteuren in den Blick genommen und schlussendlich einige Konsequenzen
für die Ausbildung interkultureller Kompetenz und die Weiterentwicklung des
Konstrukts ‚interkulturelle Kompetenz' abgeleitet.

Vorbemerkungen zum Konstrukt ‚interkulturelle Kompetenz'

Bevor wir uns den Akteuren selbst zuwenden, scheint es geboten, kurz auf einige spezifische Aspekte einzugehen, die für einzelne Akteursgruppen (und damit auch für Interaktionen zwischen ihnen) relevant sind bzw. sein können. Unsere Perspektive ist dabei analytisch und theoriegeleitet, um bestimmte Unterscheidungen im Zusammenhang mit den Akteursgruppen und Akteuren hinsichtlich deren Ziele, Erwartungen, Anforderungen und Problemfeldern vornehmen zu können.

1. Als wichtigster Aspekt ist sicher die *Komplexität des Konstrukts* zu nennen. Nicht nur bestehen selbst auf Fachebene durchaus Unklarheiten und Kontroversen darüber, was ‚interkulturelle Kompetenz' genau ist, aus welchen Komponenten sie sich zusammensetzt, und wie sie dementsprechend erworben, gelehrt und geprüft werden kann (vgl. Straub 2007), sondern es muss auch unterstellt werden, dass das Verständnis des Konstrukts von der interkulturellen Kompetenz des jeweiligen Akteurs bzw. Betrachters (mit)bedingt ist. Dies hat weitreichende Konsequenzen für die Gestaltung von interkulturell ausgerichteten Ausbildungsangeboten und deren Verankerung innerhalb der Universität aber auch z.B. für die Definition der spezifischen Lehrbefähigung oder die Eingangsvoraussetzungen für Studierende.

2. Die auch für andere Handlungskompetenzen häufig vorgenommene Unterscheidung in eine affektive, konative und kognitive Dimension interkultureller Kompetenz (vgl. Bolten 2000: 68; Bolten 2007: 211f.) verweist zum einen darauf, dass ein Akteur im Hinblick auf diese Dimensionen (mit ihren jeweils enthaltenen Teilmerkmalen bzw. Komponenten) unterschiedlich kompetent sein kann; zum anderen stellt sich im Hinblick auf einzelne Akteure wie auch das jeweilige System Hochschule die Frage, auf welche Dimensionen/Komponenten (und welche Kombination/en) abgezielt wird und welche Erwartungen damit verbunden sind. Hiermit verknüpft sind die Fragen, welche Lehr-Lern-Methoden jeweils angemessen sind und eingesetzt werden sollen und ob bzw. inwieweit die dafür benötigten Ressourcen zur Verfügung stehen.

3. Ein noch nicht zufriedenstellend geklärter Aspekt des Konstrukts ‚interkulturelle Kompetenz' betrifft insbesondere einige die affektive Dimension interkultureller Kompetenz betreffende Persönlichkeitsmerkmale wie z.B. Ambiguitätstoleranz, Einfühlungsvermögen, oder Offenheit (siehe z.B. Hatzer/Layes 2003: 141; Bolten 2000: 68). So stellt sich nicht nur die Frage nach einer Gewichtung dieser oft genannten Persönlichkeitsfaktoren, z.B. hinsichtlich der Studierfähigkeit (vgl. Cortina 2006: 502ff.) oder der Lehrbefähigung (vgl. Winteler 2006: 336ff.). Fraglich ist ebenso die

Veränderlichkeit von Persönlichkeitseigenschaften, die gemeinhin als relativ stabil gelten, und damit die Ausbildbarkeit bestimmter Komponenten interkultureller Kompetenz.

4. Das Konstrukt ‚interkulturelle Kompetenz' ist an Kontexte und Situationen gebunden – und zwar in doppelter Weise: Zum einen gilt eine Person als interkulturell kompetent im Hinblick auf je spezifische (fremd-) kulturelle Kontexte und interkulturelle Überschneidungssituationen (auch wenn ein Teil des Konstrukts als kulturallgemein konzipiert ist – siehe zur Unterscheidung kulturallgemeiner und kulturspezifischer Aspekte interkultureller Kompetenz Rathje 2006). Zum anderen entstehen Konzeption und Definition interkultureller Kompetenz aus je spezifischen Kontexten heraus und orientieren sich teils an konkreten Bedarfen bestimmter Anwendungsfelder (etwa in der interkulturellen Personalentwicklung im Rahmen der Auslandsentsendung von Fach- und Führungskräften; z.B. Bolten 2007; Stahl 1998; Deller/Kusch 2007; bei Auslandseinsätzen der Bundeswehr, z.B. Kammhuber 2007; oder bei der psychosozialen Betreuung von Migranten, z.B. Grothe/Fischer 2007), teils an weltanschaulichen Ausrichtungen (vgl. Chakkarath 2007). Zu diesen Kontexten gehören auch Wissenschaftstraditionen und -disziplinen sowie unterschiedliche (auch national-)kulturelle Hintergründe, was einer Vereinheitlichung des Konstrukts im Wege steht. Aus theoretischer Perspektive ist dann allerdings fraglich, ob eine Situationsspezifika nicht nivellierende Konzeption interkultureller Kompetenz diese noch zurecht als ‚Schlüsselqualifikation' ausweisen kann, da sich Schlüsselqualifikationen eben gerade durch ihre kontext- und situationsübergreifenden Merkmale auszeichnen, um einer dynamischen Praxis gerecht werden zu können (vgl. Faust 2005, 5ff.). Aus einer anwendungs- und praxisbezogenen Perspektive besteht umgekehrt jedoch das Problem, dass eine vereinheitlichte – Situationsspezifika nivellierende und die oben angesprochene Kontext- und Kulturgebundenheit des Konstrukts ignorierende – Definition interkultureller Kompetenz als Schlüsselqualifikation nur bedingt dazu taugt, die für die Bewältigung heterogener, variabler, teilweise unvorhersehbarer Bedarfe interkultureller Praxis nötigen Kompetenzen adäquat zu beschreiben. Eine so definierte interkulturelle Kompetenz schließt zwar beliebige Situationen auf (= Schlüsselkompetenz), wird aber den zu bewältigenden interkulturellen Aspekten nicht unbedingt gerecht (≠ interkulturelle Kompetenz).

5. Darüber hinaus führen sowohl gesellschaftliche Veränderungen als auch fortschreitende Forschungsaktivitäten zu Veränderungen oder Ausdifferenzierungen des Konstrukts. So ändern sich etwa die Domänen, für die die Ausbildung interkultureller Kompetenz als besonders relevant angesehen wird, wie auch die in Betracht gezogenen Kommunikationsmodi (Face-to-Face → Web 2.0, siehe z.B. Bolten i.d.B., Kap. 4.12; Fetscher i.d.B.,

i.d.B., Kap. 4.13). Unter dem Eindruck z.B. indigener Psychologien, die u.a. die Universalität bestimmter Persönlichkeitsfaktoren (wenn nicht das Konstrukt ‚Persönlichkeit' selbst) infrage stellen und auch die mit dem Konstrukt ‚interkulturelle Kompetenz' verbundenen Zieldimensionen kritisieren (vgl. z.B. Henze 2007; Chakkarath 2007), offenbart sich nicht nur die Ethnozentrik des Konzepts. Zugleich ist auch die interkulturelle Kompetenz der mit der Erforschung und Lehre interkultureller Kommunikation befassten Wissenschaftler herausgefordert.

6. Schlussendlich erschweren all die genannten Aspekte nicht nur eine Formulierung und Vereinheitlichung konkreter Lernziele (und damit die Ausbildung interkultureller Kompetenz überhaupt), sondern damit insbesondere auch die Überprüfung von Lernergebnissen (vgl. Blüml i.d.B., Kap. 3.3; Arnold/Mayer i.d.B. Kap. 5), was einer – für die universitäre Ausbildung im Rahmen des Bologna-Prozesses unerlässlich werdenden – Qualitätssicherung im Wege steht und sowohl diejenigen Akteure, die qua ihrer Rolle Lernziele und Prüfungsmodalitäten vorzugeben haben, als auch diejenigen, die die Vorgaben umzusetzen und Lernergebnisse zu überprüfen haben, vor nicht unerhebliche Probleme stellt (s.u.).

Aus den genannten Aspekten ergeben sich weitreichende Konsequenzen für die Betrachtung der Akteure, die an Hochschulen interkulturelle Kompetenz lehren. So banal wie folgenreich ist dabei die Tatsache, dass unterschiedliche Akteursgruppen ein unterschiedlich komplexes Verständnis des Konstrukts haben. Insbesondere Laien außerhalb der Hochschule, Mitglieder der Hochschulleitung, Verwaltungsangestellte und Studierende verfügen über ein eher rudimentäres und v.a. unterkomplexes Verständnis interkultureller Kompetenz,[2] aus dem sich nicht nur der Bedarf an Ausbildung interkultureller Kompetenz ergibt und sich handlungswirksame Ziele und Erwartungen ableiten. Diese Unterschiede bestimmen auch maßgeblich die Schnittstellen zwischen den Akteuren bzw. Akteursgruppen.

Die Akteursgruppe der Lehrenden (und oft auch Erforschenden) hingegen verfügt über ein einigermaßen komplexes, theoretisch fundiertes und empirisch abgesichertes Verständnis des Konstrukts ‚interkulturelle Kompetenz' – wenngleich auch diese Gruppe unter der mit dem Konstrukt verbundenen Annahme, dass es sich beim Erwerb interkultureller Kompetenz um einen nicht abschließbaren Prozess handelt, nicht beanspruchen würde, in einem absoluten Sinne interkulturell kompetent zu sein. Ihre Sicht auf ‚interkulturelle Kompetenz' unterscheidet sich jedoch in gewisser Weise im doppelten Wort-

---

2 Es sei darauf hingewiesen, dass diese Überlegungen vom stereotypen ‚Normalfall' ausgehen, von dem es natürlich unterschiedlichste Abweichungen gibt. So wird z.B. das Amt der Vize-Rektorin an der Universität Göttingen derzeit von der Leiterin des Instituts für Interkulturelle Germanistik ausgeübt.

sinn maßgeblich von derjenigen, die Mitglieder anderer Akteursgruppen haben – und zwar sowohl im Hinblick auf deren angenommenes Verständnis des Konstrukts wie auch hinsichtlich deren interkultureller Kompetenz (Weidemann/Becker/Dombek/Hager/Kettelhoit/Schreiter/Várkonyi 2010).[3]

Die Akteure

Für die Betrachtung der verschiedenen Akteursgruppen im Zusammenhang mit der Ausbildung interkultureller Kompetenz an Hochschulen ist die Unterscheidung einer individuellen und einer funktionsbezogenen Perspektive relevant.

Die *individuelle* Perspektive hebt auf persönliche Ziele, Erwartungen, Wünsche, Werte, Persönlichkeitseigenschaften und vorhandene Kompetenzen (die wiederum individuelles Handeln bestimmen) etc. ab und fokussiert die Akteure dementsprechend als Lernende bzw. Lehrende. Dabei wird angenommen, dass der Gestaltungsspielraum dieser Akteure im Lehr-Lernkontext so umfassend ist, dass eben diese persönlichen Ziele, Erwartungen, Wünsche usw. unmittelbar für die Ausbildung bzw. den Erwerb interkultureller Kompetenz relevant sind.

Die *funktionsbezogene* Perspektive hingegen betrachtet die Akteure im Hinblick auf die Funktionen, die sie im Hochschulkontext hinsichtlich der Ausbildung interkultureller Kompetenz erfüllen und durch die sie – u.a. mittels Generierung und Umsetzung von Vorgaben und Richtlinien, Ressourcenzuteilung etc. – die Rahmenbedingungen und damit den Möglichkeitsraum aller Beteiligten im Hinblick auf das Ziel der Ausbildung interkultureller Kompetenz gestalten. Zwar stehen hinter den Funktionen ebenfalls Ziele, Motive, Werte etc., doch handelt es sich dabei um institutionelle und nicht individuelle Aspekte.

Geht man zunächst nur von dem Ziel aus, *Studierende* interkulturell kompetent zu machen, scheint die individuelle Perspektive in erster Linie für die Akteursgruppen Studierende (als Lernende) und Dozierende (als Lehrende) infrage zu kommen. Universitätsleitung, Studentensekretariat, Prüfungsamt, Internationales Universitätszentrum etc. kommen dann als Gestalter der Rahmenbedingungen in den Blick und erscheinen in erster Linie aus einer funktionsbezogenen Sicht relevant.

---

3 Es existiert bisher kaum empirische Forschung, die sich speziell mit den Akteuren im Rahmen der Vermittlung interkultureller Kompetenz im Hochschulkontext auseinandersetzt. Solchen Fragen widmet sich das Lehrforschungsprojekt: „Interkulturell ausgerichtete Studienangebote", das sich mit dem Bedarf an Ausbildungsangeboten zu interkultureller Kommunikation und Kompetenz im Rahmen der Internationalisierung von Hochschulen am Beispiel der Technischen Universität Chemnitz auseinandersetzt. Siehe: http://www.tu-chemnitz.de/phil/ikk/ik/files/de/content-192.html.

In einer systemischen Betrachtungsweise lassen sich jedoch grundsätzlich alle Akteure aus individueller wie funktionsbezogener Perspektive untersuchen, was (1) erlaubt, die veränderlichen Kompetenzverhältnisse an den verschiedenen Schnittstellen zu berücksichtigen, (2) ermöglicht, den Bedarf an interkultureller Kompetenz auf Seiten aller relevanten Akteure zu bestimmen, und (3) Ansatzpunkte dafür liefert, wo mit spezifischen Funktionen verknüpfte Vorgaben die Ausbildung interkultureller Kompetenz unter Umständen weniger fördern als vielmehr behindern. Hinzu kommt (4), dass so auch Konflikte deutlich werden, die aufgrund der von einzelnen Akteuren gleichzeitig eingenommenen *Rollen* zustande kommen (z.B. in Prüfungssituationen). Von besonderer Relevanz erscheint die duale Perspektive jedoch im Hinblick auf die Akteursgruppe der Dozierenden, die die wesentliche Schnittstelle zwischen den Studierenden und deren Zielen auf der einen und dem System Hochschule mit seinen Angeboten, Richtlinien und Zielen auf der anderen Seite darstellen.

Während es aus einer systemorientierten Sichtweise naheliegt, funktionsbezogene Aspekte in den Vordergrund zu rücken und Akteure mit übergeordneten, steuernden Funktionen an den Anfang der Betrachtung zu stellen, verhält es sich bei einer die Akteure als Individuen fokussierenden Sichtweise umgekehrt. Hier würde man von den Zielen und Erwartungen ausgehen und mit der Akteursgruppe beginnen, die den größten individuellen Spielraum hat und (als einzelne Akteure) die geringste funktionale Einbindung in das System Hochschule aufweist. Für den hier interessierenden Zusammenhang sind die beiden Sichtweisen jedoch nicht losgelöst voneinander zu betrachten – im Gegenteil ergeben sich bestimmte nützliche Erkenntnisse erst aus der Zusammenschau beider Sichtweisen. Wir stellen die Akteure bzw. Akteursgruppen deshalb in der Reihenfolge abnehmender Freiheitsgrade (bezogen auf die Funktionen hinsichtlich der Ausbildung interkultureller Kompetenz) dar, beginnend bei den Studierenden über Dozierende hin zu Verwaltungsangestellten und Universitätsleitung, wobei wir jeweils auf Funktionen und Aufgaben, Ziele und Erwartungen sowie Anforderungen und Herausforderungen eingehen.

Studierende

Die hier als Studierende bezeichneten Akteure stellen keine per se homogene Gruppe dar. Die unter diesem Begriff zusammengefassten Akteure eint jedoch, dass sie als (potentielle) Teilnehmer mehr oder weniger strukturierter Ausbildungsangebote an Hochschulen (siehe Otten i.d.B., Kap. 3.2) die Zielgruppe der Hochschullehre bilden. In dieser Funktion haben Studierende (teilweise institutionalisierten) Einfluss auf Umfang, Art und Umsetzung der Ausbildungsangebote, da Hochschulen auf eine ausreichende Menge an Studierenden angewiesen sind und ihre Ausbildungsangebote bedarfsorientiert anbieten. Aus diesem Grund fassen wir potentielle Studierende, aber auch Graduierte[4] sowie Berufstätige oder Senioren, die speziell auf sie zugeschnittene, teils kommerzielle universitäre Weiterbildungsangebote wahrnehmen, ebenfalls unter diese Kategorie.

Funktionen (Aufgaben)

Die Funktionen, die Studierende erfüllen, sind teils auf das System Hochschule bezogen, teils gesellschaftlicher Art:

- Studierende stellen die Zielgruppe universitärer Lehre dar – aus gesellschaftlicher Perspektive sind sie ‚Humankapital' und Hoffnungsträger für eine auch in Zukunft in sozialer wie wirtschaftlicher Hinsicht funktionierende Gesellschaft, was die erheblichen, von der Gemeinschaft getragenen Investitionen in ihre Ausbildung rechtfertigt;
- sie haben (potentiell) eine Multiplikatorenfunktion, indem sie ihre im Rahmen universitärer Ausbildungsangebote erworbenen Kenntnisse und Fertigkeiten innerhalb wie außerhalb der Hochschule weitergeben bzw. anwenden – sei es in studentischen Diskussionen, als studentische Hilfskräfte oder Tutoren, in Form von Abschlussarbeiten oder durch Mitwirkung an intra- wie interuniversitären Forschungsprojekten, im Rahmen von Tandemprogrammen, bi-/trinationalen Studiengängen, Austauschprogrammen (z.B. Erasmus), durch freiwilliges Engagement im Kontext städtepartnerschaftlicher Aktivitäten oder Interkultureller Wochen, im sozialen Bereich (Austauschorganisationen, Hilfsorganisation etc.), aber auch im Rahmen von Nebenjobs, Praktika und – nach Abschluss des Studiums – im Berufsleben.
- sie erfüllen somit auch wesentliche Brückenfunktionen, nämlich zwischen Lehre und Forschung, Wissenschaft und Gesellschaft, Universität und Arbeitswelt/sozialem Bereich.

Mit diesen Funktionen sind Aufgaben verbunden, die sich nicht im Erwerb von Kenntnissen und Fertigkeiten erschöpfen, sondern – und das gilt für das Ausbildungsziel interkultureller Kompetenz in besonderem Maße – auch in der Umsetzung in kommunikativen Zusammenhängen bestehen. Hierzu gehört auch, dass Studierende an Aufgaben universitärer Selbstverwaltung be-

---

4   Etwa im Rahmen spezieller Graduiertenkollegs, die mit der Erforschung interkultureller Kommunikation und Kompetenz befasst sind. Als einschlägiges Beispiel sei hier das seit 2004 durch die Hans-Böckler-Stiftung geförderte Graduiertenkolleg „Interkulturelle Kommunikation – Interkulturelle Kompetenz" unter Leitung von Prof. Dr. Jürgen Straub (TU Chemnitz/Ruhr-Universität Bochum) und Prof. Dr. Jörn Rüsen (KWI, Essen) genannt. Zum Kolleg sowie den einzelnen Projekten siehe http://www.tu-chemnitz.de/phil/ifgk/ikk/gk/.

teiligt sind und über studentische Vertretungen auf praktisch allen Ebenen (von Prüfungsangelegenheiten über die Berufung von Hochschullehrern bis hin zur Schaffung neuer Studiengänge) die Bedingungen, unter denen sie studieren, mitgestalten.

Ziele, Motive und Erwartungen

Die Akteursgruppe der Studierenden ist zu heterogen, als dass sich pauschal sagen ließe, welche Ziele und Erwartungen mit der Wahl interkulturell ausgerichteter Studienangebote für den Einzelnen verbunden sind. Zum einen gründen diese auf unterschiedlich komplexen Vorstellungen hinsichtlich interkultureller Kommunikation und Kompetenz, zum anderen sind aber auch die Studienangebote zu divers, als dass diese sich gleichermaßen mit den verschiedenen Zielen verbinden ließen. So unterscheiden sich die Studienangebote nicht nur nach inhaltlicher Ausrichtung und explizierten Studienzielen (Berufsbefähigung, Schlüssel- bzw. Zusatzqualifikation), sondern auch nach Umfang, Dauer, Kosten etc. (vgl. Otten i.d.B., Kap. 3.2; Otten/Robertson-von Trotha 2007; Straub/Nothnagel 2007; Thomas/Hößler 2007; Weidemann/Weidemann/Straub 2007).

Die von Studierenden verfolgten/angegebenen[5] Ziele und Motive lassen sich als eher persönlichkeitsorientiert oder eher utilitaristisch klassifizieren, wobei sich beide Orientierungen keineswegs ausschließen, sondern in individuellen Zielsystemen unterschiedlich ineinandergreifen. Einige der Ziele sind zudem eher als abstrakt-diffuse Oberziele zu verstehen, während andere sich auf konkrete Lebenszusammenhänge oder -pläne beziehen. Zu den eher persönlichkeitsorientierten Zielen bzw. Motiven gehören unter anderem:

- die Faszination am Fremden und das Interesse für Menschen aus anderen Kulturen, ihre Sitten und Gebräuche;
- Horizonterweiterung;
- etwas Unübliches, Neues (oder auch: etwas Besonderes) studieren;
- im Rahmen des Studiums im Ausland leben und lernen (durch Auslandssemester, binationale Studiengänge etc.);
- systematisch und wissenschaftlich fundiert lernen, was in anderen Ländern/Kulturen anders ist, und verstehen, warum dies so ist;
- eigene Erlebnisse besser verstehen können und (Selbst-)Hilfe im Hinblick auf eigene Erfahrungen mit kultureller Differenz erhalten;
- in einem Umfeld studieren, in dem sich auch andere für fremde Kulturen interessieren – verbunden mit dem Wunsch nach Anerkennung für das ei-

---

5 Wir beziehen uns hier auf die Ergebnisse unsystematischer Befragungen von Studierenden der interkulturell ausgerichteten Studiengänge an der TU Chemnitz sowie aus Interviewübungen, in denen narrativ-biografisches Interviewen u.a. zur Fragestellung „Wie kommt es, dass du IKK studierst?" geübt wurde.

gene Interesse an kultureller Differenz und den eigenen Auslands- und Lebenserfahrungen.

Zu den eher utilitaristischen Zielen gehören unter anderem:

- Berufsbefähigung (arbeitsmarktorientiert, lukrativ, interessantes Umfeld);
- in einem international operierenden Unternehmen arbeiten;
- gezielt den nötigen oder nützlichen Wissensbestand über andere/bestimmte Länder bzw. Kulturen aufbauen;
- konkrete Fertigkeiten/Fähigkeiten für den Umgang mit Menschen aus anderen Kulturen erwerben (für berufliche wie private Kontexte, z.b. bikulturelle Partnerschaften);
- soziale Kompetenzen ausbauen;
- anderen Personen(-kreisen) fremdkulturelle Zusammenhänge und Aspekte interkultureller Kommunikation erklären und vermitteln sowie interkulturelle Kompetenz (z.b. als Trainer) ausbilden können.

Während die persönlichkeitsorientierten Ziele eher auf kognitive und affektive Aspekte abzielen, zeichnen sich die utilitaristischen Ziele durch eine stärkere Handlungsorientierung aus, was sich sowohl auf die Studiengangswahl (eher forschungsorientiert oder eher anwendungsorientiert) wie auch auf die Zufriedenheit mit dem gewählten Studienangebot auswirken dürfte; letzteres insofern, als die mit den verschiedenen Zielen verknüpften Erwartungen daran, dass das gewählte Studienangebot zur Ausbildung interkultureller Kompetenz diese Ziele auch erfüllt, nicht nur vom Studienangebot (Ausrichtung, Qualität etc.), sondern auch vom Vorwissen (über die Studiengänge, interkulturelle Kommunikation und Kompetenz) abhängt.

So muss bei den Zielen, die Studierende mit dem Studienangebot verknüpfen, zwischen Zielen differenziert werden, die zur Entscheidung für das Studienangebot führen, und solchen, die sich während des Studiums interkultureller Kommunikation erst entwickeln, sowie jenen, die sich durch den Wissens- und Kompetenzzuwachs verändern. Nicht nur verändern sich so z.T. die Zielinhalte, manche Ziele können auch erst aufgrund bestimmter im Studium entwickelter Kompetenzen entstehen (z.B. Wahrnehmung kultureller Differenz auch dort, wo ‚Laien' sie nicht vermuten und erkennen). Andere – von anderen Akteuren vorgegebene – Ziele werden aufgrund falscher Selbsteinschätzung u.U. gar nicht erst verfolgt, etwa wenn sich Studierende aufgrund ihrer zum Teil umfänglichen Auslandserfahrung bereits für interkulturell kompetenter halten als sie sind (vgl. Pederson 2009). Umgekehrt erscheinen manche Ziele (z.B. für ein bestimmtes Land interkulturell kompetent zu werden) angesichts der unendlichen Vielfalt kultureller Differenzen mit wachsendem Verständnis für die Komplexität interkultureller Kommunikation zunehmend als banal.

Die Beschäftigung mit interkultureller Kommunikation und der Erwerb interkultureller Kompetenz im Rahmen universitärer Bildungsangebote, die das
Ziel verfolgen, wissenschaftlich fundiert und fundierend für unterschiedliche
berufliche Praxen zu qualifizieren, stellt Studierende vor spezifische Herausforderungen und geht dementsprechend mit bestimmten Anforderungen an sie
einher, damit das mit den Studienangeboten verbundene Potenzial auch eingelöst werden kann.

Herausforderungen

Die Herausforderungen erwachsen teils unmittelbar aus dem *Lehr- und Lernziel* ‚interkulturelle Kompetenz', teils aus den konkreten Studienbedingungen.
Zu ersterem gehört zuvorderst, dass Studierende zur Ausbildung interkultureller Kompetenz notwendigerweise gezielt mit (kultureller) Differenz konfrontiert und mithin zur Selbstreflexion[6] gezwungen werden (müssen), verbunden
mit einer gezielten und fortwährenden Herausforderung ihres Selbst- und
Weltverständnisses. Beides kann nicht nur unangenehm sein, sondern zu z.T.
massiver Verunsicherung führen (vgl. Weidemann i.d.B., Kap. 4.16). Darüber
hinaus kann die Erkenntnis, es weniger mit klar definierten (und dementsprechend leicht lernbaren) Inhalten als vielmehr mit komplexen und komplizierten Konstrukten sowie einer schier endlosen (und mit zunehmendem Verständnis wachsenden) Menge kultureller Differenzierungsmöglichkeiten zu
tun zu haben, zu kognitiver wie emotionaler Überforderung führen. Hinzu
kommt nicht nur, dass es sich bei Interkultureller Kommunikation um ein
ausuferndes und schlecht definiertes Wissenschaftsgebiet handelt, sondern
dass sich wesentliche Lern- bzw. Lehrziele in ihrer (vollständigen) Sinnhaftigkeit teils erst spät im Studium erschließen.

Neben inhaltlichen Aspekten kann auch die Konstellation im Seminar
Herausforderungen mit sich bringen. Zwar stellt eine in sozialer und kultureller Hinsicht heterogene Teilnehmerschaft beträchtliche Chancen für interkulturelles Lernen *im* Seminar bereit, ein unterschiedlicher Bildungshintergrund,
unterschiedliche soziale und kulturelle Herkunft der Kommiliton/innen und
insbesondere die Sozialisation in unterschiedliche Wissenschaftsdisziplinen
bzw. Wissenschafts- und Ausbildungstraditionen stellt Studierende (wie auch
Lehrende, s.u.) aber immer wieder vor durchaus ernsthafte Probleme. Wäh-

---

6 Die allgemein für wissenschaftliches Arbeiten notwendige Selbstreflexivität
   geht hier über die Bereitschaft zur Reflexion des eigenen wissenschaftlichen
   Selbstverständnisses und Handelns hinaus und erfordert in der Auseinandersetzung mit ‚Fremdem' auch eine kritische und auf kulturelle Differenz bezogene
   Auseinandersetzung mit bereits erworbenem Wissen sowie ‚selbstnahen' identi-
   tätsrelevanten Einstellungen, Überzeugungen und Erfahrungen, deren Entstehung teilweise weit zurückreicht.

rend unterschiedliche Lebenserfahrungen und speziell Erfahrungen mit kultureller Differenz auch von Studierenden als bereichernd erlebt werden, führt
die Konfrontation mit differenten Lern- und Diskursstilen oft zu Ab- bzw.
Ausgrenzungen oder Konflikten, die für die Studierenden umso problemati-
scher sind, als sie – mehr oder weniger erkennbar – dem Anspruch an die eigene interkulturelle Kompetenz zuwider laufen.

Auf der individuellen Ebene stellt auch die mit dem Konstrukt ‚interkulturelle Kompetenz' verbundene Notwendigkeit ganzheitlichen Lernens unterschiedliche Herausforderungen bereit, lernt doch nicht jede(r) gleichermaßen
leicht und gerne auf der kognitiven, konativen und affektiven Ebene bzw. hält
dies überhaupt für nötig.

Insbesondere für ausländische Studierende ergeben sich aus schlechteren
Sprachkenntnissen (hinsichtlich der Unterrichtssprachen Deutsch, teilweise
auch Englisch) sowie dem auf kritische und selbstreflexive Auseinandersetzung mit kultureller Differenz ausgerichtete Diskursstil gravierende Herausforderungen, die sowohl die eigene fachbezogene Studierfähigkeit (vgl. Hornig 2000: 32ff.) wie auch Interaktionen im Seminarkontext betreffen.

Anforderungen

Aus den genannten Herausforderungen ergibt sich, dass Studierende, die im
Rahmen universitärer Ausbildungsangebote interkulturell kompetenter werden wollen/sollen, bestimmte Voraussetzungen erfüllen müssen. Das Anforderungsprofil für Studierende entspricht dabei in großen Teilen dem, was allgemein als ‚Studierfähigkeit' (vgl. Schnabel 2001: 491) bezeichnet wird, geht
aber in spezifischer Weise auch darüber hinaus:

„Studierende interkultureller Studiengänge verfügen bei Eintritt in das entsprechen-
de Studium idealerweise über:
• Fremdsprachenkenntnisse, Sprachgefühl und ausgeprägte kommunikative Fä-
  higkeiten;
• Fähigkeit zur Selbstorganisation, Fleiß, intrinsische Motivation;
• Praxiserfahrungen;
• Analytische Fähigkeiten, Selbstreflexivität;
• Interesse an wissenschaftlicher Forschung;
• Interesse an Menschen (und deren womöglich fremden Lebensformen);
• Soziale Kompetenz, Teamfähigkeit
• aber auch Persönlichkeitseigenschaften wie Offenheit, Neugier, Empathiefähig-
  keit usw." (Weidemann/Weidemann/Straub 2007: 821f.)

Zwar beziehen sich Weidemann, Weidemann und Straub dabei explizit auf interkulturell ausgerichtete Studiengänge und fügen für weiterführende (M.A.-)
Studiengänge zudem Auslandserfahrung in Form von Praktika oder Auslands-

semester als Voraussetzung hinzu (ebd.: 822), im Großen und Ganzen gelten die genannten Aspekte aber für alle Formen universitärer Ausbildung von interkultureller Kompetenz. Ergänzen ließe sich die Liste noch um eine gewisse Grundbelastbarkeit, Frustrationstoleranz und Humor, die den Umgang mit Differenzerfahrungen erleichtern. Die Liste zeigt schließlich auch, dass die Anforderungen für die Ausbildung interkultureller Kompetenz bereits Teilaspekte interkultureller Kompetenz umfassen.

Dozenten/Lehrende

Als Dozentinnen/Dozenten bzw. Lehrende bezeichnen wir Akteure, die die Aufgabe der Lehre und Ausbildung interkultureller Kompetenz übernehmen und den Studierenden in dieser Rolle gegenüberstehen. Die zu dieser Akteursgruppe zählenden Personen begegnen den Studierenden oftmals zusätzlich in anderen professionellen Rollen und Funktionen, die wir jedoch aus theoretischen Überlegungen zum Zwecke der Systematisierung als eigene Akteursgruppe Lehrstuhlinhaber/Professoren (Leitung) fassen (s.u.).

Zur Akteursgruppe Dozenten/Lehrende gehören Hochschullehrer sowie wissenschaftliche Mitarbeiter und Lehrbeauftragte, mit Einschränkungen aber auch Studierende, die – etwa als Tutoren – entsprechende Aufgaben übernehmen. Unterscheidungen nach akademischem Rang (habilitiert, promoviert, Diplom, M.A., B.A. etc.) und Art der institutionellen Eingebundenheit (verbeamteter Hochschullehrer, Privatdozent, Juniorprofessor, wiss. Mitarbeiter, Lehrbeauftragter, Tutor etc.) spielen für die Betrachtung dieser Akteursgruppe nur eine untergeordnete Rolle, wenngleich sie für die Betrachtung der Schnittstellen von erheblicher Bedeutung sind.

Funktionen (Aufgaben)

Zu den Aufgaben der Lehrenden gehören die Planung, Organisation, Durchführung und ggf. die Evaluation ihrer Lehrveranstaltungen unter Berücksichtigung der jeweiligen Lehr- bzw. Veranstaltungsform (Vorlesung, Seminar, Übung, Kolloquium, Projekt, Exkursion). Die Lehrveranstaltungen befassen sich mit unterschiedlichen Aspekten interkultureller Kommunikation unter Einbezug kognitiver, affektiver und konativer Aspekte. Dozierende sind angehalten, Lehrveranstaltungsinhalte und -ziele ausgehend von den Studiendokumenten (und den darin vorgegebenen Lernzielen) zu gestalten und ggf. mit Kollegen inhaltliche Abstimmungen vorzunehmen. Schließlich müssen die einzelnen Sitzungen und Phasen der Lehrveranstaltungen vor- und nachbereitet, die Studierenden bei der Erfüllung der Seminaranforderungen (Referate, Hausarbeiten etc.) betreut und die notwendigen Prüfungsleistungen abgenommen werden.

136

Die Lehre ist teils auch an persönliche Interessen und Forschungsaktivitäten geknüpft, die u.a. der Weiterqualifizierung der Lehrenden und damit dem Transfer von neuem Wissen in die Lehrveranstaltungen dienen. Lehre und Forschung können in besonderen Fällen miteinander verbunden sein – etwa im Rahmen von Konferenzen[7] oder in Form von Lehrforschung bzw. Lehrforschungsprojekten (siehe dazu Weidemann i.d.B, Kap. 4.16). Diese können letztlich auch zu gemeinsamen Publikationen führen. Die Dozenten bilden dabei eine zentrale Schnittstelle zwischen Wissenschafts- und Ausbildungssystem (Webler 2003: 67).[8] Für die Schnittstelle von Lehre und Praxis können einerseits Praktika dienen. Andererseits können hier auch Lehrende (oft externe Lehrbeauftragte) eingesetzt werden, die selbst fundierte Praxiserfahrung in interkulturellen Trainings-, Coaching-, Mediations- und Beratungtätigkeiten haben und in der Lage sind, diese vor dem Hintergrund bestehender theoretischer Modelle und Konzepte zu reflektieren.

Neben der inhaltsbezogenen Weiterbildung besteht eine weitere Aufgabe in der Entwicklung und Weiterbildung der eigenen didaktischen Fähigkeiten, die speziell auf die Anforderungen einer hochschulgerechten Lehre interkultureller Kompetenz zugeschnitten sind.

Ziele, Motive und Erwartungen

Für die verschiedenen Dozierenden/Lehrenden lässt sich mit Blick auf die Heterogenität der Akteursgruppe sowie interkulturell ausgerichteter Studienangebote eine ebenso große Vielfalt an Zielen, Motiven und Erwartungen benennen wie für die Akteursgruppe der Studierenden (vgl. Weidemann et al. 2010). Anders als bei den Studierenden richten sich diese bei den Lehrenden allerdings auf eine konkrete professionelle Praxis, die zunächst in der Lehrtätigkeit besteht. Dieser Unterschied drückt sich vor allem im Konkretisierungsgrad der Ziele und Motive von Studierenden und Lehrenden aus. Das Spektrum der von Lehrenden im Zusammenhang mit der Lehre interkultureller Kompetenz verfolgten Motive und Ziele umspannt solche mit eher persönlichem sowie solche mit eher professionellem Charakter. Zu ersteren gehört unter anderem:

---

7 Sowohl die Teilnahme an inhaltlich relevanten Fachkonferenzen als auch die Konzeption und Durchführung von studentischen Konferenzen, Symposien, Kolloquien etc. kann Teil des Lehrkonzepts sein.

8 Webler (2003: 67) schreibt dazu: „In der Hochschule kreuzen sich Wissenschaftssystem und Ausbildungssystem. Die Vermittlung zwischen beiden ist als lehrende, Selbststudium anleitende, unterstützende Tätigkeit Aufgabe des Lehrkörpers."

- ein inhaltliches Interesse aufgrund persönlicher Erfahrungen (private und/ oder berufliche Auslandserfahrungen, bikulturelle Partnerschaft etc.) verfolgen zu können und Anerkennung dafür zu bekommen;
- mit Studierenden zusammenzuarbeiten, die an kultureller Differenz und interkultureller Kompetenz interessiert sind und persönliche Erfahrungen mit kultureller Differenz mitbringen;
- selbst Fremdheitserfahrungen in interkulturell zusammengesetzten Seminargruppen oder bei studienbezogenen Auslandsaufenthalten (z.B. Exkursion) zu machen;
- ein aktuelles und häufig interdisziplinär angelegtes Thema zu unterrichten.

Zu letzteren gehört unter anderem:
- Studierende mit der wissenschaftlichen Auseinandersetzung mit Fremdheit und (kultureller Differenz) vertraut zu machen;
- allgemeine und bereichsspezifische Theorien und Methoden in der Auseinandersetzung mit einem besonderen Gegenstand weiterzuentwickeln und Studierenden diesen hochgradig innovativen Charakter wissenschaftlichen Arbeitens zu vermitteln;
- komplexe alltags- und berufspraktische Kompetenzen (Schlüsselqualifikation) zu vermitteln;
- die eigene Lehrpraxis weiterzuentwickeln.

Die Ziele und Motive der Studierenden und der Lehrenden ähneln sich insbesondere hinsichtlich des Rückbezugs auf persönliche Lebenserfahrungen und in einem grundlegenden Interesse an anderen Kulturen, Fremdheitserfahrungen sowie teilweise auch in dem Wunsch nach einer wissenschaftlichen Auseinandersetzung damit. Mit dem jeweiligen Kontext (z.B. in welcher Organisationsform interkulturell ausgerichteter Studienangebote unterrichtet wird), dem Grad an Professionalisierung der Lehrpraxis sowie der persönlichen Lebenssituation und -erfahrung können die Ziele einzelner Mitglieder dieser Akteursgruppe (wie bei den Studierenden) variieren.

Herausforderungen

Die Ausbildung interkultureller Kompetenz ist auch für die Lehrenden mit spezifischen Herausforderungen verbunden. So besteht eine Herausforderung zunächst in dem Lehrziel selbst, welches von dem vorgegebenen Lehr- und Lernarrangement (der Organisationsform des interkulturell ausgerichteten Studien- bzw. Qualifizierungsangebots und extern vorgegebenen Lernzielen) jeweils näher bestimmt wird. Der Lehrende muss die für den Lehrkontext und die (externen) Lernziele relevanten Inhalte auswählen und diese didaktisch und methodisch aufbereiten. Vor dem Hintergrund der bereits genannten problematischen und teils noch ungeklärten Aspekte ‚interkultureller Kompetenz' umfassen die Herausforderungen zudem das Formulieren von Grobzielen und Feinzielen, die Auswahl und Anwendung geeigneter Lehrformen und -methoden sowie ein dem Lehrgegenstand angemessenes Prüfungsverfahren.[9]

Eine weitere zentrale Herausforderung besteht in der Auseinandersetzung mit den Studierenden als einer meist heterogen zusammengesetzten Gruppe von Personen (vgl. Hahn 2004: 310) mit individuellen Lernzielen, unterschiedlichen Erfahrungen (Lebensverlauf, Herkunft etc.) sowie einer bestimmten wissenschaftlichen und bildungsbiografischen Sozialisation (s.o.).[10] Gerade interkulturell ausgerichtete Studienangebote sind häufig auch international ausgerichtet und ziehen ausländische Studierende an. Dadurch (und insbesondere, wenn es sich um bi- und trinationale Studiengänge handelt) entsteht das, was im Englischen ‚international classroom' genannt wird (vgl. Farkas-Teekens/van der Wende 1997). In der Regel gehört das Unterrichten gemischtnationaler Gruppen (womöglich in einer lingua franca, meist Englisch) nicht zu den Qualifikationen, die Dozierende aufgrund ihrer akademischen Ausbildung mitbringen (vgl. ebd.: 16ff.). Neben *sprachbezogenen Herausforderungen* (und hierzu gehört nicht nur das Sprachniveau der Lehrenden, sondern auch das der Studierenden sowie die Fähigkeit der Lehrenden, mit unterschiedlichen Sprachfähigkeiten auf Seiten der Studierenden umzugehen), kommen im ‚international classroom' *interkulturelle Herausforderungen* hinzu. Lehrende sehen sich in diesem Kontext mit unterschiedlichen kulturspezifischen Vorstellungen hinsichtlich ihrer Rolle als Lehrperson, des wissenschaftlichen Arbeitsstils, der Funktionsweise des Hochschulsystems sowie differierenden Lernstilen seitens der Studierenden konfrontiert, die sich auch jenseits nationaler Zugehörigkeit unterscheiden können. Die Herausforderung besteht also nicht allein darin, den ‚Lernstoff' zu vermitteln, sondern im Umgang mit den Studierenden interkulturelle Kompetenz selbst *vorleben* zu können. Damit das Lehr-/Lernziel ‚interkulturelle Kompetenz' erreicht werden kann, müssen die Lehrenden in einem solchen Kontext also selbst in hohem Maße interkulturell kompetent sein. Das gleiche gilt für Veranstaltungen im

---

9 Zu den Herausforderungen, die aus der Entwicklung und Verwendung von Lehrmethoden zur Ausbildung interkultureller Kompetenz entstehen, siehe ausführlich Teil 4 „Methoden zur Vermittlung interkultureller Kompetenz" i.d.B.

10 Die Studentenschaft ist hingegen insbesondere in Bachelorstudiengängen weitgehend altershomogen und in interkulturell ausgerichteten Bachelor- wie Masterstudiengängen zudem hinsichtlich der Geschlechtszugehörigkeit (meist weiblich) recht homogen. Dies bringt eigene Herausforderungen für die Ausbildung interkultureller Kompetenz mit sich, da z.B. mit Alter oder Gender verbundene Aspekte kultureller Differenz dann weniger leicht auf Basis entsprechenden Differenzen in der Gruppe der Studierenden bearbeitet werden können.

Rahmen von (internationalen) Kooperationen und Konferenzen, die sich an den Lehrkontext gewissermaßen anschließen.

In diesem Zusammenhang besteht ein strukturelles Problem in den für interkulturell ausgerichtete Studiengänge typischen heterogenen Bildungsbiografien der Lehrenden. Insbesondere Hochschullehrer haben momentan noch relativ selten eine einschlägig interkulturell ausgerichtete Ausbildung, da es in Deutschland interkulturell ausgerichtete Studiengänge erst seit Anfang/Mitte der 1990er Jahre gibt (vgl. Weidemann/Weidemann/Straub 2007).

Hinzu kommt, dass gerade bei der Reflexion der Lehrpraxis und der inhaltlichen Gestaltung der Lehre persönliche Erfahrungen mit kultureller Differenz häufig einen zentralen Erfahrungs- und Wissenspool darstellen, Lehrende zum einen jedoch über höchst unterschiedlich ausgeprägte Erfahrungen mit kultureller Differenz verfügen, und diese Erfahrungen zum anderen nur dann wirklich fruchtbar gemacht werden können, wenn sie mit didaktischen Konzepten und Kompetenzen verbunden werden. Insofern stellt das Fehlen einer interkulturell ausgerichteten, kompetenz- und didaktikorientierten Aus- und Weiterbildung von Lehrenden im Hochschulkontext[11] ein nicht ganz unerhebliches Problem dar.

Zusammengefasst bestehen die Herausforderungen, denen Lehrende gegenüberstehen, darin, sich (1) mit interkultureller Kompetenz einerseits als (multidisziplinärem) theoretischem Konstrukt und andererseits als Schlüsselqualifikation (2) sowohl theoretisch als auch praktisch (3) für ein dem Studienangebot entsprechendes antizipiertes Anwendungsfeld (4) in kulturallgemeiner und/oder kulturspezifischer Hinsicht befassen zu müssen sowie (5) die Erfahrungen und das Wissen daraus systematisch zusammenzuführen und (6) wiederum in die Lehrpraxis zu übertragen.

In dem Maße, wie die Ausbildung interkultureller Kompetenz es erfordert, Lernende mit (kultureller) Differenz zu konfrontieren und zur kritischen – und möglicherweise unangenehmen – Auseinandersetzung mit sich selbst zu zwingen (s.o.), stehen Lehrende zudem vor *ethischen* Herausforderungen, die nicht zuletzt daher rühren, dass sie als ‚change agents' (Paige 1996) agieren, oft ohne dafür speziell ausgebildet zu sein und ohne dass diese Rolle im Hochschulkontext formal geregelt wäre (vgl. Weidemann/Weidemann/Straub 2007: 821). Während ethische Aspekte im Zusammenhang mit (sozialwissenschaftlicher) Forschung bzw. Methodenausbildung breit diskutiert werden und insofern auch Eingang in interkulturell ausgerichtete Studienangebote finden, steht eine intensive Auseinandersetzung mit ethischen Fragen im Lehr-/Lernkontext noch aus. Lehrende stehen also immer wieder vor dem Problem, dass sie die Lernenden – u.U. ohne dies antizipiert zu haben – auf identitätsnahe

---

11 Zur Problematik der didaktischen Aus- und Weiterbildung von Lehrenden an Hochschulen siehe ausführlich Welbers (2003).

Probleme stoßen. Um daraus ggf. entstehende Krisen aufzufangen, wären sie gefordert, sich auf erheblich persönlichere Weise mit den Lernenden auseinanderzusetzen, als dies durch die etablierte Rolle als Dozent/in geregelt ist und als sie selbst es leisten können oder wollen. Hierbei spielen nicht allein Zeit- und Ressourcenaspekte eine Rolle, sondern auch die Bereitschaft und Fähigkeit, in „die Bearbeitung persönlichkeitsnaher Aspekte (die bisweilen therapienahen Charakter annehmen mag)" (ebd.) einzusteigen.

Eine weitere Herausforderung für Lehrende besteht darin, dass sie (in der Regel) auch den Lernerfolg der Lernenden zu überprüfen haben und dies nicht nur andere Interaktionsmodi mit sich bringt, sondern sie auch vor die Schwierigkeit stellt, dass ‚interkulturelle Kompetenz' teilweise nur schwer zu operationalisieren und damit schwer prüfbar ist (s.o.; vgl. Blüml i.d.B., Kap. 3.3; Arnold/Mayer i.d.B., Kap. 5). Insbesondere die mit den – einander teils zuwiderlaufenden – Rollen als Lehrender bzw. Prüfer verbundenen Rollenerwartungen und -anforderungen sowie Interaktionsmodi können nicht nur auf Seiten der Studierenden zu Konfusion führen, sondern stellen die Lehrenden vor die Schwierigkeit, diese Rollen professionell zu trennen und dennoch zu integrieren (vgl. Weidemann/Weidemann/Straub 2007: 821). Während eine strikte Trennung der beiden Rollen wiederum zu ethischen Problemen führt, verlässt man durch deren Integration die institutionell abgesicherte, formal geregelte und im Ausbildungssystem geforderte Rollendefinition des ‚Prüfers', der zufolge Lernerfolge anhand objektiver Kriterien eingeschätzt und vergleichbar gemacht werden müssen. Schließlich bleibt zu beachten, dass der von Beginn der Lehrveranstaltung an bekannte Prüfungsmodus – der durch die Prüfungsordnung meist vorgegeben ist – einen wichtigen Faktor für die Qualität des Lernens der Studierenden darstellt (Winteler 2006: 337f.).

Anforderungen

Anhand der genannten vielschichtigen Herausforderungen an Lehrende (in Lehr-, Betreuungs- und Prüfungssituationen) lässt sich folgendes ‚idealtypisches' Anforderungsprofil ableiten, das allgemeine Anforderungen, Lehrkompetenz, Fachwissen und interkulturelle Kompetenz umfasst und über die von Webler (2003: 70) aufgeführten Komponenten allgemeiner (Hochschul-) Lehrkompetenz hinausgeht.

Mit Webler (2003: 69) gehen wir davon aus, dass es bei der Lehrkompetenz darum geht, „als Lehrende in einem Brückenschlag die Wissensbestände, Methoden und wissenschaftsspezifischen Verhaltensweisen mit den Lernbedürfnissen und -möglichkeiten der Studierenden zu verbinden". Im Einzelnen definiert Webler die Anforderungen und Erwartungen an Lehrkompetenz wie folgt:

- „den Studierenden bei ihrem eigenen Erwerb fachlichen Wissens gerichtete Impulse zum Lernen zu geben,
- selber wissenschaftliche Inhalte auf dem neuesten Stand verständlich, d.h. an den Verständnismöglichkeiten der Studierenden orientiert, mitzuteilen,
- dem eigenen, selbstverantworteten Lernprozess der Studierenden assistierend ihnen Rückmeldung über ihr Vorgehen, ihren Lernfortschritt und wünschenswerte Ergänzungen zu geben,
- Neugier zu wecken (Fragen auszulösen) und beim Aufbau einer Fragehaltung zu helfen,
- wissenschaftlichen Zweifel an dargebotenen Inhalten zu wecken und für eine kritische Überprüfung geeignete Methoden zu vermitteln, Räume für selbständiges Lernen offen zu halten,
- problembasiertes Lernen zu fördern und anzuleiten,
- Räume für theoriebezogenes Probehandeln in einschlägigen beruflichen Handlungsfeldern bereitzustellen sowie
- zu einer theoriegeleiteten, selbstverantworteten Handlungskompetenz in eigenen und fremden (interkulturellen) Kontexten beizutragen." (Webler 2003: 70)

Im Zusammenhang mit der Ausbildung interkultureller Kompetenz lassen sich auf Basis der obigen Ausführungen folgende Anforderungen an Lehrende im Sinne einer *interkulturellen Lehrkompetenz* ergänzen:

Allgemeine Anforderungen:

- Motivation und Engagement für komplexe (interkulturelle) Lehr- und Lernkontexte;
- psychische Belastbarkeit (insb. Ambiguitäts- und Frustrationstoleranz);
- Offenheit, Flexibilität, Neugier, Empathie;
- Sensibilität für kulturelle Differenz;
- Bereitschaft zur Selbstreflexion und Selbstveränderung;
- in internationalen Studiengängen ggf. Fremdsprachenkenntnisse auf nahezu ‚native-speaker'-Niveau (vgl. Farkas-Teekens 1997: 19).

Lehrkompetenz:

- Eine fundierte kompetenzorientierte Ausbildung in Didaktik und Methoden (idealerweise auf interkulturelle Kompetenz ausgerichtet), d.h. Kenntnis der verschiedenen Lehrformen und -methoden zur Vermittlung interkultureller Kompetenz sowie empirischer Befunde dazu;
- Erfahrung bei der Anwendung solcher Lehrmethoden;
- die Fähigkeit, methodische und didaktische Kenntnisse an spezifische interkulturelle Lehrkontexte immer wieder neu anzupassen, da Standardisierungen aufgrund der Heterogenität der Teilnehmer ungeeignet sind und

gerade die Bezugnahme auf individuelle sowie kulturelle Differenz für die Vermittlung interkultureller Kompetenz zentral ist;

- ein spezifisches Rollenverständnis als Lehrender, welches damit einhergeht, bei den Studierenden als ‚change agent' (Paige 1996) tiefer greifende Veränderungen (der Persönlichkeit, Einstellungen) zu ‚managen' (vgl. Weidemann/Weidemann/Straub 2007: 821; Weidemann i.d.B., Kap. 4.16);[12]
- einzelne Studenten insbesondere auch hinsichtlich kultureller Hintergründe einschätzen und gezielt fördern können (Coachingkompetenzen siehe Barmeyer/Haupt 2007: 791);
- (interkulturelle) Gruppenprozesse initiieren und steuern können (Führungs- und Mediationskompetenzen).

Fachwissen:
- Relevante Theorien und Konzepte (Kultur, Kompetenz, Kommunikation etc.) sowie ggf. empirische Befunde interkultureller Kommunikationsforschung über das jeweilige Anwendungsfeld kennen und transferorientiert vermitteln können;
- Kenntnisse über disziplinär bzw. kulturell verankerte Wissenschafts- und Bildungstraditionen kennen (insbesondere bei heterogen zusammengesetzten Studierendengruppen) und dieses Wissen nutzbar machen können.

Interkulturelle Kompetenz:
- für den (beruflichen) Anwendungskontext;
- für die Lehrsituation selbst, und zwar für (kulturell) heterogene Lerngruppen, was Wissen über den kulturellen Hintergrund der Lerner (einschließlich Wissen über bildungskulturelle Aspekte) einschließt.[13]

Die genannten Aspekte gelten jedoch auch teils für die Betreuungs- und Prüfungssituation, gewissermaßen für den Lehrkontext im weiteren Sinne. Da Lehrende in der Regel auch Prüfungsfunktionen haben, müssen sie somit nicht nur selbst rollenflexibel sein und mit den widersprüchlichen Anforde-

---

12 Da sich dieses Rollenverständnis vom traditionellen Dozentenbild im deutschen Hochschulsystem unterscheidet, fehlt es dementsprechend häufig an finanzieller und struktureller Förderung und Anerkennung (vgl. Hahn 2004).

13 Hierzu gehören insbesondere auch Aspekte wie der kulturspezifisch unterschiedliche Umgang mit Dozenten, Professoren, Kommilitonen im Seminargeschehen etc.; kulturspezifisch unterschiedliche Lerninhalte (z.B. die Fokussierung auf westdeutsche bzw. US-amerikanische Themen, Quellen, Studien etc.); kulturspezifisch unterschiedliche Lern-/Lehrstile (dozentenzentriert vs. interaktiv; Fokus auf kognitive Aspekte/Auswendiglernen vs. Diskursorientierung etc.) sowie Veranstaltungsformen und (kulturelle) Spezifika ganzer Hochschulsysteme.

rungen ihrer Rolle als Lehrende bzw. Prüfenden umgehen, sondern kompetent auf die – ggf. heterogenen und die ihnen möglicherweise erst einmal unbekannten – Rollenerwartungen seitens ihrer Studierenden reagieren können.

Die Ausbildung interkultureller Kompetenz erfordert somit von den Lehrenden neben dem Einlassen auf Erfahrungen, Einstellungen und Erwartungen der Studierenden auch eine intensive Auseinandersetzung mit der eigenen Person, der Rolle als Lehrender sowie der eigenen Lehrpraxis. Die Lehrenden sind angehalten, ihre eigenen kulturellen Differenzerfahrungen und ihre kulturell geprägten Vorstellungen und Konzepte bezüglich der gesamten Lehr-, Betreuungs- und Prüfungssituationen zu reflektieren und im Umgang mit den Studierenden die eigene interkulturelle Kompetenz in Ergänzung mit anderen sozialen Kompetenzen weiterzuentwickeln.[14]

Angesichts dieses komplexen und umfassenden Anforderungsprofils ist offenkundig, dass eine einzelne Person kaum je alle genannten Anforderungen in gleichem Maße erfüllen kann. Gerade für (kulturell) heterogen zusammengesetzte Gruppen Studierender kann dieses Manko durch Dozententandems bzw. -teams teilweise aufgewogen werden (vgl. Farkas-Teekens 1997: 27), wobei deren Zusammensetzung die Konstellation der Lernendengruppe reflektieren kann (aber nicht muss). Interkulturell zusammengesetzte Dozententeams erweitern nicht nur das Kompetenzspektrum der Lehrenden u.a. hinsichtlich spezifischer kulturbezogener Kenntnisse, sondern erlauben den Studierenden idealerweise auch, interkulturell kompetentes Handeln zu beobachten (s.a. Fetscher i.d.B., Kap. 4.13).

Lehrstuhlinhaber/Professoren (Leitung)

Aufgrund spezifischer Funktionen und Aufgaben ist die Akteursgruppe der Lehrstuhlinhaber bzw. Professoren von der Akteursgruppe Dozenten/Lehrende zu unterscheiden, ungeachtet dessen, dass die dieser Akteursgruppe zugehörigen Personen in der Regel gleichzeitig der Akteursgruppe der Lehrenden angehören. Gemeint sind hier Personen, die aufgrund ihrer formalen Position als Lehrstuhlinhaber oder Professor Planungs- und Leitungsfunktionen im Hinblick auf die von ihnen zu verantwortenden interkulturell ausgerichteten Studienangebote und Führungsfunktionen im Hinblick auf ihre Mitarbeiter und Lehrbeauftragte haben sowie Verantwortung für die Qualitätssicherung der Lehre tragen.

---

14 Dabei kann die interkulturelle Überschneidungssituation auch darin bestehen, dass sich die Lehrperson selbst einem anderen als dem jeweiligen Lehr- bzw. Hochschulkontext kulturell zugehörig fühlt (z.B. bei Gastdozenten).

Funktionen/Aufgaben[15]

Eine zentrale Aufgabe im Bereich *Studium und Lehre* besteht in der Konzeption, Planung, Durchführung, Etablierung und Qualitätssicherung der interkulturell ausgerichteten Studienangebote. Dazu gehören im konzeptionellen Bereich u.a. die allgemeine sowie standortbezogene Bedarfsklärung hinsichtlich Inhalten, Umfang und Art der Studienangebote, die inhaltliche wie bedarfsbezogene Beratung der Hochschulleitung, die Erstellung von Studiendokumenten, in denen Studienziele, Anforderungsprofile, Studien- und Prüfungsinhalte etc. festgelegt sind, sowie die Klärung des Ressourcenbedarfs in materieller wie personeller Hinsicht, was auch die Möglichkeiten bzw. Notwendigkeit der Vernetzung mit anderen Studienangeboten, Lehrstühlen, Instituten etc. umfasst.[16]

Im Bereich der Umsetzung der Studienangebote obliegen diesen Akteuren verschiedene Aufgaben, angefangen bei der Bekanntmachung der Studienmöglichkeiten (Ziele, Anforderungen, Nutzen etc.) über die Anwerbung und Auswahl geeigneter Studierender, die (eigenständige) Lehre und das Prüfen bis hin zur Auswahl, Führung und Entwicklung des wissenschaftlichen und nichtwissenschaftlichen Personals (Mitarbeiter/innen, studentische und wissenschaftliche Hilfskräfte, Tutoren und Sekretariatskräfte sowie z.T. Lehrbeauftragte).[17]

Zu den Aufgaben von Hochschullehrern – zumindest denen, die an Universitäten angestellt sind – gehört zudem die inhaltliche und konzeptuelle Weiterentwicklung des Fachgebietes durch eigenständige *Forschung*. Dies umfasst u.a. die Durchführung von Forschungsprojekten (verbunden möglichst mit der Einwerbung von Drittmitteln), die Publikation von Forschungsergebnissen, die Durchführung von Fachkonferenzen sowie die – gleicherma-

---

15 Funktionen und Aufgaben der Hochschulleitung und der Professoren sind im Hochschulrahmengesetz (HRG § 43, s. http://www.bologna-berlin2003.de/pdf/ De.pdf) und spezifischer in den Hochschulgesetzen der Bundesländer festgelegt.

16 Die Konzeption und Planung von Studienangeboten (sowie ggf. eine Bedarfsklärung) sind Aufgaben, die sich insbesondere im Zuge gravierender Hochschulreformen (ausgelöst derzeit durch den Bologna-Prozess) sowie in relativ jungen und dynamischen Bereichen wie dem interkulturell ausgerichteten Studienangebote stellen.

17 Zu den im Hochschulkontext üblichen Kriterien der Personalauswahl und -entwicklung, die sich an wissenschaftlicher und didaktischer Eignung orientieren, kommt im hier interessierenden Kontext interkulturelle Kompetenz als Auswahlkriterium bzw. weiterzuentwickelnde Qualifikation hinzu. Siehe zu den Schwierigkeiten im Zusammenhang von Diagnostik und Personalauswahl hinsichtlich interkultureller Kompetenz z.B. Deller und Albrecht (2007) und zu den Problemen und Anforderungen hinsichtlich internationaler Personalentwicklung z.B. Deller und Kusch (2007).

ßen mit Forschung wie Personalentwicklung verbundene – Einbindung von Absolventen und Doktorand/innen.

Anforderungen

Die inhaltliche Entwicklung und Ausgestaltung der Studiengänge bzw. anderer Formen interkulturell ausgerichteter Studienangebote eröffnet den konkreten Kontext und Möglichkeitsraum der Vermittlung interkultureller Kompetenz für Lernende wie auch für die Akteursgruppe der Lehrenden. Hiermit geht auch Einfluss auf personalpolitische Entscheidungen einher. Die Akteure der Gruppe der Lehrstuhlinhaber/Professoren tragen somit außer für die inhaltliche und formale Ausgestaltung der Lehrangebote Verantwortung für die Lernenden und die Mitarbeiter/innen und erfüllen idealerweise folgende Anforderungen; sie verfügen über

- einen fundierten Überblick über das Fachgebiet auf wissenschaftlich hohem Niveau (dies ist in der Regel Voraussetzung für die Berufung);
- organisatorische Fähigkeiten, die sich auf interdisziplinäre, internationale bzw. interkulturelle Kontexte erstrecken (Planung und Leitung von Forschungsprojekten, Konferenzen, universitäre Selbstverwaltung etc.);
- Führungsfähigkeit unter Berücksichtigung einer auf interkulturelle und internationale Kontexte ausgerichteten Arbeitsumgebung bzw. ggf. einer internationalen Zusammensetzung des Teams sowie
- die Fähigkeit, die Ziele der interkulturell ausgerichteten Studienangebote nach außen – auch für Laien verständlich – zu kommunizieren, ohne dabei auf die theoretische Fundierung zu verzichten. Dies ist insbesondere für die Etablierung der Studienangebote wichtig und gilt gleichermaßen für die hochschulinterne Kommunikation in Richtung Hochschulleitung, Verwaltung, Fakultätsrat und fachfremdes Kollegium wie für die Kommunikation nach außen.

Als Hochschullehrer interkulturell ausgerichtete Studienangebote nicht nur zu konzipieren, sondern auch zu *leiten,* erfordert also Kompetenzen, die über die für die Lehre in diesem Rahmen erforderlichen Fähigkeiten deutlich hinausgehen und insbesondere mit interkultureller Kompetenz verbundene Führungskompetenz erfordert. Vor allem in Kombination mit den von Lehrenden zu erfüllenden Anforderungen ist es unter den gegebenen Umständen eher unwahrscheinlich, dass eine einzelne Person alle diese Anforderungen in gleichem Maße erfüllt. Der langfristige Erfolg interkulturell ausgerichteter Studienangebote an einem Standort ist jedoch in hohem Maße davon abhängig, dass die Hochschullehrer nicht nur im Bereich Forschung federführend sind, sondern auch die Führungsaufgaben kompetent und professionell erfüllen können. Anders als Lehr- und Verwaltungsaufgaben lassen sich diese im Hochschulkontext nur bedingt an andere Akteure delegieren.

Insofern ist es problematisch, dass es außer im Bereich Forschung keine formale Ausbildung für die zu erfüllenden Führungsfunktionen und -aufgaben und zudem bislang nur unzureichendes Monitoring gibt. Gerade hinsichtlich Führungs- und Personalentwicklungsaufgaben würden Studierende, Mitarbeiter/innen und auch die Hochschule als Gesamtsystem jedoch deutlich davon profitieren, wenn die Ausbildung von Fähigkeiten in diesen Bereichen nicht dem Prinzip des ‚learning by doing‘ überlassen bliebe.

Universitäts-/Fakultäts- und Institutsleitung(en)

Mit dieser Akteursgruppe sind diejenigen Personen gemeint, die auf hierarchisch höherer Ebene als die Lehrstuhlinhaber/Professoren inhaltliche Planungs-/Steuerungs- und Führungsaufgaben im Bezug auf interkulturelle Studienangebote erfüllen, ohne selbst mit deren Durchführung befasst zu sein.[18] In dieser Akteursgruppe sind zudem sowohl einzelne Funktionsträger (Rektoren, Prorektoren, Dekane etc.) als auch Gremien (Rektorat, Dekanat, Senat, Fakultäts- und Institutsräte etc.) mit entsprechenden Funktionen zusammengefasst.

Ziele

Mit der Einrichtung und Durchführung interkulturell ausgerichteter Studienangebote können eine Reihe strategischer und inhaltlicher Ziele verbunden sein, die je nach Reichweite und Abstraktionsgrad auf der Makro- bzw. Mesoebene angesiedelt sind (als Ziele auf der Mikroebene würden in diesem Zusammenhang die mit der konkreten Durchführung der Studienangebote verknüpften Ziele bezeichnet werden). Ziele auf der Makroebene können dabei auf nationalen bzw. internationalen Referenzrahmen beruhen (z.B. Bologna-Prozess) und/oder mit dem Standort verknüpft sein. Ziele auf der Mesoebene betreffen hochschulinterne Schwerpunktsetzungen oder auch die Profilbildung einzelner Fakultäten oder Institute etc. Inwieweit Internationalisierung dabei als übergreifendes Ziel eine Rolle spielt, hängt nicht zuletzt vom bereits erreichten Internationalisierungsgrad der Hochschule ab (vgl. Leenen/Groß 2007). Das gleiche gilt für das Ausmaß, in dem die Schaffung von Angeboten

---

18 In Einzelfällen gibt es personelle Überschneidungen mit der Akteursgruppe der Lehrstuhlinhaber/Professoren; in der Regel wird man aber angesichts der disziplinären Unverortetheit des Themenbereichs ‚Interkulturelle Kommunikation und Kompetenz‘ wohl davon ausgehen können, dass die höheren Ämter mit – aus Perspektive der IKK – fachfremden Personen besetzt sind (vgl. Mestenhauser 1998: 22).

zur Ausbildung interkultureller Kompetenz mit dem Ziel der Internationalisierung verknüpft wird und sich dementsprechend nicht allein auf Studierende, sondern auch auf andere Akteure im Hochschulkontext (und ggf. auch außerhalb) erstreckt. Im Einzelnen sind mit Angeboten zur Ausbildung interkultureller Kompetenz bei dieser Akteursgruppe u.a. folgende ineinandergreifende Ziele verknüpft:

- Standortsicherung durch enge Verzahnung der Hochschule mit der Region und insbesondere in der Region angesiedelten Wirtschafts- und Industrieunternehmen, wenn diese international operieren und die Hochschule interkulturelle Kompetenz als Schlüsselkompetenz zuliefert; hierbei spielt gleichermaßen die Erhöhung der Studierendenzahlen wie auch die Steigerung von deren Employability eine Rolle – und zwar für die Hochschule selbst wie auch für die Unternehmen, deren Bedarf an qualifizierten Fachkräften gedeckt werden soll;

- Erhöhung der Wettbewerbsfähigkeit, wobei die Ausbildung in interkultureller Kommunikation und Kompetenz als Bestandteil der Profilbildung transversal zu anderen Studienangeboten (als Schlüsselkompetenz) steht, ggf. ergänzt durch eigenständige interkulturell ausgerichtete Studiengänge, die als Alleinstellungsmerkmal ebenfalls standortsichernd wirken können;

- Etablierung, Erhaltung und Weiterentwicklung eines umfassenden und interessanten Studienangebots mit ausreichend grundständigen und weiterführenden Studiengängen.

Die Ziele dieser Akteursgruppe orientieren sich somit – mehr als bei den anderen Akteursgruppen – an regionalen Gegebenheiten einerseits und überregionalen Rahmenvorgaben andererseits und dienen nicht zuletzt auch dem Ziel, die eigene Hochschule als System zu erhalten. Von nicht zu unterschätzender Relevanz ist hierbei die Orientierung sowohl am Bedarf der potentiellen Arbeitgeber der Region wie auch den Ausbildungsinteressen regionaler, überregionaler und ggf. internationaler Studierender, da sich hieraus – insbesondere bei kleineren Hochschulen – die Existenzberechtigung interkulturell ausgerichteter Studienangebote erst ergibt.

Auf dieser im hierarchischen Sinne höheren bzw. höchsten Ebene ist der Zusammenhang zwischen den ,globalen/abstrakten/allgemeinen' Zielen der Universität, die in Verbindung mit interkulturell ausgerichteten Studienangeboten stehen bzw. stehen können, und der Ausbildung interkultureller Kompetenz indirekter, als dies bei den bisher betrachteten Akteuren der Fall war. Es lässt sich somit nicht eindeutig sagen, welche Rolle die Vermittlung interkultureller Kompetenz für das Erreichen der genannten Ziele tatsächlich spielt und ob diese nicht auch anders erreicht werden können. Darin liegt gleichermaßen die Gefahr begründet, den Diskurs um die Bedeutung interkulturell ausgerichteter Studienangebote bzw. interkultureller Kompetenz in grundsätzlicher Manier über- oder auch unterzubewerten. Die Funktionen und Aufgaben lassen sich daher auch nicht direkt aus den o.g. Zielen ableiten. Wir können hier nur allgemeine Überlegungen anstellen, die im Einzelfall anders ausfallen können und konkretisiert werden müssen.

Funktionen/Aufgaben

Der Hochschulleitung und den anderen hier angesprochenen Akteuren auf Fakultäts- und Institutsebene kommen insbesondere Managementaufgaben auf der konzeptionell-strategischen sowie auf der operativen Ebene zu. Von deren Erfüllung werden nicht nur die Art und Gestalt der an einer Hochschule etablierten Angebote zur Ausbildung interkultureller Kompetenz abhängen, sondern auch in erheblichem Maße deren Effektivität, Effizienz und nicht zuletzt Qualität beeinflusst.[19]

Auf der *konzeptionell-strategischen Ebene* haben die Akteure dieser Akteursgruppe u.a. im Hinblick auf die o.g. Ziele Sorge zu tragen:

- für die Integration interkultureller Ausbildungsangebote in ein universitäres bzw. fakultäres, standortadäquates Gesamtkonzept[20] sowie
- für ein Konzept zu deren Umsetzung (Ressourcen, etwaige Vernetzung mit anderen Studienangeboten der Hochschule, Qualitätssicherung etc.).

Funktionen und Aufgaben auf der *operativen Ebene* sind v.a.:

- sich hinsichtlich der konzeptionell-strategischen Aufgaben inhaltlich beraten zu lassen;
- aus den strategischen Zielen operative Ziele abzuleiten und vorzugeben;
- die Umsetzung der Ziele an kompetente Personen zu delegieren und die Zielerreichung im Sinne der Qualitätssicherung zu kontrollieren;
- Strukturen zur Durchführung der Studienangebote (aber auch u.a. für Kooperationen auf Hochschulebene und insbesondere auch im Hinblick auf Partnerschaften mit Partner*städten*[21]) bereitzustellen und zu sichern;

---

19 Wir beziehen uns in diesem Aufsatz auf die aktuellen hochschulpolitischen Rahmenbedingungen und -vorgaben. Die damit verknüpfte Effizienzorientierung und Ökonomisierung des deutschen Hochschulsystems ist allerdings kritikwürdig, da sie die Erfüllung zentraler Aufgaben in Wissenschaft und Lehre teilweise behindern oder unmöglich machen. Diesen Aspekten in angemessener Weise nachzugehen, würde den Rahmen dieses Artikels jedoch sprengen.

20 Hierzu gehört nicht zuletzt die Entscheidung, welche Art von Studienangebot (IKK-Module in verschiedenen Studiengängen, IKK als Teil des Studium Generale, als Zusatzqualifikation oder eigenständiger interkulturell ausgerichteter Studiengang) für den Standort wünschenswert *und* geeignet ist.

21 Gerade die Hochschulbeteiligung im Rahmen von Städtepartnerschaften zeigt schnell den strukturellen wie personenbezogenen Bedarf an interkultureller

- adäquate Ressourcen (Personal- und Sachmittel) zu sichern und zuzuweisen;
- auf interkulturelle Kommunikation und Kompetenz ausgerichtete Personalauswahl und Personalentwicklung (Hochschullehrer/Dozenten und Verwaltung) zu betreiben;
- Führungsaufgaben gegenüber den mit der Ausbildung interkultureller Kompetenz direkt oder indirekt befassten Hochschulangestellten (wissenschaftliches *und* Verwaltungspersonal) wahrzunehmen sowie (damit verbunden)
- Sorge für Kommunikation zwischen den verschiedenen Akteuren zu tragen (Schnittstellenmanagement).

Worin eine Universität den Nutzen der Lehre interkultureller Kompetenz sieht, wie die Ausbildung in das universitäre und fakultäre Gesamtkonzept eingebunden und umgesetzt wird, hängt dabei – und das soll hier in erster Linie interessieren – nicht zuletzt davon ab, was auf dieser Ebene unter interkultureller Kompetenz verstanden wird.

Anforderungen

Bereits die Auseinandersetzung mit der Frage, ob Studienangebote zur Vermittlung interkultureller Kompetenz an einer Hochschule etabliert werden sollen sowie in Folge die Entwicklung eines Konzepts zur Integration interkulturell ausgerichteter Studienangebote, erfordert ein basales Verständnis interkultureller Kompetenz. Für Aufgaben auf der konzeptionell-strategischen Ebene sind zunächst insbesondere kognitive Aspekte interkultureller Kompetenz relevant. Das bedeutet, dass Angehörige der Universitätsleitung sowie Führungspersonen auf Fakultäts- und Institutsebene ein hinreichend komplexes Verständnis von Kultur haben sollten, um die Bedeutung kultureller Differenz für die Akteure (insbesondere zunächst für Studierende) innerhalb der Universität sowie deren Relevanz für gesamtgesellschaftliche Zusammenhänge einschätzen zu können. Erst vor diesem Hintergrund lässt sich erwägen, welcher Stellenwert der Ausbildung interkultureller Kompetenz entsprechend dem Bedarf an einer Hochschule beigemessen werden soll.

Schließlich erfordert die Auseinandersetzung, Konzeption und Integration mit und von Angeboten zur Ausbildung interkultureller Kompetenz allgemeine Organisationsentwicklungsfähigkeiten. Dazu gehört die Fähigkeit, eine

---

Kompetenz (gerade auch für die Akteure dieser Akteursgruppe), aber auch das Potenzial entsprechender Studienangebote für die Etablierung bzw. Weiterentwicklung von Städtepartnerschaften, die für eine Region von wirtschaftlicher, kultureller und strategischer Bedeutung sind und zudem ein wichtiger Baustein in der Internationalisierungsstrategie einer Hochschule sind bzw. sein können.

Organisation im Zusammenspiel mit wissenschaftlichen Innovationen, gesellschaftlichen Entwicklungen sowie neuen Referenzrahmen und Bedarfen weiterentwickeln zu können. Zur Organisationsentwicklung im Sinne interkulturell ausgerichteter Studienangebote gehört jedoch auch, ein Organisationsklima zu befördern, welches Interdisziplinarität und kulturelle Sensibilität nicht allein als Label beinhaltet, sondern im Handeln der Akteure (z.B. durch Förderung und Anerkennung von internationalen und interdisziplinären Kooperationen und Forschungsprojekten etc.) einer Universität quantitativ als auch qualitativ sichtbar wird.[22]

Insgesamt gilt für Führungskräfte an Hochschulen, dass diese eine interkulturelle Kompetenz benötigen, die denen von Führungspersonen in internationalen kommerziellen Organisationen[23] entspricht, insbesondere dann, wenn sich die Hochschule selbst als interkulturelle Organisation (vgl. Leenen/Groß 2007) verstehen will.

Hochschuladministration

Der Hochschulverwaltung obliegen die Bereiche der akademischen und studentischen Angelegenheiten, Personal, Haushalt und Wirtschaft, Liegenschaften und Technik sowie Öffentlichkeitsarbeit, Umweltschutz, Arbeitssicherheit und je nach Hochschule und Hochschulstruktur noch weitere Bereiche. Die Hochschuladministration ist somit horizontal als auch vertikal in die Erfüllung der Hauptaufgaben einer Universität der Lehre, Forschung und Weiterbildung eingebunden und soll diese ermöglichen und unterstützen. Eine Verwaltung verfolgt somit selbst keine inhaltsbezogenen Interessen (beispielsweise im Sinne einer inhaltlichen Ausrichtung der Lehre), sondern setzt gesetzliche

---

22 Im Umgang mit dauerhaft angestellten ausländischen Angestellten (insbesondere auf Professorenebene) sowie international mobilen Angestellten (z.B. Gastprofessoren) sind zudem kultursensible Personalführungskompetenzen erforderlich. Hinsichtlich der Erwartungen an die Erfüllung der Dienstaufgaben, das Einhalten von Rahmenvorgaben usw. sowie in direkten Interaktionssituationen ist das Wissen um die Existenz kultureller Unterschiede und insbesondere unterschiedliche Universitäts- und Wissenschaftssysteme sowie differente Arbeits- und Führungsstile erforderlich. Im Einzelfall können sich Führungskräfte bei Bedarf gezielt und ggf. kulturspezifisch beraten lassen. Diese Aspekte sind vor allem im Rahmen der Internationalisierung von Universitäten relevant (vgl. Hahn 2004). Überschneidungen gibt es allerdings, wenn man davon ausgeht, dass gerade in interkulturell ausgerichteten Studiengängen internationales Personal beschäftigt wird (s.o. Lehrende). Betrachtet man zudem Disziplinen als Subkulturen, sind auch an einer national homogenen Hochschule interkulturelle Aspekte von Management- und Führungsaufgaben im Hinblick auf interkulturelle Aspekte zu beachten.

23 Zum interkulturellen Kompetenzprofil von Nachwuchsführungskräften in internationalen kommerziellen Organisationen siehe Bolten (2007: 211ff.).

Vorgaben, Beschlüsse der Universitätsleitung etc. in den Universitätsalltag um, und ihr kommt ggf. im Rahmen der Auslegung von vorgegebenen Spielräumen inhaltliche Entscheidungshoheit zu.

Die Verwaltung ist in der Regel durch den Kanzler in den Gremien der Hochschulleitung (Rektorat, Senat) vertreten. Somit gibt es an der Spitze der Hochschule eine Verzahnung von Verwaltung und den inhaltlichen Interessen und Kompetenzen hinsichtlich Forschung, Lehre und Studium. Die Verwaltung ist demnach ein Akteur, der mittels seiner Verwaltungskompetenz auch inhaltliche Entscheidungsspielräume und damit Gestaltungsmöglichkeiten hat. Dies gilt auch im Hinblick auf interkulturell ausgerichtete Studienangebote. In diesem Sinne ist die Verwaltung an der Gestaltung der Rahmenbedingungen für die Ausbildung interkultureller Kompetenz beteiligt.[24] Das bedeutet, dass die Verwaltungskompetenz ein gewisses Maß an Inhaltskompetenz, d.h. in diesem Falle zumindest rudimentäre interkulturelle Kompetenz umfassen muss. Interkulturelle Kompetenz ist dabei für den Gestaltungsspielraum hinsichtlich interkulturell ausgerichteter Studienangebote, also da, wo es um Entscheidungen geht, die eine Berücksichtigung kultureller Unterschiede erfordern (z.B. bei der Finanzierung von Konferenzen, Empfängen, Gastgeschenken etc.), ebenso relevant wie für diejenigen Kommunikationssituationen (mit Studierenden, Dozierenden sowie Lehrstuhlinhabern), in denen kulturelle Differenzen selbst zum Tragen kommen.

Schnittstellen

Insgesamt haben wir im vorigen Abschnitt fünf Akteursgruppen identifiziert, die an der Vermittlung interkultureller Kompetenz im engeren wie im weiteren Sinne beteiligt sind bzw. Einfluss darauf haben:

- Studierende,
- Dozierende,
- Lehrstuhlinhaber,
- Universitäts-/Fakultäts- und Institutsleitung(en) sowie
- die Hochschuladministration.

Ergänzen ließe sich diese Liste noch um Akteure, die unter der Ägide nationaler sowie supranationaler Referenzrahmen in Erscheinung treten bzw. Interes-

---

24 Vgl. hierzu Mestenhauser, der beklagt, dass „[u]nfortunately, the university administrators who make decisions about international educational reforms do not have the broad interdisciplinary, intercultural, and pedagogical perspectives needed to make these decisions" (Mestenhauser 1998: 22).

sensvertreter interkulturell ausgerichteter Studienangebote sind (z.B. die Akademie interkultureller Studien[25]).

In den bisherigen Ausführungen ist die Schnittstelle ‚Studierende – Dozierende', die gewissermaßen die Hauptbühne der Vermittlung interkultureller Kompetenz darstellt, einhergehend mit den Herausforderungen und Anforderungen an die beiden Akteursgruppen bereits deutlich charakterisiert. Diese Schnittstelle ist in vieler Hinsicht die wichtigste und damit zentrale Schnittstelle im hier betrachteten System, da sie zeitlich am umfangreichsten, in der Ausgestaltung am vielfältigsten und (potenziell) am leichtesten von beiden Akteursgruppen beeinfluss- und gestaltbar ist. Während die anderen Schnittstellen in erster Linie Rahmenbedingungen abstecken – wenngleich mit durchaus erheblichem Einfluss auf lehr- und lernbare Inhalte –, wird an dieser Schnittstelle tatsächlich gelehrt und – in Auseinandersetzung mit den Lehrinhalten, Lehrmethoden und der Person des Dozenten bzw. der Dozentin – aktiv gelernt. Beide Akteursgruppen sind somit direkt am Lehr- bzw. Lernprozess und somit an der Vermittlung bzw. am Erwerb interkultureller Kompetenz beteiligt.[26] Somit ließ sich bereits recht genau aufzeigen, wo in der Lehr- Lernsituation im engeren wie im weiteren Sinne die Aufgaben, Anforderungen und Herausforderungen liegen. Beeinflusst wird diese Schnittstelle außer von den Akteuren selbst durch das sie umgebende Lehr- und Lernarrangement. Dieses Arrangement wird anhand der verfügbaren Ressourcen, der interkulturell ausgerichteten Organisationsformen und -strukturen, der Studiendokumente und den qualitätssichernden Maßnahmen maßgeblich von der Hochschulleitung und -verwaltung mitgestaltet.

Abbildung 1 gibt einen Überblick über das Beziehungsgefüge der benannten Akteure im Hinblick auf die Ausbildung interkultureller Kompetenz an Hochschulen. Wie die Abbildung zeigt, gibt es jedoch noch weitere Schnittstellen zwischen den einzelnen Akteuren, die letztlich alle für das Funktionieren der Universität und der einzelnen Studiengänge bedeutsam sind. Die Abbildung verdeutlicht zudem, dass zwischen den Akteuren unterschiedliche Arten von Beziehungen bestehen. Zum einen gibt es Beziehungen, die auf die Gestaltung und Umsetzung von *formalen* Vorgaben ausgerichtet sind. So übernimmt die Hochschuladministration hinsichtlich der Studierenden in Zusammenarbeit mit den Lehrstuhlinhabern bzw. Dozierenden Aufgaben der Immatrikulation, der Überprüfung und Verwaltung von Studien- und Prüfungsleistungen, ggf. der Unterstützung von Auslandsaufenthalten bis hin zur

---

25 Die AIS ist ein Forum für Wissenschaftler, die an deutschsprachigen Hochschulen interkulturell ausgerichtete Themen lehren und erforschen.

26 Der Begriff des interkulturellen Lernens wird hier vermieden, da interkulturelles Lernen – folgt man bspw. der Begriffsbestimmung von D. Weidemann (2007: 495) – nicht zwangsläufig zu interkultureller Kompetenz führt.

Abbildung 1: Formale und inhaltliche Schnittstellen im Hinblick auf die Ausbildung interkultureller Kompetenz

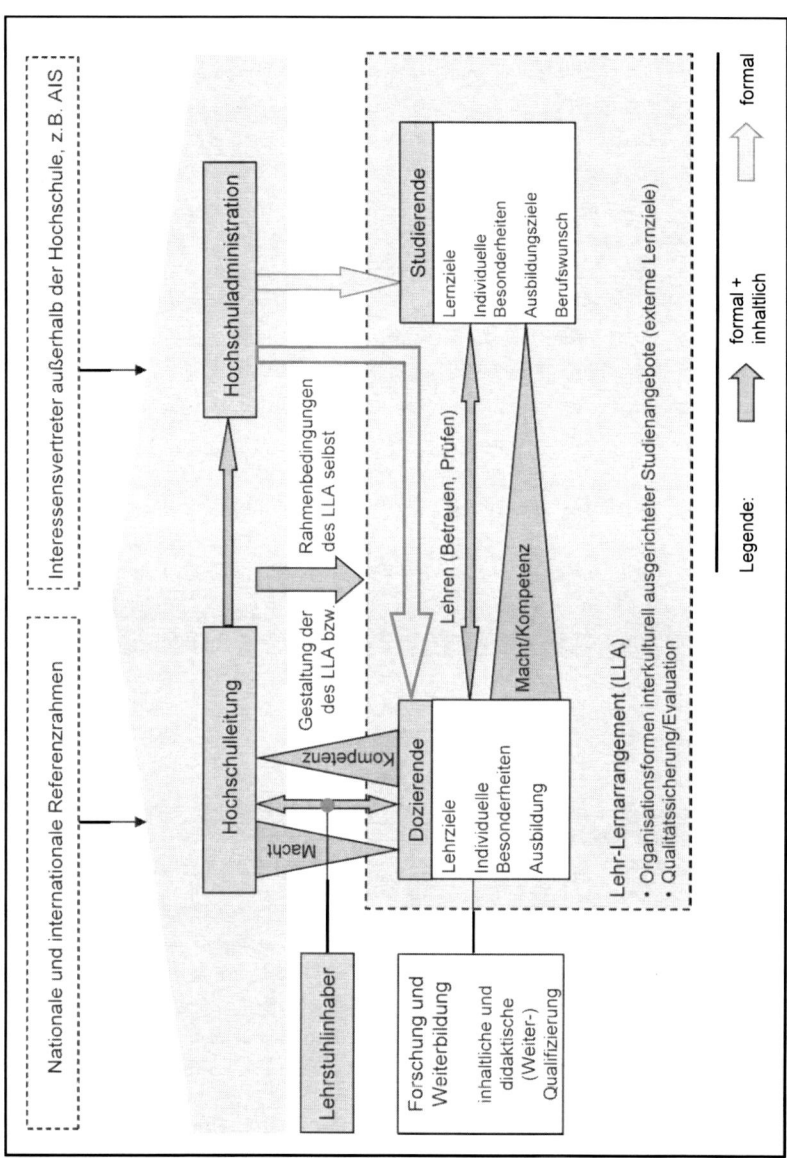

Gestaltung und Umsetzung von *formalen* Vorgaben ausgerichtet sind. So übernimmt die Hochschuladministration hinsichtlich der Studierenden in Zusammenarbeit mit den Lehrstuhlinhabern bzw. Dozierenden Aufgaben der Immatrikulation, der Überprüfung und Verwaltung von Studien- und Prüfungsleistungen, ggf. der Unterstützung von Auslandsaufenthalten bis hin zur Erstellung von Abschlusszeugnissen. Im Hinblick auf die Dozierenden und somit auf die Lehre hat die Verwaltung Einfluss auf die Finanzierung von Exkursionen, Auslandsaufenthalten etc. und kontrolliert die Einhaltung von Prüfungsmodalitäten. Die Verwaltung agiert in diesen Fragen auf Basis der strategisch-konzeptionellen Ausrichtung der Hochschulleitung.

Von größerer Bedeutung sind hingegen die Schnittstellen, an denen *inhaltsbezogene* Aspekte ausgehandelt werden. Dies betrifft insbesondere die Schnittstelle zwischen den Lehrstuhlinhabern und der höheren Leitungsebene. Dort wird z.b. über die Einbindung von Studienangeboten in der Hochschule, in der Fakultät bzw. in einem Institut oder die Festlegung der Studieninhalte und -modalitäten verhandelt. Entschieden wird dann auf der jeweils höheren Akteursebene. Diese Schnittstellen sowie die Schnittstelle zwischen Dozierenden und Studierenden sind sowohl durch eine *Macht-* als auch durch eine *Kompetenzasymmetrie* gekennzeichnet. Übergeordnete Macht liegt bei der höheren Leitungsebene, insbesondere der Hochschulleitung und den entsprechenden Gremien bzw. in der Lehre bei den Dozierenden. Die inhaltliche Kompetenz liegt hingegen bei den Lehrstuhlinhabern, die in den entsprechenden Gremien häufig allenfalls ein Mitspracherecht besitzen. In der Lehre liegt die inhaltliche Kompetenz auch bei den Dozierenden. Eine solche Einteilung hat idealtypischen Charakter. So ist etwa bei Dozierenden und Studierenden die Kompetenzverteilung nicht immer eindeutig.

Hinzu kommt, dass an den genannten Schnittstellen jeweils spezifische *Ziel- und Rollenkonflikte* zum Tragen kommen. Zielkonflikte beruhen dabei auf unterschiedlichen sachbezogenen Auffassungen, die maßgeblich durch die Funktion der Akteure bestimmt werden, oder auf bestehenden persönlichen Dispositionen. Rollenkonflikte entstehen, da fast alle Akteure unterschiedliche Rollen in einer Person vereinen, die nicht immer ohne weiteres miteinander kompatibel sind (z.B. Lerner und Lehrer; Lehrer, Betreuer und Prüfer; Lehrstuhlinhaber und Dekan).

Die Lehrstuhlinhaber nehmen in gewisser Hinsicht eine Mittlerposition ein, da sie als Leitungs- und Führungskräfte ihre Interessen sowie die Interessen ihres Bereiches und ihres wissenschaftlichen Personal gegenüber der Hochschulleitung und der Hochschuladministration vertreten können sowie Verantwortung für die Umsetzung von Entscheidungen und Vorgaben der Hochschulleitung und der Hochschuladministration tragen.

Die einzelnen Akteursgruppen lassen sich schließlich auch nicht klar voneinander abgrenzen, da eine Person mehreren Akteursgruppen gleichzeitig angehören kann (z.B. Dozent=Lehrstuhlinhaber=Dekan oder Mitglied des Fakultätsrates oder Prorektor). Die Akteure Hochschulleitung und Hochschulverwaltung nähern sich zudem mit steigender Hierarchie etwa im Rahmen von Gremien einander an. Somit haben Akteure über ihre direkten Schnittstellen indirekt auch Einfluss auf weitere Akteure und ggf. Schnittstellen.

Würde man schließlich statt von ‚Dozierenden' von ‚Lehrenden' und statt von ‚Studierenden' von ‚Lernenden' sprechen, dann könnten diese Überlegungen auch anders perspektiviert Anwendung finden. In einer international agierenden und sich als interkulturell verstehenden Organisation können und sollen schließlich ausgewählte Personen *aller* Akteursgruppen zur Zielgruppe der Vermittlung interkultureller Kompetenz entsprechend ihres jeweiligen Bedarfes, also zu *Lernern* werden.

Konsequenzen für die Ausbildung interkultureller Kompetenz und die Weiterentwicklung des Konstrukts ‚Interkulturelle Kompetenz'

Vor dem Hintergrund der einleitenden Bemerkungen zum Konstrukt ‚interkulturelle Kompetenz' lassen sich aus der Darstellung der einzelnen Akteursgruppen und der Schnittstellen zwischen ihnen verschiedene Konsequenzen für die Ausbildung interkultureller Kompetenz an Universitäten und Hochschulen ableiten:

- Die Ausbildung interkultureller Kompetenz im Rahmen unterschiedlichster interkulturell ausgerichteter Studienangebote ist eng an die Gegebenheit sich immer weiter globalisierender Gesellschaften und den daraus abgeleiteten Bedarf an Internationalisierung der Hochschulen geknüpft.
- Internationalisierung der Hochschulen erschöpft sich jedoch nicht in Mobilitätsprogrammen für Studierende und Dozenten sowie der Internationalisierung und Interkulturalisierung von Curricula. Die mit entsprechenden Studienangeboten, insbesondere aber mit international zusammengesetzten Seminargruppen einhergehenden Herausforderungen lassen sich nur durch gezielte Personalauswahl und die Entwicklung interkultureller Lehrkompetenz professionell bewältigen.
- Professionalisierung im Zusammenhang mit der Internationalisierung von Hochschulen einerseits und der Ausbildung interkultureller Kompetenz bei Studierenden andererseits bedeutet somit nur zum Teil, die Studienangebote für Studierende auszubauen – so wichtig dies auch sein mag. Viel wesentlicher ist die Entwicklung interkultureller Lehrkompetenz auf Seiten der Dozenten (vgl. van den Bor 1997: 40): diese ermöglicht nicht nur, dass ausländische Studierende an einer deutschsprachigen Hochschule besser studieren können, sondern auch, dass Studierende unterschiedlicher (kultureller) Herkunft voneinander profitieren können (vgl. Farkas-Teekens 1997: 28). Wie schon ausgeführt, erhöht sich das Potenzial für die Ausbildung interkultureller Kompetenz auf Seiten deutscher wie internationaler Studierender proportional zur interkulturellen Lehrkompetenz ihrer Dozen-

ten – und zwar nicht nur im Rahmen spezieller interkulturell ausgerichteter Studienangebote.

- Eine auf interkulturelle Kommunikation und Kompetenz ausgerichtete Aus- bzw. Weiterbildung von Lehrenden erhöht dabei nicht nur deren interkulturelle Lehrkompetenz, sondern verbessert ihre Möglichkeiten zur internationalen Forschungskooperation, die wichtiger Bestandteil der Internationalisierungsstrategien der Hochschulen ist.

- Eine Möglichkeit, diese Ziele zu erreichen, besteht im Aufbau entsprechender Weiterbildungsangebote für Hochschuldozenten[27] sowie im Aufbau spezialisierter (Aufbau-)Studiengänge, die explizit auf die interdisziplinäre, wissenschaftliche und forschungsorientierte Beschäftigung mit interkultureller Kommunikation und Kompetenz zielen und diese Expertise mit einer hochschuldidaktischen Qualifizierung verbinden. Während ersteres geeignet ist, bestehende Lehrangebote im Hinblick auf internationale und interkulturelle Aspekte zu verbessern, ist letzteres nötig, um den weiter wachsenden (und schon jetzt nicht zu erfüllenden) Bedarf an ausreichend qualifizierten Hochschuldozenten für interkulturell ausgerichtete Studiengänge zu decken.

- In diesem Kontext können wir mit van den Bor (1997: 49) jedoch feststellen, dass sich eine im obigen Sinne interkulturelle Kompetenz mit umfassende Professionalisierung der Hochschulausbildung weder auf Basis des Engagements einzelner Dozenten oder Lehrstuhlinhaber, noch durch einen linearen Top-down-Ansatz wird erreichen lassen. Vielmehr ist durch gemeinsame Anstrengungen sicherzustellen, dass entsprechende Initiativen nicht nur geeignete infrastrukturelle Bedingungen, sondern vor allem auch auf Instituts-, Fakultäts- und letztlich Hochschulebene Interesse und Unterstützung erhalten. Fehlt dieser Rückhalt oder erschöpft er sich in bloßen Lippenbekenntnissen, können Bestrebungen zu einer notwendigen Interkulturalisierung der Lehre keinen Erfolg haben. Darüber hinaus besteht die Gefahr, dass sich kompetente, engagierte Mitarbeiter oder auch Hochschullehrer demotiviert zurückziehen oder an Einrichtungen wechseln, wo sie mit mehr Unterstützung und einem stimulierenderen Umfeld rechnen können. Beides, ein Versanden entsprechender Initiativen wie auch einen solchen ,Braindrain', kann sich eine Hochschule angesichts des zunehmenden ,Internationalisierungsdrucks' einerseits und der Konkurrenz um qualifizierte Lehrkräfte wie auch Studierende andererseits kaum leisten.

- Auch wenn die Hochschulverwaltung vordergründig nur wenig mit der Ausbildung interkultureller Kompetenz zu tun hat, stellt sie im Rahmen

---

27 Zur Entwicklung spezieller Kurse für Dozenten zu interkulturellen Lehrmethoden und Curriculumsentwicklung (siehe van den Bor 1997: 47).

der Durchführung interkulturell ausgerichteter Studienangebote eine wichtige – wenn auch indirekte – Einflussgröße dar. Darüber hinaus sind Verwaltungsvorgänge an Hochschulen zunehmend internationaler ausgerichtet, haben Verwaltungsangestellte nicht nur immer mehr mit Incoming- und Outgoing-Students sowie international mobilen Wissenschaftlern zu tun, sondern müssen sich im Rahmen des Bologna-Prozesses zunehmend mit ihren internationalen Gegenstellen vernetzen und hierfür entsprechende (auch interkulturelle) Kompetenzen aufbauen.[28] Im Zusammenhang mit dem vorgenannten Punkt ergibt sich somit ein Bedarf an der Ausbildung zumindest basaler interkultureller Kompetenz auch auf Seiten der Hochschulverwaltung, da diese im Zusammenhang mit der Ausbildung interkultureller Kompetenz sowie der Internationalisierung der Hochschulen relevante Schnittstellen mit besetzt.

Literatur

Barmeyer, Christoph I./Haupt, Ulrike (2007): „Interkulturelles Coaching". In: Jürgen Straub/Arne Weidemann/Doris Weidemann (Hg.), Handbuch interkulturelle Kommunikation und Kompetenz, Stuttgart/Weimar: Metzler, S. 784-792.

Bolten, Jürgen (2000): „Interkultureller Trainingsbedarf aus der Perspektive der Problemerfahrungen entsandter Führungskräfte". In: Klaus Götz (Hg.), Interkulturelles Lernen, interkulturelles Training, München: Rainer Hampp, S. 61-80.

Bolten, Jürgen (2001): Interkulturelle Kompetenz, Erfurt: Landeszentrale für politische Bildung Thüringen.

Bolten, Jürgen (2007): Einführung in die Interkulturelle Wirtschaftskommunikation, Göttingen: Vandenhoeck & Ruprecht.

Bolten, Jürgen/Rathje, Stefanie/Busch, Dominic (2007): „Interkulturelle Kompetenz und Employability". Interculture Journal 3, http://www.interculture-journal.com/download/issues/2007_03.pdf, 21.01.2010.

Chakkarath, Pradeep (2007): „Kulturpsychologie und indigene Psychologie". In: Jürgen Straub/Arne Weidemann/Doris Weidemann (Hg.), Handbuch

---

28 Ein Beispiel für ein Qualifizierungsangebot für den Umgang mit internationalen Studierenden in der Hochschulverwaltung ist der an der Humboldt Universität erarbeitete Film Kustos, der sich explizit auch an Verwaltungsangestellte der Universität richtet (siehe ausführlich Oberlik i.d.B., Kap. 4.11). Dem Umstand zunehmender internationaler Kooperation in der Verwaltung tragen hingegen Weiterbildungsangebote zu interkultureller Kommunikation und Kompetenz wie etwa die der Sächsischen Verwaltungsakademie Meißen Rechnung, die sich allerdings nicht speziell an Verwaltungsangestellte der Hochschulen richten.

interkulturelle Kommunikation und Kompetenz, Stuttgart/Weimar: Metzler, S. 237-249.

Cortina, Kai (2006): „Psychologie der Lernumwelt". In: Andreas Krapp/ Bernd Weidenmann (Hg.), Pädagogische Psychologie, Weinheim/Basel: Beltz, S. 477-524.

Deller, Jürgen/Albrecht, Anne-Grit (2007): „Interkulturelle Eignungsdiagnostik". In: Jürgen Straub/Arne Weidemann/Doris Weidemann (Hg.), Handbuch interkulturelle Kommunikation und Kompetenz, Stuttgart/Weimar: Metzler, S. 741-755.

Deller, Jürgen/Kusch, René (2007): „Internationale Personal- und Organisationsentwicklung". In: Jürgen Straub/Arne Weidemann/Doris Weidemann (Hg.), Handbuch interkulturelle Kommunikation und Kompetenz, Stuttgart, Weimar: Metzler, S. 565-576.

Farkas-Teekens, Hanneke (1997): „A profile of ‚the ideal lecturer' for the international classroom". In: Hanneke Farkas-Teekens/Marijk van der Wende (Hg.), Teaching in the international classroom. Profile of the ideal lecturer, and its implications for staffing policy, The Hague: Nuffic, S. 13-29.

Farkas-Teekens, Hanneke/van der Wende, Marijk (Hg.) (1997): Teaching in the international classroom. Profile of the ideal lecturer, and its implications for staffing policy, The Hague: Nuffic.

Faust, Wolfgang (2005): Die Bedeutung der Schlüsselqualifikationen für Soziale Arbeit und Soziales Management, Darmstadt: Hochschule Darmstadt, http://www.suk.h-da.de/fileadmin/dokumente/berichte-forschung/2005/Faust _Schl_sselqual.pdf, 21.01.2010.

Grothe, Jana/Fischer, Cornelia (2007): „Interkulturelle Beratung". In: Jürgen Straub/Arne Weidemann/Doris Weidemann (Hg.), Handbuch interkulturelle Kommunikation und Kompetenz, Stuttgart/Weimar: Metzler, S. 808-815.

Hahn, Karola (2004): Die Internationalisierung der deutschen Hochschulen. Kontext, Kernprozesse, Konzepte und Strategien, Wiesbaden: VS Verlag für Sozialwissenschaften.

Hatzer, Barbara/Layes, Gabriel (2003): „Interkulturelle Handlungskompetenz". In: Alexander Thomas/Eva-Ulrike Kinast/Sylvia Schroll-Machl (Hg.), Handbuch Interkulturelle Kommunikation und Kooperation. Bd. 1: Grundlagen und Praxisfelder, Göttingen: Vandenhoeck & Ruprecht, S. 138-148.

Henze, Jürgen (2007): „Interkulturelle Kommunikation und Kompetenz – Nicht-westliche Perspektiven". In: Jürgen Straub/Arne Weidemann/Doris Weidemann (Hg.), Handbuch interkulturelle Kommunikation und Kompetenz, Stuttgart/Weimar: Metzler, S. 304-311.

Hornig, Horst (2000): Hochschuldidaktische Konzeptionen zur Erreichung der Studierfähigkeit ausländischer Studienbewerber – dargestellt an Beispielen interdisziplinärer Zusammenarbeit zwischen Wirtschaftswissenschaftlicher Fakultät der Universität und dem Studienkolleg Heidelberg, Heidelberg: Universität Heidelberg (Diss.).

Kammhuber, Stefan (2007): „Internationale Militär- und Polizeieinsätze". In: Jürgen Straub/Arne Weidemann/Doris Weidemann (Hg.), Handbuch Interkulturelle Kommunikation und Kompetenz, Stuttgart/Weimar: Metzler, S. 707-716.

Leenen, Rainer/Groß, Andreas (2007): „Internationalisierung aus interkultureller Sicht: Diversitätspotentiale der Hochschule". In: Matthias Otten/ Alexander Scheitza/Andrea Cnyrim (Hg.), Interkulturelle Arbeitsfelder im Wandel. Ausbildung, Training und Beratung in Praxis und Wissenschaft, Frankfurt/M.: IKO, S. 185-214.

Mestenhauser, Josef A. (1998): „Portraits of an international curriculum: an uncommon multidimensional perspective". In: Josef A. Mestenhauser/ Brenda J. Ellingboe (Hg.), Reforming the higher education curriculum: internationalizing the campus, Phoenix, Arizona: Oryx, S. 3-39.

Müller, Burkhard (2006): „Universität und Interkulturalität". In: Hans Nicklas/Burkhard Müller/Hagen Kordes (Hg.), Interkulturell denken und handeln. Theoretische Grundlagen und gesellschaftliche Praxis, Frankfurt/M.: Campus Verlag (Bundeszentrale für politische Bildung), S. 101-108.

Otten, Matthias/Robertson-von Trotha, Caroline Y. (2007): „Interkulturelle Kommunikation als Schlüsselqualifikation in der Hochschulbildung: Erfahrungen an der Universität Karlsruhe (TH)". In: Matthias Otten/ Alexander Scheitza/Andrea Cnyrim (Hg.), Interkulturelle Kompetenz im Wandel. Bd. 2: Ausbildung, Training und Beratung, Frankfurt/M.: IKO, S. 245-273.

Paige, R. Michael (1996): „Intercultural Trainer Competencies". In: Dan Landis/Rabi S. Bhagat (Hg.), Handbook of intercultural training, Thousand Oaks: Sage, S. 148-164.

Pederson, Paula J. (2009): „Teaching towards an ethnorelative worldview through psychology study abroad". Intercultural Education 20 (4), Sonderheft 1, S. 73-86.

Rathje, Stefanie (2006): „Interkulturelle Kompetenz – Zustand und Zukunft eines umstrittenen Konzepts". Zeitschrift für Interkulturellen Fremdsprachenunterricht 11 (3), http://zif.spz.tu-darmstadt.de/jg-11-3/beitrag/Rathje1.htm, 21.01.2010.

Schnabel, Kai (2001): „Psychologie der Lernumwelt". In: Andreas Krapp/ Bernd Weidenmann (Hg.), Pädagogische Psychologie. Ein Lehrbuch, Weinheim: Beltz PVU, S. 469-511.

Schumacher, Eva-Maria (2003): „Der Lehrende als Coach. Schlüsselqualifikationen für eine neue Lernkultur". In: Ulrich Welbers (Hg.), Hochschuldidaktische Aus- und Weiterbildung. Grundlagen – Handlungsformen –
Kooperationen, Bielefeld: WBV, S. 221-227.

Stahl, Günter (1998): Internationaler Einsatz von Führungskräften, München/
Wien: Oldenbourg.

Straub, Jürgen (2007): „Kompetenz". In: Jürgen Straub/Arne Weidemann/
Doris Weidemann (Hg.), Handbuch interkulturelle Kommunikation und
Kompetenz, Stuttgart/Weimar: Metzler, S. 35-46.

Straub, Jürgen/Nothnagel, Steffi (2007): „Über das Studium interkultureller
Kommunikation und Kompetenz. Akademische Anforderungen und curri-
culare Ausbildung in einem interdisziplinären Master-Studiengang". In:
Matthias Otten/Alexander Scheitza/Andrea Cnyrim (Hg.), Interkulturelle
Kompetenz im Wandel. Bd. 2: Ausbildung, Training und Beratung,
Frankfurt/M.: IKO, S. 215-244.

Thomas, Alexander/Hößler, Ulrich (2007): „Zusatzstudium ‚Internationale
Handlungskompetenz': Studienbegleitendes erfahrungsorientiertes interkulturelles Lernen an der Universität und der Fachhochschule Regensburg". In: Matthias Otten/Alexander Scheitza/Andrea Cnyrim (Hg.), Interkulturelle Kompetenz im Wandel. Bd. 2: Ausbildung, Training und
Beratung, Frankfurt/M.: IKO, S. 275-295.

van den Bor, Wout (1997): „The international classroom: implications for
management and professionalization". In: Hanneke Farkas-Teekens/
Marijk van der Wende (Hg.), Teaching in the international classroom.
Profile of the ideal lecturer, and its implications for staffing policy, The
Hague: Nuffic, S. 31-51.

Weidemann, Arne/Becker, Mareike/Dombek, Karolina/Hager, Caroline/Ket-
telhoit, Miriam/Schreiter, Miriam/Várkonyi, Boglárka (2010): „Bedarf an
universitären Ausbildungsangeboten zu interkultureller Kommunikation
und Kompetenz. Eine empirische Studie am Beispiel der TU Chemnitz".
In: Stephan Schlickau/Beatrix Kreß/Elke Bosse (Hg.), Methodische Vielfalt in der Erforschung interkultureller Kommunikation an deutschen
Hochschulen (Hildesheimer Schriften zu Interkulturellen Kommunikation
Bd. 3), Frankfurt/M.: Peter Lang (in Vorbereitung).

Weidemann, Doris (2007): „Akkulturation und interkulturelles Lernen". In:
Jürgen Straub/Arne Weidemann/Doris Weidemann (Hg.), Handbuch in-
terkulturelle Kommunikation und Kompetenz, Stuttgart/Weimar: Metzler,
S. 488-498.

Weidemann, Doris/Weidemann, Arne/Straub, Jürgen (2007): „Interkulturell
ausgerichtete Studiengänge". In: Jürgen Straub/Arne Weidemann/Doris
Weidemann (Hg.), Handbuch interkulturelle Kommunikation und Kompetenz, Stuttgart/Weimar: Metzler, S. 815-825.

Webler, Wolff-Dietrich (2003): „Lehrkompetenz – über eine komplexe Kombination aus Wissen, Ethik, Handlungsfähigkeit und Praxisentwicklung".
In: Ulrich Welbers (Hg.), Hochschuldidaktische Aus- und Weiterbildung.
Grundlagen – Handlungsformen – Kooperationen, Bielefeld: WBV, S. 53-
82.

Welbers, Ulrich (Hg.) (2003): Hochschuldidaktische Aus- und Weiterbildung.
Grundlagen – Handlungsformen – Kooperationen, Bielefeld: WBV.

Winteler, Adi (2006): „Lehrende an Hochschulen". In: Andreas Krapp/Bernd
Weidenmann (Hg.), Pädagogische Psychologie, Weinheim/Basel: Beltz,
S. 334-347.

3.2 Funktionen und Organisationsformen interkulturell ausgerichteter Studienangebote

MATTHIAS OTTEN

Die gegenwärtigen hochschulpolitischen Umbruchzeiten einerseits, die begrenzten personellen und institutionellen Ressourcen der interkulturell orientierten Lehr- und Forschungseinrichtungen andererseits verweisen auf Chancen und Probleme einer wissenschaftlichen Neupositionierung der interkulturellen Kommunikation in Forschung und Lehre. Mehrere aktuelle Sammelbände befassen sich vor diesem Hintergrund mit der Verortung des Gegenstandsfeldes innerhalb bzw. auch an den Schnittstellen der einschlägigen kultur- und sozialwissenschaftlichen Disziplinen (Lüsebrink 2004; Moosmüller 2007; Straub/ Weidemann/Weidemann 2007).

Anders als im angloamerikanischen Wissenschaftssystem, wo *Cultural Anthropology*, *Cross-Cultural* bzw. *Cultural Psychology* und *Speech Communication* als etablierte Subdisziplinen das Terrain der interkulturellen Kommunikationsforschung weitgehend unter sich aufgeteilt haben, existiert im deutschsprachigen Raum bis heute keine prädestinierte und exklusive Fachzuständigkeit für die Erforschung und didaktische Vermittlung von Phänomenen der interkulturellen Kommunikation und Kompetenz. Das hat sowohl inhaltliche als auch strukturpolitische Gründe, wie Jürgen Straub unlängst in einem programmatischen Aufsatz überzeugend dargelegt hat (vgl. Straub 2007). Allerdings gibt es derzeit auch nur wenige *interdisziplinäre* Fachdiskurse zur interkulturellen Kommunikation, denen es über einen längeren Zeitraum hinweg und mit der notwendigen institutionellen Zugkraft gelingt, die teils fachlich-methodisch begründeten, teils wohl auch wissenschaftsstrategisch motivierten, disziplinenspezifischen Problemdeutungen und -diagnosen im Interesse einer Konsolidierung oder wenigstens einer kontinuierlichen Verhandlung von Ausbildungsinhalten zu überschreiten.[1] Das lässt

---

1 Am ehesten gelingt dies in den jährlichen Arbeitstreffen der AIS, der Akademie für interkulturelle Studien e.V., einem Zusammenschluss von Hochschullehre-

163

sich u.a. daran erkennen, dass in manchen Handbüchern und Sammelwerken zur interkulturellen Kommunikation (vgl. z.B. Hepp/Löffelholz 2002; Kotthoff/Spencer-Oatey 2007; Thomas/Kinast/Schroll-Machl 2003) durch Titel und Aufmachung der Werke auf den ersten Blick zwar der Eindruck einer großen Allgemeingültigkeit entsteht, bei genauer Lektüre und mit gewisser Kenntnis der ,Szenen' dann jedoch auffällt, dass die Beiträge überwiegend einer bestimmten wissenschaftlichen ,Schule' oder ,Community' entstammen und (fach-)fremde Denk- und Erklärungsansätze nicht in gleicher Weise vorkommen.[2] Dieser Umstand ist allerdings nicht den Herausgeberinnen und Herausgebern anzulasten. Die Schwierigkeit besteht vielmehr darin, dass es im Grunde keine konzeptionelle und institutionelle Klammer gibt, mit der sich interkulturelle Kommunikation in gut begründeter Weise ,kanonisieren' ließe, ohne damit Widerstände einzelner Disziplinen hervorzurufen. Dies hat notwendigerweise Folgen für die Ausgestaltung der akademischen Qualifizierung und die Verankerung der Lehr- und Lernformen an Universitäten und Fachhochschulen.

Wissenschaftliche Selbstvergewisserungen über das sozial- und kulturwissenschaftliche Spezialgebiet „interkulturelle Kommunikation", das weder ein eigenes Fach bildet noch dem exklusiven Deutungs- und Erklärungszugriff einer einzelnen Leitdisziplin unterstellt werden kann, sehen sich im Zuge der Veränderungen des Hochschulsektors vor dem skizzierten Hintergrund mit folgenden Grundfragen konfrontiert:

- Der so genannte Bologna-Prozess und die damit verbundene Neuordnung (fast) aller Studiengänge sowie die Betonung einer stärkeren Internationalisierung von Studium und Lehre (Kehm/Teichler 2007; Knight/De Wit 1995; Lauterbach 2001; Teichler 2002) erzeugen eine besondere Gelegenheitsstruktur, um gerade interkulturelle Kommunikation und Kompetenz neu oder besser als zuvor in den Fachcurricula unterschiedlichster Ausbildungsgänge zu positionieren. Dabei kommen verschiedene Organisationsformen in Betracht, auf die ich unten näher eingehen werde.
- Die Neuordnung der Organisationsformen und Studienstrukturen erzeugt für die akademischen Vertreterinnen und Vertreter der interkulturellen Kommunikation einen in dieser Form neuartigen Zwang zu einer fakultätsübergreifenden Selbstpräsentation und -verortung. Neben Erwägungen

---

rinnen und -lehrern deutscher Universitäten und Fachhochschulen im Feld der interkulturellen Kommunikation [Kontakt über Prof. Dr. Jürgen Bolten, Universität Jena].

2 Dieser Einwand betrifft m.E. auch eine der ältesten internationalen Fachzeitschriften, dem „International Journal of Intercultural Relations", dessen Beiträge sich überwiegend an theoretischen Ansätzen und methodischen Paradigmen der US-amerikanischen Cross-Cultural Psychology abarbeiten und bis heute von einigen Leitfiguren der US-amerikanischen Gründungsgeneration der Cross-Cultural bzw. Intercultural Communication geprägt wird.

zur inhaltlichen Konsistenz und praktischen Realisierbarkeit bestimmter Studienkonzepte spielen dabei auch hochschulstrategische Überlegungen (Kapazitätsberechnungen, prüfungsrechtliche Konsequenzen, Profilbildung der Fakultät, etc.) eine erhebliche Rolle für die erforderlichen Entscheidungen (siehe auch Weidemann/Nothnagel i.d.B., Kap. 3.1). Mitunter kamen (und kommen) Studienangebote unter prekärem Zeitdruck ohne hinreichende Klärung langfristiger Ressourcen und inhaltlicher Perspektiven zustande.

- Die Bemühungen zu einer soliden disziplinären und/oder interdisziplinären Verankerung und Sichtbarkeit interkultureller Themen in Forschung und Lehre fallen in eine Zeit, in der selbst einige der etablierten Referenzdisziplinen (Ethnologie, Sprachwissenschaft, Psychologie, Soziologie) vielerorts ihr Grundverhältnis zum Anwendungsbezug und zu den ‚Zumutungen' des gesellschaftlichen Verwertungszusammenhangs neu kalibrieren müssen. Die Hinzunahme interkultureller Kommunikation als Studieninhalt wird dabei gerne als Scharnier zur Ausweisung der geforderten internationalen Orientierung oder der praktischen Berufsfeldorientierung eines Studiengangs genutzt. Oft geschieht das aber ohne zu berücksichtigen, dass ein akademisches Studium interkultureller Kommunikation mehr als nur Flexibilität, Auslandsaufenthalte und Sprachenlernen beinhaltet. Im Übrigen mag dieses Studium zwar vielfältige Praxisbezüge aufweisen und auf zahlreiche globale sowie gesellschaftliche Herausforderungen eingehen. Es zielt aber auf kein genuines Berufsfeld ab (Otten/ Scheitza/Cynrim 2007) und entfaltet daher nur zusammen mit anderen Fachstudien ein berufliches Profil.

Die ‚Vertreterinnen und -vertreter' der interkulturellen Kommunikation an Hochschulen stehen damit vor der schwierigen Herausforderung, mit Blick auf die beiden Grundfunktionen Lehre und Forschung gleich mehrere, teils sehr heterogene Entwicklungsaufgaben zu bewältigen (s.a. Weidemann/Nothnagel i.d.B., Kap. 3.1). Dazu gehören:
- die reflektierte und realistische Selbsteinschätzung interkultureller Forschung und Lehre sowie der eigenen wissenschaftlichen Anregungs- und Umsetzungspotenziale innerhalb ihrer Referenzdisziplinen, einschließlich des dort zu führenden „Kampfes um Anerkennung"; denn einen selbstverständlichen Platz in der jeweiligen Disziplin haben die mit Interkulturalitätsfragen befassten Spezialisten bislang eher selten,
- die wissenschaftliche Absicherung der strukturellen Anschlussfähigkeit eigener theoretischer Konzepte und empirischer Befunde gegenüber anderen Fächern und Disziplinen innerhalb und außerhalb der Kultur- und Sozialwissenschaften und

- die Implementierung von dauerhaft qualitätsvollen interkulturellen Qualifizierungsangeboten in der akademischen Lehre für meist unterschiedliche Zielgruppen und ggf. auch in außeruniversitären Lern- und Bildungskontexten.

Funktionen interkultureller Qualifizierung in der Hochschulbildung

Was heißt das nun konkret für die Entwicklung spezieller Studienangebote an Hochschulen? Was auf den ersten Blick ganz plausibel und in der öffentlichen Diskussion populär erscheint, nämlich interkulturelle Kompetenz als *die* Schlüsselqualifikation, der modernen, globalisierten Arbeits- und Lebenswelt zu präsentieren, wird in der Wissenschaft durchaus mit Skepsis beobachtet.[3] Ein gewisses neues ‚Unbehagen in der Kultur' lässt sich zumindest dort nicht unterdrücken, wo die modische Rede von interkultureller Kompetenz primär von neoliberal getöntem Pragmatismus zur effizienten Welterschließung handelt (Sloterdijk 2006). Offenkundig wird diese instrumentalistische Engführung der Sache nicht gerecht (vgl. Casper-Hehne 1999; Rathje 2006).

Dies zeigen u.a. Entwürfe einer ‚Kritischen Interkulturellen Pädagogik'. Hier geht es weniger um effiziente Kommunikation und Kooperation, um Fremdverstehen und Anpassung oder die Vermittlung kulturellen Wissens für fremde Märkte und Kulturen, sondern vielmehr um emanzipatorische, mitunter auch subversive Formen der (inter-)kulturellen Selbst- und Gesellschaftsaufklärung (Castro Varela 2002; Mecheril 2005).[4] Ein so verstandenes interkulturelles Lernen bezieht sich in erster Linie in einer machtkritischen Haltung auf das politische Ziel der Anerkennung (grundlegend dazu siehe auch Rommelspacher 2002; Straub 1999). Der Weg dorthin führt zumeist über die systematisch betriebene Dekonstruktion kultureller Differenzbehauptungen.

Beide Grundmotive – die instrumentelle Kompetenzerweiterung und die gesellschaftspolitische Hegemoniekritik – stellen gewissermaßen zwei bildungstheoretische Großerzählungen im Kontext des Interkulturalitätsdiskurses dar. Sie erinnern daran, dass mit dem Ruf nach interkultureller Kompetenzförderung an Hochschulen stets auch eine gegenwartsdiagnostische Weltsicht vertreten wird (Schimank/Volkmann 2001). Somit schwingt stets

---

3 Dies zeigten z.B. die Vorträge von Jürgen Straub und Jens Loenhoff im Rahmen der Tagung „Internationale und interkulturelle Kommunikation" im Auswärtigen Amt in Berlin am 18.10.2007. Zur speziellen innerdisziplinären Diskussion der Ethnologie und deren „culture worry" siehe auch Wimmer (2005: 26-27).

4 Für die literaturreiche englischsprachige Diskussion siehe z.B. auch Martin und Nakayama (1996).

eine normative, *politische* Idee mit, die es als gesellschaftliche Kontextvariable von Lern- und Bildungsprozessen mit zu reflektieren gilt.[5]

Unter *pragmatischen* Erwägungen scheint es zunächst sinnvoll, die Bedeutung interkultureller Kompetenzentwicklung im Hochschulstudium genauer im Hinblick auf jene Bereiche hin zu untersuchen, für die die zu vermittelnden Qualifikationen funktional sind. Hilfreich ist es dabei, Kompetenzen für die Studierfähigkeit von solchen für die Berufsbefähigung (*employability*) zu differenzieren.

Studierfähigkeit und interkulturelle Qualifizierung

Studierfähigkeit und *study skills* (Wingate 2006) zeigen sich zunächst einmal in der erfolgreichen Bewältigung der formalen, psycho-emotionalen und sozialen Anforderungen eines mehr oder minder stark selbst gesteuerten akademischen Lernprozesses (Schüpbach/Pixner/Zapf 2006). Dass diese Fähigkeit nicht allein über Studiennoten und formale Leistungserbringung abgebildet wird, muss nicht betont werden.

Wo kommt die Auseinandersetzung mit Kultur im Studium ins Spiel? Interkulturell ‚aufgeladen‘ wird das Konstrukt der Studierfähigkeit, wenn die genannten Studienanforderungen auch ein gewisses Maß an Reflexion kultureller Differenzerfahrungen erfordern und wenn ohne eine solche Auseinandersetzung potenziell Probleme für den erfolgreichen Studienverlauf zu erwarten sind.[6] Daher wäre das Konstrukt der Studierfähigkeit in folgenden Hinsichten genauer zu bestimmen (vgl. die rechte Spalte in Tabelle 1):

---

5 Diese Aufgabe wird in diesem Beitrag allerdings im Hintergrund bleiben.

6 Hier zeigt sich, dass die Begründung bestimmter interkultureller Studieninhalte mit konkreten Problemlösungserfordernissen (und nicht nur mit oftmals recht vagen Bildungsidealen) nicht einfach ist, insofern keineswegs klar ist, wie, wo und wann Studierende überhaupt interkulturell handeln *müssen*. Trotz aller Internationalisierungsbestrebungen hat die Mehrheit der deutschen Studierenden nur selten Kontakte zu ausländischen Kommilitonen und kaum mehr als 20% der Studierenden absolvieren für längere Zeit ein Studium oder ein Praktikum im Ausland (Bargel 1998; Heublein/Özkilik/Sommer 2007). Daher kann man durchaus fragen, wann und wo die Mehrheit der Studierenden heute tatsächlich und substanziell mit Interkulturalität konfrontiert wird. Der pauschale Hinweis auf die Internationalisierung der Hochschulen greift hier jedenfalls zu kurz (vgl. Weidemann/Nothagel i.d.B., Kap. 3.1).

Tabelle 1: Merkmale von Handlungskompetenz in interkulturellen Studiensituationen

Allgemeine Merkmale von Handlungskompetenz	Klärungsbedarf für interkulturelle Kompetenz im Studium
Kompetenzen sind konkret und auf die Lösung *bestimmter* Probleme bezogen	*Anforderungsanalyse*: Mit welchen konkreten interkulturellen Problemen werden Studierende konfrontiert, für die es nicht nur sozialer und kommunikativer, sondern *genuiner* interkultureller Kompetenzen bedarf?
Kompetenzen zeigen sich in der Praxis in einer bestimmten Herangehensweise an Probleme und weniger im „richtigen" oder „falschen" Ergebnis	*Kompetenzdiagnostik*: Wie lassen sich *interkulturelle Herangehensweisen* im Studium beobachten, erfassen, reflektieren? Welche „Ergebnisse" werden damit erreicht und warum?
Kompetenzen sind eine Relation von „individuellem Handlungsstil" der Person und der konkreten Anforderung der Situation	*Kompetenzentwicklung*: Wie lassen sich Relationen (resp. Diskrepanzen/Entwicklungsbedarf) zwischen Handlungsstil und aktuellen und zukünftigen interkulturellen Situationsanforderungen kontextspezifisch bestimmen und durch Lernen beeinflussen?

Quelle: in Anlehnung an Schüpbach et al. (2006)

Ein Hochschulstudium bekommt dann eine interkulturelle Lerndimension, wenn es eine gewisse Wahrscheinlichkeit für interkulturelle Handlungssituationen mit sich bringt. Durch das Studium müssten konkrete *Anforderungssituationen* induziert sein, interkulturelle Kommunikation faktisch zu praktizieren (Schaeper/Briedis 2004), sei es in einem längeren Auslandpraktikum, in einem interkulturellen Projekt bei einer Studierendenorganisation oder als wissenschaftliche Hilfskraft in einem internationalen Forschungsprojekt. Auch die multikulturelle oder multidisziplinäre Zusammensetzung eines Studienprogramms oder einer Seminarveranstaltung kann grundsätzlich Anlässe liefern, differente kulturelle Wahrnehmungen und Deutungen so zu bearbeiten, dass nicht nur ein kognitiv-intellektuelles Fremdverstehen anderer Positionen erfolgt (dies sollte ohnehin eine Selbstverständlichkeit akademischer Ausbildung sein), sondern darüber hinaus gemeinsame interkulturelle Lernhandlungen erforderlich werden (z.B. die Organisation einer fairen sprachlichen Beteiligung aller in einer längeren Gruppenarbeit, in der Studierende mit verschiedenen Muttersprachen beteiligt sind).

Im Sinne einer alltagsnahen *Kompetenzdiagnostik* ginge es dann darum, dass die interkulturellen Lernsituationen und die dabei erzielten Ergebnisse (z.B. eine interkulturelle Gruppenarbeit zur Erstellung eines Projektberichts) Freiräume für die Reflexion eigener Handlungsweisen im Umgang mit solchen interkulturellen Situationen eröffnen. Interkulturelle Handlungskompetenz erschöpft sich nicht in Fremdsprachenkenntnissen und explizitem kulturellem Wissen. So müssen z.B. die Teilnehmer einer interkulturellen Gruppenarbeit auch reflektieren, wer wann was wie warum getan hat (oder warum nicht) und wie das im Zusammenhang steht mit der Gruppendynamik und den erzielten Ergebnissen. Es geht mit anderen Worten um die didaktische Kunst, zumindest phasenweise eine transkulturelle „community of practice" zu etablieren (Dunn/Wallace 2005; Gabb 2006; Somekh/Pearson 2002).[7]

Bezüglich der *Kompetenzentwicklung* (kontinuierlicher Abgleich zwischen den eigenen Handlungsweisen und antizipierbaren Situationsanforderungen in Studium und Beruf) sollten Lernsituationen und Aufgabenstellungen so gestaltet sein, dass sie entweder nahe an die realitätsnahe Simulation zukünftiger Anforderungsaufgaben heranreichen und/oder dass die im akademischen Lernumfeld erlebten Anforderungssituationen prototypisch für viele Studien- und Berufsfelder sind, also eine hohe Generalisierung und Abstraktion der konkreten Lernerfahrungen erlauben. Die Beachtung von interkulturellen Lerndynamiken und Handlungsweisen setzt die Schaffung sanktionsfreier, nicht aber folgenloser kultureller Metakommunikation voraus.

Berufsbefähigung und interkulturelle Qualifizierung

Die Notwendigkeit interkultureller Lerninhalte im Studium wird vor allem im Vorgriff auf antizipierte internationale Berufstätigkeiten thematisiert. Viele Studierende streben Tätigkeiten in einem internationalen Umfeld respektive im Ausland an, wenngleich dies in den seltensten Fällen schon genauer spezifiziert werden kann. Gleichzeitig sind sich die meisten auch darüber bewusst, dass Unternehmen und Arbeitgeber hohe Erwartungen im Hinblick auf internationale Erfahrungen oder zumindest eine dokumentierte Bereitschaft dazu haben. Sofern nicht unmittelbar bestimmte berufliche Tätigkeiten oder Praktika im Ausland anstehen, sind interkulturelle Kompetenzen eine Art ‚interkulturelle Qualifizierung auf Vorrat'. Daher müssen entsprechende Studienmodule im Hinblick auf Handlungskontexte, Zielregionen sowie spezielle Erkenntnis- und Forschungsmethoden relativ allgemein bleiben.

Der Bologna-Prozess hat vor allem zu einer bildungsadministrativen Regelungsverdichtung geführt, während der empirische Nachweis einer Erhö-

---

7 Eine ausführlichere Diskussion des „Community of Practice"-Ansatzes von Etienne Wenger (Wenger 1999; Wenger/Mc Dermott/Snyder 2002) findet sich in meinem Aufsatz „Academicus interculturalis? Negotiating interculturality in academic communities of practice" (Otten 2009b).

hung von Beschäftigungsfähigkeit erst noch zu erbringen ist.[8] An dieser Stelle ist jedoch nicht der Raum, um auf die verschiedenen Diskurstopoi von Beschäftigungsfähigkeit/employability und Interkulturalität näher einzugehen (vgl. dazu Busch 2007). Grob zusammengefasst geht es jedoch darum, dass der Clou einer recht verstandenen interkulturellen Kompetenz gerade eben nicht darin besteht, zielsicher für internationale Jobanforderungen „fit" zu machen, um sich so gegen die chronischen Risiken des globalisierten Wissensprekariats zu versichern. Vielmehr gewährleistet interkulturelle Kompetenz den zwar souveränen, aber nicht omnipotenten Umgang mit Ambivalenzen sowie die Fähigkeit zur kritischen De- und Rekonstruktion kultureller Sinnsetzungen – auch und gerade dort, wo statt kultureller eher kulturalistische Erklärungen aufgeboten werden. Die Klärung einer interkulturellen Berufsbefähigung müsste – ähnlich wie bei der Studierfähigkeit – der Logik von Anforderungsanalyse, Kompetenzdiagnostik und Kompetenzentwicklung folgen. Dies ist während des Studiums in vielen Fällen aber schlechterdings noch gar nicht so genau möglich.

In Anbetracht der Grenzen einer präzisen Berufsfeldbestimmung sind interkulturelle Studienkomponenten nicht als Vorstufe einer Berufstätigkeit zu sehen, sondern vielmehr als ein relativ flexibler Erfahrungs- und Erprobungsraum, in dem sich persönliche und berufliche Zukunftswünsche erkunden und überprüfen lassen. Das gilt auch für Formen interkultureller Kompetenzförderung in Seminaren und Trainings, wo mit Hilfe von prototypischen interkulturellen Fallstudien berufsfeldübergreifende Problemaspekte erarbeitet werden. Daneben gilt es für diejenigen, die tatsächlich so etwas wie eine interkulturelle Profession (vgl. Otten/Scheitza/Cnyrim 2007) anstreben, die konkreten Anforderungen spezieller interkultureller Anwendungs- und Berufsfelder (z.B. Internationale Entwicklungszusammenarbeit, Interkulturelle Beratungstätigkeit und Personalentwicklung, Interkulturelle Soziale Arbeit) realistisch und differenziert darzustellen.

Es wird hier deutlich, dass die Lehr- und Lernorte vielfältig sind und die Hochschule nur *einer* von vielen denkbaren Orten ist, an denen interkulturell gelernt wird. Demnach wäre auch zu fragen, was das interkulturelle Lernen hier – aus gutem Grunde – von jenem in der Schule, in einem Jugendaustausch, Auslandspraktikum oder in einer betrieblichen Fortbildung unterscheidet. Es sei daran erinnert, dass das Studium innerhalb einer biografischen Bildungskarriere und in der institutionellen Arbeitsteilung der Wissensgesellschaft nur eine Etappe ist.

---

8 Interessant ist in diesem Zusammenhang auch die Frage, wer überhaupt die gesellschaftliche Verantwortung für die Beschäftigungsfähigkeit von Menschen trägt: das Individuum, die Bildungsinstitutionen, die Arbeitgeber oder gar die Gesellschaft als Ganzes? (vgl. dazu auch Galon 2007).

Organisationsformen interkulturell ausgerichteter Studienangebote

Verschiedene neuere Publikationen fragen danach, wo und wie sich interkulturelle Kompetenz als akademisches Qualifikationsziel im derzeitigen Hochschulwandel verorten lässt (Bolten 2007; Hiller 2007; Otten 2009a; Otten/ Robertson-von Trotha 2007; Straub/Nothnagel 2007; Thomas/Hößler 2007; Weidemann/Weidemann/Straub 2007).[9] Ich beschränke mich in der folgenden Darstellung verschiedener universitärer Organisationsformen zur Einbettung interkultureller Kompetenzförderung vor allem auf den deutschsprachigen Hochschulraum und gehe dabei selektiv auf einzelne Aspekte des hochschulübergreifenden Diskurses ein.

Die Vielzahl unterschiedlicher Bezeichnungen und Formate von Studienoptionen macht es schwierig, eine klare Systematik zu erkennen. Aus pragmatischen Gründen und im Interesse der Übersichtlichkeit sind die wichtigsten, curricular organisierten Studienarten in drei Hauptgruppen zusammengefasst, die zumindest eine grobe aufsteigende Differenzierung erlauben und zwar bezüglich:

- der Spezifizierung der Organisationsformate, wobei es zahlreiche Misch- und Übergangsformen gibt und die Übergänge oft fließend sind;
- des konzeptionellen Charakters des Studiums, sowie der zeitlichen und fachlichen Intensität;
- der in den jeweiligen Organisationsformen gängigen und bevorzugten Veranstaltungstypen sowie
- der realistisch leistbaren und erwartbaren Expertise (also eine Spezifizierung interkultureller Kompetenz für die potenzielle Studier- und Berufsbefähigung).

Tabelle 2 gibt einen idealtypischen Überblick zur Unterscheidung der grundlegenden Organisationsformen entlang der genannten Kriterien. In gewisser Weise lässt sich die Tabelle von links nach rechts kumulativ lesen, da die avancierteren Organisationsformen im Sinne einer sukzessiven ‚Kompetenzanreicherung' oft die Merkmale und Potenziale der vorhergehenden Formen mit einschließen. Hinsichtlich der interkulturellen Expertise ist die kumulative Logik allerdings nicht unumstritten, denn es ist keineswegs selbstverständlich, dass eine spezialisierte Forschungsqualifizierung (letzte Spalte) in jedem Fall auch erfahrungsbasierte interkulturelle Sensibilisierung einschließt. Es ist also sicher nicht automatisch davon auszugehen, dass Studierende in der letzten, rechten Qualifikationsspalte all das können und wissen, was in den zuvor genannten Spalten vermittelt werden soll.

---

9   Zur internationalen Studienlandschaft liefern Fantini und Smith (1997) einen mittlerweile schon wieder als ‚historisch' zu betrachtenden Überblick.

Tabelle 2: Grundformen der interkulturellen Qualifizierung im Hochschulstudium

Organisationsform	Studienergänzende interkulturelle Kompetenzvermittlung	Studiengänge mit interkulturellem Kernprofil	Postgraduale interkulturelle Qualifizierung
Organisationsformate	Einzelveranstaltungen und Module als obligatorische Schlüsselqualifikation; Freiwillige Zusatzqualifikation parallel zum Fachstudium	Bachelor- oder Masterstudium mit interkulturellem Fokus (Diplom/Magister); ggf. in Kombination mit einem anderen Fach	Berufsbegleitendes wissenschaftliches Weiterbildungsstudium und Kontaktstudium; Promotionsstudium/Graduiertenkolleg
‚Übergangs-formate'	Ergänzungsfach im Rahmen eines Fachstudiums	Aufbaustudium und Kontaktstudium mit Masterabschluss	
Charakter des Studiums, zeitlicher Umfang und fachliche Intensität	Fokus liegt auf interkultureller Sensibilisierung und Selbstreflexion sowie basalem kulturbezogenen Orientierungswissen m t eher geringem Theorie- und Forschungsanspruch (Umfang: meistens zwischen 3-15 ECTS Punkte)	‚Fachstudium' i.S. einer disziplinenbezogenen Fachspezialisierung (z.B. interkulturelle Sozialarbeit) oder eines interdisziplinären Spezialstudiums (z.B. interkulturelle Wirtschaftskommunikation) (Umfang: mind. 40-60 ECTS Punkte + Abschlussarbeit zu einem interkulturellen Thema)	a) Vertiefende, spezialisierte Professionalisierung, i.d.R. auf der Grundlage von einschlägigen beruflichen Erfahrungen (Umfang: 60-120 ECTS) b) Forschungsorientierte Wissenschaftslaufbahn (Umfang: 2-3 Jahre für Promotion)
Gängige Veranstaltungs-formen	Überblicksvorlesungen, Trainingsseminare, Trainingsworkshops und ggf. weitere Themenseminare (in seltenen Fällen auch begleitete interkulturelle Lerntandems)	Spezialisierte Vorlesungen, Hauptseminare, Lehrforschung, Auslandssemester und -praktika, Projektarbeit, Auslandsexkursionen (u.U. auch spezielle Zielkulturstudien) *meist zusätzlich zu den links genannten Formen*	Expertenvorträge, Fachtagungen und Intensivseminare, Forschungswerkstätten und -kolloquien *evtl. auch weitere der links genannte Formen*
Leistbare und erwartbare Expertise (Spezifizierung interkultureller Kompetenz)	Basale interkulturelle Sensibilisierung und kulturreflexive Selbstkompetenz; insbesondere für studienbezogene interkulturelle Handlungssituationen	Solide interkulturelle Theoriebasis, interkulturelle Sensibilisierung, Analyse- und Vermittlungskompetenz, ggf. mit einer speziellen Expertise für bestimmte Zielkulturen und/oder organisationale Anwendungskontexte	Konzeptions- und Innovationskompetenz im Hinblick auf a) didaktisch-konzeptionelle Beratungs- und Vermittlungstätigkeit b) profilierte wissenschaftliche Forschungstätigkeit

Studienergänzende Formen
interkultureller Kompetenzvermittlung

Unterhalb des quantitativen und qualitativen Anspruchsniveaus eines Voll-
studiums der interkulturellen Kommunikation ist die Vermittlung interkultureller Kompetenzen am häufigsten Gegenstand von obligatorischen oder fa-
kultativen Ergänzungsmodulen so genannter Schlüsselqualifikationen. Eine
besondere Variante bilden freiwillig zu belegende interkulturelle Zusatzquali-
fikationen, die gewissermaßen als Kürleistung neben einem womöglich ganz
anders gelagerten Fachstudium erbracht werden.

Ergänzende interkulturelle Studienmodule sollen relativ unabhängig, jedoch nicht isoliert vom jeweiligen Fachstudium die interkulturelle Kompetenz
der Studierenden im Sinne einer *kultursensiblen Basiskompetenz* fördern.
Diese Zielsetzung wird primär studien- und berufspraktisch begründet. Das
zeitliche Budget, welches durch kreditierte Lehrveranstaltungen und anre-
chenbare Arbeitsbelastungen auf Schlüsselqualifikationen entfällt, geht selten
über 3-6 ECTS Punkte hinaus und wird zudem oft in der Bachelorphase angesiedelt. Auch bei der Variante des interkulturellen Ergänzungsfachs bzw. als
Vertiefungsbereich liegt der geforderte Studienumfang mit ca. 12-15 ECTS-
Punkten nicht viel höher. Besonders in Verbindung mit pädagogischen, psychologischen, sprachwissenschaftlichen, sozialwissenschaftlichen, wirtschafts-
wissenschaftlichen und medienwissenschaftlichen Studiengängen finden sich
an vielen Hochschulen mittlerweile interkulturell etikettierte Ergänzungsmo-
dule.

Wo interkulturelle Kompetenz als allgemeine Schlüsselqualifikation angeboten wird, gibt es im Grunde keinerlei Einschränkungen auf bestimmte Wissenschaftsdisziplinen mehr. Solche Studienangebote verlangen also zum einen
eine hohe Verallgemeinerbarkeit im Hinblick auf mögliche Anwendungsbereiche und Studienmotive, zum anderen dürfen sie nicht all zu hohe Ansprüche in Bezug auf das theoretisch-methodische Vorwissen stellen. Grundsätzlich können studienergänzende Formen interkultureller Kompetenzvermittlung danach unterschieden werden, ob die Belegung der Module aus Sicht der
Studierenden freiwillig, wahlfrei oder verpflichtend erfolgt. Vor allem dort,
wo interkulturelles Lernen freiwillig erfolgt, lässt sich eine intrinsische
Grundmotivation unterstellen, die unter lerntheoretischen Aspekten nicht un-
erheblich für den Lernprozess ist (Ryan/Deci 2000; Schiefele/Wild 2000)
(siehe auch Straub i.d.B., Kap. 2.1).

Schlüsselqualifikationen, die von außeruniversitären Akteuren wie der
Hochschulrektorenkonferenz, den Akkreditierungsagenturen oder dem Stifter-
verband der Deutschen Wirtschaft seit Jahren als Herzstück einer moderni-
sierten Hochschulausbildung eingefordert werden, genießen bei Lehrenden an
den Hochschulen selbst einen eher zweifelhaften Ruf. Im Gegensatz zum öf-

fentlichen Diskurs wird mit den so genannten Schlüsselqualifikationen im universitären Lehrkontext nicht selten ein willkommener Lückenbüßer beim Auffüllen der Leistungspunktematrix oder eine eher lästige Nachbesserungsstufe zur Herstellung fehlender Studierfähigkeit gesehen. Auch die Fachdiskussion über Schlüsselqualifikationen trägt mitunter zu einen fragwürdigen Bild solcher Studienanteile bei, indem eigentümliche Kontrastierungen von Fachlichkeit vs. Außerfachlichkeit bzw. Extrafunktionalität vorgenommen werden (vgl. Krüger 1988; Mugabushaka 2004: 55ff.). Abgesehen von der lern- und bildungstheoretisch eher fragwürdigen Unterscheidung dieser Lerndimensionen, ist die strukturelle Isolierung einzelner Qualifizierungs- und Lernbereiche trotz der Modularisierung keineswegs zwingend und auch nicht in dieser Absolutheit zu sehen. Gerade wenn man den fächerübergreifenden, auf einem allgemeinen und umfassenderen Bildungsbegriff basierenden Kompetenzen (vgl. Veith 2003) eine gewisse Relevanz im Studium einräumen will, gilt es, deren konkrete Funktionalität herauszustellen. Lothar Reetz hatte bereits Anfang der 1990er Jahre auf diese erweiterte kompetenztheoretische Dimension von Schlüsselqualifikationen hingewiesen (vgl. Reetz 2003). Allerdings muss nicht gleich jedes Lernen unter den Legitimationsdruck der unmittelbaren Berufs- und Beschäftigungswirksamkeit gestellt werden, denn diese ist nur *eine* unter vielen denkbaren Funktionen. Studierenden und Verantwortlichen in den Fakultäten wird der Sinn von ergänzenden interkulturellen Studieninhalten dann plausibel zu machen sein, wenn aufgezeigt werden kann, welchen genuinen Bildungsbeitrag solche Angebote im konkreten persönlichen Einzelfall und in Bezug auf die anderen Fachkulturen erwarten lassen.

Als Zwischenresümee lässt sich für die ergänzenden Formen interkultureller Qualifizierung festhalten: deren Ziel ist eine *basale* Sensibilisierung für interkulturelle Zusammenhänge und das Einüben kultureller Selbstdezentrierung. In aller Regel ist Wahlfreiheit in diesem Bereich größer als im Fachcurriculum. Bedenkt man, dass nicht nur von Studierenden, sondern auch in den gegenwärtigen Akkreditierungsverfahren zunehmend hinterfragt wird, ob die proklamierte Wahlfreiheit tatsächlich besteht und individuelle Neigungen angemessen berücksichtigt werden, gewinnen die Gestaltungsspielräume wieder an Bedeutung. Erfahrungen aus verschiedenen Hochschulen (Hiller 2007; Otten/Robertson-von Trotha 2007; Thomas/Hößler 2007) zeigen, dass es aus didaktischen und motivationalen Gründen ein großer Fehler wäre, den verbleibenden Spielraum für individuelle Bildungsentscheidungen aufzugeben oder durch das Schüren des Eindrucks einer lästigen Nebenpflicht zu diskreditieren, zumal wenn es eigentlich darum geht, planbare Strukturierung mit hoher Flexibilität und Personalisierung von Bildungsprozessen in Einklang zu bringen (OECD 2006).

Studiengänge mit interkulturellem Kernprofil

Die Ausbildung in einem Studium mit interkulturellem Kernprofil – also in Diplom- und Magister- bzw. den mittlerweile häufiger anzutreffenden Bachelor- und Masterstudiengängen – geht mit hohen Ansprüchen einher. Absolventinnen und Absolventen sollen potenziell als Experten für interkulturelle Kommunikation und Zusammenarbeit tätig werden. Dementsprechend müssen sie mit einer soliden theoriegeleiteten Wissensbasis nicht nur kulturelle Selbstkompetenz, sondern auch *spezielle Analyse- und Vermittlungskompetenzen* i.w.S. entwickeln, um für *andere* Personen und Organisationen interkulturelle Lern- und Entwicklungsprozesse initiieren und begleiten zu können.

Aufgrund der oben bereits erwähnten Multidisziplinarität des Feldes ist eine definitorische Ein- und Abgrenzung *genuin* interkultureller Studienangebote nur schwer möglich. Für die Beurteilung der Profilierung plädiere ich mit Jürgen Straub und Steffi Nothnagel (2007: 221) daher für eine eher ‚restriktive‘ Auslegung eines Curriculums im Hinblick auf den erforderlichen Umfang und die notwendige konzeptionelle Strukturierung von Schlüsseltheorien und -methoden der interkulturellen Kommunikationsforschung. Dazu zählen z.B. folgende Themengebiete: Fremdverstehen und Differenzkonstruktionen, Kulturvergleich und Kulturanalyse, Akkulturation, Identität und Sozialisation, Kulturlernen und kulturelles Wissen, praktische Methoden der Kulturvermittlung, empirische Methoden der vergleichenden und hermeneutischen Kulturforschung und – mit gewisser Einschränkung – unter Umständen auch Sprach- und kulturwissenschaftliche Teilgebiete, sofern sie explizit unter interkultureller Perspektive betrieben werden. Solche Lerninhalte und entsprechende Lehrformen müssten erkennbar den Hauptteil des Curriculums bilden, um von einem interkulturell ausgerichteten Studiengang/Studienfach sprechen zu können. Das hieße, ca. 40-60 ECTS-Punkte der Studienleistungen sowie die Vergabe von Themen von Bachelor- und Masterarbeiten sollten sich auf die oben genannten Themenfelder beziehen. Je nach Fachausrichtung stellen dann andere Themen- und Fachgebiete (z.B. spezielle Sprach- und Regionalkulturstudien, Wirtschaftswissenschaften, Psychologie, Soziologie oder Politikwissenschaften) modulare Ergänzungen dieses Kerngehalts bereit – und nicht etwa umgekehrt. Nur mit einer solchen ‚engen‘ Bestimmung ist es meines Erachtens möglich, ein interkulturelles Kernstudium gegenüber der mittlerweile unüberschaubaren Zahl von anderen Kombinationsformen abzugrenzen, in denen sicherlich auch interkulturelle Kompetenzen vermittelt werden, aber eben in anderer Form und Konzentration.

Bezüglich der Entscheidung über die Einbettung auf Bachelor- (BA) und/oder Masterniveau (MA) zieht Jürgen Bolten aus einer Analyse der in Deutschland Ende 2006 bestehenden 8 BA- und 15 MA-Studiengänge mit ei-

175

nem nennenswerten interkulturellen Kerngehalt den Schluss, dass „mono-
bzw. multidisziplinäre Grundlagenstudien den interdisziplinären Querschnitt-
oder Schnittstellenstudien [der interkulturellen Kommunikation, M.O.] voran-
gehen sollten" (Bolten 2007: 51). Ähnlich argumentieren Straub und Nothnagel (2007: 240-244), die 28 BA/MA-Studiengänge auflisten. Begründet wird
das damit, dass Bachelor-Studienprogramme überhaupt erst die wissenschaftlichen Grundlagen, Methoden und erste Berufsqualifikationen eines speziellen
Faches vermitteln sollen, um sich dann auf dem Master-Niveau mit diesem
Repertoire auch komplexeren Gegenständen zu widmen, wozu auch Themen
der interkulturellen Kommunikation zu zählen sind. Es finden sich in der Tat
nur sehr wenige Studiengänge[10], die bereits im Bachelorstudium in größerem
Umfang oder sogar überwiegend interkulturelle Themen vorsehen (Ausnahmen sind z.b.: Fachhochschule Fulda: B.A. Sozialwissenschaften mit Schwerpunkt internationale Beziehungen; Universität Oldenburg: weiterbildender B.A.
Interkulturelle Bildung und Beratung).[11]

Die modulare Komposition der Studieninhalte eines interkulturellen Studiengangs kann höchst unterschiedlich sein, so dass ein direkter Vergleich der
Gesamtcurricula, der Lernziele und sonstiger Strukturmerkmale nicht ohne
weiteres möglich ist. Gleichwohl: Im Vergleich der Modulhandbücher einiger
der in Deutschland zur Zeit existieren Bachelor- und Masterstudiengänge[12]
lässt sich erkennen, dass relativ unabhängig von der jeweiligen Fachassozia-
tion doch ein gewisser Kernbestand an Grundlagenmodulen existiert, der alle
interkulturellen Studiengänge kennzeichnet und insofern einen gewissen Ka-
nonisierungstrend erkennen lässt. Es lassen sich fünf typische Modulbereiche
identifizieren, die freilich in unterschiedlicher curricularer Kompositionswei-
se, mit unterschiedlichen Gewichtungen (in ECTS) und je nach Fachaffinität
der Lehrpersonen auch mit unterschiedlicher disziplinärer Färbung in allen
grundständigen Studiengängen zur interkulturellen Kommunikation enthalten
sind:

- Vermittlung von grundlegenden Begriffen, Theorien und Konzepten der
  interkulturellen Kommunikation und verwandter Themenbereiche in Form
  von Vorlesungen und Seminaren;

10 Für die Sichtung der Ende 2008 existierenden Studienangebote in Deutschland
   wurde der Hochschulkompass der HRK genutzt.
11 Für das Bachelorstudium plädiert Bolten für eine Ergänzungsfach-Option mit
   ca. 30 ECTS-Punkten für ein interkulturelles Studium innerhalb eines Kernfach-
   studiums. Ein ausschließlich interkulturell begründetes BA-Studium sieht der
   Autor indessen aus fachwissenschaftlichen Gründen und nicht zu letzt unreali-
   stischen Kapazitätserfordernissen zu Recht sehr kritisch.
12 Ich beziehe mich hier auf eine Auswahl der von Straub und Nothnagel aufgelisteten Bachelor- und Master-Studiengänge an deutschen Universitäten und
   Fachhochschulen (Straub/Nothnagel 2007: 240-244).

- erfahrungsbezogenes Einüben und Erproben interkultureller Handlungspraxis durch interkulturelle Sensibilisierung und Trainings;
- Anwendung von (empirischen) Forschungsmethoden zur Kulturanalyse z.b. in Form von Lehrforschungsprojekten, Projekt- und Praxisstudium oder Forschungskolloquien;
- praktischer Kulturaustausch und eigene (Fremd-) Kulturerfahrungen (z.B. über verpflichtendes Auslandssemester, einschlägiges Praktikum oder Service Learning);
- spezielle Kulturraumstudien bzw. Sprach- und Wissensvermittlung über spezielle Zielkulturen und regionalkomparative Perspektiven (z.B. Landeskunde, Regionalstudien, Sprachausbildung in einer Zielsprache).

Straub und Nothnagel argumentieren, dass ein interkulturelles Kernstudium primär „theoretisch-methodische Expertise" auf der Basis von expliziten und impliziten Wissensbeständen des jeweiligen Gegenstandfeldes und einer (bzw. mehrerer) Leitdisziplinen vermitteln soll, zumal auf Master-Niveau. Damit sei dann aber noch wenig über die praktischen interkulturellen Fertigkeiten und Handlungskompetenzen i.e.S. gesagt (vgl. Straub/Nothnagel 2007: 233). Die angestrebte enge Verbindung der leiblichen, sinnlichen und emotionalen Erfahrbarkeit von Kulturalität und Fremdheit einerseits sowie ihrer intellektuellen und reflexiven Durchdringung andererseits macht deutlich, dass die Frage nach den interkulturellen Kompetenzen weniger über die curricularen Studieninhalte, sondern vor allem über die spezifischen Lernformen und -anlässe zu klären ist, die in einem Studium vorgesehen und möglich sind. Besonders die interkulturellen Trainings- und Praxismodule sowie die Auslands- bzw. Praxiserfahrungen sind aus naheliegenden Gründen dafür auserkoren, den eher theoretischen und methodischen Problemzugängen ein erfahrungsorientiertes Fundament zu geben (vgl. z.B. Paige 1993; Seelye 1996).

Zweifelsohne ist Skepsis angebracht, wenn von einem zweijährigen Masterstudiengang behauptet wird, umfassend auf alle erdenklichen interkulturellen Handlungsfelder im In- und Ausland praktisch vorzubereiten. Gleichwohl bietet ein spezielles theorie- und forschungsorientiertes Masterstudium der interkulturellen Kommunikation, sofern es erfahrungsbezogene Lernphasen vorsieht, immer noch die mit Abstand intensivste formale Bildungsmöglichkeit, um sich auf hohem wissenschaftlichem Niveau für Tätigkeiten in interkulturellen Handlungsfeldern zu qualifizieren.

Postgraduale interkulturelle Qualifizierung durch wissenschaftliche Weiterbildung und Graduiertenkollegs

Postgraduale Organisationsformen dienen der vertiefenden Spezialisierung und Professionalisierung einer ersten interkulturellen Expertise, wie sie z.B.

in einem interkulturellen Kernstudium zuvor schon erworben wurde. Der interkulturelle Kompetenzerwerb ist dabei auf thematisch eng definierte und hoch spezialisierte Kontexte zugeschnitten, die einerseits eher auf die praktische Gestaltung interkultureller Beziehungen und Kontexte fokussiert und andererseits stark forschungsorientiert sein können. Im Mittelpunkt stehen also entweder

- fortgeschrittene didaktisch-konzeptionelle Aufgaben, z.B. im Bereich von Training, Beratung, Coaching, Mediation und in der internationalen/ interkulturellen Projekt- und Programmleitung, oder aber
- Forschungskompetenzen, die im Rahmen einer Promotion zu einem interkulturellen Thema erworben werden.

Wenn an dieser Stelle beide Wege zusammen verhandelt werden, so hat das in erster Linie pragmatische und kapazitäre Gründe[13], denn Dan Landis und Dharm P.S. Bhawuk stellen in ihrem Resümee zur dritten Auflage des Handbook of Intercultural Training ganz richtig fest:

„We should recognize at the outset that there is a chasm between researchers and practitioners. This chasm reflects the different ways that each group views not only the task of training for intercultural contact but also how such training is to be deemed effective." (Landis/Bhawuk 2006: 453)

Für die praxis- und anwendungsorientierte Ausbildung z.B. zum interkulturellen Trainer oder zur interkulturellen Beraterin bieten mittlerweile mehrere Hochschulen entsprechende wissenschaftliche Weiterbildungen, Kontaktstudien oder spezielle Aufbaustudiengänge an. Letztere führen zum Teil zu einem (weiteren) Masterabschluss, während Kontaktstudien und wissenschaftliche Weiterbildungen normalerweise mit einem Hochschulzertifikat abgeschlossen werden. Für die forschungsorientierte Variante eines postgradual strukturierten Studiums gibt es einige spezialisierte Graduiertenkollegs, wobei zu bedenken ist, dass die Kultur eines strukturierten Promotionsstudiums im deutschen Hochschulsystem im internationalen Vergleich noch wenig etabliert ist (Berning/Falk 2004; Enders/Bornmann 2001; Lain Fernández 2005).

Sowohl für wissenschaftliche Weiterbildungen als auch für Graduiertenkollegs und Promotionsstudien werden in der Regel ein erster akademischer Studienabschluss und einschlägige interkulturelle Berufs- und Praxiserfah-

---

13 Die Entwicklung von Weiterbildungsangeboten und Graduiertenkollegs ist sehr dynamisch und kaum zu überblicken. Viele Angebote sind im Experimentierstadium und die Dauerhaftigkeit ist meist nicht abzuschätzen. Wie in der Vorbemerkung erwähnt, gibt es einen gewissen Wettbewerb unter den anbietenden Hochschulen, da der Markt für (bezahlte) interkulturelle Expertise begrenzt ist. Daher wurde auch bewusst darauf verzichtet, hier einzelne Hochschulen und Kollegs besonders hervorzuheben.

rungen als Teilnahmebedingung vorausgesetzt. Mehr oder minder ausgeprägte Kulturkontakterfahrungen bilden hier gewissermaßen das besondere biographische ‚Rohmaterial' für die weitere Kompetenzentwicklung. Gleichwohl bleibt auch das fortwährende reflexive Erfahren von Neuem, Alterität und Alienität gerade bei der Professionalisierung für interkulturelle Beratungs- und Traineraufgaben weiterhin ein zentrales Moment (vgl. Kammhuber/ Schmid 2007). Nur ist dieses Bemühen nun auf einem höheren Abstraktions- und Diskursniveau angesiedelt, als in den anderen Organisationsformen. Die Verantwortlichen und auch die einzelnen Lehrpersonen in solchen speziellen postgradualen Studien- und Qualifizierungsangeboten müssen sich also darüber klar sein, wie die „Expert Credibility" (Renwick 2006: 438) ihrer Klientel didaktisch und methodisch angemessen aufgegriffen werden kann.

Eine für die Didaktisierung von Studienangeboten wichtige Gemeinsamkeit von anwendungsbezogener Weiterbildung und Promotionsstudium liegt in der starken Betonung wissenschaftlicher Expertise und Selbständigkeit. Beide Studienzielgruppen müssen in der Lage sein, aus dem großen Fundus an Theorien, Modellen und Methoden begründet Auswahlentscheidungen z.B. für die Umsetzung einer Organisationsentwicklung oder einer empirischen Untersuchung zu treffen und dabei auch eigene Wege einschlagen um neue Lösungen zu entwerfen.

Resümee

Faktisch besteht ein erheblicher Bedarf an interkultureller Qualifizierung auf allen Studienniveaus und in der Berufswelt. Hinzu kommt, dass seitens der Studierenden ein oft intrinsisch motiviertes Interesse an diesem Thema vorhanden ist. Allerdings sind die wenigsten Hochschulen bereit und in der Lage, dafür immer gleich grundständige oder weiterführende Studiengänge anzubieten, und das scheint angesichts eines begrenzten Berufsmarktes der interkulturellen Kommunikation auch gar nicht erforderlich.

Bei der Entscheidung über gangbare Wege zur Schaffung interkultureller Qualifizierungsmöglichkeiten im Studium sollte man sich nicht allein auf die Wahrung der eigenen Fachwissenschaftlichkeit kaprizieren oder damit begnügen, nur noch „den Markt" zu bedienen (Sprung 2003). Es gilt vielmehr nach kreativen Wegen und – ggf. auch kooperativen – Formaten zu suchen, die es einer möglichst großen Zahl von Studierenden erlauben, im Rahmen des Studiums gezielt interkulturelle Erfahrungen zu sammeln und diese unter Anleitung zu reflektieren. Was für den pädagogischen interkulturellen Austausch im außerschulischen Bereich gezeigt wurde, nämlich dass interkulturelle Alltags- und Begegnungserfahrungen erst mit einer theoriebasierten Vor- und Nachbearbeitung zu nachhaltigen interkulturellen Lernerfahrungen ‚höherer Ordnung' werden (Thomas/Chang/Abt 2007; Bachner/Zeutschel 2009), trifft auch für den universitären Sektor zu: interkulturelle Studienelemente ‚wirken' vor allem dann Kompetenz fördernd, wenn subjektive Kulturbegegnungen und Fremdheitserfahrungen zeitnah im Lichte erklärender Modelle und Theorien zur interkulturellen Kommunikation gedeutet und interpretiert werden können (Eisenchlas/Treveskes 2007; Fantini/Smith 1997). Dazu können *alle* genannten Organisationsformate mit unterschiedlicher Intensität einen Beitrag leisten.

Damit interkulturelle Themen und Fragestellungen für Studierende greifbar werden, ist es ratsam, die jeweiligen Qualifizierungsinhalte nicht als isoliertes kulturwissenschaftliches Sonderwissen zu präsentieren, sondern so weit wie möglich an die fachlichen und lebensweltlichen Wissensbestände der Studierenden anzuschließen – gerade auch dann, wenn diese *keine* Sozial- und Kulturwissenschaftler/innen sind.

Mit Blick auf die späteren Verwendungszusammenhänge der im Studium zu erwerbenden fachlichen und fachübergreifenden Kompetenzen scheint es sinnvoll, sich zunächst primär auf „Handlungskompetenzen für das Hochschulstudium" (Schüpbach/Pixner/Zapf 2006) im Sinne einer Förderung der Lern- und Studierfähigkeit zu konzentrieren, um sich mit Fortschritt des Studiums den Kompetenzerfordernissen für unterschiedliche Berufsfelder zuzuwenden. In der zuweilen undifferenzierten Vermengung dieser beiden nicht identischen Zielbestimmungen wächst ansonsten die Gefahr, Lernziele zu formulieren, die an den faktischen Möglichkeiten der jeweiligen Organisationsform vorbei gehen.

Literatur

Bachner, David/Zeutschel, Ulrich (2009): Students of four decades. Participants' reflections on the meaning and impact of an international homestay experience, Münster: Waxmann.

Bargel, Tino (1998): „Deutsche Studierende und Ausländer: Kontakte und Haltungen". In: Ahmed Hosseinizadeh (Hg.), Studium Internationale. Handbuch zum Ausländerstudium, Marburg: Schüren, S. 195-222.

Berning, Ewald/Falk, Susanne (2004): „Promotionsstudium – ein Beitrag zur Eliteförderung". Beiträge zur Hochschulforschung 26 (3), http://www.ihf.bayern.de/dateien/beitraege/Beitr_Hochschulf_3_2004.pdf, 21.01.2010.

Bolten, Jürgen (2007): „Interkulturelle Studienangebote vor dem Hintergrund der Einführung von Bachelor- und Master-Programmen". Interculture Journal 2, http://www.interculture-journal.com, 21.01.2010.

Busch, Dominic (2007): „Welche interkulturelle Kompetenz macht beschäftigungsfähig?". Interculture Journal 2, http://www.interculture-journal.com, 21.01.2010.

Casper-Hehne, Hiltraud (1999): „Interkulturelle Kommunikation: neue Perspektiven und alte Einsichten". Zeitschrift für Angewandte Linguistik 31, S. 77-108.

Castro Varela, Maria do Mar (2002): „Interkulturelle Kompetenz. Ein Diskurs in der Krise". In: Georg Auernheimer (Hg.), Interkulturelle Kompetenz und pädagogische Professionalität, Opladen: Leske + Budrich, S. 35-48.

Dunn, Lee/Wallace, Michelle (2005): „Promoting communities of practice in transnational higher education". Proceedings of „Breaking down boundaries: A conference on the international experience of open, distance and flexible learning", ODLAA, Adelaide.

Eisenchlas, Susana/Treveskes, Sue (2007): „Developing intercultural communication skills through intergroup interaction". Intercultural Education 18 (5), S. 413-425.

Enders, Jürgen/Bornmann, Lutz (2001): Karriere mit Doktortitel? Ausbildung, Berufserfolg und Berufsverlauf von Promovierten, Frankfurt/M., New York: Campus.

Fantini, Alvino E./Smith, Elizabeth M. (1997): „A survey of intercultural communication courses". International Journal for Intercultural Relations 21 (1), S. 125-148.

Gabb, Diane (2006): „Transcultural dynamics in the classroom". Journal of Studies in International Education 10 (4), S. 357-368.

Galon, Alice (2007): Employability. Betriebliche Weiterbildung zwischen Beschäftigungsfähigkeit und begrenzten Ressourcen, Saarbrücken: VDM Verlag Dr. Müller.

Hepp, Andreas/Löffelholz, Martin (Hg.) (2002): Grundlagentexte zur transkulturellen Kommunikation, Konstanz: UVK/UTB.

Heublein, Ulrich/Özkilik, Murat/Sommer, Dieter (2007): Aspekte der Internationalität deutscher Hochschulen. Internationale Erfahrungen deutscher Studierender an ihren heimischen Hochschulen. Reihe Dok & Mat Bd. 63, Bonn: DAAD.

Hiller, Gundula Gwenn (2007): „Interkultureller Kompetenzerwerb für Studierende der Europa-Universität Frankfurt (Oder)". In: Matthias Otten/ Alexander Scheitza/Andrea Cnyrim (Hg.), Interkulturelle Kompetenz im Wandel. Bd. 2: Ausbildung, Training und Beratung, Frankfurt/M.: IKO Verlag, S. 305-326.

Kammhuber, Stefan/Schmid, Stefan (2007): „Train the intercultural trainer: Entwicklung eines Kompetenzprofils". In: Matthias Otten/Alexander Scheitza/Andrea Cnyrim (Hg.), Interkulturelle Kompetenz im Wandel. Bd. 1: Grundlegungen, Konzepte, Diskurse, Frankfurt/M.: IKO Verlag, S. 237-258.

Kehm, Barbara M./Teichler, Ulrich (2007): „Research on internationalisation in higher education". Journal of Studies in International Education 11 (3-4), S. 260-273.

Knight, Jane/De Wit, Hans (1995): „Strategies for internationalisation of higher education: historical and conceptual perspectives". In: Hans De Wit (Hg.), Strategies for internationalisation of higher education, Amsterdam: EAIE, S. 5-32.

Kotthoff, Helga/Spencer-Oatey, Helen (Hg.) (2007): Handbook of intercultural communication, Berlin, New York: Mouton De Gruyter.

Krüger, Heidemarie (1988): Organisation und extra-funktionale Qualifikationen – eine organisationssoziologische und organisationstheoretische Konzeption mit empirischen Befunden zur Bestimmung ihres inhaltlichen Zusammenhangs, Frankfurt/M.: Peter Lang.

Lain Fernández, Noemi (2005): „Promovieren in einem Graduiertenkolleg". Beiträge zur Hochschulforschung 27 (1), http://www.ihf.bayern.de/dateien/beitraege/Beitr_Hochschulf_1_2005.pdf, 21.01.2010.

Landis, Dan/Bhawuk, Dharm P.S. (2006): „Synthesizing theory building and practice of intercultural training". In: Dan Landis/Janet M. Bennett/Milton J. Bennett (Hg.), Handbook of intercultural training, 3. Aufl., Thousand Oakes: Sage, S. 453-468.

Lauterbach, Hanna (2001): „Internationalisation or globalisation of higher education? Conceptual changes in recent discussions and documents". Beiträge zur Hochschulforschung 1, S. 21-46.

Lüsebrink, Hans-Jürgen (Hg.) (2004): Konzepte der Interkulturellen Kommunikation. Theorieansätze und Praxisbezüge in interdisziplinärer Perspektive, St. Ingbert: Röhrig Universitätsverlag.

Martin, Judith N./Nakayama, Thomas K. (1996): Intercultural communication in contexts, Mountain View: Mayfield.

Mecheril, Paul (2005): „Pädagogik der Anerkennung. Eine programmatische Kritik". In: Franz Hamburger/Tarek Badawia/Merle Hummerich (Hg.), Migration und Bildung. Über das Verhältnis von Anerkennung und Zumutung in der Einwanderungsgesellschaft, Opladen: VS Verlag, S. 311-328.

Moosmüller, Alois (Hg.) (2007): Interkulturelle Kommunikation. Konturen einer wissenschaftlichen Disziplin, Münster: Waxmann.

Mugabushaka, Alexis-Michel (2004): Schlüsselqualifikationen im Hochschulbereich. Eine diskursanalytische Untersuchung der Konzepte, Modelle und Dimensionen in Deutschland und Großbritannien. Fachbereich Gesellschaftswissenschaften, Dissertation, Universität Kassel.

OECD (2006): Personalisierung der Bildung. Deutsche Zusammenfassung von „Schooling for tomorrow – personalising education", Paris: OECD.

Otten, Matthias (2009a): „Interkulturelle Kommunikation und akademische Schlüsselqualifikationen. Anmerkungen zur Diskussion über eine gewagte Allianz". In: Caroline Y. Robertson-von Trotha (Hg.), Schlüsselqualifikationen an Technischen Hochschulen. Problemkreise der Angewandten Kulturwissenschaft, Bd. 14, Karlsruhe: Universitätsverlag Karlsruhe, S. 345-363.

Otten, Matthias (2009b): „Academicus interculturalis? Negotiating interculturality in academic communities of practice". Intercultural Education 20 (5), S. 407-417.

Otten, Matthias/Robertson-von Trotha, Caroline Y. (2007): „Interkulturelle Kommunikation als Schlüsselqualifikation in der Hochschulbildung: Erfahrungen an der Universität Karlsruhe (TH)". In: Matthias Otten/ Alexander Scheitza/Andrea Cnyrim (Hg.), Interkulturelle Kompetenz im Wandel. Bd. 2: Ausbildung, Training und Beratung, Frankfurt/M.: IKO Verlag, S. 245-274.

Otten, Matthias/Scheitza, Alexander/Cnyrim, Andrea (2007): „Die Navigation im interkulturellen Feld. Eine gemeinsame Einleitung für beide Bände". In: dies. (Hg.), Interkulturelle Kompetenz im Wandel. Bd. 1: Grundlegungen, Konzepte, Diskurse, Frankfurt/M.: IKO Verlag, S. 15-40.

Paige, R. Michael (Hg.) (1993): Education for the intercultural experience, 2. Aufl., Yarmouth: Intercultural Press.

Rathje, Stefanie (2006): „Interkulturelle Kompetenz – Zustand und Zukunft eines umstrittenen Konzepts". Zeitschrift für Interkulturellen Fremdsprachenunterricht 11 (3), http://spz1.spz.tu-darmstadt.de/projekt_ejournal/jg-11-3/docs/Rathje.pdf, 21.01.2010.

Reetz, Lothar (2003): „Zum Zusammenhang von Schlüsselqualifikationen – Kompetenzen – Bildung", http://www.sowi-online.de/reader/berufsorientierung/reetz.htm, 21.01.2010.

Renwick, George (2006): „Reflections on the future of training". In: Dan Landis/Janet M. Bennett/Milton J. Bennett (Hg.), Handbook of intercultural training, 3. Aufl., Thousand Oakes: Sage, S. 437-452.

Rommelspacher, Birgit (2002): Anerkennung und Ausgrenzung. Deutschland als multikulturelle Gesellschaft, Frankfurt/M., New York: Campus.

Ryan, Richard M./Deci, Edward L. (2000): „Intrinsic and extrinsic motivations: classic definitions and new directions". Contemporary Educational Psychology 25 (1), S. 54-67.

Schaeper, Hilde/Briedis, Kolja (2004): Kompetenzen von Hochschulabsolventinnen und Hochschulabsolventen. Berufliche Anforderungen und Folgerungen für die Hochschulreform, Forschungsbericht. Hannover: HIS Hochschulinformationssystem.

Schiefele, Ulrich/Wild, Klaus-Peter (Hg.) (2000): Interesse und Lernmotivation: Neue Studien zu Entwicklung und Wirkungen, Münster: Waxmann.

Schimank, Uwe/Volkmann, Ute (Hg.) (2001): Soziologische Gegenwartsdiagnosen, Wiesbaden: VS Verlag.

Schüpbach, Heinz/Pixner, Johann/Zapf, Salome (2006): „Handlungskompetenz im Hochschulstudium". Bildung und Erziehung 59 (2), S. 147-166.

Seelye, Ned H. (Hg.) (1996): Experiential activities for intercultural learning, Boston: Intercultural Press.

Sloterdijk, Peter (2006): Im Weltinnenraum des Kapitals, Frankfurt/M.: Suhrkamp.

Somekh, Bridget/Pearson, Matthew (2002): „Intercultural learning arising from pan-European collaboration: A community of practice with a hole in the middle". British Educational Research Journal 28, S. 485-502.

Sprung, Annette (2003): „Bildungsmarkt Interkulturalität – eine Erfolgsgeschichte?", http://www.die-bonn.de/esprid/dokumente/doc-2003/sprung03_01.pdf, 21.01.2010.

Straub, Jürgen (1999): Verstehen, Kritik, Anerkennung. Das Eigene und das Fremde in der Erkenntnisbildung interpretativer Wissenschaften, Göttingen: Wallstein.

Straub, Jürgen (2007): „Interkulturelle Kommunikation – eine wissenschaftliche Disziplin?". In: Alois Moosmüller (Hg.), Interkulturelle Kommunikation. Konturen einer wissenschaftlichen Disziplin, Münster: Waxmann, S. 209-241.

Straub, Jürgen/Nothnagel, Steffi (2007): „Über das Studium interkultureller Kommunikation und Kompetenz. Akademische Anforderungen und curriculare Ausbildung in einem interdisziplinären Master-Studiengang". In: Matthias Otten/Alexander Scheitza/Andrea Cnyrim (Hg.), Interkulturelle Kompetenz im Wandel. Bd. 2: Ausbildung, Training und Beratung, Frankfurt/M.: IKO, S. 215-244.

Straub, Jürgen/Weidemann, Arne/Weidemann, Doris (Hg.) (2007): Handbuch interkulturelle Kommunikation und Kompetenz, Stuttgart: J.B. Metzler.

Teichler, Ulrich (2002): „Internationalisierung der Hochschulen". Das Hochschulwesen 50 (1), S. 3-9.

Thomas, Alexander/Chang, Celine/Abt, Heike (2007): Erlebnisse, die verändern. Langzeitwirkungen der Teilnahme an internationalen Jugendbegegnungen, Göttingen Vandenhoeck + Ruprecht.

Thomas, Alexander/Hößler, Ulrich (2007): „Zusatzstudium interkulturelle Handlungskompetenz: Studienbegleitendes erfahrungsorientiertes interkulturelles Lernen an der Universität Regensburg". In: Matthias Otten/ Alexander Scheitza/Andrea Cnyrim (Hg.), Interkulturelle Kompetenz im Wandel. Bd. 2: Ausbildung, Training und Beratung, Frankfurt/M.: IKO Verlag, S. 275-296.

Thomas, Alexander/Kinast, Eva-Ulrike/Schroll-Machl, Sylvia (Hg.) (2003): Handbuch interkulturelle Kommunikation und Kooperation, Göttingen: Vandenhoeck + Ruprecht.

Veith, Hermann (2003): Kompetenzen und Lernkulturen. Zur historischen Rekonstruktion moderner Bildungsleitsemantiken, Münster: Waxmann.

Weidemann, Doris/Weidemann, Arne/Straub, Jürgen (2007): „Interkulturell ausgerichtete Studiengänge". In: Jürgen Straub/Arne Weidemann/Doris Weidemann (Hg.), Handbuch interkulturelle Kommunikation und Kompetenz, Stuttgart: J.B. Metzler, S. 815-828.

Wenger, Etienne (1999): Communities of practice: learning, meaning, and identity, Cambridge: University Press.

Wenger, Etienne/McDermott, Richard/Snyder, William M. (2002): Cultivating Communities of practice, Boston: Harvard Business School Press.

Wimmer, Andreas (2005): Kultur als Prozess. Zur Dynamik des Aushandelns von Bedeutungen, Wiesbaden: VS Verlag.

Wingate, Ursula (2006): „Doing away with study skills". Teaching in Higher Education 11, S. 457-469.

3.3 Qualitätssicherung

FRANCES BLÜML

Mit der Schaffung eines europäischen Hochschulraums gehen die wohlbe-kannten Ziele Mobilitätsförderung, internationale Wettbewerbsfähigkeit euro-päischer Hochschulen sowie Förderung der Beschäftigungsfähigkeit von Ab-solventen einher (vgl. Bologna-Erklärung 1999). Diesen inhärent sind die Forderungen nach Transparenz und Vergleichbarkeit erworbener Qualifikatio-nen insbesondere für unterschiedliche Interessen- und Akteursgruppen tertiä-rer Bildung (s.a. Weidemann/Nothnagel i.d.B., Kap. 3.1). Mit der Umsetzung des Bologna-Prozesses sowie der steigenden Autonomie der Hochschulen ist demnach ein stärkerer Einbezug verschiedener hochschulinterner (Studieren-de, Lehrende, Hochschulmanagement, etc.) und externer Interessengruppen (Alumni, potentielle Arbeitgeber, Ministerium, etc.) verbunden. Zugleich se-hen sich Hochschulen verstärkt mit der Aufgabe konfrontiert, ‚Rechenschaft‘ über ihre Leistungsbereiche, Forschung, Lehre, aber auch Dienst- und Trans-ferleistungen, abzulegen. Hierin begründet sich die Relevanz von systemati-scher Qualitätssicherung für Hochschulen, ihre Abschlüsse, Studiengänge, Module und Lehrveranstaltungen. Die Thematik ist keinesfalls neu: Wenn sich Qualität traditionell auch eher auf den einzelnen Wissenschaftler, als auf die Institution als Ganzes bezieht (Carstensen/Hofmann 2004: 4), so gilt sie doch von jeher als elementar für Hochschulen und deren Selbstverständnis. Allerdings hat die Diskussion um ‚Qualität‘ durch die Verständigung auf eine europäische Zusammenarbeit in der Qualitätssicherung (vgl. Bologna-Erklä-rung 1999) eine gewachsene politische Dimension angenommen (vgl. Vetto-ri/Lueger 2008). Qualitätssicherung gilt als ein zentraler Bestandteil der der-zeitigen hochschul- und bildungspolitischen Reformen. Daraus ergeben sich sowohl Implikationen für die Etablierung eines Qualitätssicherungssystems der jeweiligen Hochschule als auch für die Konzeption und Weiterentwick-lung qualitätssichernder Maßnahmen auf der Ebene von Studiengängen bis hin zu einzelnen Lehrveranstaltungen.

Mit der Umstellung auf das zweistufige System von Studienabschlüssen vollzieht sich auch eine Neupositionierung interkulturell ausgerichteter Studienangebote in den unterschiedlichen Ausbildungsgängen (Otten i.d.B., Kap. 3.2), und dies vor dem Hintergrund der omnipräsenten Forderung nach interkultureller Kompetenz als einer der Schlüsselkompetenzen einer globalisierten Lebens- und Arbeitswelt. Mittlerweile hat sich ein breites Angebot an Bachelor- und Masterstudiengängen entwickelt (vgl. Straub/Nothnagel 2007; Bolten 2007), zu deren Qualifikationszielen unter anderem eine interkulturelle Handlungskompetenz der Absolventen zählt (vgl. Busch 2009; Straub/Nothnagel 2007; Weidemann/Weidemann/Straub 2007). Im Sinne einer Konsolidierung der ‚neuen' Studienangebote sowie einer voranschreitenden Professionalisierung erscheint Qualitätssicherung und ein damit einhergehender iterativer Prozess der Evaluation von Studiengängen, Modulen und Lehrveranstaltungen unabdingbar. Bestehende Defizite lassen sich nach Weidemann et al. (2007) beispielsweise anhand der verfügbaren Studiendokumente einschlägiger interkultureller Studienangebote feststellen. Aufgrund der in der Vergangenheit üblichen und durch gesetzliche Vorgaben notwendigen Beschreibung von Studiengängen anhand input-orientierter Kriterien (neben Studieninhalten, klassischerweise Zugangsvoraussetzungen sowie Studiendauer), verwundert keineswegs, dass auch interkulturell ausgerichtete Studiengänge meist dadurch charakterisiert werden (ebd.: 822). Eine Präzisierung von Qualifikationszielen fehlt entweder ganz, erfolgt lediglich implizit oder bleibt in expliziten Beschreibungen äußerst vage (ebd.: 823). Die derzeit geführten Diskussionen um interkulturell ausgerichtete Studiengänge befassen sich stattdessen vorrangig mit der disziplinären Verortung von Studieninhalten sowie der Kontroverse um die Etablierung interkultureller Kommunikationsforschung als eigenständiges Fach (vgl. Straub 2006). Darüber hinaus stehen Fragen zum Einsatz geeigneter Methoden sowie einer sinnvollen Gestaltung interkultureller Lehr-/Lernsettings im Mittelpunkt. Diese Debatten sind durchaus berechtigt, handelt es sich doch um ein hochkomplexes interdisziplinäres Forschungs- und Anwendungsgebiet (vgl. Otten i.d.B., Kap. 3.2; Bolten 2007; Straub/Nothnagel 2007; Weidemann et al. 2007). Hinzu kommen die allseits bekannten Schwierigkeiten bei der Definition interkultureller Kompetenz, ihrer Teilkompetenzen sowie deren Operationalisierung (vgl. Scheitza 2007; Straub 2007; Weidemann et al. 2007; Rathje 2006) in den einschlägigen Studienangeboten.

Nichtsdestotrotz bestimmt sich die Qualität eines Studienangebotes im Sinne eines „fitness for purpose"-Verständnisses letztlich durch das Erreichen der für unterschiedliche Interessengruppen relevanten (Qualifikations-)Ziele und Wirkungen. Qualitätssicherung setzt daher in den Curricula bei der Bestimmung von Qualifikations- und Lernzielen (Learning Outcomes) an. Eine konsequent umgesetzte Outcome-Orientierung bleibt dann nicht bei der Definition entsprechender Lernergebnisse stehen, sondern erfordert zugleich eine daran ausgerichtete inhaltliche sowie didaktisch-methodische Aufbereitung. Des Weiteren müssen Evaluationen der Studiengänge, Module und Veranstaltungen darauf abgestimmt werden.

Zwar steht die Praxis bei der Formulierung, Implementierung und Überprüfung von Learning Outcomes noch vor einigen ungelösten Problemen, trotzdem erscheinen diese Maßnahmen aus Sicht der Qualitätssicherung von Studiengängen in mehrfacher Hinsicht förderlich und unabdingbar:

- sie schaffen Transparenz für Studieninteressierte und Studierende in Bezug auf Anforderungen und zu erwartende Lernergebnisse mit Abschluss eines Studiengangs, eines Moduls, einer Lehrveranstaltung;
- sie schaffen Transparenz für potentielle Arbeitgeber hinsichtlich der Kompetenzen, die mit dem Erreichen einer bestimmten Qualifikationsstufe erworben werden;
- sie liefern die Grundlage für einen kontinuierlichen Evaluationsprozess der Studiengänge, -module, Lehrveranstaltungen und eingesetzten Lehr-/Lernformen;
- sie erfüllen eine Referenzfunktion, indem sie Minimumstandards in Bezug auf die Ziele eines Studiengangs definieren und somit als Vergleichshorizont über verschiedene Studienangebote hinweg dienen können.

Trotz der spezifischen Herausforderungen, die mit interkulturell ausgerichteten Studienangeboten sowie deren Qualitätssicherung verbunden sind, gehen mit der (Weiter-)Entwicklung outcome-orientierter Curricula weitreichende Chancen einher. Einerseits kann so die Abgrenzung von jenen Angeboten gefördert werden, die interkulturelle Kommunikation und Kompetenz lediglich als Inhalt in einen Studiengang aufnehmen oder es als separates Kompetenzfeld anbieten, um der geforderten Internationalisierung von Hochschulen sowie der breiten Erwartung einer allseits vorhandenen interkulturellen Kompetenz als Schlüsselqualifikation gerecht zu werden. Andererseits bieten sich durch den mit einer zunehmenden Outcome-Orientierung einhergehenden Paradigmenwechsel zur Lerner-Zentrierung didaktisch-methodische Spielräume, die es ermöglichen, stärker als bisher Lernsettings zur Erfahrung kultureller Differenz sowie zu deren systematischen Reflexion zu initiieren. Die Orientierung an Learning Outcomes bringt dabei zum einen gewisse Standardisierungstendenzen mit sich, die, wie bereits angedeutet, im Sinne einer Vergleichbarkeit zum Teil durchaus erwünscht und zweckdienlich sind. Sie ermöglicht zum anderen aber auch eine Differenzierung im Anspruchsniveau interkulturell ausgerichteter Studienangebote und leisten so der geforderten Profilbildung Vorschub. Qualitätssicherung kann somit wesentlich zur Professionalisierung der Ausbildungsangebote beitragen.

Nachfolgend werden zunächst einige generelle Aspekte zum Konzept der Qualitätssicherung sowie zu relevanten europäischen, nationalen und institutionellen Rahmenbedingungen ausgeführt. Im Mittelpunkt der Betrachtungen steht dann die Qualitätssicherung auf der Ebene von Studiengängen unter der besonderen Berücksichtigung interkulturell ausgerichteter Studienangebote. Qualitätssicherung wird dabei als iterativer Prozess verstanden, der verschiedene, sich ergänzende Maßnahmen und Instrumente nutzt. Sowohl für die qualitätsvolle Konzeption von Curricula als auch deren (Weiter-)Entwicklung steht ein an Learning Outcomes orientierter methodischer Ansatz im Zentrum. Dieser Ansatz sowie die damit verbundene Notwendigkeit einer darauf abgestimmten didaktisch-methodischen Realisierung in der Lehre, Überlegungen zur Auswahl von Studierenden und Lehrenden sowie adäquate Betreuungsangebote werden zunächst allgemein diskutiert und anschließend zu den bestehenden Chancen und Herausforderungen für interkulturell ausgerichtete Studienangebote in Bezug gesetzt. Abschließend wird erläutert, welchen Beitrag eine outcome-orientierte Programmevaluation für die Qualitätssicherung leistet.

Qualitätssicherung: Begriffliche Annäherung und Rahmenbedingungen

Im Alltagsverständnis wird Qualitätssicherung nicht selten mit der Erhaltung des Status Quo sowie der Formulierung unumstößlicher Standards assoziiert. Dem liegt die mit Skepsis zu betrachtende Annahme zugrunde, dass allein mit der Existenz qualitätssichernder Maßnahmen automatisch die gewünschte Qualität erreicht wird (Harvey/Green 1993: 20). Dass dieses Verständnis weder den komplexen Einflussfaktoren und vielfältigen Anforderungen, denen Hochschulen unterliegen, noch einem auf Erkenntnisgewinn und beständiger Innovation beruhenden Wissenschaftsverständnis gerecht wird, liegt auf der Hand. Dementsprechend fassen gängige Definitionen den Begriff in Bezug auf Hochschulen recht weit. Gemeinhin wird darunter ein kontinuierlicher Prozess der Evaluierung der Qualität eines tertiären Bildungssystems, seiner Institutionen und Studiengänge verstanden (Vlăsceanu/Grünberg/Pârlea 2004: 48). Qualitätssicherung erfüllt Kontroll- und Rechenschaftszwecke, aber auch Zwecke der Qualitätsverbesserung[1]:

---

1   Vettori/Lueger (2008) merken an, dass Qualitätsverbesserung (quality improvement) als eigenständiges, komplexes und prozessorientiertes Konstrukt bisher nicht weiter spezifiziert und kontextualisiert werde. Zumeist werde es als möglicher Zweck von Qualitätssicherung genannt. Demzufolge wäre es als Ergebnis erwartbar, sobald eine entsprechende Orientierung an Leitlinien und die Implementierung geeigneter Verbesserungsmechanismen verfolgt würden.

„Quality assurance is not about specifying the standards or specifications against which to measure or control quality. Quality assurance is about ensuring that there are mechanisms, procedures and processes in place to ensure that the desired, quality, however defined and measured, is delivered." (Harvey/Green 1993: 19)

Der Prozess der Qualitätssicherung ist vom Konstrukt der Qualität abzugrenzen. Qualität, verstanden als „multi-dimensional, multi-level and dynamic concept" (Harvey 2006: 3), bildet die konzeptionelle Grundlage für Qualitätssicherung (für einen Überblick hochschulbezogener Qualitätsverständnisse vgl. Lack/Markschies 2008; Newton 2007; Harvey 2006; Carstensen/Hofmann 2004; Harvey/Green 1993). Das jeweilige Qualitätsverständnis bestimmt sich demnach in Abhängigkeit vom spezifischen Kontext sowie der Perspektive des Interessenten und den damit verbundenen normativen Implikationen. Im Sinne eines „fitness for purpose"-Ansatzes (vgl. Pellert 2008; Harvey 2006; Carstensen/Hofmann 2004; Harvey/Green 1993) bestimmt sich Qualität aus der Ziel- oder Zweckerfüllung. Ergänzt wird dieses funktionale Verständnis durch die Zulässigkeit des Ziels – „fitness of purpose" (Carstensen/Hofmann 2004: 7). Qualitätssicherungsprozesse liefern universitären Entscheidungsträgern Informationen darüber, inwieweit gesetzte Ziele erreicht werden und sich verfolgte Strategien als effizient und effektiv erweisen (Lueger/Vettori 2008: 3). Qualitätssicherung muss also immer auch hinterfragen, ob sich in den verfolgten Zielen der Institution auch die Qualitätsvorstellung relevanter Interessen- und Akteursgruppen widerspiegeln.

In der aktuellen hochschulpolitischen Umbruchphase bewegt sich Qualitätssicherung im Wechselspiel europäischer, nationaler und institutioneller Rahmenbedingungen. Grundlegend für die europäische Dimension ist die in der Bologna-Erklärung (1999) festgehaltene, wenn auch zunächst sehr vage, Verständigung über eine europäische Zusammenarbeit in der Qualitätssicherung „in Hinblick auf die Erarbeitung vergleichbarer Kriterien und Methoden" (ebd.). Eine Konkretisierung normativer Zielstellungen stellen die von der European Association for Quality Assurance in Higher Education (ENQA) erarbeiteten Standards und Leitlinien zur Qualitätssicherung im europäischen Hochschulsektor dar. Zur internen Qualitätssicherung heißt es darin, dass Hochschulen über „ein Konzept (und damit einhergehende Verfahren) zur Sicherung der Qualität und Standards ihrer Programme und Abschlüsse verfügen" (ENQA 2005: 24) sollten, indem sie „eine Strategie für eine kontinuierliche Qualitätsentwicklung erarbeiten und umsetzen" (ebd.: 24). Besonders betont wird in diesem Zusammenhang die Entwicklung einer Qualitätskultur[2].

---

2   Das Konzept der Qualitätskultur erfreut sich zwar wachsender Popularität, ist aber theoretisch bisher kaum entwickelt. Für eine begriffliche Annäherung und Charakterisierung sei unter anderem auf Lueger und Vettori (2008) sowie Harvey und Stensaker (2008) verwiesen.

Zwar haben die ENQA-Standards keine rechtliche Verbindlichkeit, ihre Einhaltung wird jedoch z.b. im Rahmen nationaler Akkreditierungsvorhaben gefordert. Auf nationaler Ebene bilden gesetzliche Grundlagen den Rahmen für Qualitätssicherung. Beispielhaft seien hier das Hochschulrahmengesetz (HRG) sowie die Hochschulgesetze der Länder angeführt, in denen Maßnahmen und Instrumente zur Qualitätssicherung, insbesondere Evaluationen, schon seit längerem vorgegeben sind. Daneben existieren Beschlüsse, z.b. zur Qualitätssicherung in der Lehre (KMK 2005), sowie Empfehlungen, z.b. zur Qualitätsverbesserung von Lehre und Studium (Wissenschaftsrat 2008). Gemeinsam ist allen, dass vor allem bei Evaluationen ausdrücklich nahe gelegt wird, Studierende, aber auch andere Interessengruppen einzubeziehen. Zudem wird der Orientierung an Learning Outcomes eine Schlüsselrolle zugewiesen.[3] Die Implementierung und Ausgestaltung eines gesamtuniversitären Qualitätssicherungssystems sowie daraus abgeleiteter Maßnahmen und Initiativen in den Teilbereichen obliegen letztlich den Hochschulen selbst.

Die folgenden Ausführungen konzentrieren sich auf interne qualitätssichernde Maßnahmen für Studiengänge sowie die zugehörigen Module und Lehrveranstaltungen. Carstensen/Hofmann (2004: 17) schlagen, basierend auf einem kombinierten Qualitätsverständnis „fitness for purpose" und „fitness of purpose", die Befolgung eines iterativen Planungskreislaufs vor (siehe Abbildung 1).

Ausgehend von transparenten und ex ante valide definierten Qualifikationszielen des Studiengangs, ist demnach eine konsequente und kohärente Studiengangskonzeption zu erstellen sowie die entsprechende Realisierung zu gewährleisten (Implementierung). Ein kontinuierliches Monitoring des Studiengangs überprüft sodann, ob die gesetzten Ziele in der Umsetzung des Konzeptes erreicht werden. Im Sinne einer Prozessfortschreibung geht damit gegebenenfalls die Adaption oder Überarbeitung der zugrunde gelegten Ziele oder des Studiengangkonzeptes einher. Das Qualitätsurteil basiert auf einer relationalen Bewertung, inwieweit die selbstgesetzten (und veränderbaren) Ziele erreicht werden.

---

3 Die Schlüsselrolle, die Learning Outcomes in der Realisierung des europäischen Hochschulraums zugesprochen wird, manifestiert sich exemplarisch in folgenden Verankerungen: Sowohl der europäische Qualifikationsrahmen zur Beschreibung der drei Bologna-Zyklen als auch der deutsche nationale Qualifikationsrahmen basieren auf Learning Outcomes in Form von allgemeinen (nicht fachspezifischen) Deskriptoren. Des Weiteren ist in den European Standards and Guidelines for Quality Assurance die Beschreibung aller Studiengänge in Bezug auf Learning Outcomes vorgesehen. Auch der Akkreditierungsrat (2008) führt in seinen Kriterien für eine Systemakkreditierung die Umsetzung von Qualifikationszielen und angestrebten Lernergebnissen im Studiengangkonzept an.

Abbildung 1: Iterativer Kreislauf der Qualitätssicherung

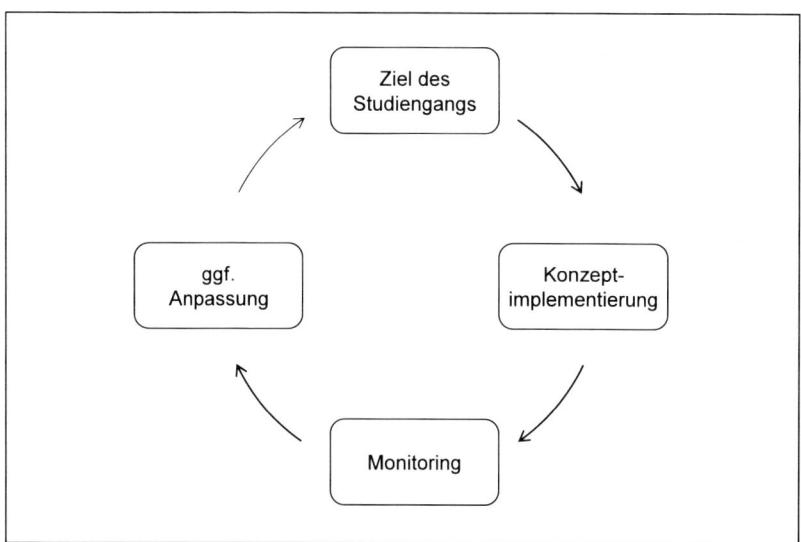

Quelle: in Anlehnung an Carstensen/Hofmann 2004; Kohler 2004

Im Gegensatz zu Qualitätskonzepten, die ausschließlich an Standards orientiert sind und bekanntlich zu statischen und allgemeinverbindlichen Tendenzen neigen, ist ein derartiges Vorgehen offen für Anpassungen an forschungsbasierte Innovationen und differenzierte, sich ändernde Erwartungen diverser Interessengruppen (vgl. Kohler 2004). Mit dieser Herangehensweise wird das Wesensmerkmal wissenschaftlicher – und insbesondere auch forschungsorientierter – (MA-)Studiengänge, deren Ziele gerade nicht statisch und allgemeingültig sein können, berücksichtigt und die Individualität des Studienangebotes gewahrt.

Outcome-Orientierung in Curricula als Ansatz für Qualitätssicherung

Im oben dargestellten Modell bildet der angestrebte Output bzw. Outcome eines Studiengangs den Ausgangspunkt der Qualitätssicherung. Einem derartigen Ansatz liegt entgegen der traditionellen Input-Orientierung ein kompetenzbasiertes Bildungsverständnis zugrunde. Demzufolge sollen Studierende nicht mehr ausschließlich spezifisches Fachwissen und -können, sondern vor allem ein Bündel an Kompetenzen erwerben, das ihnen eine langfristige Beschäftigungsfähigkeit (employability) sichern soll. In der bisweilen sehr einseitig geführten Diskussion über berufsbefähigende Kompetenzen von Hochschulabsolventen dominieren allerdings zum Teil allzu einfache Kausalzusammenhänge – insbesondere seitens potentieller Arbeitgeber. Ein hohes Kompetenzniveau verspricht eben nicht automatisch eine gestiegene Beschäftigungsfähigkeit (vgl. Busch 2009) und muss auch nicht notwendigerweise akkurat die Bedürfnisse des Arbeitsmarktes erfüllen (vgl. Nusche 2008: 7). Des Weiteren dreht sich die Diskussion fast ausschließlich um praxisrelevante Kompetenzen eines Hochschulstudiums. Relevante Kompetenzen für das Berufsfeld Wissenschaft, auf das vor allem forschungsorientierte Masterstudiengänge abzielen, werden kaum thematisiert. Hochschulen sind jedoch gefordert, künftig eine größere Flexibilität bei der Einführung neuer und der Adaption bestehender Studiengänge zu zeigen und ihre Studienangebote mit den Erwartungen aller relevanten Interessengruppen abzugleichen (Vukasovic 2006: 7). Den Ausgangspunkt eines outcome-orientierten Curriculums bilden daher zunächst die Identifikation antizipierter professioneller Tätigkeitsfelder sowie Überlegungen, welche Kompetenzen dazu befähigen (vgl. Abbildung 2). Diese manifestieren sich dann im Qualifikationsprofil des Studiengangs.

Das Profil muss die Diskrepanzen geforderter Kompetenzen seitens potentieller Arbeitgeber, Studierender sowie der jeweiligen Fachvertreter berücksichtigen und zielführend vereinen. Es beschreibt in Form von Learning Outcomes, welche Qualifikationen ein Absolvent des Studiengangs der Hochschule besitzt. Lernergebnisse (Learning Outcomes) stellen Indikatoren für die angestrebten Kompetenzen dar und müssen damit messbar und überprüfbar sein. Sie markieren Mindeststandards dessen, was ein Studierender nach Beendigung eines Lernabschnitts weiß, versteht und zu tun in der Lage ist (Adam 2008: 4), und werden – ausgehend von den Qualifikationszielen – für die Ebene der Module und Lehrveranstaltungen konkretisiert. Eine grobe Unterteilung von Learning Outcomes erfolgt dabei üblicherweise in fachspezifisches Wissen und Fähigkeiten sowie allgemein gültige Fähigkeiten (generic skills).[4]

Learning Outcomes unterscheiden sich klarerweise von (Lehr-)Zielen, die Intentionen des Lehrenden beschreiben. Als wichtiges Element in der Curricula-Entwicklung markieren sie somit nicht nur einen Paradigmenwechsel in der Beschreibung von Studiengängen, sondern auch einen Perspektivwechsel in der Lehre (vgl. Adam 2008; Zervakis 2008; Adam 2006; Kennedy et al. 2006; Fischer-Bluhm 2005).

---

4 Detailliertere Differenzierungen erfolgen anhand von Fach-, Methoden-, Sozial- und Selbstkompetenzen oder der Bloomschen Lernziel-Taxonomie. Diese unterscheidet kognitive, affektive und psychomotorische Prozesse und ordnet innerhalb der einzelnen Bereiche Denkprozesse hierarchisch zu (vgl. Kennedy/Hyland/Ryan 2006). Für Verwirrung sorgt bisweilen die uneinheitliche, zum Teil gar austauschbare Verwendung der Begriffe ‚learning outcomes' und ‚competences'. Eine einheitliche Definition wäre wünschenswert, steht aber derzeit aus (vgl. Adam 2008; Zervakis 2008).

Abbildung 2: Outcome-Orientierung ausgehend von den Qualifikationszielen und Tätigkeitsfeldern des Studiengangs [5]

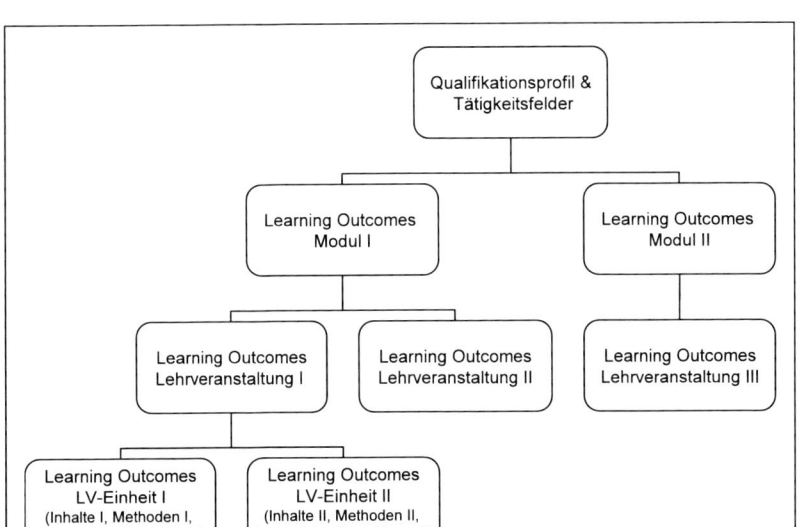

Die Definition und Formulierung von Learning Outcomes setzt die Auseinandersetzung damit voraus, wie Studierende tatsächlich lernen und sich unterstützende Lehr-/Lernkonzepte und Settings gestalten lassen (Adam 2006: 12). Derartige Überlegungen fokussieren automatisch die Lernenden und brechen mit dem an deutschen Hochschulen traditionell verbreiteten Lehrverständnis zugunsten eines Lerner-zentrierten Ansatzes, der Lernen als selbstgesteuerten Prozess begreift (Ertel/Wehr 2007: 14). Eine zielführende Outcome-Orientierung setzt sich daher in zu den Learning Outcomes konsistenten und kohärenten didaktisch-methodischen Ansätzen fort. Dies umfasst nicht nur die Frage, wie Lernergebnisse erreicht werden können, sondern vor allem auch die Frage nach geeigneten Methoden zur Überprüfung des Lernfortschritts und Lernerfolgs. Wie Abbildung 2 verdeutlicht, lässt sich bei einer konsequenten Outcome-Orientierung bis auf die Ebene einzelner Lehrveranstaltungseinheiten nachvollziehen, welchen Beitrag die gewählten Inhalte und Methoden zu den Learning Outcomes der Einheit, aber auch zu den übergeordneten Learning Outcomes und zum Qualifikationsprofil leisten. Evaluationen auf der Ebene der Studiengänge werten dann aus einer Meta-Perspektive

---

5   In Abbildung 2 nicht dargestellt sind Querbezüge, die selbstverständlich auftreten. So kann z.B. eine Lehrveranstaltung mit ihren Outcomes einen Beitrag zu mehr als einem Modul leisten.

aus, inwieweit die Learning Outcomes als Indikatoren für die Qualifikationsziele des Studiengangs erreicht werden.

Der Orientierung an Learning Outcomes wird sowohl für die Umsetzung
eines europäischen Hochschulraums als auch für die interne Qualitätssicherung auf Ebene der Studiengänge eine große Bedeutung eingeräumt. Den un-
bestreitbaren Vorzügen stehen allerdings erhebliche und bis dato ungelöste
Probleme hinsichtlich ihrer Entwicklung und Implementierung gegenüber.
Zudem richtet sich grundlegende Kritik gegen den reduktionistischen Charakter so formulierter Learning Outcomes: Als quantifizierbare Indikatoren für
die zu erreichenden Kompetenzen werden sie der Komplexität von Lernprozessen nicht gerecht und können damit weder dem Anspruch wissenschaftlicher Kompetenzbeschreibungen noch dem Ideal akademischer Bildung genügen: „Academic study [...] is different in nature and cannot be limited to a
skill/competence-based approach that creates a target-led culture focused on
ticking boxes" (Adam 2006: 14). Weiterhin steht außer Frage, dass Kompetenzerwerb nicht an Studienangebote allein geknüpft ist, sondern dass in diesen bestenfalls Elemente berufsqualifizierender Kompetenzen, auch interkultureller Kompetenz, entwickelt werden können. Vorerfahrungen spielen für
die Kompetenzentwicklung ebenso eine Rolle wie künftige Lernprozesse und
biografische Einflussfaktoren (Zervakis 2008: 21). Auch gewisse Standardisierungstendenzen, die von Kritikern gern als Indiz für eine Einschränkung
der Lehrfreiheit wahrgenommen werden, lassen sich bei einer Learning Outcome-orientierten Perspektive nicht von der Hand weisen.

Es geht hier aus Sicht der Qualitätssicherung jedoch nicht um die Festschreibung unumstößlicher Standards, sondern darum, Learning Outcomes als
Bezugspunkt für die Qualitätssicherung des jeweiligen Studienangebotes zu
nutzen. Die Qualität des Studiengangs bemisst sich demnach an der Einheit
von Learning Outcomes, Lerninhalten, Lehr-/Lernmethoden und Lernfort-
schritts- bzw. Lernerfolgsüberprüfung. In diesem Sinne gewährleisten Learning Outcomes im besten Falle eine kohärente und konsistente Studiengang-
gestaltung. Diese fördert wiederum Transparenz, die allen beteiligten
Interessengruppen (siehe Weidemann/Nothnagel i.d.B., Kap. 3.1) zugute
kommt und bisher eher von der Kooperationsbereitschaft einzelner Lehrender
abhing, denn von systematischen und offen gelegten Prozessen.

Qualitätssicherung durch Outcome-Orientierung in interkulturell ausgerichteten Studienangeboten

Im Folgenden soll auf die wesentlichen Aspekte eines outcome-orientierten
Ansatzes vor dem Hintergrund der Spezifik interkulturell ausgerichteter Studienangebote vertiefend eingegangen werden. Hierzu zählen vor allem die

Formulierung von Learning Outcomes und eine darauf abgestimmte Didaktik sowie ein ebenfalls darauf abgestimmtes Evaluationsdesign.

Formulierung von Learning Outcomes

Den Bezugspunkt für die Formulierung von Learning Outcomes bilden die im Qualifikationsprofil beschriebenen Kompetenzen. Folgende Überlegungen, die gleichwohl für eine konkrete praktische Umsetzung größtenteils noch Klärungsbedarf aufweisen, begleiten diesen Schritt (vgl. Sidler 2005):

- Auf welche Tätigkeitsfelder und Rollen in der Gesellschaft soll der Studiengang vorbereiten?
- Welche Kompetenzen sollten die Studierenden zu Studienbeginn mitbringen?
- Was können die Studierenden im Rahmen des definierten Gesamtumfangs (workload) eines Studiengangs leisten?

Darauf aufbauend sind für die Erarbeitung von Learning Outcomes folgende Fragen handlungsleitend (vgl. Zervakis 2008):

- Welche Unterteilung soll der Beschreibung von Learning Outcomes zugrunde liegen?
- Welche externen Bezugspunkte (Nationaler Qualifikationsrahmen, Akkreditierungskriterien etc.) und Interessengruppen müssen in die Entwicklung von Learning Outcomes einbezogen werden?
- Wie exakt muss eine Beschreibung sein, um Aussagekraft zu besitzen, und wie offen, um nicht zu einem reinen prüfungsgeleiteten Curriculum zu verkommen und ausreichend Flexibilität zu gewährleisten? Was folgt daraus für die mögliche Vergleichbarkeit?
- Wie können nicht rein kognitive Kompetenzen ausreichend konkretisiert und operationalisiert werden, damit ihre curriculare Realisierung gewährleistet ist?
- Leisten die Learning Outcomes kohärent einen Beitrag zum Gesamtziel des Studiengangs?

Ohne die aufgeworfenen Fragen vollständig beantworten zu können, soll das nachfolgende Beispiel (vgl. Abbildung 3) ausgehend von einem auf der Ebene des Qualifikationsprofils beschriebenen Teilziel exemplarisch zeigen, wie sich Learning Outcomes in einem interkulturell ausgerichteten Studiengang bis zur Ebene einzelner Lehrveranstaltungen – in weiterer Konkretisierung auch einzelne Lehreinheiten – formulieren lassen. Zugleich wird im Umkehrschluss transparent, welchen Beitrag z.B. eine Lehrveranstaltung zur Erreichung eines Teilziels leistet.

Abbildung 3: Beispielhafter Auszug möglicher Learning Outcomes für einen forschungsorientierten interkulturellen (Master-)Studiengang.

Teilziel des Qualifikationsprofils

Studierende sind nach Abschluss des Studiengangs in der Lage, Forschungsvorhaben zur Erforschung interkultureller Kommunikationsphänomene eigenständig zu konzipieren und durchzuführen.

Modul zu Forschungsmethoden

Nach Abschluss des Moduls sind Studierende in der Lage,

- zwischen ausgewählten (qualitativen) Erhebungs- und Auswertungsmethoden zur Erforschung interkultureller Kommunikationsphänomene zu differenzieren;
- die Schritte eines Forschungsprozesses zu beschreiben und für ein konkretes Forschungsvorhaben im Feld der interkulturellen Kommunikation zu adaptieren;
- Forschungsbefunde – auch vor dem eigenen kulturellen Hintergrund – einzuschätzen und kritisch zu reflektieren;
- auf der Grundlage ihres methodologischen Wissens Forschungsdesigns und -befunde zu analysieren;
- ...

Übung zu Interviewverfahren

Studierende sind nach Abschluss dieser Übung in der Lage,

- ausgewählte (qualitative) Interviewverfahren zu beschreiben und deren Anwendungsmöglichkeiten einzuschätzen;
- ein Interview eigenständig vorzubereiten und durchzuführen;
- ihr eigenes Verhalten als Interviewer/in kritisch zu hinterfragen;
- auftretende (kommunikative) Unsicherheiten und Irritationen im Interview zu erkennen und gesprächsförderlich zu bewältigen;
- ...

Interkulturell ausgerichteten Studiengängen liegt meist – implizit oder explizit – das Qualifikationsziel der interkulturellen Handlungskompetenz ihrer Absolventen bzw. die Befähigung zur Bewältigung interkultureller Kommunikationsaufgaben zugrunde (vgl. Weidemann et al. 2007; Straub/Nothnagel 2007). Interkulturelle Kompetenz lässt sich dabei eher als informelles Bildungs- und Lernziel (Otten 2007: 58) begreifen, dessen Definitions- und Operationalisierungsschwierigkeiten hinlänglich bekannt sind (vgl. Straub/Nothnagel/Weidemann i.d.B., Kap. 1; Straub 2007; Otten 2007; Otten/Scheitza/ Cynrim 2007; Rathje 2006). Die daraus entstehende Problematik für eine outcome-orientierte Curricula-Entwicklung setzt bereits dort ein, wo es darum geht, potentielle Berufs- oder Tätigkeitsfelder und dafür befähigende Kompetenzen zu identifizieren. Interkulturell ausgerichtete Studienangebote sind häufig im Profil sehr heterogen angelegt, so dass sich eine konkrete Tätigkeitsfeldbeschreibung schwierig gestaltet (vgl. Busch 2009) und die relevanten Aspekte interkultureller Kompetenz je nach (Arbeits-)Kontext differieren (vgl. Scheitza

2007). Dementsprechend liegen den Studienangeboten recht unterschiedliche Definitionen und Verständnisse interkultureller Kompetenz zu Grunde. Denkbar wäre, dass sich bei interkulturell ausgerichteten Studiengängen mit wirtschaftswissenschaftlichem Fokus die Zielerreichung hinsichtlich interkultureller Kompetenz eher an Effizienzkriterien bemisst, wohingegen stärker sozialwissenschaftlich ausgerichteten Studiengängen ein Konzept zu Grunde liegt, das erzielte interkulturelle Kompetenz eher an der persönlichen Weiterentwicklung der Lerner bemisst (vgl. Rathje 2006). So weisen dann auch definierte Learning Outcomes als Indikatoren des Qualifikationsziels ‚interkulturelle Kompetenz‘ zwangsläufig profilspezifische Besonderheiten auf. Im Beispiel ‚Forschungsorientierter Masterstudiengang‘ (vgl. Abbildung 3) betrifft dies das Teilziel, ein eigenes Forschungsvorhaben im Themenbereich ‚interkulturelle Kommunikation‘ umsetzen zu können (s.a. Weidemann i.d.B., Kap. 4.16).

Die Annäherung an Learning Outcomes zur Beschreibung fachspezifischen Wissens und Verstehens nimmt sich vergleichsweise einfach aus. Sie umfasst typischerweise Kenntnisse grundlegender Begriffe, Theorien, Konzepte und Forschungsbefunde, also insbesondere kognitive Wissensbestände. Gerade in einem interdisziplinären Forschungs- und Anwendungsgebiet, wie es Interkulturelle Kommunikation und Kompetenz unzweifelhaft ist (vgl. Otten i.d.B., Kap. 3.2; Straub 2007; Weidemann et al. 2007; Lüsebrink 2005), können anhand von Learning Outcomes disziplinäre Verortungen und interdisziplinäre Überschreitungen offengelegt und transparent gemacht werden. Je nach Studienform (vgl. Otten i.d.B., Kap. 3.2) werden diese Bezüge unterschiedlich gewichtet, zumal einleuchtet, dass die Vermittlung disziplinärer Grundlagen eher in Bachelorstudiengängen und interdisziplinärer Wissensbestände eher im Master-Bereich anzusiedeln ist (vgl. Bolten 2007; Weidemann et al. 2007). Die Formulierung von Learning Outcomes, die im Hinblick auf das Qualifikationsziel interkulturelle Kompetenz allgemein gültige Fähigkeiten (generic skills)[6], also nicht rein kognitive Fähigkeiten, beschreiben, erweist sich als ungleich schwieriger. Auch hier stehen je nach Profil unterschiedliche berufsbezogene Fähigkeiten im Vordergrund (Weidemann et al. 2007: 818), die in den formulierten Learning Outcomes transparent werden. Die Unterteilung von Learning Outcomes vernachlässigt allerdings Überschneidungen zwischen den einzelnen Komponenten: So erfordert z.B. das Umsetzen-Können eines Forschungsvorhabens (siehe das Beispiel in Abbildung 3) Wissen u.a. über Methodologie und Methoden. Für die Definition von

---

6 Eine weitere Unterteilung von Learning Outcomes, die allgemein gültige Fähigkeiten (generic skills) beschreiben, kann beispielsweise in Sozial- und Selbstkompetenzen sowie Methodenkompetenz erfolgen oder in affektive und verhaltensbezogene Kompetenzen. Letzteres bietet sich gerade für interkulturell ausgerichtete Studienangebote an, da diese Unterteilung für die Differenzierung interkultureller Kompetenz geläufig ist.

Learning Outcomes, die eher generelle Fähigkeiten interkultureller Kompetenz und nicht nur fachspezifische Aspekte umfassen, scheint somit eine ungewohnt pragmatische Herangehensweise geboten. Gleichwohl soll dies nicht die Bedeutsamkeit weiterer Erforschung interkultureller Lernprozesse und Möglichkeiten zur Förderung entsprechender Kompetenzen leugnen. Für eine wissenschaftlich fundierte Operationalisierung wären empirisch überprüfte interkulturelle Lernmodelle als Referenzpunkte sowie eine intensivere Erforschung interkultureller Lernprozesse im Studium (Weidemann et al. 2007: 819) hilfreich. So plädiert auch Otten (2007: 68) für die Analyse interkulturellen Handelns unter Berücksichtigung des jeweiligen organisationalen und institutionellen Entstehungsumfeldes. Trotz der skizzierten Schwierigkeiten, die mit der Definition von Learning Outcomes in interkulturell ausgerichteten Studiengängen (und keinesfalls nur in diesen) einhergehen, wäre ein völliger Verzicht auf den Einbezug interkultureller Kompetenz in die Learning Outcomes eines Studiengangs schon aus marketingstrategischen Gründen unglücklich, schließlich reiht sich interkulturelle Kompetenz nahtlos in den von Arbeitgeberseite geforderten Kanon an Schlüsselkompetenzen (Busch 2009) ein. Erste Anhaltspunkte für die Definition von Learning Outcomes kann die von Otten (vgl. i.d.B., Kap. 3.2) nach Studienformen differenzierte erwartbare Expertise in Bezug auf interkulturelle Kompetenz bieten. Erstrebenswert und notwendig erscheint ein kontinuierlicher Austausch von Fachvertretern zur outcome-orientierten Entwicklung und Adaption von Curricula, um Synergieeffekte nutzen zu können und unterschiedliche Profilbildungen transparent zu machen. Denkbar wäre z.b. ein Pilotprojekt, in dem mehrere Fachvertreter die outcome-orientierte Entwicklung eines Studiengangs begleiten und daraus Erkenntnisse zu generellen Problematiken einer solchen Herangehensweise bei interkulturell ausgerichteten Studiengängen gewinnen sowie Empfehlungen ableiten. Anders als bei der Festlegung von Standards gewährleistet die von validen Qualifikationszielen und Learning Outcomes ausgehende Konzeption und Adaption von Curricula Transparenz. Diese trägt zur Steigerung der Anerkennungsfähigkeit und letztlich der Mobilität der Studierenden bei (vgl. Kohler 2004). Damit bieten sich wiederum weitreichende Chancen für universitätsübergreifend angebotene Module und Lehrveranstaltungen interkulturell ausgerichteter Studienangebote.

Lerninhalte, Lehrmethoden, Lernerfolgsüberprüfung

Wie bereits erwähnt, setzt sich eine outcome-orientierte Perspektive im didaktisch-methodischen Design des Studiengangs fort. Handlungsleitend für Studiengangverantwortliche und Lehrende sind dabei folgende Aspekte (Vettori/Schwarzl 2008: 4):

- Wie werden die auf Ebene des Studiengangs definierten Learning Outcomes inhaltlich konkretisiert und z.B. auf Ebene der Lehrveranstaltungen umgesetzt?
- Welche Lehr-/Lernkonzepte und -methoden müssen eingesetzt werden, damit Studierende die Learning Outcomes erreichen können?
- Wie kann der Lernerfolg bzw. Lernfortschritt überprüft werden? Wie können Learning Outcomes evaluiert und gemessen werden?

Lehrinhalte galten in der Vergangenheit als Charakteristikum und sogar Alleinstellungsmerkmal eines universitären Studiums, so auch wie eingangs erwähnt in interkulturell ausgerichteten Studiengängen. Bei der Realisierung outcome-orientierter Curricula wird die Auswahl der Inhalte primär von der Überlegung geleitet, welche inhaltlichen Bestandteile für die Erreichung der gesetzten Learning Outcomes unabdingbar sind. Am obigen Beispiel würde das heißen, jene Interviewverfahren zu thematisieren, die generell für die Erforschung interkultureller Kommunikationsphänomene geeignet erscheinen. Im Rahmen der Umstellung auf das zweistufige Abschlusssystem zwingt dieses Vorgehen zu einer tatsächlichen ,Entrümpelung' von Curricula und nicht bloßen ,Umetikettierung' bereits bestehender Studienangebote. Die von den zu erreichenden Learning Outcomes abgeleiteten Inhalte führen zugleich zu einer stärkeren Transparenz über die einzelnen Lehrveranstaltungen und damit für Lehrende untereinander. So können einerseits inhaltliche Überschneidungen reduziert und andererseits veranstaltungsübergreifende Bezüge und Anknüpfungspunkte hergestellt werden. Letzteres birgt gerade bei einem interdisziplinären Forschungs- und Anwendungsfeld wie der interkulturellen Kommunikation Chancen. Es bedarf dafür allerdings des, auch für die Qualitätssicherung notwendigen, Austausches und der Kooperation der Lehrenden. Studiengänge mit interkulturellem Kernprofil haben weiterhin den Vorteil, dass die fachspezifische Wissensvermittlung und die Förderung von Kompetenzen integriert erfolgen können. Interkulturelle Kommunikation und Kompetenz werden weder nur als inhaltliches Thema hinzugenommen, noch erfolgt der Erwerb interkultureller Kompetenz in zusätzlich angebotenen Schlüsselkompetenzmodulen, die suggerieren, dass die entsprechenden Kompetenzen unabhängig vom fachlichen Kontext des restlichen Studiums erworben werden können. Hierin liegen weitreichende Potenziale für eine professionelle Positionierung und zugleich Abgrenzung derartiger Studiengänge von interkulturellen Zusatzangeboten.

Mit einem kompetenzbasierten und lerner-zentrierten Bildungsverständnis kommt dem Einsatz geeigneter Lehr-/Lernformen, die selbstgesteuertes Lernen ermöglichen, eine große Bedeutung zu. Auch deren Auswahl bestimmt sich aufgrund der Frage, welche Lehr-/Lernkonzepte und -methoden zum Erreichen der Learning Outcomes beitragen. Sollen Studierende wie im obigen

Beispiel (vgl. Abbildung 3) in der Lage sein, mit Unsicherheiten in einer Kommunikationssituation (Interview) umzugehen, lässt sich dies wahrscheinlich nur schwer mittels der Lehrmethode ‚Vortrag' erreichen. Einigkeit herrscht darüber, dass kulturelles Differenzerleben im Studium primär durch spezifische Lernformen und Settings sowie Reflexionsangebote und nicht vorrangig durch Studieninhalte erfahrbar wird (vgl. Otten i.d.B., Kap. 3.2; Weidemann et al. 2007). Durch die Inszenierung von Lernsituationen begleitet durch Reflexionsangebote, soll in einschlägigen Studienangeboten der Erwerb, über interkulturelle Alltagserfahrungen hinausgehender, Kompetenzen angeregt werden. Die stärker inhaltliche Fokussierung auf die für den Kompetenzerwerb notwendigen Inhalte nährt zwar Befürchtungen einer theoretisch-inhaltlichen Trivialisierung des Hochschulstudiums. Allerdings entstehen auf diese Weise größere Freiräume zur Integration oft als zeit- und ressourcenintensiv empfundener Methoden wie Rollenspiele, Simulationen, Fallstudien etc. Je nach Studiengangprofil wird der systematische Einsatz solcher praxisorientierten und partizipativen Lehrformen unterschiedlich ausfallen (Weidemann et al. 2007: 818). Im Zuge der angestrebten Professionalisierung einschlägiger interkultureller Studienangebote scheint es geboten, bei der Evaluation von Lehrveranstaltungen (vgl. Arnold/Mayer i.d.B., Kap. 5) ein besonderes Augenmerk auf die Zielerreichung und Wirkungsweise entsprechender Lehr-/Lernformen und -methoden zu legen. So kann die Akzeptanz entsprechend aktivierender Lernmethoden hinterfragt und gesichert werden.

Letztlich stellt sich die Frage, inwieweit mit Angeboten zum (interkulturellen) Lernen ein individueller Lernfortschritt bzw. Lernerfolg der Studierenden erreicht wird. Wie lässt sich überprüfen, ob Studierende die Learning Outcomes einer Lehrveranstaltung erreicht haben? Woran lässt sich der Lernerfolg bemessen, wenn nicht lediglich die Überprüfung theoretischen Wissens im Vordergrund steht? Da Learning Outcomes dem Anspruch der Überprüfbarkeit genügen müssen, bleiben sie notwendigerweise auf operationalisierbare Aspekte interkultureller (Teil-)Kompetenz beschränkt.

Gerade in interkulturell ausgerichteten Studiengängen, die stark auf Kompetenzerwerb ausgerichtet sind, greifen rein summative Verfahren (als Abschlusskontrollen) zudem häufig zu kurz. Summative Prüfungsverfahren erfüllen eher selektive Zwecke und können in dieser Hinsicht auch zu bestimmten Studienzeitpunkten sinnvoll sein. Sie blenden jedoch Kompetenzen, die über kognitive Fähigkeiten hinausgehen, aus und beschränken damit „die Funktion einer Universitätsausbildung mehr oder weniger auf die Vermittlung von Wissen" (Vettori/Schwarzl 2008: 5). So ist z.B. die Überprüfung des Teilziels ‚Studierende können auftretende (kommunikative) Unsicherheiten und Irritationen im Interview erkennen und gesprächsförderlich bewältigen' (vgl. Abbildung 3) kaum mittels einer Abschlussklausur realisierbar. Insofern scheint eine Ergänzung durch Lernfortschrittsüberprüfungen, die einen stärker formativen Charakter haben, geboten. Studierende erhalten auf diese Weise regelmäßig Feedback über ihren Lernfortschritt, gleichzeitig nehmen Lehrende die Überprüfung als Anlass, die Bedürfnisse der Studierenden zu identifizieren, um dann wiederum mit entsprechenden Lehr-/Lernstrategien angemessen darauf zu reagieren. Volkwein (2003: 7) beschreibt dieses Vorgehen als „feedback loop in which teaching influences learning, learning influences outcomes, and assessment of outcomes is used to influence/improve teaching and, ultimately learning".

Vor dem Selbstverständnis einer Lerner-Zentrierung in der Hochschulbildung leisten Lernfortschrittsüberprüfungen einen entscheidenden Beitrag zum Lernprozess. Derart kontinuierlichen Lernfortschrittsüberprüfungen dürfte bei interkulturellen Lernangeboten, deren Nutzung stark von einem begleitend verfügbaren Reflexionsangebot und somit einem permanenten Feedbackprozess zwischen Lehrenden und Studierenden, aber auch Studierenden untereinander abhängt, eine besondere Relevanz zukommen. Studierendenportfolios die sich aus verschiedenen Formen der Lernfortschrittsüberprüfung wie Essays, Gruppenpräsentationen etc. zusammensetzen, können geeignet sein, Kombinationen kognitiver, affektiver und verhaltensbezogener Fähigkeiten abzufragen (Nusche 2008: 11). Gerade in stark anwendungsorientierten Lehrveranstaltungen mit Einbezug aktivierender und interaktiver Lernmethoden, aber beispielsweise auch in Lehrforschungsprojekten, bieten sie einen Ansatzpunkt. Learning Outcomes stellen in Bezug auf die Lernfortschritts- bzw. Lernerfolgsüberprüfung Minimumstandards dessen dar, was ein Studierender wissen, verstehen und können muss, um eine Lehrveranstaltung oder ein Modul erfolgreich abzuschließen. Die Bewertungskriterien sollten daher von den jeweiligen Learning Outcomes abgeleitet werden und für Studierende transparent sein. Im Sinne eines ‚fitness for' bzw. ‚of purpose'-Ansatzes bemisst sich die Qualität eines Studiengangs dann daran, ob Studierende die gesetzten Qualifikationsziele erreichen. Eine Konzeption von Curricula, die, ausgehend von Learning Outcomes, die Gestaltung der Prozesse des Lehrens, Lernens und Prüfens aufeinander abstimmt, ist entscheidend.

Lehrende und Studierende

Qualifizierte Lehrende und ‚geeignete' Studierende stellen einen wesentlichen Faktor für die Entwicklung und Implementierung hochwertiger Lehr-/ Lernangebote dar (vgl. Künzel 2004). Die Herausforderungen, die ein outcome-orientierter Ansatz nicht nur für Studiengangverantwortliche, sondern auch für Lehrende[7] birgt, liegen auf der Hand. Nicht nur fundierte didaktische

---

7   Für einen allgemeinen Überblick zu den Anforderungen an Lehrende interkulturell ausgerichteter Studiengänge vgl. Weidemann et al. 2007 sowie Weidemann/Nothnagel i.d.B., Kap. 3.1).

Fähigkeiten und Erfahrungen sind unabdingbar, um interkulturelle Lernräume für die Studierenden zu gestalten. Viel mehr als bei bloßer Wissensvermittlung, z.B. im Vortrag, sind Lehrende selbst mit Unsicherheiten konfrontiert. Mit dem Einsatz aktivierender und komplexer Lernmethoden lässt sich weder der Zeithorizont, die Akzeptanz bei den Studierenden noch die sich entwickelnde Gruppendynamik mit Gewissheit vorausplanen. Zudem müssen Lehrende selbst über entsprechend reflektierte Erfahrungen im Umgang mit kultureller Differenz verfügen, um Reflexionsangebote für Studierende schaffen zu können. Eine Lerner-Zentrierung erfordert weiterhin Begleitungs- und Unterstützungsangebote, die zunehmend spezifischer auf die individuellen Bedürfnisse der einzelnen Studierenden ausgerichtet sein müssen, wodurch die Lehrenden verstärkt in die Rolle von Mentoren versetzt werden. Um einen professionellen Umgang mit derartigen Rollen und qualitätsvolle Angebote zu gewährleisten, müssen seitens der Personalentwicklung entsprechende Weiterbildungsangebote geschaffen werden. Solange sich jedoch die Reputation eines Wissenschaftlers und auch die von Hochschulen ausschließlich, und das auch finanziell, an Forschungsleistungen oder allenfalls noch an ‚bewältigten' Studierendenzahlen bemisst, wird die Bereitschaft, in die Professionalisierung der eigenen Lehrtätigkeit zu investieren, gering bleiben (vgl. Herbert/Kaube 2008).

Die Auswahl der Studierenden sollte sich nach den spezifischen Qualifikationszielen des jeweiligen Studiengangs richten und dafür notwendige Voraussetzungen mit Hilfe geeigneter Instrumente überprüfen. Derzeit gängige Verfahren zielen vordergründig auf die Messung der allgemeinen sowie fachspezifischen Studierfähigkeit, der Persönlichkeit und der Motivation ab (Heine/Briedis/Didi/Haase/Trost 2006). Für interkulturell ausgerichtete Studienangebote stellt sich die Frage, welche Voraussetzungen für den Erwerb interkultureller (Teil-)Kompetenzen relevant sind und wie diese überprüft werden können. Bisher existierende diagnostische Instrumente zur ‚Messung' interkultureller Kompetenz werden aufgrund bekannter Schwächen (vgl. Deller/Albrecht 2007) nur bedingt hilfreich sein und noch einiger Entwicklungsarbeit bedürfen. Notwendig, wenn auch aufgrund zeitlicher und personeller Ressourcen häufig utopisch anmutend, erscheint die Kombination verschiedener Maßnahmen und Instrumente. Mit gezielter Vorinformation und Beratung, die auf die Selbstselektion der Studierenden setzt, kann der Aufwand von vornherein reduziert werden (vgl. Arnhold/Hachmeister 2007). Hierzu gehört zuvorderst, realistische Erwartungen bei künftigen Studierenden interkulturell ausgerichteter Studienangebote in Bezug auf die zu erwerbenden Kompetenzen und die auf sie zukommenden Anforderungen zu wecken. Insbesondere sollte auf die möglicherweise irritierende und emotional belastende Erfahrung kultureller Differenz hingewiesen werden (vgl. Weidemann et al. 2007). Kriterien einer Vorselektion für tatsächlich Interessierte sind dann typischerweise

Fremdsprachenkenntnisse, Auslandserfahrung sowie Vorwissen aus einer relevanten Disziplin, wobei letztere eher für Masterangebote relevant sein dürften. Der Einsatz von diagnostischen Verfahren zu Studienbeginn könnte über die Auswahl hinaus einen ersten Eindruck über vorhandene Fähigkeiten und Kompetenzen der ausgewählten Studierenden geben und damit als Ausgangspunkt einer lernerzentrierten Lehre dienen. Der systematische Einsatz solcher Verfahren könnte zudem zu einer Verbesserung solcher Instrumente selbst führen und damit zu einer nachhaltigen Qualitätssicherung beitragen. Der Einsatz von Auswahlinstrumenten gleich welcher Art bringt aufgrund der zeitpunktbezogenen Überprüfung jedoch immer eine gewisse Unsicherheit mit sich (vgl. Künzel 2004). Dem könnte letztlich nur eine Art Studieneingangsphase, mit intensiver Betreuung und Beratung, Abhilfe verschaffen. Erst deren Bestehen würde die Studierenden zum Weiterstudieren befähigen (ebd.: 8). Im Rahmen der Qualitätssicherung muss mittelfristig überprüft werden, ob die für die Auswahl verwendeten Instrumente und die damit verfolgten Ziele, z.B. weniger Studienabbrecher, erreicht werden. Überlegungen zur Auswahl von Studierenden stoßen jedoch dort an Grenzen, wo aus hochschulpraktischer Sicht – insbesondere in Bereichen neuer innovativer Studienangebote – die Maximierung von Studierendenzahlen gewünscht ist.

Outcome-orientierte Programmevaluation

Abschließend soll die Programmevaluation als übergeordnete Maßnahme des Qualitätssicherungsprozesses betrachtet werden. Die für eine derartige Umsetzung notwendigen stark iterativen Prozesse bedürfen der Partizipation von Hochschulleitung, Studiengangverantwortlichen, Lehrenden u.a. (vgl. Vettori/Schwarzl 2008: 4). Die Evaluation von Studiengängen ist Teil des begleitenden Monitorings und sollte in Folge des iterativen Qualitätssicherungsprozesses überprüfen, inwieweit

- die Studierenden die Qualifikationsziele und Learning Outcomes des Studiengangs erreichen;
- der Studiengang studierbar[8] ist;
- hinreichende Ressourcen (personell, zeitlich) verfügbar sind;
- relevante Akteurs- und Interessengruppen an der Studiengang(weiter-)entwicklung beteiligt sind.

Aus den Ergebnissen können sodann entsprechende Konsequenzen wie die Adjustierung oder Neudefinition der Ziele abgeleitet werden. Wie bei der individuellen Lernerfolgsüberprüfung schon konstatiert, liegt die besondere

---

8 Entscheidend für die Studierbarkeit eines Studiengangs ist ein nachvollziehbar ermittelter und von Studierenden leistbarer Workload. Im Rahmen von Akkreditierungen spielt die Überprüfung der Studierbarkeit eine bedeutende Rolle.

Schwierigkeit auch bei Programmevaluationen auf der Überprüfung nicht rein kognitiver Wissensbestände. Ein von Nusche (2008) angestellter internationaler Vergleich von Bewertungsverfahren zeigt, dass derzeit summative Verfahren überwiegen. Dies hat zur Folge, dass ein Teil des im Qualifikationsprofil angestrebten Kompetenzspektrums nicht erfasst werden kann. Evaluationen, die der Überprüfung von fachspezifischem Wissen und Fähigkeiten dienen, können zwar einen Beitrag zur Vergleichbarkeit verschiedener interkulturell ausgerichteter Studienangebote leisten, haben aber zugleich aufgrund der facettenreichen Profile nur beschränkt Aussagekraft und dienen auch der Weiterentwicklung der Curricula nur einseitig. Erstrebenswert wäre die Anwendung und notwendige Weiterentwicklung entsprechender formativer Evaluationsverfahren. Formative Evaluationen, die von den beschriebenen Learning Outcomes ausgehen, befinden sich derzeit noch in Pilot- und Erprobungsphasen (vgl. Vettori/Schwarzl 2008). In Bezug auf interkulturell ausgerichtete Studiengänge erweist sich die Evaluation als zweifach problematisch: Neben der generell defizitären Lage methodischer Verfahren zur Überprüfung von Learning Outcomes kommt hier zusätzlich das schon erwähnte Problem zum Tragen, das mit dem Qualifikationsziel ‚interkulturelle Handlungskompetenz‘ einhergeht. Einzelverfahren, wie Fragebögen, Interviews und Beobachtungen müssten zunächst geeignet sein, interkulturelle Teilkompetenzen oder diesbezügliche Lernfortschritte zu erfassen. Am ehesten ließe sich das womöglich mit einem methodischen Verfahrensmix, der zudem die Perspektive verschiedener Interessengruppen mit einbezieht[9], realisieren (vgl. Vettori/Schwarzl 2008). Mögliche Instrumente stellen Fragebögen, Interviews, Fokusgruppen, Beobachtungen, Dokumenten- und Videoanalysen dar. Perspektiven folgender Interessengruppen können für Programmevaluationen herangezogen werden: Studierende und Alumni, Studiengangverantwortliche, Lehrende, Fachkollegen (Peers), externe Experten.

Selbsteinschätzungen in Bezug auf erworbene interkulturelle (Teil-)Kompetenzen der Studierenden zu verschiedenen Zeitpunkten des Studiums sollten durch Fremdeinschätzungen z.B. von Externen ergänzt werden. Denkbar wäre z.B., bei obligatorischen Praktika die jeweiligen Arbeitgeber einzubeziehen. Damit würden zugleich eine bestehende Grauzone zumindest tendenziell aufgehoben und derartige Praxiserfahrungen künftig stärker in den (interkulturellen) Lernprozess integriert. In anwendungsorientierten interkulturellen Studiengängen böte es sich z.B. an, externe Trainer als Beobachter einzuladen, um Studierende bei der eigenen Durchführung interkultureller Trainingsmaßnahmen zu beurteilen. Weiterhin sollte auch die Selbsteinschätzung der Studienganginhaber, z.B. im Rahmen einer Stärken-Schwächen-Analyse durch Ein-

---

9   Deren Einbezug wird u.a. vom Akkreditierungsrat gefordert, aber auch in den ENQA-Standards nahe gelegt.

schätzungen von Peers ergänzt werden. Zwar weist die Landschaft interkultureller Studiengänge in einigen Aspekten eine große Heterogenität auf, jedoch kann durch entsprechendes Feedback gerade diese Heterogenität zu fruchtbaren Synergieeffekten führen. Der Einbezug von Fachvertretern bei der Programmevaluation erscheint also einerseits notwendig, um diese im Rahmen von Peer-Reviews einzubinden, und andererseits, um geeignete Evaluationsverfahren für interkulturell ausgerichtete Studiengänge (weiter-)entwickeln zu können. Da derartige Evaluationen, Verfahrenserprobungen und -entwicklungen sehr zeit- und ressourcenintensiv sind, scheinen sie überhaupt nur in fachübergreifenden Kooperationen und Austausch realisierbar. Letztlich muss das methodische Vorgehen bei der Evaluation von interkulturell ausgerichteten Studiengängen, -modulen und Lehrveranstaltungen jedoch in Übereinstimmung mit dem gesamtuniversitären Qualitätssicherungssystem erfolgen.

Fazit

Interkulturell ausgerichtete Studienangebote befinden sich nach der Umstellung auf das neue Studiensystem in einer Phase der Neuorientierung und zunehmenden Professionalisierung. Unterstützende Maßnahmen zur Qualitätssicherung können hier einen wesentlichen Beitrag leisten, die Entwicklung professioneller Angebote weiter voranzutreiben. Die derzeitige Diskussion unter Fachvertretern weist darauf hin, dass vor allem Fragen der disziplinären und interdisziplinären Verankerung erörtert werden. Dies ergibt sich zum einen aus der strukturellen Notwendigkeit zur An- und Einbindung entsprechender Angebote, weist zum anderen auf eine theoretisch-inhaltliche Herangehensweise innerhalb bestehender Angebote hin. Qualitätssicherung auf Basis eines *fitness for purpose*-Verständnisses orientiert sich jedoch maßgeblich an den Qualifikationszielen des Studiengangs und folgt in der Umsetzung einem davon ausgehenden iterativen Kreislauf.

Ein derartig an Outcomes orientierter methodischer Ansatz erscheint relevant für die Erreichung der mit dem Bologna-Prozess angestrebten Transparenz und Vergleichbarkeit von Qualifikationen. Weiterhin nehmen Learning Outcomes eine Schlüsselrolle bei der Etablierung übergreifender Standards ein, indem sie als Referenzpunkte, z.B. bei der Entwicklung nationaler oder fachspezifischer Qualifikationsrahmen dienen. Insbesondere für Studieninteressierte und Studierende, aber auch für künftige Arbeitgeber erfüllen explizierte Learning Outcomes eine Orientierungsfunktion, indem Informationen über erwartbare Kompetenzen nach Abschluss einer Qualifikation offen gelegt werden. Letztlich sichert die Orientierung an ihnen die Stringenz der Curriculaentwicklung, ausgehend vom Qualifikationsziel über den Einsatz geeigneter Lehr-/Lernmethoden, Lernfortschritts- oder Lernerfolgskontrollen (Zervakis 2008: 15) bis zum Design geeigneter Evaluationsverfahren. Qualitätssicherung basiert somit auf einer multimethodischen, durch den erforderlichen Einbezug verschiedener interner und externer Interessengruppen, aber auch multiperspektivischen Entwicklung und Adaption von Curricula. Die ausgeführten Kritikpunkte am outcome-orientierten Ansatz sowie die Probleme bei der Implementierung machen jedoch deutlich, dass es sich keineswegs um ein ‚Allheilmittel' für allfällige Probleme bei der Reform des Studiensystems handelt. Genauso wenig lässt sich der fortschreitende Paradigmenwechsel ignorieren. Interkulturell ausgerichtete Studiengänge können in dem Maße davon profitieren, wie es gelingt, valide Learning Outcomes für das Qualifikationsziel ‚interkulturelle Handlungskompetenz' zu formulieren. Darin kommen disziplinäre und interdisziplinäre Bezüge sowie anwendungs- oder forschungsbezogene Schwerpunkte zum Ausdruck, die das Profil der jeweiligen Studienangebote schärfen.

Eine Fokussierung der Studieninhalte auf für das Erreichen der Learning Outcomes Notwendige begünstigt Lehr-/Lernansätzen und -methoden, die geeignet sind, den Erwerb berufsbefähigender interkultureller Kompetenz zu fördern, und erlaubt größere Spielräume für den Einsatz aktivierender Lernmethoden. Zugleich ermöglicht die Umsetzung einer Outcome-Orientierung die Abgrenzung von zusätzlich angebotenen Schlüsselkompetenzmodulen. Denn der Vorteil interkultureller Kernstudien liegt gerade in der Integration von fachspezifischer Wissensvermittlung und Förderung allgemeiner berufsbefähigender (interkultureller) Kompetenzen. Vielfach ergeben sich zusätzlich zu den Schwierigkeiten bei der Implementierung von Learning Outcomes offene Fragen aus der Problematik des Konzepts ‚interkulturelle Kompetenz'. Dies umfasst die Frage nach der Definition valider Learning Outcomes genauso wie die nach geeigneten Lernfortschrittkontrollen oder Verfahren zur Programmevaluation.

Eine sorgfältige Entwicklung und Implementierung, die Kritikern unter den gegebenen finanziellen, personellen und zeitlichen Ressourcen gleichwohl utopisch anmuten mag, ist Voraussetzung. Um offene Fragen bei der praktischen Umsetzung eines outcome-orientierten Ansatzes anzugehen, erscheint die weitere fachübergreifende Kooperation und der Austausch, sei es bei der weiteren Erforschung interkultureller Lernprozesse oder der Begleitung einer Programmevaluation durch Peers, wesentlich. Learning Outcomes stellen letztlich einen methodischen Zugang dar, der eingebettet in ein gesamtuniversitäres Qualitätssicherungssystem und in Abstimmung mit anderen Maßnahmen und Instrumenten die qualitätsvolle Konzeption und (Weiter-) Entwicklung von (interkulturellen) Studienangeboten fördern kann.

Literatur

Adam, Stephen (2006): „An introduction to learning outcomes. A conside-
ration of the nature, function and position of learning outcomes in the
creation of the European Higher Education Area". In: Eric Froment/Jür-
gen Kohler/Lewis Purser (Hg.), EUA Bologna Handbook, Berlin: Raabe,
B 2.3-1.

Adam, Stephen (2008): Learning outcomes current developments in Europe:
Update on the issues and applications of learning outcomes associated
with the Bologna process. Bologna Seminar: Learning outcomes based
higher education: the Scottish experience, 21.-22.02.2008, Edinburgh,
Schottland.

Akkreditierungsrat (2008): Kriterien für die Systemakkreditierung. Beschluss,
http://www.akkreditierungsrat.de/fileadmin/Seiteninhalte/Beschluesse_AR/
08.02.29_Kriterien_Systemakkreditierung.pdf, 21.01.2010.

Arnhold, Nina/Hachmeister, Cort-Denis (2007): „Leitfaden für die Gestaltung
von Auswahlverfahren an Hochschulen". In: HRKService Stelle Bologna
(Hg.), Bologna-Reader II, Beiträge zur Hochschulpolitik 5, S. 105-107.

Bologna-Erklärung (1999): Der Europäische Hochschulraum. Gemeinsame
Erklärung der Europäischen Bildungsminister vom 19.06.1999. Bologna.

Bolten, Jürgen (2007): „Interkulturelle Studienangebote vor dem Hintergrund
der Einführung von Bachelor- und Master-Programmen". Interculture Journal 3, http://www.interculture-journal.com/download/issues/2007_03.pdf,
21.01.2010.

Busch, Dominic (2009): „What kind of intercultural competence will contri-
bute to students' future job employability?". Intercultural Education 20
(5), S. 429-438.

Carstensen, Doris/Hofmann, Stefanie (2004): „Qualität in Lehre und Studium:
Begriffe und Objekte". In: Winfried Benz/Jürgen Kohler/Klaus Landfried
(Hg.), Handbuch Qualität in Studium und Lehre, Berlin: Raabe, C 1.1.

Deller, Jürgen/Albrecht, Anne-Grit (2007): „Interkulturelle Eignungsdiagnostik". In: Doris Weidemann/Arne Weidemann/Jürgen Straub (Hg.), Handbuch interkulturelle Kommunikation und Kompetenz, Stuttgart/Weimar:
Metzler, S. 741-754.

Ertel, Helmut/Wehr, Silke (2007): „Bolognagerechter Hochschulunterricht.
Herausforderungen durch Kompetenzorientierung und Lernerzentierung".
In: Silke Wehr/Helmut Ertel (Hg.), Aufbruch in der Hochschullehre.
Kompetenzen und Lernende im Zentrum. Beiträge aus der hochschuldi-
daktischen Praxis, Bern: Haupt, S. 12-28.

European Association for Quality Assurance in Higher Education (2005): Standards and Guidelines for Quality Assurance in the European Higher Education Area, http://www.enqa.eu/files/BergenReport210205.pdf, 21.01.2010.

Fischer-Bluhm, Karin (2005): „Learning Outcomes – Ein Paradigmenwechsel". In: Ulrich Welbers/Olaf Gaus (Hg.), The shift from teaching to learning. Konstruktionsbedingungen eines Ideals, Gütersloh: Bertelsmann, S. 118-123.

Harvey, Lee (2006): „Understanding Quality". In: Eric Froment/ Jürgen Kohler/Lewis Pursur (Hg.), EUA Bologna Handbook: Making Bologna Work, Brüssel, European University Association und Berlin: Raabe, B 4.11.

Harvey, Lee/Green, Diana (1993): „Defining Quality". Assessment & Evaluation in Higher Education 1, S. 9-34.

Harvey, Lee/Stensaker, Bjørn (2008): „Quality culture: Understandings, boundaries and linkages". European Journal of Education 4, S. 427-442.

Heine, Christoph/ Briedis, Kolja/Didi, Hans-Jörg/Haase, Klaudia/Trost, Günter (2006): Auswahl- und Eignungsfeststellungsverfahren beim Hochschulzugang in Deutschland und ausgewählten Ländern. Eine Bestandsaufnahme. HIS Kurzinformation 3, http://www.his.de/pdf/pub_kia/kia200603.pdf, 21.01.2010.

Herbert, Ulrich/Kaube, Jürgen (2008): „Die Mühen der Ebene: Über Standards, Leistung und Hochschulreform". In: Elisabeth Lack/Christoph Markschies (Hg.), What the hell is quality? Qualitätsstandards in den Geisteswissenschaften. Frankfurt/M.: Campus, S. 37-53.

Kennedy, Declan/Hyland, Aine/Ryan, Norma (2006): „Writing and using learning outcomes: a practical guide". In: Eric Froment/Jürgen Kohler/ Lewis Purser (Hg.), EUA Bologna Handbook, Berlin, Stuttgart: Raabe, C 3.4-1.

Kohler, Jürgen (2004): „Kriterien und Standards: Begriffe und Notwendigkeit, Gegenstände, Geltungsgründe und Risiken". In: Winfried Benz/ Jürgen Kohler/Klaus Landfried (Hg.), Handbuch Qualität in Studium und Lehre, Stuttgart: Raabe, D 1.1.

Kultusministerkonferenz (2005): Qualitätssicherung in der Lehre. Beschluss.

Künzel, Rainer (2004): „Aktive Qualitätssicherung und -entwicklung in Lehre und Studium. Institutionelle und organisatorische Rahmenbedingungen". In: Winfried Benz/Jürgen Kohler/Klaus Landfried (Hg.), Handbuch Qualität in Studium und Lehre, Stuttgart: Raabe, E 2.2.

Lack, Elisabeth/Markschies, Christoph (Hg.) (2008): What the hell is quality? Qualitätsstandards in den Geisteswissenschaften. Frankfurt/M.: Campus.

Lueger, Manfred/Vettori, Oliver (2008): Finding the right measure? – An interactionst view on quality culture and the role of quality management. Vortrag auf der 8. Biennial Conference of the International Network of Quality Assurance Agencies in Higher Education, Toronto, Canada, 2.-5. April 2008.

Lüsebrink, Hans-Jürgen (2005): Interkulturelle Kommunikation. Stuttgart: Metzler.

Newton, Jethro (2007): „What is quality". In: European University Association (Hg.), Embedding quality culture in higher education. A selection of papers from the 1st European Forum for Quality Assurance, Brüssel: European University Association, S. 14-20.

Nusche, Deborah (2008): „Assessment of learning outcomes in higher education: A comperative overview of selected practices". OECD Education Working Papers Nr. 15, OECD Publishing.

Otten, Matthias (2007): „Profession und Kontext: Rahmenbedingungen der interkulturellen Kompetenzentwicklung". In: Matthias Otten/Alexander Scheitza/Andrea Cnyrim (Hg.), Interkulturelle Kompetenz im Wandel. Bd. 2: Ausbildung, Training und Beratung, Frankfurt/M.: IKO, S. 57-89.

Otten, Matthias/Scheitza, Alexander/Cynrim, Andrea (2007): „Die Navigation im interkulturellen Feld: Eine gemeinsame Einleitung für beide Bände". In: ebd. (Hg.), Interkulturelle Kompetenz im Wandel. Bd. 2: Ausbildung, Training und Beratung, Frankfurt/M.: IKO, S. 15-38.

Pellert, Ada (2008): „‚Doing Quality'– Qualitätsmanagement als Prozess. Handbuch Qualität in Studium und Lehre". In: Winfried Benz/Jürgen Kohler/Klaus Landfried (Hg.), Handbuch Qualität in Studium und Lehre, Berlin: Raabe, E 2.1.

Rathje, Stefanie (2006): „Interkulturelle Kompetenz – Zustand und Zukunft eines umstrittenen Konzepts". Zeitschrift für Interkulturellen Fremdsprachenunterricht 3, http://zif.spz.tu-darmstadt.de/jg-11-3/allgemein/beitra31.htm, 21.01.2010.

Scheitza, Alexander (2007): „Interkulturelle Kompetenz: Forschungsansätze, Trends, Implikationen für interkulturelle Trainings". In: Matthias Otten/ Alexander Scheitza/Andrea Cnyrim (Hg.), Interkulturelle Kompetenz im Wandel. Bd. 2: Ausbildung, Training und Beratung, Frankfurt/M.: IKO, S. 91-119.

Sidler, Fredy (2005): „Studiengangsprofile: Die Konzeption „Outcomeorientierter" Studiengänge. Profilierung von Studiengängen an Fachhochschulen am Beispiel Schweiz". In: Anke Hanft/Isabel Müskens (Hg.), Bologna und die Folgen für die Hochschulen, Bielefeld: UVW, S. 26-51.

Straub, Jürgen (2006): „Interkulturelle Kommunikation – eine wissenschaftliche Disziplin?". In: Alois Moosmüller (Hg.), Interkulturelle Kommunikation. Konturen einer wissenschaftlichen Disziplin (Münchener Beiträge zur Interkulturellen Kommunikation, Bd. 20). Münster: Waxmann, S. 209-241.

Straub, Jürgen (2007): „Kompetenz". In: Jürgen Straub/Arne Weidemann/ Doris Weidemann (Hg.), Handbuch interkulturelle Kommunikation und Kompetenz. Grundbegriffe – Theorien – Anwendungsfelder, Stuttgart/ Weimar: Metzler, S. 35-46.

Straub, Jürgen/Nothnagel, Steffi (2007): „Über das Studium interkultureller Kommunikation und Kompetenz. Akademische Anforderungen und curriculare Ausbildung in einem interdisziplinären Master-Studiengang". In: Matthias Otten/Alexander Scheitza/Andrea Cnyrim (Hg.), Interkulturelle Kompetenz im Wandel. Bd. 2: Ausbildung, Training und Beratung, Frankfurt/M.: IKO, S. 215-244.

Vettori, Oliver/Lueger, Manfred (2008): „For better or worse? – Notions of quality improvement in higher education". Vortrag auf der 30th Annual EAIR Conference. Kopenhagen.

Vettori, Oliver/Schwarzl, Christoph (2008): „Curricula as work in progress – Lessons Learned from the Development of a Learning Outcome-oriented Study Programme". Zeitschrift für Hochschuldidaktik 3, S. 1-15.

Vlăsceanu, Lazăr/Grünberg, Laura/Pârlea, Dan (2004): „Quality Assurance and Accreditation: A Glossary of Basic Terms and Definitions". Papers on Higher Education UNESCO, S. 42-51.

Volkwein, James Fredericks (2003): „Implementing Outcomes Assessment on your campus". Research and planning E-Journal 1, http://www.bmcc.cuny .edu/iresearch/upload/Volkwein_article1.pdf, 21.01.2010.

Vukasovic, Martina (2006): „Deconstructing and reconstructing employabilty". In: Eric Froment/Jürgen Kohler/Lewis Purser (Hg.), EUA Bologna Handbook, Berlin: Raabe, B 1.4-2.

Weidemann, Doris/Weidemann, Arne/Straub, Jürgen (2007): „Interkulturell ausgerichtete Studiengänge". In: Jürgen Straub/Arne Weidemann/Doris Weidemann (Hg.), Handbuch Interkulturelle Kommunikation und Kompetenz, Stuttgart/Weimar: Metzler, S. 815-828.

Wissenschaftsrat (2008): Empfehlungen zur Qualitätsverbesserung in Studium und Lehre, http://www.wissenschaftsrat.de/texte/8639-08.pdf, 21.01.2010.

Zervakis, Peter A. (2008): The dilemma of proposing common standards for implementing learning outcomes in decentralized curricular development. IMHE General Conference 2008: Outcomes of higher education: Quality relevance and impact, Programme on Institutional Management in Higher Education, OECD, September 2008, Paris, http://www.oecd.org/edu/imhe generalconference2008/papers, 21.01.2010.

Teil 4

Methoden zur Vermittlung

interkultureller Kompetenz

4.1 Training/Lehrtraining

STEFANIE RATHJE

Bei der Vermittlung interkultureller Kompetenz stellen Trainings innerhalb von Hochschulseminaren eine beliebte Alternative zu herkömmlichen Lehrmethoden dar. Ihr Einsatz in der Hochschullehre ist jedoch hinsichtlich verwendeter Trainingsformen und ihrer theoretischen Fundierung sowie didaktischer Herausforderungen und Potenziale noch nicht systematisch ausgewertet worden (Heller 2000: 13ff.).

Bisher liegen zahlreiche Einzeldarstellungen zur Konzeption interkultureller Trainings für unterschiedliche Zielgruppen vor: z.B. für Mitarbeiter in Wirtschaftsunternehmen (vgl. Kumbruck/Derboven 2005; Thomas/Kinast/Schroll-Machl 2006: 96ff.), Mitarbeiter im öffentlichen Dienst (Amt für Multikulturelle Angelegenheiten Frankfurt 1995: 56ff.), Sozialarbeiter (Freise 2005: 158ff.), Migranten (Schönpflug 2003: 328ff.), Schüler (Holzbrecher 2004: 125ff.) und Studierende (Heller 2000: 102ff.). Im internationalen Zusammenhang gibt es darüber hinaus Trainingskonzepte für Tätigkeiten in der Entwicklungszusammenarbeit (Loch/Seidel 2003: 309ff.) und für Militäreinsätze (Kammhuber/Layes 2003: 319ff.).

Daneben existieren Überblicksdarstellungen zur deutschen Trainingslandschaft (vgl. O'Reilly/Arnold 2005). Diese beziehen sich jedoch in der Regel auf alle Einsatzgebiete interkultureller Trainings, insbesondere auf ihre Anwendung in der Personalentwicklung von Wirtschaftsunternehmen.

Ziel des Artikels ist es, eine erste Grundlage zur Systematisierung von Trainings als Methode zur Vermittlung interkultureller Kompetenz zu liefern, die sich speziell auf ihren Einsatz in der Hochschulausbildung konzentriert. Hieraus sollen Schlussfolgerungen einerseits für die Planung von Studienprogrammen in Bezug auf den sinnvollen Einsatz unterschiedlicher Trainings, andererseits hinsichtlich der Anforderungen an die mit der Vermittlung betreuten Hochschuldozenten gezogen werden.

Der Artikel greift auf die breite allgemeine Literatur zu interkultureller Trainingsdidaktik zurück, integriert jedoch darüber hinaus auch Erkenntnisse

aus Experteninterviews mit deutschen Hochschullehrern sowie eigene Lehr-
erfahrungen, um dem spezifischen Theoriedefizit für den Bereich der Hochschullehre Rechnung zu tragen. Die auf dieser Basis entwickelten Hypothesen
sollten idealerweise mit Hilfe empirischer Studien validiert werden.

Abgrenzung des Trainingsbegriffs

In der Literatur zu interkulturellen Trainings liegt eine Reihe sehr breiter Definitionen des Gegenstandsbereiches vor. Dabei werden unter dem Begriff
‚interkulturelles Training' üblicherweise alle Arten von Interventionsmaßnahmen zur Entwicklung interkultureller Kompetenz zusammengefasst.

Im englischsprachigen Bereich bezeichnet beispielsweise Albert (1994:
153) „all activities designed to facilitate effective interactions between cultu-
rally different persons" als interkulturelles Training. Brislin und Yoshida
schränken diese Aktivitäten auf „formal efforts" ein, „designed to prepare
people for more effective interpersonal relations when they interact with individuals from cultures other than their own" (Brislin/Yoshida 1994: 2f.). Paige
und Martin betonen zusätzlich den Ausbildungs- und Prozesscharakter und
bezeichnen interkulturelles Training als „educative processes intended to
promote culture learning" (Paige/Martin 1996: 36).

Auch im deutschsprachigen Bereich herrschen sehr breite Definitionen
vor, die einerseits versuchen, das Ziel des interkulturellen Trainings, nämlich
die Entwicklung interkultureller Kompetenz, mehr oder weniger treffend zu
beschreiben, andererseits jedoch hinsichtlich der Art möglicher Maßnahmen
keine Einschränkung treffen:

„Allgemein umfasst interkulturelles Training alle Maßnahmen, die darauf abzielen,
einen Menschen zur konstruktiven Anpassung, zum sachgerechten Entscheiden und
zum effektiven Handeln unter fremdkulturellen Bedingungen und in kulturellen
Überschneidungssituationen zu befähigen." (Thomas/Hagemann/Stumpf 2003: 238)

An dieser Stelle soll im Hinblick auf das Erkenntnisinteresse des Artikels auf
eine Diskussion des genauen Verständnisses von interkultureller Kompetenz
als Ziel interkultureller Trainingsmaßnahmen verzichtet werden (vgl. hierzu
Rathje 2006, 2007).

Stattdessen ist jedoch eine genauere Bestimmung möglicher Arten von
Maßnahmen notwendig, um den Begriff ‚interkulturelles Training' im Hochschulbereich sinnvoll von anderen Vermittlungsmethoden wie z.B. Vorlesung, Gruppendiskussion, Textanalyse etc. abzugrenzen.

Die Schwammigkeit herkömmlicher Definitionen begründet sich vor allem im vorherrschenden Verständnis von interkulturellem Training als Teil
der Personalentwicklung von Unternehmen. Hier bezeichnet der Begriff des

Trainings, im Gegensatz zu anderen Interventionsmaßnahmen wie Mitarbeitergespräch oder Assessment Center, „off-the-job"-Maßnahmen (vgl. Bolten 2001a), die mit Kompetenzvermittlung aller Art verknüpft sein können. Es ist zu vermuten, dass diese unspezifische Definition des deutschen Lehnworts ‚Training' auf die ursprünglich weite Bedeutung des Begriffs ‚training' im angelsächsischen Raum zurückzuführen ist, die ‚Ausbildung' im weitesten Sinn umfasst: „the process of bringing a person to an agreed standard of proficiency by practice and instruction" (Collins 2006).

Für den Bereich interkultureller Trainings in der Hochschuldidaktik ist demgegenüber eine engere Begriffsabgrenzung notwendig, um nicht auch alle anderen klassischen Vermittlungsmethoden mit einzuschließen. Die allgemeine Pädagogik grenzt Training dementsprechend ab von anderen Methoden der Unterrichtsgestaltung wie z.B. dem Vortrag oder der Gruppenarbeit, ohne allerdings eine trennscharfe Eingrenzung zu liefern (Kron 2000: 270). Als hilfreicher erweist sich hier der Blick in Wissenschaftsbereiche, die sich genuin mit Trainingskonzepten auseinandersetzen: So versteht die Sportwissenschaft unter Training einen *komplexen Handlungsprozess*, der mit Hilfe *planmäßiger* und *sachorientierter* Einwirkung die Fähigkeit des Trainierenden zur bestmöglichen Leistungspräsentation in einer *Bewährungssituation* verbessert (Röthig 1992: 519f.).

Auf dieser Grundlage lassen sich eine Anzahl sinnvoller Kriterien identifizieren, die eine Definition von Training als Vermittlungsmethode im Hochschulbereich umfassen müsste:

- *Komplexität*: Das Lernziel ist vielschichtig.
- *Aktivität*: Die Studierenden müssen selbst handelnd tätig werden.
- *Systematik*: Die einzelnen Aktivitäten sind aufeinander sowie auf das Lernziel abgestimmt.
- *Realitätsbezug*: Die Aktivitäten wirken erfahrungsbildend in Bezug auf konkrete Anwendungssituationen.

Als Training im Rahmen der Hochschulausbildung soll damit eine Lehrmethode bezeichnet werden, die ein vielschichtiges Lernziel mit Hilfe planvoller, aufeinander abgestimmter Anwendungsübungen vermittelt, die auf eine Bewährungssituation vorbereiten. Interkulturelles Training im Hochschulbereich kann dann analog definiert werden als eine Lehrmethode zur Vermittlung des vielschichtigen Lernziels interkultureller Kompetenz mit Hilfe planvoller, aufeinander abgestimmter Anwendungsübungen, die auf die Bewältigung interkultureller Interaktionssituationen vorbereiten.

Training als Kombination von Material und Technik

Wie auch in anderen didaktischen Zusammenhängen üblich, sollte zur systematischen Analyse und Bewertung von Vermittlungsmethoden der Entwicklung interkultureller Kompetenz unterschieden werden zwischen den gewählten Inhalten, im folgenden ‚Material' genannt, sowie den verwendeten didaktischen Verfahren, im folgenden ‚Technik' genannt. So besteht z.b. die bekannte Vermittlungsmethode „Culture Assimilator" aus einer Kombination von sogenannten Critical Incidents (Beschreibungen ‚kritischer', als besonders aussagekräftig für die behandelte Kultur betrachteter Interaktionssituationen) als Material und Multiple-Choice-Fragebögen mit ausführlichen Auflösungstexten, ggf. verknüpft mit einer moderierten Gruppendiskussion, als Technik (s.a. Layes 2007; Utler/Thomas i.d.B., Kap. 4.6).

Dabei lässt sich zwischen materialabhängigen und materialunabhängigen Techniken unterscheiden. So kann beispielsweise die Fallstudien-Technik mit ihrem Verfahren aus Lesen, Diskussion von Handlungsalternativen, Entscheidung für eine Alternative etc. (Flechsig 1999: 217) nur in Verbindung mit einer entsprechenden Fallstudien-Dokumentation als Material angewendet werden. Die Technik des Rollenspiels ist demgegenüber materialunabhängig. So sind u.a. vergleichende Kultur-Skripte mit Verhaltensanweisungen, aber auch Fallstudiendokumentationen oder offene Situationsbeschreibungen als Grundlage für ein Rollenspiel denkbar.

Betrachtet man bisherige Darstellungen unterschiedlicher Trainingsmethoden, sind diese häufig gekennzeichnet durch eine Vermischung von Material und Technik. So listet beispielsweise Ehnert Bücher, Filme, Diskussionen, Fallstudien, Kulturassimilatoren, Rollenspiele, Videoanalyse, Coaching u.a. als Methoden des interkulturellen Trainings auf und integriert dabei einerseits Materialien (Bücher, Filme), andererseits Techniken (Rollenspiel, Videoanalyse) sowie Kombinationen aus beidem (Kulturassimilator) in ihre Systematik (Ehnert 2004: 12ff.). Auch die sehr umfassende Analyse 18 unterschiedlicher „training methods" von Fowler und Blohm trifft keine Unterscheidung zwischen Techniken wie „Lecture" und „Roleplay" und Materialien wie „Critical Incidents" oder „Film" (Fowler/Blohm 2004: 49ff.). Die darüber hinaus vorliegenden Einzeldarstellungen von Trainings u.a. für den Hochschulbereich wie z.B. „Contrast-Culture" (vgl. Reisch 1991), „Linguistic-Awareness-of-Culture" (vgl. Helmolt/Müller 1993), „InterAct" (vgl. Bolten 2002; s.a. Bolten i.d.B., Kap. 4.12; Strohschneider i.d.B., Kap. 4.2), „Intercultural Anchored Inquiry" (vgl. Kammhuber 2007), „MS Antwerpen" (vgl. Strohschneider i.d.B., Kap. 4.2) beschreiben entsprechend spezifische Kombinationen von Material und Technik, die für die jeweils praktische Anwendung sinnvolle Anregungen enthalten, sich einer systematischen Bestandsaufnahme jedoch notwendigerweise entziehen.

Im Folgenden soll daher eine systematische Trennung von Material und Technik vorgenommen werden. Die vorgeschlagene Definition von interkulturellem Training als Vermittlungsmethode im Hochschulbereich trifft dabei bewusst keine Eingrenzung hinsichtlich des verwendeten Materials, sondern stellt primär Kriterien zur Eingrenzung bestimmter Techniken auf (Komplexität, Aktivität, Systematik, Realitätsbezug). Der vorliegende Beitrag konzentriert sich im Folgenden auf die Analyse im Hochschulbereich angewandter Trainingstechniken sowie ihrer Bewertung und spart eine Analyse denkbarer Materialien aus.

Dies liegt zum einen darin begründet, dass die theoretischen Fundierungen zahlreicher Materialquellen seit langem bekannt und benannt sind. So dienen z.b. die Attributionstheorie (vgl. Triandis 1984; Seewi 1995; Philipp 2003: 51ff.), die Schematheorie (vgl. Kelley 1973) oder das „face"-Konzept (vgl. Goffman 1967) als Grundlage für die Beschreibung (fiktiver) kontrastiver Kulturszenarien in bekannten Rollenspieltechniken. Das Modell der Kulturstandards (vgl. Holzmüller 1997; Thomas 1996; Utler/Thomas i.d.B., Kap. 4.6) gilt als Grundlage für Critical-Incident-Beschreibungen. Die Sprechakttheorie wird als theoretische Basis für die Verwendung von Interview- bzw. Gesprächstranskripten in der linguistischen Gesprächsanalyse angeführt (Auernheimer 2003: 113f.). Das Modell interkultureller Kompetenz als Transferfähigkeit allgemeiner Managementkompetenzen (Bolten 1999: 70) dient als Fundierung verschiedener Planspielszenarien.

Zum anderen sind auch die Probleme der Verwendung bestimmter Materialien, wenn auch nicht immer unter dieser Überschrift, bereits umfassend diskutiert worden (vgl. Bolten 2001b: 130; Hansen 2000: 285; Rathje 2004 zum Einsatz von kulturellen Dimensionsmodellen). Auch der enge Zusammenhang zwischen Trainings-Material und zugrundeliegendem Kulturparadigma bzw. Verständnis von interkultureller Kompetenz ist bereits ausgelotet worden. So verweist z.b. Auernheimer auf die Problematiken des Essentialismus, der Ausblendung von Machtverhältnissen, der Identitätsvorschreibung und des Ethnozentrismus (Auernheimer 2007: 120f.), die mit der Auswahl des Trainingsmaterials direkt verknüpft sind (vgl. auch Straub/Nothnagel/Weidemann i.d.B., Kap. 1). Kammhuber unterstreicht den Zusammenhang zwischen lerntheoretischem Grundverständnis und Trainingsinhalten (2007: 19). Die Herausforderungen, die sich daraus für die Einordnung und Bewertung von Trainingsmaterial ergeben, gelten jedoch für alle Formen der Vermittlung interkultureller Kompetenz im Hochschulbereich und sollen daher an dieser Stelle nicht gesondert untersucht werden.

Unterscheidung der Trainingstechniken

Im Folgenden soll eine Auswahl derjenigen Vermittlungstechniken interkultureller Kompetenz vorgenommen werden, die den Kriterien der vorgeschlagenen Trainingsdefinition entsprechen und darüber hinaus auch im Hochschulbereich Verwendung finden. Es werden daher nur solche hochschultypischen Techniken einbezogen, die es erlauben, das Lernziel interkulturelle Kompetenz mit Hilfe planvoller, aufeinander abgestimmter Anwendungsübungen zu vermitteln, welche auf die Bewältigung einer interkulturellen Interaktionssituation vorbereiten.

Damit entfallen übliche Vermittlungsmethoden wie Vorlesungen und seminaristischer Unterricht, weil hier die erfahrungsbildende Verhaltensaktivität in Bezug auf eine Bewährungssituation fehlt. Ebenfalls von der Definition ausgeschlossen werden analytische Verfahren (z.B. Literaturanalyse, Diskursanalyse, Filmanalyse), da die geforderten Aktivitäten hier ebenfalls nicht der Übung einer Interaktionssituation entsprechen. Auch explorierende oder beobachtende Techniken wie das Verfahren der Feldstudie können dann nicht als Trainingstechnik für den Hochschulbereich im engeren Sinn gelten, da auch die Erfahrung der Befragung oder der Beobachtung nicht notwendigerweise eine Übung interkultureller Interaktionssituationen darstellt (vgl. jedoch Weidemann i.d.B., Kap. 4.16).

Insgesamt lassen sich sechs voneinander abgrenzbare Trainingstechniken identifizieren, die der Definition interkultureller Trainings im Hochschulbereich entsprechen. Sie sollen im Folgenden hinsichtlich ihrer Charakteristika und spezifischer Vermittlungspotenziale in Bezug auf das Lernziel interkulturelle Kompetenz überblicksartig beschrieben werden.

Rollenspiel

Bei der Technik des Rollenspiels versetzen sich die Studierenden in vordefinierte Rollen hinein und interagieren entweder nach vorgegebenen Spielregeln oder hinsichtlich eines zu erreichenden Ziels (vgl. Puzberg/Kühne 1979). Dabei lassen sich je nach verwendetem Material grundsätzlich zwei Formen unterscheiden: ‚Cultural Awareness' und simulatives Rollenspiel.

Die häufig als ‚Cultural Awareness' bezeichnete Rollenspieltechnik verwendet Skripte mit Verhaltensbeschreibungen von ausgedachten Kulturen:

„In einer definierten Spielsituation interagieren die Teilnehmer als Mitglieder unterschiedlicher Phantasie-Kulturen miteinander, ohne zunächst die Spielregeln zu kennen, die das Verhalten der jeweils anderen Gruppe bestimmen. Sie sollen auf diese Weise angeregt werden, sich eine fremde Kultur durch hypothesengeleitetes Explorationsverhalten schrittweise zu erschließen." (Thomas/Hagemann 1996: 185)

Die Technik des simulativen Rollenspiels konzentriert sich demgegenüber auf die Nachstellung einer realen, ggf. kritischen Lebenssituation. Diese können im Rahmen eines interkulturellen Trainings z.B. die Simulation einer geschäftlichen Interaktion mit internationalen Gesprächspartnern oder eines Streitgespräches mit Parteien aus unterschiedlichen kulturellen Kontexten sein. Ziel ist in beiden Fällen die Erweiterung der interkulturellen Handlungskompetenzen der Teilnehmenden, die durch unterschiedliche Teilziele erreicht werden kann:

- Erkennen und Verändern von Verhaltensmustern (z.B. durch Anwendung einer bestimmten Interaktionsstrategie);
- Ausloten eigener Grenzen und angstbehafteter Fremdheitserfahrungen in einem geschützten Raum;
- Empathie-Entwicklung durch Rollentausch und Nachempfinden der Erfahrungen Anderer.

Planspiel/Simulation

Das Planspiel bzw. die Simulation (siehe ausführlich Strohschneider i.d.B., Kap. 4.2) stellen eine Erweiterung des Rollenspiels dar. Die begriffliche Abgrenzung untereinander ist nicht trennscharf, im Allgemeinen wird der Begriff der Simulation häufiger im Zusammenhang mit computerbasierten Vorgehensweisen verwendet.

Planspiele und Simulationen zeichnen sich im Gegensatz zum Rollenspiel vor allem dadurch aus, dass typischerweise Gruppen von Teilnehmern als Handlungsträger in wechselnden Szenen und Situationen agieren (Geuting 2000: 15f.). Ein häufiges Kennzeichen der Interaktion ist dabei ein beabsichtigtes Spannungs- oder Stressmoment, das einerseits durch die Dynamik innerhalb der Teilnehmergruppen, andererseits durch Wettbewerbssituationen zwischen den Gruppen entsteht. Planspielmaterialien geben in der Regel ein zentrales Problem, oft eine schwierige Entscheidungs- oder Konfliktsituation vor. Die Teilnehmer erhalten die Aufgabe, in mehreren Spielrunden Lösungsmöglichkeiten durchzuspielen. Dabei erweist sich der Faktor Zeit als wichtige Grundlage für den beabsichtigten Lernerfolg:

„Gerade durch das Planspiel, in dem auch der Zeitablauf simuliert wird, können die jeweiligen denkmöglichen Folgewirkungen und längerfristigen Konsequenzen der verschiedenen Lösungsvorschläge und Handlungsalternativen zeitlich gerafft bewußt gemacht werden." (Geuting 2000:16)

Zusätzlich zu den Lernzielen des Rollenspiels bieten Planspiele und Simulationen daher die Möglichkeit, komplexere Zusammenhänge in interkulturellen Interaktionssituationen zu veranschaulichen und darauf abgestimmte Handlungsstrategien auszuprobieren und hinsichtlich ihrer Angemessenheit zu vergleichen.

Teamzentrierte Prozessmoderation

Unter teamzentrierter Prozessmoderation wird eine spezielle Form der Gruppenarbeit verstanden, bei der die Studierenden unter realitätsnahen Bedingungen eine komplexe Projektaufgabe bearbeiten. Anders als beim Planspiel folgen die Teilnehmer einem transparenten Prozess aus aufeinander aufbauenden Arbeitsschritten, der durch den Dozenten gruppenindividuell moderiert wird. Dabei wechseln sich Einheiten von selbstständiger Gruppenarbeit mit Input- und Reflexionsphasen ab. Mit Hilfe einer systematischen Prozessstruktur sowie einem engen Coaching der Teams fängt der Dozent Frustrationserfahrungen auf und stellt Erfolgserlebnisse sicher.

Als Material bietet sich eine ausführliche Fallstudie mit einer interkulturellen Thematik, ergänzt durch umfangreiches Datenmaterial, an, wie z.B. die Entwicklung eines Kommunikationsprodukts in einer internationalen Organisation, ein interkultureller Mediationsprozess zwischen Interessengruppen oder die Erfüllung einer Projektmanagementaufgabe in einem interkulturellen Projektteam (vgl. exemplarisch Rathje 2005a für den Bereich des interkulturellen Consultings).

Die teamzentrierte Prozessmoderation stellt eine komplexe Lernsituation her, welche die Teilnehmer mit vielfältigen Anforderungen konfrontiert: Sie müssen ihr Team koordinieren und Gruppendynamik bewältigen, während sie die Transferleistung der Anwendung einer ihnen bisher unbekannten Vorgehensweise erbringen. Sie arbeiten ggf. unter Zeitdruck und unter Berücksichtigung großer Mengen von Daten an der Erledigung ihrer Aufgabe und betreiben kontinuierlich Qualitätssicherung in Bezug auf das Endprodukt. Gleichzeitig müssen sie in jedem Arbeitsschritt auch interkulturelle Fragestellungen berücksichtigen. Ziel ist es hier, anhand der Arbeit an konkreten Aufgaben aus dem möglichen späteren Arbeitsalltag der Studierenden, Interkulturalität als einen, oft impliziten, Einflussfaktor unter zahlreichen anderen zu erfahren.

Lehrtraining

Lehrtrainings zeichnen sich durch ihr besonderes Lernziel der Erstellung eines interkulturellen Trainings aus. Mit Hilfe einer Kombination unterschiedlicher Trainings- und anderer Vermittlungstechniken wie z.B. E-Learning (s.a. Bolten i.d.B., Kap. 4.12) werden die Studierenden bei ihrer Aufgabe begleitet, selbst ein interkulturelles Training für eine Gruppe von Trainees zu erstellen. Hierfür erhalten sie vielfältigen inhaltlichen Input zu lerntheoretischen, didaktischen und berufspraktischen Grundlagen, um auf dieser Basis eine eigene Trainingssequenz zu entwickeln, die im Rahmen der Seminarsituation, idealerweise unter Zuhilfenahme filmischer Aufzeichnung und anschließendem Feedback, ausprobiert wird (vgl. Bolten 2008; Bolten/Müller-Jacquier 2008).

Als Material steht den Studierenden dabei typischerweise konkretes Anwendungswissen zu Themen wie zielgruppengerechter Konzeption interkultureller Personalentwicklungsmaßnahmen, didaktischer Aufbereitung interkultureller Trainingssequenzen, Durchführung, Nachbereitung und Evaluation von interkulturellen Trainings oder Geschäftsmodellen der interkulturellen Personalentwicklung zur Verfügung (vgl. Bolten 2007).

Die besondere Leistung von Lehrtrainings im Hinblick auf die Entwicklung interkultureller Kompetenz der Studierenden liegt in der methodisch verankerten zusätzlichen Reflexionsebene. Andere Trainingstechniken arbeiten üblicherweise mit Beobachtungen erster und zweiter Ordnung: Die Teilnehmer machen konkrete Erfahrungen, ‚beobachten‘ diese in Reflexionsphasen nachträglich und werden dadurch zu Lernenden. Beim Lehrtraining hingegen ‚beobachten‘ die Studierenden anhand der zusätzlichen Reflexion der Lehrmethode sich selbst beim Lernen interkultureller Kompetenz.

Daraus ergeben sich nach Kriegel (2008) vielfältige Lernpotenziale: Auf kognitiver Ebene kann die Erkenntnis der Kulturgebundenheit eigenen Denkens und Handelns anhand der Reflexion der eigenen Trainer-Rolle, des Verhaltens als Trainer sowie der Auseinandersetzung mit unterschiedlichen Lernstilen vermittelt werden. Das Problembewusstsein für die Auswirkungen unterschiedlicher Kulturmodelle erhöht sich durch ihre für die Entwicklung einer Trainingseinheit notwendige Metathematisierung. Der Umgang mit mehreren unterschiedlichen Beobachtungsperspektiven kann darüber hinaus auf affektiver Ebene Ambiguitätstoleranz und Empathie fördern sowie hinsichtlich des Verhaltens eine Erhöhung der Flexibilität im Handlungsrepertoire der Studierenden bewirken.

Laboratory Learning

Unter Laboratory Learning wird eine Trainingstechnik verstanden, bei der Studierende in Kleingruppen an einem semi-realen Projekt arbeiten (vgl. Rathje 2005b). Sie ist daher grundsätzlich auch unabhängig von der Vermittlung interkultureller Kompetenz einsetzbar. Genau wie beim Lehrtraining erfolgt auch beim Laboratory Learning der Einsatz unterschiedlicher anderer Trainingstechniken, wie z.B. teamzentrierte Prozessmoderation.

Das Besondere am Laboratory Learning ist das Verlassen der Ebene rein fiktiver Problembearbeitung zugunsten eines direkten Anwendungsbezugs. So führen die Studierenden kein ‚ausgedachtes‘ Projekt (z.B. auf Basis einer Fallstudiendokumentation) durch, sondern erhalten eine ‚echte‘ Aufgabe von einem ‚echten' Auftraggeber, dem sie ihre Projektergebnisse abschließend präsentieren müssen (vgl. hierzu auch den Typus des interkulturellen Lernprojekts aus der Jugendarbeit bei Flechsig 1999: 222, sowie Lehrforschungsprojekte bei Weidemann i.d.B., Kap. 4.16). Hierzu wendet sich der Dozent vorab an Unternehmen oder Organisationen als mögliche Seminarpartner. Die Partner formulieren dann Aufgaben (‚Briefings'), die direkt oder indirekt interkulturelle Aspekte berühren, wie z.b. Gestaltung einer Webpage für ein Migrationsbüro, Entwicklung eines Konzepts für die interne Kommunikation eines Konzerns zur länderübergreifenden Visionsentwicklung, PR-Konzept für die Initiative eines Orchesters zur Erschließung neuer Zuschauergruppen mit Migrationshintergrund. Die Projektergebnisse werden abschließend vor Ort von den Studierenden-Teams üblicherweise im Rahmen einer Exkursion vorgestellt. Der einzige Unterschied zu einer realen Auftragssituation ist das geringere ‚Geschäftsrisiko' für die Beteiligten, da keine finanziellen Verpflichtungen eingegangen werden und das Projekt normalerweise keinen herausragenden Stellenwert beim Auftraggeber besitzt.

Die grundlegenden Lernziele des Laboratory Learning im Hinblick auf interkulturelle Kompetenz sind ähnlich einzuschätzen wie bei der teamzentrierten Prozessmoderation. Zusätzlich bietet sich für die Studierenden beim Laboratory Learning noch die Möglichkeit, Interkulturalität, wie sie z.B. beim Aufeinandertreffen der Studierenden mit den unterschiedlichen Unternehmenskulturen der Auftraggeber entsteht, aus Erfahrung ‚am eigenen Leib' und nicht nur aus sicherer Beobachter-Perspektive zu spüren zu bekommen und in diesem Zusammenhang die eigene Handlungsflexibilität auszuprobieren.

Einsatztraining

Ähnlich wie die teamzentrierte Prozessmoderation im Laboratory Learning eine Erweiterung in die Realität erfährt, lässt sich auch die Technik des Lehrtrainings hinsichtlich des Realitätsbezugs hin zum sogenannten ‚Einsatztraining' ausweiten. Die Studierenden erhalten hier mittels unterschiedlicher Techniken ein Training zur Verbesserung ihrer interkulturellen Kompetenz, um anschließend selbst im Bereich des interkulturellen Trainings oder Coachings im Rahmen der Hochschule tätig zu werden. Diese Form des realen Einsatztrainings ist derzeit in der deutschen Hochschullandschaft noch wenig verbreitet, es liegen jedoch schon einzelne Modell-Projekte, wie beispielsweise das OPSIS-Projekt der Universität Jena zur verbesserten Integration internationaler Studierender (vgl. OPSIS 2006) vor, bei denen Studierende außerhalb der eigentlichen Hochschulausbildung z.B. als Mentoren für ausländische Studierende ausgebildet werden.

Obwohl solche Einsatztrainings nicht primär auf interkulturelle Kompetenzentwicklung bei den Studierenden abzielen, sondern vor allem die allgemeine Verbesserung des hochschulinternen Zusammenhalts fördern sollen, liegt ihr großes Potenzial im Hinblick auf die individuelle Kompetenzentwicklung der Teilnehmer auf der Hand. So kann zusätzlich zu den vor allem kognitiven Lernzielen von Lehrtrainings eine umfangreiche Basis an realen positiven wie negativen Erfahrungen interkultureller Interaktionssituationen erworben werden, die unter Voraussetzung einer entsprechenden Betreuung reflexiv für spätere Bewährungssituationen genutzt werden kann.

Lerntheoretische Fundierung

Erfahrungslernen

Obwohl ihre lerntheoretische Basis grundsätzlich als vielfältig einzustufen ist, gründen sich alle beschriebenen interkulturellen Trainingstechniken für den Hochschulbereich schon aufgrund ihrer definitorischen Forderung nach Realitätsbezug zwangsläufig auf das Primat des Erfahrungslernens. Erfahrungslernen kann abgegrenzt werden vom Lernen durch Habituation, Routinisierung, Beobachtung und Nachahmung oder Versuch und Irrtum (Bittner/Reisch 1994: 105f.) und zeichnet sich grundsätzlich durch eine zyklische Abfolge des Erfahrens und Reflektierens aus (s.a. Straub i.d.B., Kap. 2.1).

Eine philosophische Fundierung des Erfahrungslernens findet sich bei Dewey, der Aktivität als verbindendes Glied zwischen dem Individuum und seiner Umwelt auffasst und Lernen damit untrennbar mit Erfahrung verknüpft (vgl. Dewey 1938/1997): Nur wenn sich ein Mensch in einer ihm unbekannten Situation befindet, wird er demnach zum Fragenden. Seine Erfahrung wird auf diese Weise bewusstseinsfähig, der Erlebnisstrom reflektierbar und zielgerichtetes Lernen möglich.

In der Entwicklungspsychologie gelten Piaget und seine Erforschung des Entwicklungsprozesses bei Kindern als Grundlage des Erfahrungslernens (vgl. Piaget 1972). Demnach wird das Denken bei Heranwachsenden durch Erfahrungen geformt, deren Verarbeitung an kognitive Reifungsprozesse geknüpft ist. Intelligenz kann so als Produkt der Auseinandersetzung des Kindes mit seiner Umwelt, der materiellen wie der sozialen, aufgefasst werden.

Für den Gestaltpsychologen Lewin, der ebenso als einer der Väter des Erfahrungslernens gilt, besteht der Lernprozess für den Lernenden aus konkreten Erfahrungen, die beobachtet und reflektiert werden, um anschließend daraus abstraktere Generalisierungen zu gewinnen, die dann kontextunabhängig für andere Situationen genutzt werden können. Kolb beschreibt Lewins Entdeckung des Feedback-Prozesses als Grundlage des Erfahrungslernens:

„Thus the discovery was made that learning is best facilitated in an environment where there is dialectic tension and conflict between immediate, concrete experience and analytic detachment. By bringing together the immediate experiences of the trainees and the conceptual models of the staff in an open atmosphere where inputs from each perspective could challenge and stimulate the other, a learning environment occurred with remarkable vitality and creativity." (Kolb 1984: 10)

Ähnliches leistet auch Lewins Konzept des „Action Research", das einen Lern- bzw. Problemlösungsprozess propagiert, der die Elemente Ideensammlung, Planung, Aktion, Reflexion und Analyse iterativ miteinander kombiniert (Lewin 1948: 202f.).

Kolb, der sich mit seinem Konzept des „Experiential Learning" auf Lewin bezieht, beschreibt Lernen analog als „the process whereby knowledge is created through the transformation of experience" (Kolb 1984: 38) und isoliert vier Prozessschritte des Erfahrungslernens: „concrete experience, reflective observation, abstract conceptualisation, active experimentation" (ebd.: 42).

Grundsätzlich folgen alle beschriebenen interkulturellen Trainingstechniken im Hochschulbereich diesen Prämissen, setzen darüber hinaus jedoch noch unterschiedliche individuelle Schwerpunkte, die sich auf verschiedene weitere lerntheoretische Fundierungen stützen.

Rollentheorie

Vor allem bei Rollenspielen und Simulationen, in weit geringerem Umfang auch bei der teamzentrierten Prozessmoderation oder beim Lehrtraining, steht die Surrogaterfahrung des Spiels als Ersatz für die Realität im Vordergrund. Dabei ermöglichen Rollenspiel und Simulation die Einnahme einer fremden Rollenidentität und das direkte Erleben von Rollenerwartungen und daraus bedingten individuellen Handlungseinschränkungen.

Dieser Ansatz geht auf die sozialwissenschaftliche Rollentheorie, bei der die soziale Rolle als Gesamtheit aller einem bestimmten sozialen Status zugeschriebenen Erwartungen, Verhaltensweisen und Wertvorstellungen aufgefasst wird, zurück (vgl. Linton 1979). Geht man davon aus, dass Kulturen soziale Rollen konstruieren, kann die Verwendung von Rollenspielen und Simulationen als besonders geeignet angesehen werden, um über die Identifikation des Lernenden mit seiner Spielrolle Rollendistanz, Ambiguitätstoleranz und Empathie zu fördern. Auch bei der teamzentrierten Prozessmoderation und beim Lehrtraining versetzen sich die Studierenden in die Rolle des Projektteams, bzw. des Lehrenden, allerdings steht hier stärker die inhaltliche Arbeit als die Verinnerlichung und Reflexion über unterschiedliche Rollen im Vordergrund. Eine Sonderstellung nehmen das Laboratory Learning und das Einsatztraining ein, bei denen Aspekte der vorgegebenen Rollenerwartung (als interkultureller Dienstleister für den Projektpartner oder für die Universität) im realen Leben umgesetzt werden müssen.

Systemlernen

Vornehmlich bei der Technik der Simulation, aber auch bei der teamzentrierten Prozessmoderation und dem Laboratory Learning, müssen die Studierenden komplexe Situationen bewältigen, die ein Denken in systemischen Zusammenhängen erfordern:

„Anstatt einzelne Probleme isolierend einseitig nur mit Hilfe eines linearen Kausaldenkens zu untersuchen, also mit Blick auf Ursache-Wirkungs-Zusammenhänge, werden sie angeregt, die simulierte Welt in ihren vielfältigen kausalen und funktionalen Wechselwirkungen zu betrachten." (Geuting 2000:15)

Systemlernen als die Fähigkeit zum ‚Umgang mit Komplexität' (vgl. Dörner 1995) muss dabei einerseits in der modernen Industrie- und Informationsgesellschaft „als vorrangiges allgemeines Lernziel" (Geuting 2000: 15) gelten, andererseits stellt Systemlernen besonders bei der Vermittlung interkultureller Kompetenz eine wichtige lerntheoretische Grundlage dar, um allein schon die Komplexität des Lernziels sinnvoll abbilden zu können.

Die didaktische Aufbereitung eines Trainingsszenarios als ‚vernetztes System' (vgl. Vester 2002) unterstützt entsprechend die Vermittlung systemischer Erkenntnisprozesse wie z.B. die Multikausalität von menschlichem Verhalten in systemischen Zusammenhängen oder die wechselseitige Interdependenz von kulturellen Aspekten und anderen kollektiven Phänomenen wie Gruppenzugehörigkeit, Machtposition oder soziale Hierarchie. Damit verknüpft ist ein lerntheoretisches Verständnis von interkultureller Kompetenz als komplexer Transferkompetenz, die in unterschiedlichen Handlungsfeldern wirksam werden kann.

Eine Sonderstellung in Bezug auf Systemlernen nehmen hier erneut das Laboratory Learning und das Einsatztraining ein, da deren Lernerfahrung vor allem auf der Bewältigung des Umgangs mit ‚echten', nicht eigens zum Lehrzweck konstruierten Systemen beruht.

Learning by Doing/Projektmethode

Vor allem beim Laboratory Learning und beim Einsatztraining steht die Orientierung am „Learning-by-Doing" im Vordergrund, einem Konzept, das begrifflich auf Baden-Powell, den Gründer der Pfadfinder-Bewegung (vgl. Baden-Powell 1908) zurückgeht, und lerntheoretisch eng mit Deweys Ansatz des Erfahrungslernens verknüpft ist. Noch stärker als ‚Lernen aus Erfahrung' betont das Konzept ‚Lernen durch Handeln' jedoch die Anwendung sozialer und kognitiver Lerninhalte in der Öffentlichkeit. Die Lernenden treten aus dem geschützten Lernkontext des Unterrichts heraus und werden öffentlich tätig.

Weitere Wurzeln dieses Ansatzes finden sich zum einen in der Projektmethode (vgl. Kilpatrick 1918; Frey 2005), bei der sich schulischer Unterricht an der Bearbeitung produkt- und öffentlichkeitsorientierter Projekte ausrichtet und einem Phasenmodell der vollständigen Handlung aus Initiierung, Einstieg, Durchführung, Präsentation und Auswertung folgen sollte (vgl. Lenzen/Emer 2002 für die Berufspädagogik), und zum anderen im Konzept des handlungsorientierten Unterrichts (vgl. Meyer 1988, 1989), das sich an der Entwicklung von Handlungsprodukten als „veröffentlichungsfähigen materiellen und geistigen Ergebnissen der Unterrichtsarbeit" (Meyer 1989: 158) orientiert.

Hypothesen zur Bewertung der Trainingstechniken

Die Auswahl bestimmter Trainingstechniken zur Förderung interkultureller Kompetenz im Hochschulbereich sollte zum einen das Ziel eines für die Studierenden ausgewogenen Trainingsmix verfolgen und zum anderen sicherstellen, dass auf Seiten der Lehrkräfte die hierfür notwendigen Kompetenzen und Ressourcen vorhanden sind. Um den Einsatz der Trainingstechniken in dieser Hinsicht besser steuern zu können, bedarf es ihrer tiefer gehenden Einordnung und Bewertung nach sinnvollen Kriterien.

Nahezu alle Überblicksdarstellungen zu interkulturellem Training beziehen sich in ihrer Bewertung unterschiedlicher Trainingsformen auf die bekannte Einteilung nach Gudykunst und Hammer (1983) in einer Matrix mit den Achsen „Didaktisch vs. Erfahrungsbildend" bzw. „Kulturallgemein vs. Kulturspezifisch". Leider lässt sich diese Klassifikation für den Hochschulbereich nicht sinnvoll anwenden, da im Sinne der oben getroffenen Definition rein ‚didaktische Trainings' ohnehin nicht Teil der Betrachtung sind und sich die zweite Achse der Kulturspezifik vor allem auf den Trainingsinhalt und nicht auf spezifische Techniken bezieht.

Daneben liegen weitere Einteilungen interkultureller Trainings nach vielfältigen Kriterien vor: So unterscheiden beispielsweise Krewer (1994), Fowler und Mumford (1995) sowie Grosch, Groß und Leenen (2000) nach unterschiedlichen didaktischen Ansätzen. Gaston (1984) bewertet interkulturelle Trainingstypen nach Art der beabsichtigten Kompetenzentwicklung (z.B. vorurteilsfreie Beobachtung, Umgang mit Mehrdeutigkeit etc.). Kohls und Knight (1994) teilen unterschiedliche Trainingssequenzen nach ihrer Funktion innerhalb eines Gesamtprogramms ein. Eine Unterscheidung nach dem zugrundeliegenden lerntheoretischen Paradigma in kontrastive und interaktive

Methoden findet sich bei Arzt (1994: 36f.). Leider lassen auch diese Ansätze keine adäquate Einordnung der beschriebenen Trainingstechniken für den Hochschulbereich zu, da ihr Bewertungsraster entweder so grobmaschig ausfällt, dass alle Techniken in einer Kategorie zusammenfallen, oder so kleinteilig ist, dass die meisten Trainingstechniken sich mehreren oder allen Kategorien zuordnen lassen.

Eine aussichtsreichere Einteilung schlagen Black und Mendenhall (1991) vor (vgl. Ehnert 2004: 21). Auch hier wird zwar keine Trennung zwischen Trainingstechnik und Trainingsmaterial vorgenommen, aber die Bewertung der Trainingsformen nach dem Beteiligungsgrad der Teilnehmer und der Trainingsintensität führt in die gewünschte Richtung, Herausforderungen an die Studierenden und Lehrenden im Hinblick auf das Untersuchungsziel besser einschätzen zu können. Dieser Ansatz soll daher als Grundlage für eine eigene Bewertungsmatrix verwendet werden. Hinsichtlich einer transparenten Systematik empfiehlt es sich dabei, die einzelnen Kriterien analog zu den einzelnen Forderungen der vorgestellten Trainingsdefinition zu formulieren:

- *Realitätsbezug* – Wie wahrscheinlich ist es, dass Studierende einmal eine ähnliche Situation erleben? Wie nah kommt die Trainingssituation der realen Situation?
- *Systematik* – Wie stark lässt sich das Trainingsergebnis vorherbestimmen? In welchem Maße ist es wiederholbar?
- *Komplexität* – Wie vielschichtig sind die Lernanreize ausgeprägt? Wie hoch ist die Koordinationsanforderung unterschiedlicher Fähigkeiten?
- *Aktivität* – Wie intensiv werden die Studierenden im Trainingsablauf auf unterschiedlichen Ebenen involviert? Wie hoch ist das Risiko der Erfahrung eines persönlichen Scheiterns, bzw. die Chance eines persönlichen Erfolgserlebnisses? (Unterschieden werden hier die kognitive, affektive und konative Aktivität.)

Auf Basis dieses Bewertungsrasters kann eine vorläufige Einschätzung der vorgestellten Trainingstechniken vorgenommen werden. Die relative (nicht absolute) Bewertung erfolgt mit Hilfe einer fünfteiligen qualitativen Skala, wobei die Technik, die hinsichtlich eines Kriteriums am stärksten eingeschätzt wird, die Höchstbewertung, die Technik, die entsprechend am schwächsten eingeschätzt wird, die Niedrigstbewertung erhält. Die übrigen Techniken werden jeweils entsprechend eingereiht. Zur weiteren Überprüfung der Hypothesen ist eine empirische Untersuchung notwendig. Die folgende Tabelle (Abb. 1) stellt die Bewertung der Trainingstechniken im Überblick dar.

Abbildung 1: Hypothesen zur Einzelbewertung der Trainingstechniken

Technik	Realitäts-bezug	Systematik	Komplexität	Kognitive Aktivität	Affektive Aktivität	Konative Aktivität
Rollenspiel	◕	○	○	○	◑	◐
Simulation	○	◑	◑	◕	◓	◓
TPM	◐	●	◓	◓	◕	◕
LabLearning	◓	◓	●	◐	●	◓
Lehrtraining	◐	●	◐	●	◕	◕
Einsatztraining	●	◕	●	◑	●	●

Kriterium am niedrigsten ausgeprägt ○ ◕ ◐ ◓ ● Kriterium am höchsten ausgeprägt

Die Bewertungen im Einzelnen begründen sich wie folgt:

- Kriterium *Realitätsbezug*: Hinsichtlich der Frage, wie nah die Trainings-situation dem realen Leben der Studierenden kommt, muss das Einsatz-training am höchsten bewertet werden, da hier die Trainingserfahrung di-rekt in das Alltagsleben des Studierenden integriert wird. Auch beim Laboratory Learning wird der Realitätsbezug als hoch eingeschätzt, da die semi-reale Projektsituation mit hoher Wahrscheinlichkeit Erfahrungen der Studierenden im späteren Arbeitsalltag vorwegnimmt. Die teamzentrierte Prozessmoderation, das Lehrtraining sowie das Rollenspiel liegen im Mit-telfeld, da auch hier zwar realitätsnahe Situationen eingeübt werden, ohne allerdings die geschützte Trainingsatmosphäre zu verlassen. Am gering-sten erscheint in diesem Zusammenhang der Realitätsbezug bei der Simu-lation, da die künstlichen, teilweise mit Hilfe von Computer-Feedback erstellten Planspielszenarien für die Teilnehmer sichtbar spielerischen Charakter besitzen.

- Kriterium *Systematik*: Hinsichtlich der Planbarkeit der Trainingsergeb-nisse müssen aufgrund ihrer prozessorientierten Vorgehensweise und auf-grund durchgehender Moderation durch den Dozenten die teamzentrierte Prozessmoderation sowie das Lehrtraining, gefolgt vom Laboratory Lear-ning am höchsten bewertet werden. Bei der Simulation sind die Steuer-möglichkeiten des Dozenten durch die freien Spielphasen stärker einge-schränkt, die zwischengeschalteten Reflexions-Phasen eröffnen jedoch die Möglichkeit der Kurskorrektur. Das höchste Risiko eines Scheiterns be-

sitzen das Einsatztraining aufgrund der Nicht-Planbarkeit der realen Interaktionssituationen sowie das Rollenspiel aufgrund der Unvorhersehbarkeit
des spielerischen Interaktionsverlaufs.

- Kriterium *Komplexität*: Hinsichtlich der Vielschichtigkeit der Trainingsanforderungen müssen das Einsatztraining sowie das Laboratory Learning, gefolgt von der teamzentrierten Prozessmoderation, am höchsten
eingeschätzt werden, da hier das Lernziel interkulturelle Kompetenz mit
zahlreichen interdependenten Anforderungen verwoben ist. Die Simulation und das Lehrtraining stellen ebenfalls komplexe Herausforderungen
an die Teilnehmer, ihre Aufgabenstellung ist jedoch präziser und stärker
eingegrenzt. Den niedrigsten Komplexitätsgrad weist das Rollenspiel auf,
da es zumeist nur eine einzelne Situation bearbeitet und zeitlich sehr begrenzt ist.

- Kriterium *kognitive Aktivität*: Hinsichtlich kognitiver Aktivität erweist
sich das Lehrtraining aufgrund seiner Metathematisierung interkultureller
Kompetenz als größte Herausforderung. Im Mittelfeld sind hier die teamzentrierte Prozessmoderation, das Laboratory Learning sowie das Einsatztraining aufgrund der geforderten Transferleistung bisher unbekannter
Prozesse und Aufgabenstellungen einzuordnen. Die eher einfachen Szenarien der Simulation und des Rollenspiels erfordern im Vergleich geringe-
res kognitives Involvement der Teilnehmer.

- Kriterium *affektive Aktivität*: Die höchste affektive Aktivität ist beim Laboratory Learning und beim Einsatztraining vor allem wegen des hohen
Risikos eines persönlichen Scheiterns zu vermuten. Auch die Simulation
kann aufgrund der ungeleiteten Gruppendynamik und der damit verbundenen Stressfaktoren hohes affektives Involvement erzeugen. Das Rollenspiel liegt im Mittelfeld, auch hier kann die emotionale Einbindung aufgrund der intensiven Spielsituation stark ausfallen, wird jedoch durch den
überschaubaren Zeitraum gemildert. Die niedrigste affektive Aktivität ist
demgegenüber aufgrund des systematisch moderierten Ablaufs bei der
teamzentrierten Prozessmoderation und dem Lehrtraining zu erwarten.

- Kriterium *konative Aktivität*: Hinsichtlich des Verhaltens wird beim Einsatztraining aufgrund des direkten Eingriffs in die Lebenswelt der Teilnehmer die höchste Einbindung der Studierenden erwartet. Ebenfalls intensiv scheint die verhaltensmäßige Aktivität bei der Simulation und beim
Laboratory Learning sowie etwas abgeschwächt beim Rollenspiel, da hier
ebenfalls von jedem einzelnen Teilnehmer konstante Beteiligung eingefordert wird. Das niedrigste verhaltensbezogene Aktivitätsniveau weisen
demgegenüber die teamzentrierte Prozessmoderation und das Lehrtraining
auf, wo umfangreiche Reflexionsphasen und moderierte Arbeitsprozesse
eingeschränktere Verhaltensaktivität begünstigen.

Als ein weiteres Ergebnis der qualitativen Bewertung lassen sich Korrelationen zwischen jeweils zwei Kriterien identifizieren:

Abbildung 2: Kognitive Aktivität versus Systematik

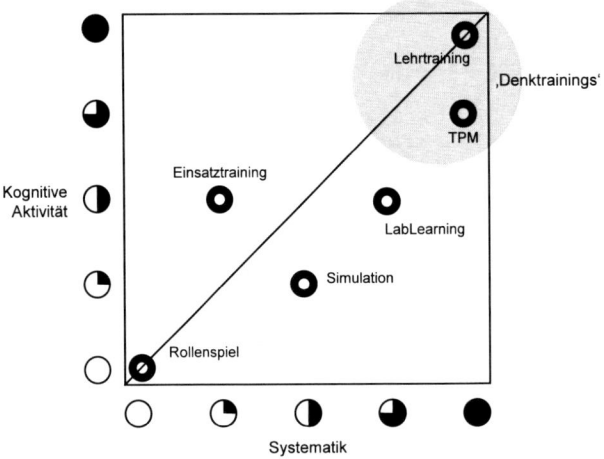

Abbildung 3: Affektive Aktivität versus konative Aktivität

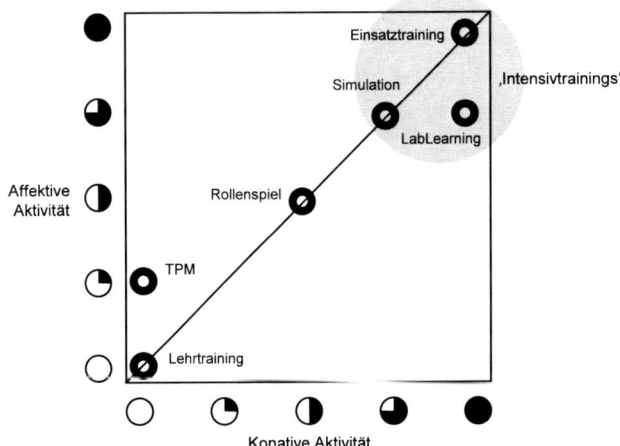

Abbildung 4: Realitätsbezug versus Komplexität

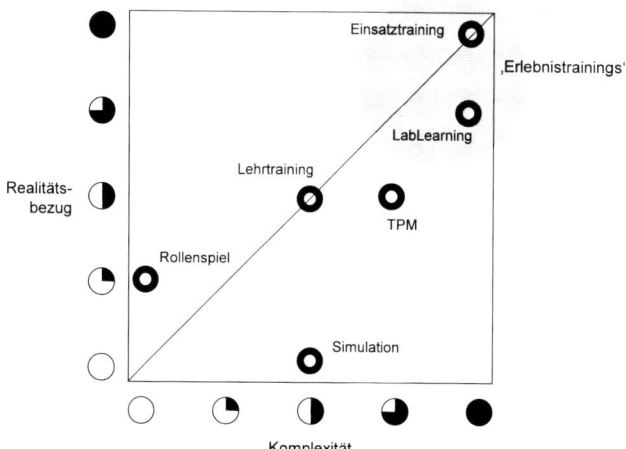

Daraus lässt sich die Hypothese ableiten, dass sich die untersuchten Trainingstechniken insgesamt drei unterschiedlichen Typen zuordnen lassen, die jeweils eine unterschiedliche Kombination von Trainingsanforderungen abdecken:

- Kognitiv-systematischer Typus (‚Denktrainings'),
- Affektiv-konativer Typus (‚Intensivtrainings'),
- Realitätsnah-komplexer Typus (‚Erlebnistrainings').

Dem Typus des ‚Denktrainings' ist dann v.a. die teamzentrierte Prozessmoderation sowie das Lehrtraining zuzuordnen, Simulation, Laboratory Learning und Einsatztraining lassen sich als ‚Intensivtrainings' einordnen, gleichzeitig entsprechen Laboratory Learning und Einsatztraining ebenfalls dem Typus des ‚Erlebnistrainings'.

Schlussfolgerungen

Die Analyse zeigt, dass zur Vermittlung interkultureller Kompetenz mit Hilfe von Trainings an der Hochschule bereits zahlreiche Trainingstechniken praktiziert werden, die unabhängig von vermittelten Inhalten oder verwendetem Material je nach Typus unterschiedliche Anforderungen an Studierende und Dozenten stellen. Während die Simulation, die teamzentrierte Prozessmoderation und das Lehrtraining einen klaren Anforderungsschwerpunkt im Bereich affektiv-konativer bzw. kognitiv-systematischer Aktivität besitzen, erlauben das Einsatztraining und das Laboratory Learning, zwei Anforderungsschwerpunkte miteinander zu kombinieren, erfordern entsprechend jedoch auch größere Ressourcen. Das Rollenspiel entspricht zwar eher dem affektiv-konativen Typus, stellt aber an Studierende wie auch an Dozenten keine so hohen Anforderungen. Es lässt sich daher gut einsetzen, wenn Zeitraum und/oder Ressourcen für ein umfangreicheres ‚Intensivtraining‘ zu eingeschränkt sind.

Für die adäquate Auswahl von Trainingstechniken im Rahmen der Planung eines Studienprogramms zur Vermittlung interkultureller Kompetenz ist dann ein sinnvoller Mix aus Techniken anzustreben, der möglichst alle drei Anforderungsbereiche abdeckt. Werden nur Erlebnistrainings oder Intensivtrainings praktiziert, fehlt die kognitive Anbindung: Es entsteht auf Seiten der Studierenden leicht der frustrierende Eindruck eines ziellosen ‚Selbsterfahrungs-Trips‘. Werden hingegen die herkömmlichen Vermittlungsmethoden nur durch Denktrainings ergänzt, können die erfahrungsbildenden Potenziale von Erlebnis- und Intensivtrainings nicht genutzt werden, die dafür sorgen, dass Gelerntes in der Lebenswelt der Studierenden Bedeutung erhält bzw. direkt zum Einsatz kommt.

Für die Hochschuldozenten ergeben sich aus dem geforderten Technik-Mix ungewohnte Anforderungen. Während Denktrainings mit ihren systematisch-kognitiven Verfahren noch den üblichen fachlichen Anforderungen an Hochschullehrer oder wissenschaftliches Personal entsprechen, erfordert die Durchführung von Intensivtrainings oder Erlebnistrainings zusätzliche Kompetenzen.

So müssen Dozenten von Intensivtrainings über breite Moderations- und Coachingerfahrungen oder ggf. eine psychologische Ausbildung verfügen, um emotionale Stress-Situationen im Hinblick auf das gewünschte Lernziel sinnbringend auffangen zu können. Leider gehört die Entwicklung dieser Kompetenzen nicht zur allgemein üblichen Ausbildung von Hochschullehrern, und die Möglichkeiten einer systematischen peer-bezogenen Aneignung (z.B. durch Hospitanz oder Supervision) werden in der deutschen Hochschullandschaft nur selten genutzt.

Für die Durchführung von Erlebnistrainings ist die praktische Berufserfahrung des Dozenten in den entsprechenden Anwendungsbereichen der realen Projektarbeit eine Grundvoraussetzung, um ein Mindestmaß an Produktqualität sicherstellen zu können und so das Risiko eines persönlichen Scheiterns der Studierenden kalkulierbar zu halten. Auch diese Voraussetzung ist aufgrund der üblichen Biografien deutscher Hochschullehrer häufig nicht gegeben, so dass hier oft auf die Hilfe externer ‚Praktiker‘ ausgewichen wird, was zu Kompromissen in der inhaltlichen Qualität der Veranstaltungen führen kann.

Zusammenfassend kann festgehalten werden, dass eine Vermittlung interkultureller Kompetenz im Hochschulbereich mit Hilfe innovativer Trainingstechniken nur dann erfolgreich sein kann, wenn auch in der Ausbildung der Dozenten innovative Wege beschritten werden.

Literatur

Albert, Rosita Daskal (1994): „Cultural diversity and intercultural training in multinational organizations". In: Richard L. Wiseman/Robert Shuter (Hg.), Communicating in multinational organizations, London: Sage Publications, S. 153-165.

Amt für Multikulturelle Angelegenheiten der Stadt Frankfurt am Main (1995): Begegnen – Verstehen – Handeln. Handbuch für Interkulturelles Kommunikationstraining, Frankfurt/M.: IKO – Verlag für Interkulturelle Kommunikation.

Arzt, Hans-Georg (1994): Qualifikation für internationale Zusammenarbeit: Materialien für Deutschdozenten in nichtphilologischen Studiengängen französischer Grandes Ecoles und Universitäten, Ludwigsburg: Deutsch-Französisches Institut.

Auernheimer, Georg (2003): Einführung in die interkulturelle Pädagogik, Darmstadt: Wiss. Buchgesellschaft.

Auernheimer, Georg (2007): Einführung in die interkulturelle Pädagogik, Darmstadt: Wiss. Buchgesellschaft.

Baden-Powell, Robert (1908): Scouting for boys – A handbook for instruction in good citizenship, London: Horace Cox.

Bittner, Andreas/Reisch, Bernhard (1994): Interkulturelles Personalmanagement, Wiesbaden: Gabler.

Black, J. Stewart/Mendenhall, Mark (1991): „A practical but theory-based framework for selecting cross-cultural training methods". In: Mark Mendenhall/Gary R. Oddou (Hg.), International human ressource management, Boston: PWS-Kent Publishing Company, S. 177-204.

Bolten, Jürgen (1999): „Interkultureller Trainingsbedarf aus der Perspektive der Problemerfahrungen entsandter Führungskräfte". In: Klaus Götz (Hg.), Interkulturelles Lernen/Interkulturelles Training, München: Rainer Hampp, S. 57-76.

Bolten, Jürgen (2001a): „Interkulturelles Coaching, Mediation, Training und Consulting als Aufgaben des Personalmanagements internationaler Unternehmen". In: Alois Clermont/Wilhelm Schmeisser/Dieter Krimphove (Hg.), Strategisches Personalmanagement in Globalen Unternehmen, München: Vahlen, S. 909-926.

Bolten, Jürgen (2001b): „Kann man Kulturen beschreiben oder erklären, ohne Stereotypen zu verwenden? Einige programmatische Überlegungen zur kulturellen Stilforschung". In: Jürgen Bolten/Daniela Schröter (Hg.), Im Netzwerk interkulturellen Handelns – Theoretische und praktische Perspektiven der interkulturellen Kommunikationsforschung, Sternenfels: Wissenschaft & Praxis, S.128-142.

Bolten, Jürgen (2002): InterAct – Interkulturelles Verhandlungstraining mit Planspiel, Sternenfels: Wissenschaft und Praxis.

Bolten, Jürgen (2007): E-Learning-Modul zum Seminar „Didaktik interkultureller Trainings", Jena: Friedrich-Schiller-Universität Jena, Fachgebiet Interkulturelle Wirtschaftskommunikation.

Bolten, Jürgen (2008): Experteninterview zum Thema „Interkulturelle Lehrtrainings", Jena: 09.09.2008.

Bolten, Jürgen/Müller-Jacquier, Bernd-Dietrich (2008): E-Learning-Modul zum Seminar „Methoden interkulturellen Lehrens und Lernens", Jena: Friedrich-Schiller-Universität Jena, Fachgebiet Interkulturelle Wirtschaftskommunikation.

Brislin, Richard/Yoshida, Tomoko (1994): Intercultural communication training: an introduction, Thousand Oaks/CA: Sage Publications.

Collins (2006): Collins essential English dictionary, New York: Harper-Collins.

Dewey, John (1938/1997): Experience and education, New York: Touchstone.

Dörner, Dietrich (1995): Die Logik des Mißlingens – Strategisches Denken in komplexen Situationen, Reinbek bei Hamburg: Rowohlt.

Ehnert, Ina (2004): Die Effektivität von interkulturellen Trainings: Überblick über den aktuellen Forschungsstand, Hamburg: Verlag Dr. Kovač.

Flechsig, Karl-Heinz (1999): „Methoden interkulturellen Trainings". In: Marion Gemende/Wolfgang Schröer/Stephan Sting (Hg.), Zwischen den Kulturen: pädagogische und sozialpädagogische Zugänge zur Interkulturalität, Weinheim: Juventa-Verlag, S. 209-227.

Fowler, Sandra M./Mumford, Monica G. (Hg.) (1995): Intercultural sourcebook: cross-cultural training methods, Maine: Intercultural Press.

Fowler, Sandra M./Blohm, Judith M. (2004): „An analysis of methods for intercultural training". In: Dan Landis/Janet M. Bennett/Milton J. Bennett (Hg.), Handbook of intercultural training, Thousand Oaks/CA: Sage Publications, S. 37-84.

Freise, Josef (2005): Interkulturelle Soziale Arbeit, Schwalbach am Taunus: Wochenschau Verlag.

Frey, Karl (2007): Die Projektmethode, Weinheim: Beltz.

Gaston, Jan (1984): Cultural awareness teaching techniques, Brattlebro: ProLingua Associates.

Geuting, Manfred (2000): „Soziale Simulation und Planspiel in pädagogischer Perspektive". In: Dietmar Herz/Andreas Blättle (Hg.), Simulation und Planspiel in den Sozialwissenschaften – Eine Bestandsaufnahme der internationalen Diskussion, Münster: LIT, S. 15-62.

Goffman, Erving (1967): Interaction ritual. Essays on face-to-face behaviour, New York: Anchor.

Grosch, Harald/Groß, Andreas/Leenen, Wolf Rainer (2000): Methoden interkulturellen Lehrens und Lernens, Saarbrücken: ASKO Europa Stiftung.

Gudykunst, William B./Hammer, Mitchell R. (1983): „Basic training design: Approaches to intercultural training". In: Dan Landis/Richard W. Brislin (Hg.), Handbook of intercultural training, New York: Pergamon, S. 118-154.

Hansen, Klaus Peter (2000): Kultur und Kulturwissenschaft, Paderborn: UTB.

Heller, Beate (2000): Angewandte interkulturelle Kommunikation im Hochschulbereich, Hamburg: Verlag Dr. Kovač.

Helmolt, Katharina von/Müller, Bernd-Dietrich (1993): „Zur Vermittlung interkultureller Kompetenzen". In: Berd-Dietrich Müller (Hg.), Interkulturelle Wirtschaftskommunikation, München: Iudicium, S. 509-548.

Holzbrecher, Alfred (2004): Interkulturelle Pädagogik: Identität, Herkunft, Berlin: Cornelsen Scriptor.

Holzmüller, Hartmut H. (1997): „Kulturstandards – ein operationales Konzept zur Entwicklung kultursensitiven Managements". In: Johann Engelhard (Hg.), Interkulturelles Management – Theoretische Fundierung und funktionsbereichsspezifische Konzepte, Wiesbaden: Gabler, S. 55-74.

Kammhuber, Stefan (2007): „Interkulturelles Lernen aus psychologischer Perspektive – Zur Qualitätssicherung interkultureller Trainings". In: Christopher M. Schmidt/Dagmar Neuendorff (Hg.), Sprache, Kultur und Zielgruppen – Bedingungsgrößen für die Kommunikationsgestaltung in der Wirtschaft, Wiesbaden: duv, S. 9-26.

Kammhuber, Stefan/Layes, Gabriel (2003): „Internationale Militäreinsätze". In: Alexander Thomas/Stefan Kammhuber/Sylvia Schroll-Machl (Hg.), Handbuch Interkultureller Kommunikation und Kooperation, Bd. 2: Länder, Kulturen und interkulturelle Berufstätigkeit, Göttingen: Vandenhoeck & Ruprecht, S. 319-327.

Kelley, Harold H. (1973): „The process of causal attribution". American Psychologist 28, S. 107-128.

Kilpatrick, William Herald (1918): „The project method". Teachers College Record 19, S. 319-334.

Kohls, L. Robert/Knight, John M. (1994): Developing intercultural awareness: A cross-cultural training handbook, Maine: Intercultural Press.

Kolb, David A. (1984): Experiential learning – Experience as the source of learning and development, Englewood Cliffs: Prentice-Hall.

Krewer, Bernd (1994): „Interkulturelle Trainingsprogramme – Bestandsaufnahme und Perspektiven". Nouveaux Cahiers d'Allemand. Revue de Linguistique et de Didactique 12 (2), S. 141-151.

Kriegel, Katharina (2008): Experteninterview zum Thema „Interkulturelle Lehrtrainings", Jena: 10.09.2008.

Kron, Friedrich W. (2000): Grundwissen Didaktik, München: Ernst Reinhard Verlag.

Kumbruck, Christel/Derboven, Wibke (2005): Interkulturelles Training: Trainingsmanual zur Förderung interkultureller Kompetenzen in der Arbeit, Heidelberg: Springer.

Layes, Gabriel (2007): „Kritische Interaktionssituationen". In: Jürgen Straub/ Arne Weidemann/Doris Weidemann (Hg.), Handbuch Interkulturelle Kommunikation und Kompetenz. Stuttgart/Weimar: Metzler, S. 384-391.

Lenzen, Klaus-Dieter/Emer, Wolfgang (2002): Projektunterricht gestalten – Schule verändern, Baltmannsweiler: Schneider.

Lewin, Kurt (1948): Resolving social conflicts – selected papers on group dynamics, New York: Harper & Row.

Linton, Ralph (1979): Mensch, Kultur, Gesellschaft, Stuttgart: Hippokrates.

Loch, Alexander/Seidel, Gerhard (2003): „Interkulturelle Entwicklungszusammenarbeit". In: Alexander Thomas/Stefan Kammhuber/Sylvia Schroll-Machl (Hg.), Handbuch Interkultureller Kommunikation und Kooperation, Bd. 2: Länder, Kulturen und interkulturelle Berufstätigkeit, Göttingen: Vandenhoeck & Ruprecht, S. 309-318.

Meyer, Hilbert (1988): UnterrichtsMethoden I: Theorieband, Frankfurt/M.: Scriptor.

Meyer, Hilbert (1989): UnterrichtsMethoden II: Praxisband, Frankfurt/M.: Scriptor.

OPSIS (2006): Projektvorstellung OPSIS – Hintergründe und Konzeption des Pilotprojektes. Jena: Universität Jena, Lehrstuhl für Arbeitspsychologie.

O'Reilly, Claire/Arnold, Maik (2005): Interkulturelles Training in Deutschland: theoretische Grundlagen, Zukunftsperspektiven und eine annotierte Literaturauswahl, Frankfurt/M.: IKO – Verlag für Interkulturelle Kommunikation.

Paige, R. Michael /Martin, Judith N. (1996): „Ethics in intercultural training". In: Dan Landis/Rabi S. Baghat (Hg.), Handbook of intercultural training, Thousand Oaks: Sage Publications, S.35-60.

Philipp, Swetlana (2003): Kommunikationsstörungen in interkulturellen Erst-Kontakt-Situationen – eine kommunikationspsychologische Untersuchung zu Attributionen und Verhalten in interkultureller Kommunikation, Jena: IKS Garamond.

Piaget, Jean (1972): Theorien und Methoden der modernen Erziehung, Wien: Molden.

Puzberg, Günter/Kühne, Norbert (1979): Rollenspiele, Wehrheim: Verlag Gruppenpädagogischer Literatur.

Rathje, Stefanie (2004): Unternehmenskultur als Interkultur – Entwicklung und Gestaltung interkultureller Unternehmenskultur am Beispiel deutscher Unternehmen in Thailand, Sternenfels: Wissenschaft und Praxis.

Rathje, Stefanie (2005a): Virtuelle Lerneinheit zum Seminar „Interkulturelles Consulting", Jena: Universität Jena, Fachgebiet Interkulturelle Wirtschaftskommunikation.

Rathje, Stefanie (2005b): Seminarkonzept „Laboratory-Learning", Arbeitspapier, Jena: Universität Jena, Fachgebiet Interkulturelle Wirtschaftskommunikation.

Rathje, Stefanie (2006): „Interkulturelle Kompetenz: Zustand und Zukunft eines umstrittenen Konzepts". ZIF 11 (3), http://zif.spz.tu-darmstadt.de/jg-11-3/beitrag/Rathje1.htm, 21.01.2010.

Rathje, Stefanie (2007): „Intercultural competence: The status and future of a controversial concept". Language and Intercultural Communication 7 (4), S. 254-266.

Reisch, Bernard (1991): „Kulturstandards lernen und vermitteln". In: Alexander Thomas (Hg.), Kulturstandards in der internationalen Begegnung, Saarbrücken: Verlag für Entwicklungspolitik, S. 71-102.

Röthig, Peter (Hg.) (1992): Sportwissenschaftliches Lexikon, Schorndorf: Hofmann.

Schönpflug, Ute (2003): „Migration und Integration". In: Alexander Thomas/Stefan Kammhuber/Sylvia Schroll-Machl (Hg.), Handbuch Interkultureller Kommunikation und Kooperation, Bd. 2: Länder, Kulturen und interkulturelle Berufstätigkeit, Göttingen: Vandenhoeck & Ruprecht, S. 328-341.

Seewi, Daniela (1995): Zur Vereinheitlichung attributionstheoretischer Ansätze: Ein integratives Modell und seine empirische Überprüfung, Frankfurt/M.: Lang.

Thomas, Alexander (1996): „Analyse der Handlungswirksamkeit von Kulturstandards". In: Alexander Thomas (Hg.), Psychologie interkulturellen Handelns, Göttingen: Hogrefe, S. 107-135.

Thomas, Alexander/Hagemann, Katja (1996): „Training interkultureller Kompetenz". In: Niels Bergemann/Andreas L. J. Sourisseaux (Hg.), Interkulturelles Management, Heidelberg: Physika, S. 173-199.

Thomas, Alexander/Hagemann, Katja/Stumpf, Siegfried (2003): „Training interkultureller Kompetenz". In: Niels Bergemann/Andreas L. J. Sourisseaux (Hg.), Interkulturelles Management, Berlin: Springer, S. 251-275.

Thomas, Alexander/Kinast, Eva-Urike/Schroll-Machl, Sylvia (2006): „Entwicklung interkultureller Handlungskompetenz von international tätigen Fach- und Führungskräften durch interkulturelle Trainings". In: Klaus Götz (Hg.), Interkulturelles Lernen, interkulturelles Training, München: Hampp.

Triandis, Harry C. (1984): „A theoretical framework for the more effective construction of culture assimilators". International Journal of Intercultural Relations 8 (3), S. 301-330.

Vester, Frederic (2002): Unsere Welt – ein vernetztes System, München: dtv.

4.2 Planspiele und Computersimulationen

STEFAN STROHSCHNEIDER

Die Idee des Planspiels stammt in Form der berühmten ‚Sandkastenspiele' ursprünglich aus dem Militär. Erst nach dem Zweiten Weltkrieg wurden Planspiele in die Hochschullehre importiert, zunächst vor allem im Gebiet der Betriebswirtschaftslehre (Crookall/Arai 1995; Geilhardt/Mühlbradt 1994; Keys/ Fulmer/Stumpf 1996). Die zunehmende Verfügbarkeit billiger Rechenkapazität gab dann ab den 1970er Jahren der Entwicklung der Planspielidee wichtige Impulse, weil sie immer umfangreichere, differenziertere und komplexere ‚Spielregeln' ermöglichte. Heute sieht man sich einer fast unüberschaubaren Vielfalt von Planspielen und Computersimulationen gegenüber gestellt. Planspielentwicklung und Planspieleinsatz sind transdisziplinär beliebte Methoden geworden, interessierte Forscher und Anwender entwickeln eigene institutionelle Strukturen[1] und generieren ständig neue Zweigdisziplinen wie zuletzt etwa ‚virtual reality' oder ‚serious gaming'.

In diesem Beitrag geht es um den Einsatz von Planspielen und Computersimulationen (im Folgenden mit PS und CS abgekürzt) im Bereich der Hochschullehre in interkultureller Kommunikation und verwandten Gebieten. Dazu mag es zunächst einmal sinnvoll sein, die zentralen Eigenschaften dieser Lehr-/Lernformen zu skizzieren. Zunächst aber: PS/CS für die Lehre haben buchstäblich nichts mit handelsüblichen Computerspielen (z.B. „Simcity") oder Brettspielen (z.B. „Siedler von Catan") gemein, auch wenn diese gelegentlich anspruchsvoll sind und Teamarbeit erfordern. In PS/CS ist die Unterhaltung nicht Endzweck, sondern es wird eine möglichst anregungsreiche Spielwelt genutzt, um darüber hinausgehende Zwecke zu erreichen. Im Allgemeinen gilt:

---

1   So z.B. die International Simulation and Gaming Association ISAGA mit ihrem deutschsprachigen Ableger SAGSAGA, die Fachzeitschrift „Simulation & Gaming", jährliche Kongresse oder die das deutschsprachige Angebot abdeckende und laufend aktualisierte Planspielübersicht von Blötz (2005).

- *PS und CS erfordern Teamarbeit.* Mehrere Teilnehmer müssen miteinander interagieren, um gesetzte oder selbst gewählte, sachliche, teambezogene oder individuelle Ziele zu erreichen.

- *PS und CS sind grundsätzlich interaktiv.* Die Teilnehmer interagieren nicht nur miteinander sondern zusätzlich mit einem extern definierten Regelsystem, das ‚die Welt' darstellt, bestimmte Rückmeldungen liefert und damit die Voraussetzungen des Handelns ständig verändert.

Das PS und CS zugrunde liegende Regelsystem bildet einen Bereich der Realität nach. Dieser Realitätsbereich kann fiktiv sein (z.b. eine Mondbasis) oder der wahren Welt angenähert (ein Industrieunternehmen, ein Stamm von Halbnomaden), die Nachbildung des Realitätsbereiches kann sehr schlicht sein (ein paar einfache Regeln bei einem Brettspiel wie „Sequence" zum Kommunikationstraining von Fluglotsen [Deutsche Gesellschaft für Flugsicherung, nicht veröffentlicht]), sie kann aus einem komplexen Satz von Excel-Formeln bestehen (z.B. beim interkulturellen Verhandlungstraining „InterAct", Bolten 2002; s.a. Bolten i.d.B., Kap. 4.12) oder aus der individuell vorgenommenen Programmierung eines hochdifferenzierten mathematischen Systems von Differenzengleichungen (z.B. bei der in der kulturvergleichenden Forschung mehrfach eingesetzten Wirtschaftssimulation „Manutex" [siehe Badke-Schaub/Strohschneider 1998]).

PS und CS bilden zwar Realität nach und schaffen damit eine (mehr oder weniger realitätsnahe) Spielwelt für die Teilnehmer. Im Hinblick auf die sensorischen Eigenschaften ist diese Spielwelt jedoch meistens stark reduziert. Sie kann aus den Elementen eines Brettspiels bestehen, aus Computerausdrucken, Bildschirmoberflächen und anderen visuellen und (selten) auch akustischen Reizen – es verlangt aber in jedem Fall von den Teilnehmern ein gewisses Maß an Phantasie, die Spielwelt in den Köpfen zum Leben zu erwecken.[2]

In jedem Fall aber versuchen diese Spielformen bestimmte abstrakte Merkmale der Realität einzufangen, die für die angestrebten Lernziele (s.u.) wichtig erscheinen: Komplexität (großer Umfang und hohe Vernetztheit), Dynamik (sowohl durch die selbständige Veränderung der Spielwelt als auch durch die Interaktion mehrerer Spieler), Intransparenz (d.h. unvollständige Information) und damit Entscheidungsunsicherheit. Je nach Anwendungszweck können dazu weitere Merkmale wie Zeitdruck, Rollen- oder Zielkonflikte treten (Dörner/Schaub 1992).

---

2 Sogenannte High-fidelity- oder Full-mission-Simulatoren, die auch sämtliche sensorischen Aspekte der Realität abbilden, werden in den entsprechenden Industrien meistens zum Zwecke des Trainings operativer Fertigkeiten eingesetzt. In der Hochschullehre spielen sie keine Rolle und stehen deshalb außerhalb der Thematik dieses Aufsatzes.

Allen PS und CS ist ferner gemein, dass die Teilnehmer sehr große Freiheiten hinsichtlich ihrer Interpretation der Spielrollen, der Gestaltung der Kommunikation untereinander und der Interaktion mit dem Spiel an sich genießen. Daher wird sich jeder PS/CS-Einsatz, selbst von identischer Startsituation ausgehend, zu einem individuellen Prozess mit eigener Charakteristik entwickeln, der in der Nachbetrachtung reiches Material für die konstruktive Diskussion dieses Prozesses bietet. Letzten Endes ist es diese Möglichkeit, die freie Entfaltung der Interaktion von Menschen untereinander und mit einer fiktiven Umwelt unter kontrollierten Rahmenbedingungen sichtbar und zum Gegenstand der Betrachtung machen zu können, die PS/CS für die Lehre in interkultureller Kommunikation attraktiv macht.

Über diese allgemeinen Grundlagen hinaus gibt es eine große Variabilität hinsichtlich:

- *Teilnehmerzahl*: einige wenige bis hin zu 20;
- *Teilnehmerrollen*: es gibt PS/CS, die keinerlei Rollenvorgaben machen und andere, die sehr differenzierte Rollenbeschreibungen ggf. mit spezifischen, konkurrierenden Zielvorgaben enthalten;
- *Interaktionsregeln*: das reicht vom ‚runden Tisch‘, an dem eine Teilnehmergruppe gemeinsam, nach eigenem Gutdünken an einem PS/CS arbeitet, bis hin zur technisch aufwendigen Mehrgruppen-/Mehrraumlösung mit speziellem Computer- und Kommunikationsnetzwerk und ggf. festgelegten Kommunikationswegen;
- *Spieldauer*: 20 Minuten bis ein oder sogar zwei Tage;
- *Spielsteuerung*: selbständig durch die Teilnehmer oder durch einen oder mehrere Trainer, Programmbediener oder ‚facilitators‘;
- *Rolle und Bedeutsamkeit* des ‚debriefing‘, d.h. der reflektierenden Nachbesprechung.

Wie diese Beschreibung bereits zeigt, ist es praktisch unmöglich, die Begriffe ‚Planspiel‘ und ‚Computersimulation‘ definitorisch sauber voneinander und von anderen, handlungsorientierten und interaktiven Lehr- und Lernformen abzugrenzen. In Übereinstimmung mit einer Reihe grundlegender Arbeiten zum Thema (Blättle/Herz 2000; Brehmer/Dörner 1993; Dahlström/Dekker/ van Winsen/Nyce 2009; Dörner/Schaub 1992; Kriz/Eberle 2004) ist es praktikabel, PS und CS auf der einen Seite von Rollenspielen (s.a. Rathje i.d.B., Kap. 4.1) dadurch zu unterscheiden, dass ihnen ein ausformuliertes Realitätsmodell zu Grunde liegt, von full-scale-Simulatoren auf der anderen Seite dadurch, dass sie keine physische Nachbildung dieser Realität anstreben. Ob dieses Realitätsmodell aber nun in Form eines schriftlich formulierten Systems von Interaktionsregeln vorliegt (das klassische Planspiel), in Form eines Satzes von Excel-Funktionen (Mischform) oder in Form eines genuinen

Computerprogramms (die klassische Computersimulation), ist für die Zwecke dieser Betrachtung von nachrangiger Bedeutung.

Beispiele

Um dem mit PS/CS weniger vertrauten Leser die Möglichkeit zu geben, sich ein konkretes Bild zu machen, möchte ich kurz zwei Modelle solcher Spielwelten vorstellen, die beide in der Hochschullehre eingesetzt werden.

InterAct – interkulturelles Verhandlungstraining (Planspiel)

Die Rahmengeschichte: InterAct (Bolten 2002) spielt auf dem globalen Markt für Oberbekleidung. Dieser Markt hat in den letzten Jahren erhebliche Veränderungen erfahren – die Blütezeit der ,Haute Couture' ist vorbei, es dominieren Markeninflation und Massenherstellung. Zumindest mittelfristig positiv entwickelt sich lediglich der Bereich der Freizeitbekleidung und um diesen geht es. Die Teilnehmer vertreten vier international tätige Bekleidungsunternehmen aus verschiedenen Ländern, die Jogging-Anzüge in drei verschiedenen Qualitätsstufen herstellen und auf vier Märkten (Asien, Osteuropa, USA, Westeuropa) abzusetzen versuchen. Hauptgegenspieler aller vier Unternehmen ist ein neu gegründetes Joint-Venture zweier weiterer Hersteller, die die anderen Hersteller unter Druck setzen und damit ebenfalls zu kostenreduzierenden Kooperationen oder Unternehmenszusammenschlüssen zwingen. Dies wird dadurch kompliziert, dass jedes der Unternehmen spezifische Stärken und Schwächen aufweist. Wesentlicher Inhalt des PS sind die mit diesen Kooperationen verbundenen Verhandlungsprozesse. Ziel des Spiels ist es damit, die für das eigene Unternehmen günstigste Kooperationsmöglichkeit zu realisieren und auf dem Weltmarkt möglichst hohe Umsätze und Gewinne zu erzielen.

Realitätsmodell und Realisierung: Der Kern von InterAct besteht aus einem Marktmodell, das in Microsoft-Excel geschrieben ist. Inputvariablen sind die geschäftlichen Entscheidungen der Unternehmen (Verkaufspreise, intendierter Absatz und Produktversion pro Markt, Entwicklungs- und andere Ausgaben) sowie vordefinierte Marktveränderungen (Nachfrageveränderungen, Preisniveaus usw.); Ouputvariablen sind die erzielten Absätze, Gewinne und Verluste sowie Lagerbestände pro Unternehmen und Markt. Der ,Gegenspieler' (das bereits existierende Joint Venture) wird von der Spielleitung vertreten, seine Ergebnisse sind quasi die Resultierende der Entscheidungen der Spielteilnehmer.

Rollen und Spielablauf: InterAct ist für 12 bis 20 Teilnehmer (am besten aus verschiedenen Sprachräumen) ausgelegt, die den vier Unternehmen zugeordnet werden. Es existieren Spielunterlagen für zehn verschiedene Länder in den verschiedenen Sprachen. Bei der Verteilung der Teilnehmer auf die Unternehmen sollte darauf geachtet werden, dass die Unternehmen mehrheitlich mit Muttersprachlern besetzt sind. Den Teilnehmern ist freigestellt, ob sie das Unternehmen gleichberechtigt führen wollen, oder ob sie Rollen übernehmen wollen – nahe gelegt werden die Rollen ‚Geschäftsführung‘, ‚Personalwesen‘, ‚Marketing‘ und ‚Finanzen‘. Das PS umfasst insgesamt sechs Spielperioden, wobei die ersten beiden bei Spielbeginn bereits abgelaufen sind. Die wirtschaftlichen Kennzahlen dieser beiden Perioden sowie weitere unternehmensspezifische Informationen und allgemeine Spielregeln werden von den Teilnehmern vor Spielbeginn durchgearbeitet. In den vier zu spielenden Perioden haben die Teilnehmer jeweils die Ergebnisse der Vorperiode zu analysieren und ihre neuen Entscheidungen zu treffen. Diese werden auf einem Formular eingetragen und von einem Trainer am Rechner eingegeben. Die Simulationsergebnisse werden wiederum schriftlich ausgeteilt. Zusätzlich gibt es in jeder Periode weitere Aufgaben zu erledigen, die mit der Vorbereitung, Aushandlung und Durchführung der internationalen Kooperation zu tun haben. Dazu zählen Stärken-Schwächen-Analysen, Verhandlungen mit dem Wunschpartner, das Aushandeln von Bedingungen für die Gründung eines Gemeinschaftsunternehmens, der Entwurf einer Werbekampagne und ihre Präsentation auf einer Pressekonferenz. Dabei wechseln sich Arbeitsphasen im eigenen Unternehmen mit bilateralen Verhandlungen sowie Diskussions- und Reflexionsphasen im Plenum ab. Das gesamte Planspiel erfordert anderthalb bis zwei Tage.

MS Antwerpen (Computersimulation)

Die Rahmengeschichte: Bei der MS Antwerpen (Strohschneider/Gerdes 2004) handelt es sich um ein älteres, mehrfach umgebautes Kreuzfahrtschiff, das am Ende einer langen Kreuzfahrtsaison in einer stürmischen Nacht auf dem Nordatlantik unterwegs ist. Das Schiff hat 300 Passagiere und 197 Besatzungsmitglieder an Bord. Technisch ist es mit allem ausgestattet, was aus navigatorischen und seemännischen Erfordernissen notwendig ist. Die Teilnehmer übernehmen die verschiedenen Funktionen der Schiffsführung und müssen in wechselnden Kombinationen interagieren, um verschiedene Probleme, die während der Fahrt auftreten, zu bewältigen. Den Teilnehmern gegenüber wird das Schiff als streng hierarchische Sozialstruktur beschrieben, an deren Spitze der Kapitän mit praktisch uneingeschränkter Autorität steht. Die Schiffsführung muss sich u.a. mit der ständigen Kontrolle, Wartung und Reparatur der technischen Systeme beschäftigen, entscheiden, wie sie dem aufziehenden Sturm begegnet, Fischkuttern ausweichen, sich um Passagierbeschwerden kümmern, kranke und ggf. verletzte Passagiere betreuen, einen Brand bekämpfen und den ständig laufenden Funkwehr überwachen und ggf. auch darauf reagieren.

Realitätsmodell und Realisierung: Bei der MS Antwerpen handelt es sich um eine hochkomplexe Simulation, die in der Programmiersprache ‚Delphi‘ geschrieben wurde. Das Simulationsprogramm rechnet in 30-Sekunden-Takten (ein Takt entspricht einer Minute Realzeit) und ‚läuft‘ kontinuierlich. Basis ist ein Raummodell des kompletten Schiffes, in dem zunächst alle wesentlichen technischen Systeme der Vorlage untergebracht wurden. Auch Besatzungsmitglieder und Passagiere sind im Raummodell untergebracht, wobei ein besonderer Reiz darin besteht, dass sämtliche Passagiere als autonome Agenten realisiert wurden, die bestimmte physische und psychische Eigenschaften aufweisen und sich gemäß ihrer eigenen Intentionen und als Reaktionen auf die Maßnahmen der Schiffsführung selbstständig im Raummodell bewegen – und u.U. auch in Panik über Bord springen. Außerdem gibt es eine Schiffsumwelt mit Wind, Seegang und Fremdschiffen, die eigenen Plänen folgen. Jedes einzelne Objekt der Simulation (Raum, Aggregat, Passagier, usw.) ist durch eine Reihe von Eigenschaften beschrieben, deren Zustand wiederum von sich selbst und vom Zustand anderer relevanter Objekte abhängig ist. Beispielsweise führt starkes Rollen des Schiffes zu einer Abnahme des Wertes der Variablen ‚physischer Zustand‘ bei den Passagieren, was bei einigen Passagieren dazu führen kann, dass sie ihre Kabinen (auch im Notfall) nicht mehr verlassen können. Außerdem gibt es verschiedene Sequenzen vordefinierter Ereignisse, bei denen sich zu bestimmten Zeitpunkten Eigenschaften von Objekten (z.B. der Zustand einer Pumpe, ein Rauchmelder geht ‚an‘ statt ‚aus‘) ändern. Der Trainer kann in den Ablauf der Simulation eingreifen, indem er gezielt (z.B. in Umsetzung bestimmter Befehle der Teilnehmer) Eigenschaften von Objekten ändert. Beispielsweise kann durch einen entsprechenden Befehl der Aufenthaltsort eines Passagiers von ‚Bar XY‘ zu ‚Kabine XY‘ verändert werden.

Rollen und Spielablauf: Die fünf bis acht Teilnehmer übernehmen verschiedene Rollen der Schiffsführung (Kapitän, 1. und 2. Ingenieur, Chefsteward, 1. Offizier, Schiffsarzt u.a.) und erhalten sämtliche, für die Erfüllung ihrer Rollen notwendigen Informationen. Zwar erhalten sie Zeit zur Lektüre ihrer Unterlagen, jedoch befinden sie sich zu Beginn in der Regel in einem Zustand der Informationsüberflutung. Jeder Rolle sind spezifische Ziele zugeordnet, und die Simulation funktioniert nach dem Prinzip des verteilten Wissens, da jeder etwas anderes weiß und keiner den Überblick darüber hat, welche Information bei wem zu finden ist. Darüber hinaus gibt es verschiedene Schiffspläne, Seekarten und Navigationsbesteck zur Benutzung durch die Teilnehmer. In der Gestaltung ihrer Interaktion und Kommunikation, in der Übernahme der vorgeschlagenen Funktionsdifferenzierung und Hierarchiestruktur sind die Teilnehmer frei.

Die Teilnehmer haben selbst keinen Zugang zum Computer, die Programmbedienung erfolgt durch einen geübten Trainer. Die Kommunikation zwischen Teilnehmern und Simulationsprogramm erfolgt primär durch einen Drucker, der fortlaufend Schiffs-, Wetter- und Umgebungsdaten ausdruckt und Meldungen aus dem Schiffsinneren und Funksprüche liefert. Außerdem besteht die Möglichkeit, sich mit Fragen direkt an den Trainer zu wenden. Anfragen, Entscheidungen und Befehle der Teilnehmer werden auf kleine Formularzettel geschrieben und vom Trainer nach dem oben beschriebenen Muster ins Programm eingegeben. Zur weiteren Erhöhung des Realitätsgrades können im Seminarraum Meeresbilder aufgehängt und Schiffs- und Windgeräusche eingespielt werden.

Ein Simulationslauf selbst dauert etwa zwei bis drei Stunden (ohne evtl. Pausen), dazu kommen ein- bis anderthalb Stunden für die vorbereitende Lektüre und Rollenverteilung sowie ca. drei Stunden für die anschließende Reflexion.

Konzeptuelle und theoretische Grundlagen

Insofern zu den Lehrzielen der akademischen Curricula interkulturell ausgerichteter Studienangebote Konstrukte wie ‚interkulturelle Kompetenz' gehören, welche ungeachtet aller definitorischen Unschärfen (vgl. Straub/Nothnagel/Weidemann i.d.B., Kap. 1), in jedem Falle Handlungskompetenzen umfassen, bedarf der Einsatz handlungsorientierter Lehrformen an sich keiner besonderen Begründung: Handlungskompetenzen erwirbt man nicht allein durch theoretische Unterweisung. Allerdings bedarf der Einsatz konstruktions- und durchführungsaufwendiger Methoden wie CS und PS durchaus einer differenzierteren Grundlegung. Aus lernpsychologischer wie aus kognitionspsychologischer Perspektive sind CS und PS keine Lehr-Lernmethoden, die für sich alleine stehen. Vielmehr müssen sie in ein Gesamtkonzept eingebettet werden, das auf folgenden drei Säulen basiert (Hübsch/Fritsche 2007; Kriz 2000; Rebmann 2001; Strohschneider/Starke 2005; Strohschneider 2008):

1. Vermittlung bzw. Aneignung theoretischer Wissensinhalte;
2. Sammeln von konkreten Erfahrungen;
3. gesteuerte, auf die theoretischen Inhalte hin konzipierte Reflexion der Erfahrungen.

Welches Gewicht diese drei Säulen jeweils einnehmen sollen, wird von Fall zu Fall unterschiedlich sein. Es sind mir keine empirischen Untersuchungen bekannt, die diese Frage dezidiert untersucht hätten. Auf der Basis praktischer Erfahrungen in der akademischen Lehre erscheint ein Modell erwähnenswert, das sich am sog. „experiental learning cycle" nach Kolb (Kolb/Boytzis/Mainemelis 2001) orientiert. Dieser Lernkreislauf umfasst mindestens vier Schritte, nämlich:

1. das Sammeln konkreter Erfahrungen im Umgang mit kulturellen Differenzen anhand geeigneter interaktiver, dynamischer Lernformen;
2. die Vermittlung bzw. Aneignung geeigneter theoretischer Grundlagen (s.u. und den Abschnitt zum Debriefing) die helfen können, diese Erfahrungen zu beschreiben und zu erklären;
3. die kritische Reflexion der Erfahrungen aus Schritt (1) unter Nutzung der theoretischen Konzepte aus Schritt (2) – also die Erzeugung von Verständnis;
4. die konkrete Umsetzung des Verständnisses in weiteren handlungsorientierten Übungen.

Anschließend kann der ganze Zyklus beliebig oft wiederholt werden. Selbstverständlich muss man sich nicht sklavisch an diesen Ablauf halten, sollte jedoch die folgenden Argumente bedenken. Der Einstieg mit einer praktischen Erfahrung, die häufig Erlebnisse der Frustration und des Misserfolgs beinhaltet, soll nicht demotivieren, sondern vor allem Staunen und Neugier hervorrufen: „Aha, der gute Wille allein reicht wohl nicht!". Wo diese Erkenntnis bereits vorhanden ist, kann man Schritt 1) und 2) durchaus auch tauschen. Die Vermittlung theoretischer Konzepte ist jedoch von entscheidender Bedeutung: Jeder Prozess der Reflexion oder Metakommunikation bedarf begrifflicher ‚Kerne', die in der Reflexion elaboriert werden können und quasi Angriffspunkte für das Verständnis bieten. Sind solche Kerne nicht vorhanden, kann ein Reflexionsprozess ins Oberflächlich-Beliebige abgleiten oder in persönliche Streitigkeiten ausarten. Und schließlich ist die Wiederholung der praktischen Erfahrung wichtig, weil die Teilnehmer an einer entsprechenden Veranstaltung dadurch die Chance haben, das Gefühl der Kompetenzerweiterung zu erleben und – im Sinne des instrumentellen Konditionierens – bestimmte Interaktionsformen, die als konstruktiv erlebt wurden, verstärkt werden können.

Ein weiterer Vorteil dieses Lernkreislaufes liegt darin, dass er verschiedenen Lernertypen entgegenkommt. Wenn man beispielsweise in Anlehnung an die altbekannte Taxonomie von Lernertypen nach Honey und Mumford (1982) „Tuer" und „Denker" unterscheidet, wird ersichtlich, dass ein eher handlungsorientierter Lerntyp eher von den konkreten Erfahrungen profitieren wird, während ein „Denker" aus Theorie und Reflexion Nutzen ziehen mag.

Die Frage nach den theoretischen Inhalten, die im Rahmen eines solchen Lehr- und Lernprozesses vermittelt werden sollten, ist sehr stark vom jeweiligen curricularen Kontext und den persönlichen Vorlieben der Dozentin bzw.

des Dozenten abhängig. Im Vordergrund werden häufig die ‚klassischen‘ Theoriebausteine der interkulturellen Kommunikation stehen: der Kulturbegriff, Kommunikationsmodelle, Kulturstandards und andere makroanalytische Konstrukte, kommunikative Stile, Vorurteile und Stereotype, Interkultur. Denkbar – und erprobt – ist es aber auch, in anderen theoretischen Revieren zu wildern. Hierfür kommt z.b. die Sozialpsychologie in Frage (mit Themen wie Gruppendynamik, Führung, Teamrollen), ebenso die kognitive Psychologie (Denk- und Problemlösestile, strategische Präferenzen; vgl. dazu Strohschneider 2006), die vergleichende linguistische Pragmatik (Sprachverwendung, Sprachstile; vgl. dazu Müller-Jacquier 2000), die Human Factors-Psychologie (Strukturen und Prozesse der Teamarbeit ‚unter Druck‘, Aufmerksamkeit und Müdigkeit, „situation awareness" und „shared mental models"; vgl. dazu Badke-Schaub/Hofinger/Lauche 2008) oder auch das internationale/interkulturelle Management (Projektarbeit, Führung und Motivation, Entscheidungsfindung; vgl. dazu Dülfer/Jöstingmeier 2008). Je nach Zusammensetzung der Gruppe und Intention des Lehrenden kann all das in kulturallgemeiner oder kulturspezifischer Form angesprochen werden. Im Idealfall passt der Lehrende seine Theorieangebote an die Voraussetzungen der Lernenden und die besonders prägnanten Eindrücke eines ersten PS/CS-Einsatzes an.

Nachdem damit wesentliche konzeptuelle Grundlagen diskutiert worden sind, können die mit Hilfe von PS/CS zu erreichenden Lernziele angesprochen werden. Wie aus obigem ersichtlich, definieren PS/CS per se keine eigenständigen Lernziele. Das Spielen ‚an sich‘ führt zu nichts außer zu einer Zunahme an ‚gaming competence‘, wie sie auch jeder (solitäre oder vernetzte) Computerspieler mit seinem Strategiespiel erreichen mag. Attraktiv für die Lehre interkultureller Kompetenz ist die Kombination von Spiel, Inhalt und Reflexion. Demzufolge sehe ich vier Lernzielbereiche, deren individuelle Ausgestaltung in Form eines Profils je nach Kontext variieren wird:

1. der Erwerb konkreter Techniken der Kommunikation und Interaktion in multikulturellen Teams, Prozesse des Austauschs von Information und der Entscheidungsfindung, Regeln für die interkulturelle Verhandlungsführung, ggf. auch in Nicht-Muttersprachen;
2. interkulturelle Sensibilisierung, Bewusstwerden der spezifischen Schwierigkeiten und Fallgruben interkultureller Zusammenarbeit;
3. Anwendung theoretischen Wissens in realitätsnahen interkulturellen Kontexten, Förderung des interkulturellen Verständnisses und der Fähigkeiten zur ‚isomorphen Attribution‘;
4. Erwerb von praktischen Erfahrungen im Umgang mit länderspezifischen Kommunikations- und Interaktionsstilen.

Vermutlich wird beim Einsatz von PS/CS in der akademischen Lehre häufig das erste Ziel im Vordergrund stehen, quasi als ‚behaviorale Unterfütterung‘

rein abstrakter Lehrformen. Was die Auswahl geeigneter PS/CS betrifft, gibt es hier zwei divergierende ,Philosophien'. Die eine fordert eine möglichst große Übereinstimmung zwischen ,Spielwelt' und intendiertem Anwendungsbereich – also eine betriebswirtschaftliche Simulation für interkulturelle Wirtschaftskommunikation usw. Die andere setzt dagegen darauf, dass Kompetenzen, die bereichsübergreifend anwendbar sein sollen, am besten in berufsfernen Settings trainiert werden, damit die Transferierbarkeit bereits Gegenstand des Trainings sein kann (z.b. Borodzicz 2004; Dahlström/van Winsen/Dekker/Nyce 2007). Selbstverständlich lassen sich – je nach Teilnehmergruppe – auch die anderen Ziele sinnvoll mit PS/CS als Lehrmethode kombinieren.

Schließlich gehören zu diesem Themenkomplex noch einige Gedanken zum Thema Interkulturalität in PS/CS: Auf den ersten Blick erscheint die Annahme naheliegend, ein PS/CS, mit dem interkulturelle Kompetenz vermittelt werden soll, müsse auch ,irgendwie' inter- oder multikulturell angelegt sein, etwa indem die Teilnehmer verschiedene Kulturen repräsentieren oder ein interkultureller Konflikt simuliert wird. Diese Formen direkter (d.h. in das Realitätsmodell eingebauter) Interkulturalität gibt es; das oben beschriebene PS „InterAct" ist ein Beispiel dafür. Indirekte Interkulturalität entsteht demgegenüber dann, wenn das PS/CS von der Rahmengeschichte her zwar monokulturell angelegt ist, die Teilnehmer jedoch unterschiedliche Sprachen und/oder Nationalkulturen mitbringen und kulturelle Unterschiede im Fokus der Anwendung stehen. Dieser Kategorie entspricht beispielsweise das computerbasierte Planspiel „Atlanticon" (Stumpf/Michel/Sokolowski/Wenzel 2003). Eine dritte Kategorie schließlich ist die der ,impliziten Interkulturalität' bei solchen PS/CS, bei denen durch die Konstruktion zwar Ziel- und Rollenkonflikte angelegt sind, diese aber nicht unbedingt etwas mit den nationalkulturellen Hintergründen der Teilnehmer zu tun haben müssen. Sprache und Nationalkultur stellen hier nur eine der möglichen Quellen für Schwierigkeiten und Missverständnisse dar, andere können aus unterschiedlichen Machtpositionen, berufs- oder organisationsspezifischen Stilen und vielen anderen potentiellen „Bruchlinien" entspringen. Die oben beschriebene „MS Antwerpen" zählt zu dieser Kategorie.

Durchführungsmodelle

Es dürfte mittlerweile deutlich geworden sein, dass es für die Durchführung von PS/CS im Rahmen der Hochschullehre keine festen Vorschriften geben kann, auch wenn man dabei die Vermittlung interkultureller Kompetenz im Auge hat. Um dem Leser dennoch eine Vorstellung vom Ablauf eines PS/CS-basierten Seminars zu geben, werden im Folgenden zwei solche Lehrveranstaltungen im Fach Interkulturelle Wirtschaftskommunikation an der Friedrich-Schiller-Universität Jena beispielhaft beschrieben.

Beispiel 1 – InterAct

Dieses Planspiel wird im Rahmen einer zweitägigen Blockveranstaltung durchgeführt, wobei erwartet wird, dass sich die Teilnehmer bereits im Vorfeld mit den oben beschriebenen Vorinformationen vertraut machen. InterAct bedarf einer relativ aufwändigen Logistik: Für die vier Unternehmen braucht man jeweils einen Gruppenarbeitsraum mit gegenseitiger Telefonverbindung, dazu einen ,Plenarsaal', Computer und Videokameras.

Das Planspiel selbst beginnt – nach gegenseitiger Vorstellung der Teilnehmer und Trainer, Klärung des Ablaufes und der Spielregeln usw. – mit der ersten ,aktiven' Geschäftsperiode, in der Entscheidungen für die eigene Firma getroffen und Kooperationen vorbereitet und verhandelt werden müssen (zwei Stunden) und schließlich Gemeinschaftsunternehmen gegründet werden (eine Stunde). Sobald es um die Zusammenarbeit mit anderen Unternehmen geht, sind die Teilnehmer im Übrigen gehalten, sich mit der Entscheidung für eine gemeinsame Verkehrssprache auseinander zu setzen. Anschließend erfolgen die Auswertung im Plenum, das Debriefing (ggf. mit Videoauswertung) und ein theoretischer Input (ca. zwei Stunden). Nach dem gleichen Muster (wenn auch kürzer) laufen die weiteren drei Geschäftsperioden ab, wobei in der letzten zusätzliche Aufgaben (Erarbeitung von Führungsgrundsätzen, Werbekonzeption) erledigt werden müssen und eine Präsentation vor dem Plenum erfolgt. Diese wird prämiert, anschließend erfolgt die Bekanntgabe des Endergebnisses.

Die theoretischen Inhalte beschäftigen sich in der Standardversion insbesondere mit verschiedenen Aspekten der kulturellen Spezifität von Managementstilen. In den Debriefings, Videoanalysen und Teilnehmerdiskussionen wird darüber hinaus ein besonderer Fokus auf die Sensibilisierung für kulturelle Distanz und eigenkulturelle ,Prägungen', die Rolle der Sprache in der interkulturellen Zusammenarbeit, Teamorganisation und Problemlösen, Ambiguitätstoleranz sowie die Möglichkeiten zur Nutzung von Synergiepotentialen gelegt.

Man erkennt den sehr abwechslungsreichen Ablauf, bei dem der Computer, auf dem das eigentliche Planspiel installiert ist, nur eine sehr untergeordnete Rolle spielt – wenn natürlich auch die quantitativen Ergebnisse für die Teilnehmer sehr wichtig sind. Die wesentlichen Prozesse aber spielen sich innerhalb und zwischen den Gruppen ab und damit, und das ist typisch für PS/CS, entwickelt sich jede Planspieldurchführung zu einem individuellen Prozess, der der kompetenten Steuerung bedarf.

Beispiel 2 – MS Antwerpen

Die oben beschriebene Computersimulation „MS Antwerpen" wird an der Universität Jena im Rahmen eines dreitägigen Blockseminars zum Thema „Interkulturelle Zusammenarbeit in Teams" eingesetzt. Neben der MS Antwerpen werden auch andere Simulationen gespielt und Fallstudien bearbeitet. Der Grobablauf gestaltet sich folgendermaßen:

In einer Vorbesprechung, etwa 14 Tage vor dem ersten Blocktermin, werden der Seminarablauf und einige theoretische Grundlagen besprochen, außerdem werden Lese-Hausaufgaben verteilt.

Der erste Blocktermin dauert zwei Tage und beginnt mit einem ausführlichen ‚Aufwärmen' (Vorstellung, Theorie, Fallgeschichten). Anschließend spielen die Teilnehmer eine erste CS (ca. zweieinhalb Stunden), gefolgt von einem ersten Debriefing. Einem kurzen Theorievortrag folgt ein zweites ausführliches Debriefing, das sich auf die eben diskutierte Theorie bezieht. Nach einem weiteren Theorieteil endet der Tag mit einem gemeinsamen Abendessen. Der zweite Tag beginnt mit einer theoretischen Rekapitulation und dem ‚Anspielen' einer zweiten CS (ca. anderthalb Stunden). Danach werden die Teilnehmer erneut zur Reflexion angeregt und erhalten Zeit für die Erarbeitung von Vornahmen für die Verbesserung der Zusammenarbeit. Danach erst wird die zweite CS ‚ernsthaft' gespielt (ca. drei Stunden) und der Tag endet mit einem ausführlichen Debriefing.

Der zweite Blocktermin liegt wiederum ca. 14 Tage später und ist eintägig. Nach Wiederaufnahme und Wiederholung und einem weiteren Theorieteil beginnt nun die Arbeit mit der „MS Antwerpen" mit dem Studium der Unterlagen (30 Minuten), der Rollenverteilung, Lektüre der Rolleninformation und Planung der Zusammenarbeit (ca. eine Stunde) und schließlich der eigentlichen Seefahrt (ca. drei Stunden). Anschließend erfolgt wiederum ein ausführliches Debriefing; das Seminar endet mit Abschlussdebatte und Seminarevaluation.

Man erkennt den ständigen Wechsel zwischen Theorie, Reflexion und konkretem Tun, der das ganze Seminar trotz ungewöhnlich langer Seminartage für die Teilnehmer zu einer zwar anstrengenden, aber gut durchzuhaltenden und reichen Erfahrung werden lässt.

Debriefing: Ebenen der Reflexion

‚Debriefing' ist, wie oben bereits angedeutet, ein zusammenfassender Ausdruck für die Prozesse der Reflexion, Metakommunikation und ggf. auch des Feedbacks durch einen Trainer oder Dozenten, die der Aufarbeitung des Geschehens während des Ablaufes des PS/CS dienen. Die Bedeutung des Debriefing kann gar nicht überschätzt werden (Dieckmann 2005; Peters/Vissers

2004) – als Daumenregel gilt, dass die Dauer des Debriefing ungefähr gleich der Spielzeit sein sollte.

Besonderes Augenmerk erfordern die Inhalte des Debriefing. Ein wichtiger Aspekt ist sicherlich das ‚Dampfablassen', die freie Verarbeitung von Emotionen, die während der Übung entstanden sind. Das kann Frustration und Ärger sein, aber auch Stolz oder Triumph, daneben gibt es in der Regel offene Fragen und Unverständnis hinsichtlich des Funktionierens des PS/CS zu klären. Darüber hinaus aber muss das Debriefing ein theoretisch angeleiteter Prozess sein: Metakommunikation und Teamreflexion führen nicht von allein zu den curricular erwünschten Ergebnissen. Zumindest bei Studierenden, die in der Regel über keine fundierte Erfahrungen mit Teamarbeit – und schon gar nicht mit interkultureller Teamarbeit – verfügen, ist es unerlässlich, den Bezug zu theoretischen Konzepten aktiv herzustellen.

Gerade bei multikulturellen Gruppen ist es wenig ergiebig, die Diskussion auf einzelne, im Prozess des PS/CS besonders salient gewordene kulturelle Differenzen zu fokussieren. Das führt häufig nur zu einem Rekurs auf stereotype Pauschalisierungen. Ich möchte stattdessen vorschlagen, sechs Dimensionen der Reflexion über interkulturelle Interaktion zu unterscheiden. Diese Dimensionen werden im Folgenden vorgestellt und kurz beschrieben. Für eine eingehendere Beschäftigung mit diesen Dimensionen wird auf die weiterführende Literatur verwiesen.

1) Die Phasen eines Problembearbeitungsprozesses und ihre relative Bedeutsamkeit

Jede Aufgabenbearbeitung im Team wird im Allgemeinen verschiedene themenbezogene (kognitive und kommunikative) Aktivitäten umfassen. Nach einem bekannten Modell (Dörner 1989) kann man folgende Subprozesse unterscheiden (die Reihenfolge ist eher fiktiv, selbstverständlich sind Vor- und Rücksprünge):

- Zieldefinition, Zielausarbeitung, Zielkonkretisierung;
- Informationssammlung und -austausch, Informationsanalyse und Informationsintegration;
- Entwicklung von zukunftsbezogenen Szenarien;
- Entscheidung über das strategische Vorgehen und Generalplanung;
- Analyse und Diskussion von konkreten Entscheidungsoptionen, Entscheidung und Durchführung;
- Effektkontrolle;
- Revision der Vorgehensweise und der Maßnahmenpolitik.

Das meiste davon kommt irgendwann in einem längeren Teamprozess vor – die (studentischen) Teilnehmer sind sich aber nur sehr selten bewusst, welchen dieser Prozesse sie gerade erledigen. Das führt im Ergebnis häufig zu einem wilden Durcheinander, das für eine Fülle von Missverständnissen verantwortlich sein kann. Das Reflexionsangebot an die Teilnehmer besteht darin, den in der PS/CS abgelaufenen Prozess vor der Folie dieses Modells zu analysieren und (a) festzustellen, welche Teilprozesse wie intensiv erledigt wurden und (b) zu fragen, ob nicht Probleme in der Zusammenarbeit darauf zurückzuführen sein könnten, dass die relative Bedeutsamkeit einzelner Teilprozesse unterschiedlich eingeschätzt wurde. So gibt es regelmäßig Teilnehmer, für die die konsensuelle Erarbeitung eines Zielverständnisses sehr wichtig ist, und andere, die schnelle Entscheidungen präferieren.

2) Strategische Präferenzen

Menschen erlernen als Mitglied bestimmter Kollektive die strategischen Präferenzen, die innerhalb dieses Kollektivs funktional sind. Dies betrifft beispielsweise die Unterscheidung von deduktivem Vorgehen (Betonung von analytischen Prozessen und daraus abgeleiteter Planung) und induktivem Vorgehen (Betonung von Entscheidungsprozessen und Effektkontrolle), aber auch den Umgang mit Risiken (offensive versus defensive Entscheidungen), die Bereitschaft zu diversiven Prozessen (‚freies‘, unkontrolliertes Ideenentwickeln), den Zeithorizont von Planungsprozessen (langfristiges versus kurzfristiges Denken) und anderes mehr (vgl. dazu Strohschneider 2001; Strohschneider 2007).

Auch diese strategischen Präferenzen sind studentischen Teilnehmern selten bewusst – divergierende Vorstellungen darüber, wie man hier ‚normalerweise‘ vorgehen sollte, sind eine der prominenten Ursachen für interkulturelle Missverständnisse (Beispiele dafür in Abetti/Hirvensalo/Kapji 2001; Ilgen/LePine/Hollenbeck 1997; Novy 2004; Tjitra 1999).

3) Rollen- und Funktionsdifferenzierung im Team

Man kann die Anforderung, eine Aufgabe im Team zu bearbeiten, auf sehr unterschiedliche Weise angehen. Möglich ist z.B. eine klare Funktionsdifferenzierung (unabhängig von den evtl. in der Spielanweisung vorgeschriebenen Rollen) mit flacher Hierarchie. Möglich wären aber auch im Gegenteil die Etablierung einer strikten Hierarchie, ein gemeinsames Miteinander ohne jede interne Differenzierung, eine sternförmige Struktur mit zentralem Führer und anderes mehr. Üblicherweise entwickelt sich während eines PS/CS ein bestimmtes Muster ‚einfach so‘ (bei studentischen Gruppen meistens das ‚gemeinsame Miteinander‘), ohne dass diesem Prozess eine begründete Entscheidung zugrunde läge.

Auch dieser Prozess kann Gegenstand einer reflektierenden Betrachtung werden. Man kann z.b. verschiedene „Teamfunktionen" unterscheiden (Belbin 1993) und danach fragen, inwieweit diese realisiert wurden, man kann die Sinnhaftigkeit festgeschriebener Funktionsdifferenzierung hinterfragen, man kann verschiedene Teamprozessrollen unterscheiden (Führer, Moderator, Spezialist, Universalist, Mitläufer, Gehilfe; siehe Stempfle/Hübner/Badke-Schaub 2001), man kann verschiedene Führungsmodelle diskutieren und mit den Erwartungen der jeweils Geführten konfrontieren (siehe House/Javidan/Hanges/Dorfman 2002) und anderes mehr. Gerade in multikulturellen Gruppen zeigt sich, dass die Vorstellungen darüber, wie welche Teamrollen zu erfüllen sind, oft erheblich divergieren, was zu einer wichtigen Quelle von Unzufriedenheit werden kann, auf die Minderheiten oft mit Resignation reagieren.

4) Prozesssteuerung

Eine nächste denkbare Ebene der Reflexion ist die Frage der Prozesssteuerung. Damit ist die Menge all derjenigen (expliziten oder impliziten) Vereinbarungen gemeint, mit denen das Team die gemeinsame Arbeit koordiniert (Entin/Serfaty 1999; Mistele 2008). Dazu gehören beispielsweise die Regeln der Entscheidungsfindung, die Methoden der Veröffentlichung von Information, die Regeln zur Durchführung von gemeinsamen Besprechungen (z.B. Redezeitverteilung), Fragen der Visualisierung und Protokollierung, Methoden zur Herstellung von Verbindlichkeit.

Erfahrene Praktiker wissen, dass eine gelungene Prozesssteuerung eine der wesentlichen Voraussetzungen für das Gelingen interkultureller Zusammenarbeit ist. Bei studentischen Gruppen ist dieses Bewusstsein oft gering ausgeprägt und es herrscht die Annahme, dass sich ein Teamprozess schon irgendwie so entfalte, dass alle Beteiligten zufrieden sind. Eine Reflexion könnte sich in diesem Zusammenhang damit beschäftigen, welche (impliziten) Prozessregeln der Teamarbeit zugrunde lagen, inwieweit alle Beteiligten damit einverstanden waren und welche Alternativen es geben könnte etc. Auch dabei zeigt sich, dass die Vorstellungen von Mitgliedern verschiedener Kollektive oft erheblich divergieren und dass sich die Kriterien für persönliche Zufriedenheit in und mit der Gruppe sehr unterscheiden.

5) Ebenen der Kommunikation

Das auf den Arbeiten von Bühler basierende Kommunikationsmodell von Schulz v. Thun (1986) gehört vermutlich zu den mit am meisten gelehrten Inhalten der Theorie interkultureller Kommunikation. Dennoch ist die Übertragung in die Praxis einer PS/CS-Situation für Studierende häufig mit erheblichen Schwierigkeiten verbunden. Ein etwas vereinfachtes Modell (Stempfle/ Badke-Schaub 2002), das sich in der Hochschullehre gut bewährt, unterscheidet lediglich zwischen aufgabenbezogenen Äußerungen, prozessbezogenen Äußerungen und beziehungsbezogenen Äußerungen (ohne die verschiedenen Aspekte jedes einzelnen kommunikativen Aktes zu analysieren). Das Reflexionsangebot (im Idealfall durch Videosequenzen unterstützt) besteht darin, die relativen Anteile dieser drei Kommunikationskategorien zu bestimmen und nach ihrer jeweiligen Funktion und Notwendigkeit im Prozessverlauf zu fragen.

Gruppen naiver Teilnehmer sind oft sehr überrascht, wenn sie erfahren, dass sich bei erfolgreichen Teams in intensiven Arbeitsphasen rund ein Drittel der Kommunikation um das Thema Prozesssteuerung dreht und beziehungsbezogene Kommunikation in Intensivphasen praktisch keine Rolle spielt – dafür aber in ruhigeren Abschnitten umso intensiver diskutiert wird (Badke-Schaub 2005; Dietrich/Childress 2004). Auch dieser Themenbereich behandelt eine sehr wesentliche kulturelle Bruchlinie und hat oft sehr intensive Diskussionen zur Folge.

6) Das konkrete Kommunikationsverhalten

Theoretisch betrachtet ist dies eine Sammelkategorie, die so unterschiedliche Dinge wie:

- Unterbrechungen, Ausredenlassen, Sprecherwechsel und Pausen;
- Adressierungen;
- Bestätigungen (Nicken, Wiederholen, usw.);
- den ‚Ton‘ der Ansprache und die nonverbale Begleitmusik;
- das Äußern von Einwänden, Befürchtungen, Unverständnis;
- die sogenannten „heedful interactions" (Äußerungen des sich-um-andere-Kümmerns);
- Debatten und Nebendebatten umfasst (Dietrich/Childress 2004; Horn/ Strohschneider 2005).

Gegenstand der Reflexion ist hierbei weniger die Bedeutung dieser Aspekte für das Gelingen von Kommunikation (das ist den Teilnehmern meistens bekannt), als vielmehr die Analyse von Sprechakten, die bei einzelnen Teilnehmern zu Irritationen, Gefühlen der Zurückweisung, Ausgrenzung oder aggressiven Konterattacken geführt haben. Zielrichtung der Diskussion wird sein, zwischen individuellen Prozessen und solchen, die durch (implizite) kollektive Normen bedingt sind, unterscheiden zu lernen.

Diese sechs Dimensionen des Debriefings lassen sich vermutlich auf alle Teamprozesse anwenden, selbstverständlich aber werden nicht alle immer die gleiche Bedeutung haben. Aufgabe der Lehrenden ist es, diejenigen Dimensionen für die Diskussion auszuwählen (und auch entsprechend theoretisch zu unterfüttern), die sich für den konkreten Interaktionsprozess als besonders relevant (weil Quelle für Missverständnisse, Blockaden, Verärgerung, Fehlentscheidungen, usw.) herausgestellt haben. Das Idealmodell – alle diese Ebenen in einer Sequenz von Erfahrungslernzyklen durchzuarbeiten – dürfte sich im Kontext der Hochschullehre aus Kapazitätsgründen kaum realisieren lassen.

Hervorzuheben ist, dass dieser Vorschlag für die Inhalte von Debriefingprozessen jede Referenz auf makroanalytische Kulturdimensionen vermeidet. Nach den Erfahrungen des Autors ist es wenig hilfreich, irgendein Interaktionsproblem damit zu erklären, dass einer der Beteiligten aus einer ‚kollektivistischen' Kultur stamme. Es ist sehr viel hilfreicher (und spannender), zu untersuchen, hinsichtlich welcher Dimension von Interaktion Schwierigkeiten aufgetreten sind, wie diese begrifflich gefasst werden können und welche Methoden es geben könnte, solchen Schwierigkeiten konstruktiv zu begegnen. Für die Teilnehmer bedeutet das einen konkreten Zugewinn an Interaktionskompetenz, der, da mit Hilfe allgemeiner Begriffe theoretisch unterfüttert, auch auf andere Situationen übertragen werden kann. Für Teilnehmer, denen das Denken in Allgemeinbegriffen weniger liegt, bleibt der Erwerb konkreter Techniken und die Erinnerung an oft sehr intensive, bildhafte Erlebnisse, die die Übertragung des Gelernten erleichtern.

Hinter den hier formulierten Überlegungen steckt eine bestimmte Philosophie, die explizit gemacht werden sollte: Wenn interkulturelle Interaktionen erfolgreich (zumindest im Sinne der Zufriedenheit der Teilnehmenden) verlaufen sollen, dann reicht es nicht, sie einfach geschehen zu lassen und darauf zu vertrauen, dass sich der Prozess im Laufe der Zeit schon irgendwie glätten wird. (Interkulturelle) Zusammenarbeit muss man lernen, und es gibt mittlerweile genügend theoretische Erkenntnisse und praktische Erfahrungen, die man Lernenden an die Hand geben kann. Allgemeine Rezepte, wie man es richtig macht, wird es in diesem Bereich nicht geben, aber es gibt ‚Denkzeuge', die von den Teilnehmern genutzt werden können, sich selbst situativ passende Werkzeuge zu schaffen. Das ist der Hintergrund, vor dem so viel Wert auf die ausführliche und fundierte Gestaltung von Debriefingprozessen gelegt wird.

Abschließend noch ein Wort zur Steuerung von Debriefingprozessen im Rahmen universitärer Veranstaltungen. Während die Phase des ‚Dampfablassens' unmittelbar im Anschluss an die Durchführung des PS/CS stattfinden sollte, kann die eigentliche Reflexion auch erst nach einer Pause oder einer zwischengeschobenen Theorieeinheit beginnen. Sie sollte durch gezielte Fragen stimuliert werden, die die Teilnehmer am besten in Kleingruppen bearbeiten sollen. Bei der Zusammenstellung der Kleingruppen ist darauf zu achten, dass alle die Chance haben, sich in der Diskussion zu äußern. Den Abschluss der Reflexion bildet die Vorstellung und Debatte der Kleingruppenergebnisse vor der Gesamtgruppe. Erst hier sollte dann auch der Dozent in der Diskussion aktiv werden, indem er eigene Beobachtungen zur Debatte stellt und sich immer wieder darum bemüht, theoretische Bezüge herzustellen.

Schlussbemerkungen: Chancen und Risiken

Der konsequente Einsatz von PS/CS in entsprechend konzipierten universitären Lehrveranstaltungen in interkultureller Kommunikation stellt nach wie vor eine Besonderheit dar. Systematische Untersuchungen liegen dazu nach Wissen des Autors nicht vor. Dennoch mögen einige praktische Erfahrungen aus dem langjährigen Einsatz von PS/CS in der Lehre, die hier mit allen nötigen Vorbehalten wiedergegeben werden, von Interesse sein (vgl. dazu jedoch auch Borodzicz/van Haperen 2002; Buerschaper/Hofinger/von der Weth 2005; Huber/Langer 2006; Salas/Shawn Burke/Cannon-Bowers 2002; Schindewolf 2002; Starke 2005):

- Aus Sicht der Studierenden sind ‚realistische‘ PS/CS hoch attraktiv. Die Teilnehmer sind in der Regel sehr engagiert, lassen sich auf die Spielwelt und ihre Rollen ein und verlieren sich oft völlig in der Aufgabe. In Lehrveranstaltungsevaluationen findet diese Begeisterung regelmäßig eindeutigen Niederschlag.

- Die Interaktionsprozesse in den Gruppen werden dadurch sehr authentisch – und das heißt auch, dass es zu sehr realen Schwierigkeiten, Spannungen und Frustrationen in der Zusammenarbeit kommen kann. Für manche Studierende ist das überraschend, da sie sich eigentlich theoretisch gut vorbereitet fühlten und ‚guten Willens‘ waren.

- Der Umgang mit derartigen Misserfolgserlebnissen (möglicherweise vor den Augen eines Dozenten, der später eine Prüfung abnimmt!) fällt manchen Teilnehmern schwer, sie sind in der traditionellen Hochschullehre auch eher unüblich. Die konstruktive Bearbeitung setzt beim Hochschullehrer Gruppenerfahrung und andragogische Trainerkompetenzen voraus (siehe dazu Strohschneider 2008).

- Ausländische Studierende verhalten sich in PS/CS erfahrungsgemäß eher zurückhaltend, vor allem wenn sie in der Minderheit sind. Ein derartiges Ungleichgewicht sollte in jedem Fall Reflexionsgegenstand sein.

- Diese Reflexionsprozesse sollten unbedingt angeleitet werden. Freilaufende Reflexionsrunden, bei denen der Dozent sich akademisch-vornehm zurückhält, können – insbesondere nach Misserfolgserlebnissen – zur Eskalation führen. Dies ist zumindest im universitären Kontext, mit begrenztem Betreuungsaufwand, ein klarer Verstoß gegen die Regeln guter Praxis. Darüber hinaus konnte häufig beobachtet werden, dass die Studierenden nach intensiven Spielerlebnissen geradezu ein Bedürfnis nach Theorie haben – eine Chance, die man nicht ungenutzt verstreichen lassen sollte.

- Als Quintessenz langjähriger Erfahrungen beim Einsatz von PS/CS in Forschung und Lehre lässt sich formulieren, dass die ‚Spiele‘ dann gut funktionieren, wenn sie so vielfältig und ‚intelligent‘ wie möglich konstruiert sind. Die Glaubwürdigkeit einer Trainingssituation leidet erheblich, wenn Teilnehmer, die bereit sind, sich ernsthaft darauf einzulassen, ständig mit den Grenzen eines Realitätsmodells konfrontiert werden. Gute PS/CS erzeugen außerdem starke Bilder, die einen deutlich erhöhten Erinnerungseffekt haben und damit mutmaßlich den Transfer des Gelernten positiv beeinflussen.

Diese Eindrücke und Empfehlungen basieren auf der Expertise und den praktischen Erfahrungen des von der Methode überzeugten Autors. Sie können aufgrund der dadurch eingeschränkten Objektivität fundierte Evaluationsstudien nicht ersetzen. Wie bereits erwähnt, lässt die Zahl belastbarer Befunde sehr zu wünschen übrig. Eine einzelfallorientierte Diplomarbeit an der Universität Bamberg (Hübsch/Fritsche 2007), bei der im Rahmen eines interkulturellen Trainings auch ein komplexes Planspiel namens „Paul's Island" eingesetzt wurde, belegt die Begeisterung der Teilnehmer von der Methode, zeigt aber auch, dass man interkulturell nicht vorgebildeten Studierenden in einem Trainingsseminar nicht zu viel Theorie zumuten darf.

Evaluationsstudien zu Human Factors- und Problemlösetrainings mit berufserfahrenen Praktikern, in denen u.a. Simulationsmethoden zum Einsatz kamen (z.B. Buerschaper/Hofinger/von der Weth 2005; Edkins 2002; Goeters 2002; Salas/Wilson/Burke/Wightman 2006), lassen erste und vorsichtige Rückschlüsse auf die Eignung der Methode zu, liefern aber keine differentiellen Ergebnisse für die einzelnen Elemente des Methodenmixes. Nach wie vor ist die Frage offen, welche Aspekte evaluiert werden sollen. Die Akzeptanz der Methode? Der Gewinn an theoretischem Wissen und Verständnis? Der Erwerb von interkultureller Teamkompetenz? Wenn letzteres, wie könnte ein unabhängiges Kriterium aussehen, das diese Prüfung erlaubt? Wie in allen Evaluationsdiskussionen seit Kirkpatrick (1998; s.a. Groß 2005) bleibt die Frage nach der Nachweisbarkeit eines Zugewinns an Handlungskompetenz nur unbefriedigend beantwortet.

Abschließend einige Überlegungen zur Praktikabilität der Methode: Warum werden PS/CS trotz ihres scheinbar enormen Lehrpotentials in der universitären Lehre immer noch so selten eingesetzt? Ein wichtiger Punkt ist sicher die Verfügbarkeit geeigneter PS/CS. Anders als viele interkulturelle Rollenspiele und andere verhaltensbasierte Übungen sind PS/CS nicht einfach in Büchern nachzulesen und für die eigenen Zwecke zu adaptieren. PS/CS sind in der Herstellung vergleichsweise aufwändig, und die Konstrukteure lassen sich diesen Aufwand in der Regel bezahlen (Details bei Blötz 2005). Andererseits spricht nichts dagegen, sich geeignete PS/CS z.B. im Rahmen von Projektseminaren selbst zu erstellen (das eben erwähnte „Paul's Island" entstand z.B. auf diesem Wege) und eventuell sogar in Zusammenarbeit mit Kollegen aus der Informatik im Rahmen von Studienarbeiten programmieren zu lassen. Daneben gibt es aber weitere praktische Probleme: Die kompetente Steuerung von PS/CS (engl. facilitation) ist keine triviale Aufgabe und bedarf intensiver Einarbeitung durch den verantwortlichen Dozenten. Die Durchführung selbst ist praktisch nur im Rahmen von Blockveranstaltungen möglich. Der Zeitbedarf ist in der Regel erheblich, u.U. auch der technische und logistische Aufwand. Vor allem aber erfordern ‚facilitation' und ‚debriefing' vom Dozenten Kompetenzen, die über die Anforderungen normaler Hochschullehre hinausgehen. Dazu gehören die Fähigkeit zur Moderation kritischer Teamsituationen, das Auffangen im Spiel ‚abgehängter', frustrierter, wütender oder aufgrund von subjektiv als falsch erlebten Entscheidungen depressiver Teilnehmer. Je intensiver ein PS/CS-basiertes Seminar abläuft, desto größer ist die Wahrscheinlichkeit derartiger kritischer Reaktionen, mit denen man als verantwortungsbewusster Dozent seine Studierenden unter keinen Umständen allein lassen darf.

Viele andere Methoden des Trainings interkultureller Kompetenz sind ebenfalls mit spezifischen Durchführungsproblemen behaftet, und so sollte man sich als Hochschuldozent nicht davon abhalten lassen, das Lernpotential, das PS/CS in Kombination mit geeigneten Theoriebausteinen und Reflexionsphasen haben, selbst zu erproben.

Literatur

Abetti, Pier A./Hirvensalo, Inkeri/Kapji, Mark (2001): „Multi-cultural entrepreneurial ventures in the former Soviet Union: Case studies of Finish and American approaches in Russia, Ukraine and the Baltics". International Journal of Entrepreneurship and Innovation Management 1, S. 53-72.

Badke-Schaub, Petra (2005): „Kommunikation in kritischen Situationen". In: Gesine Hofinger (Hg.), Kommunikation in kritischen Situationen, Frankfurt/M.: Verlag für Polizeiwissenschaft, S. 3-25.

Badke-Schaub, Petra/Strohschneider, Stefan (1998): „Complex problem solving in the cultural context". Le Travail Humain 61, S. 1-28.

Badkc-Schaub, Petra/Hofinger, Gesine/Lauche, Kristina (Hg.) (2008): Human Factors: Psychologie sicheren Handelns in Hochrisikobranchen, Heidelberg: Springer.

Belbin, R. Meredith (1993): Team roles at work, New York: Butterworth Heinemann.

Blätte, Andreas/Herz, Dietmar (Hg.) (2000): Simulation und Planspiel in den Sozialwissenschaften: Eine Bestandsaufnahme der internationalen Diskussion, Münster: LIT.

Blötz, Ulrich (Hg.) (2005): Planspiele in der beruflichen Bildung: Auswahl, Konzepte, Lernarrangements, Erfahrungen, Bonn: Bundesinstitut für Berufsbildung.

Bolten, Jürgen (2002): InterAct 2.0 (Medienkombination): interkulturelles Verhandlungstraining/Intercultural negotiation training, Sternenfels: Wissenschaft und Praxis.

Borodzicz, Edward (2004): „The missing ingredient is the value of flexibility". Simulation & Gaming 35, S. 414-426.

Borodzicz, Edward/van Haperen, Kees (2002): „Individual and group learning in crisis simulations". Journal of Contingencies and Crisis Management 10 (3), S. 322-337.

Brehmer, Berndt/Dörner, Dietrich (1993): „Experiments with computer-simulated microworlds: Escaping both the narrow straits of the laboratory and the deep blue sea of the field study". Computers in Human Behavior, 9, S. 171-184.

Buerschaper, Cornelius/Hofinger, Gesine/von der Weth, Rüdiger (2005): „Strategisches Denken aus dem Computer? Über den Nutzen eines Trainings allgemeiner Problemlösestrategien". In: Ulrich Blötz (Hg.), Planspiele in der beruflichen Bildung: Auswahl, Konzepte, Lernarrangements, Erfahrungen, Bonn: Bundesinstitut für Berufsbildung, Begleit-CD.

Crookall, David/Arai, Kiyoshi (1995): Simulations and gaming across disciplines and cultures, London: Sage.

Dahlström, Nicklas/Dekker, Sidney/van Winsen, Roel/Nyce, James M. (2009): „Fidelity and validity of simulator training". Theoretical Issues in Ergonomics Science 10 (4), S. 305-314.

Dahlström, Nicklas/van Winsen, Roel/Dekker, Sidney/Nyce, James M. (2007): „Simulation realism and competence development", Universität Lund: unveröffentl. Manuskript.

Dieckmann, Peter (2005): „‚Ein bisschen wirkliche Echtheit simulieren': Über Simulatorsettings in der Anästhesiologie". Dissertation an der Universität Oldenburg.

Dietrich, Rainer/Childress, Traci M. (Hg.) (2004): Group Interaction in high risk environments, Aldershot, UK: Ashgate.

Dörner, Dietrich (1989): Die Logik des Misslingens, Reinbek: Rowohlt.

Dörner, Dietrich/Schaub, Harald (1992): „Spiel und Wirklichkeit: Über die Verwendung und den Nutzen computersimulierter Planspiele". Kölner Zeitschrift für Wirtschaft & Pädagogik 12, S. 55-78.

Dülfer, Eberhard/Jöstingmeier, Bernd (2008): Internationales Management in unterschiedlichen Kulturbereichen, München: Oldenbourg.

Edkins, Graham D. (2002): „A review of the benefits of aviation human factors training". Human Factors and Aerospace Safety 2, S. 201-216.

Entin, Elliot E./Serfaty, Daniel (1999): „Adaptive team coordination". Human Factors 41, S. 312-325.

Geilhardt, Thomas/Mühlbradt, Thomas (Hg.) (1994): Planspiele im Personal- und Organisationsmanagement, Göttingen: Verlag für Angewandte Psychologie.

Goeters, Klaus-Martin (2002): „Evaluation of the effects of CRM training by the assessment of non-technical skills under loft". Human Factors and Aerospace Safety 2, S. 71-86.

Groß, Andreas (2005): Zur Evaluation interkultureller Forschungs- und Entwicklungsprojekte, Münster: Waxmann.

Honey, Peter/Mumford, Alan (1982): The manual of learning styles, Maidenhead, GB: Honey.

Horn, Günter/Strohschneider, Stefan (2005): „Kommunikation im Krisenstab". In: Gesine Hofinger (Hg.), Kommunikation in kritischen Situationen, Frankfurt/M.: Verlag für Polizeiwissenschaft, S. 101-120.

House, Robert J./Javidan, Mansour/Hanges, Paul J./Dorfman, Peter (2002): „Understanding cultures and implicit leadership theories across the globe: An introduction to project GLOBE". Journal of World Business 37, S. 3-10.

Huber, Stefanie/Langer, Henry (2006): Erfolgreicher Umgang mit kritischen Situationen: Eine empirische Untersuchung zur Wirksamkeit eines Krisenmanagementtrainings in der Luftfahrt, Bamberg: unveröffentl. Diplomarbeit im Studiengang Psychologie der Universität Bamberg.

Hübsch, Julia/Fritsche, Johanna (2007): Ein interkulturelles Training auf der Basis von Selbstreflexion, Metakommunikation und Perspektivenübernahme: Konzeption, Erprobung und Evaluation am Beispiel einer deutsch-französischen Trainingsgruppe, Bamberg: unveröffentl. Diplomarbeit im Studiengang Psychologie der Universität Bamberg.

Ilgen, Daniel R./LePine, Jeffrey A./Hollenbeck, John R. (1997): „Effective decision making in multinational teams". In: P. Christopher Earley/ Miriam Erez (Hg.), New perspectives on international industrial/ organizational psychology, San Francisco, CA: New Lexington, S. 377-409.

Keys, Bernard/Fulmer, Robert M./Stumpf, Stephen A. (1996): „Microworlds and simuworlds: Practice fields for the learning organization". Organizational Dynamics 24 (4), S. 36-49.

Kirkpatrick, Donald L. (1998): Evaluating training programs: The four levels, San Francisco, CA: Jossey-Bass.

Kolb, David A./Boytzis, Richard E./Mainemelis, Charalampos (2001): „Experiential learning theory: Previous research and new directions". In: Robert J. Sternberg/Li-Fang Zhang (Hg.), Perspectives on thinking, learning and cognitive styles, Mahwah, NJ: Erlbaum, S. 227-247.

Kriz, Willy C. (2000): Lernziel: Systemkompetenz – Planspiele als Trainingsmethode, Göttingen: Vandenhoeck & Ruprecht.

Kriz, Willy C. (2000): Lernziel: Systemkompetenz – Planspiele als Trainingsmethode, Göttingen: Vandenhoeck & Ruprecht.

Kriz, Willy C./Eberle, Thomas (Hg.) (2004): Bridging the gap: Transforming knowledge into action through gaming and simulation, München: ISAGA.

Mistele, Peter (2008): Faktoren des verlässlichen Handelns – Leistungspotenziale von Organisationen in Hochrisikoumwelten. Eine explorative Untersuchung in verlässlichkeitsorientierten Organisationen in Hochrisikoumwelten, Wiesbaden: Deutscher Universitäts-Verlag.

Müller-Jacquier, Bernd (2000): „Linguistic awareness of cultures. Grundlagen eines Trainingsmoduls". In: Jürgen Bolten (Hg.), Studien zur internationalen Unternehmenskommunikation, Waldsteinberg: Popp.

Nový, Ivan (2004): „Problemfelder der deutsch-tschechischen Wirtschaftskooperation aus der Sicht des Personalmanagements". Hernsteiner 3, S. 15-19.

Peters, Vincent A.M./Vissers, Geert A.N. (2004): „A simple classification model for debriefing simulation games". Simulation & Gaming 35, S. 70-84.

Rebmann, Karin (2001): Planspiel und Planspieleinsatz: Theoretische und empirische Explorationen zu einer konstruktivistischen Planspieldidaktik, Hamburg: Dr. Kovač.

Salas, Eduardo/ Burke, C. Shawn/Cannon-Bowers, Janis A. (2002): „What we know about designing and delivering team training: tips and guidelines". In: Kurt Kraiger (Hg.), Creating, implementing and managing effective training and development: State-of-the-art lessons for practice, San Francisco, CA: Jossey-Bass, S. 234-262.

Salas, Eduardo/Wilson, Katherine A./Burke, C. Shawn/Wightman, Dennis C. (2006): „Does crew resource management training work? An update, an extension, and some critical needs". Human Factors 48, S. 392-412.

Schindewolf, Peter (2002): MS Antwerpen - Darstellung und Evaluation eines computergestützten Trainings zum Krisenmanagement, Bamberg: unveröffentl. Diplomarbeit im Studiengang Psychologie der Universität Bamberg.

Schulz von Thun, Friedemann (1986): „Psychologische Vorgänge in der zwischenmenschlichen Kommunikation". In: Bernd Fittkau/Hans-Martin Müller-Wolf/Friedemann Schulz von Thun (Hg.), Kommunizieren lernen (und umlernen), Aachen: Hahner, S. 9-100.

Starke, Susanne (2005): Kreuzfahrt in die Krise: Wie sich kritische Situationen im Planspiel trainieren lassen, Frankfurt/M.: Verlag für Polizeiwissenschaft.

Stempfle, Joachim/Badke-Schaub, Petra (2002): „Kommunikation und Problemlösen in Gruppen: eine Prozessanalyse". Gruppendynamik und Organisationsberatung 33, S. 57-81.

Strohschneider, Stefan (2001): Kultur – Denken – Strategie: Eine indische Suite, Bern: Huber.

Strohschneider, Stefan (2006): „Kulturelle Unterschiede beim Problemlösen". In: Joachim Funke (Hg.), Enzyklopädie der Psychologie, Themenbereich C, Serie II, Bd. 8: Denken und Problemlösen, Göttingen: Hogrefe, S. 549-618.

Strohschneider, Stefan (2007): „Problemlöseprozesse in kulturvergleichender Perspektive". In: Gisela Trommsdorff/Hans-Joachim Kornadt (Hg.), Enzyklopädie der Psychologie, Themenbereich C, Serie VII: Kulturvergleichende Psychologie, Bd. 2: Erleben und Handeln im kulturellen Kontext, Göttingen: Hogrefe, S. 59-108.

Strohschneider, Stefan (2008): „Human factors training". In: Petra Badke-Schaub/Gesine Hofinger/Kristina Lauche (Hg.), Human Factors: Psychologie sicheren Handelns in Hochrisikobranchen, Heidelberg: Springer, S. 289-306.

Strohschneider, Stefan/Gerdes, Jürgen (2004): „MS ANTWERPEN: Emergency management training for low risk environments". Simulation & Gaming 35, S. 394-413.

Strohschneider, Stefan/Starke, Susanne (2005): „Planspiele und Simulationen für das Verhaltenstraining in kritischen Situationen: Das Beispiel MS ANTWERPEN". In: Ulrich Blötz (Hg.), Planspiele in der beruflichen Bildung: Auswahl, Konzepte, Lernarrangements, Erfahrungen, Bonn: Bundesinstitut für Berufsbildung, Begleit-CD-Rom.

Stumpf, Siegfried/Michel, Timo/Sokolowski, Miriam/Wenzl, Alexander (2003): „Training interkultureller Kompetenz mit dem Verhaltensplanspiel Atlanticon". Wirtschaftspsychologie aktuell 2, S. 47-53.

Tjitra, Hora (1999): „Cultural specific problem solving styles: The strength and the problem areas of German-Indonesian groups". Psychologische Beiträge 41, S. 368-384.

4.3 Linguistisch begründete Verfahren

KONRAD EHLICH UND JAN D. TEN THIJE

Als Kommunikation ist interkulturelle Kommunikation weithin sprachlich. Die Sprachlichkeit kann sich schriftlich realisieren; sie realisiert sich aber vor allem mündlich. Damit unterliegt sie der Flüchtigkeit des gesprochenen Wortes und entzieht sich leicht – jenseits der Gedächtnisleistungen der Interaktanten – einem Verfahren, das gerade für den Umgang mit Interkulturalität von einer grundlegenden Bedeutung ist, nämlich dem einer *alltagspraktischen Reflexion*. In ihr gewinnen die Interaktanten Abstand zu eben jener Unmittelbarkeit, die Kommunikation auf der Grundlage eines breiten geteilten Wissens und einer weithin gemeinsamen Sprache für die alltägliche Kommunikation zur Verfügung hat. In der Sozialisation angeeignet und so als eigene Handlungsressource verfügbar geworden, sind es solche Grundlagen, die die Kommunikation für alle daran Beteiligten zu einem unaufwendigen, leichtläufigen Verfahren zur Erreichung ihrer Handlungsziele machen.

Interkulturalität ist demgegenüber oft kommunikativ sperrig. Die Routinen geraten ins Stocken, und Routine-Routinen zu deren Bearbeitung sind erforderlich. Wesentlich häufiger als nach den erfolgreich durchlaufenen Aneignungsprozessen in der alltäglichen Kommunikation üblich wird kommunikative Innovation erforderlich, und zwar Innovation für die sprachlichen Handlungsmittel selbst. Die Analyse interkultureller Kommunikation hat aus dem sich daraus ergebenden Augenschein häufig den Schluss gezogen, interkulturelle Kommunikation sei als ganze ‚ein Problem‘. Eine solche Sichtweise macht es sich zu einfach. Zwar bedeutet jenes Stocken der ‚normalen‘ kommunikativen Interaktion in vielen Fällen durchaus *auch* ein interaktives Problem. Doch ist dies nur *ein* Merkmal für sprachliche Interkulturalität. Interessanter sind die von den Interaktanten gemeinsam entwickelten neuen kommunikativen Verfahren, die sich bis hin zu einer interkulturellen Modalität des sprachlichen Handelns entfalten können. Dauerhaft problematisch ist interkulturelle Kommunikation dann, wenn die Interaktanten sich dem alltäglichen Reflexionserfordernis gegenüber verweigern. Dann insistieren sie auf ihrer je einseitigen Routinengewissheit und geraten so schnell in eine kommunikative Krise.

Interkulturell zu kommunizieren will also *gelernt* sein. Es erfordert ein Mehr an Aufmerksamkeit und gelingt dann nicht, wenn die aus dem Bruch des Üblichen sich ergebenden Potentiale zu einer differenzierten Kommunikation nicht genutzt werden. In einer derartigen Konstellation verfestigen sich die Ungleichheiten und Ungleichzeitigkeiten der kommunikativen Ressourcen bis hin zur schließlichen Kommunikationsverweigerung. Deren wissenschaftliche Erscheinungsform ist die These von der Unübersetzbarkeit der Sprachen.

Eine erste, sich dabei nicht beruhigende Umgangsweise mit der Ressourcendifferenz ist demgegenüber eine lediglich taktische. In ihr soll die Differenz sozusagen überlistet werden. Durch eine Paraphrasierung des als fremd Erscheinenden in die eigene Wissens- und Sprachwelt werden Wege gesucht, wie eine minimale Adaptierung zustande gebracht werden kann. Es handelt sich dabei um einen mehr oder minder groß angelegten Versuch des taktischen Kommunizierens, wie es sich auch sonst als einseitige Nutzung einer kommunikativen Handlungsressource findet, etwa bei der institutionellen Adaptierung eines bestehenden, für beide Interaktionspartner verfügbaren Handlungsmittels (z.B. dem der Frage, die als Examensfrage ‚umgenutzt' wird).

Ein solches Verfahren lässt sich auf die Erfordernisse von Interkulturalität allenfalls oberflächlich ein. Es sind nicht wenige der interkulturellen Ratgeber, die hier ihr Betätigungsfeld haben.

Alltagshermeneutik

Die schnelle Beruhigung bei der vermeintlichen Verfügbarkeit einiger Adaptierungstricks verweigert nur oberflächlich das Sich-Einlassen auf interkulturelle Herausforderungen nicht. Dieses Sich-Einlassen beginnt erst dann, wenn die Befremdung, die von der Differenz ausgeht, als Ausgangspunkt für eine kommunikative Interaktion zweiter Stufe erkannt und akzeptiert wird. Dies bedeutet mit anderen Worten: Die interkulturelle Herausforderung ist eine hermeneutische Herausforderung – und zwar im Sinn einer Alltagshermeneutik (siehe Ehlich 2005). Sie nutzt kognitive Erfahrungen, wie sie die Hermeneutik als Wissenschaft an ausgewählten Wissens- und Kommunikationsfeldern gewonnen und systematisiert hat, aber sie entfernt sich von ihren Verstehensgegenständen nicht in der gleichen Weise, wie es der wissenschaftlichen Hermeneutik widerfahren kann und nicht selten widerfährt. Anders, hermeneutisch, ausgedrückt: Diese Alltagshermeneutik als kommunikative Praxis zweiter Stufe ist immer und primär an der Applikation interessiert. Die Entwicklung und Gewinnung von aktualer Interkulturalität ist Ziel- und Orientierungspunkt dessen, was sich aus der Fremdheitserfahrung und ihrer aktiven Annahme zum Zweck der Gewinnung von handlungspraktisch nutzbarer Reflexion ergibt.

Interkulturelle Kompetenz als Bildungsziel und Bildungsaufgabe

Eine ‚interkulturelle Kompetenz' ist also eine Befähigung, sich auf eine bewusste Weise zu einer befremdenden Erfahrung zu verhalten und dies interaktional so umzusetzen, dass ein tendenziell brüchiges Kommunikationssystem funktional bleibt. Sie erfordert – und setzt voraus –, dass sich die durch die Differenz bedingte Infragestellung des Systems eigener Gewissheiten nicht als eine grundlegende Erschütterung der eigenen Selbstgewissheit auswirkt. Sie verändert grundlegende Einschätzungen der Notwendigkeiten, die üblicherweise kommunikatives Handeln bestimmen. Nur die handlungspraktisch gewendete Reflexion ermöglicht das. Sie wird begünstigt durch eine Stärkung des Selbst wie durch die handlungspraktische Annahme, dass Differenz nicht deren Auflösung in der einen oder anderen Richtung erfordert, was auch bedeutet, dass sie nicht die Selbstauflösung erfordert. Es ist deutlich, dass solche durch Differenzerfahrung differenzierte Selbstbewusstheit, bedingt durch das Heraustreten aus einem naiven Selbstvergewissertsein, eine gegenüber solcher Naivität erweiterte Personalität ist. Interkulturelle Kompetenz hat somit mit einem wesentlichen Bildungsziel zu tun. Sie ist exemplarische Herausforderung in Richtung auf eine solche Entwicklung hin. Sie verlangt sie dem Einzelnen in seiner interaktionalen Praxis ab und sie ermöglicht für ihn, diese Praxis konkret zu entwickeln.

Das Lehren interkultureller Kompetenz

Geht es nun um das Lehren solcher Kompetenz, so erhellt, dass hierfür nicht die Vermittlung einzelner Regeln oder eines Regelwerks geeignet ist, die bzw. das modular zur Kenntnis genommen und veräußerlicht gelernt werden könnten. Mit anderen Worten: Zu interkultureller Kompetenz kann schwerlich ausgebildet werden; interkulturelle Kompetenz ist vielmehr ein Bildungsziel, das die Biografie der Lernenden nicht unberührt lässt, das vielmehr deren Modifikation zum wesentlichen Gegenstand hat. Dafür steht die Einübung jener handlungspraktischen Reflexivität im Mittelpunkt. Anknüpfend an empirische Erfahrungen interkultureller Konstellationen, kann die Veränderung des Erfahrungen Machenden in Gang gebracht werden – und dies um so mehr und um so direkter, wenn die Erfahrungen eigene sind. Interkulturelle Kommunikation als sprachliche Kommunikation ist also auf eine Empirie des Umgangs mit Sprache, ist auf Daten angewiesen. Sobald solche Daten aus dem eigenen Erfahrungsbereich gewonnen werden können, ist die Wahrscheinlichkeit größer, dass der interkulturelle Bildungsprozess sich entwickelt. Die landläufig bekannte Problematik des blinden Flecks im Umgang mit empirischen Daten aus dem eigenen Handlungsbereich wird hier also weniger virulent, als man häufig befürchten muss. Vielmehr sind gerade solche Daten nützliche Elemente, ja Ausgangspunkte für den triangulatorischen Prozess, der die hermeneutische Arbeit konkretisiert.

Die Lehre interkultureller Kompetenz in der Hochschulausbildung konkretisiert diese Zusammenhänge mit Blick auf eine erfahrungsbezogene Initiierung, die die Induktion von Reflexion durch die ermöglichen soll, die wiederum andere interkulturelle Kommunikation lehren wollen und sollen. Die systematische Kontrolle des Umgangs mit der eigenen Erfahrung im Umgang mit der Differenz ist dabei ein wesentlicher Teil des reflektorischen Prozesses.

Das Lehren interkultureller Kompetenz teilt eine Reihe von Eigenschaften mit dem Lehren fremder Sprachen (vgl. Ehlich 2009). Für dieses wurde lange ein Kompetenzziel propagiert, das den ‚near-native'-Status des Fremdsprachensprechers vorgab – und dadurch das Zurückschrecken vor jeder fremdsprachlichen Praxis nur allzu oft zur Folge hatte. Die Alltäglichkeit interkultureller Situationen macht derartige Rückzüge kaum noch möglich. Die Erarbeitung interkultureller Kompetenz als lebenspraktischer Vollzug, die Herausbildung und die Zulassung von Reflexivität geschehen in den laufenden Prozessen der sprachlichen, der kommunikativen Interaktion. Dazu gehört die Bereitschaft und Befähigung, aus Interaktionsfehlern auf eine sehr direkte Weise zu lernen und dieses Lernen produktiv zu wenden. Auch dies ist ein Kennzeichen des hermeneutischen Prozesses, das in dessen Alltagswendung von hoher Bedeutung ist.

Im Folgenden werden zunächst einige wichtige Bestimmungsversuche von interkultureller Kommunikation behandelt und an einigen ihrer Vertreter illustriert. Daran anschließend wird eine knappe, hochschuldidaktisch strukturierte Präsentation der linguistischen, insbesondere der diskursanalytischen Herangehensweise vorgestellt und kurz in ihrem Stellenwert für die hier beschriebenen übergreifenden Fragestellungen zur interkulturellen Kommunikation und ihrer Lehre beschrieben.

Einige Konzepte interkultureller Kommunikation

In der Literatur finden sich sehr unterschiedliche begriffliche Bestimmungen für ‚interkulturelle Kommunikation' (Ehlich 1996). Eine recht *weite*, auch im alltäglichen Sprachgebrauch anzutreffende Bestimmung sieht alle Kommunikation zwischen Menschen mit unterschiedlichem kulturellen und sprachlichen Hintergrund als interkulturell an (u.a. Bochner 1982; Maletzke 1996; Kim/Gudykunst 1988). Für eine linguistische Herangehensweise an die Bestimmung interkultureller Kommunikation ist dies problematisch, weil der

Unterschied zwischen Kultur und Nationalität schwer auszumachen ist. Außerdem besteht die Gefahr, dass man zu schnell ein Phänomen als interkulturell ansieht, während in Wahrheit andere, z.B. institutionelle, Handlungsstrukturen in den diskursiven Strukturen eine größere Bedeutung haben.

So kann z.B. die Auffassung entstehen, dass in einem kulturell heterogen zusammengesetzten Seminar der kulturelle Hintergrund der Interaktanten (z.B. einheimischer Dozent und Studierende mit Migrationshintergrund) für deren Teilnahme und Beitrag am Hauptdiskurs bestimmend sei. Hierbei würde aber der institutionelle Unterschied zwischen der Agentenseite der Institution, auf der der Dozent tätig ist, und der Klientenseite, auf der sich die Studierenden befinden, vernachlässigt werden. Durch die institutionelle Verteilung hat der – autochthone – Dozent andere und mehr Handlungsressourcen als die Studierenden.

Was auf den ersten Blick eine Banalität zu sein scheint, kann sich tatsächlich als ein methodologischer Fallstrick bei der Analyse interkultureller Kommunikation auswirken, der Fallstrick der „maximalen Interpretation" (Koole/ten Thije 1994): Auf den ersten Blick vergleichbare Diskursphänomene werden dadurch in der Interpretation auf einen gemeinsamen Nenner gebracht.

Demgegenüber wurden unterschiedliche eingegrenztere Bestimmungen für den Begriff der interkulturellen Kommunikation vorgenommen. Als interkulturell wird so lediglich eine solche Kommunikation bezeichnet, für die auf die ein oder andere Weise deutlich ist, dass Kulturunterschiede thematisiert werden oder in anderer Weise für den Verlauf der Interaktion relevant sind (u.a. Sarangi 1994; Koole/ten Thije 1994; ten Thije 2002; Keim/Schmitt 1995; Spencer-Oatey/Franklin 2009). Diese Spezifizierung erlaubt eine Konzentration auf die Rekonstruktion der Entstehung und Auflösung von *Missverständnissen* in interkultureller Interaktion wie auf solche Interaktionsstrukturen, die die Herstellung einer erfolgreichen wechselseitigen Verständigung ermöglichen. So entwickelt Hinnenkamp (2002) eine Typologie von Missverständnissen mit interkulturellem Hintergrund. Eine sich über längere Zeit erstreckende interkulturelle Zusammenarbeit kann aber auch zum Entstehen einer „*diskursiven Interkultur"* führen (siehe Koole/ten Thije 1994; ten Thije 2003).

Eine strenge Definition interkultureller Kommunikation bieten Redder und Rehbein (1987) auf der Basis ihrer Theorie des „*kulturellen Apparats"*. Darunter verstehen sie die Gesamtheit der kulturellen Fähigkeiten der Mitglieder einer spezifischen kulturellen Gruppe. Diese Fähigkeiten umfassen die in der Gruppe geltenden Vorstellungen, Wertorientierungen und Handlungspraktiken und werden bei der Auflösung von Interaktionsproblemen in *kritischen Situationen* wirksam. Der kulturelle Apparat kann auf zwei verschiedene Arten wirken. Die von der kritischen Situation Betroffenen können ihre bestehenden Auffassungen, Vorstellungen und Handlungsweisen einsetzen und so den gewohnten Verlauf sowie ihr Denken darüber bestätigen. Die andere Weise besteht in einer kritischen Reflexion geltender Handlungspraktiken und Vorstellungen und einer sich daraus ergebenden Veränderung, so dass die Probleme in der Interaktion aufgelöst werden. Auf der Grundlage dieses Modells für mehrsprachige Interaktion sieht Rehbein (ebd.) als interkulturelle Kommunikation nur das an, was eine Veränderung des kulturellen Apparats bedeutet. Interkulturelle Kommunikation wird also insbesondere durch die Veränderung des Denkens bzw. Handelns eines der beiden Interaktanten als Folge ihrer gemeinsamen Interaktion verstanden. Diese strikte Definition führt zu einer interessanten Unterscheidung zwischen einseitiger und zweiseitiger interkultureller Kommunikation. Im ersten Fall ergeben sich Veränderungen entweder beim Sprecher oder Hörer; im zweiten Fall bei beiden.

Linguistische Verfahren bei der Analyse interkultureller Kommunikation

Ehlich (2007a, Bd. 1, vgl. Agar 1994) zeigt, wie seit Saussure (1916) das Objekt der Linguistik zunehmend reduziert wurde, so dass die Erforschung der Beziehung zwischen Sprache und Kultur weithin anderen Disziplinen zufiel wie etwa der Soziologie (Mead, Goffman) oder der Ethnologie (Malinowski, Hymes). Die neuerliche Befassung der Linguistik mit der interkulturellen Kommunikation fällt mit der sogenannten ‚pragmatischen Wende' in den 60er und 70er Jahren des 20. Jahrhunderts zusammen. Der Vorschlag von Hymes (1972), anstelle einer abstrakten linguistischen Kompetenz (Chomsky 1965) eine kommunikative Kompetenz anzunehmen, wurde für die Erforschung interkultureller Kommunikation von großer Bedeutung. Die Frage danach, was in welcher Situation mit wem und auf welche Weise angemessen ist, brachte Linguisten unter anderem auch dazu, genauer auf die Besonderheiten interkultureller Kommunikation zu achten. Dabei richtete sich das Interesse zunächst vor allem auf das Konzept der *Missverständnisse* in interkultureller Kommunikation, die zum hauptsächlichen Gegenstand der Analyse wurden. Gumperz und andere (Gumperz 1982, 1992; Hinnenkamp 1989; Auer 1986) bedienen sich des Konzepts der *„contextualization cues"*, mittels derer Sprecher Schlüsse ziehen, die mit kulturell bestimmten Unterstellungen verbunden sind. Solche Analysen haben herausgearbeitet, wie verschiedene sprachliche Mittel – lexikalische, syntaktische, aber auch Intonation oder ‚code switches' – Anlass zu Missverständnissen geben können, weil diese ‚cues' ein jeweils anderes kulturelles Wissen aufrufen. Streeck (1985) hat bereits früh an dieser Herangehensweise kritisiert, dass in ihr eine zu direkte und automatische Verbindung zwischen der sprachlichen Form und der kulturell bestimmten Interpretation hergestellt wird – mit dem Ergebnis, dass Missverständnisse geradezu als unvermeidlich erscheinen.

Rehbein (1985) verwendet den Begriff „*Inskription*", um die Beziehung zwischen dem Gebrauch bestimmter sprachlicher Mittel und der Aktualisierung je einzelner Positionen innerhalb eines genutzten Handlungsmusters zu analysieren, z.B. beim ‚Reklamieren' oder beim ‚Verhandeln'. Verschiedene Analysen, die einem solchen Ansatz folgen, zeigen, wie Interaktanten in Institutionen Handlungsmuster in unterschiedlicher Weise aktualisieren oder zum Teil auch verändern, so dass sie keine interkulturelle Verständigung erreichen (u.a. Rehbein 1985).

Die Konzepte der ‚contextualization cues' und der Inskription beziehen sich auf unterschiedliche Weise auf die Diskussion über die Universalität des Kooperationsprinzips von Grice (1975), das bei der ‚pragmatischen Wende' eine große Rolle spielte. Ein Interaktant würde demnach für die ‚konversationellen Implikaturen' als selbstverständlich unterstellen, dass der Sprecher als Mitglied derselben sprachlichen und kulturellen Gemeinschaft handelt, zu der auch der Hörer gehört. Die Analyse interkultureller Kommunikation zeigt demgegenüber, dass die Unterstellung der universellen Gültigkeit der Grice'schen Maximen nicht berechtigt ist. Hörer sind bei ihren Interpretationsleistungen durchaus imstande, mögliche Abweichungen und die Fremdheit der Äußerungen des Sprechers strukturell zu antizipieren. Maximen wie „make yourself as informative as is required" oder „do not say what you believe to be false" können so durchaus als außer Kraft gesetzt angesehen werden.

Clyne (1994) versucht angesichts solcher Kritik eine Reformulierung der Maximen, um die universelle Geltung des Kooperationsprinzips zu retten. Die Kritik in Ehlich (1987) bleibt dabei völlig außer Betracht. Clynes Reformulierung der Maxime der Quantität lautet etwa „make your contribution as informative for the purpose of the discourse within the bounds of the discourse parameters of the given culture" (Clyne 1994: 194). Die Gültigkeit der Interpretationen wird also innerhalb der Grenzen einer bestimmten kulturellen Gemeinschaft mit je eigenen sprachlichen Standards und kommunikativen Erwartungen eingeschränkt. Diese Standards formuliert Clyne mit Oppositionspaaren wie Form/Inhalt, oral/literat, Konkretheit/Abstraktheit oder Rhythmus bzw. Gerichtetheit. Clyne trägt zugleich ein Konzept einer Linguistik der interkulturellen Kommunikation vor, das die kulturelle Determination verschiedener Komponenten der linguistischen Beschreibung in Betracht zieht, also etwa den Gebrauch gewisser kulturell bestimmter Gattungen, spezifischer Formen des turn-Wechsels oder den spezifischen Gebrauch einzelner Sprechhandlungen in Kulturen bzw. Regionen.

Die Überlegungen Clynes berühren sich mit der Herangehensweise an interkulturelle Kommunikation im ‚discourse-Konzept' von Scollon und Scollon (1995). Auch sie gehen der Frage nach, „how, when and where to do

271

things with language" und wenden diese für die ‚pragmatische Wende' charakteristischen Fragen auf interkulturelle Situationen an.

Ein vergleichbares Analysemodell bietet der Ansatz Müller-Jacquiers (2000) zur sprachlichen Bewusstheit von Kulturen. Interaktanten sind in der Lage zu rekonstruieren, „welche Handlungen fremde Kommunikationspartner überhaupt vollzogen haben, bevor aus der ‚aufgefassten Handlung' Schlussfolgerungen über fremde Handlungsziele und zugrunde liegende Wertorientierungen abgeleitet werden" (ebd.: 22). In diesem Ansatz werden analytische Kategorien verschiedener Disziplinen wie soziale Bedeutung (Lexikon), sprachliche Handlungen, Gesprächsorganisation, Themenwahl, (In-)Direktheit, Register, paraverbale Faktoren, nonverbale Ausdrucksmittel, kulturspezifische Werte und Haltungen sowie kulturspezifisches Verhalten (einschließlich Ritualen) in einem eklektischen Modell zusammengestellt. Wenn dieses Modell auch eine interessante Übersicht bietet, eignen ihm doch zugleich die Schwächen des Eklektizismus, da die Kategorien nur additiv versammelt werden, nicht scharf voneinander zu scheiden sind, sich teilweise auch überlappen und nicht in ihrem Zusammenhang aufgewiesen werden.

Bührig und ten Thije (2006) sowie Kotthoff und Spencer-Oatey (2007) bieten eine Übersicht über jüngere linguistische Untersuchungen interkultureller Kommunikation. Im Vergleich mit den bisher besprochenen Herangehensweisen lassen diese Bände eine Veränderung des Interesses weg von interkulturellen Missverständnissen hin zur direkten Analyse sprachlicher Äußerungen erkennen, die interkulturelle Verständigung befördern. So analysiert z.B. Lüdi (2006) den Beitrag von „translinguistic markers" beim interkulturellen Verstehen. Rehbein (2006) bietet eine sprachbezogene Ausarbeitung seines Konzepts des kulturellen Apparats. Ten Thije (2006) analysiert die Art und Weise, in der Interaktanten ihre Beiträge so perspektivieren, dass potentielle Unterschiede im kulturellen Vorwissen markiert und bearbeitet werden können. Günthner (2007) bespricht die Relevanz kulturspezifischer Repertoires kommunikativer Gattungen, Reisigl (2007) untersucht den aktuellen Forschungsstand zur Diskriminierung im Diskurs, und Thielmann (2007) geht auf das Thema der Macht in interkultureller Kommunikation ein. Die Beiträge beziehen ihre Analysen auf sehr unterschiedliche institutionelle Zusammenhänge, innerhalb derer interkulturelle Kommunikation untersucht wird. Dadurch illustrieren sie das gesellschaftliche Interesse, das in den letzten 30 Jahren auf eine stets bessere Kenntnis der *Bedingungen* für interkulturelle Kommunikation und interkulturelles Verstehen gerichtet ist.

Schließlich gibt es ein wachsendes Interesse daran, die Vermittlung interkultureller Kompetenzen in Trainings, Coachings und Mediationen diskursanalytisch zu bearbeiten (vgl. Knapp-Potthoff 1997; Rost-Roth 2007). Im Anschluss an diskurs-analytische Konzepte, die für Kommunikationstrainings entworfen wurden (siehe z.B. Becker-Mrotzek/Brünner 1999), wurden interkulturelle Trainings entwickelt und durchgeführt, mit denen professionell Handelnde auf der Basis authentischer Daten aus ihrer Berufspraxis dazu geführt werden, ihre institutionellen und interkulturellen Handlungskompetenzen zu reflektieren (Porila/ten Thije 2008). Trotz der zum Teil nicht unerheblichen konzeptuellen Unterschiede in den diskursanalytischen Herangehensweisen an interkulturelle Kommunikation teilen die benannten Studien und Traditionen, dass sie von authentischen Daten ausgehen, die auf der Basis detaillierter Transkriptionen mündlicher face-to-face-Interaktionen untersucht werden. Auch dies ist ein direkter Ausfluss der ‚pragmatischen Wende‘, durch die die Linguistik seit 50 Jahren beachtlich verändert wurde.

Die Vermittlung interkultureller Kommunikation in deren Analyse beim forschenden Lernen

Der Erwerb interkultureller Kompetenz bei Studenten wurde zuvor als allgemeines akademisches Bildungsziel formuliert. Dazu müssen Studenten ihren Erfahrungshorizont vergrößern. Sie müssen lernen, das Fremde zu reflektieren (siehe Ehlich 2009) und sich auf Fremde einzulassen. Indem sie sich auf das Fremde, die Fremde und die Fremden in ihren Lehrprozessen konkret einlassen und das Fremde nicht negieren oder zurückweisen, lernen sie etwas über sich selbst und über ihre eigene Kultur. So stärken sie ihr Selbstbild und gewinnen Vertrauen dafür, wie man kommunikativ in Situationen handeln kann, in denen nicht von vornherein deutlich ist und präzise feststeht, wie in ihnen zu handeln ist. Eine ‚near-native‘-Kompetenz in einer anderen Sprache ist schließlich noch keine Garantie für eine vollgültige Handlungskompetenz in kulturell fremden Situationen. Auch machen sehr qualifizierte Sprecher einer zweiten Sprache bewussten Gebrauch von Xenismen (Ehlich 2007b), um Muttersprachsprecher erkennen zu lassen, dass bei ihnen selbst als Sprechern einer zweiten Sprache nicht dasselbe kulturelle Wissen als selbstverständlich vorausgesetzt werden kann. So werden Missverständnisse durch unzutreffende Erwartungen hinsichtlich der als gemeinsam geteilt unterstellten Handlungsvoraussetzungen vermieden. Ein Beispiel ist die Einsicht in die Möglichkeiten und Grenzen des Englischen als einer sogenannten ‚lingua franca‘ für den wissenschaftlichen Austausch bei den Studierenden.

Ein akademisches Curriculum muss Voraussetzungen dafür schaffen, eine systematische Kontrolle im Umgang mit dem Fremden und der Reflexion darüber zu entwickeln. Im Folgenden wollen wir exemplarisch der Frage nachgehen, wie Studierende sich in ihrer linguistischen Arbeit darin qualifizieren, in ihrer akademischen Tätigkeit jene Alltagshermeneutik zu praktizieren, von der eingangs die Rede war, so dass sie sich in die Lage versetzen, direkte Weiterentwicklungen und Konkretisierungen ihrer interkulturellen Kompetenz zustande zu bringen und dies biografisch-exemplarisch für ihre eigenen zukünftigen Vermittlungsaufgaben und -prozesse zu tun.

Die systematische Erweiterung des Erfahrungshorizonts

Die Ausbildung einer Alltagshermeneutik innerhalb der akademischen Lehre beginnt damit, dass Studierende ihren eigenen Erfahrungshorizont erweitern. Die akademische Lehre sollte dafür einen systematischen Gebrauch von den interkulturellen und internationalen Erfahrungen machen, die die Studenten während ihres Studiums und parallel dazu im Umgang mit dem Fremden und mit den Fremden gewinnen. Dies kann auf verschiedene Weisen geschehen (vgl. auch Müller-Jacquier/ten Thije 2005).

• Zunächst bringen viele Studenten bereits interkulturelle und internationale Erfahrungen mit, die sie z.B. touristisch, durch schulische Austauschprojekte, als Au-pairs oder durch ausländische Ferienarbeit gewonnen haben. Sie haben zum Teil selbst Migrationserfahrungen (z.B. als Angehörige von Expat-Familien) oder Erfahrungen im Umgang mit Personen mit Migrationshintergrund. Die Arbeit in Hilfswerken und ähnlichen Organisationen trägt zu solchen Erfahrungen bei. Solche interkulturellen Erfahrungen bilden ein wichtiges Reservoir, das als Ausgangspunkt für einen systematischen Ausbau interkultureller Kompetenz genutzt werden kann.

• Weiter bieten internationale Studienaustauschprogramme wie Erasmus allen Studenten die Möglichkeit, im Verlauf ihrer Studien eine gewisse Zeit an einer ausländischen Universität zu verbringen. Auch binationale Studienprogramme mit einem gemeinsamen Abschluss, wie sie in Europa und darüber hinaus entwickelt werden, bieten entsprechende Möglichkeiten. Schließlich sehen viele Studienprogramme ein Praktikum im Ausland vor oder machen ein solches sogar verpflichtend. So erhalten Studierende die Möglichkeit, ihre eigenen kommunikativen Fertigkeiten im Umgang mit professionellen internationalen Settings auszubauen. Neue Medien enthalten in der Form von Videokonferenzen, MSN, sozialen Foren usw. Möglichkeiten, die interkulturelle Aktivitäten erfordern. Ein wichtiger Punkt ist zudem das gemeinsame studentische Leben in Studentenwohnheimen und Wohngemeinschaften.

• In verschiedenen Studienphasen werden konkrete Lehr- und Forschungsteile eingebaut, durch die Studierende authentische mehrsprachige und interkulturelle Kommunikation dokumentieren und beforschen können. Unter Nutzung von Arbeitskontakten im Familien-, Freundes- und Bekanntenkreis eröffnen sich Möglichkeiten zu Kontakten mit international orientierten Organisationen und Unternehmen. Dies bietet einen direkten Zugang zu interkulturellen Arbeitsumgebungen und bietet die Möglichkeit, herauszufinden, wie Interkulturalität am Arbeitsplatz im Detail funktioniert. Es ist frappant zu sehen, welches reiche internationale Netz an Arbeitskontakten in einer durchschnittlichen Studentengruppe bereits verborgen liegt. Für die Lehre interkultureller Kompetenz gehört es zu den wichtigen Aufgaben, dieses Kontaktfeld so effektiv wie möglich einzubeziehen, um so gezielt interkulturelle Kompetenzen auszubauen.

- Schließlich ist zu wünschen, ja notwendig, im akademischen Curriculum kommunikationsorientierter Ausbildung spezielle Kurse zu organisieren, in denen Studenten systematisch lernen, alltägliche und institutionelle Erfahrungen mit interkultureller Kommunikation zu erforschen und zu analysieren.

Linguistische Analysen als Erfahrungsgewinn in praktizierter interkultureller Alltagshermeneutik[1]

In all diesen Zusammenhängen können Erfahrungen mit interkultureller Kommunikation nicht nur gemacht, sondern auch jener Reflexivität zugeführt werden, die für die Kompetenzentwicklung erforderlich ist. Die linguistischen Herangehensweisen bieten dafür spezifische Verfahren, von denen wir eine kombiniert diskursanalytisch-ethnografische im Folgenden kurz illustrieren. Eine detaillierte Beschreibung der unterschiedlichen Arbeitsschritte findet sich in ten Thije (2002), eine gleichfalls methodologisch und exemplarisch durchgeführte in Bezug auf interkulturelle Kommunikation in Liedke, Redder und Scheiter (1999); allgemein ist die Analyse in Ehlich (1989/2007) und Rehbein (2007) mit einzubeziehen.

Fragestellung und Datensammlung

Eine organisierte Reflexion in der Lehre beginnt für die Studierenden mit einer ersten Literaturrezeption, mit dem Nachdenken über vorausliegende kritische Erfahrungen sowohl durch Introspektion wie durch wechselseitigen Austausch. Aus beidem resultiert eine *vorläufige Forschungsfrage* (I), für die sich die Studierenden in ein spezifisches interkulturelles Phänomen unter Einbeziehung der Reflexion der Kategorie 'Interkulturalität' und 'Interkulturalität in der Kommunikation' vertiefen.

Mit Blick auf diese vorläufige Forschungsfrage werden Möglichkeiten zur *Gewinnung authentischer Daten* mittels Audio- bzw. Videoaufnahmen (II)

---

1 Eine Konkretisierung der hier vorgetragenen linguistischen Analyseverfahren findet sich am Beispiel einer konkreten interkulturellen Kommunikation in einem Eurocampus-Projekt unter der Koordination von der Universität Lugano (ten Thije/Ehlich 2010, verfügbar unter: http://www.let.uu.nl/~Jan.tenThije/personal/publicaties.html; s.a. Koole/ten Thije 1994; ten Thije 2003).

eruiert und in Gesprächen mit einschlägigen Organisationen bzw. Personen (vgl. oben) vorbereitet. Dieser – die Datenschutzerfordernisse hinreichend berücksichtigende – Schritt ist oft mit erheblichen Schwierigkeiten belastet und bedarf einer entsprechenden Geduld und Ausdauer. Die gewonnenen Daten werden in einer *Gesamtübersicht* (III) dokumentiert.

Erste Begegnungen mit dem Material

Die *kritische Sichtung* der Daten orientiert sich als erstes auf besonders auffällige Phänomenstrecken („richt points", Agar 1994), die sich durch ihre Auffälligkeit für die Analyse nahe legen (IV). Was eben als ‚Auffälligkeit' bezeichnet wurde, ergibt sich aus dem für den Beginn von Reflexion wesentlichen ‚Staunen', einem Innehalten im Vertrauen auf die Verlässlichkeit des Gewohnten und Alltäglichen. Es entsteht als Erfahrung des Fremden und wird zum Anlass für den Vergleich der eigenen mit der fremden Kultur. Auf der Basis dieses Staunens erfolgt eine *Selektion von Diskursausschnitten* (V).

Transkriptanalyse

Die ausgewählten Diskursausschnitte werden *transkribiert* (VI). Dafür wurden unterschiedliche Konventionen wie HIAT, GAT und andere entwickelt (vgl. Dittmar 2002). Computerprogramme wie HIAT DOS und EXMARaLDA erleichtern die in sich aufwendige Arbeit des Transkribierens.

In den so entstandenen Transkripten werden Struktureinheiten, die sich als Phasen der Interaktion ergeben, identifiziert und analysiert: Es erfolgt das *„Sektionieren"* des Transkripts (siehe Ehlich/Rehbein 1986; Rehbein 1995) (VII). Auf dem Hintergrund der Sektionierung erfolgt eine erste rekonstruierende Charakterisierung der Daten als *„paraphrasierende Ablaufbeschreibung"* (ebd.). Diese verläuft Hand in Hand mit der *Identifizierung der einzelnen Segmente* innerhalb des Transkripts – und setzt diese zum Teil bereits voraus (vgl. im Einzelnen Ehlich 1989/2007) (VIII). Die Segmente ergeben sich aus den von den Interaktanten genutzten sprachlichen Handlungsressourcen, insbesondere aus den Sprechhandlungen und den beim sprachlichen Handeln eingesetzten Prozeduren. Gerade an dieser Stelle ist die sprachkulturelle Differenz häufig in besonderer Weise zu greifen.

In einer anschließenden *Versuchsanalyse* (IX) anhand eines Transkriptes werden die den einzelnen Segmenten und der allgemeinen Struktur der Sektion zugrunde liegenden Strukturen herausgearbeitet. Diese Versuchsanalyse kann sich in doppelter Weise nicht einfach an den Abfolgebeziehungen der Segmente orientieren: Einerseits geht es in ihr darum, die Vermittlung sprachlicher Ausdrücke und der zugrunde liegenden Handlungsstrukturen im Diskurs herauszuarbeiten; andererseits ist die Versuchsanalyse selbst intern bereits hermeneutisch strukturiert, sieht also mehrfache Durchläufe durch das Erkenntnisgewinnungsverfahren vor.

Das Ergebnis der Versuchsanalyse ist eine Anfangsbestimmung der diskursiven Struktur, auf deren Basis die vorläufige Forschungsfrage (I) in eine *zugespitzte Frage* (X) umformuliert werden kann. In ihr wird das von den Studierenden gewonnene Wissen während der Transkriptanalyse umgesetzt – und einsetzbar z.B. und insbesondere für die Identifikation ähnlicher bzw. kontrastierender Diskursausschnitte in anderen Transkripten.

Korpusanalyse

Für die Beantwortung der zugespitzten Fragestellung (X) ist die *Zusammenstellung eines spezifizierten Teilkorpus* (XI) erforderlich. Dieses entsteht, indem – soweit möglich auch mithilfe dafür nutzbarer Computerprogramme – aus der gesamten Transkriptionssammlung eine Reihe vergleichbarer Diskursausschnitte bzw. Segmente isoliert wird. Das Teilkorpus kann während der anschließenden Analyse in einer kontrollierten und dokumentierten Weise weiter ergänzt werden. Die Segmente werden durch wechselseitige *Konfrontation* (XII) hinsichtlich struktureller linguistischer Gemeinsamkeiten, Unterschiede und Zusammenhänge untersucht (vgl. exemplarisch Rehbein 1984; Ehlich 1989/2007). Wesentlich ist dabei die Beachtung des Unterschiedes zwischen „reinen" und „abgeleiteten Fällen" eines bestimmten diskursiven Phänomens (Ehlich 1991). Die Analyse des (Teil-)Korpus konzentriert sich anfänglich auf *Strukturmerkmale der reinen Fälle* (XIII). In späteren Arbeitsschritten werden diese mit den abgeleiteten Fällen in Verbindung gesetzt. Die wegen der Bezugnahme auf ein Korpus ‚Korpusanalyse' genannte Untersuchung strebt im Ergebnis eine *‚allgemeine' Beschreibung der Form und Funktion* einer bestimmten interkulturellen und/oder institutionellen Struktur an (XIV), die einen gegenüber den einzelnen Konkretionen abstrakten Charakter annehmen kann, aber immer darauf ausgerichtet bleibt, in dieser Abstraktion eine theoretisch-reflektierte Rekonstruktion des Konkreten zu erreichen.

Ethnografische Anwendungen

Der bis jetzt dargestellte Forschungsablauf umschließt unterschiedliche spezifische Aktivitäten. Dazu gehören vor allem Verfahren zur *Gewinnung zusätzlicher ethnografischer Daten* über die interkulturelle Situation und deren Analyse (XV) (Koole/ten Thije 2001). Solche Daten sind für die Einsicht in die Handlungskonstellation, in der die Diskurse stattfinden, notwendig. Zu den Verfahren gehören z.B. Sammlungen schriftlichen Materials, etwa von Protokollen, Regelungen, gesetzlichen Bestimmungen usw., die für die erforschte

Institution relevant sind (XVa). Die Studierenden können unterschiedliche Interviews organisieren, z.B. biografische Interviews (XVb) oder Play-back-Interviews (XVc), in denen den Beteiligten unmittelbar nach der Aufnahme auffällige Diskursausschnitte, also sofort auffällig gewordene *rich points*, gezeigt werden, um die Selbstinterpretationen der Befragten zu elizitieren und zu erheben (vgl. z.B. Labov/Fanshel 1977 oder Gumperz 1992). Solche „Triangulationen" (siehe Schegloff 1992) können auch später vorgenommen werden (XVd). Auch die Technik der teilnehmenden Beobachtung (Spradley 1979) (XVe) oder – noch besser – der beobachtenden Teilnahme (XVf) können in Anwendung kommen. Ebenso können Quasi-Experimente und elizitierte Feldexperimente (XVg) und weitere aus der Ethnografie und den Sozialwissenschaften bekannte Verfahren von Nutzen sein.

Zyklischer Forschungsprozess

Die so gewonnenen ethnografischen Daten werden ebenso wie die Ergebnisse der Korpusanalyse in den weiteren Forschungsprozess eingeführt. Dies führt zu einer Konfrontation der Analyse der untersuchten Segmente bis zu einer analytischen Absättigung. Vor deren Erreichen kann die Erhebung weiterer Diskursausschnitte erforderlich sein. Die Spezifizierung der Differenzierung zwischen „reinen" und „abgeleiteten" Fällen kann genauer erfolgen. All die Erkenntnisse, die die hermeneutische Analyse gewonnen hat, werden hier relevant. Der Interpretationsprozess ist also einer der endlichen Rekursion. Alternative Interpretationen der interkulturellen Situation bedürfen je neu der Transkriptanalyse diskursiver Strukturen, um argumentative Geltung zu gewinnen. Bei einer langdauernden, gegebenenfalls zu erneuernden Offenheit der analytischen Prozesse ergeben sich in der Analysepraxis im Allgemeinen jene Absättigungen, die als Ergebnis des analytischen Gesamtprozesses schließlich in eine *Präsentation* (XVI) umgesetzt werden können. Diese stellt eine Systematisierung der im interpretativen Prozess gemachten Erfahrungen dar und bietet anhand exemplarischer Transkriptionen den Lesern die Möglichkeit, den spiralförmig aufgebauten Interpretationsprozess in einer objektivierten und einer erkenntnis-ökonomisierten Form zu durchlaufen.

Fazit

Die kurze Beschreibung von Datengewinnung und Analyse bezieht sich selbstverständlich nicht nur auf interkulturelle Kommunikation (vgl. Becker-Mrotzek/Meier 1999). Sie wird aber für deren Analyse in besonderer Weise relevant, operationalisiert sie doch das, was interkulturelle Kommunikation im Sinn der obigen Ausführungen zentral charakterisiert, auf exemplarische Weise. Das Verständnis des Erwerbs interkultureller Kompetenz in der Praxis des linguistischen Umgangs mit interkultureller Kommunikation, als Teil eines weitergebbaren Bildungsprozesses verstanden, bindet analytische Arbeit, praktische Neugier, in der interkulturellen Begegnung gewonnenes Staunen und Perspektiven einer Interaktion zusammen, deren Bedeutung für eine durch Kulturenbegegnung geprägte Welt von zunehmender Relevanz wird. Die beschriebenen diskursanalytischen Verfahrensweisen ermöglichen den Studierenden, schrittweise von der Unmittelbarkeit Abstand zu nehmen, die Kommunikation auf der Grundlage ihres breiten geteilten Wissens und einer weithin gemeinsamen Sprache für die alltägliche Kommunikation ihnen zur Verfügung stellt. Die Diskursanalyse ist damit eine mögliche methodische Umsetzung und Systematisierung der alltagspraktischen Reflexion, die für die Gewinnung interkultureller Kompetenz förderlich sein kann. Studierende, die sich die Diskursanalyse methodisch zueignen, werden damit dafür qualifiziert, interkulturelle kommunikative Erfahrungen und Ereignisse auf Basis einer Alltagshermeneutik als kommunikative Praxis zweiter Stufe zu interpretieren und Handlungsalternativen zu entwickeln. Die Vermittlung dieser Fähigkeiten im Rahmen regulärer Bildungsprozesse der jungen Generation wird zunehmend gefragt werden und wichtiger sein.

Literatur

Agar, Michael (1994): Language shock. Understanding the culture of conversation, New York: Morrow.

Auer, Peter (1986): „Kontextualisierung". Studium Linguistik 19, S. 22-47.

Becker-Mrotzek, Michael/Brünner, Gisela (1999): „Diskursanalytische Fortbildungskonzepte". In: Gisela Brünner/Reinhard Fiehler/Walther Kindt (Hg.), Angewandte Diskursforschung. Kommunikation. Untersuchen und Lehren. Bd. 2: Methoden und Anwendungsbereich, Opladen: Westdeutscher Verlag, S. 36-50.

Becker-Mrotzek, Michael/Meier, Christoph (1999): „Arbeitsweisen und Standardverfahren der Angewandten Diskursforschung". In: Gisela Brünner/Reinhard Fiehler/Walther Kindt (Hg.), Angewandte Diskursforschung. Bd. 1: Grundlagen und Beispielanalysen, Opladen: Westdeutscher Verlag, S. 18-46.

Bochner, Stephen (Hg.) (1982): Cultures in contact; studies in cross-cultural interaction, Oxford etc.: Pergamon Press.

Bührig, Kristin/ten Thije, Jan D. (Hg.) (2006): Beyond misunderstanding. Linguistic analyses of intercultural communication, Amsterdam: Benjamins.

Chomsky, Norman (1965): Aspects of a theory of syntax, Cambridge/MA: MIT Press.

Clyne, Michael (1994): Intercultural communication at work: cultural values in discourse, Cambridge: Cambridge UP.

Dittmar, Norbert (2002): Transkription. Ein Leitfaden mit Aufgaben für Studenten, Forscher und Laien. Reihe Qualitative Sozialforschung – Bd. 10, Opladen: Leske + Budrich.

Ehlich, Konrad (1987): „Kooperation und sprachliches Handeln". In: Frank Liedtke/Rudie Keller (Hg.), Kommunikation und Kooperation, Tübingen: Niemeyer, S. 17-32; auch in Ehlich 2007a, Bd. 1, S. 125-137.

Ehlich, Konrad (1989/2007): „,So kam ich in die IBM'. Eine diskursanalytische Studie". In: Konrad Ehlich (2007a), Sprache und sprachliches Handeln. Bd. 3, Berlin/New York: de Gruyter, S. 65-107.

Ehlich, Konrad (1991): „Funktional-pragmatische Kommunikationsanalyse. Ziele und Verfahren". In: Dieter Flader (Hg.), Verbale Interaktion. Studien zur Empirie und Methodologie der Pragmatik, Stuttgart: Metzler, S. 127-143.

Ehlich, Konrad (1996): „Interkulturelle Kommunikation". In: Peter H. Neld/ Hans Goebl u.a. (Hg.), Kontaktlinguistik. Ein internationales Handbuch zeitgenössischer Forschung, Berlin/New York: de Gruyter, S. 920-931.

Ehlich, Konrad (2005): „Hermeneutik als kulturelle Alltagskompetenz". In: Utz Maas (Hg.), Sprache und Migration, Osnabrück: IMIS, S. 47-61; auch in Ehlich (2007b), S. 157-171.

Ehlich, Konrad (2007a): Sprache und sprachliches Handeln. 3 Bände, Berlin/New York: de Gruyter.

Ehlich, Konrad (2007b): Transnationale Germanistik, München: Iudicium.

Ehlich, Konrad (2009): „What makes a language foreign". In: Karlfried Knapp/Barbara Seidlhofer/Henry Widdowsen (Hg.), Handbook of foreign language communication and learning, Berlin/New York: de Gruyter, S. 21-43.

Ehlich, Konrad/Rehbein, Jochen (1986): Muster und Institution. Untersuchungen zur schulischen Kommunikation. Tübingen: Narr.

Grice, H. Paul (1975): „Logic and conversation". In: Peter Cole/Jerry L. Morgan (Hg.), Syntax and Semantics 3: Speech Acts, New York: Academic Press, S. 41-58.

Gumperz, John J. (1982): „The Conversational analysis of interethnic communication". In: John J. Gumperz (Hg.), Language and social identity, Cambridge: Cambridge UP, S. 13-31.

Gumperz, John J. (1992): „Interviewing in intercultural situations". In: Paul Drew/John Heritage (Hg.), Talk at work. Interaction in institutional settings, Cambridge: Cambridge UP, S. 302-327.

Günthner, Susanne (2007): „Intercultural communication and the relevance of cultural specific repertoires of communicative genres". In: Helga Kotthoff/Helen Spencer-Oatey (Hg.), Handbook of intercultural communication, Berlin/New York: de Gruyter, S. 127-153.

Hinnenkamp, Volker (1989): Interaktionale Soziolinguistik und interkulturelle Kommunikation: Gesprächsmanagement zwischen Deutschen und Türken, Tübingen: Niemeyer.

Hinnenkamp, Volker (2002): „The Notion of misunderstanding in intercultural communication". In: Jens Allwood/Beatriz Dorriots (Hg.), The diversity of intercultural communication. Selected Papers. 5th NIC Symposium Gothenburg, Sweden. (= Papers in Anthropological Linguistics 28), Göteborg: Göteborg University, Dept. of Linguistics, S. 55-88.

Hymes, Dell (1972): „Models of the interaction of language and social life". In: John J. Gumperz/Dell Hymes (Hg.), Directions in sociolinguistics. The ethnography of communication, New York: Holt, Rinehart and Winston, S. 35-71.

Keim, Inken/Schmitt, Reinhold (1995): „Das Problem der subsumtionslogischen Konstitution von Interkulturalität". In: Marek Czywewski/Elisabeth Gülich/Heiko Hausendorf/Maria Kastner (Hg.), Nationale Selbst- und Fremdbilder im Gespräch. Kommunikative Prozesse nach der Wiedervereinigung Deutschlands und dem Systemwandel in Ostmitteleuropa, Opladen: Westdeutscher Verlag, S. 413-430.

Kim, Young Yun/William B. Gudykunst (Hg.) (1988): Theories in intercultural communication, Newbury Park, CA: Sage.

Knapp-Potthoff, Annelie (1997): „Interkulturelle Kommunikationsfähigkeit als Lernziel". In: Annelie Knapp-Potthoff /Martina Liedke (Hg.), Aspekte interkultureller Kommunikationsfähigkeit, München: Iudicium, S. 181-205.

Koole, Tom/ten Thije, Jan D. (1994): The construction of intercultural discourse: team discussions of educational advisers, Amsterdam/Atlanta: RODOPI.

Koole, Tom/ten Thije, Jan D. (2001): „The construction of intercultural discourse. Methodological considerations". Journal of Pragmatics 33, S. 571-587.

Kotthoff, Helga/Spencer-Oatey, Helen (Hg.) (2007): Handbook of intercultural communication. Handbooks of applied linguistics 7, Berlin/New York: de Gruyter.

Labov, William/Fanshel, David (1977): Therapeutic discourse. Psychotherapy as conversation, New York: Academic Press.

Liedke, Martina/Redder, Angelika/Scheiter, Susanne (1999): „Interkulturelles Handeln Lernen". In: Gisela Brüner/Reinhart Fiehler/Walther Kindt (Hg.), Angewandte Diskursforschung. Kommunikation, Untersuchen und Lehren, Opladen: Westdeutscher Verlag, S. 148-180.

Lüdi, Georges (2006): „Multilingual repertoires and the consequences for linguistic theory". In: Kristin Bührig/Jan D. ten Thije (Hg.), Beyond misunderstanding. Linguistic analyses of intercultural communication, Amsterdam: Benjamins, S. 11-42.

Maletzke, Gerhard (1996): Interkulturelle Kommunikation, Opladen: Westdeutscher Verlag.

Müller-Jacquier, Bernd (2000): „Linguistic awareness of cultures. Grundlagen eines Trainingsmoduls". In: Jürgen Bolten (Hg.), Studien zur internationalen Unternehmenskommunikation, Leipzig: H. Popp, S. 18-43.

Müller-Jacquier, Bernd/ten Thije, Jan D. (2005): „Interkulturelle Kommunikation: interkulturelles Training und Mediation". In: Dominic Busch/ Hartmut Schröder (Hg.), Perspektiven interkultureller Mediation. Grundlagentexte zur kommunikationswissenschaftlichen Analyse triadischer Verständigung. Studien zur interkulturellen Mediation. Bd. 2, Frankfurt/M.: Peter Lang, S. 367-382.

Porila, Astrid/ten Thije, Jan D. (2008): Gesprächsfibel für interkulturelle Kommunikation in Behörden, München: Meidenbauer.

Redder, Angelika/Rehbein, Jochen (Hg.) (1987): Interkulturelle Kommunikation, OBST 38, S. 7-21.

Rehbein, Jochen (1984): „Beschreiben, Berichten und Erzählen". In: Konrad Ehlich (Hg.), Erzählen in der Schule, Tübingen: Narr, S. 67-126.

Rehbein, Jochen (1995): „Segmentieren" (Memo 64), Hamburg: Germanisches Seminar, Verbmobil.

Rehbein, Jochen (Hg.) (1985): Interkulturelle Kommunikation, Tübingen: Narr.

Rehbein, Jochen (2006): „The cultural apparatus. Thoughts on the relationship between language, culture, and society". In: Kristin Bührig/Jan D. ten Thije (Hg.), Beyond misunderstanding. Linguistic analyses of intercultural communication, Amsterdam: Benjamins, S. 43-97.

Rehbein, Jochen (2007): „Sprachpragmatische Ansätze". In: Jürgen Straub/ Arne Weidemann/Doris Weidemann (Hg.), Handbuch interkulturelle Kommunikation und Kompetenz. Grundbegriffe – Theorien – Anwendungsfelder, Stuttgart: Metzler, S. 131-144.

Riesigl, Martin (2007): „Discrimination in discourse". In: Helga Kotthoff/Ilclcn Spencer Oatey (Hg.), Handbook of intercultural communication, Berlin/New York: de Gruyter, S. 365-395.

Rost-Roth, Martina (2007): „Intercultural training". In: Helga Kotthoff/Helen Spencer-Oatey (Hg.), Handbook of intercultural communication, Berlin/New York: de Gruyter, S. 491-519.

Sarangi, Srikant (1994): „Intercultural or not? Beyond the celebration of cultural differences in miscommunication analysis". Pragmatics 4 (3), S. 409-427.

Saussure, Ferdinand de (1916): Cours de linguistique générale. Publié pas Charles Bally et Albert Séchehaye. Avec le collaboration de Albert Riedlinger. Edition critique préparée par Tullio de Mauro 1972, 1985. Paris : Payot.

Schegloff, Emanuel A. (1992): „On talk and its institutional occasions". In: Paul Drew/John C. Heritage (Hg.), Talk at work, Cambridge: Cambridge UP, S. 101-134.

Scollon, Ron/Scollon, Suzanne Wong (1995): Intercultural communication. A discourse approach, Oxford/Cambridge: Blackwell.

Spencer-Oatey, Helen/Franklin, Peter (Hg.) (2009): Intercultural interaction. A multidisciplinary approach to intercultural communication, Basingstoke/Hampshire: Palgrave Macmillan.

Spradley, James P. (1979): The ethnographic interview, New York, etc.: Holt, Rinehart and Winston.

Streeck, Jürgen (1985): „Kulturelle Kodes und ethnische Grenzen. Drei Theorien über Fehlschläge in der interethnischen Kommunikation". In: Jochen Rehbein (Hg.), Interkulturelle Kommunikation, Tübingen: Narr, S. 103-120.

Thielmann, Winfried (2007): „Power and dominance in intercultural communication". In: Helga Kotthoff/Helen Spencer-Oatey (Hg.), Handbook of intercultural communication, Berlin/New York: de Gruyter, S. 395-415.

ten Thije, Jan D. (2002): „Stufen des Verstehens in der Analyse interkultureller Kommunikation". In: Helga Kotthoff (Hg.), Kultur(en) im Gespräch. Studien zur Fremdheit und Interaktion, Tübingen: Narr, S. 57-97.

ten Thije, Jan D. (2003): „Eine Pragmatik der Mehrsprachigkeit: zur Analyse, diskursiver Interkulturen". In: Rudi De Cillia/Jürgen Krumm/Ruth Wodak (Hg.), Die Kosten der Mehrsprachigkeit – Globalisierung und sprachliche Vielfalt/The cost of multilingualism – globalisation and linguistic diversity/Le cout du plurilinguism – mondialisation et diversité linguistique, Wien: Akademie der Wissenschaften, S. 101-125.

ten Thije, Jan D. (2006): „Beyond misunderstanding; Introduction". In: Kristin Bührig/Jan D. ten Thije (Hg.), Beyond misunderstanding. The linguistic analysis of intercultural communication, Amsterdam: Benjamins, S. 1-11.

ten Thije, Jan D./Ehlich, Konrad (2010): Diskursive Interkultur – eine Transkriptanalyse, http://www.let.uu.nl/~Jan.tenThije/personal/publicaties.html, 21.01.2010.

4.4 Sprachentandems

MARK BECHTEL

Sich mit einem Tandempartner auf dem Campus zu treffen, um gemeinsam mit- und voneinander die Sprache des jeweils anderen zu lernen, ist an deutschen Universitäten mittlerweile weit verbreitet. Fast alle universitären Sprachlernzentren verfügen über eine Vermittlungsstelle für Tandempartner. Vereinzelt werden auch Tandemkurse angeboten, als extensives Seminar oder als Intensivkurs. Neben dem Tandemlernen *face-to-face* vor Ort nutzen Studierende zunehmend auch das Internet für E-Mail-Tandems.

Das Lernen im Tandem dient vor allem dazu, im Kontakt mit einem Muttersprachler wechselseitig die Fremdsprachenkenntnisse anzuwenden, zu erweitern und zu korrigieren. Gleichzeitig ist das Tandem eine besondere interkulturelle Kommunikationssituation, die als idealer Ort für interkulturelles Lernen beim Sprachenlernen gilt.

In meinem Beitrag gehe ich der Frage nach, welche Möglichkeiten das Lernen im Tandem für die Ausbildung interkultureller Kompetenz im universitären Kontext bietet. Dabei gehe ich darauf ein,

- was das Tandemlernen im Hinblick auf die interkulturelle Dimension kennzeichnet und wie das Verfahren theoretisch fundiert werden kann,
- in welchen Formen das Lernen im Tandem eingesetzt wird,
- wie es didaktisch-methodisch im Hinblick auf interkulturelles Lernen ausgestaltet werden kann,
- welche Erfahrungen damit bisher gemacht wurden und welche Anforderungen an die Studierenden und Dozenten gestellt werden.

Abschließend werden einige Entwicklungs- und Forschungsdesiderata in diesem Bereich aufgezeigt.

Die interkulturelle Dimension des Tandemlernens und theoretische Fundierung des Verfahrens

Von Tandemlernen spricht man dann, wenn zwei Lerner unterschiedlicher Muttersprache zusammen kommen, um sich gegenseitig beim Erlernen der Sprache des anderen zu unterstützen, wobei die Muttersprache des einen die Zielsprache des anderen ist (Bechtel 2003b; Brammerts 2006). Bei dieser partnerschaftlichen, auf den Prinzipien der Gegenseitigkeit und der Lernerautonomie basierenden Lernform (Brammerts 2001) nutzen die Tandempartner den direkten Kontakt mit einem Muttersprachler vor allem dazu, ihre Fremdsprachenkenntnisse wechselseitig anzuwenden, zu korrigieren und zu festigen. Die eine Hälfte der zur Verfügung stehenden Zeit kommunizieren beide Tandempartner in der einen, die andere Hälfte der Zeit in der anderen Sprache. Abwechselnd befinden sich die Tandempartner somit in der Rolle des Muttersprachlers und des Nicht-Muttersprachlers.

Charakteristisch für die Tandemarbeit ist, dass sie sich zwischen den Polen des ungesteuerten Spracherwerbs und des gesteuerten Sprachlernens befindet (Herfurth 1993: 28). Einerseits eröffnet der Kontakt mit einem Muttersprachler Möglichkeiten des authentischen, spontanen Austauschs, so wie man es außerhalb von Unterricht im Zielsprachenland antrifft. Andererseits findet die Kommunikation in einem Lehr-Lern-Kontext statt, in dem die Tandempartner wechselseitig die Rolle des Lerners und die des ‚Lehrers‘ einnehmen. In der Rolle des Muttersprachlers ist der Tandempartner ‚Lehrer‘ in dem Sinn, dass er zum einen als Korrektiv für seine Muttersprache fungiert, da er mit ausreichender Sicherheit sagen kann, ob eine lernersprachliche Äußerung korrekt ist; darüber hinaus kann er auf sprachliche Formulierungsalternativen hinweisen. Zum anderen dient er seinem Lernpartner durch eigene muttersprachliche Beiträge als sprachliches Vorbild und kann bei Verständnisschwierigkeiten helfen. Zur Rolle des Muttersprachlers gehört im Tandem dagegen nicht, Lernziele und Lernwege für den Partner festzulegen. Dem Prinzip der Lernerautonomie folgend ist es der Tandempartner in der Rolle des Lerners, der festlegt (bzw. lernen soll festzulegen), was und wie er lernen möchte. Durch den Lehr-Lern-Kontext sind im Tandem die verwendeten Sprachen sowohl Kommunikationsmedium als auch Lerngegenstand, an dem geübt wird. Wichtig ist darüber hinaus die Beiderseitigkeit des Lerninteresses der Tandempartner.

Dass beim Lernen im Tandem neben der sprachlichen Dimension die interkulturelle Dimension eine Rolle spielt, scheint offensichtlich, handelt es sich beim Tandem selbst ja bereits um eine direkte interkulturelle Kommunikationssituation (Bechtel 2003a: 18). Die an der Interaktion beteiligten Individuen sprechen nicht nur eine jeweils andere Muttersprache, sondern stammen auch aus anderen Kulturen. Kultur wird hier verstanden als „Orientierungssystem" im Sinne von Thomas (1993: 380). Im Tandem kommt es zu einer sprachlichen und kulturellen „Überschneidungssituation" (ebd.), an der zwei Individuen beteiligt sind, die wechselseitig individuelle, familiäre, subkulturelle, regionale, kollektive und transkulturelle Bedeutungen in den Lernprozess einbringen können.

Als theoretischen Bezugspunkt des Tandemlernens greifen Holstein und Oemen-Welke (2006: 104-108) auf die Theorie der Identitätsentwicklung von Krappmann (1993) zurück, der vier Sozialkompetenzen unterscheidet: Rollendistanz, Empathie, Identitätsdarstellung und Ambiguitätstoleranz. Holstein und Oemen-Welke geht es hierbei um die Beantwortung der Frage, wie die Tandempartner ihre eigene Rolle und die des Gegenübers als Lerner und Experte konstruieren. Sie gehen dabei in erster Linie auf die sprachliche Dimension (z.B. Korrekturverhalten) ein, lediglich bei der Ausbildung von Ambiguitätstoleranz wird auf die interkulturelle Dimension verwiesen. Die Theorie von Krappmann ist jedoch auch geeignet, die interkulturelle Dimension des Tandemlernens theoretisch zu fundieren. Bereits Neuner (1999: 280ff.) hat zur Lernzielbeschreibung beim interkulturellen Lernen auf die Kategorien von Krappmann zurückgegriffen. Übertragen auf den Tandemkontext ist ‚Empathie' als die Bereitschaft und Fähigkeit der Tandempartner zu verstehen, sich in das Gegenüber hineinzuversetzen und es in seinem Orientierungssystem zu verstehen. ‚Rollendistanz' meint die Bereitschaft und Fähigkeit der Tandempartner, Distanz zur eigenen Kultur zu gewinnen. Dies kann im Tandem durch die Erfahrung erreicht werden, dass das, was in der eigenen Sprache und Kultur selbstverständlich ist, in der fremden Sprache und Kultur nicht so sein muss, die eigenen kulturellen Wert- und Normvorstellungen also relativ sind. ‚Identitätsdarstellung' ist zu verstehen als Bereitschaft und Fähigkeit der Tandempartner, die eigene Welt und den eigenen Standpunkt verständlich zu machen. Dazu gehört, dass die Tandempartner als ‚Experten' für ihre Alltagswelt Informationen ‚aus erster Hand' über die eigenen Alltagserfahrungen und (abhängig von ihrem Wissen) landeskundliche Informationen über ihr Land geben. Dazu gehört auch, dass die Tandempartner ihren eigenen Standpunkt darstellen, also verdeutlichen, wie sie bestimmte Phänomene einschätzen und beurteilen. ‚Ambiguitätstoleranz' ist gefordert, wenn die eigene Kultur mit der des Tandempartners in Beziehung gesetzt wird, die Fähigkeit also, Ambivalenzen von kulturellen Normen zu ertragen und sich mit Divergenzen und Inkompatibilitäten abzufinden.

Speziell für die Arbeit im Tandem habe ich in meiner Untersuchung ein Modell entwickelt, bei dem die Perspektivendarstellung und Perspektivenübernahme zweier Tandempartner in ihrer Wechselseitigkeit und Verschränktheit konzeptualisiert wurden (Bechtel 2003a: 111-115; Bechtel 2007). Theoretischer Bezugspunkt sind die von Bredella und Christ (1994; 1995;

2007) eingeführten Kategorien „Innenperspektive" und „Außenperspektive" und das Modell von Kramsch (1993: 203ff.).

Mit der Einnahme einer Innenperspektive ist für Bredella und Christ der Versuch gemeint, „die Dinge mit den Augen der Mitglieder der fremden Kultur zu sehen" und „zu begreifen, wie sich Mitglieder der anderen Kultur selbst verstehen" (Bredella/Christ 1994: 65). Sie bedeutet, aus dem eigenen Orientierungssystem heraus- und in ein anderes einzutreten und dabei zu lernen, sich in diesem zurechtzufinden, das neue Orientierungssystem also in seinen internen Sinnbezügen so zu verstehen, wie dies ein Mitglied dieses Orientierungssystems tun würde. Es handelt sich um den Versuch einer Perspektivenübernahme. Wie wichtig die Einnahme einer Innenperspektive auch ist, sie reicht für Bredella und Christ für das interkulturelle Verstehen jedoch nicht aus. Die zweite Form des Verstehens, die Einnahme der Außenperspektive, bedeutet für Bredella und Christ (ebd.: 69), „die fremde Kultur mit unseren eigenen Augen, also von außen" zu sehen. Dies impliziere, dass man sich der anderen Kultur nicht vorbehaltlos anpasse, sondern die Phänomene in der fremden Kultur aus einer kritisch distanzierten Haltung zu deuten lerne. Um zu einem differenzierteren Selbst- und Fremdverständnis zu kommen, ist für Bredella und Christ ein Perspektivenwechsel, ein Wechsel zwischen Innen- und Außenperspektive unerlässlich. In ähnlicher Weise wie bei Bredella und Christ spielt für Kramsch (1993: 203ff.) die Bewusstmachung unterschiedlicher Perspektiven eine zentrale Rolle beim interkulturellen Lernen. Ziel ist für sie, „to develop a third perspective, that would enable learners to take both an insider's and an outsider's view", und zwar bezogen auf die fremde und die eigene Kultur (Kramsch 1993: 210). Interessant an dem Model von Kramsch ist, dass es zwei Lerner aus unterschiedlichen Kulturen enthält und die Wechselseitigkeit ihrer Perspektiven berücksichtigt.

Im oben erwähnten, für den Tandemkontext entwickelten Perspektivenmodell bedeutet das: Beide Tandempartner können Phänomene ihrer eigenen Kultur darstellen sowie ihr Bild von der anderen Kultur (Darstellung der eigenen Innen- und Außenperspektive); sie können zudem versuchen, die Innenperspektive ihres Gegenübers, wie auch seine Außenperspektive nachzuvollziehen (Perspektivenübernahme). Im Modell fungieren die Tandempartner als Vermittler zwischen den eingebrachten Perspektiven.

Das Potential des Tandemlernens zur Ausbildung interkultureller Kompetenzen liegt darin, dass es sich um eine Sonderform direkter interkultureller Kommunikation handelt, der ein Lehr-Lern-Kontext als eine Art ‚Schutzraum' zugrunde liegt und bei der analog zum beiderseitigen Sprachlerninteresse von einem beiderseitigen ‚Kulturlerninteresse' ausgegangen werden kann.

Formen des Lernens im Tandem im universitären Kontext

Beim Lernen im Tandem kann man zwei Ausprägungen (Einzeltandem und Tandemkurs) und zwei Modi (Präsenz- bzw. Distanztandem) unterscheiden (vgl. Bechtel 2003b; Hölscher/Kleppin/Saco 2001).

Von Einzeltandem spricht man immer dann, wenn zwei Lerner unterschiedlicher Muttersprache zusammen kommen, um sich gegenseitig beim Sprachenlernen zu helfen, wobei ihr Treffen außerunterrichtlich stattfindet und keiner didaktisch-methodischen Steuerung von außen unterliegt. Eine Integration von Einzeltandems in universitäre Curricula stellt bislang die Ausnahme dar (z.B. Lewis 2001; Gaßdorf 2001). Die Vermittlung der Tandempartner erfolgt in der Regel durch eine Tandemvermittlungsstelle, meistens angesiedelt an Fremdsprachenlernzentren. Charakteristisch für Einzeltandems ist, dass die Tandempartner allein entscheiden, wo, wann, wie lange sie sich treffen, auf welche Weise und worüber sie sich unterhalten. Die Vermittlungsstelle übernimmt lediglich die Auswahl und Vermittlung der Tandempartner. Darüber hinaus gibt sie Ratschläge und didaktische Tipps für das gemeinsame Arbeiten (Prinzipien der Tandemarbeit, Tandemaufgaben, Lernstrategien im Tandem). Die meisten Universitäten greifen hier mittlerweile auf das Informationsmaterial des an der Universität Bochum angesiedelten Tandem-Servers zurück.[1] An einigen Universitäten werden auch Beratungsstellen für Einzeltandems angeboten, bei denen Tandemlerner mit Hilfe eines Beraters über die selbst gesetzten Ziele, die ausgewählten Inhalte und die eingeschlagenen Lernwege reflektieren können, um das eigene Lernen effektiver zu gestalten (Brammerts/Calvert/Kleppin 2001; Schmelter 2004).

Anders als bei Einzeltandems kommen bei Tandemkursen zwei zahlenmäßig (möglichst) gleich große Lernergruppen unterschiedlicher Muttersprache zu einem Kurs zusammen, der innerhalb eines institutionellen Rahmens von einer Lehrkraft (oder einem Dozententeam) geleitet wird und somit einer didaktischen Planung und Ausgestaltung unterliegt. Im Rahmen von Tandemkursen stellt die Arbeit im Tandem nicht die einzige Sozialform dar, sondern ist lediglich eine der möglichen; gleichwohl nimmt sie eine zentrale Rolle ein. Neben der Partnerarbeit im Tandem sind im Kursrahmen auch die Arbeit im Tridem (z.B. ein Franzose und zwei Deutsche oder umgekehrt), in der Kleingruppe oder im Plenum möglich. Im universitären Bereich werden seit Mitte der 1980er Jahre Tandemkurse angeboten. Einen Überblick bis Mitte der 1990er Jahre gibt Herfurth (1993: 261ff.). Im universitären Bereich sind für Intensivtandemkurse exemplarisch die Hochschulen Saint-Etienne (EMSE)/ Berlin (TU) (Zamzow 1991), Dijon/Mainz, Frankfurt-Oder/Reims (Bahr/

---

1 http://www.slf.ruhr-uni-bochum.de/bochum-deu.html

Grouet-Duval 1995) und Bochum/Oviedo (Hölscher/Kleppin/Saco 2001) zu nennen, für extensive Tandemkurse die Hochschulen Fribourg/CH (Gick/ Müller 1992), Montpellier (Herfurth 1994) und Gießen (Bechtel 2003a). Die genannten Formen des Tandemlernens finden im Präsenzmodus (*face-to-face*) statt. Beide Tandempartner sind also gleichzeitig am selben Ort anwesend, der Austausch erfolgt von Angesicht zu Angesicht, zeitlich synchron und mündlich.

Seit der Verbreitung des Internets wird für das Tandemlernen zunehmend auch der Distanzmodus genutzt ('eTandem'). Beim Distanzmodus sind die Tandempartner räumlich voneinander getrennt und arbeiten mit Hilfe eines elektronischen Kommunikationsmittels zusammen (Brammerts 1998; O'Dowd 2003). Bei E-Mail-Tandems, dem bislang am meisten genutzten Distanzmodus, findet der Austausch zeitlich asynchron und schriftlich statt. Der Partner ist beim Verfassen der E-Mail nicht anwesend, kann also bei der Formulierung nicht unmittelbar helfen. Ein Vorteil ist allerdings, dass die Nachrichten des Tandempartners in schriftlicher Form und damit prinzipiell zeitlich unbegrenzt vorliegen. Sie können dadurch in weit größerem Maße Gegenstand der Bearbeitung werden, als dies bei den flüchtigen mündlichen Äußerungen im Präsenzmodus der Fall ist. Wie beim Präsenzmodus kann beim Distanzmodus zwischen Einzeltandem und Tandemkurs unterschieden werden. Die bekannteste Vermittlungsstelle für E-Mail-Tandems als Einzeltandems ist die Universität Bochum.[2] Bei einem eTandem-Kurs ist der Austausch von E-Mail-Botschaften zwischen Tandempartnern aus Partnerklassen über einen längeren Zeitraum hinweg Teil eines Parallelseminars (z.B. Möllering 2004; Müller-Hartmann 2000[3]). Dem Seminar liegt in der Regel ein von den beteiligten Dozenten gemeinsam ausgearbeitetes Lernszenario zugrunde, das Thema, Lernziele, Aufgaben, Materialien sowie die Termine des E-Mail-Austauschs und der getrennten Plenumsphasen in den jeweiligen Partnerklassen festlegt.

Didaktisch-methodische Ausgestaltung der Tandemarbeit zur Ausbildung interkultureller Kompetenz

Beim Einzeltandem legen die Tandempartner selbst ihre Ziele, Inhalte und Methoden fest. Das gilt auch für die Entwicklung interkultureller (Teil-) Kompetenzen. Eine implizite didaktische Steuerung, die die Förderung interkulturellen Lernens zum Ziel hat, ist hier allein über Tandemarbeitsbögen und

---

2   http://www.slf.ruhr-uni-bochum.de/email/stats-deu.html
3   In dem in Müller-Hartmann (2000) beschriebenen Seminar handelt es sich strikt genommen nicht um Tandems; es arbeiten immer vier Studierende zusammen, zwei aus der Universität Gießen bzw. der Pädagogischen Hochschule Heidelberg, zwei aus der Pennsylvania State University in den Vereinigten Staaten.

die dort gestellten Aufgaben möglich, auf die Einzeltandems zurückgreifen können (aber nicht müssen), um Anregungen für ihre gemeinsame Arbeit zu bekommen. Bei Tandemkursen können Tandemaufgaben zur Förderung interkultureller Kompetenz als fester Bestandteil des Seminarkonzepts aufgenommen werden (DFJW 1999: 108-124) oder das gesamte Lernszenario bestimmen (Müller-Hartmann 2005: 198). Im Folgenden soll auf die Ziele, Themen, Aufgaben und die Sprachenwahl eingegangen werden.

Ziele

Im Band des Deutsch-Französischen Jugendwerks (DFJW) werden als Lernziele für interkulturelles Lernen bei Tandemkursen genannt (DFJW 1999: 108): die Tandempartner sollen die Kenntnisse über beide Länder erweitern, die beiden Kulturen vergleichen und in Beziehung setzen, eigene und fremde Verhaltensweisen hinterfragen, sich in einer anderen Kultur orientieren und sich in einer interkulturellen Situation sprachlich adäquat verhalten können. Herfurth (1993: 165) schlägt eine Stufung der Lernziele vor: Die Tandempartner sollen

1. auf die eigene Person bezogen sich ihrer eigenkulturellen Wahrnehmungsmuster bewusst werden,
2. auf Fremdes aufmerksam werden,
3. die Kulturen durch konfrontative und kontrastive Schritte vergleichen und in Beziehung setzen,
4. in einem kooperativen Aushandlungsprozess beide Sichtweisen im Hinblick auf ein gemeinsames Ganzes oder Neues integrieren,
5. die gemeinsame Analyse oder ein gemeinsam erstelltes Produkt bewerten und beurteilen und sich dadurch neue Einstellungen und neues Verhalten selektiv aneignen.

Im Informationsmaterial für Einzeltandems sind solche detaillierten Lernziele für interkulturelles Lernen nicht zu finden, es werden hier vorwiegend sprachliche und methodische Ziele genannt.

Themen

Bei der Auswahl der Themen ist wichtig, dass sie mit dem unmittelbaren Erfahrungsbereich der Tandempartner zu tun haben, über den sie kompetent berichten können. Geeignet scheinen „elementare Daseinserfahrungen", wie personale Identität, Leben in der Familie, Partnerbeziehungen, Wohnen, Umwelt, Arbeiten, Ausbildung, Freizeit, Kommunikation, Erfahrung von Norm- und Wertesystemen, usw. (Neuner 1994: 22). Darüber hinaus kommen auch

291

spezifische Themen aus dem Fachstudium in Frage, für die sich beide Tandempartner interessieren.

Aufgaben

Die Themenbehandlung kann im Tandem durch Aufgaben gesteuert werden oder ohne jegliche Vorgaben verlaufen. Aufgaben begrenzen das selbstgesteuerte Lernen, sie können aber auch Halt und Ideen für den Austausch geben. Das gilt insbesondere für die Förderung interkultureller Kompetenz. Als Anregung für die Tandemarbeit dienen Tandemarbeitsbögen mit Aufgaben und ggf. Bild- und Textmaterial. Wie das Thema behandelt wird, entscheiden die Tandempartner letztlich selbst.

Im Band des DFJW (1999: 109-124) wird zwischen Aufgaben zur Informationsweitergabe und Aufgaben zur Einübung von Strategien interkulturellen Lernens unterschieden.[4]

Aufgaben zur Informationsweitergabe

Bei diesen Aufgaben sollen die Tandempartner Informationen aus ihrem Alltag zu einem bestimmten Thema geben. Es geht dabei darum, ein Thema an persönlichen Erfahrungen festzumachen, „Kultur ‚persönlich zu machen‘" (Kleppin 1997: 85). Ein Beispiel liefert der Tandem-Server mit der Aufgabe „Wie ist das eigentlich bei euch?" zum Thema „Studium".[5]

Aufgaben zum Einüben grundlegender Strategien interkulturellen Lernens

Bei diesen Aufgaben steht das Einüben grundlegender Strategien des interkulturellen Lernens im direkten Kontakt mit Muttersprachlern im Vordergrund. Dazu gehören Sensibilisierungsaufgaben zur Fremdwahrnehmung, zur Bedeutungserschließung, zum Kulturvergleich und zur Perspektivenübernahme.

* *Fremdwahrnehmung*: Die Tandempartner sollen erkennen, dass die individuelle Wahrnehmung in einer fremden Umgebung kulturspezifisch und durch eigene Deutungsmuster geprägt ist. Beispiele sind die Aufgaben

---

4 Woodin (2001) macht einen anderen Vorschlag zur Typologisierung von Aufgaben zur Förderung interkultureller Kompetenz im Tandem. Sie greift dabei auf das Modell kommunikativer interkultureller Kompetenz von Byram (1997) zurück.

5 http://www.slf.ruhr-uni-bochum.de/tandem/deu/0401-deu.html; Zu einer Übersicht über die in deutscher Sprache vorliegenden Tandemaufgaben des Tandem-Servers gelangt man über: http://www.slf.ruhr-uni-bochum.de/tandem/tasks-de.html. Zu den Aufgaben, die in anderen Sprachen vorliegen, kommt man über den Reiter der entsprechenden Sprache.

„Beschreibung und freie Kommentare", „Erkundung der Umgebung –
Hören, Sehen, Riechen" (DFJW 1999: 111-112) oder „Interkulturelle
Wahrnehmung" (Herfurth 1993: 219).

- *Bedeutungserschließung*: Die Tandempartner sollen erkennen, dass sich
hinter scheinbar gleichen Begriffen („famille"/„Familie") eine spezifische
individuelle und soziokulturelle Realität verbirgt, die in einer anderen
Kultur nicht in der gleichen Weise existiert. Im Tandem geht es hier
„nicht darum, dass erklärt werden soll, was die Wörter bezeichnen, sondern vielmehr darum, was mit ihnen verbunden wird, für welche gedank-
lichen und emotionalen Konzepte sie stehen, in welche persönlichen Geschichten sie eingebunden sind" (Kleppin 1997: 86). Anhand von
Leitfragen notiert der Tandempartner zunächst möglichst detailliert in seiner Muttersprache die Bedeutung des Begriffs („Was bedeutet ‚Familie'
für mich? Was gehört dazu? Wo findet Familie statt? In welchem Verhältnis stehen die Personen zueinander? Welche Funktionen haben die
einzelnen Familienmitglieder?"). Danach folgt die Phase der Erklärung
und Illustration der Bedeutung und des Nachfragens. Ein Beispiel für diesen Aufgabentyp liefert der Tandem-Server mit „Familienbild".[6] Zur Bedeutungserschließung eignen sich auch Begriffe, die ein kulturspezifisches Phänomen beschreiben, das keine Entsprechung in der anderen
Kultur kennt (z.B. frz. concours, dt. hitzefrei). Beispiele sind die Aufgaben „Wörter"[7] und „Begriffssensibilisierung" (Herfurth 1993: 218).

- *Kulturvergleich*: Bei diesen Aufgaben sollen die Tandempartner lernen,
Dinge aus zwei Kulturen adäquat zu vergleichen. Dabei geht es zunächst
darum, einen übergeordneten Vergleichspunkt zu bestimmen, der es erlaubt, Dinge in Beziehung zueinander zu setzen. Nach der Gleichsetzung,
die das Gemeinsame betont („funktionale Äquivalenz"), sollen die Tandempartner durch Fragen herausfinden, welche spezifische Ausprägung
diese Funktionen und Grundbedürfnisse in den beiden Kulturen erfahren.
Der Kulturvergleich kann sich auf allgemeine Themen (Familienstruktur),
auf sprachliche Realisierungen (Wie wird im Französischen und Deutschen ein Telefongespräch begonnen?) oder Handlungskomplexe (Wie
wird im Französischen und Deutschen eine höfliche Begrüßung realisiert?) beziehen. Als Beispiel kann die bereits erwähnte Aufgabe „Familienbild" dienen, wenn beide Tandempartner die Leitfragen beantworten
und vergleichend analysieren.

- *Perspektivenübernahme*: Bei diesen Aufgaben geht es darum zu üben,
sich in die Perspektive des Mitglieds einer anderen Kultur zu versetzen
und die Dinge mit seinen Augen zu sehen. Im Tandem können die Tan-

---

6 http://www.slf.ruhr-uni-bochum.de/tandem/deu/0104-deu.html
7 http://www.slf.ruhr-uni-bochum.de/tandem/deu/0205-deu.html

dempartner den Versuch übernehmen, sich in die Perspektive ihres Gegenübers zu versetzen. Beispiele des Tandem-Servers für diesen Aufgabentyp sind die Aufgaben „Sich als Deutscher fühlen"[8], „Symbole"[9] und „In der Presse".[10]

Eine Aufgabe, die Wahrnehmungsschulung, Bedeutungserwerb, Kulturvergleich und Perspektivenübernahme integriert, ist die „Begriffsrecherche". In Form eines Projekts wird hier ein kulturell zentraler Schlüsselbegriff von den Tandempartnern vor Ort erforscht und kontrastiv dargestellt (DFJW 1999: 119-124; Herfurth 1993: 189-192).

Sprachenwahl

Die Angabe der Sprachenwahl gehört zu den tandemspezifischen Kriterien bei der Erarbeitung und Beschreibung von Tandemaufgaben (Herfurth 1993: 200). Welches Potential die Sprachenwahl für interkulturelles Lernen hat, soll ein Beispiel verdeutlichen. Bei der Anfertigung eines Assoziogramms zu einem Thema ist es sinnvoll, dass jeder Tandempartner in seiner Muttersprache arbeitet. Denn aus dem Netz von Begriffen und ihren internen Bezügen kann eine persönliche Innenperspektive in ihrer sprachlichen Gefasstheit sichtbar werden. Bei der anschließenden Erläuterung der Innenperspektive anhand des Assoziogramms kann der Tandempartner die eigene Muttersprache oder die Fremdsprache benutzen. Im ersten Fall sensibilisieren sich die Tandempartner für den Gebrauch der eigenen Muttersprache im Kontakt mit einem Nichtmuttersprachler. Im zweiten Fall müssen sie kulturelle Phänomene der eigenen Kultur in einer anderen Sprache erklären, so wie sie es im Zielsprachenland tun müssten, wenn sie Personen Auskunft über ihre eigene Kultur geben wollen oder sollen. Der Vorteil im Tandem ist, dass man dabei punktuell auch auf die eigene Muttersprache zurückgreifen kann (z.B. um einen kulturspezifischen Begriff zu nennen), da das Gegenüber ja Lerner dieser Sprache ist und man davon ausgehen kann, dass ihn/sie diese Markierungen interessieren.

Erfahrungen mit interkulturellem Lernen im Tandem

Es wird allgemein angenommen, dass das Potential der Tandemarbeit, sei es in Präsenz- oder Distanzform, für interkulturelles Lernen enorm ist. In der fachdidaktischen Literatur sind die Postulate nicht selten euphorisch (z.B. Steinmüller 1991). Auch in der Vorstellung der Studierenden sind die Erfahrungen im interkulturellen Lernen meist positiv. Neuere empirische Untersu-

---

8   http://www.slf.ruhr-uni-bochum.de/tandem/deu/0203-deu.html
9   http://www.slf.ruhr-uni-bochum.de/tandem/deu/0207-deu.html
10   http://www.slf.ruhr-uni-bochum.de/tandem/deu/0209-deu.html

chungen weisen neben den Möglichkeiten auch auf die Grenzen hin und legen daher eine differenzierte Betrachtung nahe.

Für den Bereich eTandem merkt O'Dowd (2003: 121) an, dass der Austausch oft oberflächlich sei, „where information is exchanged without reflection and where students are rarely challenged to reflect on their own culture or their stereotypical views of the target culture". Dass dies nicht so sein muss, zeigt das Projekt von Möllering (2004).

Im Bereich des Präsenztandems weist Herfurth (1993: 159-163) auf die Kommunikationsschwierigkeiten hin, die sich aus begrenzten Sprachkenntnissen und unzureichenden Kenntnissen über den kulturellen Hintergrund des Tandempartners ergeben können (ebd.: 160). Gleichwohl ist er der Meinung, „dass solche interkulturell zu erklärenden Schwierigkeiten im Interaktionsverhalten zu einer Antriebskraft für die weitere Kommunikation werden" (ebd.: 161). So könnten auch „Probleme interkultureller Art, falls sie den Partnern bewußt werden, leichter, schneller und offener thematisiert werden. Sie bilden als Thema einen realen Verständigungsanlaß" (ebd.). Auf diese Weise biete die Tandemarbeit den Tandempartnern die Möglichkeit, die „kulturell-kollektiv als auch individuell zu erklärende Andersartigkeit" aktiv als Lernfeld zu nutzen (ebd.: 162). Eine wichtige Frage für ihn ist allerdings, ob überhaupt und in welcher Weise kulturelle Bezüge und Unterschiede von den Tandempartnern erkannt werden. Bei Fragen nach interkulturell zu erklärenden Missverständnissen meinten die befragten Tandempartner „fast ausnahmslos, dass es solche nicht gegeben hätte und führten die Schwierigkeiten in der Partnerkommunikation auf sprachliche Probleme, persönliche Differenzen oder spezifische Persönlichkeitsmerkmale zurück" (ebd.: 162). Herfurth vermutet, dass Gründe dafür „ihre mangelnde Sensibilisierung für interkulturelle Differenzen [...] und ein gewisses Harmoniestreben mit dem fremdsprachigen Partner" sind (ebd.: 163).

In meiner diskursanalytischen Untersuchung, bei der über 20 Stunden Tonbandaufnahmen von Tandeminteraktion im Rahmen eines universitären deutsch-französischen Präsenztandemkurs gemacht wurden, fiel zunächst einmal auf, dass es eine Fülle von Passagen gibt, in denen „an Sprache gearbeitet" wird, d.h. die Tandempartner ‚hangeln' sich von der Bearbeitung eines sprachlichen Problems zum nächsten, wobei es kaum zur Behandlung des eigentlichen Themas kommt (Bechtel 2003a: 227). Es ist anzunehmen, dass in diesen Passagen entweder das Sprachlerninteresse das Kulturlerninteresse überwog oder schlicht die sprachlichen Formulierungsschwierigkeiten eine Bearbeitung des Themas unmöglich machten. Interkulturelles Lernen fand hier nicht statt. Ausgewählt wurden für die Untersuchung Tandemsequenzen (à durchschnittlich 3 Minuten Länge), die geeignet erschienen zu analysieren und zu beschreiben, wie die Tandemarbeit für interkulturelles Lernen genutzt wird (Bechtel 2003a: 117-318; Bechtel 2009). An diesen Sequenzen konnte gezeigt werden, wie differenziert und nuanciert einige Tandempartner bei der Informationsweitergabe sowie der Darstellung und Übernahme von Perspektiven vorgehen und ob, und wenn ja wie, die Tandempartner ihre Perspektiven in Beziehung setzten und eine Vermittlerrolle zwischen eigener und fremder Perspektive einnahmen. Eine Grenze für interkulturelles Lernen im Tandem scheint da erreicht, wo Tandempartner zu schnell an einen Punkt kommen, an dem sie sich einig sind, dass es in beiden Ländern „doch das Gleiche" sei, obwohl (subtilere) kulturelle Unterschiede noch gar nicht angesprochen wurden. Eine weitere Grenze scheint erreicht, wenn Tandempartner nicht bereit sind, von sich etwas zu erzählen und ihre eigene Innen- oder Außenperspektive einzubringen. Woran dieses ‚Schweigen' liegt, ist bisher wenig geklärt.

Abschließend soll auf die Anforderungen eingegangen werden, die beim interkulturellen Lernen im Tandemverfahren an die Studierenden, an Tandemarbeitsbögen und an die Dozenten als Leiter eines Tandemkurses gestellt werden.

Die *Studierenden* müssen in der Rolle des ‚Lehrers' im Tandem bereit und in der Lage sein,

- Informationen über die eigene Alltagskultur zu geben;
- bei allgemeinen landeskundlichen Informationen, die von ihnen eingefordert werden, ggf. den Grad der Unsicherheit hinsichtlich der Richtigkeit der Information zu verdeutlichen;
- die eigene Innenperspektiven darzustellen, damit das Gegenüber die Gelegenheit hat, sich in diese Perspektive hineinzuversetzen;
- die Außenperspektive darzustellen, damit das Gegenüber einen anderen Blick auf seine eigene Kultur kennen lernen kann als den, der für ihn normal ist.

Um in der Rolle des Lerners die Perspektive des Gegenübers und Phänomene der anderen Kultur nachzuvollziehen, müssen die Studierenden bereit und in der Lage sein, aufmerksam zuhören, bei Nicht-Verstehen gezielt nachzufragen, spiegelnde Zusammenfassungen des Verstandenen zu geben und Ambiguitäten bei unterschiedlichen kulturellen Normvorstellungen auszuhalten (vgl. auch Holstein/Oomen-Welke 2006: 35f.).

Eine wichtige Rolle zur Anbahnung interkulturellen Lernens im Tandem scheinen *geeignete Aufgaben* zu spielen. Sie sollten zu entdeckendem und vergleichendem Lernen anregen, die Einnahme bestimmter Perspektiven beinhalten, ohne die für die Tandemarbeit nötige Offenheit zu gefährden, sowie Phasen vorsehen, in denen die Erfahrung im Tandem reflektiert werden kann.

Dozenten von Tandemkursen müssen in der Lage sein, Aufgaben, die auf die Förderung interkulturellen Lernens abstellen, im Vorfeld auszusuchen oder selbst zu entwickeln und ggf. in ein Lernszenario einzubetten. Sie müssen die Plenumsphase moderieren und Reflexionsprozesse anstoßen können. Dazu benötigen sie Wissen über Theorien und Konzepte interkulturellen Lernens beim Lehren und Lernen fremder Sprachen.

Entwicklungs- und Forschungdesiderate

Um die Ausbildung interkultureller Kompetenzen im Tandem zu fördern, müsste ein breiteres Spektrum an attraktiven tandemspezifischen Aufgaben für Einzeltandems frei zugänglich zur Verfügung stehen. Die Aufgaben des Tandem-Servers müssten in Teilen aktualisiert und um neue erweitert werden. Für Tandemkurse sind lernergruppenspezifische Lernszenarien zu entwickeln, die eine sinnvolle Progression von interkulturellen Tandemaufgaben vorsehen. Schließlich ist eine Entwicklungsaufgabe die Konzeption von Fortbildungen für Dozenten und Tutoren, um diese zu befähigen, innerhalb von Tandemkursen Reflexionsprozesse über interkulturelles Lernen in Gang zu setzen.

Im Bereich der Forschung sind Untersuchungen zur Frage nötig, wie die Tandempartner tandemspezifische Aufgaben, die den Anspruch erheben, interkulturelle (Teil-)Kompetenzen zu fördern, tatsächlich bearbeiten. Eine weitere Forschungsfrage ist, wie die Prozesse interkulturellen Lernens aus der Sicht der Tandempartner kognitiv und emotional verarbeitet werden. Dazu gehört die Frage, wie die Tandempartner selbst einschätzen, an welchen Stellen sie interkulturell gelernt haben. Eine andere Forschungsfrage ist, welche interkulturellen Kompetenzen die Tandempartner bei der Aufgabenbearbeitung entwickeln. Dazu sind theoretisch fundierte Kompetenzentwicklungsmodelle nötig. Hier sollte die Diskussion um Modelle zur Ausbildung interkultureller Kompetenz verfolgt und die Modelle auf ihre Anwendbarkeit im Kontext Tandem hin überprüft werden (vgl. Byram/Hu 2009).

Literatur

Bahr, Andreas/Grouet-Duval, Catherine (1995): Exercices en tandem Français-Allemand. Tandemaufgaben Deutsch-Französisch. Aufgabenheft für den Tandemkurs Frankfurt (Oder)-Reims vom 6.9.-15.9.1995. o.O.

Bechtel, Mark (2003a): Interkulturelles Lernen beim Sprachenlernen im Tandem. Eine diskursanalytische Untersuchung, Tübingen: Narr.

Bechtel, Mark (2003b): „Lernen in Tandemkursen". In: Karl-Richard Bausch/ Herbert Christ/Hans-Jürgen Krumm (Hg.), Handbuch Fremdsprachenunterricht. 4. Aufl., Tübingen: Francke, S. 266-269.

Bechtel, Mark (2007): „Ein Modell zur Analyse und Darstellung von Perspektiven beim interkulturellen Lernen im Sprachentandem". In: Lothar Bredella/Herbert Christ (Hg.), Fremdverstehen und interkulturelle Kompetenz, Tübingen: Narr, S. 40-50.

Bechtel, Mark (2009): „Empirische Untersuchung zu interkulturellem Lernen in deutsch-französischen Tandemkursen mit Hilfe der Diskursanalyse". In: Michael Byram/Adelheid Hu (Hg.), Interkulturelle Kompetenz und fremdsprachliches Lernen. Modelle, Empirie, Evaluation, Tübingen: Narr.

Brammerts, Helmut (1998): „Autonomous language learning in tandem via the internet". Anglistik und Englischunterricht 62, S. 273-284.

Brammerts, Helmut (2001): „Autonomes Sprachenlernen im Tandem: Entwicklung eines Konzepts". In: Helmut Brammerts/Karin Kleppin (Hg.), Selbstgesteuertes Lernen im Tandem. Ein Handbuch, Tübingen: Stauffenberg Verlag, S. 9-16.

Brammerts, Helmut (2006): „Lernen im Tandem – auch auf Distanz". In: Udo O.H. Jung (Hg.), Praktische Handreichung für Fremdsprachenlehrer. 4.Aufl., Frankfurt/M.: Lang, S. 304-308.

Brammerts, Helmut/Calvet, Mike/Kleppin, Karin (2001): „Ziele und Wege bei der individuellen Lernberatung". In: Helmut Brammerts/Karin Kleppin (Hg.), Selbstgesteuertes Lernen im Tandem. Ein Handbuch, Tübingen: Stauffenberg Verlag, S. 53-60.

Bredella, Lothar/Christ, Herbert (1994): „Didaktik des Fremdverstehens – Ein Forschungsprogramm im Rahmen der Graduiertenförderung". Anglistik 5, S. 63-79.

Bredella, Lothar/Christ, Herbert (1995): „Didaktik des Fremdverstehens im Rahmen einer Theorie des Lehrens und Lernens fremder Sprachen". In: dies. (Hg.), Didaktik des Fremdverstehens, Tübingen: Narr, S. 8-19.

Bredella, Lothar/Christ, Herbert (2007): „Die Bedeutung von Innen- und Außenperspektive für die Didaktik des Fremdverstehens. Revisted". In: dies. (Hg.), Fremdverstehen und interkulturelle Kompetenz, Tübingen: Narr, S. 11-30.

Byram, Michael (1997): Teaching and assessing intercultural communicative competence, Clevedon u.a.: Multilingual Matters.

Byram, Michael/Hu, Adelheid (2009): Interkulturelle Kompetenz und fremdsprachliches Lernen. Modelle, Empirie, Evaluation, Tübingen: Narr.

DFJW (1999): Die Tandem-Methode. Theorie und Praxis in deutsch-französischen Sprachkursen, Stuttgart: Klett.

Gaßdorf, Annette (2001): „Integration von Tandemlernen in ein Hochschulcurriculum zur Fremdsprachenlehrerausbildung: Die Fontys Hogescholen Sittard". In: Helmut Brammerts/Karin Kleppin (Hg.), Selbstgesteuertes Lernen im Tandem. Ein Handbuch, Tübingen: Stauffenberg Verlag, S. 131-138.

Gick, Cornelia/Müller, Martin (1992): „TANDEM oder Zwei Menschen lernen zusammen Fremdsprachen. Balanceakt zwischen zwei Sprachen". In:

Hubert Eichheim (Hg.), Fremdsprachenunterricht – Verstehensunterricht. Wege und Ziele, München: Goethe-Institut, S. 25-44.

Herfurth, Hans-Erich (1993): Möglichkeiten und Grenzen des Fremdsprachenerwerbs in Begegnungssituationen. Zu einer Didaktik des Fremdsprachenlernens im Tandem, München: iudicium.

Herfurth, Hans-Erich (1994): „Individualtandem und binationale Begegnungen. Ein Überblick über Verbreitung, Organisation und Konzeptionen des Sprachenlernens in binationalen Kontexten". Info DaF 21 (1), S. 45-68.

Hölscher, Margarita Blanco/Kleppin, Karin/Saco, Lidia Santiso (2001): „Integration von Tandem in fremdsprachliche Curricula: Die Universitäten Bochum und Oviedo". In: Helmut Brammerts/Karin Kleppin (Hg.), Selbstgesteuertes Lernen im Tandem. Ein Handbuch, Tübingen: Stauffenberg Verlag, S. 139-144.

Holstein, Silke/Oomen-Welke, Ingelore (2006): Sprachen-Tandem für Paare, Kurse, Schulklassen. Ein Leitfaden für Kursleiter, Lehrpersonen, Migrantenbetreuer und autonome Tandem-Partner, Freiburg: Fillibach.

Kleppin, Karin (1997): „Sprach- und kulturvergleichend lernen – selbstgesteuert und ohne Lehrer?". In: Wolfgang Börner/Klaus Vogel (Hg.), Kulturkontraste im universitären Fremdsprachenunterricht, Bochum: AKS-Verlag, S. 80-95.

Kramsch, Claire (1993): Context and culture in language teaching, Oxford: Oxford University Press.

Krappmann, Lothar (1993/1969): Soziologische Dimensionen der Identität. Strukturelle Bedingungen für die Teilnahme an Interaktionsprozessen. 8. Aufl., Stuttgart: Klett-Cotta.

Lewis, Tim (2001): „Integration autonomen Lernens in das Curriculum: Das Tandem-Modul an der Universität Sheffield". In: Helmut Brammerts/ Karin Kleppin (Hg.), Selbstgesteuertes Lernen im Tandem. Ein Handbuch, Tübingen: Stauffenberg Verlag, S. 123-130.

Möllering, Martina (2004): „Förderung von Sprachbewusstsein und interkulturellem Lernen durch computerunterstützte Kommunikation im E-Mail-Tandem? Erfahrungen aus einem deutsch-australischen Projekt". In: Jürgen Quetz/Gert Solmecke (Hg.), Brücken schlagen. Fächer-Sprachen-Institutionen, Berlin: Pädagogischer Zeitschriftenverlag, S. 225-234.

Müller-Hartmann, Andreas (2005): „Interkulturelles Lernen in internationalen Telekollaborationsprojekten. Die Entwicklung von Erfahrungswissen angehender Fremdsprachenlehrer/innen". Fremdsprachen Lehren und Lernen 34, S. 192-206.

Müller-Hartmann, Andreas (2000): „The role of tasks in promoting intercultural learning in electronic learning networks". Language Learning and Technology 4 (2), S. 129-147.

Neuner, Gerhard (1994): „Fremde Welt und eigene Erfahrung – Zum Wandel der Konzepte von Landeskunde für den fremdsprachlichen Deutschunterricht". In: ders. (Hg.): Fremde Welt und eigene Wahrnehmung. Konzepte von Landeskunde im fremdsprachlichen Deutschunterricht, Kassel: Universität-Gesamthochschule, S. 14-39.

Neuner, Gerhard (1999): „Interimswelten im Fremdsprachenunterricht". In: Lothar Bredella/Werner Delanoy (Hg.), Interkultureller Fremdsprachenunterricht, Tübingen: Narr, S. 261-289.

O'Dowd, Robert (2003): „Understanding the ‚Other Side': Intercultural learning in a Spanish-English e-mail exchange". Language Learning and Technology 7 (2), S. 118-144.

Schmelter, Lars (2004): Selbstgesteuertes oder potentiell expansives Fremdsprachenlernen im Tandem, Tübingen: Narr.

Steinmüller, Ulrich (1991): „Sprachunterricht und interkulturelle Erziehung: Das Tandem-Prinzip". In: Tandem e.V. (Hg.), Sprachenlernen im interkulturellen Austausch. Dokumentation der 2. Europäischen Tandem-Tage 1990, Frankfurt/M.: Verlag für Interkulturelle Kommunikation, S. 9-17.

Thomas, Alexander (1993): „Psychologie interkulturellen Lernens und Handelns". In: ders. (Hg.), Kulturvergleichende Psychologie. Eine Einführung, Göttingen u.a.: Hofgrefe, S. 378-424.

Woodin, Jane (2001): „Die Förderung interkultureller Kompetenz beim Sprachenlernen im Tandem". In: Helmut Brammerts/Karin Kleppin (Hg.), Selbstgesteuertes Lernen im Tandem. Ein Handbuch, Tübingen: Stauffenberg Verlag, S. 45-49.

Zamzow, Manfred (1991): „Projektarbeit, Fremdsprachenvermittlung und Fremdsprachenlernen: Überlegungen zur Arbeit mit der Tandem-Methode in binationalen Begegnungen". In: Tandem e.V. (Hg.), Sprachenlernen im interkulturellen Austausch. Dokumentation der 2. Europäischen Tandem-Tage 1990, Frankfurt/M.: Verlag für Interkulturelle Kommunikation, S. 101-114.

4.5 Deliberative Dialogue[1]

KAMAKSHI P. MURTI

Deliberative Dialogues[2] beruhen auf dem Konzept der *Deliberative Democracy*, das Bürger/innen in die Mitte eines politischen Prozesses stellt und mehr Wert auf individuelle Stimmen als wahltaktische Überlegungen legt (d.h. eher „voice-centered" als „vote-centered" ist).[3] Bürger/innen können auf diese Weise nicht nur in regionalen, sondern auch in globalen Angelegenheiten eine tragfähigere Rolle spielen, denn sie gestalten die Bestimmung und Festsetzung öffentlicher Agenden aktiver mit. Dadurch können sie mitbestimmen, wie das öffentliche Interesse am besten gewahrt und vertreten werden soll. Sie werden im Rahmen der *Deliberative Democracy* dazu aufgefordert, sich öffentlich zu relevanten Aspekten zu äußern und laut darüber nachzudenken (‚deliberate‘), was sie zu den geäußerten Überlegungen bewogen hat und inwiefern ihre eigenen Ideen mit denen der von ihnen gewählten Vertreter/innen in öffentlichen Ämtern übereinstimmen. Die Bürger/innen sollen im Prozess der *Deliberative Democracy* verstehen, dass öffentliches Nachdenken und öffentlicher Dialog für bessere und gerechtere Lösungen die Allgemeinheit betreffende Probleme, die Entfaltung eines stärkeren Rechts- und Allgemeinsinnes, sowie ganz allgemein für größere gesellschaftliche Solidarität unabdingbar sind, und die damit verbundene Grundhaltung zur Belebung demokratischer Prozesse erheblich beiträgt.

---

1   Ich danke den Herausgebern für die hilfreichen Anmerkungen und die Unterstützung bei der Überarbeitung des Manuskripts, das auf einen auf Englisch gehaltenen Vortrag zurückgeht.

2   Ich benutze in diesem Beitrag durchgehend den englischen Ausdruck „Deliberative Dialogue", weil dieser von NIFI (National Issues Forum Institute) geprägt wurde. Die Spezifizität dieses Konzepts wird durch eine wörtliche Übersetzung beeinträchtigt.

3   Bei der Begriffsbestimmung habe ich mich stark auf den englischen Originaltext des New England Center for Civic Life (New Hampshire, USA) gestützt (siehe http://www.franklinpierce.edu/institutes/neccl/nec_deliberative.htm).

Im Folgenden soll aufgezeigt werden, in welcher Form die Methode des *Deliberative Dialogue* in der Hochschullehre zur interkulturellen Sensibilisierung eingesetzt werden kann. Nach einem Exkurs zur allgemeinen Pädagogik des Verfahrens wird vor dem Hintergrund des Konzepts der *Deliberative Democracy* dargestellt, in welchem Kontext das Verfahren in der Hochschullehre zur Anwendung kommen kann. Anschließend wird dies an einem konkreten Praxisbeispiel nachvollzogen. Für die folgenden Ausführungen ist zu beachten, dass das Beispiel aus dem US-amerikanischen College-Kontext (s.u.) stammt und von der Zielsetzung und vom Anspruch her nur teilweise in den deutschen Hochschulkontext übertragen werden kann. Hierzu gehört auch, dass das amerikanische Universitätssystem erheblich verschulter ist, als das noch in den jetzt in Deutschland aufkommenden BA/MA-Studiengängen der Fall ist.

Die Pädagogik des *Deliberative Dialogue*

Deliberative Dialogues sind durchstrukturierte Gespräche verschiedener Länge und Form, jedoch mit festgelegten Grundregeln. Diese Grundregeln bzw. Gesprächspraktiken ermöglichen es, über kontroverse Angelegenheiten ausgehend von tiefer gehenden Werten, Bedenken und persönlichen Erfahrungen und somit nicht allein auf Basis rein faktischen Wissens bzw. einer Fachkompetenz zu sprechen.

Den Teilnehmer/innen steht für den *Deliberative Dialogue* ein Handbuch zur Verfügung, das ein ganzes Raster von möglichen Annäherungen an eine Frage bietet. Zudem werden sie durch hochqualifizierte Moderator/innen durch den Dialog-Prozess begleitet. Die zu befolgenden Grundregeln beziehen sich in erster Linie auf das Gesprächsverhalten und leiten die Teilnehmer/innen dazu an, einander genau zuzuhören sowie über antagonistische Kommunikationsmethoden hinauszugehen, um die weniger produktive ‚Gegnerschaft‘ während einer Debatte zu verringern. Die Dialoghandbücher (*issue books* oder *issue briefs*) helfen, den Dialog so zu gestalten, dass die Teilnehmer/innen, zwischen verschiedenen Alternativen wählen und Kompromisse bei kontroversen öffentlichen Grundsatzentscheidungen schließen können. Die Moderator/innen ermuntern die Teilnehmer/innen dabei, die Vor- und Nachteile unterschiedlicher Annäherungen an eine Frage gegeneinander abzuwägen. Dieses Verfahren wird ‚*choice work*‘ (wörtlich: ‚Wahlarbeit‘) genannt. *Deliberative Dialogues* sind somit weder Debatten noch oberflächliche Gespräche. Sie setzen Denkfähigkeit und Urteilskraft bei der gemeinsamen Ausarbeitung von gegensätzlichen Möglichkeiten voraus, um ein gemeinsames Verständnis der Möglichkeiten und Perspektiven zu entwickeln sowie Entscheidungen darüber zu erzielen, welche Maßnahmen letztlich ergriffen werden sollen. Diese Praktiken helfen den Teilnehmer/innen, nicht nur als Einzelne, sondern auch als Mitglieder einer Gemeinschaft, nicht bloß als Gruppen mit konkurrenzbetonten Interessen, sondern auch als eine Gemeinschaft mit gemeinsamen Interessen, Belangen und Zielen zu sprechen.

Wenn die Bürger/innen oder ggf. Studierende sich an dieser Art von Dialog beteiligen und insbesondere wenn eine Gemeinschaft (*community*) sich gewohnheitsmäßig regelmäßig an ihre Mitglieder wendet, um öffentlich relevante Entscheidungen zu treffen, führen diese nicht zuletzt auch zu größerer Selbstverpflichtung der Bürger/innen und mehr (rechtlicher) Verbindlichkeit. Da die Teilnehmer/innen an einem *Deliberative Dialogue* dazu angeregt werden, ihren eigenen Werten und Erfahrungen gemeinsam mit anderen Personen nachzugehen, können sie mittels dieser Methode lernen, ihren persönlichen Anteil an öffentlichen Angelegenheiten klar zu erkennen. Dadurch schaffen sie stärkere Verbindungen zu denjenigen, mit denen sie andernfalls nicht verkehren würden, sei es aus klassenbedingten oder anderen gesellschaftlich normativen Gründen (Gender, Hautfarbe etc.).

Darüber hinaus etablieren die Teilnehmer/innen eine ‚öffentliche Stimme': Selbst diejenigen, die wenig Selbstvertrauen haben und meinen, nicht in der Lage zu sein, sich öffentlich äußern zu können, entwickeln die Fähigkeit, in der Öffentlichkeit mit einer größeren Leichtigkeit und Überzeugung über kontroverse Belange zu sprechen. Auf der Basis des Miteinandersprechens und Aufeinanderhörens können sich Toleranz und gegenseitige Anerkennung entwickeln, die die Möglichkeit für gesellschaftliche Innovationen und Reformen schaffen. Im *Deliberative Dialogue* wird etwas Neues ins Leben gerufen – ein neues Verständnis, eine neue Einsicht oder Idee für die Annäherung an eine Frage, die kein Einzelner und keine Gruppe vor dem *Deliberative Dialogue* im Sinne hatte.

Hintergrund für die Wahl des *Deliberative Dialogue* als hochschulpädagogisches Instrument

Im Jahre 2000 gab es am Middlebury College in Vermont (USA) eine Reihe von fremdenfeindlichen Vorfällen, die zu besorgten und hitzigen Gesprächen auf dem Campus führten. Eine der Maßnahmen, die daraufhin ergriffen wurden, bestand darin, dem Beispiel des National Issues Forums Institute (NIFI) [4] sowie des Franklin Pierce College im Bundesstaat New Hampshire zu folgen

---

4 Das „National Issues Forums Institute" (NIFI) ist eine unparteiische Organisation, die 1989 mit dem Ziel gegründet wurde, ernsthafte öffentliche Dialoge über dringende Belange auf regionaler wie nationaler Ebene zu fördern, ‚issue books' bereitzustellen, Strukturen für die Zusammenarbeit und Informationsaustausch innerhalb des NIF-Netzes zu schaffen sowie Ergebnisse der *Deliberative Dialogues* in die politischen Gremien und die nationale Öffentlichkeit zu bringen (siehe http://www.nifi.org/about/index.aspx).

und *Deliberative Dialogue* als einen integralen Bestandteil pädagogischer Mittel im Lehrplan einzuführen.[5] Zur Vorbereitung nahm unsere Fakultät an verschiedenen von der gemeinnützigen Organisation „Campus Compact" geleiteten Workshops im Bundesstaat Vermont teil.[6]

Meine Entscheidung, die Pädagogik des *Deliberative Dialogue* im Rahmen von Studiengängen für Deutsch als Fremdsprache und Deutsche Literaturwissenschaft umzusetzen, entstand darüber hinaus im Zusammenhang mit der – auch in den USA beachteten – immer kontroverser werdenden Debatte über die ‚Leitkultur' in Deutschland und die Entwicklung Deutschlands zu einem Einwanderungsland. Als ich vor ein paar Jahren in einem Seminar erwähnte, dass ich die afrodeutsche Schriftstellerin Ika Hügel-Marshall zu unserem College in den USA eingeladen hatte, schaute mich ein Student überrascht an und rief: „‚Schwarz' und ‚Deutsch'? Ist das nicht ein Widerspruch in sich?" Seine plötzliche Unfähigkeit, die ‚deutsche Kultur' nach ihm bekannten Maßstäben zu klassifizieren, zu kategorisieren und somit zu vereinnahmen, schien ihm eine gewisse Angst zu bereiten. Und mein jüngster Aufenthalt in einer Wohngemeinschaft in Berlin-Kreuzberg mit zwei Türkinnen und zwei weißen deutschen Frauen hatte mich selbst kulturellen Aspekten nahegebracht, die sich nicht einfach in die berühmten *‚four fs of culture'* (*food* = Essen; *festivals* = Feste; *folklore* = Volkskunde; *facts* = Tatsachen) einordnen ließen – eine Einordnung, die Studierende *und* Lehrende außerhalb dediziert interkulturell ausgerichteter Studienangebote meist für ausreichend halten, um ein ganzes Land als ein kohärentes und kohäsives Gebilde zu verstehen.[7]

---

5 Am Franklin Pierce College (New Hampshire, USA) wurden fünf *Deliberative Dialogues* durchgeführt, um den Begriff ‚höhere Bildung' zu diskutieren und festzulegen, welche Art von Bildung/Ausbildung Studierende nach dem Abitur bekommen sollen (http://old.franklinpierce.edu/pages/neccl/04F.HigherEd.pdf).

6 „Campus Compact" ist eine nationale gemeinnützige Organisation in den USA, die Studierende an US-amerikanischen Colleges und Universitäten dazu erzieht, engagierte Bürger/innen zu werden, die vermögen, kreative Lösungen für dringende gesellschaftliche Belange zu bieten (vgl. http://www.compact.org/about/).

7 Meine eigene Kindheit im kolonisierten und postkolonialen Indien hatte mich mindestens drei verschiedenen Meta-Narrativen ausgesetzt, die meine Werte, Glauben, Verhaltensweisen sowie Sozialisierung bestimmt haben: Hindu Brahmanin zu Hause, Schulung in einer katholischen Klosterschule, drawidische Vorfahren aus dem Süden Indiens. Ich besaß auch zwei Erstsprachen: die Sprachen Telugu und Englisch, sowie Hindi, Bengali und Tamil als Zweitsprachen. Insofern war ein Zugehörigkeitsgefühl zu einer ‚homogenen kulturellen Gruppe' auf einer nationalen Ebene keineswegs Teil meines begrifflichen Rahmens. Mein Leben und Erwachsenwerden in Kalkutta erkenne ich jetzt als vergleichbar mit dem einer Migrantin in den USA oder Europa. Es war verständlich, dass ein vom jahrhundertlangen britischen Joch befreites, unabhängiges Indien auf der Suche nach einer vereinigenden, normierenden Kultur eine Skala von ‚indischen' Werten aufstellen wollte. Bestimmte, als ‚universal indisch' verstandene Gebräuche und Traditionen wurden schnell Teil der Medienlandschaft. Die Rol-

Nicht erst Altmayer (2002) macht uns auf die fehlerhafte Prämisse aufmerksam, die dem Konzept unterliegt, dass Kulturen mehr oder weniger klar umrissene – national oder ethnisch definierte – Sozialgebilde mit gemeinsamen Verhaltens- und Denkweisen seien, deren sich ihre Mitglieder häufig nicht bewusst seien, die sie aber von Mitgliedern anderer Kulturen unterschieden.[8]

„Hinzu kommt, dass ein derart vereinfachender Begriff von ‚Kultur' eine Homogenität der ‚Kulturen' bzw. Nationalstaaten nach innen unterstellen muss, die es in dieser Ausschließlichkeit nie gegeben hat, die sich aber spätestens im Zeitalter der Globalisierung und der weltweiten Hybridisierung von ‚Kultur' als völlig obsolet und unhaltbar herausgestellt hat." (Altmayer 2002: 6)

Allerdings beziehen Schüler und Studierende (insbesondere – aber nicht nur – in den USA) einen Großteil ihres Wissens über andere Länder und Kulturen aus (landeskundlichen) Lehrbüchern, die jedoch, wie Danielle DeVoss, Julia Jaskin und Dawn Hayden (2002: 5) anmerken „are limited in how they help us think about these issues in more detailed and complicated ways". Nicht nur wird eine homogene Leserschaft angenommen, sondern es wird vom ‚problematischen' Wesen einiger Kulturen gesprochen. Außerdem mangelt es im Allgemeinen an geeigneten Kontexten für kommunikative Situationen, was die meisten Lehrbücher unwirksam, wenn nicht geradezu nachteilig macht. Wie Libby Miles bemerkt, sind Lehrbücher mächtige Mittel,

„[that] send messages (both intentional and unintentional) about the nature of a globalized curriculum and a globalized workplace. [...] [They] send messages not only about the content of courses, but also about attitudes, values, and assumptions." (Miles 1997: 181)

Nachdem sie fünfzehn meistgekaufte Lehrbücher, die zwischen 1994 und 2001 veröffentlicht wurden, untersucht hatten, schlossen DeVoss et al., dass „because the textbooks dedicate so little space to intercultural issues, the information tends to be vague or difficult to apply in workplace environments" (2002: 2). Sie weisen auch darauf hin, dass „the limitations of these texts are certainly understandable, considering that they are expected to cover everything from stylistic recommendations to examples of technical documentation from a variety of genres" (ebd.: 5).

---

le der Medien muss im Falle Indiens besonders betont werden, da die indische Filmindustrie – die zweitgrößte der Welt – auch denjenigen, die Hindi nicht als Muttersprache hatten, diese als Nationalsprache eingetrichtert hat.

8   Zur Problematik eines reifizierenden, statischen Kulturbegriffs siehe ausführlich etwa Straub (2007).

Genau diese Problematik hat mich dazu bewogen, andere Optionen in Betracht zu ziehen. *Deliberative Dialogue* schien mir auch in dieser Hinsicht ein ideales pädagogisches Mittel, um in Seminaren zur deutschen Sprache, Literatur und Landeskunde kontroverse Themen produktiv zu besprechen und dadurch interkulturelles Verstehen und Verständigung zu fördern.

Deliberative Dialogue als Lehrmethode

Wie also bringen wir den Studierenden bei, kulturelle Feinfühligkeit und Toleranz, kulturelle Offenheit, d.h., eine weniger ethnozentrische Haltung, zu entfalten? Anstatt ‚Kultur' als definierbar oder definiert hinzustellen, sollten *die Studierenden* in den Mittelpunkt gerückt und aufgefordert werden, diesen Begriff selbst kritisch zu hinterfragen, um sie für die Schwierigkeit dieses Unterfangens zu sensibilisieren. Welche kritischen Denkfähigkeiten sollten in das Erlernen einer Fremdsprache integriert werden, damit Studierende kulturelle Andersartigkeit als etwas Bereicherndes, zur Selbstentfaltung Beitragendes ansehen, und sich dadurch ihrer Aufgabe als ‚Weltbürger' bewusst werden? Im Fokus sollte dementsprechend nicht mehr die Vermittlung dieses nebulösen, ärgerlich ambivalenten Begriffs ‚Kultur' stehen, sondern die Fähigkeit der Studierenden, kritisch zu bewerten, was ihnen als ein kultureller Gegenstand dargeboten wird. Wie Schulz, Lalande, Dykstra-Pruim, Zimmer-Loew und Charles (2005: 175) bemerken, kann „culture .[…] neither be experienced nor taught objectively", denn:

„We are all bound by our own cultural schemata and thus, interpreting cultural phenomena is always subject to our own subjective interpretation. The challenge in teaching for cultural understanding is to remain as objective in one's interpretation as possible (i.e., bound to observable phenomena in context), in order to avoid turning culture teaching into propaganda either for or against a particular cultural group." (Ebd.)

Eine sinnvolle Möglichkeit besteht m.E. darin, ein entsprechendes Bewusstsein bei den Studierenden zu entwickeln, ihren Sinn für eine in diesem Sinne ‚objektive' Haltung in der Begegnung mit der äußeren Welt zu schärfen. Die von Byram (2000: 163) aufgeworfene Frage verdient es, an dieser Stelle wiederholt zu werden: „How, where, when and to what effect are the shared meanings of particular groups produced, circulated and consumed?" Es sollte also in die Verantwortung der Studierenden gelegt werden, für sich (und gemeinsam) zu definieren, was ‚Kulturen' sind oder sein sollen, wobei die Lehrenden eine vermittelnde, fördernde Rolle einnehmen. Ein solches Verhalten lässt die Studierenden die monokulturelle/ethnozentrische Welt, in der sie ‚gefangen' sind, kritisch hinterfragen und neue Perspektiven entwickeln.

Um die Studierenden optimal zu sensibilisieren, übernahm ich für das unten näher beschriebene Seminar die oben erläuterte Pädagogik des *Deliberative Dialogue*, für die das Konzept des ‚common ground' ausschlaggebend ist:

„[C]ommon ground [...] is often created out of a discovery of shared concerns and interests among participants, or at least a better understanding and acceptance of why people hold valuable the things they do. [...] Common ground [...] is that place (or those places) where participants can see how their goals are shareable, their values overlap and their interests intersect with those of others. It is the basis for win/win solutions to problems, where all parties in the dialogue have had their concerns and interests heard and accommodated to some degree in the decisions made."[9]

Nach Schulz et al. (2005: 172) hat

„[a]ll communication [...] a cultural dimension. All communicative acts have a minimum of three components: (1) information (i.e., some kind of message); (2) some form of interaction (i.e., the process of conveying and/or receiving messages within a particular communicative relationship and context – either face to face or at a distance, synchronous or over time); (3) and some form of code or text (i.e., language, including verbal, non-verbal, paralinguistic and visual elements that convey messages)."

Die Methode des *Deliberative Dialogue* kann eine solche Kommunikation ermöglichen, wobei die Teilnehmer/innen (d.h. die Studierenden) und die Moderator/in (d.h. die Dozent/in) gemeinsam eine Wissensgrundlage für den Kurs schaffen. Zwar weisen Schulz et al. darauf hin, dass es angesichts des erforderlichen Zeitaufwands unrealistisch sei, von Dozenten oder ihren Studierenden zu erwarten, ihre eigene Wissensbasis aus Internetquellen zusammenzustellen, zumal hierbei die notwendige Qualitätskontrolle und Überprüfung des Wahrheitsgehalts der Quellen oftmals zu kurz kämen (2005: 177); dennoch erwarte ich, dass Studierende auf College-Level in der Lage sind, diese Informationsquellen auf deren Zuverlässigkeit hin zu überprüfen, und gerade dadurch ihre Urteilskraft zu schärfen. Nicht zuletzt auf diese Weise lernen sie die vielen Variabeln zu erkennen, die dazu beitragen, wie ein bestimmtes Land, eine bestimmte Nation oder Gruppe sich selbst präsentiert bzw. von anderen repräsentiert wird.

Im Kontext unserer Kurse (s.u.) erlaubt der *Deliberative Dialogue* als pädagogisches Mittel den Studierenden und den Dozent/innen somit z.B., an fast jeden Aspekt des Lebens in Deutschland heranzutreten, der im Hinblick auf kulturelle Differenz relevant erscheint.

---

9 New England Center for Civic Life; siehe Fußnote 2.

Aufgaben der Dozent/in bzw. Moderator/in

In einem *Deliberative Dialogue*-Seminar wird die Dozent/in zu einer Moderator/in. Ein solcher Schritt bedeutet eine grundlegende Veränderung in der Beziehung zwischen Lehrkraft und Studierenden (s.a. Weidemann/Nothnagel i.d.B., Kap. 3.1). Die Rolle der Dozent/in als Moderator/in während dieses Prozesses besteht darin, zu beobachten und die Aufsicht über den Unterrichtsverlauf sogar teilweise aufzugeben. Eine solche Zurückhaltung ist äußerst wichtig, wenn der *Deliberative Dialogue* gelingen soll. Deshalb wird die Rolle der Dozent/innen als Moderator/innen auf die folgenden Aufgaben beschränkt:

- *Vor dem Deliberative Dialogue* bestehen die Aufgaben der Moderator/in darin, (1) den Problemkreis zu erörtern (Hintergrund, Bedeutung der konkreten Fragestellung) und (2) die Teilnehmer/innen zur Wahl eines der Annäherungsversuche ermuntern (was sie wertvoll finden oder nicht, welche Perspektiven ihnen hilfreich erscheinen, usw.).

- *Während des Deliberative Dialogue* bestehen die Aufgaben darin, (1) die Teilnehmer/innen in Gruppen zu unterteilen und sie in diesen Gruppen Dialoge führen zu lassen (30 Minuten); (2) die Diskutierenden wieder zusammenzubringen, um die Ergebnisse der verschiedenen Gruppen einzusammeln (welche Maßnahmen schlagen die Gruppen vor? Was sind die politischen Folgen solcher Maßnahmen?) (30 Minuten); (3) den Teilnehmer/innen bei der Formulierung von handfesten Empfehlungen zu Handlungen und Gegenleistungen sowie bei der Artikulierung möglicher Nachteile behilflich zu sein (30 Minuten).

In der Regel werden den Teilnehmer/innen vier Annäherungsmöglichkeiten an einen bestimmten Problemkreis unterbreitet, um ihnen zu einer durchdachten Diskussion zu verhelfen. Jedem Annäherungsversuch liegt eine andere, von besonderen Werten und Prioritäten motivierte Perspektive zugrunde. Jeder Versuch bietet dabei ein unterschiedliches Raster von Handlungsmöglichkeiten, die sich auf den Problemkreis beziehen.

Im Seminarraum (*Classroom*)

Im Hinblick auf die Spannungen, die mit einem durch *Deliberative Dialogue* zu bearbeitendes Thema verbunden sein können, gilt es, den Seminarraum für die Studierenden sozusagen in eine ‚sichere Zone' zu verwandeln, in der sie sich frei fühlen, sich ihrer wirklichen Meinungen bewusst zu werden und diese zu äußern. Es fällt den Studierenden aller Altersstufen meist schwer, sich gemäß ihrer inneren Überzeugungen in die Diskussionen einzubringen. Oft eilen Studierende durch die Gespräche, ohne sich ihrer tief empfundenen weltanschaulichen Prinzipien bewusst zu werden. Auch halten sie selten inne, um die Einstellungen, Überzeugungen und Glaubensätze derer, die in dieser Frage mit ihnen nicht übereinstimmen, herauszufinden. Durch die Diskussionstechniken des *Deliberative Dialogue* werden Studierende jedoch gezielt dazu gebracht, ihre Perspektiven zu entdecken und zu erklären, die ihnen zur Verfügung stehenden Optionen gründlich auszuarbeiten, Handlungsmöglichkeiten und -folgen zu erwägen sowie Gegenleistungen in Betracht zu ziehen – mit anderen Worten: über das fragliche Thema reiflich nachzudenken (engl.: *deliberate*).

Ein Praxisbeispiel

Studierende an unserem College müssen als Teil ihres BA-Studiums auch allgemeinbildende Anforderungen (*General Education*) erfüllen, bevor sie das Studium abschließen können.[10] Das im Folgenden beschriebene Seminar erfüllte diese Anforderung und wurde im Rahmen eines Dialogs zur Vertiefung interkultureller Verständigung durchgeführt. Das Ziel des Seminars bestand gleichzeitig darin, Studierenden der Natur- wie auch der Geisteswissenschaften ein möglichst ausgewogenes Studium anzubieten.

Thematischer Hintergrund

Wie allgemein bekannt, haben die Ereignisse vom 11. September 2001 im Westen zu einer verstärkten Repräsentation des Islam als rückständig, gewalttätig, frauenfeindlich und als gegen die vom und im Westen definierte Modernität gerichtet geführt (vgl. Mernissi 1991; Göle 1996; Kandiyoti 1998; Mani 1989; Said 1979; Ahmed 1992; Dabbous-Sensenig 2006; Adelson 2005; Seyhan 2001; Abu-Lughod 1998; Büchler 2007a, 2007b). Äußere Merkmale wie der muslimische Schleier werden zu sichtbaren Symbolen, ja geradezu zum Inbegriff eines als homogen verstandenen Islam – und in der Folge zum Kern heftig (und oft unsachlich) geführter Kontroversen. Die sogenannte ‚Kopftuch-Debatte' in Deutschland veranschaulicht dabei das vielschichtige Wesen gegenwärtiger Diskussionen über den Hidschab (und den Islam) in Europa (vgl. z.B. Tzortzis 2003).

---

10 „Distribution Requirements. Cultures and Civilizations: Students should have broad educational exposure to the variety of the world's cultures and civilizations. Each student must take at least one course in each of the following four categories: Africa, Asia, Latin America, and the Caribbean; Europe; northern America; and the process of comparison between and among cultures and civilizations, or the identity and experience of separable groups within cultures and civilizations." (Middlebury College General Catalog 2007-2008: 6f.)

Im Herbstsemester 2007 bot ich deshalb einen Kurs mit dem Titel „To Veil or not to Veil: Germany and Islam"[11] an, um bei den Studierenden einen Dialog darüber anzuregen, ob und wie der Hidschab als ein Sammelbegriff für alle Formen von Andersartigkeit und Fremdheit ge- und missbraucht wird. Im Folgenden wird die Methode des *Deliberative Dialogue* anhand dieses Kurses konkret dargelegt.

Kursbeschreibung

Der zeitliche Umfang des Seminars betrug etwa zwölf Wochen. Vierzehn Studierende – acht weibliche und sechs männliche – nahmen daran teil. Die Gruppe war in ethnischer und nationaler Hinsicht sehr divers – kaukasisch[12]-amerikanisch, afro-amerikanisch, latein-amerikanisch, koreanisch, karibisch indisch und deutsch. Wir trafen uns zweimal die Woche für jeweils eineinhalb Stunden.

Die *ersten acht Wochen* des Semesters dienten dazu, Informationen über die Hidschab-Debatte (Ursachen, Entwicklung, mögliche Gründe für ihren kontroversen Charakter etc.) zusammenzustellen und die von mir als Dozentin vorgegebene Pflichtlektüre[13] durchzuarbeiten. Zusätzlich tauschten wir als Gruppe täglich Online-Ressourcen, Zeitungen und andere Druckmaterialien, sowie Videos und Filme miteinander aus, um unsere Wissensbasis anzureichern.

Während der *neunten* und *zehnten Woche* gab ich den Teilnehmer/innen die Ausgangsdaten der Interviews, die ich 2006 in der Türkei und 2007 in Deutschland mit verschleierten und unverschleierten Musliminnen geführt hatte.

In der *elften Woche* besprachen wir die studentischen Analysen dieser Daten und verglichen sie mit meinen eigenen. In derselben Woche fingen die Studierenden an, mit mindestens zwei bis drei Mitgliedern des Lehrkörpers, zwei bis drei Studierenden auf dem Campus, und zwei Bewohner/innen der Stadt Middlebury Gespräche über das muslimische Kopftuch zu führen. Um

---

11 Im Rahmen der *General Education* muss die Unterrichtssprache Englisch sein, damit auch Studierende aus anderen Fächern und Disziplinen daran teilnehmen können.

12 In den USA wird anstelle des Begriffe ‚*white person*' oder ‚*white skinned*' häufig noch ‚*caucasian*' (= kaukasisch) oder ‚*white caucasian*' verwendet (z.B. im Census), während dieser Begriff in Deutschland aufgrund seiner rassentheoretischen Ursprünge als problematisch und veraltet gilt.

13 Pflichtlektüren im Kurs waren: Nilüfer Göle „The forbidden modern" (1996), Fatima Mernissi „Beyond the veil" (1987), David Horrocks and Eva Kolinsky „Turkish culture in German society today" (1996), Deniz Göktürk, David Gramling, Anton Kaes „Germany in transit: nation and migration 1955-2005" (2007), und Ibrahim Kalin „Western Perceptions of Islam" (2003).

die Interviews so divers wie möglich zu gestalten, regte ich eine Mischung von Geschlechtern, Fachrichtungen, Berufen, Alter, national/international an. Wir besprachen einen möglichen Fragebogen als Einstieg in die Interviews, jedoch mit der eindringlichen Warnung meinerseits, äußerst behutsam mit allen Fragen umzugehen: d.h. sie sollten jedes Gespräch mit einem relativ harmlosen Thema beginnen (z.B. Kleidungsstücke im Allgemeinen) und erst dann das Thema religiöser/politischer Kleidungsstücke anschneiden, wenn sich die Gesprächspartner/innen wohl fühlten. Beim ersten Zeichen von Unbehagen oder Angst sollte das Gespräch entweder wieder auf trivialere Themen abgelenkt, oder gänzlich abgebrochen werden. Unter keinen Umständen sollten die Teilnehmer/innen versuchen, die Gesprächspartner/innen einzuschüchtern. Das studentische Abschlussprojekt bestand aus einer Abschrift ihrer Interviews und einer Analyse derselben.

Auf Basis dieser vorbereitenden Arbeiten wurde in der *letzten Woche* des Semesters mit den Seminarteilnehmer/innen ein *Deliberative Dialogue* über den Hidschab durchgeführt. Die konkrete Fragestellung lautete:

„More and more women are re-appropriating the veil in many countries with a majority population of Muslims, whether under Islamic or secular governments. The veil is obviously symptomatic of something much more existential. What approaches would we advocate to assist in a thoughtful discussion about the issue of the ‚veil', based on the particular set of values and priorities that each of us possesses?"

In meiner Rolle als Moderatorin bereitete ich nach ausführlichen Gesprächen mit den Teilnehmer/innen des Kurses drei ‚Annäherungsmöglichkeiten' vor (siehe Abb. 1), die so breit gefächert waren, dass sie verschiedene Perspektiven zu beinhalten vermochten, und niemand sich im Bezug auf ihre oder seine Grundwerte ausgeschlossen fühlen musste.

Bevor die Studierenden sich mit dem von ihnen gewählten Annäherungstext befassten, wurden sie noch einmal daran erinnert, dass ‚common ground' keineswegs völlige Übereinstimmung bedeutet, und darauf hingewiesen, dass es im Rahmen des Kurses und des *Deliberative Dialogue* nicht darum geht, inhaltliche wissenschaftliche Expertise aufzubauen, sondern interkulturell kompetenter zu werden und die interkulturelle Sensibilität zu steigern. Dennoch sollten sie im Auge halten, dass jede Handlung, jede Maßnahme, die sie vorschlugen, mit den unterliegenden Prinzipien der von ihnen gewählten Annäherung übereinstimmte. Im Anschluss stellten die Studierenden zunächst eine Reihe von Fragen zum Thema zusammen, die sie in ihren Gruppen weiter diskutierten. Meine Rolle als Moderatorin bestand primär darin, von Gruppe zu Gruppe zu gehen und die verschiedenen Meinungen zu dokumentieren, ohne mich in den Dialog einzumischen. Die von den Gruppenmitgliedern produzierten Meinungen und Fragen wurden dann – wie nach jeder Sit-

311

Abbildung 1: Annäherungsmöglichkeiten an die hijab-*Debatte*

APPROACH ONE: Discuss underlying oppressive structures in other patriarchal religions in order to stop the systematic, undifferentiated vilification of Islam.

- All patriarchal cultures systematically value men more than women at all levels of society. Women are primarily seen as vehicles for procreation or as sex objects. Women's sexuality is acknowledged in all these cultures, but aggressively suppressed/contained in various ways. Media representations of men as strong and powerful and women as passive or sexually threatening/ alluring perpetuate these attitudes. These stereotypes undervalue women, tolerate rape and domestic violence, and psychologically damage everyone, especially women who often struggle throughout their lives to find their own voice and to be recognized for their contributions.
- What should be done
- Dangers, drawbacks, trade-offs

APPROACH TWO: Try to understand the differences between Islam and Judeo-Christian societies, even if we consider certain cultural practices as oppressive to women.

- Islamic legal doctrines are based on female/male differences. We cannot interfere with the strict segregation and proscribed forbidden spaces for women that Islamic religion requires, even if we consider such segregation to be discriminatory towards women. We have to ask what Western liberal values we may be unreflectively validating in wanting ‚freedom' and ‚agency' for Muslim women. As long as we are writing for the West about „the other", we are implicated in projects that establish Western authority and cultural difference. We have to look more closely at terms like modernity, secularism, civilization and their political significance in different cultures. Interference by organizations like the United Nations would be justified only in cases of extreme violations of human rights that lead to torture and death.
- What should be done
- Dangers, drawbacks, trade-offs

APPROACH THREE: Modernity is a universal concept and is the only guarantee of enlightened progress. Consequently, we cannot condone the oppression of women in Islamic societies.

- One must make sure that violence and oppression are not condoned under the mantel of cultural relativism. Islam condemns heterosexual relations as dangerous to the stability of the *umma*, i.e., the Islamic community. Although more and more Muslim women are in the workplace, their work is seen as not as desirable or worth as much in the marketplace as work typically done by men. We have to guarantee that these women can be in public spaces without fear of harassment and discrimination. Our own secular societies have made major strides in providing equal opportunities for everyone. It is our duty as citizens of the most powerful nation in the world to warn recalcitrant societies that further disenfranchisement of women will not be tolerated.
- What should be done
- Dangers, drawbacks, trade-offs

---

zung üblich – an der Tafel aufgelistet. War diese Liste am Anfang des Semesters aufgrund der unterschiedlichen und kontroversen Meinungen noch sehr umfangreich gewesen, verringerte sie sich nach jeder Sitzung und jedem Dialog immer mehr, als zunehmend Gemeinsamkeiten entdeckt und *common ground* entwickelt wurden.

Wir brauchten etwa vier Tage für den *Deliberative Dialogue*. Am Ende unterbreiteten die Teilnehmer/innen verschiedene Vorschläge für Folgemaßnahmen. Die Vorschläge hatten folgende Empfehlungen gemeinsam:

- lehrplanmäßige Reformen (z.B., mehr Seminare/Kurse, in denen *Deliberative Dialogue* als pädagogisches Mittel eingesetzt wird);
- finanzielle Anreize (z.B. Steuervergünstigungen für Männer und Frauen, besonders für Männer, damit diese an Dialogen durch Konsulate, Botschaften und Vertreter/innen der UN teilnehmen können);
- Bildungsreformen für Frauen und Männer in religiösen Einrichtungen (Moscheen, Kirchen, Tempeln, Gurdwaras usw.).

Teilnehmer/innen mit Deutsch als Hauptfach sprachen zudem über die Notwendigkeit, Deutschland als Einwanderungsland zu begreifen, und unterstrichen die Dringlichkeit, dieses Thema auf allen Ebenen des Fremdsprachunterrichts (Deutsch als Fremdsprache) behandeln zu lassen. Die Mehrheit der Studierenden im Seminar (10 von 14) schlugen auch vor, *Deliberative Dialogues* regelmäßig auf dem Campus anzuwenden, um Fragen hinsichtlich des Hochschulalltags zu besprechen. Die von ihnen angeregten Themen umfassten u.a. Gewalt gegen Frauen, Rassismus, ethnische Spannungen, Geld und Politik, Athleten in amerikanischen Colleges, Globalisierung vs. Nationalismus und „white privilege"[14].

Der konkrete Effekt unseres *Deliberative Dialogue* lag nicht nur in der zunehmenden Fähigkeit der Studierenden, wohlerwogene Urteile zu fällen und differenziert zu äußern, sondern auch in ihrer Bereitschaft, andere, anfangs beängstigende, Meinungen nicht nur zu tolerieren, sondern auch anzuerkennen. Sie machten sich das Thema zu Eigen und waren dazu bereit und in der Lage, die Dichotomien von traditionell/modern, Islam/der Westen, reaktionär/progressiv, ungebildet/gebildet, die weiterhin unseren Diskurs im Westen prägen, in Frage zu stellen. Dies zeigte sich nicht zuletzt in den Kursbewertungen seitens der Studierenden, die sich gleichermaßen auf die Nützlichkeit der erlernten Methoden (Interviews, Analyseverfahren etc.), die differenziertere Bewertung von Quellenmaterial durch den Vergleich mit anderen wissenschaftlichen wie nicht-wissenschaftlichen und selbsterhobenen Quellen wie

---

14 „Weißsein [bleibt] weitgehend unmarkiert: benannt und sichtbar wird immer das als anders Konstruierte", heißt es bei Isabell Lorey (2007) in ihrem Artikel „Weißsein und Immunisierung. Zur Unterscheidung zwischen Norm und Normalisierung".

auch die angesprochenen Themenbereiche (Gender in verschiedenen Religionen, Migration etc.) bezogen.

Herausforderungen

Die vielleicht größte Herausforderung für Dozent/innen liegt bei der Methode des *Deliberative Dialogue* in der Tatsache, dass sie kaum frontal unterrichten können und ihre Autorität teilweise aufgeben (müssen). Studierende andererseits empfinden ihre in gleichem Maße gewachsene Teilnahme am und Verantwortung für den Verlauf des Seminars oft als verunsichernd und beängstigend – insbesondere dadurch, dass sie die Kursmaterialien mitgestalten müssen. In diesem Zusammenhang ist allerdings zu beachten, dass das amerikanische Universitätssystem erheblich verschulter ist als das deutsche, und dass Studierende einen viel intensiveren Kontakt mit und Betreuungszugang zu ihren Dozent/innen haben als an deutschen Hochschulen. Die intensive Betreuung hilft jedoch dabei, dass die Methode des *Deliberative Dialogue* letztlich diese Verunsicherung beseitigt und das Selbstvertrauen der meisten Studierenden verstärkt.

Fazit

Die Methode des *Deliberative Dialogue* hilft Studierenden, authentische Texte genau zu analysieren, und befreit sie von einer Abhängigkeit von einseitigen, reduktiven Lehr- und Textbüchern. Eine solche Annäherungsweise ermöglicht Studierenden zu begreifen, dass es eine Vielfalt von Perspektiven und Meinungen über jegliche kulturelle Phänomene gibt, und dass jede Festschreibung dessen, was ein kulturelles Phänomen ist und wie es zu beschreiben sei, kritisch hinterfragt und diskursiv ausgehandelt werden muss. Indem sie lernen, aufmerksam aufeinander zu hören und antagonistische Diskussionsweisen zu unterlassen, verändert sich ihr Bewusstsein. Das Verfahren trainiert die Fähigkeit, sich verschiedene Handlungsebenen und Blickwinkel vorzustellen, d.h. Perspektivwechsel vorzunehmen, und somit Probleme in größerer Komplexität wahrzunehmen und die eigene Perspektive auf einen Sachverhalt aufzuspüren sowie differenzierter und öffentlich zu äußern. All dies sind Faktoren, die nicht nur im Zusammenhang mit größerer interkultureller Kompetenz stehen, sondern auch die Zielsetzung der *Deliberative Democracy* befördern.

Literatur

Abu-Lughod, Lila (1998): „The marriage of feminism and Islamism in Egypt: selective repudiation as a dynamic of postcolonial cultural politics". In:

dies. (Hg.), Remaking women. Feminism and modernity in the Middle East, Princeton: UP, S. 243-269.

Adelson, Leslie (2005): The Turkish turn in contemporary German literature, New York, NY: Palgrave Macmillan.

Ahmed, Leila (1992): Women and gender in Islam: historic roots of a modern debate, New Haven: Yale UP.

Altmayer, Claus (2002): „Kulturelle Deutungsmuster in Texten. Prinzipien und Verfahren einer kulturwissenschaftlichen Textanalyse im Fach Deutsch als Fremdsprache". Zeitschrift für Interkulturellen Fremdsprachenunterricht 6 (3), http://zif.spz.tu-darmstadt.de/jg-06-3/beitrag/deutungsmuster .htm, 21.01.2010.

Büchler, Andrea (2007a): „Familienrecht". In: Jürgen Straub/Arne Weidemann/Doris Weidemann (Hg.), Handbuch Interkulturelle Kommunikation und Kompetenz, Stuttgart/Weimar: Metzler, S. 699-707.

Büchler, Andrea (2007b): „Kulturelle Identität und Familienrecht. Modelle, Chancen und Grenzen familienrechtlicher Pluralität". In: Antje Gunsenheimer (Hg.), Grenzen. Differenzen. Übergänge. Spannungsfelder inter- und transkultureller Kommunikation, Bielefeld: transcript, S. 55-74.

Byram, Michael (Hg.) (2000): Routledge encyclopedia of language teaching and learning, London: Routledge.

Dabbous-Sensenig, Dima (2006): „Book review: Bin Laden in the suburbs: criminalising the Arab other". Global Media and Communication 2 (1), S. 105-108.

DeVoss, Danielle/Jaskin, Julia/Hayden, Dawn (2002): „Teaching intracultural and intercultural communication: a critique and suggested method". Journal of Business and Technical Communication 16 (1), S. 69-94.

Göktürk, Deniz/Gramling, David/Kaes, Anton (Hg.) (2007): Germany in transit: nation and migration, Berkeley: University of California Press.

Göle, Nilüfer (1996): The forbidden modern, Ann Arbor: University of Michigan Press.

Horrocks, David/Kolinsky, Eva (1996): Turkish culture in German society today, Providence/Oxford: Berghahn Books.

Kalin, Ibrahim (2003): „Western perceptions of Islam". http://www.reading islam.com/servlet/Satellite?c=Article_C&cid=1153698300046&pagename =Zone-English-Discover_Islam%2FDIELayout, 21.01.2010.

Kandiyoti, Deniz (1998): „Some awkward questions on women and modernity in Turkey". In: Lila Abu-Lughod (Hg.), Remaking women. Feminism and modernity in the Middle East, Princeton: UP, S. 270-288.

Lorey, Isabell (2007): „Weißsein und Immunisierung. Zur Unterscheidung zwischen Norm und Normalisierung", http://translate.eipcp.net/strands/ 03/lorey-strands01de, 21.01.2010.

Mani, Lata (1989): „Contentious traditions: the debate on sati in colonial India". In: Kumkum Sangari/Sudesh Vaid (Hg.), Recasting women: essays in colonial history, Delhi: Kali for Women, S. 88-126.

Mernissi, Fatima (1987): Beyond the veil. Male-female dynamics in modern Muslim society, Bloomington/Indianapolis: Indiana Univiversity Press.

Mernissi, Fatima (1991): The veil and the male elite: a feminist interpretation of women's rights in Islam, Cambridge, MA: Perseus Books.

Miles, Libby (1997): „Globalizing professional writing curricula: positioning students and re-positioning textbooks". Technical Communication Quarterly 6, S. 179-200.

New England Center for Civic Life – Strengthening Democracy Through Public Deliberation and Dialogue, http://www.franklinpierce.edu/institutes/neccl/nec_deliberative.htm , 21.01.2010.

Said, Edward (1979): Orientalism, New York: Random House.

Schulz, Renate/Lalande II, John L./Dykstra-Pruim, Pennylyn/Zimmer-Loew, Helene/James, Charles (2005): „In pursuit of cultural competence in the German language classroom: recommendations of the AATG task force on the teaching of culture". Die Unterrichtspraxis – Teaching German 38 (2), S. 172-181.

Seyhan, Azade (2001): Writing outside the nation, Princeton, N.J.: Princeton University Press.

Straub, Jürgen (2007): „Kultur". In: Jürgen Straub/Arne Weidemann/Doris Weidemann (Hg.), Handbuch interkulturelle Kommunikation und Kompetenz, Stuttgart/Weimar: Metzler, S. 7-24.

Tzortzis, Andreas (2003): „Germany divided over hijab". Christian Science Monitor 95 (222), http://www.csmonitor.com/2003/1010/p06s01-woeu.html, 21.01.2010.

4.6 Critical Incidents und Kulturstandards

ASTRID UTLER UND ALEXANDER THOMAS

Die Internationalisierung und Globalisierung von Wirtschaft und vielen Bereichen der Gesellschaft stellt an deutsche Fach- und Führungskräfte eine Fülle neuer Herausforderungen. Dazu gehört an zentraler Stelle die Entwicklung der überfachlichen Qualifikation ‚interkulturelle Handlungskompetenz'. Dabei reicht es nicht mehr, ein Grundwissen über Länder und deren Bewohner zu erwerben, in denen man beruflich tätig sein wird. Gefordert ist vielmehr die Fähigkeit, mit Menschen anderer, fremder kultureller Herkunft zielorientiert, produktiv und für alle Beteiligten in einer zufrieden stellenden Art und Weise kooperieren zu können. Das zentrale Problem in der Zusammenarbeit mit ausländischen Partnern im Auslandseinsatz oder in Deutschland besteht im Umgang mit den unerwarteten, fremdartigen, unverständlichen, unsinnigen, nicht nachvollziehbaren und durchaus auch ärgerlichen Aktionen und Reaktionen der Partner in bestimmten Situationen. Es entstehen kulturell bedingt kritische Interaktionssituationen, und das bei gegebenen Bedingungen und bei wechselnden Partnern immer wieder, ohne dass sich so ohne weiteres eine verlässliche Erklärung und Begründung finden lässt. In der beruflichen Praxis unter hohem Handlungs-, Effizienz- und Zeitdruck kann und muss man sich daran gewöhnen. Man stellt sich darauf ein, dass man mit Partnern aus dem Land X so und mit denen aus dem Land Y anders umgehen muss, ohne wirklich zu verstehen, warum und wie es zu den unerwarteten Reaktionen kommt.

Die Ausbildungs- und Trainingspraxis zur Entwicklung interkultureller Handlungskompetenz (siehe Straub/Nothnagel/Weidemann i.d.B., Kap. 1) hat gezeigt, dass die Bearbeitung konkret erlebter, kulturell bedingter kritischer Interaktionssituationen (Landis/Bennett/Bennett 2004: 59f.) und relevanter Kulturstandards (Hößler i.Vorb.) geeignet ist, diesem Problem vorzubeugen bzw. zu begegnen. Zudem stützen neuere lernpsychologische Erkenntnisse diese Praxiserfahrungen (z.B. Kammhuber 2000). Mit der Methode der Critical Incidents in Kombination mit dem Erlernen von Kulturstandards lässt sich interkulturelle Handlungskompetenz sowohl für den berufsbedingten Auslandseinsatz und die Kooperation mit ausländischen Partnern in Deutschland aufbauen (vgl. Thomas/Kinast/Schroll-Machl 2007), als auch in Zusammenhang mit Modulen im Bereich der Hochschulausbildung (Thomas/Hößler 2007; Thomas/Hößler 2008).

Die Verwendung von Critical Incidents oder ‚kritischen Interaktionssituationen' im interkulturellen Trainingsbereich geht auf Fiedler, Mitchell und Triandis (1971: 95-102) zurück. Die Forschergruppe entwickelte anhand von kritischen Interaktionssituationen sogenannte Culture Assimilator Trainings, mit deren Hilfe sich Mitglieder einer bestimmten Kultur auf den Kontakt mit einer anderen Kultur vorbereiten können. Kritische Interaktionssituationen (KIs) zeichnen sich durch folgende Kriterien aus (Thomas 2005a; s.a. Layes 2007):

- sie sind alltäglich, oft wiederkehrend, authentisch und damit typisch für Interaktionen von Personen aus den beiden beteiligten Kulturen;
- sie sind für die Interaktionspartner relevant;
- sie verlaufen nicht erwartungsgemäß (negativ/positiv), sondern werden als überraschend, unverständlich bis hin zu konflikthaft erlebt;
- sie sind anfällig für Fehlinterpretationen, jedoch (eindeutig) erklärbar, wenn das entsprechende kulturelle Hintergrundwissen vorhanden ist.

Der Culture Assimilator, neuerdings zutreffender auch als „culture sensitizer" bezeichnet, besteht aus zahlreichen KIs, die – gegliedert in einzelne Trainingsabschnitte – von den Teilnehmenden in Eigenverantwortung bearbeitet werden. Zu jeder KI werden vier Erklärungsmöglichkeiten geliefert, der Teilnehmende entscheidet sich jeweils für die ihm am plausibelsten erscheinende Alternative. Im Anschluss an seine Auswahl erhält der Teilnehmende eine ausführliche schriftliche Rückmeldung über die Angemessenheit der jeweiligen Erklärungen. Gelernt werden soll dadurch eine isomorphe, d.h. kulturadäquate Attribution des Verhaltens des fremdkulturellen Partners. Diese Art des Trainings ist stark kognitiv orientiert und steht deshalb in der Kritik, nicht ausreichend auf die auch aktionalen und emotionalen Anforderungen interkultureller Begegnungen vorzubereiten. Allerdings eignen sich KIs auch unabhängig vom Culture Assimilator-Format für den Einsatz zur Förderung interkulturellen Lernens, da die geschilderte Handlungsproblematik zur Reflexion der eigenen sowie der fremden kulturellen Orientierungssysteme verwendet werden kann und so die Möglichkeit bietet, die kulturellen Hintergründe der beteiligten Personen zu analysieren (Kammhuber 2000; Layes 2007).

Dabei ist jedoch zu beachten, dass KIs häufig im Kontext von Fach- und Führungskräften erhoben werden (vgl. die Buchreihe „Beruflich in…"), d.h. es werden Interaktionsprobleme zwischen sehr speziellen Binnenkulturen abgebildet (Layes 2007: 386), die nicht ohne weiteres auf andere Kontexte übertragbar sind. Im Hinblick auf die Verwendung in der Hochschullehre ist es daher ratsam, KIs aus verschiedenen Kontexten, wie beispielsweise dem Hochschulkontext mit einzubeziehen.

Aus wissenschaftlich fundierten und systematischen Analysen von KIs, wie etwa von Thomas (2000) durchgeführt, kann über andere Kulturen eine Taxonomie der kulturellen Unterschiede und Merkmale entwickelt werden, die – aus der Sicht der Mitglieder einer spezifischen (National-)Kultur – in der interkulturellen Begegnungssituation wirksam werden. Diese Herangehensweise basiert auf der Annahme, dass in (zwischenmenschlichen) Begegnungs- wie Konfliktsituationen die beteiligten Personen unterschiedliche kulturspezifische Orientierungsmerkmale aktivieren, auf welche sie dann in ihrer Reaktion zurückgreifen (Thomas 2005a). Spezifische, der Orientierung dienende Merkmale dieser Orientierungssysteme bezeichnet Thomas (1993) als „Kulturstandards" und definiert sie als

„alle Arten des Wahrnehmens, Denkens, Wertens und Handelns […], die von der Mehrzahl der Mitglieder einer bestimmten Kultur für sich persönlich und andere als normal, selbstverständlich, typisch und verbindlich angesehen werden. Eigenes und fremdes Verhalten wird auf der Grundlage dieser Kulturstandards beurteilt und reguliert." (Ebd.: 381)

Kulturstandards bilden demnach die zentralen Kennzeichen einer Kultur ab, erheben jedoch nicht den Anspruch, eine Kultur in ihrer Gesamtheit zu beschreiben (Thomas 2005a: 30). Vielmehr sollen Kulturstandards als Orientierung dienen, um Wissen über eine andere Kultur aufzubauen, das Verhalten anderskultureller Interaktionspartner erklären zu können und ein Bewusstsein für die eigene Kultur zu entwickeln. Außerdem sollte bei der Verwendung von Kulturstandards ein differenziertes Verständnis dafür vermittelt werden, dass diese nicht in jedem Kontext uneingeschränkt Gültigkeit besitzen. Thomas (2005) unterscheidet hier *zentrale,* also allgemein gültige, *bereichsspezifische*, die in bestimmten Handlungsfeldern wirksam sind und *kontextuelle* Kulturstandards, im Sinne kulturspezifischer Basisorientierungen.

Verwendung in der Hochschullehre

Bei interkulturellen Trainings in der Wirtschaft und anderen Bereichen bilden KIs und Kulturstandards einen elementaren Bestandteil, wobei sich deren Einsatz nicht nur etabliert, sondern auch bewährt hat (Fowler/Mumford 1995; Kinast 1998). Daher liegt die Überlegung nahe, beide Ansätze auch in der Hochschullehre zu verwenden. Im Folgenden wird auf Lernziele, Einsatzmöglichkeiten und Herausforderungen bei der Verwendung von KIs und Kulturstandards eingegangen.

Lernziele

Mit Blick auf das Ziel der Vermittlung interkultureller Handlungskompetenz stellt sich die Frage, wie gut KIs und Kulturstandards dafür geeignet sind. Nach Thomas (2003: 141) zeigt sich interkulturelle Handlungskompetenz

„in der Fähigkeit, kulturelle Bedingungen und Einflussfaktoren im Wahrnehmen, Urteilen, Empfinden und Handeln bei sich selbst und bei fremden Personen zu erfassen, zu würdigen und produktiv zu nutzen im Sinne einer wechselseitigen Anpassung, Toleranz gegenüber Inkompatibilitäten und einer Entwicklung hin zu synergieträchtigen Formen der Zusammenarbeit, des Zusammenlebens und handlungswirksamer Orientierungsmuster in Bezug auf Weltinterpretation und Weltgestaltung."

Diese Definition setzt sich aus folgenden Aspekten zusammen, die als Teilziele beim Aufbau interkultureller Handlungskompetenz gewertet werden können:
1. die Fähigkeit, kulturelle Bedingungen und Einflussfaktoren bei sich selbst zu erfassen. Diese Fähigkeit entsteht durch eine Reflexion der eigenkulturellen Prägung und die Aneignung von Wissen über die kulturellen Merkmale, die das eigene Denken, Handeln und Fühlen bestimmen;
2. die Fähigkeit, die kulturellen Einflussfaktoren auch beim Gegenüber zu erfassen. Dies setzt wiederum einen Wissensaufbau über die anderskulturellen Merkmale voraus;
3. die Würdigung und Wertschätzung kultureller Unterschiede und ein hohes Maß an Toleranz im Umgang mit ihnen;
4. die Fähigkeit, interkulturelles Wissen auch aktional, also im Handeln umzusetzen zu können, um ein synergieträchtiges Zusammenleben und Zusammenarbeiten zu erreichen.

Die genannten Aspekte erfordern eine Verankerung und Verarbeitung auf verschiedenen Lernebenen. Bei Punkt 1 und 2 handelt es sich vordergründig um kognitive Lernziele, während die Aspekte 3 und 4 auf der emotionalen bzw. aktionalen Ebene anzusiedeln sind. Auf den ersten Blick eignen sich KIs und Kulturstandards insbesondere zur Erreichung der kognitiven Ziele: Mit Hilfe von Kulturstandards können sich Studierende Wissen über ihre eigene sowie über andere Kulturen aneignen. KIs ermöglichen eine umfassende Reflexion und Analyse der Orientierungssysteme, was ebenfalls zum Wissensaufbau beiträgt. Erfolgt nun jedoch eine Einbettung der Kulturstandards und KIs in eine sinnvolle didaktische Konzeption, dann können neben diesen kognitiven auch handlungsbezogene und emotionale Effekte erzielt werden.

Didaktische Konzeption und Erarbeitung mit Studierenden

Die Lehr- und Lernforschung beschäftigt sich bereits seit Langem mit der Frage, wie Inhalte so vermittelt werden können, dass sie nicht als ‚träges Wissen' enden, d.h. als Wissen, das Personen zwar, wenn sie danach gefragt werden, reproduzieren, aber nicht aktiv anwenden können (z.B. Whitehead 1929; Renkl/Gruber/Mandl 1996). Einen besonders erfolgreichen Ansatz liefert die Forschung zu situierten Lernumgebungen, bei der davon ausgegangen wird, dass Lernen dann am nachhaltigsten ist, wenn die Lernenden das Wissen selbst aktiv konstruieren und im Rahmen einer Metakontextualisierung lernen, dieses Wissen auch in anderen Kontexten aktiv anzuwenden. In diesem Zusammenhang wurde auch das Konzept der Anchored Inquiry entwickelt, das als eine Art Leitmodell für die Gestaltung von Lernumgebungen dient (CTGV 1997). Hierbei soll der Lernvorgang in bedeutungsvollen Problemlösekontexten verankert werden (= anchoring), damit die Lernenden die Signifikanz neuer Informationen einschätzen und mit dem Vorwissen verbinden lernen. Von Kammhuber (2000: 110) wurde eine Adaption der Anchored Inquiry auf den interkulturellen Kontext vorgenommen, die in Abbildung 1 veranschaulicht ist und im Folgenden erläutert werden soll.

Abbildung 1: Intercultural Anchored Inquiry

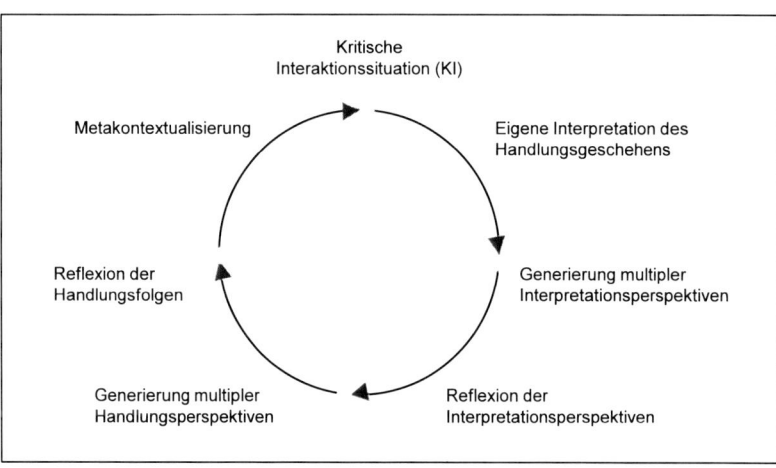

Quelle: nach Kammhuber (2000: 111)

Den Ausgangspunkt der Intercultural Anchored Inquiry bildet eine KI, die nach Möglichkeit einen authentischen und für die Zielgruppe der Studenten relevanten Problemkontext schildern soll.

Hier ein kurzes und prägnantes Beispiel für eine KI, berichtet von einer deutschen Studentin, die ein Jahr in den USA verbrachte:

„Während meines Amerikaaufenthalts unterrichtete ich als ‚teaching assistant' an der Universität Deutsch. Wenn von mir gestellte Hausaufgaben nicht ganz klar waren oder jemand nicht mehr wusste, was aufgegeben worden war, riefen die Studenten regelmäßig bei mir an, was mich sehr erstaunte." (leicht modifiziert nach Müller/Thomas 1995: 38)

Präsentation der KIs

KIs können entweder als schriftliches Material oder in Form eines Films vermittelt werden. Zudem können von den Studenten selbst erlebte kulturell bedingt kritische Situationen abgefragt werden. Welche Vermittlungsform und Art der KIs gewählt wird, sollte dabei unter Berücksichtigung der Vorerfahrungen der Studenten entschieden werden. Für Studierende mit interkulturellen Vorerfahrungen eignen sich besonders KIs, die von ihnen selbst erlebt wurden und schriftlich präsentiert werden. Dadurch, dass die Situationen aus dem eigenen Erfahrungsschatz stammen, steigt der Grad der Authentizität. Zudem sind die Handlungsproblematik und die damit verbundenen Gefühle evident. Außerdem fällt diesen Studenten die Arbeit mit schriftlichem Material leichter, da sie den situativen Kontext vor dem Hintergrund ihrer eigenen Erlebnisse gut nachvollziehen können. Für Studenten, die selbst noch keine interkulturellen Erfahrungen sammeln konnten, eignen sich insbesondere verfilmte KIs. Wie Kammhuber (1996) zeigen konnte, erzeugt derartiges Filmmaterial ein hohes Motivationspotential und trifft auf starke Akzeptanz.

Eigene Interpretation des Handlungsgeschehens

Im Anschluss an die Präsentation einer KI werden die Studierenden aufgefordert, die Situation zu interpretieren und schriftlich festzuhalten, welche Erklärungen sie für das Verhalten der Interaktionspartner haben, welche Emotionen sie bei sich und den Beteiligten wahrnehmen und welche Handlungsmöglichkeiten und -grenzen sich aus ihrer Sicht abzeichnen (Kammhuber 2000: 113).

Mögliche Interpretationen für das oben geschilderte Beispiel wären: In den USA herrscht an Universitäten eine starke Konkurrenzsituation, weshalb sich die Studenten mit Fragen lieber direkt an den Dozenten wenden. In den USA ist es üblich, gleich den Dozenten um Rat zu fragen, da dieser die Verpflichtung hat, sich um seine Studenten zu kümmern. In den USA dominiert der Gleichheitsgedanke, es findet keine strikte hierarchische Trennung statt wie in anderen Ländern, weshalb die Studenten es als natürlich ansehen, sich gleich direkt an die Dozentin zu wenden.

Generierung multipler Interpretationsperspektiven

Das Zusammentragen unterschiedlicher Sichtweisen und Interpretationen zu der KI seitens anderer Teilnehmer, von Experten aus verschiedenen für die Situationsinterpretation relevanten Arbeitsfeldern oder von Vertretern der Zielkultur (im Beispiel USA) erweitert den Wahrnehmungs- und Interpretationshorizont der Studenten (ebd.: 113).

Reflexion der Interpretationsperspektiven

In der daran anschließenden Phase erfolgt eine gemeinsame Reflexion der Perspektiven, und zwar insbesondere im Hinblick darauf, welche kulturellen Annahmen die eigene Interpretation geleitet haben und welche tatsächlich in der Situation wirksam wurden. Die gemeinsame Reflexion fördert das Nachdenken über die kulturellen Besonderheiten der eigenen und der fremden Kultur sowie darüber, in welcher Weise diese auf das Denken und Fühlen in der Situation Einfluss nehmen. So wird die Fähigkeit zum Perspektivenwechsel gefördert. In dieser Phase bietet sich die Verwendung von Kulturstandards der jeweiligen Länder an, damit die Studenten eine theoretische Basis erhalten, auf der eine Verankerung der Reflexionsinhalte erfolgen kann (ebd.: 114).

Für die als Beispiel angeführte Situation wären die zutreffenden Kulturstandards ‚Hierarchiebewusstsein‘ und ‚Gleichheitsdenken‘. Die deutsche Dozentin vertritt das in Deutschland vorherrschende Hierarchieverständnis, weshalb es aus ihrer Sicht eher üblich wäre, dass sich die Studenten an ihre Kommilitonen wenden, um Fragen bezüglich der Hausaufgaben zu klären. Das Verhalten der amerikanischen Studenten hingegen ist vom Gleichheitsdenken geprägt, d.h. die Interaktion wird nicht so stark vom Status der Dozentin bestimmt, denn für sie ist eine Dozentin jederzeit bei Problemen ansprechbar.

Generierung multipler Handlungsperspektiven

Nachdem Interpretationen und Hintergründe für die KIs gefunden sind, sollen sich die Studenten in die Lage des Akteurs versetzen und überlegen, wie man sich in einer solchen Situation sinnvollerweise und zielführend verhalten könnte. Dabei sind auch hier multiple Perspektiven zur Erweiterung des Handlungsfelds miteinzubeziehen (ebd.: 115). In Bezug auf das geschilderte Beispiel wären u.a. folgende Handlungen möglich:
a) Die Dozentin weist die Studenten darauf hin, dass sie für Fragen gerne, aber nur in ihren Sprechzeiten zur Verfügung steht.
b) Die Dozentin passt sich an die amerikanischen Gepflogenheiten an und hat stets ein offenes Ohr für Fragen ihrer Studenten.

c) Die Dozentin lässt die Studenten auch bei ihr zu Hause anrufen, allerdings bittet sie die Studenten, nicht später als 21 Uhr anzurufen, und sie behält sich auch das Recht vor, nicht immer alle Anrufe entgegenzunehmen.

d) Die Dozentin spricht im Seminar an, dass ihr kulturelle Unterschiede aufgefallen sind und erkundigt sich, ob und warum dies in den USA so gehandhabt wird. Im Seminar einigen sich alle darauf, einen gemeinsamen E-Mail Verteiler einzurichten, in dem Fragen entweder von anderen Studenten oder von der Dozentin beantwortet werden.

Reflexion der Handlungsfolgen

Die Studenten erörtern gemeinsam, welche Folgen für die einzelnen Handlungsmöglichkeiten zu erwarten sind, wobei hier die Durchführung eines Rollenspiels zur Veranschaulichung denkbar wäre. Auf diese Art kann jeder Student für sich entscheiden, welche der Handlungen aus seiner Sicht am meisten Erfolg verspricht. In diesem Zusammenhang kann auch auf Modelle zu Interkulturalitätsstrategien, wie z.B. das Stufenmodell von Zeutschel (1998), rekurriert werden. Zeutschel unterscheidet zwischen Dominanz, Anpassung, Kombination/Integration und Innovation. Auf die Handlungsalternativen aus dem Beispiel übertragen wäre (a) auf der Stufe der Dominanz zu verorten, (b) auf der Stufe der ‚Anpassung‘, bei (c) handelte es sich um Kombination/Integration und bei (d) um Innovation.

Die Studenten können auf dieser Basis reflektieren, welche Interkulturalitätsstrategie bei interkulturellen Begegnungen am sinnvollsten ist und um welche Strategie mit welchen Konsequenzen es sich bei der von ihnen präferierten Handlungsmöglichkeit handelt.

Metakontextualisierung

Damit das anhand der KI erarbeitete Wissen nicht auf die eine Situation beschränkt bleibt, müssen weitere Problemkontexte, in denen der jeweilige Kulturstandard handlungswirksam wird, mittels weiterer KIs bearbeitet werden. Dadurch wird eine Flexibilisierung des Wissens erreicht (Kammhuber 2000), so dass letztendlich das erlernte (Handlungs-) Wissen auch auf andere Situationen transferiert und zunehmend flexibler angewendet werden kann. Der Schritt der Metakontextualisierung entspricht auch der letzten zu erreichenden Stufe interkulturellen Lernens nach Winter (1988: 151-178), bei der die Lernenden hochgradig generalisierbares Handlungswissen erwerben, mithilfe dessen sie sich in jeder fremden Kultur schnell und effektiv zurechtfinden können.

Anwendung in der Ausbildungspraxis

Die Intercultural Anchored Inquiry und die geschilderte Erarbeitung der interkulturellen Thematik sind Grundlage des an der Fachhochschule und Universität Regensburg seit 2001 etablierten Zusatzstudiengangs „Internationale Handlungskompetenz", bei dem es sich um eine zweisemestrige Zusatzausbildung zur Förderung interkultureller Kompetenz für Studierende aller Studienrichtungen handelt. Die Ausbildung umfasst stärker informationsorientierte Einheiten wie Vorlesungen und Vertiefungsseminare, die mit eher erfahrungsorientierten Einheiten wie Übungen kombiniert werden. KIs und Kulturstandards werden dabei vielseitig erarbeitet. Im Rahmen der Übung zur „Analyse kulturell bedingter Konfliktsituationen" beispielsweise vollziehen die Studierenden in einem eigenen Sondierungsprojekt die Erhebung und Ableitung von KIs und Kulturstandards nach. Sie führen halbstrukturierte Interviews mit in Deutschland lebenden fremdkulturellen Personen durch, um KIs zu erfragen, die diese mit Deutschen erlebten. Die Interviews werden von den Studierenden transkribiert, und die berichteten kritischen Situationen auf ihre kulturellen Einflussfaktoren hin untersucht. Zur Beurteilung, ob es sich um kulturell bedingt kritische Interaktionssituationen handelt, werden Erkenntnisse aus der Kulturstandardforschung miteinbezogen. Die Ergebnisse werden im Anschluss den anderen Übungsteilnehmern präsentiert und gemeinsam analysiert. Durch die unmittelbare Eigenbeteiligung am Untersuchungsprozess erwerben die Studierenden ein sehr fundiertes und anwendungsorientiertes Verständnis für die kulturell bedingt kritischen Interaktionssituationen und Möglichkeiten ihrer Bewältigung.

Lerneffekte

Erfolgt die Vermittlung der Lerninhalte nach der Intercultural Anchored Inquiry von Kammhuber (2000: 110), so hat dies den Effekt, dass ein interkultureller Lernprozess angestoßen wird, der zum Aufbau interkultureller Handlungskompetenz führt. Wie der Lernzirkel in Abbildung 1 zeigt, handelt es sich bei allen Lernprozessen um einen fortwährenden Prozess, der nie abgeschlossen ist und immer wieder neu durchlaufen wird. Werden die Lerninhalte nun auf der Grundlage dieser didaktischen Konzeption vermittelt, so befähigt dies die Studierenden zum selbständigen interkulturellen Lernen. Mit dem interkulturellen Lernzirkel lernen sie ein Verfahren, mit dessen Hilfe sie zukünftig erlebte KIs analysieren, reflektieren und zielorientiert bewältigen können, ganz gleich wo und in welchen Kontexten sie diese erleben. Aus diesem Grund scheint die Erarbeitung von KIs auch besonders gut für die Vor- und Nachbereitung von Auslandssemestern und -praktika geeignet.

Herausforderungen

Da zu erwarten ist, dass größere Gruppen von Studierenden in Bezug auf Art und Ausmaß kultureller Vorerfahrungen sehr heterogen sein werden, ist es Aufgabe der Dozenten zu versuchen, die unterschiedlichen Kenntnisse und Erfahrungen erfolgreich aufeinander abzustimmen. Hierzu muss das interkulturelle Erfahrungswissen der Studierenden von Anfang an aktiviert werden. Die Studenten sind so oft wie möglich als ‚Experten' für ihre interkulturellen Erfahrungen miteinzubeziehen.

Am Konzept der Kulturstandards wird kritisiert, dass es stereotypes Denken, verbunden mit auf nationalkulturelle Kategorisierungen bezogenen Verhaltensbewertungen, fördere, wobei kulturelle Faktoren überbewertet und individuelle Unterschiede vernachlässigt würden. Hier kommt dem Dozenten eine wichtige Rolle zu. Diese Einwände sollten mit den Teilnehmern kritisch diskutiert werden, wobei der Hinweis wichtig ist, dass die Kulturstandardforschung nicht den Anspruch erhebt, Kulturen in ihrer Gesamtheit zu beschreiben oder Einsicht in das zu geben, was Kulturen insgesamt ausmacht. Kulturstandards dienen vielmehr als Orientierungshilfe beim Aufbau eines Wissensfundus über das fremdkulturelle Orientierungssystem und seine Wirksamkeit in der interpersonalen Begegnung (Thomas 2005a: 30).

Es sollte ein Verständnis dafür entwickelt werden, dass der Grad der Ausprägung eines Kulturstandards unter den Mitgliedern einer Kultur variieren kann, auch wenn das mit dem Kulturstandard verbundene Verhalten bei den Vertretern einer Kultur häufiger auftritt als bei den Vertretern anderer Kulturen. In Abbildung 2 werden diese Zusammenhänge illustriert.

Abbildung 2: Aus der Kulturstandardforschung abgeleitete Normalverteilungen für den Kulturstandard „Hierarchieorientierung"

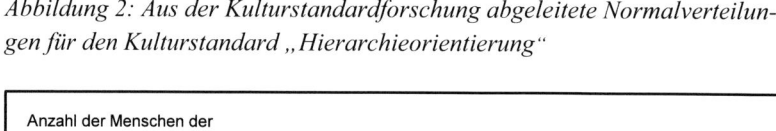
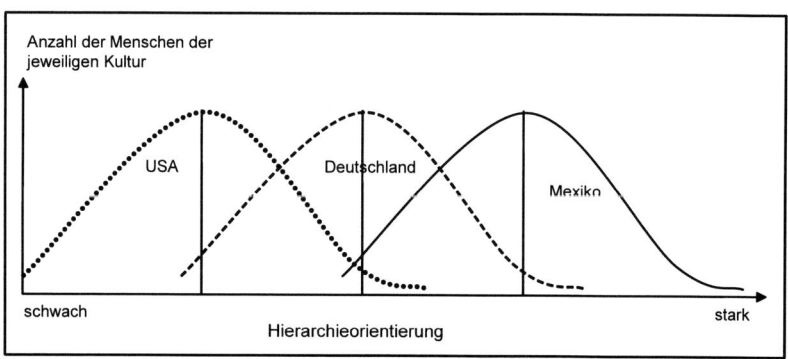

Quelle: Entwickelt auf Basis von Ferres et al. 2005; Slate/Schroll-Machl 2006; Müller/Thomas 1995

Die Mehrheit der Bewohner in den USA zeigt demnach eine relativ geringe ‚Hierarchieorientierung' und unterscheidet sich so deutlich von Deutschen und Mexikanern, obwohl es auch in den USA eine gewisse Anzahl von Personen gibt, die in ihrem Verhalten ähnlich wie Deutsche und Amerikaner hierarchieorientiert handeln.

Außerdem sollte den Studenten bewusst gemacht werden, dass in interkulturellen Interaktionen immer drei Komponenten verhaltensleitend sind, nämlich persönliche Merkmale, situativ-strukturelle Faktoren und kulturelle Faktoren. In diesem Zusammenhang ist es wichtig, auch auf den fundamentalen sowie den umgekehrten Attributionsfehler hinzuweisen. Ersterer besagt, dass Verhalten von fremdkulturellen Interaktionspartnern oft fälschlicherweise der Persönlichkeit des Handelnden zugeschrieben wird, da kulturelle Einflussfaktoren als Attributionskategorie kognitiv nicht zur Verfügung stehen, bzw. verleugnet werden. Beim umgekehrten Attributionsfehler hingegen wird das Verhalten fremdkultureller Interaktionspartner ausschließlich mit kulturellen Eigenarten begründet, ohne dass personale und situative Faktoren in Betracht gezogen werden (Ross 1977).

Fazit

Kulturstandards und kritische Interaktionssituationen eignen sich sehr gut für den Einsatz in der Hochschullehre und zur Entwicklung interkultureller Kompetenz bei den Studierenden, sofern sie in ein sinnvolles didaktisches Konzept wie in die hier vorgeschlagene Intercultural Anchored Inquiry nach Kammhuber (2000) eingebettet werden und gleichzeitig ein Bewusstsein für deren Relationalität vermittelt wird. Dieses Konzept regt bei den Studierenden eine hohe Akzeptanz und Lernmotivation an und ermöglicht, dass nicht nur kognitives Wissen angesammelt wird, sondern auch Inhalte reflektiert werden. Die Studierenden lernen, interkulturelle Begegnungssituationen von verschiedenen Seiten zu betrachten, das Gelernte auf neuartige Situationen zu transferieren und in das eigene Handeln zu integrieren. Gefördert werden so die zentralen Merkmale, die mit hoher Wahrscheinlichkeit zur erfolgreichen interkulturellen Kommunikation und Kooperation führen: Neugier, Offenheit für Neues, Reflexivität, Perspektivenwechsel, Ambiguitätstoleranz, Empathie und Orientierungsklarheit (Thomas 2005b; s.a. Straub/Nothnagel/Weidemann i.d.B., Kap. 1). Erforderlich sind zudem gut ausgebildete Dozenten, die ein fundiertes theoretisches und methodisches Wissen im Bereich der interkulturellen Forschung besitzen, über eigene interkulturelle Erfahrungen verfügen und didaktisch geschult sind (vgl. Weidemann/Nothnagel i.d.B., Kap. 3.1).

Literatur

Cognition and Technology Group at Vanderbilt (1997): The Jasper project. Lessons in curriculum, instruction, assessment, and professional development, Mahwah: Lawrence Erlbaum Associates.

Ferres, Renate/Meyer-Berlitz, Friederike/Röhrs, Bettina/Thomas, Alexander (2005): Beruflich in Mexiko. Trainingsprogramm für Manager, Fach- und Führungskräfte, Göttingen: Vandenhoeck & Ruprecht.

Fiedler, Fred E./Mitchell, Terence/Triandis, Harry C. (1971): „The culture assimilator: An approach to cross-cultural training". Journal of Applied Psychology 55 (2), S. 95-102.

Fowler, Sandra M./Mumford, Monica G. (Hg.) (1995): Intercultural sourcebook: cross-cultural training methods, Bd. 1, Yarmouth: Intercultural Press.

Hößler, Ullrich (i.Vorb.): Interkulturelle Qualifizierung im Rahmen des Hochschulstudiums in Deutschland, Humboldt Universität zu Berlin, Dissertation.

Kammhuber, Stefan (1996): Konzeption, Einsatz und Evaluation von Videosequenzen in interkulturellen Orientierungsseminaren, Universität Regensburg, unveröff. Diplomarbeit.

Kammhuber, Stefan (2000): Interkulturelles Lernen und Lehren, Wiesbaden: Deutscher Universitätsverlag.

Kinast, Eva-Ulrike (1998): Evaluation interkultureller Trainings, Lengerich: Pabst Science Publishers.

Kolb, David A. (1984): Experiential learning, Englewood Cliffs: Prentice Hall.

Landis, Dan/Bennett, Janet/Bennett, Milton (2004): The Handbook of intercultural training, 3. Aufl., Thousand Oaks: Sage.

Layes, Gabriel (2007): „Kritische Interaktionssituationen". In: Jürgen Straub/ Arne Weidemann/Doris Weidemann (Hg.), Handbuch interkulturelle Kommunikation und Kompetenz, Stuttgart, Weimar: Metzler, S. 384-391.

Müller, Andrea/Thomas, Alexander (1995): Studienhalber in den USA. Interkulturelles Orientierungstraining für deutsche Studenten, Schüler und Praktikanten, Heidelberg: Asanger.

Renkl, Alexander/Gruber, Hans/Mandl, Heinz (1996): Situated learning in instructional settings: from euphoria to feasibility (Forschungsbericht Nr. 74), München: Ludwig-Maximilians-Universität, Institut für Pädagogische Psychologie und Empirische Pädagogik.

Ross, Lee (1977): „The intuitive psychologist and his shortcomings: Distorsions in the attribution process". In: Leonard Berkowitz (Hg.), Advances in experimental social psychology, Bd. 10, New York, London: Academic Press, S. 173-220.

Slate, Emily J./Schroll-Machl, Sylvia (2006): Beruflich in den USA. Trainingsprogramm für Manager, Fach- und Führungskräfte, Göttingen: Vandenhoeck & Ruprecht.

Thomas, Alexander (1993): „Psychologie interkulturellen Lernens und Handelns". In: Alexander Thomas (Hg.), Kulturvergleichende Psychologie. Eine Einführung, Göttingen: Hogrefe, S. 433-485.

Thomas, Alexander (1996): „Analyse der Handlungswirksamkeit von Kulturstandards". In: Alexander Thomas (Hg.), Psychologie interkulturellen Handelns, Göttingen: Hogrefe, S. 107-135.

Thomas, Alexander (2003): „Interkulturelle Kompetenz". Grundlagen, Probleme und Konzepte. Erwägen, Wissen, Ethik (EWE) – Streitforum für Erwägungskultur 14 (1), Dritte Diskussionseinheit, S. 137-150.

Thomas, Alexander (2005a): „Kultur und Kulturstandards". In: Alexander Thomas/Eva-Ulrike Kinast/Sylvia Schroll-Machl (Hg.), Handbuch Interkulturelle Kommunikation und Kooperation. Bd. 1: Grundlagen und Praxisfelder, 2. Aufl., Göttingen: Vandenhoeck & Ruprecht, S. 19-31.

Thomas, Alexander (2005b): Grundlagen der interkulturellen Psychologie, Nordhausen: Bautz.

Thomas, Alexander/Hößler, Ulrich (2007): „Zusatzstudium Internationale Handlungskompetenz: Studienbegleitendes erfahrungsorientiertes interkulturelles Lernen an Universität und Fachhochschule Regensburg". In: Matthias Otten/Alexander Scheitza/Andrea Cnyrim (Hg.), Interkulturelle Kompetenz im Wandel, Frankfurt/M.: IKO Verlag, S. 275-295.

Thomas, Alexander/Hößler, Ulrich (2008): „Interkulturelle Handlungskompetenz fördern als Teil des Bildungsauftrags der Hochschulen". In: Michael Szurawitzki/Christopher M. Schmidt (Hg.), Interdisziplinäre Germanistik im Schnittpunkt der Kulturen. Festschrift für Dagmar Neuendorf zum 60. Geburtstag, Würzburg: Königshausen & Neumann, S. 317-337.

Whitehead, Alfred North (1929): The aims of education and other essays, New York: MacMillan.

Winter, Gerhard (1988): „Konzepte und Stadien interkulturellen Lernens". In: Alexander Thomas (Hg.), Interkulturelles Lernen im Schüleraustausch. SSIP-Bulletin, Bd. 58, Saarbrücken: Breitenbach, S. 151-178.

Zeutschel, Ulrich (1998): Kooperation in internationalen Teams – Potentiale, Beobachtungen, Empfehlungen. Projektinformation 3 (Abschlusspräsentation), Universität Regensburg, unveröff. Arbeitspapier des Forschungsprojekts Interkulturelle Synergie in Arbeitsgruppen.

4.7 Literatur-Lektüren

LAURENZ VOLKMANN

Was ist die Rolle der Literatur und des (fremdsprachlichen) Literaturunterrichts im Zeitalter der *Digital Natives*, welche hastig verwertbare, nutzbringende oder lustoptimierende Daten zunächst aus den Wissensfluten des World Wide Web „herausfischen" und zunehmend den tradierten, im Zeitalter der ‚Gutenberg-Galaxie' eingeschleiften Gewohnheiten bei Rezeption, Wahrnehmung und Verarbeitung von Informationen entfremdet erscheinen? Was ist die Rolle der Literatur in der fremdsprachlichen Ausbildung in Schule und Universität, welche sich im Zeitalter der Output-Optimierung und der Fokussierung auf Deskriptoren-Kataloge für funktional umsetzbare interkulturelle kommunikative Kompetenz im Sinne des Europäischen Referenzrahmens (Trim/North/Coste 2001) nur mühsam in praktisch applizierbare Kompetenzraster pressen lässt? Was ist schließlich ihre Rolle in einem wissenschaftstheoretischen Umfeld, welches konventionelle philologisch-textanalytische Herangehensweisen und die Konzentration auf den literarischen Kanon als Ausdruck hochkultureller ästhetischer Errungenschaften sukzessive hinter sich gelassen hat und sich an der Universität zunehmend von der Literatur- zur Kultur- und neuerdings zur Medienwissenschaft als geisteswissenschaftlicher Leitwissenschaft wandelt? Eine knappe erste Bestandsaufnahme könnte in der Tat eher ernüchternde Resultate liefern für die Fragestellung, inwiefern die Literatur zur für die Ära wachsender internationaler Verflechtungen und stetig fortschreitender Globalisierung essenziellen Vermittlung interkultureller Kompetenz beitragen kann. Dennoch erfährt die Literatur, gerade unter Betonung ihrer besonderen ästhetischen Wertigkeit und ihrer komplexen und vielfältigen Einbettung in die jeweiligen fremdkulturellen Kulturhorizonte in vielfältigen Publikationen eine neue Wertschätzung (vgl. z.B. Küster 2003; Hellwig 2005; Hallet/Müller-Hartmann 2006; Volkmann 2008) – als vielschichtiges Kulturmedium, das, analog zur tatsächlichen Begegnung mit der Fremdkultur, aktive Leserpartizipation und explorierende Textannäherungen verlangt und dabei mannigfaltige Erkenntnis- und Identifikationsprozesse anbahnen kann (Delanoy 2005: 56).

Der vorliegende Beitrag visiert argumentativ vor allem den universitären Vermittlungsraum an; er geht zugleich davon aus, dass die Lernenden als zukünftige Lehrkräfte in didaktischen Seminaren bereits über Inhalte, Ziele und Methoden der Vermittlung interkultureller Fähigkeiten und Fertigkeiten im schulischen Kontext reflektieren – dieser schulische Kontext sollte daher im Blickwinkel bleiben. Die universitäre Vermittlung interkultureller Kompetenz baut auf bisherigen Lebens- und Leseerfahrungen auf. Dies gilt auch für die hier fokussierte didaktische Praxis. Dabei setzt der Beitrag voraus, dass ‚interkulturelle Kompetenz' ein komplexes theoretisches Konstrukt ist, dass sich in drei Dimensionen gliedern lässt. Nach einer kurzen Rekapitulation dieser Dimensionen werden fünf Ansätze des Lernens und Lehrens im bzw. mit dem Medium literarischer Texte vorgestellt.

Drei Dimensionen interkultureller Kompetenz

Die Vermittlung interkultureller Kompetenz in universitären Seminaren basiert, wie eingehend von Jürgen Straub (2007) in seinen Überlegungen zu Verwendungsmustern des derzeitigen Kulturbegriffs ausgeführt, auf semiotischen, anthropologischen und sozial- wie kulturwissenschaftlichen Konzepten. Sie konzentriert sich auf „jene Aspekte der *Sinn- oder Bedeutungsstruktur unseres Handelns, seiner Voraussetzungen, Ergebnisse und Folgen [...]*, die kulturell (mit-)konstruiert sind" (Straub 2007: 15). Das Verständnis der Fremdkultur entspricht insofern dem einer

„*variable[n] Mehrzahl* von Personen, die in ein *Bedeutungsgewebe* aus Wirklichkeitsdefinitionen, Welt- und Selbstauffassungen, Deutungs- und Orientierungsmustern sowie – vor allem und zuerst – in *kollektive symbolische, insbesondere sprachliche Praktiken* eingebunden sind." (Ebd.)

Bei der Konzentration des interkulturellen Ansatzes auf Fremdkulturen als symbolisch vermittelte Lebensformen, welche die Wirklichkeits- und Möglichkeitskonstruktion ihrer Teilhabenden prägen, liegt das Augenmerk auf den

„wechselseitig aufeinander bezogenen Handlungen von Akteuren [...], die sich auf der Grundlage partiell verschiedener kultureller Orientierungssysteme bewegen und in ihrem Dialog bzw. ihrer Diapraxis beständig zum ‚Übersetzen' [...] angehalten sind." (Ebd.)

Damit setzt sich die Vermittlung interkultureller Kompetenz an Universitäten und Schulen zum Ziel, bei den Lernenden Fähigkeiten zum produktiven, adäquaten und verständigungsorienterten Denken, Verstehen und Handeln zu fördern (vgl. Antor 2002: 143). Es geht dabei um die Ausbildung höchst komplexer Kompetenzfelder, die sich gängigen Definitionen aus dem Bereich interkultureller Vermittlungsforschung gemäß in drei oben erwähnten, eng miteinander verbundene und teilweise sich durchdringende Dimensionen unterteilen lassen (vgl. Byram 1997; Antor 2002: 143-145).

Die erste, *kognitive* Ebene („knowledge") fokussiert primär das Aneignen von Wissensbeständen der Zielkultur(en), wie dies beispielsweise zum Verstehen literarischer Texte nötig ist. Dieses beinhaltet traditionell landes- und kulturkundliches Wissen über Fakten („facts & figures") der Fremdkultur, welches allerdings nicht rein auf touristische Inhalte und Kenntnisse über das politische, wirtschaftliche, soziale usw. System der Zielkultur beschränkt sein sollte. Neben der Alltagskultur, unterschiedlichen Sub- und Alternativkulturen usw. sollte auch das *Selbstverständnis* des Anderen, also dessen Selbstkonstruktion z.B. nationaler Identität ein wesentlicher Bestandteil dieses Wissenskomplexes sein. Zudem gilt es auf universitärer Ebene, theoretische Kenntnisse über den Umgang mit Phänomenen der Alteritätszuweisung, über die Existenz unausgesprochener und dennoch prägender *tacit assumptions*, über Stereotypenbildung und die Konstruktion nationaler und anderer Identitäten (im Sinne der *race, class and gender studies*) zu erlangen. Zweifellos ließen sich demnach Schemata mit Bezug auf die Frage entwickeln, welche zielkulturellen Wissensbestände zum Verständnis bestimmter literarischer oder nichtliterarischer, auch visueller ‚Texte' als Voraussetzung zu gelten haben.

Zu dieser kognitiven Ebene kommt zweitens die *affektive* Dimension hinzu („attitudes"), die als letztlich nur konkret in der gelebten Begegnung manifest werdende, grundsätzlich positive Einstellung gegenüber dem Fremden und der Fremderfahrung zu beschreiben wäre. Es gilt hierbei, in der unterrichtlichen Auseinandersetzung mit fremdsprachlichen Texten

„jene *affektive* Disposition zu schaffen, die die reflexartige Ablehnung des vom Eigenen Differenten und des daher oft als Bedrohung empfundenen Anderen verhindert und statt dessen den Grund für jene Offenheit und Toleranzbereitschaft legt, welche den fruchtbaren *Dialog* interkultureller Kommunikation erst ermöglicht." (Antor 2002: 143f.)

Dass die Förderung von Toleranz, Empathie, Solidarität und ähnlichen identifikatorischen Momenten mit dem Anderen nicht allein auf kognitiven Einsichten beruht, erscheint evident. Gerade in diesem Zusammenhang wird die Funktion der Literatur betont, welche durch alternative, gleichsam virtuelle Weltentwürfe und zahlreiche identifikatorische Angebote die für das Herausbilden affektiver Elemente so wesentlichen Angebote zum Perspektivenwechsel und zur Perspektivenübernahme zur Verfügung stellt: „[P]articipation in these secondary worlds may help readers develop empathy with and solidarity for the characters portrayed. Thus, such an aesthetic response also has a strong ethical dimension" (Delanoy 2005: 57).

Auch hier ließe sich erkunden, wie spezifische literarische Texte durch entsprechende Erzählperspektiven und Sympathielenkung affektive Zugänge zur Fremdkultur oder zu deren Minoritätenkulturen ermöglichen und fördern (vgl. Volkmann 2000).

Kognitive wie affektive Dimensionen erscheinen drittens mithin als Voraussetzung für die *pragmatische* Dimension, die Umsetzung von *skills*, zu denen zudem fremdsprachliche Kompetenzen zählen, sowie – allgemeiner – die Beherrschung kommunikativer Kompetenzen bzw. von Verhandlungs- oder Aushandlungskompetenzen. Da interkulturelles Handeln ein offener Prozess ist, der stets Unwägbarkeiten, Verwerfungen und Brüche aufweist, also ein unabgeschlossenes Projekt darstellt, gehört hierzu auch, wie Antor vermerkt, ein „gehöriges Maß an *Augenmaß* und *Bescheidenheit*" (Antor 2002: 147). Angesprochen ist hier die Befähigung, den eigenen Standpunkt zu ‚entabsolutieren' und die Begrenztheit des eigenen kulturellen Sinnhorizontes zu akzeptieren – Fremdverstehen beinhaltet somit stets ein hohes Maß an Fähigkeit zum *Selbstverstehen*. Bei der Auseinandersetzung mit literarischen Texten beinhaltet dies im Sinne eines hermeneutischen Ansatzes nach Gadamer (vgl. Delanoy 2005) das komplexe Wechselspiel zwischen Horizontannäherung, Horizontüberlappung und Horizonterweiterung auszuloten, welches in der Interaktion zwischen Leserhorizont und Texthorizont dynamische Verbindungen entstehen lässt (vgl. Bredella 1996). Es kann hier weder um komplette Assimilation des fremdkulturellen Sinnhorizonts in die eigene Erfahrungswelt gehen, noch um die Akkommodation des Eigenen an die Sinnwelt des Anderen, sondern um ein Erkunden der entstehenden kulturellen Differenzstrukturen (vgl. Antor 1995).

Texte und textorientierte Methoden zur Schulung interkultureller Kompetenz

Aus der Vielzahl literarischer Diskurse seien hier in Anlehnung an Stierstorfer (2002: 122) sowie generell an Kuna (1986), Decke-Cornill (1994), Freese (1996), Hallet (2002), Altmayer (2004), Volkmann (2007a, 2007b, 2008) fünf Aspekte ausgewählt und kurz vorgestellt. Sie erscheinen besonders erfolgversprechend in einem auf die Förderung eines interkulturellen Bewusstseins und interkultureller Kompetenzen ausgerichteten Literaturunterricht. (1) *Literaturtheoretische Konzepte* als Modelle für interkulturelle Sinnstiftungsprozesse. (2) Der *Literaturkanon der Fremdkultur* sowie die Debatte um dessen Zusammensetzung als wichtiger Schlüssel zu deren Selbstverständnis. (3) Das Verhandeln von essenziellen Kulturemen (bzw. Ideologien) der Zielkultur (*key cultural concepts*) im *Interplay der Texte* mit Bezug auf Theorien der Intertextualität. (4) *Fiktionale Repräsentationen* gelungener oder missglückter Kommunikationssituationen zur Einübung interkultureller Kompetenz (*critical incidents* in der Literatur). (5) *Kreativer Umgang mit Texten bzw. kreative Texterstellung* zur Erarbeitung oder spielerischen Aneignung interkultureller Kommunikations- und Handlungsstrategien. Diese fünf Aspekte seien im Folgenden skizzenartig ausgeführt.

Literaturtheoretische Konzepte

Eine Übersicht zu gängigen literatur- und kulturwissenschaftlichen Theorien, Modellen und Ansätzen gehört nach dem Ende des rein textimmanenten Zugangs spätestens seit den frühen 1980er Jahren zum festen Bestandteil universitärer Einführungskurse in die Literatur- und Kulturwissenschaft (vgl. Stierstorfer 2005). Diese unterschiedlichen Theoriegebäude sind nicht allein als Bezugswissenschaften für Bereiche des Interkulturellen Lernens zu verstehen, sondern entfalten bei genauerer Betrachtung starke Analogien zwischen Konzepten des Verständnisses literarischer Texte (und nach dem *cultural turn* insgesamt von kulturellen Manifestationen) und des Verstehens der Strukturen und Abläufe intersubjektiver oder interkultureller Kommunikation. Schon die Hermeneutik in der Tradition Martin Heideggers und Hans-Georg Gadamers erlaubt zentrale Einblicke in das Wesen zwischenmenschlicher Erkenntnis und des fremden Gegenübers. In der Literaturwissenschaft erwies sie sich als wesentliche Anregung für die Rezeptionsästhetik (E.D. Hirsch, Paul Ricoeur, Wolfgang Iser, Stanley Fish usw.) und erlaubt die Übertragbarkeit literarischer Modelle auf die interkulturelle Kommunikation (vgl. Weskamp 1997). Noch weitgehender formuliert Klaus Stierstorfer:

„Aufgrund ihrer Verwurzelung in dem größeren Problemfeld der Hermeneutik bieten grundsätzlich alle poetologischen und literaturtheoretischen Ansätze zumindest potentiell die Möglichkeit des Transfers ihrer Grundmuster auf die Verständnis- und Kommunikationssituation der Interkulturaliät." (Stierstorfer 2002: 122)

So hat insbesondere die Hermeneutik und Rezeptionsästhetik entscheidend die Konzeptualisierungen von *Fremdverstehen* bei den einflussreichen Studien Lothar Bredellas (z.B. 1996) und Werner Delanoys (z.B. 2005; vgl. Delanoy/Volkmann 2006) geprägt, insbesondere mit Bezug auf die privilegierte Position ästhetisch wertvoller literarischer Texte aus den Fremdkulturen. Ähnliche Einflussgeflechte und Analogiemuster mit Bezug auf das interkulturelle Lernen lassen sich für die meisten derzeit prominenten Literaturtheorien aufweisen, die zunehmend aus tendenziell eher kulturellen Ausrichtungen zuzuordnenden Großtheorien entstanden sind. So wirkt die Kulturkritik (Frankfurter Schule, Theodor W. Adorno und Max Horkheimer, aber auch Jürgen Habermas) mit ihrer ideologie- und systemkritischen Ausrichtung nach im Sinne einer kritischen Betrachtung der Formung des Individuums und seiner Lebens- wie Kommunikationsbedingungen in modernen kapitalistischen Gesellschaften; Poststrukturalismus und Dekonstruktion (Jacques Derrida) haben nicht nur gängige Vorstellungen von Sprache, Sinnkonstitution und Sinnzuweisung radikal in Frage gestellt, sondern auch tradierte abendländische Vorstellungen von Logik, kultureller Dominanz und Sinnstiftung durch (kulturelle) Binärstrukturen angegriffen; die Semiotik eines Roland Barthes, Pierre Bourdieu oder Umberto Eco konnte konventionalisierte Strategien der (auch kulturell bedingten) Sinnzuweisung herauspräparieren; feministische und dann gender-orientierte Literatur- und Kulturtheorien (Judith Butler) sowie postkoloniale Theoretiker (Edward Said, Homi Bhabha) konnten die Augen öffnen für universale wie auch kulturspezifische Ausformungen und Mechanismen der Alteritätszuweisung und der Schaffung von asymmetrischen Machtverhältnissen, wie sie als teilweise verdeckte kulturelle ‚Matrix‘ in jeder interkulturellen Begegnung wirken. Die gegenwärtig vorherrschende US-amerikanische Theoriedominanz von *race, class & gender studies* sowie der New Historicism (Stephen Greenblatt) schließlich betonen eindringlich – vor dem Hintergrund einer als ‚vertextet‘ zu verstehenden Welt – die Mächtigkeit medial oder textuell kreierter Konstrukte von Ethnizität, sozialer Schicht und Geschlechtlichkeit. Sie beschreiben, wie das Individuum oder individuelle ‚Texte‘ stets ‚Zirkulationsfelder‘ kulturell definierter ‚sozialer Energien‘ sind und sich auf affirmative oder subversiv-ablehnende Weise zu diesen positionieren.

Literatur- und kulturwissenschaftliche Konzepte liefern somit auch und gerade für Lernende im Bereich der interkulturellen Kompetenz vielfältige Erklärungen für Entstehen, Verbreitung und Wirkung kulturell geformter Denk- und Handlungsmuster. Als oftmals kritisch kulturelle Konflikte und Bruchstellen auslotende Ansätze wirken sie auch „als Korrektiv für eine allzu beschönigend konfliktfreie Erwartungshaltung vor dem interkulturellen Lernprozeß" (Stierstorfer 2002: 128).

Der Literaturkanon der Fremdkultur

Stark von kontextorientierten, kulturkritischen Literatur- und Kulturtheorien bestimmt ist die gegenwärtige Debatte um den literarischen Kanon. Einerseits bildete traditionell der *Literaturkanon der Fremdkultur* – früheren Verständnissen von ‚Kultur der Eliten‘ und von ‚Höhenkammliteratur‘ entsprechend – einen privilegierten, nur nach jahrelanger Einweisung und mühevoller Lektüre anzueignenden Zugang zum ‚Wesen‘ oder den ‚geistigen Besitzständen‘ der Fremdkultur ab. Nach einer Zeit der radikalen Infragestellung und teilwei-

se der Ablösung kanonisierter Autoren (die als *Dead White European Males*
oder *White Anglo-Saxon Protestants* verunglimpft wurden und in ihren rassi-
stischen, sexistischen bzw. ‚phallogozentrischen‘ Tendenzen diskreditiert
wurden) deutet sich gegenwärtig eine gewisse Rückbesinnung auf die ‚Klassiker‘ an (vgl. Volkmann 2004). Verbunden ist dies mit der Einsicht in die
Variabilität und Kontextgebundenheit literarischer Kanonisierungen sowie der
gleichzeitigen und teilweise konkurrierenden Existenz von Gegen-Kanons
bzw. alternativen Literaturlisten, die eher nach den Kriterien besonderer *in-
terest groups* zusammengestellt wurden.

So wird von Seiten der *minority studies* sowie der postkolonialen Theoriebildung vermehrt gefordert, wichtige Werke entsprechender Autoren zur
universitären Pflichtlektüre zu machen (z.b. Alice Walker, Toni Morrison,
Margaret Atwood, Chinua Achebe, V.S. Naipaul, Salman Rushdie, J.M.
Coetzee, Arundhati Roy, um nur einige prominente Vertreter des anglopho-
nen Kultur- und Sprachraums zu nennen). Mit Bezug auf interkulturelle Lernziele erscheinen diese Fiktionen nicht allein aufgrund ihrer hohen literarischen Qualität und des entsprechenden Komplexitäts- und Ambiguitätsgehalts
wertvolles ‚Instruktionsmaterial‘. Sie stellen darüber hinaus genuine Binnen-
perspektiven aus fremden Kulturräumen zur Verfügung, entfalten oftmals
emblematisch Kulturkonflikte ihrer geografisch-sozialen Sphäre und laden
schließlich durch ihren Verweis auf den transnationalen, globalen Charakter
der dargestellten Szenarien zur Stellungnahme und Auseinandersetzung durch
den europäischen Leser ein.

Es erscheint somit nicht allein die Kenntnis wichtiger Werke, Autoren,
geflügelter Worte usw. der Zielkultur(en) als Bestandteil interkultureller
Kompetenz wichtig, sondern vielmehr eine „reflexive Kanon-Kompetenz"
(Stierstorfer 2002: 133), also das Verständnis für die historisch sich entwic-
kelnden Hintergründe für ästhetische Werturteile, denen zufolge Kanonforma-
tion geschieht. Zugleich kann die Forderung nach verschiedenen ‚Kanon-
Kompetenzen‘ motivierend für das extensive Lesen wirken und die Beschäftigung mit den Kulturemen der Fremdkultur überhaupt unterstützen.

Interplay der Texte

Auch in den Literatur- und Kulturwissenschaften anderer Fächer setzt sich
sukzessive ein Verständnis von kultureller Einbettung literarischer Texte
durch, welches in der (deutschen) Amerikanistik bereits seit Jahrzehnten gängige Praxis der Textbetrachtung ist: Literarische Texte werden nicht als abgeschlossene, autonome Kunstwerke verstanden oder verehrt, sondern als dynamische Gebilde, welche im Sinne intertextueller Theorien (vor allem bei
Michail Bachtin und Julia Kristeva) komplexe Beziehungs- und Einflussgeflechte mit anderen ‚Texten‘ eingehen und dabei Einblicke in essenzielle Kul-

tureme (bzw. Ideologien) der Zielkultur (*key cultural concepts*) im *Interplay der Texte* erlauben. In konkreten, auf interkulturellen Kompetenzerwerb ausgerichteten Unterrichtsreihen könnten dabei folgende Zugänge zum Phänomen ‚Intertextualität' umgesetzt werden (vgl. Decke-Cornill 1994; Küster 2000; Hallet 2002; Altmayer 2004):

- Der Einfluss von historisch früheren Texten (‚Prä-Texten') auf modernere oder zeitgenössische Texte kann als „Dialog der Texte" (Kuna 1986) Aufschluss über sich wandelnde Weltbilder und nationales Selbstverständnis liefern. Interessant erscheinen hier insbesondere so genannte ‚*re-writes*', d.h. das kreative Neuschreiben eines literarischen Klassikers mit Veränderungen im Bereich von narrativer Fokalisierung, Perspektivierung, Handlung, Zeitalter usw. Wenn zusätzlich im Unterricht Klassiker des kolonialen Zeitalters (William Shakespeare, *The Tempest*; Daniel Defoe, *Robinson Crusoe*; Joseph Conrad, *Heart of Darkness*) in Kontrast mit einer neueren Version gesetzt werden, können so prägnante Rückschlüsse zu Strategien des kulturellen Stigmatisierens, zu kulturellem Dominanzdenken, angelsächsischem Selbstverständnis und schließlich zum Werte- und Normenwandel über die Jahrhunderte erlangt werden. Der Klassiker der Jugendbuchliteratur, Defoes *Robinson Crusoe* (1719), in welchem „die christlich-puritanische Geisteshaltung sowie die Autonomie des schaffenden Menschen [und] die ideologische Basis des ökonomischen Individualismus" (Küster 2000: 34) als zentrale Werte der abendländischen Kultur literarisch äußerst wirksam etabliert und verfochten wurden, erscheint stärker konturiert und zudem kritisch reflektiert, wenn er mit neueren, alternativen Versionen in einen erhellenden Bezug gesetzt wird. In Betracht zu ziehen wären hier Werke wie *Foe* (1986) aus der Feder des postkolonialen südafrikanischen Literaturnobelpreisträgers J.M. Coetzee oder die im Jahre 1971 von Michel Tournier verfasste und für Kinder adaptierte französische Robinsonade *Vendredi ou la vie sauvage* (vgl. Küster 2000).

- Das „Interplay der Texte" (Hallet 2002) kann sich ebenfalls auf eine „Zusammenstellung heterogener Texte zu einem Thema" beziehen und einen „*didaktischen Text* [erzeugen], der nicht einfach die Summe der Einzeltexte ist, die er verbindet, sondern der sie unter einer eigenen Überschrift [ ] miteinander intertextuell vernetzt" (Decke Cornill 1994: 282, 280). Erzeugt wird dieser didaktische Text etwa in einer Sammlung von Kurzgeschichten oder einem Ensemble von Kurzgeschichte, Roman und Gedicht usw. Im Unterricht sind Kurzgeschichtensammlungen zu bestimmten Themen (typisch: ‚*coming-of-age stories*', also Initiationsgeschichten) im Sinne der ‚schülernahen Textauswahl' wohl etabliert; gleiches gilt für Textsammlungen zu bestimmten Gattungen (‚*crime stories*') oder zielkulturellen Gegenden (‚*New York Stories*', ‚*Stories of the South*', ‚*Stories from Australia*'). Denkbar wären auch Textsequenzen zu bestimmten *key cultural concepts* (wie ,The American Dream', ,The Frontier', etc.), in denen bestimmte Themen multiperspektivisch erschlossen und Einblicke in die Vielstimmigkeit von Literatur und Zielkultur gewährt werden (vgl. Freese 1996).

- Schließlich erscheinen im Sinne eines erweiterten und entgrenzten Textverständnisses (,Welt als Text') Unterrichtssequenzen sinnvoll, in denen unterschiedliche ,Textsorten' in einen vielstimmigen Kontrast zueinander gesetzt werden, mit Bezug auf ein ausgewähltes zielkulturell interessantes Thema (*,North and South', ,regional pride'* usw.): Die Palette erstreckt sich dabei von Comics, Cartoons, Karikaturen, Videos, Dokumentar- und Spielfilmen über Zeitungsartikel, Essays, Gedichte, Kurzgeschichten, Dramen, Romane bis zu Songs und Seifenopern und kann bzw. wird in der Regel Internetrecherchen beinhalten. Dabei können die je genre- und medienspezifischen Encodierungsmodi miteinander verglichen und Gemeinsamkeiten wie Unterschiede der textuellen bzw. medialen Auseinandersetzung mit dem Thema im Sinne der Förderung von Medienkompetenz herausgearbeitet werden. Zugleich kann ein höchst facettenreiches, multimedial und multiperspektivisch gestaltetes Bild einer zielkulturellen Besonderheit entstehen.

Fiktionale Repräsentationen

Es können darüber hinaus *fiktionale Repräsentationen* gelungener oder missglückter Kommunikationssituationen zur Einübung interkultureller Kompetenz verwendet werden. Die Literatur liefert hierbei so genannte fiktionale *critical incidents*, interkulturelle Krisensituationen *en miniature*. Zu denken wäre hierbei an Passagen aus Romanen oder ganze Kurzgeschichten, in denen die interkulturelle Begegnung direkt zum Thema wird (wie beim ,internationalen Thema' des amerikanischen Romanciers Henry James, welcher den *culture clash* zwischen ,jungem Amerika' und ,altem Europa' um die Jahrhundertwende 1900 vielfach teils humorvoll, teils mit tragischem Unterton beschrieb). Aber auch *intrakulturelle* fiktive Begegnungssituationen, wie sie insbesondere in der Literatur von ethnischen Minoritäten oder postkolonialen Autoren auftreten, vermögen aufzuzeigen, wie mangels Einsichten in die Mentalitäten und Lebensweisen von Mitgliedern anderer Kulturen im eigenen Land menschliche Kommunikation scheitert. Die teilweise lebensbedrohlich wirkenden Folgen interkulturell bedingter Missverständnisse werden so plastisch vor Augen geführt. Dies geschieht in einer fiktionalen Einrahmung, welche interkulturelle Missverständnisse nicht vordergründig und monokausal erklärbar macht, sondern auffordert, den weiten kulturellen Horizont zum Verständnis von kulturell geprägten interpersonalen Kommunikationssituationen gebührend zu beachten. Als sinnvolle Methodik haben sich hier unterschiedliche Formen des Rollenspiels erwiesen (vgl. Köhnen i.d.B., Kap. 4.8), wobei kurze Kernszenen eines Dramas oder von den Studierenden selbst dramatisierte Passagen eines Prosatextes inszeniert werden. Hierbei erproben die Lernenden vermittels eines ‚ganzheitlichen‘, Intellekt und Körper verbindenden Zugangs zu den Wahrnehmungsweisen fremdkultureller Personen spielerisch verschiedene Identitätswechsel (vgl. Volkmann 2008). Die präsentierten fiktionalen ‚critical incidents‘ erweisen sich in ihrem multiperspektivischen Gehalt als höchst komplexe Gebilde, die weniger eine konkrete Richtschnur für die Umsetzung interkultureller Kompetenzen im Alltagsleben liefern, sondern eher ein kritisches Bewusstsein für die Existenz anderer Perspektiven und die Notwendigkeit von Perspektivenvergleich und -koordination schaffen können. Dies kann beispielsweise geschehen, wenn Kursteilnehmer – z.B. nach einem Rollenspiel – unterschiedliche Wahrnehmungsweisen von literarischen Figuren diskutieren und deren jeweilige Motivationslagen miteinander vergleichen. Dabei ist allerdings stets (wie bei der Diskussion zu Figuren in Filmen) darauf zu achten, dass fiktionale Charaktere sich auch nach Genrekonventionen und anderen literarischen Gesichtspunkten konturieren und fiktionale Welten generell keinesfalls rein mimetische Abbildungen der Wirklichkeit darstellen (vgl. Volkmann 2007a, 2007b).

Kreativer Umgang mit Texten bzw. kreative Texterstellung

Die vorgeschlagenen Rollenspiele stellen bereits eine Form des prozess- und produktionsorientierten sowie lernerzentrierten Umgangs mit literarischen Texten dar. Generell laden fiktionale Texte zum *kreativen Umgang mit ihnen bzw. zur kreativen Texterstellung* ein (vgl. Caspari 1994; Spinner 2001). Dabei gehen sie über die eingangs behandelte kognitive Dimension interkulturellen Lernens hinaus und beziehen affektive und handlungsbezogene Aspekte mit ein. Sie regen an zur Erarbeitung oder spielerischen Aneignung interkultureller Kommunikations- und Handlungsstrategien. Wenn Lernende eigene Geschichten schreiben, eine Szene aus einem Theaterstück inszenieren oder selbst produzieren, dann erfolgt eine höchst intensive, ganzheitliche Auseinandersetzung mit Themen der Interkulturalität, die ein rein rezeptives Analyseverfahren nie erreichen kann. Gerade in der Textproduktion kann die von Theoretikern des Fremdverstehens als so wesentlich erkannte Fähigkeit zum Perspektivenwechsel und zur Übernahme der Perspektive des Anderen (Bredella 1996) in einem (hoffentlich) restriktionsfreien Raum eingeübt werden. Zugleich kann damit der oftmals hermetisch gegenüber der ‚realen Welt‘ abgeriegelte, auf kognitive Analyseverfahren konzentrierte universitäre Seminarraum ein Stück weit entgrenzt und geöffnet werden (vgl. Köhnen i.d.B., Kap. 4.8).

Chancen und Gefahren

Damit interkulturelles Lernen im üblichen Seminarbetrieb erste Früchte tragen kann, scheint es wichtig, auf folgende Schwierigkeiten des bisherigen Lehrangebots einzugehen:

- Das Thema der Begegnung mit dem Anderen und die Fähigkeit zur Ambiguitätstoleranz auch beim Umgang mit unterschiedlichen Texten könnte noch mehr als bisher auf mannigfaltigen Ebenen von Theoriediskussion, Textauswahl, Textzusammenstellung und Interpretation zum Tragen kommen. Die fruchtbare Verzahnung von trockenen Theoriediskussionen zu Alteritätstheorien eines Homi Bhabha oder Edward Said mit Einsichten in interkulturelle Spannungen in fiktionalen Texten oder gar mit der eigenen, konkreten Begegnung mit Menschen anderer Kulturen ist ein höchst komplexer Erkenntnis- und Erlebensprozess. Theorie und Praxis der interkulturellen Begegnung liegen oft weit auseinander – eine Tatsache, die stets neu zu diskutieren und zu beachten ist.

- Noch stärker als bisher ist dabei auf eine ausgewogene und vielfältige Auswahl bei der Zusammenstellung von Textmaterialen zu einem Seminarthema zu achten. Wenn lediglich ein Roman oder ein Film zu einer Zielkultur rezipiert wird, besteht gerade bei Studierenden in frühen Semestern die Gefahr der Vorurteils- und Stereotypenbildung. Es erscheint wichtig, möglichst viele Facetten einer Kultur zu präsentieren – und dies auch durch nichtliterarische und visuelle Texte. Durch dieses „Spiel der Texte" (Hallet 2002) kann ein mehrdimensionales Bild der anderen Kultur entstehen; zugleich kann gezeigt werden, wie unterschiedliche Texte oder Medien unterschiedliche Varianten der ‚Realität' konstruieren. Dieser Aspekt der auch für das interkulturelle Lernen essenziellen ‚Medienkompetenz' kann zusätzlich gefördert werden, wenn die Studierenden gezielt das Internet konsultieren, um weiterführende, vertiefende oder ergänzende Informationen zu den behandelten Texten zu erlangen und in die Diskussion einzubringen.

- Es ist und bleibt ein Trugschluss zu glauben, selbst in einem thematisch komplexen und didaktisch versierten Seminar zum Thema umfassende interkulturelle Kompetenzen vermitteln zu können bzw. zu erhalten. Dies bleibt eine Aufgabe lebenslangen Lernens.

Chancen wie Gefahren des Themas ‚Verwertbarkeit von literarischen Beispieltexten für den Erwerb interkultureller Kompetenz' umreißt Klaus Stierstorfer in einem passenden Resümee:

„Im didaktischen Kontext können Situationsschilderungen interkultureller Kommunikation, Migrantenerfahrungen, Lebensbilder hybrider Räume, Reiseliteratur und vieles mehr zu einer wertvollen Anregung und Diskussionsgrundlage werden, die in ihrer Textart bereits auf Multiperspektivität und Vielschichtigkeit angelegt ist und vor einfachen Lösungen und unkritischer Übernahme gefeit erscheint. Der Illusion einer generellen Lehr- und Lernbarkeit interkultureller Kompetenz am Reißbrett oder im isolierten Seminarraum, die dann für alle fremdkulturellen Situationen und Erfahrungen generalisierbar wäre, wird auf diese Weise vorgebeugt." (Stierstorfer 2002: 138)

Literatur

Altmayer, Claus (2004): Kultur als Hypertext. Zu Theorie und Praxis der Kulturwissenschaft im Fach Deutsch als Fremdsprache, München: iudicium.

Antor, Heinz (1995): „Alterität als literaturtheoretisches Problem". In: Rüdiger Ahrens/Wolf-Dietrich Bald/Werner Hüllen (Hg.), Handbuch Englisch als Fremdsprache, Berlin: Schmidt, S. 323-325.

Antor, Heinz (2002): „Die Vermittlung interkultureller Kompetenz an der Universität: Das Beispiel Kanada". In: Laurenz Volkmann/Klaus Stierstorfer/Wolfgang Gehring (Hg.), Interkulturelle Kompetenz. Konzepte und Praxis des Unterrichts, Tübingen: Narr, S. 143-163.

Bredella, Lothar (1996): „How can literary texts matter?". In: Rüdiger Ahrens/Laurenz Volkmann (Hg.), Why literature matters: Theories and functions of literature, Heidelberg: Carl Winter, S. 101-115.

Byram, Michael (1997): Teaching and assessing intercultural communicative competence, Clevedon: Multilingual Matters.

Caspari, Daniela (1994): Kreativität im Umgang mit literarischen Texten im Fremdsprachenunterricht, Frankfurt/M.: Lang.

Decke-Cornill, Helene (1994): „Intertextualität als literaturdidaktische Dimension. Zur Frage der Textzusammenstellung bei literarischen Lektürereihen". Die Neueren Sprachen 93 (3), S. 272-287.

Delanoy, Werner (2005): „A dialogic model for literature teaching". ABAC Journal 25 (1), S. 53-66.

Delanoy, Werner/Laurenz Volkmann (2006): „Cultural studies in the EFL classroom". In: Werner Delanoy/Laurenz Volkmann (Hg.), Cultural studies in the EFL classroom, Heidelberg: Winter, S. 11-22.

Freese, Peter (1996): „Universality vs. ethnocentricity, or; the literary canon in a multicultural society". Zeitschrift für Anglistik und Amerikanistik 44 (2), S. 155-170.

Hallet, Wolfgang (2002): Fremdsprachenunterricht als Spiel der Texte und Kulturen. Intertextualität als Paradigma einer kulturwissenschaftlichen Didaktik, Trier: WVT.

Hallet, Wolfgang/Müller-Hartmann, Andreas (2006): „For better or for worse? Bildungsstandards Englisch im Überblick", Der fremdsprachliche Unterricht Englisch 40 (81), S. 2-21.

Hellwig, Karlheinz (2005): Bildung durch Literatur, Frankfurt/M.: Lang.

Kuna, Franz (1986): „Dialog der Texte. Landeskunde als kultureller Prozeß". In: Franz Kuna/Heinz Tschachler (Hg.), Dialog der Texte, Tübingen: Narr, S. 425-441.

Küster, Lutz (2000): „Zur Verbindung von Intertextualität und Interkulturalität: Literaturdidaktische Anregungen auf der Basis von Michel Tourniers Robinsonade". Zeitschrift für Fremdsprachenforschung 11 (2), S. 25-53.

Küster, Lutz (2003): Plurale Bildung im Fremdsprachenunterricht. Interkulturelle und ästhetisch-literarische Bildung an Beispielen der romanistischen Fachdidaktik, Frankfurt/M.: Lang.

Spinner, H. Kaspar (2001): Kreativer Deutschunterricht. Identität – Imagination – Kognition, Seelze: Kallmeyersche Verlagsbuchhandlung.

Stierstorfer, Klaus (2002): „Literatur und interkulturelle Kompetenz". In: Laurenz Volkmann/Klaus Stierstorfer/Wolfgang Gehring (Hg.), Interkulturelle Kompetenz. Konzepte und Praxis des Unterrichts, Tübingen: Narr, S. 119-141.

Stierstorfer, Klaus (2005): „Einleitung: Anmerkungen zur Interdisziplinarität der Kulturwissenschaften". In: Klaus Stierstorfer/Laurenz Volkmann (Hg.), Kulturwissenschaft Interdisziplinär, Tübingen: Narr, S. 9-18.

Straub, Jürgen (2007): „Kultur". In: Jürgen Straub/Arne Weidemann/Doris Weidemann (Hg.), Handbuch interkulturelle Kommunikation und Kompetenz. Grundbegriffe – Theorien –Anwendungsfelder, Stuttgart: J.B. Metzler, S. 7-24.

Trim, John/North, Brian/Coste, Daniel (2001): Gemeinsamer europäischer Referenzrahmen für Sprachen: Lernen, lehren, beurteilen, Berlin u.a.: Langenscheidt.

Volkmann, Laurenz (2000): „Interkulturelle Kompetenz als neues Paradigma der Literaturdidaktik? Überlegungen mit Beispielen der postkolonialen Literatur und Minoritätenliteratur". In: Lothar Bredella/Franz-Joseph Meißner/Ansgar Nünning/Dietmar Rösler (Hg.), Wie ist Fremdverstehen lehr- und lernbar? Vorträge aus dem Graduiertenkolleg „Didaktik des Fremdverstehens", Tübingen: Narr, S. 164-190.

Volkmann, Laurenz (2004): „Literaturunterricht als Einladung zum offenen Dialog. Ein Plädoyer für verschiedene Lesarten im Literaturunterricht". In: Lothar Bredella/Werner Delanoy/Carola Surkamp (Hg.), Literaturdidaktik im Dialog, Tübingen: Narr, S. 99-122.

Volkmann, Laurenz (2007a): „Die Rolle literarischer Texte beim Erwerb von kommunikativer Kompetenz". In: Erika Werlen/Ralf Weskamp (Hg.), Kommunikative Kompetenz und Mehrsprachigkeit. Diskussionsgrundlagen und unterrichtspraktische Aspekte, Hohengehren: Schneider, S. 103-128.

Volkmann, Laurenz (2007b): „The global village: Von der interkulturellen zur multikulturellen Kompetenz". In: Heinz Antor (Hg.), Andere Kulturen Verstehen – Andere Kulturen Lehren: Theorie und Praxis der Vermittlung interkultureller Kompetenz, Heidelberg: Winter, S. 127-157.

Volkmann, Laurenz (2008): „Drama und Kultur im Englischunterricht". In: Eva Burwitz-Melzer (Hg.), Fremdsprachen Lehren und Lernen. Themenband „Lehren und Lernen mit literarischen Texten im Fremdsprachenunterricht", 37, Tübingen: Narr, S. 184-196.

Weskamp, Ralf (1997): „Postmoderne Literaturtheorien. Folgen und Möglichkeiten für den fremdsprachlichen Unterricht auf der gymnasialen Oberstufe". Praxis des neusprachlichen Unterrichts 44, S. 345-353.

4.8 Literatur und andere Künste

RALPH KÖHNEN

Die Zeichen der Künste, in welchem semiotischen Zustand sie sich auch befinden, sind vorab durch einen Möglichkeitsstatus der Situationsenthobenheit bzw. als Spielraum charakterisiert. Das ‚Als ob‘ der Literatur, des im Buchstaben fixierten Textes, geht wiederum mit einer Differenzqualität zur Alltagssprache einher, insofern sie überstrukturiert bzw. überdeterminiert ist und in dieser Vieldeutigkeit die Fähigkeit hat, durch Sprache Vorstellungsbilder zu verdichten, sie zu pointieren und einem eigenwertigem Ausdruck Platz zu geben, der sich auf das Sprachmaterial bzw. die Signifikanten selbst bezieht (Jakobson 1993). Jenseits der darstellend-referentiellen, der expressiven und der appellativen hat alles Darstellungsmaterial der Künste in diesem Sinne auch eine ästhetische Funktion. Vergleichbar sind die Verhältnisse auf der Theaterbühne oder im Bild: Auch hier handelt es sich um Zeichen, die nicht direkt an eine Handlung außerhalb der Bühne, des Kunstwerks oder des Bilderrahmens gekoppelt sind und die, sei es auch in ikonischer und somit simultan wahrnehmbarer Form, ebenfalls mögliche, hypothetische Welten vor Augen stellen. Sie sind nicht verpflichtet, bestimmte Inhalte zu vermitteln, und also auf kein Schönes, Wahres, Gutes oder Kritisches, Dekonstruktives oder nur schon Unterhaltendes festlegbar. Jenseits der Information lenken sie die Aufmerksamkeit auf ihren Kommunikationskörper (die Signifikanten bzw. formsprachlichen Elemente) selber und weisen einen mehr oder weniger hohen Grad an Selbstreflexion auf. Von Kommunikation lässt sich allerdings erst dann sinnvoll reden, wenn ein diskursives Begleitmittel zur übergeordneten Verständigung eingesetzt wird – ob dies nur Sprache sein kann, sei dahingestellt, doch spielt sie als Medium bei allen vorzuschlagenden Methoden eine Rolle.

Dass Sprache, Künste und Wissenschaften menschliche Wahrnehmung und Erkenntnis überformen, dadurch Vorstellungswelten ausprägen und letztlich kulturelle Formen modellieren, hat Cassirers Symbolphilosophie umfänglich gezeigt – als aktive Tätigkeiten begriffen, fungieren sie als sensible Seismographen, die geringste Änderungen der conditio humana anzeigen. In diesem Sinn lässt sich eine Geschichte der Kunst- und Denkformen bzw. ihre „Grammatik der symbolischen Funktionen" (Cassirer 1923-29, Bd. 1: 19) entwerfen. Wenn Kultur aus Symbolwelten besteht, in denen „die Erlebnisinhalte und die Anschauungsinhalte in neuer Weise zu gliedern, zu artikulieren und zu organisieren" sind (Cassirer 1942: 15), lassen sich daraus auch synchrone Bestandsaufnahmen gewinnen. Als kulturtragende Zeichenbildungen können die Künste in der interkulturellen Kommunikation eine entscheidende Rolle übernehmen. Mit Wittgenstein (1988, 250 bzw. 280) können sie im Begriff des Sprachspiels zusammengefasst werden, insofern sie in Wort, Bild oder anderen Spielen kontinuierlich zu einer Lebenspraxis verwoben sind, deren Regeln in der kommunikativen Weiterbearbeitung ausgehandelt werden.

An der Option, einen zweckentbundenen, vom unmittelbaren Handlungsdruck befreiten Spielraum zu schaffen, in welchem Künste symbolische oder zeichenhafte Gestalten von Dingen zur Darstellung bringen, hängt ihre Fähigkeit, via Bild, Geste, Tanz, Musik oder Wort nebengeordnete, sekundäre Kommunikationsmöglichkeiten zu schaffen. In diesem Sinn hat etwa Luhmann Kunst als Kandidat eines besonderen oder gar hoffnungsvollen Kommunikationssystems qualifiziert, insofern sie gesellschaftliche Überkomplexitäten, Medienprobleme etc. in Zusammenhang bringen und daher eine Vermittlungsfunktion übernehmen könne; insbesondere Literatur sei in der Lage, eine Pluralität von Komplexitätsbeschreibungen zu leisten, um dem Umstand Rechnung zu tragen, dass die Welt angemessen überhaupt nur polykontextural beschrieben werden kann (vgl. Luhmann 1997: 494).

In der Wahrnehmung prägenden und erweiternden Funktion dieser Kunstformen liegt ihre Hoffnung, aber auch ihr Risiko, vermeint man, mit Kunst eindeutige Botschaften übermitteln zu können, woraus etwa der Rezipient die Nachricht wie aus einer Nussschale holen müsste – oder, was die Produzentenseite angeht, dass der Autor eine von ihm gedachte Intention bruchlos in Literatur übersetzen könnte. Beides ist theoretisch und empirisch nicht der Fall. Dass ein Text immer schlauer ist als sein Autor, hat etwa Gadamer in hermeneutischen Begründungszusammenhängen angemerkt: „Nicht nur gelegentlich, sondern immer übertrifft der Sinn eines Textes seinen Autor. Daher ist Verstehen kein nur reproduktives, sondern auch ein produktives Verhalten" (1960: 280). Auch der Leser ist keine simple Rezipiermaschine, vielmehr realisiert und aktualisiert er die Textpotenziale immer neu. An der sprachlichen Fremdheit des Werkes entdeckt Gadamer die Grenzen des Leserhorizonts, die zu überschreiten sind: Der Leser erkennt sein eigenes Vor-Urteil, umgekehrt aber konstruiert er die Textwelt mit, deren neue Aspekte er nach eigener Maßgabe entfaltet. In der Vermittlung beider Vorgänge kann er schließlich den fremden Horizont des Textes rekonstruieren. Beide Seiten befinden sich im Frage-Antwort-Verhältnis. Und erst recht gilt diese Fremderfahrung für die Konfrontation mit fremden Sinnsystemen, namentlich einem literarischen Text oder einem Bild, das anderen kulturellen Zusammenhängen entstammt oder diese darstellt. Das Vorurteil, auch wenn es erkenntnisleitend wirkt, ist sensu Gadamer nicht nur mitgebrachte Einstellung oder statische Denkformation, vielmehr ist dieser Horizont in die Schwebe zu bringen und ermöglicht die ästhetische Wahrnehmung die Einnahme einer anderen Perspektive – kein festzuhaltender Standpunkt, sondern „eine Meinung oder Möglichkeit, die man ins Spiel bringt und aufs Spiel setzt und die mit dazu hilft, sich anzueignen, was in dem Text gesagt ist" (Gadamer 1960: 268). Der prekäre Begriff der ‚Horizontverschmelzung' zwischen Leser und Autor (ebd. 1960: 289) ist im Sinne interkulturellen Verstehens eher als Versuch einer Annäherung zu sehen, der allein im permanenten Aufschub und ohne identitäre Illusion im Bewusstsein von Differenz bleiben muss.

Für literarische Verhältnisse gilt dies gleichwohl wie für die Zeichen von Bühne und Bild: In ihrer Entrealisierung lässt sich ein Spielraum ausbreiten, der die ästhetische Erfahrung mit ihrer Kommunizierbarkeit koppelt. Welche Möglichkeiten der interkulturellen Kommunikation diesen Sprachspielen in unterschiedlichen semiotischen Systemen mit ästhetischem Anspruch zukommen, ist bisher in kulturwissenschaftlichen Zusammenhängen theoretisch ausgeleuchtet worden; eine hochschuldidaktische Methodik steht hingegen noch aus und soll hier in ersten Ansätzen skizziert werden, ausgehend von den eher geläufigen Analysevermittlungen besonders dann mit Blick auf handlungsorientierte Methoden, die in Hochschulkontexten noch kaum zur Geltung gekommen sind.

Methodologie: Lernen als erweitertes Lesen (Literatur, Bilder und Bühne)

In den Konzepten des Lesens ist seit der Homer-Auslegung, sodann der Bibelinterpretation und den Allegorienlehren ein doppelter Blick entfaltet worden, der prinzipiell bis heute fortwirkt: in der buchstabengetreuen, monosemierenden philologisch-grammatischen Leseweise sowie in den allegorischen Lesarten, insofern hier Übertragungen, neue Bild- und Sachbezüge mit Blick auf den eigenen, zeitgenössischen Kontext überschritten werden in Richtung eines mehrfachen Schriftsinnes. Spätestens die romantische Hermeneutik Schleiermachers hat die Tätigkeit des Lesens bzw. Auslegens nicht nur als grammatisch-interpretatorische Deutung, sondern auch als allegorische Tätigkeit konzipiert, die ein produktives Hinzulesen, imaginatives Ergänzen, aber auch Weiterschreiben bedeuten kann: Der Leser kann zum Ko-Autor avancieren. In der wissenschaftsgeschichtlichen Folge der Rezeptionsästhetik ist diese zweite Seite der Hermeneutik, die lange Zeit unter der Dominanz der grammatisch-rhetorischen Tradition verborgen blieb, virulent geworden.

Die andere Seite, das analytisch strikte Interpretieren des künstlerischen Textes, hat ihre Domäne in den Geistes- und Kulturwissenschaften bis heute erhalten. Kognitiv-analytische Methoden wurden im Deutschunterricht nach 1945 unter Anregungen insbesondere der werkimmanenten Interpretation entwickelt, sind bis heute mit einigen Verfeinerungen in Gebrauch und werden im Einführungsbereich auch in Seminaren angewandt. Sie bilden das grundständige Instrumentarium: Gattungsmerkmale und Poetiken, rhetorische Mittel, Erzählperspektivik, Erzählräume, Zeitverhältnisse und Figurencharakteristika oder Dramenereignisse werden dort ebenso analysiert wie grammatische Konstruktionen. Nach den ersten PISA-Diagnosen sind in Deutschland verfeinerte Instrumentarien entwickelt worden, die zunächst einmal die Lesekompetenz stärken sollen. Allerdings wird dies im Hochschulunterricht nur einen Randaspekt darstellen, insofern die Beherrschung von Lesestrategien vorausgesetzt wird – wenn auch hier nicht immer zufriedenstellend angewandt und teilweise noch zu vertiefen. Einschlägige Techniken sind im Prinzip Verfeinerungen und Aktualisierungen der grammatisch-rhetorischen Interpretation der Hermeneutik, sie betreffen die Texterschließung auf niedrigem bis mittlerem Niveau.

Dazu zählen mehrschrittige Lesemethoden, die in Stufen- und dann Zirkelfolge Schlüsselbegriffe oder Beobachtungsaufgaben verfolgen, auch das sog. ‚textnahe Lesen' (Paefgen 1998) und die ‚verzögerte Lektüre' (Frommer 1981), die mit Methoden des Abschreibens oder des Texteinfügens sowie des Anbringens von Vor- und Rückverweisen am Seitenrand bzw. Markierungen und Textkommentaren arbeiten, um durch diese Abbremsbewegungen ein Gegengewicht gegen das alltagsübliche, rasche Überlesen oder gegen jene automatisierten Leseflüsse zu arbeiten. Dagegen soll sich die Schreibhand im historisch oder kulturell fernen Text einrichten und seine semantische Bewegung auch motorisch nachvollziehen. Lesestrategien beziehen sich vor allem auf intratextuelle Verhältnisse der Entfaltung von Strukturen, Motiven und Argumenten, die in gestufter Anordnung analysiert werden sollen (Willenberg 2007). Zunächst wird empfohlen, Vorwissen zu aktivieren und mit Hinweisen auf Autor, Texttitel, Gattung oder Epoche eine erste Orientierung zu ermöglichen und vorhandenes Wissen zu öffnen bzw. anzuwärmen. Aus den mit Bedeutung aufgeladenen Wörtern werden innerhalb eines Absatzes Imaginationen aufgebaut, aber auch Inferenzen, also erste eingeschobene Schlussfolgerungen gebildet. Insofern werden hier semantische Komplexe (Schemata) des Vorwissens erarbeitet, die auf Leserseite ein erstes mentales Modell (eine innere Landkarte) der Anknüpfungspunkte zum Text anbahnen. Über die Absätze ausgreifend werden diese wiederum durch weitere Inferenzen verknüpft, aber auch vorhandene werden im Lesefortlauf bestätigt oder im Rückgang mit vorherigen Abschnitten abgeglichen und ggf. revidiert, dies auch durch Verbindung mit externem (z.B. historischem oder gattungsmäßigem) Wissen. In

einem zweiten Lektüredurchgang sollen Synthesen aus den Einzelfokussie-
rungen der Abschnittlektüren gebildet, aber auch Vergleiche mit anderen Texten gesucht werden, um die Lese- durch eine allgemeinere intertextuelle
Kompetenz des Motiv- und Strukturvergleichs zu ergänzen. Dort setzen wiederum kontextuierende bzw. kontrastive Methoden an, die das Einzelwerk
transzendieren – der Erwerb der Lesekompetenz im ‚close reading‘ und das
Suchen von Verbindungen ist nur eine Vorstufe zur literarischen Kompetenz,
die ihrerseits Teil des kulturellen Wissens und Urteilsvermögens ist. Dieses
wiederum geschieht nicht nur durch Anlagerung von Intertexten, sondern
Einbezug von Bildern, themenverwandten fiktionalen Texten, aber auch Sach-
texten.

In Erweiterung dieser seit langem gängigen und in den letzten Jahren ak-
tualisierten Interpretationspraxis, aber auch durch Ausarbeitung von rezeptionsästhetischen Ansätzen sowie des Begriffs der ästhetischen Erfahrung
(Iser 1972) ist unterdessen in der Deutschdidaktik eine breite Palette von Methoden entwickelt worden, die das Rezipieren eines Textes, Bildes oder Stückes zu einem aktiven, kritischen und kreativen Vorgang machen wollen. Diese Orientierung und ihre Verknüpfung mit Interpretationstätigkeiten ist längst
in schulpraktischen Versuchen erprobt und z.B. von Müller-Michaels (1977,
1987) als Konzept vorgestellt worden; aus den Lehrplänen und Richtlinien –
mit variierender Gewichtung allerdings je nach Bundesland – ist sie nicht
mehr wegzudenken. Die produktive Rezeption bzw. das kreative Handeln mit
Texten soll im Wechselspiel mit analytischen Methoden eingesetzt werden,
um dadurch mehrere Effekte zu erzielen: einen besseren Zugang zu Texten zu
ermöglichen, sie erschließbar zu machen und sie sowohl analytisch wie auch
als ästhetische Erfahrung zur Geltung zu bringen, ferner einen besseren Ge-
dächtniszugang zu den behandelten Inhalten zu ermöglichen.

Vor allem den Verstehensvorgang betreffend hat Müller-Michaels (1991)
das Modell einer konstruktiven Hermeneutik formuliert, das prinzipiell als
Dreischritt einer intra- und interkulturellen Kommunikation gedacht ist. Auf
die einleitende Phase der subjektiven Wahrnehmung, die durch das Äußern
von ersten Eindrücken, Assoziationen oder einen Teil der Schreibübungen
geprägt sein kann, folgt eine zweite Phase der analytischen Auslegung, die
auf das Anwenden von Interpretationsinstrumentarien sowie auf das Beobachten von systematischen und historischen Sachverhalten gestützt ist, aber wiederum auch kreative Aufgaben enthalten kann, die ein vertieftes Verstehen
ermöglichen – z.B. durch Schreibanregungen wie das Erfinden aktualisieren-
der Textschlüsse. Die dritte Phase ist als Anwendung des Textes auf die Gegenwart gedacht, was wiederum in unterschiedlichen Formen der Applikation
geschehen kann – vor allem aber durch analytischen und vergleichenden
Transfer des eigenen Horizontes mit jenen Erweiterungen, die die ‚produktive
Lektüre‘ mit sich bringt, und sodann durch Diskussionsabgleich – was nicht

notwendig Konsensbildung bedeutet – dessen, was einzelne Leser am Text geleistet und hervorgebracht haben. In dieser Perspektive wird der hermeneutische Zirkel bzw. dessen geschlossene Figur umgedeutet zur ‚hermeneutischen Spirale', in der die subjektiven Textäußerungen mit dem Fremdhorizont in einer stets weiter tragenden Reflexionsrunde auf eine neue Ebene gehoben werden. Dies kann in Formen der Debatte oder auch des freien literarischen Gesprächs geschehen, das als Austausch von Eindrücken, Interpretationen und Kontextwissen im Sinne der Kommunikation unter ‚Experten' mit flacher Hierarchie und offenem Ausgang konzipiert ist.

Die motivationalen und interpretatorischen sowie die Kommunikation verbessernden Implikationen dieser konstruktiven Hermeneutik sind inzwischen lese-, lern- und neuropsychologisch verifiziert worden (Mandl/Friedrich/Hron 1994; Willenberg 1999), dies auch mit der mnemotechnischen Erkenntnis, dass das Handeln mit Texten die Erinnerung an die Inhalte entscheidend verbessert. So wichtig aber diese Konzepte in der Schuldidaktik sind, spielen sie doch in hochschuldidaktischen Diskussionen, die sich eher auf mediale Umsetzungen beziehen, nur eine marginale Rolle. Daran hat auch die Konjunktur des (radikalen) Konstruktivismus in den 1990er Jahren nichts geändert, der aufgrund ganz ähnlicher neurobiologischer Beobachtungen die menschliche Wahrnehmung als in sich geschlossenes, autopoetisches System definiert, das äußere Reize mit internen Mechanismen verarbeitet – um daraus für die Sehwahrnehmung und in der Folge für die Lesetätigkeit zu folgern, dass es sich keinesfalls um Informationsübertragung handelt, sondern jeder Wahrnehmende unter seinen eigenen Systembedingungen Bedeutung bzw. Interpretationen konstruiert (Schmidt 1989; Scheffer 1992).

Methoden: Beispielauswahl

Im Folgenden werden Verfahren skizziert, die zwischen Schul- und Hochschulunterricht anzusiedeln sind, um von hier aus Anregungen für eine weiterführende Didaktik zu gewinnen. Und ohne nun den Schulunterricht mit Hochschullehre zu identifizieren – zu unterschiedlich sind die Alters- und Wissensniveaus wie auch die Lernmotivationen –, ist doch eine Verbindung kreativer bzw. handlungsorientierter mit kognitiv-analytischen Verfahren auch in literatur-, kunst- und theaterwissenschaftlichen Seminaren sinnvoll. Begründen lässt sich dies mit dem offenkundigen Umstand, dass die reine Analyse als Methode zumindest in ästhetischen Fächern unbefriedigend bleibt, da deren Gegenstände eben nicht in dekodierbaren Inhalten erschöpft sind, sondern gesehen, gehört oder ausgehandelt sein wollen, um damit die ästhetische Erfahrung der Kulturen interpretatorisch zu erschließen und übergreifend zugänglich zu machen.

Die Frage danach, wie am besten zu lehren sei, ist nicht abzukoppeln von der didaktischen Begründung der jeweils behandelten Inhalte. Zwar gibt es ‚Methodenkoffer', doch können diese keine Passepartouts liefern; vielmehr sind sie bereichs- und situationsspezifisch einzusetzen, abhängig auch vom Sozialverband der Klasse, der Gruppe oder des Seminars. Vorausgesetzt werden im Folgenden Seminarsituationen mit Bildern, Theatersituationen und übersetzten, aber auch fremdsprachigen Texten, die in interkulturellen Lernsituationen eine Rolle spielen können. Unter dieser Bedingung sind die folgenden Beispiele zu lesen bzw. vor jedem Transfer auf Gegenstände zu prüfen. Auch wenn aus den Kunstgattungen je spezifische Verfahren hervorgegangen sind, erhalten sie gerade ihren Reiz durch Querkombination.

Die Produktionsorientierung erweitert diese analytischen Verfahren und bezeichnet allgemein das Reagieren mit Texten auf Texte (oder Bilder). Dies kann einfachere Operationen betreffen wie etwa das Komplettieren von Lückentexten oder das Zusammensetzen von Textteilen: So kann man Studierenden ohne Kenntnis eines Gedichttextes dessen auseinander geschnittene Zeilen vorlegen und sie zusammensetzen lassen. Weiterhin ist zu denken an das Einfügen eigener Sätze oder das Abändern z.B. eines im Dramentext gesprochenen Satzes. Die Anforderungen sind zu steigern, wenn Vorschläge für ausgelassene Passagen verfasst werden oder in weiteren Schreibübungen auf die Texte geantwortet wird: Etwa beim Erfinden alternativer Texteinstiege und Textschlüsse, oder dadurch, dass man einen Brief an eine literarische Figur verfasst, Fragen an den Autor formuliert bzw. ein fiktives Interview verfasst oder eine Zeitungsrezension zum Text schreibt.

Solche Übungen, die über den Text hinausgehen, ließen sich in zahlreichen Varianten nennen, wichtig ist das Prinzip: Durch eigene, mehr oder weniger weit gehende Textproduktion sich in den Text einzuschreiben, eine Spur zu hinterlassen und sich dadurch den fremden Horizont anzueignen. Dass dies nicht bruchlos geschehen kann, wird das anschließende Gespräch über das jeweils Geschriebene zeigen: Die empirisch seit Mitte der 1970er Jahre erforschten und von Leser zu Leser unterschiedlich ausfallenden Varianten (Eggert/Berg/Rutschky 1975; Groeben 1977; Müller-Michaels 1987) machen offenkundig, dass eine dominante Sinnrealisation nur schwer zu halten, vielmehr im Nachgespräch zu diskutieren bzw. zu plausibilisieren ist.

Die Handlungsorientierung geht über die bloße Textreaktion hinaus und umfasst auch theatrale oder mediale Elemente. Wenn sich im Vergleich zu den Schulaktivitäten die akademische Theaterwissenschaft weitestgehend in Handlungsabstinenz geübt und auf analytische Tätigkeiten oder Theaterbesuche beschränkt hat, können hier schulische oder theaterpädagogische Beispiele, die allemal für die Erwachsenenbildung taugen, als vorbildlich gelten. Eine Theaterpädagogik, die sich nicht nur über Arbeitsformen und deren Nutzen äußert, sondern auch interkulturell wirksam werden kann, müsste zur spezielleren Anwendung in der Universitätslehre ebenfalls noch formuliert werden. Zahlreiche Anregungen lassen sich der jüngeren Theatergeschichte entnehmen, wobei besonders an Bertolt Brecht und Heiner Müller zu denken ist, mithin an das weite Formenrepertoire des postdramatischen Theaters, das Lehmann (1999) zusammengefasst hat. Die große Untergruppe der Verfahren des szenischen Interpretierens (mit maßgeblichen Anregungen und Begründungen Scheller 1996) hat sich in den letzten dreißig Jahren aus Perspektiven der Theaterpädagogik und der aus ihr abgeleiteten Dramendidaktik (zusammenfassend Bogdal/Kammler 2002) herauskristallisiert. Jenseits der traditionellen Behandlung von Drama als Text – die missachtet, dass Dramentexte meistens für die Aufführung konzipiert sind, wo sie eigene Semantiken entfalten – lassen sich daraus eine Reihe von interessanten Praxisübungen ableiten, die im Sinne der interkulturellen Kommunikation anwendbar wären.

An Beispielmethoden zu Heiner Müllers *Hamletmaschine* (1977), die in literatur- und kulturwissenschaftlichen Seminaren sowie im Daf/DaZ-Studiengang anwendbar sind, sollen einige Möglichkeiten entfaltet werden, um die Bandbreite des szenischen Interpretierens anzudeuten. Dass der fünfteilige kurze Text sich mit der Deutschlandproblematik, mit verschütteten Utopien von sozialistischer und zugleich kapitalistischer Seite sowie mit der Gewalt der Geschichte gegen das Individuum befasst und insofern interkontinentalen Geltungsbereich beanspruchen kann, ist bekannt und thematisch im Seminar herauszuarbeiten. Neben der immanenten und der Kontextinterpretation, die sich auf Textstrategien, Figuren oder intertextuelle Anspielungen (auch weit jenseits der Shakespeare-Vorlage) hinaus bezieht, stellt sich hier umso dringender die Frage, wie der oft als schwierig oder gar hermetisch bezeichnete Text zu behandeln wäre. Müller hat dazu einen geradezu tröstlichen Hinweis gegeben: Auf Japanisch habe er das Stück am liebsten gesehen, weil das Nichtbeherrschen der Sprache die Versuchung der vorschnellen Semantisierung abgeblockt, zugleich aber sinnliche Potenziale freigelegt habe. Insofern müsste es um eine Interpretation in zweiter Linie gehen, der ein Handeln mit dem Text vorangeht, um Verstehen überhaupt erst zu ermöglichen.

Ausgangspunkt soll das Erstellen von Rollenbiografien sein, die mit Bezug auf die Hamlet- und die Opheliafigur im freien Schreiben ohne Stilbindung verfasst werden – ein Verfahren, das nicht nur in der Phalanx der kreativen Schreibverfahren zu sehen ist, sondern hier vor allem gedacht ist, um eine Perspektivübernahme in die komplexe Figurencharakteristik zu ermöglichen. Des Weiteren bietet sich eine stimmliche Umsetzung in szenischer Lesung an. Dieses Lautleseverfahren erlöst nicht nur aus der Eintönigkeit des reinen ocularen Ablesens, sondern kann in mehreren Varianten und unterschiedlichen Sprecherrollen erprobt werden, wobei Sprechtempo, Stimmführung und Artikulation, Pauseneinsatz oder das Überdehnen und Übertreiben von Lauten variiert werden können. Hier können Varianten der Sprechproduktion genutzt werden wie etwa das Echosprechen, das zeitlich knapp versetzte Vortragen eines Textes durch zwei oder mehrere Sprecher, womit sich interessante Verfremdungseffekte erzielen lassen. Dies lässt sich ebenso mit synchronem Halblautsprechen oder Gruppensprechen erreichen, wobei eine bestimmte Passage im beliebigen Durcheinander zum Stimmengewirr erweitert werden kann (angelehnt an Verfahren des Regietheaters zum Beispiel bei Jürgen Kruse oder Dimiter Gottscheff). Das Verfahren lässt sich wiederum in der Stimmenskulptur variieren, wobei verschiedene Rollenspieler im Raum positioniert werden und einen bestimmten Satz sprechen, dessen Varianten von einem Spielleiter in gewählter Reihenfolge abgerufen werden.

Dient im Seminaralltag das bloße Ablesen der Redeanteile oft nur als Belegwesen von Interpretationen, kann alles, was darüber hinausgeht, die ästhetische Praxis als Sinneslehre enorm bereichern und letztlich auch durch das Spiel mit fremden oder fremdsprachigen Lauten einen erheblichen Motivationsfaktor darstellen. Die geschaffenen Lautbilder erweitern darüber die eigenen Artikulationsmöglichkeiten; nicht nur wird der papierne Text lebendig, sondern schaffen die Mittel (Stimme, aber auch Gestik oder Mimik in analogen Beispielen) eine eigene Ausdruckswelt. Im zweiten Schritt kann dadurch der Zugang zum Text vertieft werden – jede Intonation schafft im Vollzug eine eigene Interpretationsperspektive.

Bewährt hat sich bei solchen Verfahren, einen Stimmbildner einzusetzen, der von außen eingreift und dirigiert, um die Stimme der Sprecher zu modellieren bzw. zu lenken, um damit dem jeweils Sprechenden Rollenschutz zu gewähren. Dasselbe gilt für die Verfahren des Standbilds und der Pantomime. Das Standbild wird von zwei bis vier (theoretisch auch mehr) Personen gebildet, deren Körperhaltung und -extremitäten von einem Standbildbauer geformt werden, also in einem mechanisierten Verfahren ohne subjektive Gefühlszutat des Darstellenden zu einer Skulptur dirigiert und in dieser Haltung eingefroren werden. Damit lassen sich Hierarchien unter den Figuren ausdrücken, Beweggründe von Handlungen pointieren oder Charakteristika darstellen, aber auch abstrakte Begriffe und Situationen zu einer Statue abstrahieren (Statuentheater nach Augusto Boal). Für die *Hamletmaschine* käme hier besonders die Szene 4 in Betracht, bei der die gespaltene Hamletfigur (Ich – Selbst, Subjekt – Objekt, Revolutionär – Polizist) in Partnerarbeit dargestellt werden kann.

Ähnliches gilt für die Pantomime, die allerdings ein anspruchsvolleres Verfahren ist, weil sie den subjektiven Anteil in sprachlosen Bewegungsbildern der nachgespielten Figur (oder Figuren) deutlicher braucht und nicht in dem Maße automatisierbar ist wie das Standbild. Darüber hinaus geht noch das szenische Spiel, das eine Partner- oder mehrfigurige Darstellung mit pantomimischen, aber auch stimmlichen oder Sprecheinsätzen umfasst – vielleicht einen Kampf in Zeitlupe zwischen Hamlet und seinem Vater, eine

Übung, mit der man in Szene 1 das neue Rollenverständnis des Müllerschen Hamlet erschließen kann.

Neben den grundsätzlichen praktischen Erfordernissen einer gewissen Übung haben diese Verfahren den unstreitigen Vorteil, dass das gestische Register bzw. die Motorik der Darstellenden eng mit dem Inhalt verknüpft ist und auch hier die aktive Beteiligung Verstehensprozesse und mnemotechnische Effekte begünstigt, dies zumal dann, wenn einzelne Seminarteilnehmer Artikulationsdefizite (auch bei manchen Studierenden beobachtbar) durch gestisch-motorische Arbeit ausgleichen und dadurch zur Diskussion beitragen. Anwendbar sind all diese szenischen Verfahren im Prinzip auch für andere Literaturgattungen – naheliegenderweise für die Ballade, aber ebenso für Prosatexte, insofern sie sich in Sprachflächen aufteilen lassen, die von Sprechern übernommen und zu einer Szene ausgestaltet werden können.

Eine Hörspielproduktion kann sich mit den entsprechenden dramaturgischen Fragen beschäftigen (als Vorlage bietet sich eine Einspielung der *Hamletmaschinen*-Produktion an, die Müller mit den ‚Einstürzenden Neubauten‘ erarbeitet hat). Entscheidungen müssen darüber gefällt werden, ob eine reine Erzählung mit einem Sprecher konzipiert oder der Text auf Sprecherrollen verteilt werden soll (z.B. als dramatischer Dialog mit nur knappen erzählten Regieanweisungen). Die so erstellte Produktionsvorlage wird umgesetzt, einzelne Sprecher erproben bzw. intonieren einen Satz, akustische Zugaben oder Geräusche, Musik, Töne, Laute (menschlich, instrumentell, maschinell erzeugt) können hinzugemischt und müssen gedanklich erwogen oder ausprobiert werden. Von der wiederholten Aufnahme und kritischen Bewertung bis zur Aufführung sind weitere Schritte denkbar; Überlegungen können sich dabei auch auf die Plakatgestaltung, Presseannoncierung und Organisation der Aufführung in der Aula beziehen oder die Covergestaltung der möglichen CD (nebst booklet, Text und Bildern). Aber auch anspruchslosere Formen von Tonaufnahmen sind denkbar und leicht umsetzbar: Erprobt ist ebenso das Aufnehmen von Dramentextzeilen, die von angesprochenen Passanten spontan gesprochen und von den Studierenden digital mittlerweile sehr einfach aufgenommen werden können – es ergibt sich ein V-Effekt, den Heiner Goebbels verfeinert in der Tonproduktion zu Müllers *Verkommenes Ufer* genutzt hat.

Einen Kurzfilm aus einem Prosatext, einer Dramenszene oder einem Bild zu gestalten ist technisch mittlerweile relativ leicht zu bewältigen. Die erforderlichen dramaturgischen Vorüberlegungen ermöglichen aber bereits eine Verstehensannäherung: Vom Verfassen eines Storyboards oder Drehbuchs, der Auswahl der Charaktere und Klärung ihrer Position in der Kurzgeschichte oder Szene über die Suche nach einem geeigneten Drehort, über die Rollenverteilung und das improvisierte Spiel (vielleicht als szenische Stückskizze) reichen zunächst die Tätigkeiten, dann sind Szenen ggf. aus mehreren Perspektiven aufzunehmen und ist das Produkt digital zu schneiden, gemeinsam anzuschauen und zu verbessern. Ferner ist die Wahl der Kameraausschnitte und der Lichtgebung zu beraten, die Bewegung der Kamera und die Zoomeinstellungen zu diskutieren, können Szenen mit Verbesserungen erneut gedreht oder etwa wechselnde Perspektiven gegeneinander verschnitten werden. Mit all diesen Tätigkeiten ist mühelos ein ganzer Kurs zu beschäftigen, wobei nicht die Ambition auf ein chef d'œuvre durchgefochten werden muss – allein die Arbeitsprozesse veranlassen bereits dazu, sich mit der vorliegenden Literatur zu beschäftigen und sie neu zu formen.

Solche Kunstmedien sind nicht primär aus Modegründen zu aktivieren, sondern dann, wenn sie zur Realisation des Kunstwerks beitragen. Eine Szene der *Hamletmaschine* zu verfilmen etwa hat sich als wenig gewinnbringend erwiesen, weil ihre Spezifik des Spontanen, der körperlichen Präsenz und der stimmlichen Performanz damit getilgt wurden. Der Mediengebrauch muss auch hier der rhetorisch-pragmatischen Kategorie der Angemessenheit genügen und soll dazu dienen, die ästhetische Praxis zu vertiefen, nicht etwa dazu, dass die Studierenden nur ihre Mediengewohnheiten wiederholen. Medien sind (entgegen einer landläufigen Annahme) selbst noch keine Methoden, sie werden dies erst durch ihre vielfältigen Nutzungsweisen, von denen hier nur drei prominente Verfahren kurz aufgeführt seien. Über digitale Textproduktion mit dem Hypermedium Computer gibt es seit der integrierten Mediendidaktik Mitte der 1990er Jahre, die av- und digitale Medien im Verbund behandelt (Wermke 1997), eine große Zahl von Einzelprojekten, die sich mit den unterschiedlichen Möglichkeiten der digitalen Textbearbeitung beschäftigen. So lassen sich digital vorliegende Texte zu einem Hypertext verlinken, weitergehend auch zu einem elektronischen Gesamtkunstwerk fügen, das Klänge und Bilder abrufbar verbindet (Abraham/Kepser 2006: bes. 158-175). Auch wenn das digitale Produkt trotz seines Versprechens einer weltweiten Öffentlichkeit ein Privatissimum bleiben mag, führt allein die Produktion im Seminar zur gewünschten Kommunikation. Die *Hamletmaschine* bietet hierfür eine Ermöglichungsstruktur – aufgrund ihrer Leerstellen wie auch ihrer Vieldeutigkeit wird sie stets neue Fassungen hervorbringen. Die Vorstellung eines theater- und gesellschaftsweiten Gesamtkunstwerks (Müller 1990: 44) muss dabei nicht notwendig eingelöst werden; vielmehr ist jede einzelne Methode geeignet, einen Textzugang herzustellen.

In einem weiteren Schritt sind Umgangsformen mit gemalten Artefakten vorzustellen, die ebenfalls zwischen analytischen und Handlungszugängen gelagert sind. Dass Bilder weite Teile des Kulturlebens erobern, haben die Diagnostiker des *pictorial turn* ausgemacht (Mitchell 1992; Maar/Burda 2004) und dabei betont, dass ikonische Formen ihrem Inhalt nicht äußerlich bleiben, sondern qualitativ mindestens ebenso folgenreich Erkenntnis prägen wie die Wörter – was auch in den Wissenschaften gilt, wo die Darstellung selbst schon Teil von Erkenntnis ist. Angewandte Bildwissenschaften (Belting 2001; Boehm/Bredekamp 2009) haben insofern ihre Berechtigung nicht nur als Anhangsdisziplin, etwa in Assistenz zu den Literaturwissenschaften, sondern sind längst ein eigenständiger Bereich, der wichtige diskursanalytische, kritische und emanzipatorische Aufgaben leistet und am Aufbau einer ‚visuellen Kompetenz' mitwirkt. Damit erst wurde das Potenzial der ikonografischen Schule auf synchrone Felder erweitert, während ihr Begründer Erwin Panofsky mit der ikonografischen Analyse Motive und Figuren im Zusammenhang auch literarischer Texte deutete und in der ikonologischen Interpretation diese Bildelemente als Ausdrucksformen des menschlichen Geistes in kulturellen Symbolen unter bestimmten historischen Bedingungen zeigte (Panofsky 1939/1996).

In der rezeptionsästhetischen Erweiterung dieses Ansatzes wurde zwar viel über die konstitutive Vieldeutigkeit der Bilder geschrieben, um diese als Rezeptionsgröße zwischen semiotischen Bildbedingungen und Betrachter auszuloten und das je ‚neue Sehen' an Bildern zu erproben (z.B. Imdahl 1986). So entwarf Wolfgang Kemp (1985) analog zu Isers implizitem Leser den Betrachter im Bild, jedoch keinen phänomenologisch freigesetzten, sondern einen von den Bildstrukturen geforderten Rezipienten. Offen blieb aber bis heute, wie solche Vorgänge jenseits eines analytischen Vorgehens zu kommunizieren wären. So reichhaltig die Anregungen der Kunstpädagogik im Blick auf ästhetisches Erleben und aktive Kunstpartizipation sind (vgl. Peters 2001; Kirschenmann/Schulz/Sowa 2006), so zurückhaltend sind die Perspektiven noch für die Hochschule (geplant ist für 2011 eine Ausgabe der Zeitschrift *Kunst + Unterricht* zum Thema der interkulturellen Kommunikation). Neben der bildimmanenten Analytik mit Fragestellungen zu Komposition, Farbigkeit, Proportionenlehre, Figurenbedeutungen und Ikonografie, die noch heute zum Grundinventar des Kunstgeschichtsstudiums gehören, wird auch hier an einer Verbindung von reflektierenden, analytischen bzw. diskursiven Kunstbetrachtungen mit handlungsorientierter Aneignung von Bildern gearbeitet, was sich bei Kirchner/Kirschenmann (2004) vorbereitet findet, deren Aufsatzband einige Vorschläge für die aktive Auseinandersetzung enthält. Dasselbe gilt für die traditionsreiche Gattung der Bildbeschreibung (Ekphrasis), die ausgehend von einer Bildvorlage (digitaler Projektion oder Originale im Museum) eine Interpretation, Erklärung, einen losen Begleitkommentar oder die Loslösung vom Bild unternehmen kann, das in der extremen Variante zum reinen Auslöser eines Schreibprozesses werden kann. Auch hier lässt sich aber mit vielen Zwischenstufen eine Abstimmung ins Auge fassen, die das Bild als ikonische Verdichtung oder Grammatik von kulturellen Sinnhorizonten begreifen kann, denen sich der Betrachter über die Schreibhand nähert. Dass ein solches Verfahren der doppelten Codierung des Wissens durch Bild-Text-Kopplung auch mnemotechnisch äußerst günstige Wirkungen hat, insofern das Wissen im zweifachen Register abrufbar ist, hat zum Beispiel Paivio (1979) experimentell fundiert. Auch wenn fraglich sein mag, ob der Wissensabruf immer durch einen Priming-Effekt des Bildes funktioniert wie gewünscht, ist mittlerweile kaum mehr bestritten, dass gerade die Kombination von Wort und Bild eine günstige Speicherkombination darstellt.

Dass damit das kulturelle Wissen aus dem bloß papiernen oder elektronischen Dasein befreit wird, entspricht neueren Tendenzen der Museumspädagogik, die zunehmend von der Information (vermittelt über Tonträger und Headsets) auf Interaktivität durch verschiedene Bildproduktionen umstellt. Dies kann bedeuten, dass Kunstbetrachter kleinere Entwürfe von Parallelkunstwerken gestalten, Skizzen anfertigen oder einen Bildausschnitt gestalterisch variieren können. Auf diesem Weg kann man zu einem Bild-Bild-Vergleich gelangen, der durch die handelnde Bezugnahme Einsichten an der Bildvorlage vertieft. Möglich ist auch, eine Bildvorlage in die theatrale Ebene zu übersetzen – dies etwa dadurch, dass man ein Bild in ein Bühnenbild umskizzieren und von Bildbetrachtern multimediale Schattenfiguren darstellen sowie eine Szene entwerfen und spielen lässt (Kirchner/Kirschenmann 2004). Umgekehrt lassen sich etwa zum *Hamletmaschinen*-Text Bühnenbildentwürfe oder wenigstens Skizzen anfertigen, die eine Annäherung an den Text ermöglichen.

Aus dem bildkünstlerischen Zusammenhang entlehnt ist eine Arbeitsaufgabe, die mittlerweile im Deutschunterricht beliebt geworden ist: Ausstellungsprojekte können im anspruchsloseren Galeriegang gezeigt werden mit wenigen Exponaten (z.B. Plakaten, Collagen, Montagen), welche von ihren Urhebern ‚live‘ erklärt werden, oder in größeren Ausstellungen, die im öffentlichen Raum mit oft detaillierter Beschaffung von Realien und Objekten sowie durch Abfassung von Begleittexten oder gar Katalogen ein interkulturelles Thema erschließen können.

Fazit

Lernen durch Literatur oder andere Künste ist ein umwegiger, nicht in allen Teilen planbarer Vorgang, der mit einer Trichterpädagogik des vermeintlichen ‚Beibringens‘ auf Seiten des Lehrenden ebenso wenig zu tun hat wie mit jener ‚Wut des Verstehens‘, die ein Rezipient aufbieten mag, um sich das Fremde anzueignen. Dass vielmehr jede Interpretation das komplizierte Resultat eines spiralförmigen Interpretationsvorganges und insofern ein Konstrukt ist, wird seit einigen Jahren und in den Fachdisziplinen zunehmend realisiert in der Ergänzung von analytischen Verfahren durch Handlungsorientierung. Daraus ist wiederum die Pointe zu gewinnen, dass eine kreative Aneignung, die mit der kognitiven einhergeht, nicht nur den stärksten Motivationsschub des literarischen Lesens darstellt, sondern auch einen vertieften, durch andere Register erweiterten Verstehenszugang bedeutet, wobei obendrein die mnemotechnischen Effekte messbar höher sind als beim rein analytischen Lesen. Kulturvermittlung durch Texte ist vor allem Sympraxis, nicht bloß das Herauslösen von Bedeutung als Kern aus einem Kunstwerk, das nur semantisch zu dekodieren wäre. Im konstruierenden Nachvollzug werden andere Denkweisen spielerisch kennengelernt und als Möglichkeitsform in die Schwebe gebracht – ein Hineinversetzen in fremde Perspektiven wird ermöglicht, das in Anerkennung von Differenz die eigene Sinneswahrnehmung bereichert und die Vorstellungskraft aktiviert.

Wenngleich hier die Umsetzung der *Hamletmaschine* im Vordergrund stand, lassen sich die Methoden auf andere, auch nichttheatrale Texte übertragen. An die produktiven Herangehensweisen sollen jeweils einzelne Interpretationsansichten geknüpft werden, die wiederum durch Anhaltspunkte und Belege im Text Plausibilität bekommen bzw. sich in der Auseinandersetzung mit anderen Interpretationen behaupten. In dieser Zusammenarbeit können Interpretationen dann darauf angelegt sein, Fragen zu formulieren, Lücken aufzutun, neue Denkräume anlässlich desselben Gegenstandes zu eröffnen und einer Vielzahl von Perspektiven Raum zu geben. Darin liegt der Schritt von der Lese- und Verstehenskompetenz zur literarischen Kommunikation (Abraham 2008) und dann zur interkulturellen Kompetenz: Fremdkulturelle Artikulationsformen zu erschließen und nicht nur substanzielles, sondern auch prozedurales Wissen zur Entdeckung neuer Inhalte auf möglichst vielseitigen Wegen zu erwerben. Diese können in der interkulturellen Kommunikation die Fremderfahrung anbahnen, ohne dass man die Denkpotenziale direkt im Alltag realisieren müsste, was die Stärke des ästhetisch-intermediären Raums ist: Wissenserweiterung ist auch Sinneserweiterung, die durch Aisthesis und Praxis entsteht.

Literatur

Abraham, Ulf (2008): „Lesekompetenz, literarische Kompetenz, poetische Kompetenz. Fachdidaktische Aufgaben in einer Medienkultur". In: Heidi Rösch (Hg.), Kompetenzen im Deutschunterricht, Frankfurt/M.: Peter Lang, S. 13-26.

Abraham, Ulf/Kepser, Matthis (2006): Literaturdidaktik Deutsch. Eine Einführung, Berlin: Erich Schmidt.

Belting, Hans (2001): Bild-Anthropologie. Entwürfe für eine Bildwissenschaft, München: Wilhelm Fink.

Boehm, Gottfried/Bredekamp, Horst (Hg.) (2009): Ikonologie der Gegenwart, München: Wilhelm Fink.

Bogdal, Klaus-Michael/Kammler, Clemens (2002): „Dramendidaktik". In: Klaus-Michael Bogdal/Hermann Korte (Hg.), Grundzüge der Literaturdidaktik, München: dtv, S. 177-189.

Cassirer, Ernst (1923-1929): Philosophie der symbolischen Formen. 10. Aufl., Darmstadt: Wissenschaftliche Buchgesellschaft.

Cassirer, Ernst (1942): Zur Logik der Kulturwissenschaften. 5 Studien. 6. Aufl., Darmstadt: Wissenschaftliche Buchgesellschaft.

Eggert, Hartmut/Berg, Hans/Rutschky, Michael (1975): Schüler im Literaturunterricht. Ein Erfahrungsbericht, Köln: Kiepenheuer & Witsch.

Frommer, Harald (1981): „Verzögertes Lesen". Der Deutschunterricht 33 (2), S. 10-27.

Gadamer, Hans Georg (1960): Wahrheit und Methode. Grundzüge einer philosophischen Hermeneutik. 4. Aufl., Tübingen: Mohr.

Groeben, Norbert (1977): Literaturpsychologie. Rezeptionsforschung als empirische Literaturwissenschaft. Paradigma – durch Methodendiskussion an Untersuchungsbeispielen, Kronberg/Ts.: Athenäum.

Imdahl, Max (Hg.) (1986): Wie eindeutig ist ein Kunstwerk?, Köln: DuMont.

Iser, Wolfgang (1972): Der implizite Leser. Kommunikationsformen des englischen Romans von Bunyan bis Beckett, München: Wilhelm Fink.

Jakobson, Roman (1993): Poetik. Ausgewählte Aufsätze 1919-1982, hg. von Elmar Holenstein/Tarcisius Schelbert, Frankfurt/M.: Suhrkamp.

Kemp, Wolfgang (Hg.) (1985): Der Betrachter ist im Bild. Kunstwissenschaft und Rezeptionsästhetik, Köln: DuMont.

Kirchner, Constanze/Kirschenmann, Johannes (Hg.) (2004): Mit Kunst zur Kunst: Beispiele ästhetischer Praxis zur handlungsorientierten Kunstrezeption, Donauwörth: Auer.

Kirschenmann, Johannes/Schulz, Frank/Sowa, Hubert (Hg.) (2006): Kunstpädagogik im Projekt der allgemeinen Bildung, München: KoPaed.

Lehmann, Hans-Thies (1999): Postdramatisches Theater. Frankfurt/M.: Verlag der Autoren.

Luhmann, Niklas (1997): Die Gesellschaft der Gesellschaft, Frankfurt/M.: Suhrkamp.

Maar, Christa/Burda, Hubert (Hg.) (2004): Iconic turn. Die neue Macht der Bilder, Köln: DuMont.

Mandl, Heinz/Friedrich, Helmut Felix/Hron, Aemilian (1994): „Psychologie des Wissenserwerbs". In: dies. (Hg.), Pädagogische Psychologie, Weinheim: Psychologie Verlags Union, S. 143–218.

Mitchell, William J.T. (1992): „The pictorial turn". Artforum, S.89-94.

Müller, Heiner (1977/2001): „Hamletmaschine". In: Frank Hörnigk (Hg.), Werke: 4, Die Stücke. 2, Frankfurt/M.: Suhrkamp, S. 545-554.

Müller, Heiner (1990): Gesammelte Irrtümer. Bd. 1-3 (1986/1990/1994), Frankfurt/M.: Verlag der Autoren.

Müller-Michaels, Harro (1977): Literatur im Alltag und Unterricht. Ansätze zu einer Rezeptionspragmatik, Kronberg/Ts.: Athenäum.

Müller-Michaels, Harro (1987): Deutschkurse. Modell und Erprobung angewandter Germanistik in der gymnasialen Oberstufe, Frankfurt/M.: Scriptor.

Müller-Michaels, Harro (1991): „Produktive Lektüre. Zum produktionsorientierten und schöpferischen Literaturunterricht". Deutschunterricht 44, S. 584-594.

Paefgen, Elisabeth (1998): „Textnahes Lesen. 6 Thesen aus didaktischer Perspektive". In: Jürgen Belgrad/Karlheinz Fingerhut (Hg.), Textnahes Lesen, Baltmannsweiler: Schneider, S. 14-23.

Paivio, Allan (1979): Imagery and verbal processes, Hillsdale/New Jersey: Lawrence Erlbaum Associates.

Panofsky, Erwin (1939/1996): „Ikonographie und Ikonologie. Eine Einführung in die Kunst der Renaissance". In: ders. (Hg.), Sinn und Deutung in der Bildenden Kunst. 2. Aufl., Köln, S. 36-67.

Peters, Hugo (2001): Bildnerische Grundlehre, Leipzig: Seemann.

Scheffer, Bernd (1992): Interpretation und *Lebensroman*. Zu einer konstruktivistischen Literaturtheorie, Frankfurt/M.: Suhrkamp.

Scheller, Ingo (1996): „Szenische Interpretation". Praxis Deutsch 136, S. 22-32.

Schmidt, Siegfried J. (Hg.) (1989): Der Diskurs des Radikalen Konstruktivismus, Frankfurt/M.: Suhrkamp.

Wermke, Jutta (1997): Integrierte Medienerziehung im Fachunterricht. Schwerpunkt Deutsch, München: KoPäd.

Willenberg, Heiner (1999): Lesen und Lernen: eine Einführung in die Neuropsychologie des Textverstehens, Heidelberg: Spektrum.

Willenberg, Heiner (2007): „Lesestufen – Die Leseprozesstheorie". In: ders. (Hg.), Kompetenzhandbuch für den Deutschunterricht, Baltmannsweiler: Schneider, S. 11-23.

Wittgenstein, Ludwig (1988): „Philosophische Untersuchungen", hg. von Gertrude E.M. Anscombe/Georg Henrik von Wright/Rush Rees. In: Werkausgabe Bd. 1, Frankfurt/M.: Suhrkamp.

4.9 Spiel- und Dokumentarfilme

MARTIN GIESELMANN

Ein Spiel- oder Dokumentarfilm ist ein kollektiv entwickeltes und durchgeführtes Projekt, das im Kontext einer bestimmten Kultur, Filmtradition und Herstellungspraxis entsteht. Dies gilt für die meisten Filmproduktionen, die sich nach wie vor einem Herkunftsland zuordnen lassen. Auch wenn in vielen Fällen die Mitwirkenden einer Produktion unterschiedlicher Herkunft sind und so ein Film entsteht, der sich nicht ohne weiteres oder gänzlich auf *einen* kulturellen Kontext reduzieren lässt, so bleibt die Kulturbezogenheit eines Films eine grundsätzliche Größe. Die Tatsache, dass die Filmgeschichte ein hohes Maß an Austausch, internationaler Kooperation und Homogenisierungsbemühungen aufweist, hat die lokale Gebundenheit des Kinos nie ganz aufheben können. Die (kunst)historische Bildforschung erkennt so im Film auch ein Mittel, kulturelle Unterscheidungen zu betonen. Sie sieht den Film als ein Medium, das besonders in der Lage ist, die Differenz im Selbstverständnis hinsichtlich der Vorstellungen von Raum, Geschichte und Weltanschauung stark zu machen (Belting 2001: 75). Kulturelle Differenz ist ebenfalls ein Kriterium bei dem Versuch, Bedingungen und Möglichkeiten einer Medienkulturwissenschaft zu skizzieren (Schmidt 1996: 803-810). Selbst für die jüngere Vergangenheit, die von einem immer rascheren Austausch u.a. auf ökonomischer und kultureller Ebene geprägt ist, gilt, dass die fortgeschrittene Globalisierung der Kultur eben nicht mit der Homogenisierung der Kultur zu verwechseln ist (Appardurai 2005: 42). Und auch wenn seit Beginn der Filmgeschichte Filme global zirkulieren, nach standardisierten Vorgaben produziert werden, und sich überraschend schnell eine dominante, die Filmkultur weltweit prägende und bis heute mit Varianten gültige Norm herausgebildet hat, so können kulturelle Elemente nach wie vor zugeschrieben werden und sind als solche weiterhin für die Mehrzahl der Filmproduktionen bestimmend. Der jeweils spezifische, kulturelle Faktor einer Filmproduktion ist bis heute nur in Ausnahmefällen durch internationale Crews, den Einsatz internationaler Stars, durch weltweiten Vertrieb oder durch technische und ästhetische

Vereinheitlichung überlagert worden. Gerade weil eine Filmproduktion – auch unter den Bedingungen einer globalisierten Filmwirtschaft – über einen spezifischen, kulturell geprägten Kontext der Herstellung verfügt, darf man davon ausgehen, dass Spiel- und Dokumentarfilme grundsätzlich ein Potential für die Vermittlung interkultureller Kompetenz aufweisen.

Obwohl ein Spiel- oder Dokumentarfilm in aller Regel über inhärente kulturelle Merkmale verfügt, so übernimmt er jedoch zunächst noch keine vermittelnde oder gar erklärende Funktion für die Besonderheiten des Kontexts, aus dem er stammt. Ein Film ist nicht als interkulturelles Lernmedium produziert. Es bedarf einiges an Erfahrung, Übung und eines gewissen Aufwands, um die relevanten Schichten seiner kulturellen Verortung freizulegen und sie dann für den Lernenden nutzbar zu machen. Film kann zum interkulturellen Lernmedium avancieren, doch damit dies gelingt, sind eine Reihe von Fragen zu beantworten. Zunächst: Welche Filme sind geeignet für die Vermittlung interkultureller Kompetenz? Wie lassen sich aus diesen die spezifischen kulturellen Eigenschaften und Elemente eines Spiel- oder Dokumentarfilms herausarbeiten? Und: Wie kann man schließlich die gewonnenen kulturellen Elemente in einem pädagogischen Kontext sinnvoll für die Vertiefung des interkulturellen Verstehens einsetzen?

Filmauswahl und Lernziele

Beim Einsatz von Filmen für das Lehren von interkultureller Kompetenz ist zunächst einmal schlicht kulturelle Kompetenz gefragt. Bei der Auswahl und vor dem Einsatz eines Films gilt es, den spezifischen Kontext seiner Produktion zu erkennen. Politische, historische, ästhetische, narrative oder produktionstechnische Kriterien spielen eine entscheidende Rolle bei der Gestaltung eines Films. Sie müssen für den Vermittlungsprozess analysiert, herausgearbeitet und präsentiert werden. Um die Analyse sinnvoll durchführen zu können, ist ein hohes Maß an Medienkompetenz notwendig. Techniken und Methoden der Filmanalyse verhelfen dazu, die Einzelphänomene präzise herauszuarbeiten.[1] Bei der Auswahl der Filme empfiehlt sich ein breiter, häufig auch die Grenzen der eigenen Vorlieben und des persönlichen Geschmacks überschreitender Ansatz. Man muss kein Liebhaber von Propagandafilmen werden, um diese in einer Veranstaltung zur Vermittlung interkultureller Kompetenz einzusetzen. Vielmehr kann man Propagandafilme sehr effektiv dazu benutzen, um historische und politische Besonderheiten einer Kultur herauszuarbeiten. Grundsätzlich liefern häufig gerade Filme, die mit vergleichsweise schlichten ‚Botschaften‘ operieren, wertvolle Hinweise auf gewünschte Film-

---

1   Zur Einführung in die Filmanalyse siehe Korte und Drexler (2004), zu zentralen Konzepten der Filmwissenschaft Hayward (1996).

rezeption oder tatsächliches kollektives Rezeptionsverhalten. Insofern ist auch nichts dagegen einzuwenden, den Kanon des akademischen Diskurses, der häufig eher auf intellektuell anspruchsvolle und künstlerisch interessante Filme verweist, ein stückweit zu verlassen. In diesem Sinne kommt populären Filmen, die sich eher seltener für den akademischen Diskurs qualifizieren, im Kontext der Vermittlung von interkultureller Kompetenz eine besondere Bedeutung zu. Während künstlerisch anspruchsvolle Werke häufig eher in einem internationalen Diskurs angesiedelt sind und so häufig gar als Mittler zwischen Kulturen in Erscheinung treten, denn als deren paradigmatischer Ausdruck, so bedienen die populären Werke vorrangig das eigene Publikum und vermitteln sich dem nicht kulturkompetenten Zuschauer nur selten.[2]

Grundsätzlich lassen sich also eine Reihe unterschiedlicher Filmsorten einsetzen, die konkrete Auswahl wird in der Praxis von den Lehr-/Lernzielen bestimmt. Geht es bei der Ausbildung interkultureller Kompetenz eher um die vertiefende Kenntnis von historischen und politischen Kontexten, dann wären Filme auszusuchen, die einzelne historische Phänomene oder Perioden behandeln. Durch die Wahl von Filmen, die widersprüchliche historische und politische Deutungen anbieten, eröffnen sich Vergleichsmöglichkeiten, die besonders geeignet sind, interkulturelle Differenzen aufzuzeigen. Ein in China produzierter Dokumentarfilm über Tibet wird mit einer ZDF-Produktion zum selben Thema wenig gemein haben, ein indischer Spielfilm über Paris den französischen Chic anders inszenieren als dies ein europäischer, oder gar französischer Spielfilm täte. Die kontrastive Auswahl von Filmen ist Ausgangspunkt für eine Diskussion kultureller Differenz. Sie kann ebenso bei anderen Themen, etwa bei der Analyse gesellschaftlicher, alltagstypischer, oder ästhetischer Phänomene, konstruktiv eingesetzt werden.

Um die Einzelphänomene zum Zwecke interkulturellen Lernens herausarbeiten zu können, werden die Filmbeispiele im Seminar detailliert besprochen. Die Studierenden werden bereits vor der Vorführung aufgefordert, während des Films Notizen zu machen und auf filmtechnische Details zu achten. Die Aufzeichnungen bilden eine Grundlage, auf der in einer Sitzung Wirkung und Machart der Filmbeispiele diskutiert werden. Der Einsatz von Kamera, Schnitt, Licht, narrative Strukturen, Ton (insbesondere Musik), Dialogfüh-

---

2 In diesem Zusammenhang ist anzumerken, dass andere, hier nicht behandelte Formate für die Vermittlung interkultureller Kompetenz auch sehr aufschlussreich sein können. Kulturelle Besonderheiten manifestieren sich z.B. signifikant in TV-Serien, in Unterhaltungsshows oder Werbespots. Die Analyse und Aufbereitung derartiger Formate stellt eine weitgehend unentdeckte Ressource für das interkulturelle Lernen dar – vor allem auch deshalb, weil dies eine Vielzahl von praktischen Problemen mit sich bringt. So fordert Christoph Antweiler zu Recht – im Sinne einer praxisorientierten Medienethnologie – die Untersuchung all dieser Formate (Antweiler 2005: 34). Zum populären chinesischen Film siehe Gieselmann (2008).

rung – diese und andere filmtechnischen Einzelaspekte werden in Gruppenarbeit herausgearbeitet und auf ihre kulturellen Besonderheiten hin untersucht.
In gleicher Weise werden dramaturgische und emotionale Wirkformen von
Spiel- und Dokumentarfilmen analysiert. Hierzu zählen z.B. die Gestaltung
und Präsentation von Protagonisten, Antihelden und Feindbildern oder die Erzeugung von Empathie, Humor, Erschrecken, Toleranz etc. Auf der Grundlage der Analyse der Einzelelemente werden in einem zweiten Schritt komplexere Lernziele angegangen, wie sie etwa bei der Vorbereitung auf Auslandsstudium oder Auslandsentsendungen notwendig werden. Eine instruierte
Filmanalyse in der genannten Form eignet sich etwa, um kulturspezifisches
Rollenverhalten oder Kommunikationsformen, die sich in den Filmbeispielen
offenbaren, erkennbar zu machen. Darüber hinaus vermittelt sie ein vertieftes
Verständnis für fremde Eigenlogiken und Rationalitäten, aus deren Kenntnis
sich eigene Handlungs- und Entscheidungsparameter ableiten lassen. Die Analyse von Spiel- und Dokumentarfilmen eignet sich mithin erstens dazu, die interkulturellen Differenzen detailliert zu benennen. Darüber hinaus wird sie
zweitens zum Ausgangspunkt für andere interkulturelle Lernformen (Rollenspiele, Kommunikationstrainings, *critical incidents* etc.).

Lernen mit Filmen: Beispiele

Der vorliegende Artikel diskutiert und präsentiert Konzeptionen für interkulturelles Lernen durch Spiel- und Dokumentarfilme am Beispiel Chinas.[3] China mit seiner Filmproduktion steht hierbei exemplarisch für jene anderen
Weltregionen, bei denen man in der Regel nicht auf die unmittelbare Erfahrungswelt der Lernenden zurückgreifen kann. Wenn überhaupt Kenntnisse
über China vorhanden sind, so sind sie häufig durch mediale Vermittlung zu
Stande gekommen, auf diese angewiesen und in der Regel auch von ihr geprägt. Aufgrund ihrer vergleichsweise erfolgreichen Vermarktung ist die chinesische Kinoproduktion zudem international präsent – was noch nicht viel
über das Verständnis über China selbst aussagt, das im Westen vergleichsweise gering ausgeprägt ist. Das anhaltend große Interesse für China geht in Europa auf eine lange, z.T. Jahrhunderte alte Faszination zurück. So gesehen
wird mit chinesischem Film aktuell ein Wunsch nach dem Verstehen Chinas
bedient, für den sich audio-visuelle Medien in besonderer Weise eignen.[4] Im
Sinne des von Arjun Appardurai beschriebenen, ihm persönlich widerfahre-

---

3 Beispiele aus anderen Regionen sind denkbar und ebenso vielversprechend.
   Dies gilt etwa für Brasilien, Indien oder die Türkei; siehe dazu Tufte (2000),
   Das (1995) oder Bechthold (1996). Für einen Überblick zum chinesischen Film
   siehe Gieselmann (2003a).
4 Zur Internationalisierung des chinesischen Spielfilms siehe Gieselmann (2003b,
   2004).

nen Erstkontakts mit der Moderne durch die US-amerikanische Filmkultur in Indien haben wir es auch bei China und (s)einem westlichen Publikum mit einem „verkörperten Sinneseindruck" („embodied sensation", Appardurai 2005: 2) zu tun – freilich in umgekehrter Ost-West Richtung. Und wenn dieser verkörperte Sinneseindruck über die „Kernkulturform" des 20. Jahrhunderts[5] übermittelt wird, dann deutet sich hier das Potential der audio-visuellen Vermittlung von Fremdkulturen an. Als vertrautes Medium ist die Akzeptanz des Films nahezu weltweit gegeben und die Möglichkeiten einer gut aufbereiteten Filmanalyse für die Steigerung interkultureller Kompetenz sind entsprechend vielgestaltig: Die Vermittlung von (fremden) Emotionen, Handlungsrationalitäten, schlichtem Faktenwissen bis hin zu weltanschaulichen Interpretationsrahmen ist durch den Film möglich. Das hierbei Konstruktionen von Wirklichkeit und Lesarten von Realitäten geboten werden, muss womöglich kaum mehr thematisiert werden. Entscheidend für die Verwendung von Filmen für die Ausbildung interkultureller Kompetenz ist die Beispielhaftigkeit der zum Einsatz kommenden Filme und Sequenzen und die Rückkopplung mit dem größeren Erfahrungshorizont des Lehrenden. Die produktive Einordnung der ‚Sinneseindrücke' in den Lernkontext durch die Lehrenden verlangt – wie bereits ausgeführt – kulturelle und mediale Grundkompetenzen.

Diesen Bodensatz der ‚Sinneseindrücke' über China wird man im Fall verschiedener Lerngruppen nicht *en detail* berücksichtigen können. Allerdings ist eine gewisse Strukturierung notwendig. Für den Einsatz von Spiel- und Dokumentarfilmen zur Vermittlung interkultureller Kompetenz ist es sinnvoll, mindestens grob zwei Gruppen von Lernenden zu unterscheiden, die jeweils unterschiedliche Herangehensweisen erfordern. Auf der einen Seite sind demnach die ‚unerfahrenen' China-Laien, auf der anderen diejenigen, die man als China-Erfahrene bezeichnen könnte. Unter den China-Laien wären all diejenigen zu fassen, die keine oder kaum Erfahrung mit und in China haben. Dazu würden womöglich selbst solche Personen zählen, die eine Chinareise unternommen haben oder über vereinzelte berufliche Kontakte verfügen. Tendenziell zur zweiten Gruppe zählen Lernende, die häufig in China sind oder waren, die über einen längeren Zeitraum dort gelebt haben, und/oder solche Personen, die über ein gewisses Maß an Sprachkompetenz hinsichtlich chinesischer Sprachen verfügen.

Sprachkompetenz/Sprachversionen

Sprachkompetenz nimmt wesentlichen Einfluss auf die Vermittlung interkultureller Kompetenz durch den Einsatz von Filmen. Dies nicht allein deshalb,

---

5   Zum Film als „Kernkulturform" („quintessential cultural form") des 20. Jahrhunderts siehe Schwartz (2007: 10).

weil die Verstehbarkeit eines Films von seiner Sprache abhängt, sondern deshalb, weil die Frage, ob man die Sprache beherrscht, ganz wesentlich die Auswahl der möglichen Filmbeispiele bestimmt. Unabhängig davon, ob es sich um chinesische Filme oder solche anderer Herkunft handelt: die Bedingungen, Moden und Möglichkeiten des internationalen Filmmarkts sowie (in einigen Fällen) die Agenda nationaler Regierungen legen aufgrund ihrer Entscheidung, welche Filme übersetzte Sprachversionen erhalten, die Auswahl möglicher Filmbeispiele fest. Unterschiede in den Sprach- und Schnittversionen eines Films sind ein weiteres Ergebnis dieses Vorgehens. Auch hier gilt es, diese vor dem Einsatz genau zu prüfen. Die Herangehensweise und der Einsatz von Filmen für die Vermittlung interkultureller Kompetenz hat damit nicht nur den Kenntnisstand und das Lernziel der jeweiligen Lernenden zu berücksichtigen, sie orientiert sich an den existierenden Sprachversionen eines Films und den überhaupt zur Verfügung stehenden Werken.

Zunächst zu den Sprachversionen: Zwischen einer deutschen Synchronversion und einem chinesischen Original besteht offensichtlich ein sprachlicher Unterschied, der jedoch durch sorgfältige Übersetzungen noch vergleichsweise gut zu überwinden ist. Kritischer wird es, wenn Originalversionen mit Untertiteln zum Einsatz kommen. Diese häufig von Filmkennern wegen ihrer vermeintlich größeren Authentizität bevorzugten Versionen haben zwei entscheidende Nachteile. Zum Einen wird nicht nur weniger Text transportiert sondern häufig auch weniger Bild aufgenommen, da ein Teil der Aufmerksamkeit durch das Lesen der Untertitel absorbiert ist. In Abhängigkeit von der Struktur eines Films – vor allem eines Spielfilms – ist seine Benutzbarkeit durch die Wahl der Untertitel womöglich damit deutlich eingeschränkt. Zum Zweiten ist die Gesamtheit der Dialoge nicht adäquat in Untertitel zu übersetzen, es wird verkürzt und vereinfacht. Der zunächst erlangte Vorteil der originalen Tonspur kann so durch eine unvollständige Wiedergabe des Dialogtexts zunichte gemacht werden. Tendenziell sind es gerade die kulturspezifischen Besonderheiten, die der Untertitelung zum Opfer fallen: Adjektive, die eine bestimmte Konnotation mitschwingen lassen, verschwinden; sprechende Namen werden im Sinne der Wiedererkennbarkeit für den westlichen Zuschauer abgeändert; differenzierte Anspielungen werden durch schlichte Etablierung von linearen Bezugspunkten ersetzt; oder in den Untertiteln werden Adaptionen vorgenommen, die eine alternative, dem westlichen Zuschauer jedoch geläufigere Konnotation mitgeben. All diese Abweichungen greifen gravierend und häufig unbemerkt in die Filmrezeption ein.

Schon allein aus diesen Gründen ist fragwürdig, ob es sich bei der häufig kolportierten Eigenschaft des Films *Crouching Tiger Hidden Dragon* (Regie: Ang Lee, 2000) der angeblich als erster *mainstream*-Film im chinesischen Original mit englischen Untertiteln in den USA gezeigt wurde, tatsächlich um eine Errungenschaft handelt. Was hier an chinesischer Kultur transportiert wurde oder als solche ausgegeben war, ist durchaus nicht eindeutig feststellbar. Zu recht regte sich unter den Liebhabern des Kung-Fu-Films Protest als der Film als herausragendes Beispiel diesen Genres vermarktet wurde (Chan 2004: 4). Im Gegensatz zu den früheren Filmen des Regisseurs, mit denen er in der ersten Hälfte der 90er Jahre zentrale chinesische Moralvorstellungen allen voran ‚kindliche Pietät' in den Fokus seiner Filme gerückt hatte, liegen die chinesische Komponenten in *Crouching Tiger Hidden Dragon* eher im Verborgenen. Es finden sich z.b. keine den traditionellen Werten verpflichteten Vaterfiguren wie in *Pushing Hands* (1992) und *Wedding Banquet* (1993) anhand derer Lee Ang zuvor das konfuzianische Erbe des modernen China deutlich erkennbar inszeniert hatte. In *Crouching Tiger Hidden Dragon* ist unter der internationalen Verpackung – dem Hollywood-Marketing und der pan-asiatischen Besetzung mit Stars aus Singapur, Taiwan, Hongkong und der Volksrepublik China – der chinesische Subtext kaum mehr auszumachen. Der Regisseur selbst hat ihn in allgemeiner Form in der unterdrückten Gefühlswelt der Protagonisten verortet. Diese in der chinesischen Gesellschaft sicherlich dominante Prädisposition ist aber bekanntlich nicht auf China beschränkt. Zumindest im Kontext der interkulturellen Verständigung darf man mit guten Gründen bestreiten, dass dies ein rein chinesischer Input in den US-amerikanischen Markt gewesen sein könnte: In dem Bemühen, sich zwischen die Kulturen zu positionieren, ist dem Regisseur Ang Lee zwar ein eindrucksvoller Filmerfolg gelungen, den er jedoch mit einem hohen Maß an Hybridisierung zu erkaufen hatte.[6]

Ein Kriterium der Auswahl ist mithin das Vorhandensein von geeigneten Filmen in Sprachversionen, die für die Lernenden verstehbar sind. Qualitativ gut gemachte Synchronisationen sind hierzu geeignet. Doch auch hier ist die Auswahl ein beachtenswerter Umstand. *Ist* ein Film nämlich z.B. in Deutsch erhältlich, so qualifiziert ihn das noch nicht per se als geeignetes Material. Vielmehr hat der Umstand, dass ein Werk überhaupt übersetzt wurde, häufig weitere Implikationen. Die Differenz zwischen dem, was sprachkompetenten, und dem, was nicht-sprachkompetenten Lernenden an filmischem Material zur Verfügung steht, ist weiter als gemeinhin angenommen. Sie geht erstens auf die Tatsache zurück, dass für die nicht-sprachkompetente Gruppe lediglich eine kleine Auswahl chinesischer Filme vorliegt – unabhängig davon, ob es sich um Synchronisationen oder untertitelte Werke handelt. Zum zweiten wird die Auswahl derjenigen Filme, die synchronisiert oder untertitelt werden, nach bestimmten Kriterien vorgenommen. In der Regel handelt es sich dabei um ökonomische oder ideologische Gründe, die eine Investition rechtfertigen. Hinter jeder Synchronisation steckt also ein gewisser Aufwand, der

---

6   Für eine weitergehende Diskussion des Beispiels *Crouching Tiger Hidden Dragon* vgl. die Artikel zum Film von Kenneth Chan (2004) und Jennifer Jay (2006).

sich durch seinen (ökonomischen) Nutzen rechtfertigen muss und sich nicht primär aus dem Interesse an einer Steigerung interkultureller Kompetenz speist. Die Vermittlung interkultureller Kompetenz mithilfe von Filmen kann sich somit nur eines sehr eingeschränkten Ausschnitts der tatsächlichen Filmproduktion bedienen, mit anderen Worten dessen, was von dritter Seite für vermittelbar/verkaufbar gehalten wird. Die Vermittlung chinesischer Kultur im Westen hält hierzu ein schönes Beispiel bereit: Während die Pekingoper in China an der Qualität ihrer Sänger gemessen wird – nicht umsonst lautet die Übersetzung Peking*oper,* und das chinesische Publikum sagt von sich, es gehe *Theater hören* (und nicht sehen) –, wird sie im Westen über ihre spektakuläre Akrobatik vermarktet. Dabei kann gerade die Pekingoper mit ihrem elaborierten Einsatz einer ganzen Fülle kultureller Besonderheiten – Kostüme, Gesten, Musik, Bühnenkonventionen, bis hin zu ihren Geschichten, Figuren, Motiven und literarischen Anspielungen – eine ganz ausgezeichnete Quelle für das interkulturelle Lernen sein, vorausgesetzt allerdings, man betreibt den Aufwand, all diese Details zu entschlüsseln.

Die genannten Aspekte der Filmauswahl nach den Kriterien Sprachkompetenz und Sprachversion gelten grundsätzlich auch für den Dokumentarfilm. Sie treten häufig jedoch weniger deutlich in Erscheinung, da es im Dokumentarfilm weniger um eine originale – in unserem Fall chinesische – Sprachversion geht. Die Sprachversion ist somit eine Frage der Herkunft des Produkts bzw. der Auftraggeber. Womöglich verrät eine Dokumentation über China aus Frankreich oder Deutschland daher ebenso viel über das Verhältnis und Verständnis der beiden europäischen Nachbarländer zueinander, wie sie in der gleichen Zeit Wissen und Wissenswertes über China transportiert. Interessant für die Vermittlung interkultureller Kompetenz ist der Dokumentarfilm insbesondere dann, wenn er ‚seinem Publikum' Faktenwissen dezidiert zu den kulturellen Unterschieden liefert oder gar aufbereitet und analysiert. Eine zweite, jedoch höchst selten zum Einsatz kommende Variante wäre die Verwendung von chinesischen Dokumentationen über China, die für Chinesen gemacht sind. In der Praxis stellt dieses Unterfangen den Durchführenden vor erhebliche Probleme. Nimmt man die Dokumentarfilme – mit Ausnahme der Tonspur – ohne größere Aufbereitung in das Programm, so ist davon auszugehen, dass sich dem Laien-Publikum die Schlüsselbegriffe, zentralen Bilder und Bedeutungen nicht erschließen. Womöglich tritt Langeweile oder unfreiwillige Komik ein, weil die Sehkonventionen diametral voneinander abweichen. Gerade diese Sehkonventionen zu entschlüsseln, wäre aber ein zentraler Bestandteil und ein gelungenes Beispiel der Vermittlung interkultureller Kompetenz. Darüber hinaus stellt das Erkennen „der in der eigenen Kultur eingeübten Bilderfahrung", wie Hans Belting, der einen anthropologisch fundierten Bildbegriff vertritt, es nennen würde, eine notwendige Voraussetzung für interkulturelles Verstehen dar (Belting 2001: 53).

Vermittlung

Die verschiedenen Formen der Vermittlung interkultureller Kompetenz durch Filme hängen vor allem von der Länge der gewählten Präsentation ab. Die vergleichsweise zeitintensive Vorführung eines gesamten Spielfilms – in der Regel 90 bis 120 Minuten – oder eines Dokumentarfilms – häufig 30 bis 45 Minuten – eröffnet Möglichkeiten des Erfahrens, des Einfühlens und des Verstehens. Vor dem Beginn des Films empfiehlt es sich, die Teilnehmer auf bestimmte Fragestellungen hinzuweisen. Im Verlauf des Films notieren die Teilnehmer nach eigener Beobachtung Details zu den leitgebenden Fragestellungen. Um später auf Einzelszenen zurückgreifen zu können, sollte eine Zeitangabe gut sichtbar mitlaufen. Nur in Einzelfällen sollte die Vorführung eines gesamten Films unterbrochen werden. Sofern in einem Film vor allem kurze Szenen von Interesse sind, wäre zu überlegen, ob man diese einzeln betrachtet (s.u.). Die Diskussion im Anschluss der Vorführung sollte die Leitfragen direkt aufgreifen. Der Vorteil der Vorführung eines kompletten Films besteht darin, dass die Lernenden intensiver in das Geschehen einbezogen werden. Im besten Fall werden die fiktiven, medial vermittelten Beispiele im Film selbst zu einer interkulturellen Begegnung und dienen gleichzeitig als Ausgangspunkt der Reflexion darüber. Das emotionale Einleben wird aktiviert, Erinnerungen und Erfahrungen an (fremden) Normen überprüft, Nuancen der jeweils anderen Kultur werden sichtbar und diskutierbar. Ideal ist eine geschlossene Filmvorführung im Kontext einer längeren Veranstaltung. Sie bietet die Möglichkeit, eine Vielzahl von Einzelaspekten, die womöglich bereits zur Sprache gekommen sind, zu illustrieren, zu vertiefen und auch zu differenzieren.

Die Vorführung von Sequenzen kommt dem häufig knappen Zeitbudget der Lernenden entgegen, und richtig eingesetzt ist auch nichts gegen die Verwendung von einzelnen Filmelementen zu sagen. Zudem eignen sich nicht alle Filme für eine komplette Vorführung, oder nicht alle Aspekte sind von (interkulturellem) Interesse. Sequenzen bedürfen eines größeren zeitlichen Aufwands bei der Vorbereitung und stellen höhere Ansprüche an die technischen Fähigkeiten des Lehrenden. Sie bieten dafür eine größere Vielfalt und Flexibilität der Themen. Darüber hinaus eröffnen sie synchrone wie diachrone Vergleichsebenen sowohl zwischen einzelnen Sequenzen eines Films als auch beim Einsatz von mehreren Sequenzen aus unterschiedlichen Filmen. Besonders die Vorführung von Filmanfängen ist dabei sinnvoll. Die narrative Struktur und die Figuren des Films werden hier ein- und vorgeführt, und zwar in der Regel durch eindeutige Charakterisierungen. Auch den Aufbau der Empathie, der die Einführung der Figuren häufig begleitet, kann man sich zu eigen machen, um interkulturelle Divergenzen anzusprechen. An dieser Stelle setzen die Filmemacher die markanten Unterschiede, d.h. die Empathie wird u.a.

im Rückgriff auf Polaritäten wie gut-böse, moralisch-unmoralisch, schön-hässlich usw. gestaltet. Die weitere dramatische Entwicklung eines Films und seiner Figuren kann bei der Vorführung von Sequenzen durch Synopsen vermittelt werden. Entscheidend ist die Analyse der jeweiligen kulturellen Wertorientierungen und kulturellen Konzeptionen – im Falle Chinas etwa das ‚Gesicht', ‚Gruppenidentifikation' oder ‚Kindliche Pietät' – die anhand der Gestaltung der Protagonisten vorgenommen werden kann. Die Länge der einzelnen gewählten Filmsequenzen sollte in etwa zehn Minuten betragen.

Probleme beim Einsatz dieser Präsentationsform sind etwa von Tong und Bagshaw (2002) benannt worden. Dazu zählen der harsche Bruch der Rezeptionssituation, den die Autoren als *narratus interruptus* bezeichnen, oder die vergleichsweise komplexe Anforderung an ein kognitives Multitasking, wenn Zuseher, die an die schlichten cineastischen Formen Hollywoods gewöhnt sind, auf komplex ausgestaltete asiatische Filmformeln treffen. Die Autoren führen dies anhand einer Sequenz in *Farewell My Concubine* (Regie: Chen Kaige, 1993) aus, die 1937 spielt und das Verhältnis zwischen China und Japan betrifft. Die Protagonisten, zwei Stars der Pekingoper, werden von wütenden Landsleuten der Kollaboration mit den Japanern bezichtigt. Diese kurze gewaltsame Eskalation wird nur verständlich, wenn die im Hintergrund operierenden Parameter (Patriotismus, Stellung der Pekingoper, Han-Chinesische Identität, Japanischer Imperialismus, Kolonialismus) erkannt und eingeordnet werden können. Im Übrigen geben die Autoren dem Spielfilm den Vorzug gegenüber dem Dokumentarfilm, da ersterer mehr Spielraum für Interpretationen eröffne und nuanciertere Erkundungen der kulturellen Konzeptionen ermögliche (Tong/Bagshaw 2002: 14). Die genannten Probleme sind in der Praxis des Verfassers durchaus bekannt, können jedoch gelöst oder zumindest in ihrer Schwierigkeit handhabbar gemacht und gestaltet werden. Den Bruch der Rezeptionssituation kann man etwa mit Hinweis auf die Möglichkeit, den gesamten Film zu einem späteren Zeitpunkt zu sehen, abmildern. Auch der Hinweis auf die Funktion und Aufgabe der Betrachtung des Filmausschnitts, also die Tatsache, dass es sich um ein effektives Arbeitsmittel handelt, ist hilfreich.

Unabhängig davon, ob man Einzelsequenzen oder ganze Filme zeigt, besteht eine weitere Möglichkeit der Vermittlung interkultureller Kompetenz darin, die Präsentation mit einzelnen oder mehreren Vertretern der Zielkultur gemeinsam durchzuführen. Diese Vorgehensweise kann überaus effektiv sein, weil sie unterschiedliche emotionale Reaktionen bei den Beteiligten hervorruft. Dabei ist besonders auf Prädispositionen und Befindlichkeiten zu achten: Die Interpretation der Situation, die Fähigkeit zur Voraussicht von Reaktionen und die Moderation der geäußerten Gegensätze – all dies stellt hohe Anforderungen an den jeweils Durchführenden. In der Praxis zeigt sich, wie rasch soeben noch differenziert denkende Kursteilnehmer im Angesicht des jeweils

‚Anderen' damit beginnen, sich auf vorgefertigte und verfestigte Positionen zurückzuziehen. Freilich kann auch dieser Vorgang zum Gegenstand der interkulturellen Analyse gemacht werden, sofern er auf kulturelle und nicht individuelle Prädispositionen zurückgeht.

Schluss

Angesichts der wachsenden Bedeutung der medialen Vermittlung des Fremden ist die Forderung nach einer in den Kultur- und Sozialwissenschaften fundierten interkulturellen Medienwissenschaft nur allzu verständlich (Hess-Lüttich 2003). Ob sie allerdings dazu in der Lage ist, den Ethnozentrismus, den etwa der Historiker Jörn Rüsen als Grundproblem im interkulturellen Dialog ausgemacht hat (Rüsen 1998), zu überwinden, scheint eine weiterhin offene Frage. Gerade Filme reisen gern und viel und häufig um die Welt – allerdings fast immer mit einer eigenen und keineswegs notwendig interkulturellen Agenda. Für die Vermittlung interkultureller Kompetenz sind sie dennoch geeignet, da dezidiert lokale oder nationale Agenden viel über die Eigenlogik der jeweiligen Produzenten aussagen. In dieser Hinsicht ist der chinesische Film ein besonders geeignetes Beispiel, da wir hier nicht selten auf nationale Agenden treffen. Zudem eröffnet die Tatsache seiner weiten internationalen Akzeptanz die Möglichkeit, Fragen seiner Vermittlungspotenz zu bearbeiten (Gieselmann 2006). Wie das Beispiel *Crouching Tiger Hidden Dragon* zeigt, stellen hybride Formen ein Problem insbesondere bei international erfolgreichen Produktionen dar: Die Akzeptanz des Filmbeispiels variiert gerade aufgrund der verwendeten hybriden Formen sowohl in der chinesischen Welt (Singapur, Taiwan, Volksrepublik China) als auch in den USA und Europa beträchtlich (Jay 2006). Hier öffnet sich womöglich ein Feld für die transkulturelle Filmanalyse, ein Desiderat der Filmwissenschaft, das unter Rückgriff auf vorhandene Entwürfe der Transkulturalität (Welsch 1994, 1998) zu entwickeln wäre. Die Vermittlung interkultureller Kompetenz durch das Medium Film ist – wie hier gezeigt – ein lohnenswertes Unterfangen. Es verlangt demjenigen, der es auf sich nimmt, eine Reihe von kulturellen und wissenschaftlichen Kompetenzen und pädagogischen Fähigkeiten ab.

Literatur

Antweiler, Christoph (2005): Ethnologie. Ein Führer zu populären Medien, Berlin: Reimer.

Appadurai, Arjun (2005): Modernity at large. Cultural dimensions of globalization, Minneapolis/London: University of Minnesota Press.

Bechtold, Gerhard (1996): „Medienkulturelle Ungleichzeitigkeiten. Annäherung an die Mediengeschichte in der Türkei". In: Alois Wierlacher/Georg Stötzel (Hg.), Blickwinkel, München: iudicum, S. 833-848.

Belting, Hans (2001): Bild-Anthropologie: Entwürfe einer Bildwissenschaft, München: Fink.

Chan, Kenneth (2004): „The global return of the Wu Xia Pian (Chinese sword-fighting movie): Ang Lee's Crouching Tiger Hidden Dragon". Cinema Journal 43 (4), S. 3-17.

Das, Veena (1995): „On soap opera: What kind of anthropological object is it?". In: Daniel Miller (Hg.), Worlds apart. Modernity through the prism of the local, London/New York: Routledge, S. 169-189.

Gieselmann, Martin (2003a): „Chinesischer Film". In: Brunhild Staiger/Stefan Friedrich/Hans-Wilm Schütte (Hg.), Das Grosse China-Lexikon, Darmstadt: Wissenschaftliche Buchgesellschaft, S. 219-222.

Gieselmann, Martin (2003b): „Exploring factors of success for Chinese films from the PRC, Hong Kong and Taiwan in Germany: A case study about the traveling image of Chinese stars". In: Meng Jian/Stefan Friedrich (Hg.), Conflict vs. harmony. Globalization and Asian film & TV, Shanghai: Fudan University Press, S. 399-413.

Gieselmann, Martin (2004): „Die performativen Qualitäten des chinesischen Filmstars und seine internationale Vermarktung". Minima Sinica 1, S. 104-121.

Gieselmann, Martin (2006): „Ein Medium und die Wunden der Nation: Zur inneren Befindlichkeit des chinesischen Kinos der 90er Jahre". In: Martin Schulz/Birgit Mersmann (Hg.), Kulturen des Bildes, München: Fink, S. 403-417.

Gieselmann, Martin (2008): „Filme für die Massen. Populäres Kino in China". EPD Film 8, S. 24-29.

Hayward, Susan (1996): Key concepts in cinema studies, London: Routledge.

Hess-Lüttich, Ernest (2003): „Interkulturelle Medienwissenschaft und Kulturkonflikt". Linguistik Online 13 (3), S. 89-106.

Jay, Jennifer (2006): „Crouching Tiger Hidden Dragon: (Re)packaging Chinas and selling the hybridized culture in an age of transnationalism". In: Maria Ng/Philip Holden (Hg.), Reading Chinese transnationalisms. Society, literature, film, Hong Kong: Hong Kong University Press, S. 131-142.

Korte, Helmut/Drexler, Peter (Hg.) (2004): Einführung in die systematische Filmanalyse, Berlin: Schmidt.

Rüsen, Jörn (1998): „Ethnozentrismus und interkulturelle Kommunikation". In: Paul Drechsel (Hg.), Interkulturalität – Grundprobleme der Kulturbegegnung, Mainz: Studium Generale der Johannes-Gutenberg-Universität Mainz, S. 27-44.

Schmidt, Siegfried J. (1996): „Medienkulturwissenschaft: Interkulturelle Perspektiven". In: Alois Wierlacher/Georg Stötzel (Hg.), Blickwinkel, München: iudicum, S. 803-810.

Schwartz, Vanessa (2007): It's so French! Hollywood, Paris and the making of cosmopolitan film culture. Chicago: University of Chicago Press.

Tong, Luding/Bagshaw, Mark (2002): „Exploring East Asian culture through video clips". Education About Asia 7 (1), S. 13-21.

Tufte, Thomas (2000): Living with the rubbish queen. Telenovelas, culture and modernity in Brazil, Luton: University of Luton Press.

Welsch, Wolfgang (1994): „Transkulturalität – die Veränderung der Verfassung heutiger Kulturen". In: Freimut Duve (Hg.), Sichtweisen. Die Vielheit der Einheit, Frankfurt/M.: Ed. Weimarer Klassik, S. 83-122.

Welsch, Wolfgang (1998): „Transkulturalität. Zwischen Globalisierung und Partikularisierung". In: Paul Drechsel (Hg.), Interkulturalität – Grundprobleme der Kulturbegegnung, Mainz: Studium Generale der Johannes-Gutenberg-Universität Mainz, S. 45-72.

4.10 Lehrfilme

GERD ULRICH BAUER

Im institutionellen Umfeld derjenigen Teilbereiche der Gesellschaftswissenschaften, die sich der Erforschung fremder ‚Kulturen' sowie der Vermittlung von (akademischem) Wissen über diese (häufig außereuropäischen) Gesellschaften widmen, nehmen seit rund einem Jahrhundert audiovisuelle Medien einen festen Platz ein. Funktionen und Einsatzmöglichkeiten des Mediums ‚Film' sind sehr weit gefächert, wie ein exemplarischer Überblick der ethnografischen Praxis belegt. So wurden tragbare Filmkameras schon Anfang des 20. Jh. auf ‚Entdeckungs-' und Feldforschungsreisen eingesetzt, um die begegnete fremde Kultur zu dokumentieren und *research footage* für die noch junge Disziplin bereitzustellen; Filme halten die Begegnungssituation zwischen westlichem Forscher und ‚seinen' außereuropäischen Forschungs-‚Objekten' fest; und schließlich wurden (und werden) außereuropäische Gesellschaften in mehr oder weniger aufwändig (nach-) bearbeiteten Filmen einer breiten Öffentlichkeit als exotische Lebenswelten präsentiert. Die welterklärende Praxis einer *Visuellen Anthropologie* weist seit ihren Anfängen einen ausgeprägt asymmetrischen Charakter auf, insofern ‚westlichen' Wissenschaftlern in Bezug auf die ‚fremde' Gesellschaft eine Deutungskompetenz oblag.[1] Zur Ehrenrettung des ethnografischen bzw. ethnologischen Films ist festzustellen, dass sich inzwischen umfangreiche Theoriedebatten sowie auch ein bewusster Umgang mit audiovisuellen Medien in den ‚Fremdheitswissenschaften' etabliert haben (vgl. Ballhaus/Engelbrecht 1995 für eine Übersicht). Daher ist es umso bemerkenswerter, dass sich *neben* dem weiten Feld des

---

1   Ein besonders anschauliches Beispiel für einen Lehrfilm, der auch als ‚Belehrungsfilm' gesehen werden kann, ist die einstündige Produktion „Four Families" (1959), in der die US-Kulturanthropologin und Soziologin Margaret Mead Ergebnisse einer vergleichenden Studie über Bauernfamilien aus Indien, Japan, Kanada sowie Frankreich präsentiert, um dabei ‚nationale Eigenheiten' im mütterlichen Pflegeverhalten und bei den Erziehungszielen darzulegen sowie die Bedeutung frühkindlicher Sozialisierung für die Persönlichkeitsentwicklung hervorzuheben.

ethnografischen bzw. ethnologischen Films seit ca. dreißig Jahren ein eigenständiges Gebiet des Lehrfilms zur Vermittlung von Erkenntnissen über interkulturelle Kommunikation und Fremdbegegnungen sowie zur Vermittlung interkultureller Kompetenzen herausgebildet hat, ohne dass – auf praktischer oder theoretischer Ebene – eine enge Anknüpfung an das Theoriegerüst Visueller Anthropologie feststellbar ist.

Klärung des Gegenstands ‚Lehrfilm' – Typen von Lehrfilmen

Unter ‚Lehrfilm' (auch ‚Unterrichtsfilm') im engeren Sinn sollen im Folgenden audiovisuelle Materialien verstanden werden, die für den Einsatz in institutionellen Lehr-Lern-Situationen produziert wurden. Im weiteren Sinn umschließt der Gegenstand auch solche Filme, die nicht primär für einen institutionell-didaktischen Kontext hergestellt wurden, die jedoch in der Praxis als Lehrmedien für die Hochschullehre zur interkulturellen Kommunikation und Kompetenzentwicklung eingesetzt werden. Ungeachtet ihrer typologischen Heterogenität (s.u.) verfolgen Lehrfilme im obigen Sinn häufig den Anspruch, ‚Tatsachen' über ein ‚Zielland' bzw. eine ‚Zielkultur' zu vermitteln, interkulturelle Situationen zu veranschaulichen und die aus solchen Begegnungssituationen potenziell erwachsenden (interpersonalen) Kommunikationsprobleme, aber auch Synergiepotenziale darzustellen. Zu diesem Zweck werden den präsentierten Handlungen ‚Erklärungen' beigefügt, die sich häufig auf den einschlägigen Korpus wissenschaftlicher und populärwissenschaftlicher Literatur beziehen. In Unterrichts- und Seminareinheiten zu interkultureller Kommunikation und Kompetenzentwicklung werden neben Lehrfilmen häufig auch andere audiovisuelle Materialien eingesetzt, vor allem Dokumentar- und Spielfilme. Einige der im Folgenden vorgenommenen Bestimmungen treffen auch auf diese Filmgenres zu; jedoch wird hier aus Gründen der Schärfe eine Beschränkung auf Lehrfilme vorgenommen.

In Deutschland werden Lehr- und Unterrichtsfilme als Instrumente der Schulpädagogik und -didaktik gemeinhin von den Bildstellen der Bundesländer sowie von eigenständigen Organisationen (v.a. FWU – *Institut für Film und Bild in Wissenschaft und Unterricht* und IWF – *Institut für den wissenschaftlichen Film*) gefördert und vertrieben. In den aktuellen Medienangeboten für Schulen finden sich vielfältige Materialien zu den einschlägigen (Unterrichts-)Themen Ausländerfeindlichkeit, Asyl und Rechtsradikalismus, die primär für den schulischen Einsatz entwickelt wurden. Eine systematische und institutionalisierte Distribution dieses Angebots für die akademische Lehre an Hochschulen und Universitäten ist nicht festzustellen. Dafür hat sich ein eigenständiger, paralleler ‚Markt' für kommerzielle Lehrfilme entwickelt, die sowohl in der Hochschullehre als auch in (gewerblich organisierten) interkulturellen Trainings eingesetzt werden. Solche Materialien sind häufig aus ziel-gruppenspezifischen Weiterbildungs- und Schulungsvorhaben entstanden, wie sie z.B. für Fach- und Führungskräfte aus Unternehmen, für ausreisende Expert/innen oder für eine berufliche Tätigkeit in interkulturellen Settings (Behörden, Sicherheitskräfte u.a.) umgesetzt werden. Das Material ist äußerst heterogen und umschließt sehr verschiedene Realisierungsformen. Unterschiede sind festzustellen hinsichtlich qualitativer Aspekte, mit Blick auf die Gewichtung von Text (Erklärung) und Visualisierung (Darstellung), aber auch mit Blick auf ein formales Spektrum, das zwischen den Extrempolen ‚authentisch‘ und ‚inszeniert‘ bzw. zwischen den Polen ‚realistisch‘ und ‚verfremdet/ästhetisiert‘ einzuordnen ist. Eine (idealisierte) Kategorisierung von interkulturellen Lehr- bzw. Trainingsfilmen soll anhand von sechs ‚Typen‘ die breite Palette der angebotenen Materialien veranschaulichen; die Progression erfolgt von ‚authentisch-realistischen‘ hin zu ‚artifiziell-fiktionalen‘ (Lehr-) Filmen:

1. *(Ab-)gefilmter Fachvortrag eines Experten:* Gefilmte Lehrsituationen stellen den einfachsten Typ von Lehrfilmen dar. Sie sind mit geringem technischen und organisatorischen Aufwand produziert. Eine Nachbearbeitung, etwa durch das ‚Hineinschneiden‘ illustrierender Beispiele und grafischer Veranschaulichungen, entfällt zugunsten der ‚Autorität‘ eines Referenten, der den Lernenden häufig vorab aus der Fachliteratur bekannt ist. Eine zusätzliche Didaktisierung entfällt. Dieser Typ Lernfilm ergänzt oder ersetzt ein vorheriges Input (Präsentation des Lehrenden oder Lektüre) und dient damit u.a. der Zusammenfassung und der Sicherung des Lernerfolgs (z.B. „On Intercultural Competence: Better Together Than A-P-A-R-T", Milton Bennett, 1996).

2. *Dokumentationen von Trainingssituationen:* Lehrfilme dieses Typs demonstrieren nicht nur den ‚Input‘ eines/einer Lehrenden, sondern spiegeln darüber hinaus die Interaktion mit Seminar-Teilnehmer/innen. Diese Lehrfilme stimulieren eine Reflexion des Vermittlungs- und Lernprozesses. Als Sonderform dieses Typs können Filmaufnahmen gelten, die im Unterricht oder im interkulturellen Training selbst entstehen (z.B. als Aufnahmen von Rollenspielen oder Simulationen) und die in der Lernprogression zur Erfolgskontrolle eingesetzt werden. Besonders effektiv ist der Einsatz audiovisueller Medien (Video-Aufnahmetechnik) zur Vermittlung kommunikativer Strategien und zur Korrektur von Problemen der Kommunikation und Interaktion in fremd- bzw. interkulturellen Settings (z.B. „Blue-Eyed", Jane Elliott, 1995).

3. *Didaktische Unterrichtsfilme zu kritischen Interaktionssituationen und interkulturellen Kommunikationsproblemen:* Lehrfilme dieses Typus folgen einem erkennbaren didaktischen Skript und gelten damit als Unterrichtsfilme *sui generis.* Zu ihren anschaulichen Themen zählen kulturspezifi-

sche Realisierungen von Kommunikation, die typischerweise nicht anhand authentischer (gefilmter) Situationen dargestellt, sondern realitätsnah von professionellen Darstellern inszeniert werden (z.B. „Crosstalk", John Gumperz, 1979). Unter Rückgriff auf einschlägige Theorien werden ,Lerninhalte' mit konventionellen Instrumenten des Unterrichtsfilms vermittelt: Sprecherstimme aus dem ,Off', Kommentierung durch einen Experten/eine Expertin (*talking head*), Unter- und Zwischentitel sowie grafische Darstellungen (Schaubilder und Fließdiagramme). Zum Einsatz kommen auch die spezifischen technischen Möglichkeiten des Mediums Film: Wiederholungen, Rückblenden, Standbilder, Zoom und Ausschnitt, Perspektivwechsel, Zeitsprünge usw.

4. *Fiktionale Lehrfilme mit Fallstudiencharakter:* Dem narrativen und dramatischen Charakter von Spielfilmen verpflichtet, appellieren Produktionen dieses Typs an die Medienkompetenz ihrer Betrachter/innen, vornehmlich an ihre Fähigkeit, Fiktion und Realität zu unterscheiden. Als ,Fallstudien' konzipiert, veranschaulichen sie die Komplexität kultureller Überschneidungssituationen, und häufig führen sie als typisch geltende kommunikative und interaktionale Probleme ,mit' der jeweiligen Zielkultur (Nationalkultur) exemplarisch vor (z.B. die vom SWR produzierte Reihe ,Gespräch über Grenzen'). Filme dieses Typs eignen sich für die Veranschaulichung theoriebezogener Themen *nach* entsprechendem Input im Unterricht bzw. Training.

5. *Ironisch-satirische Spiegelungen der ,Eigenkultur':* Die satirische Darstellungsform dieses Filmtyps verfremdet durch Übertreibungen und Verzerrungen von Sachverhalten die eigene Kultur der Lernenden. Ironie und Satire erzeugen eine Distanzierung und ermöglichen damit Perspektivenübernahmen, durch welche die Außenwahrnehmung der als ,normal' angenommenen und damit in ihrer Weltauslegung verabsolutierten Eigenkultur vorgeführt wird (z.B. „Expedition nach Germanistan", Hans Günther Oesterreich, 1976; „Das Fest des Huhnes", Walter Wippersberg, 1992). Als didaktisches Ziel des Medieneinsatzes kann eine allgemein kulturelle Sensibilisierung erreicht werden.

6. *Fernsehspiele zur Problematisierung von Kulturbegegnung und Kulturkonflikten:* Nicht vordergründig für einen Einsatz in Lehr-Lern-Situationen produziert, können ausgewählte Fernsehspiele dennoch spielerische Zugänge zu einschlägigen Theorien eröffnen. Sie machen auf Problematiken aufmerksam, wecken Interesse bzw. Neugier und regen zum Gespräch und Erfahrungsaustausch an. In der Komödie „Der Neger Weiß" (Michael Günther, 1994) ,erleidet' der rassistische Versicherungsangestellte Herr Weiß nach einem Zusammenstoß mit seinem afrikanischen Nachbarn eine ,supra-spontane Pigmentstörung', die seine Hautfarbe schrittweise schwarz

werden lässt. Herr Weiß erfährt ‚am eigenen Leib‘, was es heißt, als Afrikaner in Deutschland zu leben.

Obgleich die obige Typisierung weitgehend offen ist, verdeutlicht sie die Vielfalt der vorhandenen Materialien und die Breite ihrer Einsatzmöglichkeiten in unterschiedlichen Lehr-Lern-Situationen zur Vermittlung interkultureller Kompetenzen.

Einsatz von Lehrfilmen in der Hochschullehre zur interkulturellen Kommunikation

Didaktische Medien, und damit auch Lehrfilme, werden in Unterrichtssituationen eingesetzt, um „Lernwiderstände zu unterlaufen, die Lernenden aktiv in den Lernprozess einzubeziehen, sie mit eigener kultureller Prägung zu konfrontieren, neue kulturelle Erfahrungen machen zu lassen und diese auch konzeptionell zu integrieren" (Grosch/Groß 2005: 227). Es kann vorausgesetzt werden, dass Lehrfilme in konkreten Lernarrangements grundsätzlich in einem abgestimmten Medien- und Methodenmix eingesetzt werden. Einerseits vermögen audiovisuelle Medien in diesem Gefüge aufgrund ihrer besonderen Beschaffenheit eine Brückenfunktion zu übernehmen: Auf der emotionalen Ebene machen sie kulturelle Fremdbegegnungen möglich (und aus didaktischer Sicht kontrollier- bzw. steuerbar), und zusätzlich wirken Filme auf die Lernenden motivierend. Die visualisierenden, erklärenden und kommentierenden Film-Elemente bauen kognitive Brücken zu Fachtheorien und -konzepten. Und schließlich regen simulierte oder ‚reale‘ Darstellungen von Interaktionen in kulturellen Überschneidungssituationen zur Korrektur und Erweiterung des eigenen Verhaltensrepertoires sowie zur Aneignung angepasster Strategien an. Andererseits stellt die Integration audiovisueller Medien in eine Lehr-Lern-Situation auch besondere Anforderungen – zum einen an die eingesetzten Medien (z.B. Anspruch und Qualität der Produktion; Eignung für die spezifische Zielgruppe; Verständlichkeit visueller und textueller Informationen; didaktische Progression), zum anderen an die einsetzenden Lehrpersonen (didaktische und methodische Integration in die Lernumgebung). Grosch und Groß betonen die vielfältigen Vorzüge des Mediums Film für den Einsatz in Lernsituationen: hohe Anschaulichkeit und Informationsdichte, differenzierte Ausdrucks- und Lernmöglichkeiten, Realitätsnähe, Ersatz für Realität sowie Multiperspektivität (2005: 259, in Anlehnung an Kittelberger/Freisleben 1994).

Der Einsatz audiovisueller Medien in der Hochschullehre zur interkulturellen Kommunikation und Kompetenz eröffnet vielfältige Möglichkeiten hinsichtlich des Lernprozesses (vgl. Fowler/Blohm 2004). Beispielsweise können durch den Einsatz geeigneter Filme das Fehlen eigener Fremderfahrungen seitens der Lernenden sowie die kulturelle Homogenität ‚monokultureller' Lernergruppen aufgefangen und grundlegende ‚Probleme' der zu behandelnden Themen eingeführt werden (Effekt der Motivation und Problematisierung). In Filmen vollzogene Kontrastierungen und/oder Perspektivwechsel stoßen bei den Lernenden Reflexionsprozesse an, ebenso wie sie Gruppendiskussionen initiieren können, die von den Lehrenden didaktisch vorbereitet und begleitet werden. Dieser Effekt tritt insbesondere bei Lehrfilmen auf, die für den Einsatz in Lern- und Trainingsprogrammen zur Entwicklung interkultureller Kompetenz konzipiert sind und die ein offenes Ende (z.B. Irritation, ungelöster Konflikt oder konkurrierende Deutungsalternativen bzw. Ambiguität) aufweisen. Auf der kognitiven Lernebene eignen sich Filme zur Informationsvermittlung mit vielfältigen Einsatzmöglichkeiten für die Präsentation von Kulturwissen (landeskundliche und ethnografische Filme), von Kulturtheorien sowie Theorien interkultureller Kommunikation und nicht zuletzt zu ausgewählten beruflich-institutionellen Settings (Trainingsfilme). Schließlich können modellhafte Filmsequenzen auch zur Vorbereitung von Übungsaktivitäten (z.B. Gesprächsstrategien, Strategien der Problemlösung und Konfliktbearbeitung, der Bedeutungsermittlung usw.) eingesetzt werden.

Zur Präsentation von Fallstudien haben Filme gegenüber den gängigen Problemabrissen in Papierform einige unbestreitbare Vorteile. So vermögen audiovisuelle Medien die Komplexität ‚realer' Alltagssituationen eindrücklicher zu vermitteln. Viel eher als in geschriebenen Texten lässt sich die Vielschichtigkeit von Kommunikationssituationen durch das Erfassen non- und paraverbaler Kanäle sowie durch den Einbezug nicht vorstrukturierter (extraverbaler) Kontextfaktoren vermitteln. Verschriftlicht vorliegende Situationsbeschreibungen bei Problemlösungsübungen enthalten dagegen (zwangsläufig) Kategorisierungen, Deutungen und Interpretationsvorgaben; bei der Hypothesenbildung wird somit durch Formulierungen und Vorgaben des Textes die Phantasie der Lernenden stark eingeschränkt und die Entwicklung entsprechender kognitiver Techniken zum Fremdverstehen unterbunden.

In der Hochschullehre (ebenso wie in anderen Lehr-Lern-Situationen, v.a. im interkulturellen Training) lassen sich Lehrfilme an verschiedenen Stellen des Lernprozesses einsetzen: zur Eröffnung einer (neuen) thematischen Einheit (Motivation, Einstieg und Problemeröffnung, Sensibilisierung), im Verlauf einer Sitzung oder eines Themenblocks (Zwischenfazit, Abwechslung) oder am Ende (Resümee, Erfolgskontrolle). Im Kontrast zu anderen didaktischen Medien, die in der Hochschullehre zur interkulturellen Kommunikation eingesetzt werden – Fallstudien, Simulationen und Rollenspiele, Kritische Interaktionssituationen (*critical incidents*) – lassen sich Lehrfilme nicht an die Unterrichtssituation adaptieren (verändern); variabel ist letztlich nur die Einbettung von audiovisuellen Medien in den Lehr-Lern-Kontext und die Lernprogression. Fowler und Blohm (2004: 53ff.) stellen in einer Übersicht ‚Stärken' und ‚Schwächen' des Filmeinsatzes in interkulturellen Trainings heraus und ermöglichen damit eine Abwägung gegenüber anderen, gängigen Unterrichtsmedien. Zu beachten ist z.B. die Gefahr, dass der/die Unterrichtende einen Lehrfilm nicht angemessen einsetzt, also Thema und Aufgabenstellungen nicht adäquat einführt oder Anschlussdiskussion und Auswertung unzureichend vorbereitet bzw. steuert. Damit wird der intendierte Lernerfolg beeinträchtigt. Um diese Gefahr zu minimieren – und als Konzession an eine heterogene, hinsichtlich ihrer fachlichen und didaktisch-methodischen Eignung schwer zu erfassende Zielgruppe von Lehrenden – werden einige Lehrfilme mit stark ausgearbeiteten Begleitmaterialien vertrieben (z.B. „A Different Place: The Intercultural Classroom", 1993).

Produktion und Distribution von Lehrfilmen

Bislang ist die vorliegende Fachliteratur über Lehrfilme für interkulturelle Kommunikation und Kompetenz recht überschaubar. Auf diesem Gebiet ist ein gewisser zeitlicher Vorsprung in den angelsächsischen Ländern festzustellen, der jedoch seit ca. einer Dekade auch in Deutschland aufgeholt wird. Dies trifft neben der Fachliteratur auch für die Entwicklung von Lehrfilmen selbst zu. Anfang der 1980er Jahre wurden in den USA die ersten Filme und Videos für den Einsatz in der Aus- und Weiterbildung für Sprachlehrer, in der Erwachsenenbildung, in der Hochschullehre sowie in interkulturellen Trainings entwickelt (u.a. „Going International", 1983; „Cold Water", Noriko Ogami, 1987). Seit diesen Anfängen sind im englischsprachigen Raum, aber auch (seit Ende der 1990er Jahre zunehmend) in Deutschland eine große Zahl einschlägiger audiovisueller Medien entstanden. Trainingsfilme für interkulturelle Kompetenzen bzw. Lehrfilme zur interkulturellen Kommunikation und zur Fremdwahrnehmung werden als didaktisches Mittel heute hauptsächlich in zwei Kontexten eingesetzt: zum einen in (v.a. unternehmensnahen) interkulturellen Trainings, zum anderen in institutionellen Lehr-Lern-Situationen, wie sie für die Hochschullehre typisch sind. Zu diesem zweiten Bereich zählen sowohl reguläre Lehrveranstaltungen zur Vermittlung von fachtheoretischem Wissen, als auch didaktische Veranstaltungen, wie sie an vereinzelten Hochschulen als Maßnahme für Studierende angeboten werden, die sich auf ein Auslandssemester vorbereiten wollen (*Going-out*-Aktivitäten).

Wenngleich es im Kern um die gleiche Zielsetzung geht (Wissensvermittlung über fremde Kulturen, Vorbereitung auf Interaktion bzw. Kommunikation in kulturellen Überschneidungssituationen, Änderung von Verhalten bzw. Einstellungen gegenüber fremden Kulturen und deren Repräsentanten) unterscheiden sich die beiden genannten Kontexte (Unternehmen und Schulen/Hochschulen) in einigen Aspekten: Zu beiden institutionellen Bereichen haben sich unterschiedliche Fachdiskurse entwickelt, die konzeptionellen

Rahmen unterscheiden sich wesentlich, und schließlich erweist sich der universitäre Kontext durch seine fachliche Anbindung als ,theorieaffiner' und bietet damit umfangreiche (disziplinäre) Anschlüsse, die sich in den Realisierungsmöglichkeiten u.U. stark unterscheiden (z.b. in den Wirtschaftswissenschaften, in der Psychologie, in kulturwissenschaftlichen Fächern, im Studium Generale etc.). Damit erscheint es grundsätzlich verständlich, dass sich bislang das Feld der deutschsprachigen Medien überschaubar gestaltet – im Gegensatz zum englischsprachigen Bereich, der von US-amerikanischen Produktionen dominiert wird: Es fehlt (noch) ein größerer Absatzmarkt, der eine professionelle Produktion und Distribution von Lehrfilmen tragen würde.

Literaturlage

Überlegungen zum Medieneinsatz in Trainings zur interkulturellen Kommunikation finden sich bei Fowler und Blohm (2004) sowie bei Hopkins (1999); erfahrungsgestützte Analysen des Einsatzes ausgewählter Lehrfilme sind die Beiträge von Hartley und Hopkins (1999), Sussmann (1999), Loewenthal und Hayles (1999), Meucci und Ogami (1999), Grosch und Groß (2005), sowie Gieselmann (i.d.B., Kap. 4.9), Oberlik (i.d.B., Kap. 4.11). Die umfassendste Zusammenschau von v.a. US-amerikanischen Lehrfilmen für interkulturelle Kommunikation, zur Auslandsvorbereitung und für Expert/innen in inter- bzw. multikulturellen Tätigkeitsfeldern bietet die (annotierte) Bibliografie von Zeigler (2000; vgl. auch O'Reilly 2006). Für das deutschsprachige Angebot steht eine vergleichbare Übersicht bislang aus (zur ersten Orientierung vgl. Grosch 2008). Praktische Hinweise zur Didaktisierung von Filmen für Kultursensibilisierung im Unterricht bietet Summerfield (1999), die mehr als siebzig Dokumentar- und Spielfilme auf ihre thematische und didaktische Eignung analysiert hat. In der deutschsprachigen Wissenschaftslandschaft sind insbesondere zwei institutionelle Kontexte hervorzuheben, in denen Trainings-/Unterrichtspraxis, (fach-)wissenschaftliche Theoriebildung und die Entwicklung von Lehrfilmen im Rahmen von Projekten vorangetrieben worden sind. Dies sind zum einen die sprach- und kommunikationswissenschaftlich konzipierten interkulturellen Trainings zur *Linguistic Awareness of Cultures* (LAC), deren fachtheoretische Begründung eng verbunden ist mit der Bayreuther Interkulturellen Germanistik bzw. Interkulturellen Kommunikationsforschung (vgl. Müller-Jacquier 2000). Anzuführen sind zum anderen die Projektaktivitäten der Fachhochschule Köln zur interkulturellen Qualifizierung von Polizei und Strafvollzug (vgl. Leenen/Grosch/Groß 2005; Grosch/Groß 2002, 2005). In beiden Zusammenhängen sind Serien von didaktisierten Lehrfilmen entstanden, ergänzt durch Begleitmaterial und eine wissenschaftliche Publikationstätigkeit. Eine kommerzielle Vermarktung dieser Lehrmaterialien steckt allerdings erst in den Anfängen. Auch liegen bislang keine Angaben vor, inwieweit die genannten Lehrfilme in der Hochschullehre Verbreitung gefunden haben und welche Erfahrungen hiermit gemacht wurden.

Literatur

Ballhaus, Edmund/Engelbrecht, Beate (Hg.) (1995): Der ethnographische Film. Einführung in Methoden und Praxis, Berlin: Dietrich Reimer.

Fowler, Sandra M./Blohm, Judith M. (2004): „An analysis of methods for intercultural training". In: Dan Landis/Janet M. Bennett/Milton J. Bennett (Hg.), Handbook of intercultural Training, 3. Aufl., Thousand Oaks, CA: Sage, S. 37-84.

Grosch, Harald (2008): „Filme zum Thema: Interkulturelle Begegnung – Interkulturelle Kommunikation (Bibliographie)". Der Deutschunterricht, Themenheft ‚Interkulturelle Kommunikation – Interkulturalität' 60 (5), S. 69-74.

Grosch, Harald/Groß, Andreas (2002): „Critical incidents filmed as a training tool for intercultural learning". In: Wolf Rainer Leenen (Hg.), Enhancing intercultural competence in police organizations, Münster u.a.: Waxmann, S. 131-164.

Grosch, Harald/Groß, Andreas (2005): „Entwicklung spezifischer Vermittlungsformen und Medien". In: Wolf Rainer Leenen/Harald Grosch/Andreas Groß (Hg.), Bausteine zur interkulturellen Qualifizierung der Polizei, Münster u.a.: Waxmann, S. 227-271, Literaturverzeichnis S. 341-369.

Hartley, Cay/Hopkins, Robbins S. (1999): „Developing a dual perspective". In: Sandra M. Fowler/Monica G. Mumford (Hg.), Intercultural sourcebook: Cross-cultural training methods, 2. Aufl., Yarmouth, ME: Intercultural Press, S. 81-86.

Hopkins, Robbins S. (1999): „Using videos as training tools". In: Sandra M. Fowler/Monica G. Mumford (Hg.), Intercultural sourcebook: Cross-cultural training methods, 2. Aufl., Yarmouth, ME: Intercultural Press, S. 73-79.

Kittelberger, Rainer/Freisleben, Immo (1994): Lernen mit Video und Film, Weinheim/Basel: Beltz.

Leenen, Wolf Rainer/Grosch, Harald/Groß, Andreas (Hg.) (2005): Bausteine zur interkulturellen Qualifizierung der Polizei, Münster u.a.: Waxmann.

Loewenthal, Nessa/Hayles, Robert (1999): „Going International + Valuing Diversity = Tools for Training". In: Sandra M. Fowler/Monica G. Mumford (Hg.), Intercultural sourcebook: Cross-cultural training methods, 2. Aufl., Yarmouth, ME: Intercultural Press, S. 95-106.

Meucci, Loius M./Ogami, Noriko (1999): „Cold Water: Intercultural adjustment and values conflict of foreign students and scholars". In: Sandra M. Fowler/Monica G. Mumford (Hg.), Intercultural sourcebook: Cross-cultural training methods, 2. Aufl., Yarmouth, ME: Intercultural Press, S. 107-112.

Müller-Jacquier, Bernd (2000): „Linguistic Awareness of Cultures. Grundlagen eines Trainingsmoduls". In: Jürgen Bolten (Hg.), Studien zur internationalen Unternehmenskommunikation, Leipzig: Popp, S. 20-49.

O'Reilly, Claire (2006): „Film, media and intercultural learning: an evolving picture". SIETAR Journal 2, Themenheft: Kinder und interkulturelle Begegnung, S. 35-38.

Summerfield, Ellen (1993): Crossing Cultures through Film, Yarmouth/ME: Intercultural Press, (Nachdruck 1999).

Sussman, Nan M. (1999): „Training with video: Taking your product into the Japanese Market". In: Sandra M. Fowler/Monica G. Mumford (Hg.), Intercultural sourcebook: Cross-cultural training methods, 2. Aufl., Yarmouth, ME: Intercultural Press, S. 87-94.

Zeigler, Lee (2000): Film and Video Resources for International Educational Exchange, 2. Aufl., Yarmouth, ME: Intercultural Press.

Filmografie (Auswahl)

Englischsprachige Lehrfilme

„A Different Place: The Intercultural Classroom", Produktion: Intercultural Resource Corporation, 1993.

„A World of Differences: Understanding Cross-Cultural Communication", Produktion: University of California, Berkeley, 1997.

„Blue-Eyed" (Film über Jane Elliott), Regie: Bertram Verhaag, 1995.

„Cold Water", Regie: Noriko Ogami, Produktion: Intercultural Press, 1987.

„Crosstalk (Mosaic)", Regie: John Gumperz, Produktion: BBC Videos for Education and Training, 1979 und 1991.

„Crosstalk at Work", Regie: John Gumperz, Produktion: BBC for Business, 1990.

„Cultural Diversity: At the Heart of Bull", Produktion: Bull Worldwide Information Systems, 1992.

„Doing Business in Latin America Series", Produktion: Big World Inc., 1994ff.

„Doing Business in Southeast Asia Series", Produktion: Big World Inc., 1997.

„Four families", Regie: Margaret Mead, Produktion: National Film Board of Canada, 1959.

„Global One Series", Produktion: Big World Inc., 1999.

„Going International", Produktion: Griggs Production, 1983.

„On Intercultural Competence: Better Together Than A-P-A-R-T", Autor/Regie: Milton J. Bennett, Produktion: Intercultural Resource Corporation, 1996.

„Performance Appraisal Across Cultures – Crosstalk 2" (original full version of part 1, „Crosstalk at Work"), Produktion: BBC for Education and Training, 1991.

„Valuing Diversity Series", Produktion: Griggs Production, 1987.

Deutschsprachige Produktionen

„Das Fest des Huhnes", Regie: Walter Wippersberg, Produktion: ORF Landesstudio Oberösterreich, 1992.

„Der Neger Weiß", Regie: Michael Günther, 1994.

„Expedition nach Germanistan", Regie: Hans Günther Oesterreich, Produktion: Radio Bremen, 1976.

„Internationales Teambuilding – Trainingsmodule mit linguistisch begründeten Analysen interkultureller Situationen" (13 Kurzfilme und Begleitmaterial), Regie: Bernd Müller-Jacquier, Produktion: bfz – Berufliche Fortbildungszentren der Bayerischen Wirtschaft und TMT Bayreuth, 2000.

„Trainingsfilme zur interkulturellen Fortbildung für die Polizei" (6 Kurzfilme), Produktion: Fachhochschule Köln, 1998ff.

4.11 Der Lehrfilm KUSTOS – ein Praxisbericht

Nik Oberlik

Einen Lehrfilm zu drehen ist ein teurer Kraftakt mit ungewissem Ausgang. Didaktische Zielsetzungen begegnen Anforderungen künstlerischer Freiheit unter den technischen Bedingungen audiovisueller Gestaltung (Summerfield 1993; Zeigler 2000). Insofern ist ein solches Produkt immer ein Experiment, das sich nur bedingt theoriegeleitet gestalten lässt (Schlickau 2000, 2001). Hier wird dargestellt, welche Überlegungen dem Film „Studieren für zwei" des Projekts KUSTOS (Kultur- und Studienorientierung für internationale Studierende[1]) an der Humboldt-Universität Berlin zu Grunde lagen, welche Herausforderungen auf dem Weg zu bewältigen waren und welche Effekte der Einsatz des Films erzielt.

Rahmenbedingungen

Die Verbindung von Wissenschaft und Kunst wurde durch eine Psychologin (Bea Schramm, Absolventin der Humboldt-Universität) und einen australischen Regisseur (Mark Howett) auf eine produktive Basis gestellt. Sie entwarfen gemeinsam das Skript, aus dem unter redaktioneller Begleitung des Instituts für die Didaktik interkulturellen Handelns e.V. (www.indik.de) das Drehbuch entstand. Die Figuren des Films wurden zum Teil von professionellen Schauspielern, zum Teil durch engagierte Laiendarsteller besetzt. Die Abteilung Internationales hat die Finanzierung gewährleistet und wenige inhaltliche Rahmenbedingungen formuliert. Dazu gehörte, dass die Darstellung von ‚critical incidents' (siehe Utler/Thomas i.d.B., Kap. 4.6) von ausländischen Studierenden im akademischen Alltag im Vordergrund stehen sollte. Dieser Umstand wird später noch eine Rolle spielen, denn dies führte zu einer Darstellung der Situation ausländischer Studierender, die nicht dem Idealbild ent-

---

1   Siehe www.kustos.hu-berlin.de; interessierte Leser können den Film nach vorheriger Anmeldung beim Autor unter www.hu-berlin.de/moodle → Kurs: „Let's start" anschauen.

sprach. Der Film sollte auf die Orientierungsphase internationaler Austausch-studierender ausgerichtet sein, gleichzeitig aber auch Mitarbeitern in der Verwaltung die Perspektive der Studierenden aufzeigen. Aus didaktischen Gründen war wichtig, dass einzelne Sequenzen autonom verwendet werden konnten, also nicht das Narrativ des Films Voraussetzung zum Verständnis einzelner Szenen wurde. Geplant war ein Film von ca. 10 Minuten Länge – als Ergebnis wurden jedoch aus über sechs Stunden Material 21 Minuten Film zusammengefügt. Es wurde nicht der Anspruch gestellt, dass der Film allein, d.h. ohne Moderation sowie Vor- und Nachbereitung wirken soll. Vielmehr war er als eine auf den emotional-affektiven Zustand der Betrachter ausgerichtete Form der kulturellen Sensibilisierung geplant.

Die Handlung

Kyoko aus Japan und Lorenzo aus Italien erleben ihren ersten Tag an der Humboldt-Universität. Zwei ‚Säulenheilige‘ der internationalen Bildung, Erasmus von Rotterdam und Alexander von Humboldt, steigen – Geistern gleich – wortwörtlich von ihren Podesten herab und begleiten die beiden Studierenden bei der Immatrikulation, im Wohnheim, auf der Suche nach Lehrveranstaltungen und bei der Kontaktaufnahme mit anderen Studierenden. In diesem Tag sind somit Ereignisse verdichtet, die dem studentischen Betrachter sehr vertraut sind und gleichzeitig ein gewisses Unbehagen erfahrbar machen sollen, das sich durch die Analyse kulturell differenter Hintergründe der Akteure erklären lässt. Der Film schließt in einer Kneipe in Berlin-Friedrichshain, wo Kyoko und Lorenzo jeder für sich Kommilitonen gefunden haben, die ihnen helfen, den Studienstart zu bewältigen. Die beiden Geister – die zunächst skeptisch waren, ob ihre jungen Nachfolger den Einstieg in das Studium meistern würden – machen sich zufrieden auf den Weg, zurück auf ihre Podeste in der Universität.

Struktur(en) des Films

Die Reduktion komplexer Wirklichkeit ist von wesentlicher Bedeutung bei jeder Art kultureller Sensibilisierung (Holzbrecher 1995; Lueger/Froschauer 2007). In vielen Trainingsmethoden abstrahiert man von tatsächlichen Handlungen, um z.B. die Wirkung isomorpher Attribution aufzuzeigen (Cortes 2004; Fowler/Blohm 2004). In audiovisuellen Medien erfolgt die Reduktion der Wirklichkeit nicht durch Abstraktion, sondern durch Verdichtung mit Hilfe filmtechnischer Mittel (Dramaturgie, Schnitt, Kamera etc.). Im hier beispielhaft besprochenen Film wird die Komplexität der einzelnen Szenen schrittweise aufgebaut: die ersten drei Minuten sind konsequent ohne Sprache und zeigen nur das Eintreffen der ausländischen Studierenden an der Hochschule und deren erste Orientierung. Die Regieanweisung an die Schauspieler dazu lautete: „Schaut euch an, was die anderen Menschen hier in der Eingangshalle des Hauptgebäudes machen und macht es nach": Das Studieren von meterlangen Wegweisern und Pinnwänden mit irrelevanten Informationen oder das Rütteln an verschlossenen Türen, über denen groß „Information" steht, sind Beispiele für ausgeführte Handlungen. Dem Zuschauer ist die Situation klar, lange bevor das erste Wort fällt. Es folgt die Einführung der beiden Geister und durch sie die sprachliche Einführung in die Problematik. Anschließend werden Kyoko und Lorenzo parallel in verschiedenen, weitgehend geschlossenen Sequenzen begleitet. Hierzu wurde der Fokus auf explizit kritische Momente (und damit verbundene Interaktionen) gesetzt: die falschen Dokumente bei der Immatrikulation, die Fahrkartenkontrolle in der Straßenbahn, das Telefonat nach Hause, die unendliche Suche nach Seminarräumen usw. Im Laufe des Tages lernen beide jedoch andere Studierende kennen, und der Film schließt mit einer Art ‚Happy End' im Berliner Nachtleben, wo sowohl Kyoko wie auch Lorenzo bereits in das studentische Leben eingebunden sind. Während der Gesamthandlungsstrang fiktiv ist – was durch das komischsurreale Element der beiden Geister noch verstärkt wird –, bemühen sich die einzelnen Sequenzen um einen möglichst authentischen Wiedererkennungswert für studentische Betrachter.

Um dem Bedarf der Studierenden an Sachinformationen zum Studienbeginn gerecht zu werden, steht der Film nach den Trainings in einem eigens dafür eingerichteten Kurs der zentralen Lernplattform der Hochschule zum Anschauen zur Verfügung. Dabei wird der Film an neun Stellen unterbrochen und auf Mausklick öffnet sich jeweils eine zusätzliche Webseite mit Fragekomplexen zu ‚Sprachkurse', ‚Semesterticket', ‚Stundenplan', ‚Einführungsveranstaltungen' etc. Dies erlaubt im Training, den Fokus auf die kulturell beeinflussten Interaktionsprozesse zu lenken, da sich die Sachinformationen später selbständig erwerben lassen.

Einbindung in die Trainings

Grundlage für diesen Film sind Trainings, die das Projekt KUSTOS an der Humboldt-Universität seit 2004 entwickelt und umsetzt. Entsprechend ist die Hauptzielgruppe studentisch. In mehr als der Hälfte der jährlich 15–20 Trainings konzentrieren die Trainer interkulturelle Aspekte des Universitätsalltags auf eintägige Sensibilisierungsmaßnahmen und verbinden die Thematik mit dem notwendigen Faktenwissen (Sprechstunden, Kontaktmöglichkeiten zu Deutschen, Bedeutung von Seminaren und Vorlesungen etc.). Daran haben (ausländische) Studierende zu Studienbeginn das größte Interesse. Die Bedeutung einer interkulturellen Sensibilisierung wird zu diesem Zeitpunkt von den Studierenden selten erkannt. Oft genug kommt es vor, dass Studierende mitten im Training aufbrechen wollen, weil sie für Bibliotheksführungen oder andere Informationsveranstaltungen angemeldet sind. Es fehlt diesen Studierenden einfach die Möglichkeit, das Training (selten angeboten, mit Kosten verbunden, Warteliste) in seiner Bedeutung mit Bibliotheksführungen oder dgl. (regelmäßig, kostenlos, freier Zugang) zu vergleichen und angemessen einzuschätzen. Da es so schwierig ist, Studierenden die abstrakte Bedeutung interkultureller Sensibilisierung zu vermitteln, wird sehr viel Wert auf die emotional-affektive Seite der Vermittlung gelegt. Da das Medium Film auf andere Art mit Komplexität und Abstraktion umgeht, gelingt es ihm, Identifikationen der Betrachter mit den Protagonisten herzustellen.

KUSTOS versteht seine Arbeit nicht als Defizit-Reduktion bzw. reine Kompetenzerweiterung ausländischer Studierender, sondern als Sensibilisierung zweier oder mehr Seiten für komplexe Interaktionsprozesse. Das Ziel ist es, allen Beteiligten den praktischen Zugewinn durch die Veränderung des Blickwinkels und die Vielfalt der Perspektiven aufzuzeigen. Dies bedeutet, dass weitere Personenkreise in Beratungssituationen (z.b. studentische Hilfskräfte in der Funktion als Wohnheimtutoren, Fachtutoren, Mentoren, etc.) und fest angestellte Mitarbeiter an den Schnittstellen zur Beratung, Betreuung und Verwaltung ausländischer Studierender wichtige Zielgruppen darstellen. Die Ausrichtung auf mehr als eine Zielgruppe war von erheblichem Einfluss auf die inhaltliche Gestaltung des Films.

‚Aufzeigen', ‚Blickwinkel', ‚Perspektive' sind Vokabeln, die bereits darauf verweisen, wie stark visuell der Prozess der Sensibilisierung geprägt ist. Spätestens seit eine sehbehinderte Studentin an einem interkulturellen Training teilgenommen hat), wurde bei KUSTOS deutlich, wie stark visuell die Methoden und Inhalte der Trainings ausgerichtet sind. Die KUSTOS-Trainer setzen insbesondere Interaktionsprozesse (Simulationen, Kleingruppenarbeit, Fallanalysen), Reflexionsphasen und kognitive Inputs ein. Anstoß und Vorbild für den Film waren interkulturelle Lehrfilme des Forschungsschwerpunkts Interkulturelle Kompetenz an der Fachhochschule Köln (Professur Wolf Rainer Leenen). Auffällig an diesen Filmen ist insbesondere ihre besondere Dramaturgie. Gegen Ende dieser kurzen Lehrfilme steht der Betrachter immer wieder vor der Frage, wie aus einer alltäglichen Situation ein vermeintliches Desaster (‚critical incident') werden konnte. Das offene Ende ermöglicht den Trainern, die bei den Betrachtern aufkommenden Fragen systematisch und theoriegeleitet in einem interaktiven Prozess mit den Teilnehmenden zu klären.

Theoretische Aspekte interkulturellen Lernens mit audiovisuellen Materialien

Aus unserem Verständnis heraus manifestiert sich die Bedeutung kultureller Differenz in erheblichem Maße in der Verbindung von kognitiv-rationaler

Wahrnehmung mit affektiv-emotionaler Verarbeitung im Prozess der Erfahrungsgewinnung (Matsumoto et al. 2001). Die große Herausforderung bei interkultureller Sensibilisierung ist der Umstand, dass die Komplexität individuell wahrgenommener Wirklichkeit durch eine Art ‚Filter' reduziert wird. Diese ‚Filter' sind kulturell geprägt und arbeiten weitgehend unbewusst. In einem interkulturellen Training werden diese unbewussten Verarbeitungsprozesse an die Oberfläche geholt und systematisch analysiert. Dabei werden Fallbeispiele zu eigenen Erfahrungen in Beziehung gesetzt. Moderatoren arbeiten dann die Eckpunkte der Analogien heraus, welche die Teilnehmenden zunächst vielleicht spontan nur als Gefühl formulieren. Diese Analyse erfolgt, wie oben bereits erläutert, auf einem relativ hohen Abstraktionsniveau, was wiederum die Anwendbarkeit erschwert. Dem wird mit praktisch relevanten Beispielen – hier aus dem Studienalltag – begegnet, d.h. die Erfahrungen der Studierenden werden, soweit es geht, in das Training einbezogen. Bei der Vorführung des Films bedeutet dies, immer wieder den Studierenden ‚über die Schulter zu schauen', so dass man sich als Betrachter zwar vielleicht nicht selbst direkt betroffen fühlt, aber dennoch Empathie für die studentischen Protagonisten empfindet.

Reduktion komplexer Wirklichkeit versus hoher Grad an Identifikation

Wie bereits erläutert, behandelt ein Film, der reale Situationen der Studierenden verdichtet wiedergibt, das Komplexitätsproblem auf einem anderen Niveau als andere didaktische Instrumente zur kulturellen Sensibilisierung. Ein Film kann Realität wesentlich komplexer darstellen als Simulationen, schriftliche Fallbeispiele oder kognitive Inputs. Bei der Auswertung von Szenen, welche die Studierenden selbst als wichtig und relevant erkennen, kann man erheblich problemorientierter auf die Bedürfnisse der Betrachter eingehen. Der grundsätzliche medientheoretische Ansatz hierbei ist, dass die Betrachter aus der Filmsituation Muster von Handlungsabfolgen ableiten. Je nach Gewicht und Häufigkeit der Situation kann ein solches Muster zu einer Art kulturellem Skript werden.

Ein einfaches Beispiel im Film ist die Suche nach der Toilette: Kyoko fragt eine Studentin auf dem Flur: „Entschuldigen Sie, könnten Sie mir vielleicht sagen, wo man sich hier etwas erfrischen kann?" Die Studentin, sichtlich gleichermaßen bemüht zu helfen wie verwirrt, was die Kommilitonin mit „erfrischen" meinen könnte, zeigt vage hinter sich und sagt: „Mmh, schau mal da hinten!" Die kulturell verschiedenen Sprechhandlungen der Erkundigung nach einer Toilette führen hier zu einer halb fehlschlagenden Kommunikation. Die Reaktion der Studentin ist vage, weil sie nicht versteht, was gesucht wird. In der filmischen Darstellung dauert die Sequenz insgesamt knapp 10 Sekunden. Dies reicht jedoch völlig aus, sich als Betrachter in die Situation von Kyoko hinein zu versetzen: Eine vage Richtungsangabe hilft zwar, bereitet jedoch nicht darauf vor, was dann passiert:

Kyoko landet vor einer Tür, an der sowohl das männliche als auch das weibliche Symbol für Toilette angegeben sind – jeweils mit einem Pfeil versehen: „Geradeaus" und „Nach rechts". Dahinter befindet sich ein Flur, der zu den Toiletten führt. Eine derartige Kennzeichnung für Toiletten ist an der Humboldt-Universität einmalig, und kommt in Deutschland relativ selten vor. Aber wie kann die Studentin aus Japan das wissen? Entscheidend ist, dass jemand, der aus dem Ausland kommt, bei einer relativ einfachen Handlung auf Hilfe angewiesen ist und eine erhebliche Verunsicherung erfährt. Nicht zu unterschätzen ist auch der Umstand, dass die Summe der vielen, an sich unbedeutenden und dennoch verwirrenden Begebenheiten den Studierenden das „Kulturschock"-Phänomen sehr viel plastischer vor Augen führen kann als die rein kognitive Vermittlung von Kulturschock-Modellen (z.B. Oberg 1960; Grove/Torbiörn 1985).

Die Begegnung mit dem Verwaltungsapparat der Hochschule ist ein weiteres Beispiel für eine seltene, aber wichtige Situation: Gerade für grundständige Studierende ist dies der erste und oft einzige Kontakt mit der Verwaltung bis zur ersten Prüfung. Studierende berichten oft vom Eindruck, dass Service und Unterstützung mangelhaft sind: Man wird von Pontius zu Pilatus geschickt, die Behördensprache der Sachbearbeiter und in Formularen kommt Nicht-Muttersprachlern wenig entgegen. Selten hat man alle wichtigen Unterlagen beim ersten Mal dabei, und die Mitarbeiter erwecken dann den Eindruck, dass man selbst daran Schuld ist, wenn man z.B. nicht weiß, was eine „Hochschulzugangsberechtigung" ist oder wie man seinen Stundenplan erhält. Im Film werden insgesamt drei solcher Kontaktsituationen gezeigt, wobei sich der Erfolg der Interaktion und der Grad an Freundlichkeit der Mitarbeiter unterscheiden.

Rezeption

Der Film wird mittlerweile mit großer Regelmäßigkeit in den Trainings für internationale Studierende eingesetzt. Meist wird nach Ende des Films applaudiert, dann schließt sich eine längere Einheit mit Fragen der Betrachter an, die in ein systematisches Debriefing durch den Trainer übergeht. Eindeutig ist, dass sich viele Studierenden sehr schnell mit den beiden studentischen Protagonisten identifizieren können.

Ein wesentlicher Effekt, der auch in den Trainings durch interaktive Methoden verstärkt wird, ist, dass die Studierenden sich mit ihren Problemen nicht mehr alleine sehen, sondern beginnen, nach den Mustern und Mechanismen zu suchen, wie es zu den „critical incidents" kommt. Hier kann die

Anwendung der Ergebnisse des Debriefings in Rollenspielen gleich geübt werden. Der Film ermutigt zudem durch sein Finale, bei dem beide Protagonisten mit anderen Studierenden abends in einer Bar über ihre Ziele und Studienpläne reden, sich aktiv mit anderen Studierenden in Verbindung zu setzen und dabei kulturellen Differenzen Respekt zu zollen. Zudem werden Fragen nach der Kultur der Deutschen aufgeworfen, die sich aber in einer Gruppendiskussion leicht differenzieren lassen. Die Frage, was Deutsche gemeinsam haben, um sie von anderen zu unterscheiden, überwiegt nach diesem Film nicht mehr. Vielmehr geht die Diskussion oft in die Suche nach einem Gleichgewicht in der Bewertung von Kultur, Situation und Person über.

Bei der Frage nach der wichtigsten Szene werden sehr unterschiedliche Sequenzen des Films angeführt. Die Immatrikulationsszenen werden gleichwohl am häufigsten genannt. Überraschend für das KUSTOS-Team war der Umstand, dass zwischen den drei Verwaltungsmitarbeiter/innen wenig differenziert wird, obwohl man eine Tendenz zunehmender Schärfe in der Darstellung der Rollen angelegt zu haben glaubte.

Der Grund für die Aufnahme dieser Szenen in den Film war, dass das Verwaltungspersonal an deutschen Hochschulen einen relativ schlechten Ruf hat (s.o.). Auf der einen Seite hat man mehrheitlich Stimmen, die sagen: „Bei mir war es genau so!", während es immer auch Personen gibt, die die Mitarbeiter/innen als zu unfreundlich dargestellt empfinden. Ebenso wird fair darauf verwiesen, dass die gezeigten Verwaltungsmitarbeiter/innen im Vergleich zu Angestellten in entsprechenden Positionen in den Heimatländern auf jeden Fall noch sehr freundlich seien.

Die Rezeption seitens der Mitarbeiter/innen an Hochschulen ist gänzlich anders: In der Regel ist direkt nach den drei Immatrikulationsszenen der Gesprächsbedarf schon so groß, dass eine erste Auswertung erfolgt. Zwei Rezeptionsstränge müssen geklärt werden: Die einen halten diese Szenen für die Darstellung der Wirklichkeit aus der Sicht der Filmemacher und sind entsprechend misstrauisch. Andere akzeptieren, dass dieses Bild eine Summe von Annahmen vieler Studierender über die Verwaltungsangestellten darstellt, also ein Produkt von Vorurteilen ist. Die Erarbeitung der Bedeutung dieser Perspektiven ist ein behutsamer Prozess, der sich nach dem Bedarf der gesamten Gruppe richtet.

Bei der ersten Präsentation des Films führten die drei Szenen zu einer Diskussion innerhalb der Abteilung Internationales: Nach Betrachten des Films war man ungehalten darüber, dass die gezeigten kritischen Interaktionen ein derart negatives Bild von der Hochschule zeichnen. Seitens der Abteilung Internationales war man bis zu diesem Zeitpunkt davon ausgegangen, dass der Film die positiven Seiten des Betreuungsapparates hervorheben solle. Diese Einstellung hat sich jedoch nach einem Jahr der Anwendung sehr verändert: Auf der Jahrestagung des DAAD 2007 wurde der Film vor knapp 20

Leitern von Auslandsämtern deutscher Universitäten präsentiert. Auch hier wurde die Filmvorführung nach diesen drei Szenen unterbrochen. Aus der Gruppe heraus wurde akzeptiert, dass diese Szenen dem einen oder anderen Mitarbeiter gelegentlich den Spiegel vorhielten. Insgesamt ist diese Betrachtungsweise ein deutliches Zeichen für die Akzeptanz und das Einsetzen von Sensibilisierungsprozessen. Erleichtert aufgenommen wird gleichwohl, dass internationale Studierende das erzeugte Bild keineswegs rundum teilen. Dies ermöglicht es, über die Prozesse zu sprechen, die zur Entstehung dieses Bildes führen, und Möglichkeiten zu erörtern, auf dieses Bild verbessernd einzuwirken.

Fazit

Wie zu Beginn festgestellt, ist die Entwicklung des Films ein Experiment gewesen. Als Trainer kann man lernen, einen solchen Film auf verschiedene Art und Weise einzusetzen, um bestimmte Bereiche, Begriffe oder Problemfelder zu analysieren. Die Anwendung ist dabei nicht auf eine Interpretation festgelegt, sondern durch die Gruppenzusammensetzung und Tageskondition sowie den Erfahrungshintergrund der Teilnehmer/innen und Trainer/innen sehr unterschiedlich. Der Film schafft es unseren Erfahrungen nach tatsächlich, eine Verbindung zwischen kognitiv-rationalen Beschreibungen und emotional-affektiven Zuständen herzustellen. Dies gilt zumindest für einen großen Teil der studentischen Betrachtergruppe. Die Mitarbeiter/innen des Auslandsamtes sind verständlicherweise insgesamt distanzierter als die Studierenden. Es kommt jedoch auch hier zu Reflexions- und Sensibilisierungsprozessen, die es ermöglichen, in Trainings vertiefende Fortschritte für den sensibleren Umgang mit internationalen Studierenden zu erzielen.

Literatur

Cortes, Carlos E. (2004): „Media and Intercultural Training". In: Dan Landis/Janet M. Bennett/Milton J. Bennett (Hg.), Handbook of intercultural training, Thousand Oaks: Sage publications, S. 266-286.

Fowler, Sandra M./Blohm, Judith M. (2004): „An analysis of methods for intercultural training". In: Dan Landis/Janet M. Bennett/Milton J. Bennett (Hg.), Handbook of intercultural training, Thousand Oaks: Sage, S. 37-84.

Grove, Cornelius L./Torbiörn, Ingemar (1985): „A new conceptualization of intercultural adjustment and the goals of training". International Journal of Intercultural Relations 9 (2), S. 205-233.

Holzbrecher, Alfred (1995): „Die Wahrnehmung des Anderen als pädagogische Herausforderung: Zur Gestaltung interkultureller Zwischenräume".

Politisches Lernen 17 (3-4), S. 47-60, http://www.sowi-online.de/methoden/dokumente/holzbrwahrn.htm, 21.01.2010.

Lueger, Manfred/Froschauer, Ulrike (2007): „Film-, Bild- und Artefaktanalyse". In: Jürgen Straub/Arne Weidemann/Doris Weidemann (Hg.), Handbuch interkulturelle Kommunikation und Kompetenz, Stuttgart/Weimar: Metzler, S. 428-438.

Matsumoto, David/LeRoux, Jeff/Ratzlaff, Charlotte/Tatani, Haruyo/Uchida, Hideko/Kim, Chu/Araki, Shoko (2001): „Development and validiation of a measure of intercultural adjustment potential in Japanese sojourners: the Intercultural Adjustment Potentials Scale (ICAPS)". International Journal of Intercultural Relations 25 (5), S. 483-510

Oberg, Kalervo (1960): „Culture shock: adjustment to new cultural environments". Practical Anthropology 7, S. 177-182.

Schlickau, Stephan (2001): „Praxis und Analyse interkultureller Kommunikation durch Video und Videokonferenz: Lernpotenziale und Anforderungen". Zeitschrift für Interkulturellen Fremdsprachenunterricht 6 (2), http://zif.spz.tu-darmstadt.de/jg-06-2/beitrag/schlickau1.htm, 21.01.2010.

Schlickau, Stephan (2000): „Video und Videoconferencing zur Sprach- und Kulturvermittlung: Lernpotenziale und empirische Beobachtungen". Zeitschrift für Interkulturellen Fremdsprachenunterricht 5 (2), http://zif.spz.tu-darmstadt.de/jg-05-2/beitrag/sschlick1.htm, 21.01.2010.

Summerfield, Ellen (1993): Crossing cultures through film, Yarmouth/ME: Intercultural Press.

Zeigler, Lee (2000): Film and video resources for international educational exchange. 2. Aufl., Yarmouth/ME: Intercultural Press.

4.12 E-Learning

JÜRGEN BOLTEN

‚E-Learning' und ‚Blended Learning' bezeichnen Lehr- und Lernformen, die durch digitale Medien unterstützt werden und die als Medium der Lernzielrealisierung in der Regel das Internet verwenden. Der Mehrwert für interkulturelles Lernen liegt dabei auf der Hand, da die ureigene Aufgabe des Internet, nämlich internationale Vernetzung zu initiieren, unmittelbar in den Lernprozess eingebunden werden kann.

Vor diesem Hintergrund geht es in den folgenden Überlegungen darum herauszuarbeiten, in welcher Form und auf welcher theoretischen Basis E-Learning vor allem in der Hochschullehre für die Ausbildung interkultureller Kompetenz nutzbar gemacht werden kann und welche Möglichkeiten derzeit bestehen, E-Learning zur Vermittlung interkultureller Kompetenz einzusetzen. Der Aufriss einer ‚Methodenlandkarte' soll in diesem Zusammenhang angesichts der Vielfalt netzbasierter interkultureller Aufgaben- und Trainingstypen Orientierung ermöglichen und gleichzeitig Hilfestellungen bieten, wenn es darum geht zu entscheiden, welche Übungstypen in einem bestimmten kulturellen Kontext sinnvoll einsetzbar sind und welche eher nicht.

Methoden interkultureller Kompetenzvermittlung sind kulturspezifisch

Aus methodologischer Sicht hat die Nutzbarmachung des Internets für die interkulturelle Kompetenzvermittlung einen Umdenkungsprozess forciert, der die interkulturelle Lehr-/Lernforschung in den kommenden Jahren vermutlich kräftig aufmischen wird. Dadurch, dass interkulturelle Lerninhalte per Knopfdruck weltweit abruf- und einsetzbar sind und interkulturelle Trainings via Virtual Classroom (s.a. Fetscher i.d.B., Kap. 4.13) gleichzeitig mit weltweit verteilten Partnern durchgeführt werden können, fallen auch die kulturellen Grenzen, die bislang eine Art ‚Gebietsschutz' für vor allem US-amerikanisch und in jüngerer Zeit auch westeuropäisch geprägte Trainingskonzepte sichergestellt haben.[1] Offenkundig wird dabei das Paradox, dass Methoden interkultureller Kompetenzvermittlung bislang in der Regel nicht interkulturell (ausgehandelt) sind, sondern dass sie die Kulturspezifik ihres Konzeptualisierungskontextes meist unreflektiert in die Welt hinaustragen. Dieser euroamerikanische Ethnozentrismus interkultureller Trainingsforschung und -praxis wird ansatzweise zwar bereits kritisch diskutiert (vgl. Sinha/Vohra/Singhai/ Sinha/Ushashree 2002; Bolten 2006, 2007), wirkt aber dennoch gerade dort sehr nachhaltig, wo gegenwärtig – wie in vielen osteuropäischen und asiatischen Hochschulen – beim Aufbau interkultureller Studienangebote primär auf ‚westliche' Lehrmaterialien und Curricula zurückgegriffen wird. Dass mittelfristig kein ‚fit' zwischen westlichen Methoden und nicht-westlichen Handlungskontexten garantiert werden kann, zählt zu den Erfahrungstatsachen interkultureller Forschung und Praxis. Es sollte Mahnung genug sein, rechtzeitig mit einer *gemeinsamen* Verständigung der jeweils Beteiligten über die Angemessenheit der verwendeten Methoden zu beginnen. Unterbleibt dies, besteht – wie häufig bei nicht-dialogisch durchgeführten Transformationsprozessen – die Gefahr, dass der erhoffte Erfolg ausbleibt. Angelastet wird dies dann allerdings in der Regel nicht dem ausgebliebenen interkulturellen Methodendiskurs, sondern dem Gegenstandsbereich selbst; zu Unrecht, denn nicht die interkulturelle Kommunikationsforschung ‚an sich' trägt in diesem Fall für das Misslingen Verantwortung, sondern nur derjenige Teil der Forschung, der sich selbst (und seine Methodik) nicht interkulturell reflektiert.

Auch in diesem Sinn kann die Transparenz, die der Einsatz netzbasierter Medien bietet, hilfreich sein, um kulturell unterschiedliche Lehr- und Lernstile z.B. auf dem Wege von Aufgabensammlungen zu dokumentieren und um Diskussionen über zielgruppenspezifisch angemessene Methodenentwicklungen anzuregen (Dathe 2005, 2007).

Methoden interkultureller Kompetenzvermittlung: Eine Dokumentation am Beispiel einer ‚Methodenlandkarte'

Da die Wahl einer Lehr-/Lernmethode grundsätzlich vom jeweiligen Lernziel, vom Lerninhalt, von den Zielgruppen und dem aktuellen Lehr-/Lernkontext abhängig ist (siehe Abb. 1), kann es auch – und gerade – im Bereich der interkulturellen Kompetenzvermittlung keine ‚richtigen' oder ‚falschen', sondern nur mehr oder weniger angemessene Methoden und Aufgabentypen geben – genau so, wie interkulturelle Kompetenz selbst stets nur unter kulturspezifischem Vorzeichen denkbar ist.

---

1 Vgl. den kurzen Abriss der Geschichte der interkulturellen Kommunikationsforschung bei Moosmüller (2007: 45ff.; sowie Moosmüller 2006).

Abbildung 1: Methoden im Spannungsfeld ihrer Bedingungsfaktoren

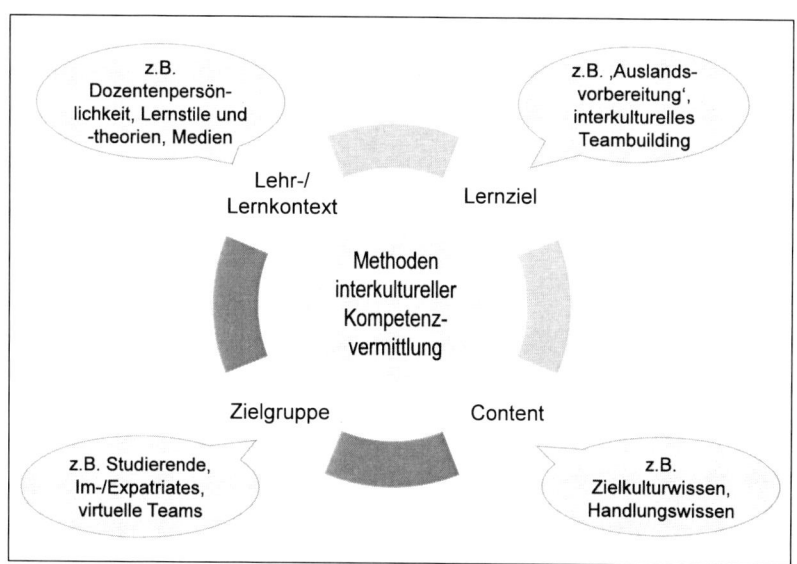

Inwieweit eine Lehr-/Lernmethode in einem bestimmten kulturellen Kontext angemessen ist oder nicht, steht darüber hinaus in einem engen Zusammenhang mit der jeweiligen historischen Verankerung von Lernstilen und Bildungsentwicklungen: Jeder Methode liegt eine bestimmte Lerntheorie und jeder Lerntheorie ein bestimmter erkenntnistheoretischer Kontext zugrunde. Sind die erkenntnistheoretischen Prämissen kulturellen Handelns z.B. vorwiegend erfahrungsorientiert, so werden die in diesem Kontext entwickelten Lerntheorien voraussichtlich nicht primär kognitionsorientiert ausgerichtet sein. Ebenso ist es unwahrscheinlich, dass ein erkenntnistheoretisches Umfeld, das strikt auf dem Glauben an eine zweiwertige Logik aufgebaut ist, lerntheoretisch und methodisch konstruktivistische Modelle generieren würde.

Um der Vielfalt der Methoden und der kontextbezogenen Offenheit ihres Gebrauchs gerecht werden zu können, erscheint für die Praxis eine Dokumentation der Möglichkeiten sinnvoll, wie z.B. Lerninhalte und Methoden im Bereich der interkulturellen Kompetenzvermittlung kombinierbar sind.

Auf der *Lerninhaltsebene* lassen sich bei Maßnahmen zur interkulturellen Kompetenzentwicklung im Wesentlichen drei Gegenstandsbereiche unterscheiden:

• Kulturunspezifische Lerninhalte: Der Bezug auf konkrete reale kulturelle Kontexte fehlt hier oder dient lediglich zur Veranschaulichung, um z.B. Grundlagen des Handelns in fremden Umgebungen erklären zu können.

- Kulturspezifische Lerninhalte: Im Mittelpunkt der inhaltlichen Arbeit stehen konkrete Kulturen und Kulturvergleiche (z.B. Länder, Unternehmen etc.)
- Interkulturelle Lerninhalte: Kern des Gegenstandsbereichs ist hier der interkulturelle *Prozess*.

Auf der *Methodenebene* bietet sich ebenfalls die Einteilung in ein eher grobes Raster an, um Spielraum für die unzähligen kulturspezifischen Methodenrealisierungen (und Kombinationsformen) zu wahren. Unterschieden werden können hier:

- *Learning by distributing/Teaching by instruction* mit einer eher lehrzentrierten Orientierung,
- *Learning by interacting* mit einer stärkeren Betonung des Lernprozesses,
- *Learning by collaboration* i.s. einer offenen, deutlich geringer gesteuerten und lerntheoretisch eher konstruktivistisch untermauerten Methode.

Führt man Lerninhalts- und Methodenbereiche in einer Matrix zusammen, erschließen sich Lehrziele, die für aktuelle Programme interkultureller Kompetenzvermittlung als gängig angesehen werden können:

Tabelle 1: Lerninhalt-Methoden-Matrix

inter-kulturell	Interkulturalität thematisieren/ analysieren	Interkulturalität initiieren	Interkulturelle Zusammenarbeit realisieren/moderieren
kultur-spezifisch	kulturspezifisches Wissen vermitteln	kulturspezifische Erfahrung initiieren	
kulturun-spezifisch	Verständnis für Fremdverstehens-prozesse vermitteln	allgemeine Fremdheitserfahrungen ermöglichen	
	Learning by distributing	*Learning by interacting*	*Learning by intercultural collaboration*

Realisiert werden die Ziele mittels einer Vielfalt von Aufgaben- und Übungstypen. Die meisten stammen aus dem euro-amerikanischen Raum und haben hier in gewisser Weise auch bereits einen Kanonisierungsprozess durchlaufen.

Verortet man sie in der Lerninhalt-Methoden-Matrix, ergibt sich nachstehende ‚Methoden-Landkarte':

Tabelle 2: Übungs- und Aufgabentypen im Bereich der interkulturellen Kompetenzvermittlung

inter-kulturell	u.a. Culture Assimilator; Analyse interkultureller Fallstudien/Diskurse	u.a. interkulturelle Planspiele; interkulturelle Projektarbeit	u.a. offene interkulturelle Planspiele; offene Tandemprojekte
kultur-spezifisch	u.a. „Area Studies"; Übungen zu länderspezifischem Wissen; Kulturstandards	u.a. bedeutungsanalytische Praxisforschung, Field-Trips	
kulturun-spezifisch	u.a. Kurse zu interkulturellen Handlungstheorien und zu Kulturtheorien	u.a. Rollenspiele/ Simulationen zur Sensibilisierung	
	Learning by distributing	*Learning by interacting*	*Learning by intercultural collaboration*

In der Praxis ist die Zuordnung der Aufgaben- und Übungstypen freilich nicht so eindeutig, wie es die Einteilung in Strukturebenen nahe legt. Jedes der genannten Beispiele ist in Hinblick auf die jeweilige Ausprägung seiner Lehr- bzw. Lernzentrierung innerhalb einer bestimmten Spanne variabel umsetzbar, so dass z.B. Kulturstandards durchaus auch unter methodisch interaktivem Vorzeichen vermittelt werden können.

Allerdings geht es auch weniger um eineindeutige Zuordnungen als vielmehr um eine Dokumentation des Zusammenhangs von Aufgabentyp, Lernziel, Lerninhalt und Methode. Je nach Zielgruppe und den spezifischen Kontexten ihrer Bildungsentwicklung (Lernstilsozialisation) lässt sich mit Hilfe der Matrix in passfähiger Weise auf eine konkrete Gruppe von Lernern kultursensibel reagieren. Darüber hinaus bietet sie sich an, im Sinne eines offenen Pools weitere Aufgabenbeispiele und Methodenspezifikationen – vor allem auch nicht-westlicher Provenienz – zu lokalisieren. Auf dieser Grundlage ist es möglich, den methodischen Spielraum z.B. bei heterogenen Teilnehmergruppen besser zu identifizieren und bi- oder mehrkulturellen Trainerteams eine konkrete Basis bereitzustellen, um gemeinsam ein im engen Wortsinn ‚interkulturelles' Methodenrepertoire zu erarbeiten.

Wie lässt sich E-Learning bei der interkulturellen Kompetenzvermittlung einsetzen?

Betrachtet man die ‚konventionellen' Realisationsformen der Methoden interkultureller Kompetenzvermittlung aus der Perspektive der Möglichkeiten, die das E-Learning bietet und wie netzbasierte Medien in diesem Zusammenhang verwendet werden, lassen sich vor allem drei Nutzungsszenarien unterscheiden, die ihrerseits eng mit der Entwicklungsgeschichte des E-Learning, andererseits aber auch mit dem beschriebenen Methodenspektrum interkultureller Kompetenzentwicklung verknüpft sind, nämlich E-Learning by distributing, E-Learning by interacting und E-Learning by collaboration (vgl. Gröhbiel/ Schiefner 2006: 7; Bolten 2007: 757):

Tabelle 3: Phasenentwicklung des E-Learning

Zeitraum	um 1990	seit ca. 1995	seit ca. 2003
Internet-entwicklung	‚CBTs' → Web 1.0	⟶	Web 2.0
E-Learning-Phase	E-Learning by distributing	E-Learning by interacting	E-Learning by collaboration (E-Learning 2.0)
Beziehung Lehrende - Lernende	Sender-Empfänger-Orientierung des Verhältnisses zwischen Lehrenden und Lernenden	Lerner-Feedback und -Interaktion im Rahmen des Blended Learning und der Plattformkommunikation; problemorientiertes Lernen, Lehrende und Lernende in der bidirektionalen Rolle von Sender/Empfänger	Selbstbestimmt-informelles Lernen in Communities als Ergänzung zum gesteuerten Lernprozess; „open education", Peer-Learning; Lernende als Lehrende, Lehrende als Lernende
Medien	Skripte, Präsentationen, gesteuerte (semi-interaktive) WBT-Lernmodule	Lern-/Content-Managementsysteme, interaktive Simulationen, Lernplattformen	Community Software, Virtual Classroom, Blogs, Wikis, u.a.

Wie sich zeigen lässt, besteht der Mehrwert aller drei Szenarien in einer deutlichen Transparenzverbesserung aufgrund der einfacheren Zugänglichkeit und der raumzeitlichen Unabhängigkeit bei der Bearbeitung von Lernressourcen.

Während das E-Learning by distributing und das E-Learning by interacting zu Modifikationen, aber nicht zu grundsätzlichen Neuentwicklungen von Aufgaben- und Übungstypen geführt haben, ist ein solcher qualitativer Mehrwert beim E-Learning by collaboration dadurch gegeben, dass das Internet hier über die Funktion reiner Inhaltsvermittlung hinaus eine Beziehungsfunktion zugewiesen bekommt: Interkulturalität wird via E-Learning nicht nur thematisiert, sondern auch praktiziert.

Die Abfolge der drei Phasen der Geschichte des E-Learning (siehe Tab. 3) lässt sich vor diesem Hintergrund einerseits als ein Prozess verstehen, in dem die reine Sach- oder Lerninhaltsorientierung sukzessive durch die Akzentuierung von Beziehungsaspekten ergänzt wird. Gleichzeitig sinkt die Steuerungskapazität von Content-Anbietern und Lehrenden. Auf diese Weise können über die Kollaboration in und zwischen virtuellen Gemeinschaften (Online-Communities) ‚Kulturen' bzw. ‚Inter-Kulturen' generiert werden, wie es in diesem Umfang auf anderem Wege zumindest im globalen Maßstab nicht vorstellbar wäre.

Jedoch stellt die zu wesentlichen Teilen lernerinitiierte und -inszenierte Gestaltung eines ‚Social Learning Web (2.0)' nur im Hinblick auf ihre technologischen Grundbedingungen einen *state of the art* dar. Was didaktisch und methodisch daraus gemacht wird, muss an die Lehr-/Lernkultur der Beteiligten angepasst werden. Dies lässt sich sicherlich nicht standardisieren, und wie die technischen Voraussetzungen im Einzelfall genutzt werden, hängt unter anderem von der kulturspezifischen Akzeptanz des Mediums, von technischen Zugangsmöglichkeiten, von Lern- und Kommunikationsstilen, von Interaktionsgewohnheiten, aber auch von individuellen Einstellungen und Werten ab. Von daher sind die beschriebenen Entwicklungsphasen nicht als qualitative Stufenfolge zu verstehen. Sie koexistieren selbst in einem so eng abgesteckten Bereich wie dem des deutschsprachigen E-Learning; gerade weil sie je nach Nutzergruppe in sehr unterschiedlicher Weise als mehr oder minder bedarfsgerecht eingeschätzt werden (vgl. Mayrberger 2008: 166).

Vor dem Hintergrund der Frage, wie sich E-Learning und Blended Learning auf die Gestaltung ‚konventioneller' Aufgaben- und Übungstypen zur interkulturellen Kompetenzvermittlung auswirken können, soll es im Folgenden zunächst darum gehen, die Lerninhalt-Methoden-Matrix (siehe Tab. 2) aus der Perspektive des E-Learning-Phasenmodells (siehe Tab. 3) zu überprüfen und ggf. um neue Aufgaben- und Übungstypen zu ergänzen[2].

---

2 Die nachfolgend jeweils in Fußnoten angegebenen Beispiele für Internet-Bezugsquellen stehen exemplarisch für eine in der Regel sehr große Vielzahl von Webadressen, die auch aus Gründen der Lesbarkeit des Textes hier nicht in größerem Umfang aufgeführt werden können. Die Webadressen finden Sie aus diesem Grund ebenfalls in Fußnoten.

E-Learning by distributing

Am Anfang der Entwicklung des E-Learning stand der Wunsch der Nutzer, Informationen und Wissen in komprimierter Form erhalten und Lernprozesse unabhängig von Präsenzveranstaltungen ‚just in time, just in place' durchführen zu können. Seit der Durchsetzung des PC in der zweiten Hälfte der achtziger Jahre erfüllen diesen Zweck auch im Bereich der interkulturellen Kompetenzvermittlung vor allem auf CD publizierte Computer Based Trainings (CBT[3]). Ergänzt und teilweise ersetzt wurden sie seit den neunziger Jahren im Zuge der umfangreicheren Nutzung des Internets durch Web Based Trainings (WBT). Die Lernziele, die mit den beiden medialen Formen auf der Ebene des instruktiven Lernens realisiert werden können, unterscheiden sich allerdings nur wenig.

Kulturunspezifische Lerninhalte

E-Learning-Angebote zu kulturunspezifischen Lerninhalten beziehen sich im Bereich des Learning by distributing vor allem auf gestreamte Vorlesungen zu kulturtheoretischen und kulturanthropologischen Themen (Interkulturelles Portal[4]), auf ‚interaktive'[5] Lernmodule zur allgemeinen interkulturellen Sensibilisierung, zu Themen der interkulturellen Kommunikations- und Handlungsforschung (ebd.; DAAD[6]) oder zum Konfliktmanagement („Global Campus 21"[7]). Eine einfache, sehr häufig genutzte Form netzbasierten E-Learnings besteht in der Aufbereitung thematisch strukturierter Textsammlungen, die als Downloads abrufbar sind und beispielsweise für das Selbststudium verwendet werden (IDA-NRW[8]; IKF[9]). Die – über alle drei Lerninhaltsebenen hinweg – umfangreichste Textsammlung für den deutschsprachigen Raum bietet derzeit die Digitale Bibliothek des Interkulturellen Portals[10].

---

3 http://www.sietar.de/SIETARproject/CDROMcourses.html#Topic29
4 http://www.interkulturelles-portal.de/studieren
5 ‚Interaktiv' bezieht sich hier auf die Mensch-Maschine-Kommunikation: Es müssen im Rahmen der Verständnisüberprüfung von gelerntem Wissen z.B. Richtig-/Falsch-Entscheidungen getroffen werden.
6 Siehe Deutscher Akademischer Austauschdienst: http://eu-community.daad.de/ elearning.0.html
7 http://gc21.inwent.org/de/index.jsp
8 Informations- und Dokumentationszentrum für Antirassismusarbeit in Nordrhein-Westfalen: http://www.ida-nrw.de/projekte-interkulturell-nrw/such_ja/08mame_1/h inter_m.htm
9 Institut für Kommunikationsforschung: http://www.master-ik.ch/index.php?opti on=com_content&task=view&id=175&Itemid=545
10 http://www.interkulturelles-portal.de

Kulturspezifische Lerninhalte

Materialien und Aufgaben mit länderkundlichen oder kulturvergleichenden Inhalten dürften gegenwärtig den Hauptanteil der verfügbaren E-Contents, d.h. über das Internet zugängliche Lerninhalte und -materialien, bilden (Korhonen 2003). Dies reicht von landeskundlichen CD- und Videodokumentationen über Hörbücher, Podcasts z.b. mit Interviews von Expats[11], Videocasts[12] und Länderquizzes[13] bis hin zu interaktiv konzipierten Lernmodulen zur Alltagskultur in unterschiedlichen Ländern (interculture.de e.V.[14]; TMC[15]). Kulturvergleichende Themen werden in Form von Download-Aufgabenblättern, multiple-choice-Übungen oder als komplexere Selbstlernmodule mit Aufgabenteilen und Feedbackfunktion angeboten[16].

Interkulturelle Lerninhalte

Im Bereich des distributiven/instruktiven Lernens zielen interkulturelle Lerninhalte auf eine meist reflexive Auseinandersetzung mit den Besonderheiten interkulturellen Handelns. Wie bei Präsenzangeboten, so dominieren auch bei den Online-Ressourcen Fallstudien mit ‚Critical Incidents‘ bzw. Culture-Assimilator-Übungen[17] oder Online-Videos, in denen interkulturelle Missverständnisse thematisiert werden[18]. Der große Vorteil des Internet besteht – und das gilt für alle Contenttypen – in der Transparenz, die Lernenden und vor allem auch Lehrenden in Bezug auf die äußerst große Vielfalt an Lernmaterialien geboten wird. Auch wenn es sich dabei häufig um nicht-didaktisierte Materialien handelt, ist der Wert für Selbststudienzwecke nicht zu unterschätzen; vor allem dann nicht, wenn die Materialien selbst z.B. über Verlinkungen hilfreiche Vernetzungen aufweisen.[19]

Hinsichtlich ihrer didaktischen Umsetzung bleiben die bearbeiteten Materialien wie z.B. interaktive Lernmodule häufig deutlich hinter den Möglichkeiten zurück, die vergleichbare Präsenzaufgaben oder Trainingstypen bieten. Das hängt vor allem damit zusammen, dass die meisten Übungen mit bedienerfreundlichen, aber funktionsbezogen eingeschränkten Autorensystemen er-

---

11 http://www.podcast.at/podcast_culturesofa_77065.html
12 http://www.magazine-deutschland.de/videoplay.php?lang=deu; http://www.ed-it.de
13 http://www.how-to-bow.com
14 http://www.e-interculture.de
15 Training Management Corporation: http://www.tmcorp.com/Online-Learning/Web-Courses/37/
16 http://www.ikkompetenz.thueringen.de; http://www.kompetenz-interkulturell.de
17 http://www.ikkompetenz.thueringen.de; http://www.interkulturelle-case-study.info
18 http://video.aol.com/video-detail/interkulturelle-missverstndnisse/1097074808
19 Vgl. weiterführend: Zawacki-Richter/Hasebrook (2005).

stellt werden (z.B. „Hot Potatoes"[20]). Die Palette der angebotenen Aufgabentypen (Multiple Choice, Richtig-/Falsch, Drag & Drop) ist dabei aufgrund be-
grenzter technischer Möglichkeiten schmal und läuft mehr oder minder auf
ein Reiz-Reaktions-Lernen im Sinne der klassischen Mensch-Maschine-
Kommunikation hinaus.

Genuin neue Aufgabentypen ergeben sich durch den Rückgriff auf E-
Medien im Bereich des Learning by distributing im Grunde nicht. Für inter-
kulturelles Lernen nutzbar gemacht werden können jedoch neue mediale
Formen, die im Web 2.0-Kontext entstanden sind, wie z.B. Blogs, Pod- und
Videocasts. Sie ermöglichen eine einfachere Produktion und bessere Zugäng-
lichkeit von interkulturellen Trainingsfilmen, Länderberichten, Experten-
Interviews etc.

E-Learning by interacting

Seit der zweiten Hälfte der neunziger Jahre hat sich im E-Learning die Verwendung von Lernplattformen durchgesetzt, womit die Lernszenarien einen
deutlich interaktiveren Charakter erhalten haben: Neben der Kommunikation
zwischen Lehrenden und Lernenden im Rahmen von E-Tutoring, individueller Aufgabenbewertung und Lernberatung betrifft dies auch die Kommunikation der Lernenden untereinander. Lernplattformen geben ihnen die Möglichkeit, selbst aktiv an der Gestaltung von Lernprozessen mitzuwirken – sei es
als Autor von Lerntagebüchern und Forenbeiträgen oder als Chat-Teilnehmer.

Das im distributiv orientierten E-Learning asymmetrisch geprägte Dozen-
ten-Lerner-Verhältnis gewinnt vor allem dort an gemeinsamer ‚Augenhöhe',
wo Lernprozesse nicht mehr ausschließlich von den E-Learning-Anbietern
bzw. Lehrenden organisiert und durchgeführt werden, sondern wo sich Lernende eigeninitiativ – sei es online oder in Präsenzform – zu Arbeitsgruppen
zusammenschließen.

Beispielhaft genannt werden kann in diesem Zusammenhang der von der
Akademie für Interkulturelle Studien (AIS) initiierte Hochschulverbund „Interkulturelles Lernen im Netz"[21]. Seit 2005 im- und exportieren die am Netzwerk
beteiligten Hochschulen untereinander gestreamte Vorlesungen (mit Folien-
präsentationen, Manuskripten und Aufgaben) sowie interaktive Lernmodule
zu interkulturellen Themen und leisten – dem Erstellerprinzip folgend – zudem eine komplette Betreuung der Studierenden auf der Plattform. Dazu zählen Korrekturen kleinerer Aufgaben, die Betreuung von Seminararbeiten und
die kontinuierliche Diskussion mit den Studierenden zu festgesetzten Terminen im Chat oder im Virtual Classroom. Wird eine Online-Veranstaltung an

---

20 http://hotpot.uvic.ca/index.php#downloads
21 http://www.interkulturelles-portal.de/studieren

mehreren Hochschulen gleichzeitig angeboten, können fachliche Fragen von den Studierenden im Chat oder im Forum hochschulübergreifend erörtert werden[22]. Bei www.intercultural-campus.org ist dieses Prinzip länderübergreifend realisiert und teilweise auch curricular verankert: Studierende an Hochschulen u.a. in Bulgarien, China, Dänemark, Deutschland, Italien, Polen und den USA erarbeiten zu interkulturell relevanten Themen Forenbeiträge, so dass Interkulturalität hier in der Lernerinteraktion sowohl thematisiert als auch erfahren wird.

In dieser Generierung von Interkulturalität besteht auch der eigentliche Mehrwert eines netzbasierten Learning by interacting im Rahmen der interkulturellen Kompetenzvermittlung. Genuin ‚neue' Aufgaben- oder Übungstypen sind gegenüber entsprechenden Präsenzveranstaltungen in diesem Bereich auf keiner der drei Lerninhaltsebenen zu finden. Die in interkulturellen Trainings sehr oft verwendeten fiktiven Rollenspiele und Simulationen zur allgemeinen interkulturellen Sensibilisierung sind zwar in Form von computeranimierten Spielen konstruierbar, würden aber aufgrund der mangelnden realen Interaktion keinen Mehrwert beinhalten. Hier dient das Netz eher als transparenter Ressourcenpool für entsprechende Download-Materialien[23].

Aus der Perspektive eines interaktionsorientierten methodischen Ansatzes liegt der Mehrwert des E-Learnings dementsprechend weniger in der Unterstützung von face-to-face-Szenarien als im Bereich der schriftlichen Interaktion. Außer den genannten Chat- und Foren-Interaktionen oder dem Kommentieren von Blogs zu interkulturellen Themen[24] bieten sich unterschiedlichste Varianten netzbasierter Projektarbeit an. Hierzu zählen Web Inquiry Projects als interaktivere Form von WebQuests[25], Projekte, die auf der Bearbeitung, Diskussion oder curricularen Einbindung von Videocasts beruhen[26] oder die – wie das Projekt „Eustory"[27] – dazu dienen, z.B. durch die Übersetzung von Geschichtsdarstellungen aus anderen Ländern Fremdperspektiven in Hinblick auf den eigenen kulturellen Kontext einnehmen und diskutieren zu können.[28]

---

22 Vollständige Studiengänge mit interkulturellen E-Contents werden bislang nur im Bereich der Wissenschaftlichen Weiterbildung durchgeführt wie z.B. das einjährige Zertifikatsstudium „Interkultureller Trainer und Coach" (http://www.interculture.de/trainerzertifikat.htm) oder das „Diploma Interkulturelle Kommunikation" (http://www.ikf.ch). Die Regel sind allerdings eher kleinere zertifizierte Distance-Learning-Modulkombinationen (z.B. http://s36945028.eins undeinsshop.de/shopdata/0110_Global+Business/produktuebersicht.shopscript)
23 So z.B. http://www.ikkompetenz.thueringen.de
24 Siehe etwa http://www.glocallife.org
25 Siehe http://webquest.org/index.php
26 http://www.goethe.de/ins/de/prj/sad/deindex.htm; http://www.youtube.com/watch ?v=Yg2KY7Nue8M
27 http://www.eustory.eu
28 S.a. http://landeskunde.wordpress.com/tag/interkulturelle-kompetenz/

E-Learning by collaboration

Die Grenze zwischen Learning by interacting und Learning by collaboration ist fließend und daher schwer bestimmbar: Kollaborative Methoden schließen interaktive Ansätze ein, öffnen dabei aber die Lernszenarien hin zu größerer Lernerverantwortung, Lernerinitiative und Prozesshaftigkeit. Auf der anderen Seite vermindert sich mit der Strukturierbarkeit des Lernprozesses auch die Steuerungskapazität der Lehrenden. Lernen ist deutlich weniger inhaltsfixiert und transzendiert Laborkontexte bzw. semiauthentische Lernumgebungen zu Gunsten von Aktivitäten im realen (interkulturellen) ,Feld': Interkulturelles wird nicht nur thematisiert oder im geschützten (Labor-)Raum experimentell zugänglich gemacht, es wird vielmehr zum Kern selbstverantwortlicher Praxiserfahrung. Was aus methodologischer Sicht Schlagworte wie ,Open education' oder ,informelles Lernen' assoziieren lässt, steht nicht nur in einem engen Zusammenhang mit der seit 2002 vollzogenen Etablierung des „Web 2.0" (Kerres 2006), sondern wäre – vor allem im Bereich des interkulturellen Lernens – ohne diese Entwicklung auch nur schwer denkbar.

Charakterisiert ist die dritte Entwicklungsphase des E-Learning weniger durch einschneidende technologische Innovationen als vielmehr durch veränderte Formen der Nutzung bereits vorhandener ,tools'. In digitaler Form neu arrangierte Mediennutzungsmöglichkeiten zielen auf die Einbindung des (vormals eher rezeptiven) Nutzers in Interaktions- bzw. Kooperationsgemeinschaften des Einzelnen, mit anderen Usern zusammenzuarbeiten und selbst als Impulsgeber aktiv zu werden – sei es beim kooperativen Verfassen von Wikis[29], als Mitwirkender beim Social Tagging[30] (Kepp/Schorr/Wormser-Hacker/Lenz 2008), als Experte und Moderator in virtuellen Welten wie „Second Life"[31] oder als Akteur in grenzüberschreitend durchgeführten interkulturellen Projekten[32].

---

29 Ein Wiki ist eine gemeinschaftlich bearbeitete Website, die oft aus hunderten oder tausenden Einzelseiten besteht. Wikis können von allen Besuchern kommentiert und editiert werden.

30 Unter ,Tagging' versteht man ein gemeinschaftliches Indexieren von ,Open Educational Resources' wie z.B. im Netz zugänglichen Texten. Kulturübergreifendes Tagging bricht ethnozentrische Perspektiven z.B. auf wissenschaftliche Texte zu Gunsten einer Dokumentation hermeneutischer Vielfalt.

31 Siehe http://www.slideshare.net/mrueckel/lernen-in-second-life; inzwischen haben auch deutsche Universitäten „Second Life" als virtuellen Bildungs- und Handlungsraum entdeckt (Pohlke 2007; Fischer 2008). Für interkulturelles Lernen wird „Second Life" bislang indes kaum genutzt: Ende September 2008 waren lediglich 10 Gruppen zum Suchwort „interkulturell" aktiv. Dies mag auch an dem Retortencharakter der handelnden ,Avatare' liegen.

32 Siehe http://www.etwinning.de; netzbasierte interkulturelle Projekte scheinen vor allem im schulischen Bereich eine Zukunft zu besitzen (vgl. http://myeurope .eun.org).

In allen Fällen geht es darum, individuelles Wissen bzw. Erfahrungen mit anderen zu teilen und gemeinsame Szenarien zu schaffen, um selbst davon zu profitieren. Die Bezeichnung ‚Social Software' erscheint vor diesem Hintergrund durchaus zutreffend (Leidl/Müller 2008): Sie signalisiert die Bereitschaft zu offenem und synergieorientiertem Handeln. Insofern ist die These von der ‚Individualisierung des Internet' auch keineswegs im Sinne des Schlagworts „Generation Me" (Twenge 2006) zu verstehen. Der einzelne Nutzer mag zwar als Person viel stärker in den Vordergrund treten, eben weil die Trennungslinien zwischen Privatheit und Öffentlichkeit fließend werden (Kerres 2006). Er behält aber seinen Wissensvorsprung nicht für sich, kapselt sich nicht als ‚Wissender' von ‚Nichtwissenden' ab, so dass er gleichzeitig seine eigene Position zurücknimmt und relativiert.

Aktuelle Modelle internetgestützten Lernens reagieren auf die ‚neuen' Nutzungsmöglichkeiten des Web 2.0 unter der Bezeichnung „E-Learning 2.0" Sie tragen vor allem der zunehmenden Wertschätzung von informellen Ansätzen zur Kooperation und Kollaboration in Gruppen Rechnung. Diese ‚Communities' zeichnen sich dadurch aus, dass sie „spontaner, weniger geplant und gesteuert, dezentral und selbstorganisiert" (Wolf 2006: 2) agieren. Dem Arbeiten mit vorgegebenen Lerninhalten steht hier informelles, selbstinitiatives Lernen gleichberechtigt zur Seite. Die Lernenden avancieren aufgrund ihrer kollaborativen Vernetzung zu Wissensproduzenten und Wissensmanagern und übernehmen damit zumindest partiell selbst die Steuerung ihres Lernprozesses. Lehrende sind folglich auch weniger als ‚Trainer' denn als Tutor, Coach oder Moderator gefragt: Sie nehmen als kooperierende Mitspieler des ‚Social Web' die Rolle von Lernpartnern ein, deren Wissensvorsprung zwar gerne, aber keinesfalls unhinterfragt akzeptiert wird.

Ein in dieser Weise ‚offenes' Lernszenario bietet vor allem für interkulturelles Lernen zwei zentrale Vorteile: Bezogen auf die Lerninhaltsebene verbessert es die Zugänglichkeit von Lern- bzw. Trainingsmaterialien und schafft im Sinne des Web 2.0 einen grenzüberschreitend nutzbaren Pool von „Open Educational Resources" (Oberhuemer/Pfeffer 2008). Im Hinblick auf die Ebene des Lernprozesses trägt es entscheidend dazu bei, dass interkulturelle Zusammenarbeit unabhängig von *face-to-face*-Kontexten generiert werden kann (Fischlmayr 2008) – ein Sachverhalt, der gerade in monokulturellen Präsenzlernumgebungen von größter Bedeutung ist.[33]

Dennoch gibt es aus methodologischer Sicht auch einen gewichtigen Einwand gegen ein interkulturelles E-Learning by collaboration. Mit Blick auf ein interkulturelles E-Learning-Projekt, das im britisch-chinesischen Kontext

---

33 In Deutschland gilt dies z.B. für die meisten der neuen Bundesländer: Bei einem Ausländeranteil von < 2% wie z.B. in Thüringen oder Sachsen-Anhalt ist der Einsatz des E-Learning 2.0 bei der interkulturellen Kompetenzvermittlung nahezu unverzichtbar.

durchgeführt wird, warnt eine der Initiatorinnen sehr eindringlich vor der Gefahr eines „educational imperialism" (Banks 2006: 72), der vor allem aus einer fehlenden Reflexion der Kulturspezifik von Lehr-/Lernstilen resultiere: „The global development of e-learning often ignores the issue of cultural difference" (ebd.). Am Beispiel eines in diesem Projekt entwickelten britisch-chinesischen Online-Kurses verweist sie auf die grundlegenden erkenntnis- und lerntheoretischen Differenzen, mit denen die Beteiligten versuchen, ein gemeinsames Produkt zu erarbeiten:

„There were contrasting views on e-learning pedagogy between the UK and the Chinese teams. [...] A key aspect of the UK's theoretical approach to e-learning is a social-constructivist view of learning that also considers the situativity of learning processes. [...] Consequently in our design approach to e-learning we put more emphasis on the learning community and dialogic processes and less on the production of learning materials and pre-defined learning outcomes. In our model the teachers are also the course developers. The Chinese approach to e-learning has been strongly influenced by instructional systems design that supports learning as the acquisition of propositional knowledge. [....] In the Chinese model, the production of e-learning is separated from the learning and teaching process and there is little online communication and group work. On the other hand, the online class size in China is about 10 times larger than in the UK so there is an issue of scalability and practicability and whether the UK model of an online learning community would be successful in China." (Banks 2006: 73f.)

„To provide a ‚bridge' between two pedagogies" (ebd.: 74) ist folglich eine unter methodologischen Gesichtspunkten sehr dringliche und ernstzunehmende Aufgabe, wenn kollaboratives interkulturelles Lernen erfolgreich sein soll.[34] Deutlich stärker als im Bereich des Präsenzlernens (z.B. Projekttrainings mit multikulturellen Gruppen) sind im E-Learning die Betreuer gefordert, metamethodisch zu arbeiten, d.h. interkulturelle Methoden interkultureller Zusammenarbeit nicht nur ‚auszuhandeln', sondern auch permanent zu korrigieren und der interkulturellen Lernsituation so anzupassen, so dass bei keinem der Beteiligten der Eindruck eines „educational imperialism" entsteht. Ein ‚Methodenmix' (vgl. Weller 2002), der im Sinne eines ‚best of all' synthetisch operiert, wird in diesem Zusammenhang allerdings in den wenigsten Fällen erfolgreich sein, weil dabei in der Regel Bestandteile unterschiedlicher Denk- und Lernsysteme vermischt werden, die außerhalb ihres eigenen Systemzusammenhangs ihre Wirkung verlieren oder gar absorbiert werden.

Aussichtsreicher erscheint es dagegen, einen Rahmen kollaborativen Lernens zu konstruieren, der aufgrund seines offenen Spektrums einerseits von allen Beteiligten als verbindlich akzeptiert werden kann, der andererseits aber

---

34 Vgl. auch Lally/McConnell/Banks 2006 und Liaw 2006.

auch – z.B. bezogen auf die Lerninhalt-Methoden-Matrix – eine so große Vielfalt an verschiedenen Lehr-/Lernoptionen einschließt, dass innerhalb dieses gemeinsamen Rahmens kulturell unterschiedlichen Lern-, Denk- und Kommunikationsstilen Rechnung getragen wird. Konkret bedeutet dies, dass kollaborative Methoden gerade aufgrund ihrer geringen Steuerungskapazität durchaus auch interaktive und instruktive Ansätze einschließen können – und zwar in unterschiedlicher, den beteiligten Zielgruppen jeweils angemessener Gewichtung: Das Ziel der interkulturellen Zusammenarbeit ist ein gemeinsames, die Realisationswege und damit auch die eingesetzten Methoden, Übungsformen und Lehr-/Lernarrangements können durchaus verschieden sein (und je nach Zielgruppe in dieser kulturbedingten Verschiedenheit auch mit den Teilnehmern reflektiert werden).

Das interkulturelle E-Planspiel „InterCulture 2.0"

Wie ein solches multimethodisches Setting konzeptuell im Hochschulkontext realisiert werden kann, soll abschließend am Beispiel des an der Universität Jena entwickelten E-Learning Wirtschaftsplanspiels „InterCulture 2.0" kurz skizziert werden[35].

In „InterCulture 2.0" interagieren 4 Teams à 3-4 Teilnehmer. Die Teams (z.B. Seminargruppen oder Unternehmensteams) befinden sich während des Planspiels mit jeweils einem lokalen ‚Präsenz'-Coach an vier unterschiedlichen Standorten der Welt. Sie sind via Lernplattform und Virtual Classroom miteinander verbunden. Jedes Team repräsentiert in dem Planspiel ein Unternehmen, das sich auf dem Weltmarkt für Trinkflaschen etablieren möchte. Da der Markt von einem fünften (computergesteuerten) Unternehmen monopolisiert wird, besitzen die Planspielunternehmen nur unter der Voraussetzung eine reale Marktchance, dass jeweils zwei von ihnen kooperieren. Bezogen auf den Handlungsrahmen sind dies die einzigen Spielvorgaben. Die Unternehmen müssen in diesem Szenario sowohl fachlich (betriebswirtschaftlich) als auch interkulturell kompetent handeln, um u.a. folgende Teilziele auf ihrem Weg zur Marktführerschaft zu realisieren:

- Kooperationsbedingungen mit einem Team aus einer anderen Kultur aushandeln und festlegen (Entwurf gemeinsamer Handlungsleitlinien);
- gemeinsam Investitions- und Vertriebsentscheidungen treffen;
- gemeinsame Projekte virtuell realisieren (z.B. Erstellen einer gemeinsamen Werbeanzeige; Entwurf einer Stellenausschreibung anfertigen).

Die Teilnehmer arbeiten dabei in fremdsprachigen und interkulturellen Kontexten sowie in unterschiedlichen Zeitzonen. Wie im realen Wirtschaftsalltag,

---

35 Siehe http://www.intercultural-campus.org

geht es auch im Planspiel darum, das eigene Unternehmen möglichst optimal auf dem Weltmarkt zu positionieren.

Die betriebswirtschaftlichen Entscheidungen (Finanzierung, Produktion, Absatz) werden am Ende jeder Spielrunde in der Spielzentrale per EDV erfasst und konstituieren das Gesamtszenario (Gewinner/Verlierer). Ergänzt werden diese ‚harten' betriebswirtschaftlichen Ergebnisse durch ein Bonus-/ Malus-System in Bezug auf die ‚weichen' interkulturellen Faktoren des Handelns. Erfolgreich ist in der Regel dasjenige Team, dem es am besten gelingt, ‚harte' Faktoren (Fach- und Methodenkompetenz) und ‚weiche' Faktoren (Sozial- und Selbstkompetenz) in einer sich gegenseitig ergänzenden Form zu verknüpfen und auf diese Weise interkulturelle Kompetenz holistisch zu realisieren (Bolten 2004, 2007). Hierzu zählen u.a. die Fähigkeit, in mehrsprachigen Kontexten agieren zu können, Empathievermögen in Bezug auf ‚fremde' Kontexte, das Vermögen, interkulturelle Konflikte/Synergiepotentiale zu erkennen, Rollendistanz oder die Kompetenz, fachliche Entscheidungen auch außerhalb des ‚eigenen' kulturellen Handlungsraums in angemessener Weise treffen zu können.

Das Spiel wird in der Regel über einen Zeitraum von sieben Wochen gespielt. Live-Treffen im Virtual Classroom finden, je nachdem, innerhalb welcher Zeitzonen gespielt wird, einmal wöchentlich für 3-4 Stunden statt. Hier werden die zentralen Diskussionen zur Entscheidungsfindung geführt, und die Teilnehmer sehen sich während ihrer virtuellen Zusammenkünfte über Webcams.

Während der Woche können zwischen den Teams über die Kommunikationsinstrumente der Plattform (Chat, Forum, Pinnwand, Blog) beliebig viele weitere Kontakte stattfinden. Sie sind fakultativ, während die im Virtual Classroom stattfindenden Interaktionen zu den festen und obligatorischen Terminen der Zusammenarbeit zählen.

Von den Classroom-Interaktionen werden Bildschirmaufzeichnungen angefertigt. Sie werden zwischen den Live-Terminen von den vier lokalen Coaches via Virtual Classroom im Hinblick auf Aspekte der interkulturellen Kompetenzverbesserung der einzelnen Teilnehmer analysiert. Die in der Diskussion der Coaches als interkulturell besonders aufschlussreich bewerteten Szenen werden in der Zwischenphase geschnitten, zu einer maximal 15-minütigen Videosequenz zusammengefügt und zu Beginn der nachfolgenden Live-Session gemeinsam mit allen Teilnehmern reflektiert. Die lokalen Coaches betreuen vor Ort ‚ihre' Gruppe, verständigen sich aber während der Woche untereinander über ihr gemeinsames Vorgehen, wobei ein zentraler Punkt auch darin bestehen sollte, *interkulturelle* Methoden interkulturellen Coachings ‚auszuhandeln' bzw. die methodischen ‚Sonderwege' der lokalen Betreuung zu konturieren.

Bei der Umsetzung erweist sich die Lernplattform vor allem deswegen als hilfreich, weil sie ein ‚Content-Archiv' beherbergt, dessen Inhalte methodisch vielfältig nutzbar sind. Gerade in den Phasen zwischen den Live-Meetings können die Materialien der Plattform wie u.a. Wissensbausteine, Download-Literatur, Videos, interaktive Lernmodule, Links von den einzelnen Gruppen mit dem ‚eigenen' und gewohnten Lernstil- bzw. Methodeninventar bearbeitet werden. Auf welchem Steuerungsniveau innerhalb des instruktiv-kollaborativen Methodenspektrums dies jeweils geschieht und welche Aufgabentypen dabei eingesetzt werden, obliegt den Entscheidungen der einzelnen lokalen Coaches. Zugrundeliegen sollte diesen Entscheidungen die situationsgebundene Abwägung, mit welchen Methoden für das Team (und in späteren Phasen des Spiels für die virtuelle Team-Kooperation) der größtmögliche Erfolg erzielt werden kann. Die Reflexion des in den lokalen Teams eventuell unterschiedlichen methodischen Vorgehens – auch in Bezug auf die Nutzung der Kommunikationsinstrumente der Plattform (Chat, Mail, Skype) – ist Gegenstand der Plenardiskussionen zu Beginn der Virtual-Classroom-Meetings. Sie soll dazu beitragen, andere Strategien der Projektdurchführung in Hinblick auf deren kulturelle Verankerung kennen zu lernen, sich bewusst damit auseinanderzusetzen und ggf. mit dem kooperierenden Team neue, in diesem wörtlichen Sinn *inter*kulturelle Strategien auszuhandeln.

Der Vorteil eines in dieser Weise auf der Methoden-Landkarte gleichsam oszillierenden E-Planspiels besteht darin, dass der doppelte Mehrwert, den interkulturelles E-Learning bietet (Bolten 2007), hier auch unter methodologischen Gesichtspunkten ausgeschöpft werden kann: Im Prozess des Oszillierens wird Interkulturalität nicht nur (instruktiv) thematisiert oder (interaktiv/kollaborativ) generiert, sondern darüber hinaus in diesem Gesamtprozess auch im Hinblick auf ihre eigene Kulturspezifik transparent.

Dass ein solches multimethodisch angelegtes E-Planspiel sehr hohe Anforderungen an die Coaches stellt, steht außer Zweifel. Gleichzeitig bietet es gerade für den Bereich des virtuellen interkulturellen Teambuildings Erfahrungspotentiale (wie beispielsweise das Arbeiten unter Bedingungen der Zeitverschiebung), die im Rahmen von Präsenztrainings nicht realisierbar sind, so dass sich der höhere Aufwand rentiert: „[I]ntercultural collaboration on e-learning is demanding and time-consuming but is ultimately worth-wile, because new knowledge, creativity, insights and practices can be developed" (Banks 2006: 76).

Abschließend sei noch einmal darauf hingewiesen, dass interkulturelle Übungen bzw. Trainings immer in bestimmten kulturspezifischen Kontexten entwickelt worden sind und nicht unreflektiert in ‚fremde' Lernkontexte implementiert werden dürfen. Dieser Gefahr unterliegen E-Learning-Angebote gerade aufgrund ihrer einfachen globalen Zugänglichkeit in besonderem Maße.

Abbildung 2: InterCulture 2.0: Inhalte der Arbeitsphasen zwischen zwei Meetings im Virtual Classroom (VC)

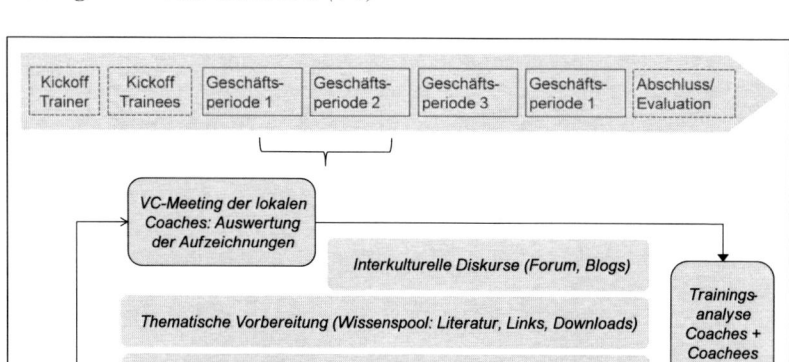

Wird die Kulturgebundenheit interkultureller Lernangebote nicht bedacht und ein Aushandeln interkultureller Methoden interkultureller Kompetenzentwicklung versäumt, schadet dies der Sache selbst: Führen interkulturelle Trainings nicht zu dem gewünschten Erfolg, werden in der Regel nicht die angewendeten Methoden in Frage gestellt, sondern die interkulturelle Kompetenzentwicklung als ganzes. Und das wird niemand wollen.

Literatur

Banks, Sheena (2006): Collaboration for inter-cultural e-learning: A Sino-UK case study. Paper im Rahmen der 23rd annual ascilite conference „Who's learning? Whose technology?", University of Sydney, http://www.ascilite. org.au/conferences/sydney06/proceeding/pdf_papers/p222.pdf, 21.01.2010.

Bolten, Jürgen (2004): „Interkulturelle Personalentwicklung im Zeichen der Globalisierung. Paradigmenwandel oder Paradigmenkorrektur?" In: Jürgen Bolten (Hg.), Interkulturelles Handeln in der Wirtschaft. Positionen – Modelle – Perspektiven – Projekte, Sternenfels: Wissenschaft und Praxis, S. 40-62.

Bolten, Jürgen (2006): „Interkulturelles Lernen mit Multimedia gestalten". In: Andreas Hohenstein/Karl Wilbers (Hg.), Handbuch E-Learning, Köln: 16. Ergänzungslieferung, Kap. 4.24, S.1-18.

Bolten, Jürgen (2007): „Interkulturelle Kompetenz im E-Learning". In: Jürgen Straub/Arne Weidemann/Doris Weidemann (Hg.), Handbuch interkulturelle Kommunikation und Kompetenz, Stuttgart/Weimar: Metzler, S. 755-763.

Dathe, Marion (2005): „Vermittlung von ‚Cultural Studies' als Blended Learning". In: Michael H. Breitner/Gabriela Hoppe (Hg.), E-Learning. Einsatzkonzepte und Geschäftsmodelle, Heidelberg: Physica-Verlag, S.129-150.

Dathe, Marion (2007): „Der Weiterbildungsstudiengang ‚Interkultureller Trainer/Coach' der Universität Jena". In: Matthias Otten/Alexander Scheitza/ Andrea Cnyrim (Hg.), Interkulturelle Kompetenz im Wandel, Frankfurt/M./London: IKO, Bd. 2, S. 327-342.

Fischer, Christine (2008): „Die Volkshochschule Goslar im Second Life". In: Andreas Hohenstein/Karl Wilbers (Hg.), Handbuch E-Learning, Köln: 26. Ergänzungslieferung, Kap. 8.29.

Fischlmayr, Iris C. (2008): „Virtual multicultural teams – A training design for behavioral factors". In: Janet Salmons/Lynn Wilson (Hg.), Handbook of research on electronic collaboration and organizational synergy, Hershey/PA: IGI Global, S. 159-176.

Gröhbiel, Urs/Schiefner, Mandy (2006): „Die E-Learning-Landkarte. Eine Entscheidungshilfe für den E-Learning-Einsatz in der betrieblichen Weiterbildung". In: Andreas Hohenstein/Karl Wilbers (Hg.), Handbuch E-Learning, Köln: 17. Ergänzungslieferung, Kap. 3.11, S. 1-20.

Kepp, Saskia-Janina/Schorr, Heidemarie/Wormser-Hacker, Christa/Lenz, Friedrich (2008): „Chatten kann jede/r. Integration von informellen Lern- und Kommunikationswegen und Social Software in ein Blended-Learning-Konzept für Lehramtsstudierende im Bereich Englische Kulturwissenschaft". In: Sabine Zauchner/Peter Baumgartner/Edith Blaschitz/Andreas Weissenbäck (Hg.), Offener Bildungsraum Hochschule. Freiheit und Notwendigkeiten, Münster: Waxmann, S. 204-213.

Kerres, Michael (2006): „Potenziale von Web 2.0 nutzen". In: Andreas Hohenstein/Karl Wilbers (Hg.), Handbuch E-Learning, Köln: 17. Ergänzungslieferung, Kap. 4.26, S. 1-16.

Klinge, Katharina (2007): Interkulturelles Training mit synthetischen Kulturen. Konzeption und Evaluation einer multimedialen Lernsoftware zur interkulturellen Sensibilisierung, Münster: Dissertation.

Korhonen, Kaisu (2003): Developing intercultural competence as part of professional qualifications. A training experiment. Paper präsentiert auf dem 10. Nordic Symposium on Intercultural Communication, Goteborg University, Sweden: Department of Linguistics, http://www.immi.se/intercultural/ nr7/korhonen-nr7.htm, 21.01.2010.

Lally, Victor E./McConnell, David/Banks, Sheena (2006): „Developing a collaborative approach to elearning design in an intercultural (Sino-UK) context". In: Helen Spencer-Oatey (Hg.), E-learning in China: China perspectives on policy, pedagogy and innovation. Education in China, reform and diversity series, Hong Kong: Hong Kong UP, S. 175-188.

Leidl, Martin/Müller, Antje (2008): „Integration von Software in die Hochschullehre. Ein Ansatz zur Unterstützung der Lehrenden". In: Sabine Zauchner/Peter Baumgartner/Edith Blaschitz/Andreas Weissenbäck (Hg.), Offener Bildungsraum Hochschule. Freiheit und Notwendigkeiten, Münster: Waxmann, S. 181-191.

Liaw, Mei-Ling (2006): „E-Learning and the development of intercultural competence". Language Learning & Technology 10 (3), S. 49-64.

Mayrberger, Kerstin (2008): „Fachkulturen als Herausforderung für E-Learning 2.0". In: Sabine Zauchner/Peter Baumgartner/Edith Blaschitz/Andreas Weissenbäck (Hg.), Offener Bildungsraum Hochschule. Freiheiten und Notwendigkeiten, Münster u.a: Waxmann, S. 157-168.

Moosmüller, Alois (Hg.) (2006): Interkulturelle Kommunikation: Konturen einer wissenschaftlichen Disziplin, Münster u.a.: Waxmann.

Moosmüller, Alois (2007): „Interkulturelle Kommunikation – quo vadis?". In: Matthias Otten/Alexander Scheitza/Andrea Cnyrim (Hg.), Interkulturelle Kompetenz im Wandel, Bd. 1, Frankfurt/M./London: IKO, S. 41-56.

Oberhuemer, Petra/Pfeffer, Thomas (2008): „Open educational recources. Ein Policy Paper". In: Sabine Zauchner/Peter Baumgartner/Edith Blaschitz/ Andreas Weissenbäck (Hg.), Offener Bildungsraum Hochschule. Freiheiten und Notwendigkeiten, Münster u.a.: S.17-27.

Pohlke, Anette (2007): Second Life as an emerging platform for intercultural education, FU Berlin, Erziehungswissenschaften, Magisterarbeit.

Sinha, Jai B.P/Vohra, Neharika/Singhai, Sushila/Sinha, R.B.N./Ushashree, S. (2002): „Normative predictions of collectivist-individualist intentions and behaviour of Indians". International Journal of Psychology 37 (5), S. 309-319.

Twenge, Jean M. (2006): Generation me: why today's young Americans are more confident, assertive, entitled – and more miserable than ever before, New York: Kindle Edition.

Weller, Martin (2002): Delivering learning on the net: The why & how of online education. Open and distance learning, London: Kogan.

Wolf, Karsten D. (2006): „Software für Online-Communities auswählen". In: Andreas Hohenstein/Karl Wilbers (Hg.), Handbuch E-Learning, Köln: 17. Ergänzungslieferung, Kap. 5.14, S. 1-28.

Zawacki-Richter, Olaf/Hasebrook, Joachim (2005): „Entwicklung interkultureller Kompetenz in internetbasierten Lernumgebungen". Quem-Bulletin 3, S. 7-12, http://www.fassnachtct.com/informationen/docs/interkultureller _kompetenz-bulletin.pdf, 21.01.2010.

4.13 Virtual Classrooms

DORIS FETSCHER

> Im Dialog ist der methodische Anfang
> unserer Erkenntnis zu denken.
> (Henne/Rehbock 1982: 10)

Im Mittelpunkt dieses Beitrags steht ein Virtual Classroom, in dem als wichtigste Ressource für interkulturelles Lernen die Heterogenität der Seminarteilnehmer verstanden und didaktisch fruchtbar gemacht wird. Der Beitrag fokussiert die Lehr- und Lernprozesse, die durch die Interaktion der Teilnehmer untereinander in Interferenz mit den Inhalten, den Möglichkeiten der Plattform und einem interkulturellen Tutoring entstehen. Die Methode versteht sich als virtuell, prozessorientiert-interaktionistisch und ressourcenorientiert und erhebt keinen Anspruch auf Vollständigkeit. Nach einer kurzen Skizzierung der Rahmenbedingungen werde ich anhand von ausgewählten Beispielen zeigen, wie interkulturelle Kompetenz in tutorierten Forumskommunikationen im Virtual Classroom vermittelt werden kann.

Als ‚Virtual Classrooms' oder ‚Virtuelle Klassenzimmer' werden in einem engeren Sinne Lernplattformen bezeichnet, die vor allem synchrone Lernprozesse ermöglichen und entsprechende Tools zur Verfügung stellen. Solche sehr komplexen und teuren Technologien stehen an Universitäten selten zur Verfügung und sind nicht für große Nutzergruppen geeignet.[1] In einem weiteren Sinn können als ‚Virtual Classrooms' Lernplattformen bezeichnet werden, die einer fest gelegten Nutzergruppe einen geschlossenen virtuellen Lernraum zur Verfügung stellen, in dem die Teilnehmer untereinander und mit den Lehrenden (Dozenten, Tutoren) in Kommunikation treten können. Als Standards haben sich hier Forum und Chat etabliert. Das Forum wird zur zeitversetzten (asynchronen) Kommunikation genutzt; der Chat bietet die Mög-

---

1   Im Fachlexikon e-le@rning werden als Ausstattung für ein Virtuelles Klassenzimmer vor allem die Funktionen Whiteboard, shared workspace und Textchat genannt (Seufert/Mayr 2002: 122).

lichkeit zeitgleicher (synchroner) Kommunikation. Der Unterschied zu Online-Kursen, an denen eine unbegrenzte und anonyme Anzahl von Usern teilnehmen kann und in denen die Lernzielkontrolle über automatisierte Tests erfolgt, liegt auf der Hand. In Virtuellen Klassenzimmern, wenn man den Begriff eher didaktisch als technisch fasst, finden Lernprozesse in geschlossenen, betreuten Gruppen und im diskursiven Austausch statt. Im Falle unseres Beispiels (s.u.) spielen die Forumskommunikationen eine zentrale Rolle. Foren haben sich mittlerweile nicht nur in der virtuellen Lehre sondern auch im Internet als wichtiges Kommunikationstool etabliert: 90 % der Studierenden, auch der ausländischen Studierenden, ist heute mit dem Medium vertraut und muss nicht, wie noch vor fünf bis sieben Jahren, erst eingearbeitet werden.[2] Die heute an den meisten Universitäten zur Verfügung stehenden Lernplattformen wie „Moodle", „Stud IP", „Olat" oder „Opal" halten diese zentralen Funktionen bereit, so dass Lehrende jeder Zeit die Möglichkeit haben, sich selbständig Virtuelle Klassenzimmer einzurichten.[3]

Rahmenbedingungen

Vom Sommersemester 2005 bis zum Wintersemester 2008 führten wir am Lehrstuhl für Deutsche Philologie/Deutsch als Zweit- und Fremdsprache der Universität Augsburg im Rahmen der Virtuellen Hochschule Bayern (vhb) das E-Learning Seminar „Interkulturelle Sensibilisierung" mit 4 SWS durch.[4] Die Virtuelle Hochschule Bayern fördert und koordiniert als sogenanntes Verbundinstitut den Einsatz und die Entwicklung multimedialer Lehr- und Lernelemente in den bayerischen Hochschulen.[5]

Das Kursprogramm der virtuellen Hochschule Bayern ist in verschiedene Fächergruppen aufgeteilt. Die *Interkulturelle Sensibilisierung* wurde der Fächergruppe Schlüsselqualifikationen zugeordnet, wie auch die beiden anderen

---

2 Eine sehr schöne Darstellung der Entwicklung dieses Kommunikationstools findet sich unter: http://aktuell.de.selfhtml.org/artikel/gedanken/foren-boards.

3 Siehe z.B. www.moodle.de; www.studip.de; https://bildungsportal.sachsen.de/opal/dmz.

4 Entwickelt wurde das Seminar von Doris Fetscher und Hans Jürgen Heringer unter Mitarbeit von Volker Hinnenkamp (Hochschule Fulda). Technisch wurde die Plattform von Sebastian Graach (Web-Learn-Gmbh) realisiert.

5 Dieses hochschulübergreifende Netzwerk stellt den Studenten der Trägerhochschulen bedarfsorientiert und entgeltfrei virtuelle Lernangebote zur Verfügung. Sonstigen Nutzern (die nicht als Studenten an den vhb-Trägerhochschulen immatrikuliert sind, aber über eine in Bayern gültige Hochschulzugangsberechtigung verfügen) stehen die vhb-Kurse gegen ein Entgelt zur Verfügung. Mit nicht-bayrischen Hochschulen kann eine Nutzung ebenfalls gegen Entgelt vereinbart werden. Die vhb wird vom Land Bayern finanziert. Die Anbieter erhalten für Studierende anderer Hochschulen Fördermittel, mit denen die tutorielle Betreuung der Lernangebote abgedeckt werden soll (s.a. Kicherer 2005).

Kurse *Interkulturelle Kommunikation* und *Menschliche Kommunikation*, die ebenfalls vom Lehrstuhl entwickelt und angeboten wurden. Entsprechend musste mit einer breit gefächerten Nutzergruppe mit heterogenen Wissensvoraussetzungen gerechnet werden. Bei den Studierenden des Lehrstuhls selbst handelte es sich vorwiegend um internationale Studierende. Studierende anderer Hochschulen, die am Seminar teilnahmen, waren meist deutscher Herkunft.

Die virtuelle Hochschule Bayern stellt außer einer Plattform zur Verwaltung des Kursangebots und zur Registrierung der Studierenden keine Technologie zur Verfügung. Die Anbieter müssen über eigene Server verfügen und diese auch verwalten. Es gibt keine standardisierte Lernplattform. Dies entspricht einer für Deutschland typischen bottom-up-Bewegung im E-Learning im Gegensatz zum Beispiel zu Finnland, wo in top-down-Bewegungen E-Learning-Standards flächendeckend eingeführt und finanziert wurden. E-Learning-Kurse wurden und werden an deutschen Hochschulen meist autodidaktisch entwickelt und erprobt, wie auch im Falle unseres Projekts[6]. Dadurch ist in Deutschland eine sehr heterogene Produktlandschaft entstanden. Standardisierung, Evaluation und Qualitätssicherung gestalten sich entsprechend problematisch. Eine Bezugnahme oder ein Vergleich mit anderen E-Learning Kursen wird deshalb in meinem Beitrag auch nicht vorgenommen[7]. Auch private Fortbildungsinstitute bieten inzwischen immer häufiger E-Learningkurse mit interkulturellen Inhalten an[8]. Diese Angebote sind meist stark content-basiert, und es finden sich kaum Best-Practice Beispiele in der Literatur, in denen

---

6   Ausbildungen zum E-Learning Master, die die notwendigen Qualifikationen vermitteln, gibt es an deutschen Hochschulen und hochschuldidaktischen Zentren meines Wissens noch nicht. Im Rahmen von Studiengängen wie Medien und Kommunikation werden Teilgebiete unterrichtet. Häufig stellen Hochschulen zwar Lizenzen für Autorenprogramme bereit, bilden aber nicht fundiert im Bereich der technischen Umsetzung und didaktischen Konzipierung von E-Learning Kursen aus und schaffen meist keine Stellen für qualifizierte Mitarbeiter, die das wissenschaftliche Personal im Bereich E-Learning umfassend unterstützen. Vor allem in den Geisteswissenschaften ist das Medium immer noch wenig erprobt und sein Einsatz in der Lehre kaum erforscht. Die Mediendidaktikerin Reinmann-Rothmeier verweist 2003 in ihrem Buch *Didaktische Innovation durch Blended Learning* immer wieder ganz speziell auf die Situation in den Geistes- und Sozialwissenschaften und auf die Innovationsbarrieren in den Hochschulen hin.

7   Jürgen Bolten gibt in seinem Artikel „Interkulturelle Kompetenz im E-Learning" (Bolten 2006: 755-763) einen guten Überblick über Angebote im Non-Profit- und im Hochschulbereich.

8   Leider können diese Kurse nicht einfach gesichtet werden, so dass keine Aussagen zur Qualität möglich sind. Einer der ersten kommerziellen Anbieter eines interkulturellen Online-Trainings im größeren Stil ist der Engländer Richard D. Lewis (siehe http://www.crossculture.com).

Lehr- und Lernprozesse in Interferenz mit den jeweiligen Inhalten und Kommunikationstools transparent gemacht bzw. dokumentiert werden. Eine starke Fokussierung auf ‚Contents' (feststehende Inhaltsmodule meist mit automatisierten Tests) kann gerade im Bereich des interkulturellen Lernens zu einer weiteren Stereotypisierung führen. Die Fixierung auf die Vermittlung von Sachwissen oder sogenannten ‚Dos and Don'ts' für die jeweiligen Kulturen bedient zwar den oberflächlichen Wissensdurst eines Lerners, der sich genaue Verhaltensanleitungen wünscht, wird aber kaum Kompetenzen in so sensiblen Bereichen wie situative Flexibilität oder Empathievermögen schulen können.

Die autodidaktische Annäherung an das Medium, die komplexe Verknüpfung der technischen Voraussetzungen, der didaktischen Möglichkeiten und Grenzen und der Spezifik virtueller Kommunikationsprozesse, für die internationalen Teilnehmer zudem in der Zweitsprache, verlangte uns ein erfahrungsbasiertes Vorgehen ab, so dass wir den Kurs ständig im Sinne eines ‚work in progress' veränderten und optimierten. Ermöglicht wurde ein solches Vorgehen durch eine flexible Didaktisierung der Lerninhalte über zusätzliche Aufgabenstellungen im Forum. Das Spannungsverhältnis zwischen fest stehenden Inhalten und einer prozessorientierten Lehre über das Forum wurde methodisch reflektiert. Es steht in engem Zusammenhang mit der grundsätzlichen Herausforderung, wie es im virtuellen Raum gelingen kann, den Studierenden nicht nur deklaratives Wissen zu vermitteln, sondern sie auch zu prozeduralem Wissen hinzuführen, ihnen also interkulturelle Erfahrungen sowie die Reflexion dieser Erfahrungen zu ermöglichen. Bolten sieht die Möglichkeit einer solchen interkulturellen Prozessbegleitung vor allem in den kollaborationsorientierten Konzepten des E-Learning 2.0 als gegeben. (Bolten 2007: 761). Unseren Lernzielen liegt dem entsprechend ein kommunikativ interaktionistischer Kulturbegriff zu Grunde, der Kultur als einen komplexen, nicht homogenen und nicht abgeschlossenen dynamischen Prozess begreift (Heringer 2004: 158). Der Seminartitel „Interkulturelle Sensibilisierung" impliziert bereits eine solche Prozessorientierung. Grosch und Leenen schreiben über das Verhältnis zwischen faktischem Wissen und prozeduralem Wissen in Bezug auf interkulturelle Trainings:

„[E]s geht zwar auch um Wissen über andere Kulturen, aber nicht so sehr über abstraktes landeskundliches Wissen, sondern um unmittelbar interaktionsrelevantes (prozedurales) Wissen; weil bei interkulturellem Lernen nicht nur die kognitive Ebene, sondern die ganze Person involviert ist, müssen besondere Vermittlungsformen eingesetzt werden; im Vordergrund stehen induktive, von den Trainern vorbereitete Lernelemente, die sog. strukturierte Erfahrungen vermitteln; diese Erfahrungen werden durch Gruppenprozesse verstärkt und in theoretischen Zusammenhängen verortet." (Leenen/Grosch 1998: 320)

Das Seminar verfolgt auch den Anspruch, die Methoden transparent und somit die Teilnehmer der verschiedenen Studienrichtungen mit interkulturellen Trainingsmethoden vertraut zu machen.

Im virtuellen Lernen in der Phase des Web 1.0 besitzt das Lernobjekt die dominante Rolle. Die Studierenden werden nicht an erster Stelle mit einer sozialen Umgebung, sondern mit einem Lerngegenstand konfrontiert, wobei Kommunikationsmöglichkeiten allenfalls zur „notwendige[n] begleitende[n] Unterstützung" (Schulmeister 2003: 155) angeboten werden. Unser Seminarkonzept unterscheidet sich deutlich von dieser Konzeption. Die flexiblen Aufgabenstellungen im Forum und die dadurch angeregten und tutoriell begleiteten Kommunikations- und Reflexionsprozesse sind von zentraler Bedeutung für den Lernprozess. Dies spiegelt sich zum Beispiel auch in der Regelung, dass die Bearbeitung der Aufgaben im Forum mit in die Bewertung einfließt und mit der Note der abschließenden Präsenzklausur eins zu eins verrechnet wird. Neben dem Forum als wichtigstem Kommunikationstool werden außerdem die Tools Chat und Private Nachricht angeboten, wobei die Nutzung dieser beiden Funktionen den Studierenden frei überlassen wurde. So konnten Aufgaben in der Gruppe sowohl im Forum als auch über den Chat bearbeitet werden.

Das Seminar wurde zunächst als teilvirtuelles Seminar geplant. In Augsburg wurde jeweils zu Beginn des Semesters eine Einführung in Präsenz durchgeführt. Nach etwa zwei Dritteln des Seminars wurde ein weiterer Präsenztag, ein sogenannter Praxistag, zum Menüpunkt *Rollenspiel* abgehalten. Beide Termine wurden von den externen Teilnehmern nicht so genutzt wie geplant. Dadurch ergab sich die Situation, dass das Seminar für einen großen Teil der Teilnehmer rein virtuell war und für die Teilnehmer aus Augsburg als ‚teilvirtuell' bezeichnet werden kann.[9]

Aufbau des Seminars und der Plattform

Ein Blick auf die Startseite der Plattform – links die inhaltliche Navigation, rechts die Navigation für die Bereiche Administration und Kommunikation – eröffnet bereits einen ersten Einblick in die didaktische Konzeption.[10]

---

9 Auch andere Anbieter an der vhb hatten das Problem, dass Präsenztermine nicht eingehalten wurden. Mit der Zeit wurde uns klar, dass eine Verbindlichkeit der Präsenztermine nicht zu erreichen ist. Wir mussten also versuchen, das virtuelle und teilvirtuelle Konzept zu verknüpfen. Von den Studierenden in Augsburg wurden die Präsenztage sehr gut angenommen und auch sehr positiv bewertet. Für die beiden anderen von uns angebotenen Seminare waren keine Präsenztage geplant. Hier lagen die Anmeldungszahlen, aber auch die Drop-out-Raten wesentlich höher.

10 Aktuell kann die Startseite der Plattform noch unter folgender Internetadresse eingesehen werden: http://137.250.24.18/IKS-VHB/. Falls dieser Link nicht mehr aktiv sein sollte, wenden Sie sich bitte an die Autorin.

Die drei Hauptmodule des Kurses *Relativieren, Self-Assessment* und *Handlungskompetenz* stehen in einer Progression. Die Fähigkeit des Relativierens wird im zweiten Modul in das Self-Assessment mit hinein genommen, während im dritten Modul *Handlungskompetenz* in verschiedenen Übungen die Anwendung der Fähigkeiten erprobt werden kann, die in den ersten beiden Modulen erworben wurden. Im Zusammenhang mit dem dritten Modul wurde dann konsequenterweise der Praxistag angeboten. Diese Progression entspricht einem ebenfalls prozessorientierten Kompetenzbegriff, der die Situativität interkultureller Kommunikation fokussiert und auf die Angemessenheit interkulturellen Handelns abzielt (Fetscher/Hinnenkamp 1994: 72).

Jedes Modul beginnt mit einer Vorschau in Form eines kurzen Films, die aus zwei Teilen besteht. Zunächst wird eine interkulturelle Situation vorgespielt, die für die Inhalte des Moduls relevant ist, dann folgt im zweiten Teil eine methodische Reflexion.[11] Der Einsatz von Videos und Audios ist im Sinne des kommunikativ interaktionistisch ausgerichteten Kulturbegriffs dieses Seminars sehr wichtig, denn der Film ist das Medium, das Face-to-Face-Kommunikation im virtuellen Raum am authentischsten abbilden kann. Nur so sind Übungen vorstellbar, die sowohl für die verbale, non-verbale als auch paraverbale Ebene der Kommunikation sensibilisieren können (s.a. Fetscher 2006). Die Vorschau-Filme haben vor allem den Zweck, interessierten Studierenden einen ersten Eindruck zu vermitteln, da sie bereits vor Kursbeginn freigeschaltet sind. Sie können aber auch vom Seminarleiter für unterschiedliche Aufgabenstellungen heran gezogen werden. Die Lektionen der einzelnen Module werden vom Seminarleiter nach Bedarf frei geschaltet.

Die insgesamt zwölf Lektionen sind fast alle dreigliedrig aufgebaut: Im *Warming-Up* wird als Impulselement[12] eine Aufgabe gestellt, die die Studierenden mit einer neuen Erfahrung konfrontiert. Im *Fundament* bereitet ein längerer Text das Thema kognitiv auf und im *Mehr* finden sich verschiedene Übungen oder Texte zur Vertiefung. Das *Mehr* kann also fakultativ genutzt werden. Die Reihenfolge der Bearbeitung der einzelnen Lektionen kann nach Interesse, Bedarf und Leistungsvermögen der Lernergruppe auch verändert werden. In den *Übungen* finden sich Übungen zur Wiederholung oder neue ergänzende Übungen, die zum Beispiel zur Prüfungsvorbereitung genutzt werden können. Im Sinne einer prozessorientierten Didaktik kann der Seminarleiter die vorhandenen Inhalte sehr flexibel einsetzen. Häufig haben sich

---

11 Alle Filme wurden semiprofessionell im Videolabor der Universität Augsburg produziert. Aus Kostengründen konnten allerdings keine professionellen Schauspieler engagiert werden.

12 Zur Funktion von Impulselementen bei der pädagogisch-didaktischen Gestaltung von virtuellen Lernumgebungen siehe Reinmann-Rothmeier/Mandl (2001: 82).

im Laufe des Seminars auch neue Themen ergeben, so dass zusätzliche Aufgabenstellungen sinnvoll waren.

Die eigentlichen Lehr- und Lernprozesse finden im Forum statt. Eine sehr einfache Forumsverwaltung ermöglicht den Dozenten auch hier große Flexibilität. Sie können jeder Zeit neue Foren generieren, Foren sperren, Foren publizieren oder Beiträge der Studierenden editieren. Die folgenden Beispiele sind Forumskommunikationen aus verschiedenen Semestern entnommen. Wir haben alle Forumskommunikationen gespeichert und können sie in anonymisierter Form wiederum als Ressource für interkulturelles Lernen nutzen.

Interkulturelle Heterogenität als wichtigste Ressource

Die ersten Beispiele sind einem Seminar mit 34 Teilnehmer/innen, einer deutschen Dozentin und einer philippinischen Tutorin entnommen. Sechzehn Teilnehmer/innen waren deutscher Herkunft, davon zwei mit türkischem Hintergrund. Die anderen Teilnehme/innen waren internationale Studierende aus China (2), Polen (3), Bulgarien (8), Tschechien (1), Ukraine (1), Litauen (1), Österreich (1) und Kolumbien (mit einem deutschen Elternteil) (1). Das Lernen im Interkulturellen Virtual Classroom beginnt hier nicht mit der Arbeit an den bereitgestellten Inhalten, sondern mit einer Vorstellungsrunde im Forum, die bereits auf Interkulturalität als Ressource abzielt. Die Studierenden sollen ihre Herkunftsländer nennen und Auskunft darüber geben, welche Sprachen sie sprechen, ob sie bereits längere Auslandserfahrungen haben oder in anderen interkulturellen Zusammenhängen leben. Die Dozentin und die Tutorin eröffnen die Vorstellungsrunde. Die im Folgenden zitierten Forumsbeiträge sind anonymisiert und zum Teil gekürzt (auch die Fotos haben wir entfernt). Kürzungen werden mit eckigen Klammern gekennzeichnet. Nur der erste Beitrag wird im Originalformat gezeigt, um einen Eindruck dieses Kommunikationstools zu vermitteln. Fehler wurden nicht berichtigt. Aus weiteren Forumsbeiträgen wird aus Platzgründen nur noch zitiert.

Der erste Beitrag der bulgarischen Studierenden V. folgt in Länge und Ausführlichkeit dem Standard, der durch die Beiträge der Dozentin und Tutorin gesetzt wurden. Der Titel des Beitrags („Multikulti macht Spaß!", s. Abbildung 1) ist selbst gewählt. Die positive Darstellung des Lebens in interkulturellen Zusammenhängen wird mehrfach hervorgehoben. Am Ende findet sich, wie für Forumskommunikationen häufig üblich, eine motivierende Coda mit einer Apellfunktion an die anderen Teilnehmer (vgl. Herring 1996: 86), im folgenden Beispiel: „[...] bin wirklich gespannt was noch kommt".

Abbildung 1: Beispiel Forumsbeitrag

Multikulti macht Spaß!				Profil
Date: 30.05.2006 17:45	By: V. aus Bulgarien	Status: Besucher	IP: 137.250.124.192	**Nachrichten:** 26

Hallo alle zusammen!

Mein Name ist V. und ich studiere "Medien und Kommunikation". Ich komme ursprünglich aus Bulgarien, bin nach Deutschland vor etwa vier Jahren wegen des Studiums gekommen. Deutschland war auch der erste Ort indem ich das Leben in einer multikulturellen Umgebung kennen gelernt habe. In den ersten drei Jahren hier habe ich (zufälligerweise) immer mit Leuten aus der ehemaligen UdSSR zusammengewohnt, was mir die Möglichkeit gegeben hat vieles über ihre Kultur(en) und vor allem die russische Sprache zu lernen. Mein Freundschaftskreis hier besteht aus Leuten aus aller Ecken der Welt und ich finde es wirklich super. Ich habe auch festgestellt in multikulti Umgebung feiert man am Besten 😊!
Klar ist es gewöhnungsbedürftig und manchmal gar nicht so einfach, vor allem was die Sprachen betrifft (ich spreche fast täglich auf vier verschiedenen Sprachen und das bringt mich manchmal ganz schön durcheinander) aber es macht richtig Spaß. [...]
Meine Interesse an den Fragen der Interkulturellen Kommunikation hat im Endeffekt ein Kurs bei Mrs. Stefanie Brown ("Intercultural Communication") geweckt. Ich fand den Kurs so spannend, dass ich dann Lust auf ein paar weitere Seminare zu diesem Thema hatte und so bin ich hier gelandet! Bisher finde ich das Seminar sehr interessant und bin wirklich gespannt was noch kommt. 😊

geändert von: vachv, geändert am: 30.05.2006 17:48

Auch der Beitrag des iranischen Studenten M. folgt diesem Format. Nachdem die wichtigsten Daten zur Person genannt wurden, äußert er sich ebenfalls zu seinem Motiv, an dem Kurs teilzunehmen und schließt mit einer motivierenden Coda ab: „Ich hoffe dass dieses Seminar erleuchternd genut ist. Letztendlich möge dieser Kurs mich dabei helfen, mich selber besser zu erkennen".

Die Studierenden deutscher Herkunft (in Deutschland aufgewachsen) greifen dieses Muster ebenfalls auf und betonen nun ihrerseits eine ,gemischte' Herkunft, falls sie über eine solche verfügen, bzw. ein Leben in interkulturellen Zusammenhängen: D. („aufgewachsen in Kolumbien und im Rheinland") verweist auf ihre deutsch-armenisch-italienischen Wurzeln, J. männlich, geb. in München auf seine donauschwäbischen Großeltern und seine italienische Freundin.

Hybridität und Heterogenität werden hier und in anderen Beiträgen als identitätsstiftende Merkmale eingesetzt. L. zum Beispiel bezeichnet sich auf einer Metaebene als „auch ein bischen gemischt". Die Gruppe definiert sich so bereits in der Vorstellungsrunde als interkulturell, heterogen, mehrsprachig, offen und hoch motiviert, sich mit interkulturellen Themen auseinander zu setzen. Dabei wird klar, dass ein großer Teil der Teilnehmer selbst von interkulturellen Themen betroffen ist.

Die Berücksichtigung von individuellen Kompetenzen, Voraussetzungen und Zielen geht heute selbstverständlich in Fortbildungskonzepte der sogenannten fortgeschrittenen Integrationsphase ein. Dies muss laut Dittler auch für Weiterbildungsmaßnahmen im E-Learning gelten (Dittler 2002: 14). Dass eine Personalisierung auch im E-Learning die drop-out Raten verringert, weil höhere Motivation und Verbindlichkeit geschaffen werden, ist allgemein bekannt. Im Virtual Intercultural Classroom geht es dabei analog zur Formulierung Dittlers, der von einem „learning-on-the-job" oder „learning-near-the-job" (Dittler 2002: 14) spricht, um ein ‚learning-on-the-own-interculturalcontext'. Eine solche Personalisierung, die auf die individuellen Ressourcen abzielt, wurde mit der Vorstellungsrunde bereits initiiert. Im Folgenden kann von allen Teilnehmern wechselseitig auf das individuelle Know-How und die spezifischen Erfahrungen aller Teilnehmer zurück gegriffen werden. Das Medium bietet hier im Vergleich zu Präsenzveranstaltungen den Vorteil, dass die Daten während des gesamten Seminars jederzeit allen zur Verfügung stehen.

Selbstverständlich gibt es auch in Virtual Classrooms Teilnehmer, die sich aus unterschiedlichen Gründen nicht an die von der Gruppe vorgegebenen Formate anpassen. Sehr stark wich zum Beispiel ein nur dreizeiliger Beitrag einer chinesischen Teilnehmerin ab, den sie mit folgendem smiley abschloss: „☺" Im Laufe des Präsenztags kommt die Dozentin während einer Diskussion über non-verbale Kommunikation darauf zu sprechen, dass sie es schon häufiger erlebt habe, dass chinesische Studentinnen in Prüfungssituationen kurz die Zunge herausstrecken – in diesem Fall eine Geste der Verlegenheit. Da erinnert sich eine deutsche Teilnehmerin an das von C. verwendete Emoticon in der Vorstellung und ihre Verwunderung darüber. C. bestätigt, dass sie das Emoticon auch hier als ein Zeichen der Bescheidenheit und Verlegenheit verwendet habe, da ihr bewusst gewesen sei, dass ihr Deutsch noch nicht besonders gut ist. Aus diesem Grund habe sie es auch nicht gewagt, mehr zu schreiben. Auch falle es ihr generell schwer, in einem halböffentlichen Kontext private Informationen zu geben, die ohnehin nicht so relevant seien. Sie finde es peinlich, wenn andere so viel über sich schreiben. Die Verwendung von Emoticons, die Wahl eines bestimmten Stils (auffallend zum Beispiel im Beitrag des Iraners M.) oder bestimmter Relevanzsetzungen (hier die Angabe, dass C. aus einer Stadt mit sieben Millionen Einwohnern kommt), der Ausdruck von Gefühlen sind individuell und selbstverständlich auch kulturell motiviert. Was eine schriftliche Vorstellung in einem deutschen halböffentlichen Seminarkontext bedeutet, wie viele und welche persönlichen Angaben gemacht werden, muss interkulturell hinterfragt werden. Vor allem Chatkommunikationen, in geringerem Maße aber auch Forumskommunikationen, weisen Merkmale konzeptueller Mündlichkeit auf.[13] Die neuen Textformen im

---

13 Der Band „Chat-Kommunikation. Sprache, Interaktion, Sozialität & Identität in synchroner computervermittelter Kommunikation. Perspektiven auf ein interdisziplinäres Forschungsfeld" herausgegeben von Michael Beißwenger (2001) bietet einen sehr schönen Einstieg in die Vielschichtigkeit des Themas.

Medium Internet folgen dabei strukturell zum Teil klassischen Textgattungen wie der des Briefs, zum Teil heben sie diese aber auch auf, indem sie Elemente gesprochener Sprache integrieren. Es entstehen auf diese Weise sehr kreative und unkonventionelle Mischformen. Jedes Forum kann einen eigenen Stil entwickeln, wobei unter den Mitgliedern meist ein Anpassungsprozess stattfindet. Für Kommunikationsteilnehmer aus unterschiedlichen Kulturen gestaltet sich dieser Anpassungsprozess noch spannender: Sie machen die Erfahrung, dass zum Beispiel die Textgattung ‚Brief‘, deren stilistische und strukturelle Merkmale sie vermutlich im Deutschunterricht erarbeitet haben, hier nicht wirklich greift. Vielleicht gehen sie sogar von einer Gattungsvorstellung ihrer eigenen Kultur aus. Im Beitrag des persischen Studierenden M. schwingt zum Beispiel eine stilistische Ausprägung mit, die vermutlich auf eine Übertragung eines gehobenen Stils des geschriebenen Persisch ins Deutsche zurück geführt werden kann: „Ich hoffe dass dieses Seminar erleuchternd genut ist. Letztendlich möge dieser Kurs mich dabei helfen, mich selber besser zu erkennen." Deutsche Studierende könnten einen solchen Stil als pathetisch und kitschig wahrnehmen, vor allem weil sie in einer Forumskommunikation eher einen ‚lockeren‘, am Mündlichen orientierten Stil erwarten. Für ausländische Studierende, die vermutlich auch im Mündlichen noch unsicher sind, ist es sehr schwierig, diese auch im Deutschen noch wenig konventionalisierten Ausdrucksformen richtig zu interpretieren und sich daran anzupassen. Der informellere Schreibstil eines Dozenten im Forum könnte zum Beispiel seine Autorität untergraben, wenn ausländische Studierende noch nie mit einem solchen Stil konfrontiert wurden und aus ihren Kulturen völlig andere Erwartungen an Stil und Textgattung mitbringen. Zu diesen komplexen Zusammenhängen gibt es bisher leider kaum empirische Untersuchungen. Nicht nur bezüglich des Stils sondern auch bezüglich der Inhalte findet im Medium ‚Forum‘ authentische interkulturelle Kommunikation statt, und selbstverständlich kann es auf all diesen Ebenen zu interkulturellen Missverständnissen kommen. Im Laufe des Seminars sollen die Teilnehmer deshalb Schritt für Schritt dafür sensibilisiert werden, auch ihre Forumsbeiträge im Hinblick auf kulturelle Differenzen zu reflektieren. Der persische Studierende M. müsste darauf hingewiesen werden, dass sein Stil unter Umständen als überzogen und pathetisch wahrgenommen wird und dies selbstverständlich Reflexe auf die Wahrnehmung seiner Person hat. Er müsste lernen zu erforschen, was seinen Stil im Unterschied zum Stil der anderen überhaupt ausmacht und wie sein Stil auf die anderen wirkt. Die chinesische Studentin C. dagegen müsste sich damit auseinander setzen, dass ihre Vorstellung, ihr Beitrag sei im Umfang und Informationsgehalt angemessen, relativiert werden muss. Um dies zu ermöglichen, müssen die Tutoren über interkulturelle Erfahrungen mit dem Medium verfügen. Die spezifische Rolle des interkulturellen E-Tutors wurde bisher leider in der Forschung und in der Literatur noch wenig berücksichtigt (s.a. Fetscher 2006).

Aufgabenstellungen, diskursive Prozesse und Feedbackmöglichkeiten

Im Modul *Relativieren* geht es in der Lektion *Hypothesen bilden* und im Übungsmenü um das Lernen mit Critical Incidents (siehe Utler/Thomas i.d.B., Kap. 4.6). Im Forum werden die Studierenden dazu aufgefordert, eine eigene interkulturelle Fallgeschichte zu erzählen. Die Deutsche J. schreibt über „Tanzgewohnheiten Brasilien vs. Deutschland" einen sehr theoretisierenden Text, der zahlreiche Stereotypisierungen enthält. Die philippinische Tutorin leitet ihre Kritik am Beitrag von J. ganz kulturspezifisch mit einem Lob ein: „Das finde ich toll, dass du dieses Thema gewählt hast." Erst dann folgt ein sehr indirekt gehaltener Hinweis darauf, dass es hier nicht um generalisierende Äußerungen, sondern um persönlich erlebte Geschichten geht. Kritik und Kommentare der philippinischen Tutorin folgen weitgehend obigem Muster. Im Intercultural Virtual Classroom spielen Feedback und Kritik eine besonders wichtige Rolle. Da es sich um einen halböffentlichen Raum handelt und alle Teilnehmer aus exemplarischer Kritik lernen sollen, kann es besonders schnell zu Gesichtsverletzungen kommen. Vor allem Studierende, die in der Zweitsprache schreiben und aus Kulturen kommen, in denen Lernen nur rezeptiv und nicht innerhalb diskursiver Prozesse stattfindet, müssen an eine solche Arbeitsweise vorsichtig herangeführt werden. Eine solche interkulturelle Lernprozessbegleitung ist integraler Bestandteil des Seminars. Die chinesische Studierende, die bereits oben erwähnt wurde, ist in einer späteren Phase des Seminars in der Lage eigenständige Fragestellungen zum Thema zu formulieren.[14] Auf ihren Beitrag gehen trotz der vielen Deutschfehler drei Studierende ein, die sich auch mit dieser Frage auseinander setzen. Sie erhält auf diese Weise eine sehr positive und motivierende Bestätigung.

Für viele internationale Studierende findet während des Seminars ein Prozess des ‚Sich-Frei-Schreibens' in der deutschen Sprache statt. Es könnten jedoch genauso gut auch negative gruppendynamische Prozesse ablaufen, die den Lernfortschritt behindern. Auch hier liegt es in der Verantwortung der Tutoren und Dozenten, ein angenehmes und sicheres Arbeitsklima im Forum zu schaffen.

Ein bikulturelles Tutorenteam ist in jedem Fall indiziert, denn auch Dozent/ in und Tutor/in sind immer Teil des Prozesses und können sich wechselseitig reflektierend unterstützen. Die Interaktion in einem bikulturellen Tutorenteam

---

14 Dieser Forumsbeitrag der chinesischen Studierenden, wie auch weitere empirische Beispiele sind vollständig nachzulesen in Fetscher (2009: 86-91).

spiegelt außerdem wiederum authentische interkulturelle Kommunikation und kann idealerweise exemplarisch im Seminar fruchtbar gemacht werden. In einer anderen Fallgeschichte, geht es um die Frage, wie man als Gast Essen höflich ablehnen kann. Die Tutorin L. berichtet über die Strategien, die in der philippinischen Kultur angewendet werden. Die deutsche Dozentin greift diese Liste auf und regt die Studierenden zu einer weiterführenden methodischen Reflexion an. Die Studierenden werden auf diese Weise damit konfrontiert, dass die Tutorin und die Dozentin unterschiedliche Standards in ihren eigenen Kulturen relativierend reflektieren und in Beziehung zueinander setzen können.

Diskursive interkulturelle Prozesse in virtuellen Kleingruppen

In einem anderen Seminardurchlauf experimentierten wir damit, die Teilnehmer über einen längeren Zeitraum in festen kleineren interkulturellen Gruppen zusammen arbeiten zu lassen. Die Gruppe sollte ihre Kommunikation selbständig über Chat, Forum oder ‚pn‘ (= Private Nachricht)[15] organisieren. Im folgenden Beispiel kommt es zu einem kleinen latenten interkulturellen Konflikt in einer Gruppe mit einer deutschen, einer bulgarischen und einer chinesischen Teilnehmerin. Die Gruppen haben einerseits feste Arbeitsaufgaben, sollen sich aber über die Inhalte auch frei austauschen. Die deutsche Studentin S. fordert ihre beiden Kommilitoninnen auf, zu einer Übung in Lektion 8 Stellung zu nehmen[16]: „Findet ihr das rassistisch?" Die chinesische Studentin W. antwortet: „Hallo, S., ich habe schon das Abbild auf Seite 23 geschaut, es wär ganz interessant, bitte stell deine eigene Meinung dazu im Forum vor, ich möchte gerne deine Ansicht zuhören [...]".

Das Verhalten von W. entspricht nicht den deutschen Erwartungen an ein Frage-Antwortschema, aber S. gibt nicht auf, und es folgt eine längere Sequenz, in der S. immer weiter darum ringt, von W. und D. eine persönliche Einschätzung zu erhalten, die D. ganz explizit verweigert.[17]

Wir haben häufig die Beobachtung gemacht, dass in gemischt kulturellen Gruppen die deutschen Teilnehmer sehr schnell eine Art Moderatorenrolle übernehmen. Die anderen Teilnehmer fühlen sich dadurch allerdings oft fremdbestimmt und überfordert. In vielen Kulturen werden Rollen in Gruppen

---

15 pn (Private Nachricht) ist eine Funktion innerhalb des Forums. Jeder Teilnehmer kann über diesen Button jedem anderen beliebigen Teilnehmer eine Nachricht schicken, die dann nur für diesen Teilnehmer sichtbar ist.

16 Die Studentin bezieht sich auf eine Zeichnung, auf der eine dicke schwarze Frau zu sehen ist, die lachend auf einem Schwein reitet. In der Lektion geht es um Stereotype, Vorurteile und Rassismus.

17 Auch dieses Beispiel ist ausführlich dargestellt in Fetscher (2009: 68-91).

erst durch längere diskursive Prozesse oder andere Kriterien wie Alter, Status, Erfahrung verteilt. Die unausgehandelte Übernahme von führenden Funktionen unter Statusgleichen kann als arrogant empfunden werden.

Falls es sich hier tatsächlich um einen latenten Konflikt handelte, wurde er zumindest nur von W. und D. wahrgenommen und nicht weiter expliziert. Ein interkulturell geschulter Moderator hätte hier sicher gut eingreifen und das Missverständnis aufklären können. W. müsste in einem deutschen Lernkontext lernen, direkt zu äußern, wenn sie sich nicht in der Lage sieht, eine Antwort auf eine Frage zu geben, S. könnte viel über Indirektheit und Kontextualisierung lernen. Beide, D. und W. müssten sich damit auseinandersetzen, dass S. in ihrem Beitrag ebenfalls Unsicherheit markiert (die relativierende Verwendung von „eigentlich") und so möglicherweise versucht, ihre hervorgehobene Position (Moderatorin, Muttersprachlerin) etwas abzuschwächen und damit ihre Rolle sozial verträglicher zu machen. Auch ein solches Verhalten konnten wir bei deutschen Teilnehmern in interkulturellen Gruppen häufig beobachten. Relativierungen aller Art werden eingesetzt, um eigene Meinungsäußerung abzuschwächen. Sprachlich ist dies für Nicht-Muttersprachler sehr schwer nachzuvollziehen, vor allem wenn es sich um subtile Abschwächungen mit Hilfe von Partikeln handelt. So bietet bei sorgfältiger interkultureller Prozessbegleitung die Forumskommunikation, da sie ja nicht ephemer ist, eine ideale Möglichkeit, an interkulturellen Missverständnissen gemeinsam zu arbeiten.

Fazit

Abschließend möchte ich noch einmal auf die zentrale Funktion der Kommunikation im Forum für die Arbeit in Virtual Classrooms hinweisen. In vielen virtuellen interkulturellen Projekten, die sich prozessorientiert verstehen, wird diese zentrale Funktion hervorgehoben. Jesús Suárez García und James Crapotta schreiben über die Arbeit im Forum innerhalb ihres interkulturellen Sprachlehrprojekts „Cultura":

„These exchanges in forums mark the beginning of an ongoing dialogue as the students in both groups engage in a collaborative processus of intercultural analysis. The online forums are an essential and central component of Cultura. They provide a continuous thread throughout the whole process of intercultural analysis. Forums are, where students enter into a real dialogue, exchanging viewpoints and asking and answering questions." (Suárez García/Crapotta 2007: 66)

Wir haben die Erfahrung gemacht, dass diese Aussage völlig zutreffend ist, was eine Auseinandersetzung mit den Inhalten des Seminars anbelangt. Wir sind jedoch der Meinung, dass die Studierenden ohne ein interkulturelles Tutoring sehr selten in der Lage sind, die authentischen interkulturellen Prozesse, die in den heterogenen Kleingruppen, aber auch in größeren Usergruppen im Forum ablaufen, zu erkennen, zu analysieren und im Sinne virtueller Handlungskompetenz auch zu steuern. Deshalb möchten wir an dieser Stelle für eine fundierte Auseinandersetzung mit der Rolle des interkulturellen Tutors plädieren, der nicht nur in Virtual Classrooms, sondern auch in den unterschiedlichsten virtuellen interkulturellen Arbeitsgruppen eine sehr wichtige Rolle spielen könnte. Die prozessbegleitende interkulturelle Betreuung von Virtual Classrooms ist sehr zeitaufwändig. Sie ist jedoch umso lohnenswerter, weil die Textform die Möglichkeit bietet, Prozesse auch nachzuarbeiten und zu einem späteren Zeitpunkt zu analysieren. Da non-verbale und paraverbale Mittel zur Kontextualisierung nicht zur Verfügung stehen, kommt den sprachlichen Mitteln eine noch größere Bedeutung zu. Nachdem die Kommunikation in interkulturellen Virtual Classrooms für einen Großteil der Teilnehmer in einer Fremd- oder Zweitsprache stattfindet, kann es hier verstärkt zu Missverständnissen kommen. Konversations- und textanalytische Verfahren müssten hier verstärkt unter interkulturellen Aspekten auf Forumskommunikationen angewendet werden, und den Studierenden müssten dringend die entsprechenden methodischen und analytischen Instrumente vermittelt werden. Studierende kommen meist nicht auf die Idee, ihren eigenen Stil und ihr kommunikatives Verhalten in einem Forum in Frage zu stellen. Makroanalytisch müsste die ‚Gesprächs‘-Organisation untersucht werden. Dazu gehören zum Beispiel die Eröffnungsphase eines Beitrags, die Kernphase (Themenauswahl) und die Beendigungsphase (Verabschiedungssequenzen, Aufforderungssequenzen). Eine Analyse des Stils und der rhetorischen Mittel könnte die Studierenden für Formen von Direktheit und Indirektheit sensibilisieren. Die Wirkung des Einsatzes dieser Mittel auf Teilnehmer anderer Kulturen mit einem anderen Sprachstand muss hinterfragt werden. Leider gibt es auf diesem Gebiet noch sehr wenige empirische Untersuchungen, so dass griffige Kategorien erst noch entwickelt werden müssen, die den besonderen Voraussetzungen der interkulturellen Kommunikation in Virtuellen Klassenzimmern gerecht werden können. Dies könnte ebenfalls am besten in einem interkulturellen Forscherteam gelingen, denn die bisher in der Konversationsanalyse bereitgestellten Kategorien haben sich vor allem in einem Kontext europäischer und US-amerikanischer Wissenschaft herausgebildet und sind noch nicht ausreichend auf die neuen Medien abgestimmt. Eine solche empirische interkulturelle Forschung hat vor allem den Vorteil, dass sie auf authentischem Material basiert, das nicht erst erhoben werden muss. Falls sich interkulturelle Unterschiede in Forums- und Chatkommunikationen in ähnlicher Weise abbilden wie in Face-to-Face-Kommunikationen, könnte dieses Forschungsfeld große Möglichkeiten für die Erforschung interkultureller Kommunikation bieten. Neu erhobene Kriterien für Interaktionsabläufe in virtuellen interkulturellen Gruppen könnten dann auch Aufschluss über Abläufe und Probleme in Face-to-Face-Interaktionen geben.

Literatur

Beißwenger, Michael (Hg.) (2001): Chat-Kommunikation. Sprache, Interaktion, Sozialität & Identität in synchroner computervermittelter Kommunikation. Perspektiven auf ein interdisziplinäres Forschungsfeld, Stuttgart: ibidem.

Bolten, Jürgen (2007): „Interkulturelle Kompetenz im E-Learning". In: Jürgen Straub/Arne Weidemann/Doris Weidemann (Hg.), Handbuch interkulturelle Kommunikation und Kompetenz, Stuttgart/Weimar: Metzler, S. 755-763.

Dittler, Ullrich (2002): „Einführung – E-Learning zur Vermittlung von Hard- und Softskills". In: ders. (Hg.), E-Learning: Erfolgsfaktoren und Einsatzkonzepte mit interaktiven Medien, München/Wien: Oldenbourg, S. 13-25.

Fetscher, Doris (2006): „Il tutor interculturale – possibilità e limiti per il project-work virtuale". FOR Rivista per la Formazione 67, S. 76-84.

Fetscher, Doris (2009): „Virtuelle und semivirtuelle Seminare im Interkulturellen Lernkontext". In: Anja Ballis/Doris Fetscher (Hg.), E-Learning in der Hochschule – Auf der Suche nach Diskurs und Didaktik in den Geisteswissenschaften, München: kopaed.

Fetscher, Doris/Hinnenkamp, Volker (1994): „Interkulturelles Kommunikationstraining und das Managen der interkulturellen Kommunikation". Sprache und Literatur 74, S. 67-89.

Henne, Helmut/Rehbock, Helmut (1982): Einführung in die Gesprächsanalyse, 2. Aufl., Berlin/New York: de Gruyter.

Heringer, Hans Jürgen (2004): Interkulturelle Kommunikation, Tübingen/Basel: A. Francke.

Herring, Susan (1996): „Two variants of an electronic message schema". In: dies. (Hg.), Computer-mediated communication. Linguistic, social and cross-cultural perspectives, Amsterdam/Philadelphia: John Benjamins, S. 81-106.

Kicherer, Rosalinde (2005): „Virtuelle Hochschule Bayern – Verbundinstitut aller bayerischen Hochschulen". In: Monika Haberer/Horst Wagner (Hg.), E-Learning, Sprachen und Kultur, Aachen: Shaker, S. 149-154.

Leenen, Wolf Rainer/Grosch, Harald (1998): „Interkulturelles Training in der Lehrerfortbildung". In: Bundeszentrale für politische Bildung (Hg.), Interkulturelles Lernen. Arbeitshilfen für die politische Bildung, Bonn: Bundeszentrale für politische Bildung, S. 317-340.

Mandl, Heinz/Reinmann-Rothmeier, Gabi (2001): Virtuelle Seminare in Hochschule und Weiterbildung. Drei Beispiele aus der Praxis, Bern/Göttingen: Huber.

Reinmann-Rothmeier, Gabi (2003): Didaktische Innovation durch Blended Learning. Leitlinien an Hand eines Beispiels aus der Hochschule, Bern: Huber.

Schulmeister, Rolf (2003): Lernplattformen für das virtuelle Lernen. Evaluation und Didaktik, München/Wien: Oldenbourg.

Seufert, Sabine/Mayr, Peter (2002): Fachlexikon e-le@rning. Wegweiser durch das E-Vokabular, Bonn: Gerhard May.

Suárez García, Jesús/Crapotta, James (2007): „Models of telecollaboation 2: cultura". In: Robert O´Dowd (Hg.), Online intercultural exchange. An introduction for foreign language teachers, Clevedon/Buffalo/Toronto: Multilingual Matters, S. 62-84.

4.14 Auslandssemester

STEFFI NOTHNAGEL

Ein temporärer Studienaufenthalt im Ausland eröffnet Studierenden ein umfangreiches und heterogenes Handlungsfeld, in welchem kulturelle Differenz
erfahren werden kann. Entsprechend gelten solche Auslandsaufenthalte im
Rahmen der Hochschulausbildung als wichtige Möglichkeit, interkulturell zu
lernen (vgl. Deardorff 2006: 232). In vielen Curricula interkulturell ausgerichteter Studiengänge findet sich ein (manchmal obligatorischer, meistens ein
Semester dauernder) Auslandsaufenthalt zu Zwecken des Studiums oder Prak-
tikums, der als erfahrungsorientiertes Element (vgl. Otten i.d.B., Kap. 3.2)
den Erwerb interkultureller Kompetenz auf Seiten der Studierenden fördern
soll. Dabei bleibt jedoch meist unklar, wer was wann wo und wie lernt. Dies
wird besonders deutlich, wenn man in Betracht zieht, dass Auslandsaufenthalte in den Curricula häufig auf ‚einsamem Posten‘ stehen, d.h.

- von der Herkunftsuniversität nur begrenzt, oft keinerlei Einfluss auf Studieninhalte und möglicherweise auch auf den Studienumfang genommen
  wird,

- eine Vor- und Nachbereitung des Auslandssemesters nur vereinzelt stattfindet,

- der Rückbezug auf Erfahrungen und Gelerntes im weiteren Studienverlauf
  kontingent ist und damit, wenn überhaupt, unsystematisch erfolgt. [1]

Die mit einem Auslandssemester verbundenen Ziele bestehen u.a. im Fremdsprachenerwerb, in einer Zunahme an sozialer und interkultureller Kompetenz
sowie in der Vertiefung, Erweiterung und Neu-Perspektivierung von fachspezifischen Wissensbeständen und Methoden (vgl. Budke 2003: 22). Im Rahmen eines ERASMUS-Auslandsstudiums beispielsweise erhalten europäische
Studierende

---

1 Dies gilt natürlich nicht für alle Studiengänge, insbesondere bi- oder trinationale
  Studiengänge können sich im Hinblick auf die genannten Aspekte deutlich unterscheiden.

„die Möglichkeit, in einem anderen Land zu studieren und ihre sozialen und kulturellen Kompetenzen zu erweitern, um so ihre Berufsaussichten zu verbessern. Dabei lernen sie das akademische System einer Hochschule kennen und profitieren von deren Lehr- und Lernmethoden." (DAAD 2009)

Die benannten Ziele lassen sich nicht allein einzelnen Individuen zuschreiben. Sie verweisen auf ein institutionelles Netzwerk und soziales Bedeutungsgefüge, welches von einer Vielzahl von Akteuren bestimmt wird. Die Gründe (in diesem Falle deutscher) Studierender für ein Auslandsstudium sind weitgehend bekannt (vgl. Heublein/Hutzsch/Schreiber/Sommer 2007: 49ff.; Hahn 1998: 160f.).[2] Ferner legt der gesellschaftliche Diskurs zum Thema ‚Auslandsstudium' (siehe dazu Ehrenreich 2008) einhellig nahe, dass es sich bei einem Auslandsstudium um einen „Selbstläufer" (ebd.: 29), „etwas Selbstverständliches" (ebd.: 31) und in jedem Fall eine „gute Sache" (ebd.: 33) handelt. Dieser Diskurs wird zudem von drei wesentlichen Themen bestimmt: Erstens steht das Auslandsstudium im Dienste einer besseren Völkerverständigung; zweitens ist es Bestandteil der in der globalisierten Welt prestigeträchtigen Internationalisierung von Hochschulen; und drittens zielt es auf eine Steigerung der Employability der Hochschulabsolventen ab (vgl. Ehrenreich 2008: 33). ‚Studieren im Ausland' ist somit Teil einer Debatte, die sich in bildungs- und hochschulpolitischen Entwicklungen niederschlägt und die Vorstellungen, Erwartungen und Ziele der indirekt und direkt Beteiligten (Lehrende, Studierende, soziales Umfeld der Studierenden, Akademische Auslandsämter etc.) prägt (z.B. bei der Implementierung von Auslandssemestern in Studiengänge oder der finanziellen Förderung von Austauschprogrammen bzw. einzelner Studierender; vgl. Schwarzburger 2006; Frick 2009). Der Diskurs offenbart zudem auch, dass die Auseinandersetzung mit dem Auslandsstudium, insofern sie an eine ältere deutsche (und teils europäische) akademische Tradition anschließt, gewissermaßen eine kulturspezifische Perspektive darstellt – die heute allerdings global mehr oder minder etabliert ist.

In der Praxis zeigen sich – je nach Hochschule, Fachbereich und Studiengang – seitens der Studierenden verschiedene Ausgestaltungstypen eines Auslandssemesters. Diese bestehen, vereinfacht betrachtet,
- in der Fortsetzung des Fachstudiums,
- dem Studium von interessierenden fachfremden Fächern,
- dem Studium einer oder mehrerer Fremdsprachen,

---

2 Folgende Motive werden für ein Auslandsstudium genannt (die Reihenfolge entspricht dabei abnehmender Wichtigkeit): neue Erfahrungen sammeln, Sprachkenntnisse vertiefen, eine andere Kultur kennenlernen, in einer fremden Situation zurechtkommen, berufliche Chancen verbessern, andere Lehr- und Lernformen kennenlernen, fachliche Kenntnisse erweitern, spätere Berufstätigkeit im Ausland geplant, etc. (Heublein/Hutzsch/Schreiber/Sommer 2007: 49ff.).

- der Aneignung von gastland- bzw. regionalspezifischem Wissen,
- dem Erwerb sozialer und interkultureller Kompetenz sowie
- im Verwirklichen von persönlichen Freizeitinteressen (z.B. Reisen, Urlaub, ,Party').

In Abhängigkeit von den jeweiligen externen Anforderungen an das Auslandssemester (Vorgaben der Heimatuniversität und ggf. von Stipendiengebern) sowie den persönlichen Intentionen und Motiven der Studierenden gestaltet sich das Auslandssemester meistens als eine Kombination dieser Typen.

Die Ziele und Ausgestaltungsvarianten richten sich folglich nicht allein auf die Seminare und Vorlesungen an der Gastuniversität. Aus den oben genannten Aspekten lässt sich ableiten, dass sich die Mehrheit der Beteiligten von einem Auslandsstudium einen Lernerfolg bzw. einen Kompetenzgewinn erhofft, der über die eigentliche Hochschullehre hinausgeht. Vor allem das Erreichen von Zielen hinsichtlich landeskundlicher, interkultureller, sozialer, aber auch fremdsprachlicher Kompetenz wird dabei – im Gegensatz zum Studium an der Heimatuniversität – stärker an die Bedingungen und Erfahrungen in informellen Lebensbereichen geknüpft. Sie entziehen sich somit teilweise dem Verantwortungsbereich der Hochschule an der Herkunfts- wie auch an der Gastuniversität.

Diese Tatsache und die Annahme, dass interkulturelle Kompetenz den Studierenden helfen kann, ihre Studien- und Berufsziele besser zu erreichen, erfordern eine Auseinandersetzung mit den möglichen Lernpotenzialen sowie hochschuldidaktische Überlegungen, ein Auslandssemester gezielt für die Ausbildung interkultureller Kompetenz zu nutzen.

Der vorliegende Beitrag ist der Frage gewidmet, wie das Auslandssemester für die Förderung interkultureller Kompetenz genutzt werden kann. Den Ausgangspunkt dafür bildet zunächst eine Beschreibung des Handlungsfeldes ,Auslandssemester', in dem auf Basis bisheriger empirischer Forschungsergebnisse dessen grundlegende Bestimmungsgrößen aufgezeigt werden. Sodann werden die Ziele und Maßnahmen, die im Rahmen von interkulturell ausgerichteten Studienangeboten mit einem Auslandsstudium bereits verfolgt und umgesetzt werden, in den Blick genommen. Darauf aufbauend werden schließlich Ziele, Inhalte und Methoden für Vor- und Nachbereitungsveranstaltungen sowie Betreuungsangebote in einem Lehr-Lernkonzept ,Auslandssemester' dargestellt bzw. benannt. Der Beitrag soll das Potenzial (Chancen, Herausforderungen und konkreter Nutzen) eines Auslandssemesters für die Vermittlung interkultureller Kompetenz in der Hochschullehre ausloten.

Das Auslandssemester

Unter einem ‚Auslandssemester' bzw. ‚Auslandsstudium' wird in diesem Beitrag ein temporärer Studienaufenthalt im Ausland verstanden, der einen Zeitraum von einem mindestens drei Monate währenden oder mehreren Semestern (Teilstudium) umfassen kann. Ein Auslandsstudium kann als Einzel-
oder Gruppenaufenthalt (z.B. im Rahmen von bi- oder trinationalen Studienangeboten, internationalen Hochschulkooperationen oder individuell organisiert) absolviert werden. Zu unterscheiden ist das Auslandssemester als Teilstudium von einem Vollstudium im Ausland.[3] Das Auslandssemester nimmt
im Rahmen der internationalen Mobilität im Studium mit einer durchschnittlichen Dauer von sechs Monaten im Hinblick auf Häufigkeit und Dauer den
wichtigsten Stellenwert ein (Heublein et al. 2007: 10). Neben dem Auslandsstudium ist das Auslandspraktikum, für welches im Durchschnitt drei Monate
aufgewendet werden (ebd.), der zweitwichtigste studienbezogene Auslandsaufenthalt von deutschen Studierenden. Schließlich gibt es auch kürzere Auslandsstudienaufenthalte wie Sprachkurse im Ausland, Auslandsexkursionen,
Studienreisen, Projektarbeiten im Ausland und Summer Schools (vgl. Heublein et al. 2007: 10; Isserstedt/Link 2008: 49), die häufig als Gruppenaufenthalt organisiert sind und häufiger in Begleitung eines Dozierenden der Heimatuniversität stattfinden (vgl. Apeltauer 1994).[4]

Das Handlungsfeld ‚Auslandssemester'

Das Handlungsfeld, in dem sich Studierende während ihres Auslandsstudiums
bewegen, ist grundlegend dadurch gekennzeichnet, dass sich das Wissen-
schafts- und Hochschulsystem der Gastuniversität von dem der Herkunftsuniversität unterscheidet. Das kann u.a. ein differentes Wissenschaftsverständnis,
andere Lehrformen und -methoden, Lehrinhalte, Leistungsanforderungen,
Bewertungsverfahren sowie andere Rollenzuschreibungen bezüglich der Lehrer und Lerner umfassen (vgl. Ward/Bochner/Furnham 2001: 156).

---

3 Ein Vollstudium im Ausland ist dadurch gekennzeichnet, dass die Studierenden
   einen gesamten Studiengang an einer Hochschule im Ausland absolvieren. Hier
   sei beispielsweise an Sprachkurse, Informationsveranstaltungen, Integrationsan-
   gebote oder auch an landeskundliche Seminare und interkulturelle Trainings gedacht. Da ein Vollstudium im Ausland somit nicht *Teil* eines Studienangebots
   ist, lässt es sich nicht wie das Auslandssemester in dem hier vorgeschlagenen
   Sinne im Rahmen der Hochschullehre für die Ausbildung interkultureller Kompetenz formalisieren. Das Vollstudium wird somit in diesem Artikel nicht weiter
   betrachtet, wenngleich einige der bereits genannten bzw. im Folgenden dargestellten Aspekte auch für ein Vollstudium im Ausland zutreffen.
4 Weitere Beispiele für den nicht-deutschen Kontext: Jackson 2008, 2009 (Chinese University of Hong Kong); Pederson 2009 (USA).

Zudem sind Austauschstudierende auch damit konfrontiert, dass ein Großteil der Personen, mit denen sie unmittelbar zu tun haben, einen anderen kulturellen Hintergrund haben, sich also deren soziokulturelles Umfeld im Gastland unterscheidet. Getrennt von Freunden und Familie bewegen sich Austauschstudierende zudem häufig in einem stärker international geprägten Umfeld als an der Herkunftsuniversität. Sie sind dabei in unterschiedliche soziale Netze eingebunden (vgl. das *funktional model of friendship networks* von Bochner/McLeod/Lin 1977 zit. nach Ward et al. 2001: 147ff.; siehe dazu auch Frohs 2005: 88ff.; Budke 2003). Verwandte und Freunde im Herkunftsland stellen soziale Bezugsgruppen dar, zu denen die oder der vorübergehend im Ausland Studierende in der Regel auch während des Auslandssemesters in Kontakt steht. Vor Ort bilden andere Studierende aus dem eigenen Herkunftsland oder gar von der eigenen Herkunftsuniversität eine weitere wichtige soziale Bezugsgruppe. Beziehungen zu Angehörigen des Gastlandes (Studierende, Dozierende, Administratoren und andere Angehörige der Gastuniversität; ggf. Gastfamilien oder Mitbewohner in Wohngemeinschaften) sind häufig stärker von formalen als persönlichen Aspekten getragen. Eine weitere wichtige Bezugsgruppe sind die internationalen Studierenden (andere ausländische Studierende), die insbesondere für Freizeitaktivitäten eine wichtige Rolle spielen. Schließlich stellt auch ein Lebenspartner eine wichtige Bezugsperson dar, wobei danach zu unterscheiden wäre, ob er bzw. sie im Herkunftsland zurückbleibt, den/die Studierende/n ins Ausland begleitet, dort ggf. selbst ein Auslandssemester absolviert, oder dieser – wenn es sich z.B. um einen Angehörigen des Gastlandes handelt – womöglich einen wesentlichen Grund für den Auslandsaufenthalt darstellt.

In welche sozialen Netze die Studierenden während ihres Auslandssemesters eingebunden sind, ist nicht nur für sie selbst, sondern auch in der wissenschaftlichen Auseinandersetzung ein bedeutendes Thema (vgl. Frohs 2005: 88f.; Budke 2003).[5] Insbesondere vor dem Hintergrund des expliziten studentischen Ziels, ‚Land und Leute' kennen lernen zu wollen, und der Ziele der Austauschprogramme erscheinen die tatsächlichen sozialen Netzwerke paradox: Die Personen, zu denen Austauschstudierende insgesamt die meisten und intensivsten Kontakte pflegen, gehören zur Gruppe der internationalen Studierenden und zur Gruppe der Studierenden aus dem eigenen Herkunftsland,

---

5   Neben den bereits erwähnten Publikationen wird dieses Thema auch auf wissenschaftlichen Konferenzen diskutiert z.B. Internationale Bildungskonferenz „Moving beyond Mobility" 13./14.10.2008 in Berlin oder „Intercultural Learning and Study Abroad", 03.-05.10.2009 in Colle di Val d'Elsa/Italien. Das Zusammenleben von internationalen Studierenden, die am Erasmus-Programm teilnehmen, wurde zudem bereits 2002 in der spanisch-französischen Filmkomödie „L'Auberge espagnole – Barcelona für ein Jahr" von Cédric Klapisch veranschaulicht.

während der Kontakt zu Angehörigen des Gastlandes – als vermeintlicher Schlüssel zur Kultur des Gastlandes und damit gewissermaßen zu einer ‚echten Kulturerfahrung' – nicht wie gewünscht zu Stande kommt (ebd.).

Offenkundig lassen sich im Hinblick auf dieses Phänomen Parallelen zu anderen sich vorübergehend im Ausland aufhaltenden Personengruppen ziehen. Dabei sei etwa an Fach- und Führungskräfte im Auslandseinsatz oder Touristen gedacht, deren Lebenswelt im ersten Fall als „Expatriate-Diaspora" (Moosmüller 2007: 483), im zweiten als „Tourist Bubble"[6] (A. Weidemann 2007: 620) beschrieben werden kann. Auf Austauschstudierende im europäischen Kontext könnte man dieses Konzept in Sinne einer ‚Erasmus-Bubble' übertragen. Diese ‚Erasmus-Bubble' stellt einen wesentlichen Anknüpfungspunkt für Kritik an den Austauschprogrammen für Studierende dar. Im Hinblick auf die Ausbildung interkultureller Kompetenz ist dieser Aspekt zwar bedeutsam, jedoch nicht notwendigerweise von Nachteil: zum einen ist das Erleben von und der Umgang mit kultureller Differenz natürlich nicht allein an Kontakte mit Angehörigen des Gastlandes gebunden, zum anderen bietet der Austausch mit Personen, die vergleichbare Erfahrungen im Gastland machen, wichtige Möglichkeiten zur (Selbst-)Reflexion und Bearbeitung von Differenzerlebnissen (s.u. Betreuung).

Im Zusammenhang mit der umfangreichen Erforschung von Auslandsstudienaufenthalten wurden bisher insbesondere der Verlauf, die Bedingungen und Resultate kultureller Anpassung unter Rekurs auf Kulturschock- und Akkulturationsmodelle, die Wirkungen der Auslandsaufenthalte, Probleme/Stress, die sozialen Beziehungsstrukturen der Studierenden während des Auslandsaufenthaltes (s.o.) sowie die Rückkehr betrachtet (vgl. Ward et al. 2001; Cushner/Karim 2004).[7] Nach wie vor ist allerdings unklar bzw. umstritten, wie die Rahmenbedingungen eines Auslandssemesters sowie die Studierenden selbst den Verlauf und den Lernerfolg hinsichtlich der Entwicklung interkultureller Kompetenz beeinflussen. Betrachtet man die Vielzahl an Untersuchungen, ergibt sich ein komplexes Bild an unterschiedlichen Bestimmungsgrößen, die Einfluss auf Verlauf, Erleben, Wirkung und Bedeutung eines Auslandsstudienaufenthaltes für die Studierenden haben. Dieses Bild setzt sich aus den Rahmenbedingungen und den persönlichen Voraussetzungen der Studierenden zusammen. Zu den Rahmenbedingungen eines Auslandsseme-

---

6 Der Begriff basiert auf dem Konzept der „Environmental-Bubble" von Cohen (1972, 1977).

7 Ich beziehe mich in diesem Beitrag auch auf Studien aus den USA, da der Großteil der einschlägigen Publikationen aus dem US-amerikanischen Kontext stammt. Allerdings lassen sich die Ergebnisse dieser Studien nur teilweise und mit Vorsicht auf den deutschen Hochschulkontext übertragen, da sich sowohl Forschungsgegenstand (Hochschulsystem; Ressourcenverteilung, Auslandsstudienprogramme, Lehr- und Lernstile etc.) als auch die Forschungspraxis selbst deutlich unterscheiden.

sters, die sich hauptsächlich aus den formalen Vorgaben der Herkunftshochschule sowie den Vorgaben und Strukturen der Gasthochschule bzw. des Ziellandes ergeben, zählen in Erweiterung der von Engle und Engle (2003: 8) genannten Aspekte:

- der Zeitpunkt;
- die Dauer;
- das Zielland/Hochschulsystem;
- die Art der Unterbringung;
- die Sprache: Unterrichtssprache, Landessprache, Alltagssprache;
- die Art des Studierendenaustausches (allgemeine Hochschulkooperation bis hin zu einer konzeptionellen und inhaltlichen Zusammenarbeit der kooperierenden Fachbereiche, Einzel- und Gruppenprogramme);
- Leistungsanforderungen (Anzahl und Art der Lehrveranstaltungen, Leistungsnachweise, ECTS-Punkte, Anerkennung von Leistungen);
- die Einbindung in informelle sowie formelle soziale Umgebungen (z.B. in der Freizeit oder in Lehrveranstaltungen, s.o.);
- die Möglichkeiten bzw. Maßnahmen für angeleitete/strukturierte interkulturelle Kommunikationssituationen und Erfahrungslernen;
- und die Möglichkeiten bzw. Maßnahmen für eine angeleitete Reflexion kultureller Differenzerfahrungen.

Neben diesen Rahmenbedingungen können zudem vorhandene Fähigkeiten und Kenntnisse (u.a. Fremdsprachenkenntnisse, die Fähigkeit zum selbstgesteuerten Lernen, zur Selbstreflexion, Methodenkompetenz; s.u.) sowie persönliche psychische und physische Voraussetzungen für das Erleben und die Bewältigung des Auslandsstudiums wie auch für den Erwerb interkultureller Kompetenz individuell unterschiedlich relevant sein (vgl. Budke 2003; Cushner/Karim 2004; Paige 1993a; Vande Berg 2009). Zu letzteren zählen:

- das Geschlecht;
- das Alter und damit verbundene entwicklungspsychologische Aspekte;
- Persönlichkeitsmerkmale (Offenheit, Neugier, Empathiefähigkeit);
- Einstellungen (z.B. gegenüber dem Gastland als auch dem Herkunftsland, Ethnozentrismus);
- die Erwartungen;
- die Motive;
- Lebenserfahrung (z.B. bisherige Auslandserfahrungen bzw. Erfahrungen kultureller Differenz);
- der Status im Gastland bzw. die selbst wahrgenommene Statusveränderung;
- physische und psychische Gesundheit und Stabilität.

Nimmt man diese Bestimmungsgrößen ernst, dann wird nicht zuletzt auch aufgrund der Vielzahl an Faktoren und der damit verbundenen Komplexität deutlich, warum eine einhellige empirische Fundierung von Kulturschock- und Akkulturationsmodellen im Zusammenhang mit Auslandsstudienaufenthalten bisher ausgeblieben ist (zur allgemeinen Kritik an Kulturschock- und Akkulturationsmodellen siehe D. Weidemann 2007). Auch die Bestimmungsgrößen selbst sind bislang nicht hinreichend erforscht. Einige werden als gegeben angenommen, andere werden in unterschiedlichen Kontexten (Ländern, Studienprogrammen etc.) mit je unterschiedlicher Fragestellung untersucht. Die mit der Vielzahl an Bestimmungsgrößen verbundene Heterogenität des Forschungsfeldes erschwert dementsprechend die systematische Erforschung von Auslandsstudienaufenthalten. Dies könnte auch das Defizit an Erkenntnissen über die Bedeutung dieser Bestimmungsgrößen für interkulturelles Lernen und den Erwerb interkultureller Kompetenz erklären.

Zudem gibt es bis heute keinerlei (Längsschnitt-)Studien zur systematischen Erforschung von interkulturellem Lernen im Kontext von Auslandsstudienaufenthalten. Es ist daher insgesamt noch relativ unklar, wo und wann Studierende im Ausland mit kultureller Differenz in Berührung kommen bzw. ob und wie sie diese wahrnehmen, welchen konkreten Einfluss Betreuungsangebote bzw. bestimmte Formen von Betreuungsangeboten haben, insbesondere auch im Vergleich zu Studierenden, die keine gesonderte Vor- und Nachbereitung erfahren haben – kurz: es ist noch unklar, welche (interkulturellen) Lernprozesse eigentlich stattfinden bzw. ob und unter welchen Bedingungen es durch Auslandsstudienaufenthalte zu interkulturellem Lernen kommt. Bestimmt man ‚interkulturelles Lernen‘ mit D. Weidemann (2007: 495) erstens als eine „psychische Veränderung aufgrund von Erfahrungen kultureller Differenz; [...] [und zweitens als, S.N.] psychische Veränderungen, die sich auf eine veränderte Wahrnehmung von und einen veränderten Umgang mit kultureller Differenz beziehen", ergibt sich zudem, dass interkulturelles Lernen nicht notwendigerweise zu ‚interkultureller Kompetenz‘ im humanistisch-normativen Sinne führt (ebd.: 496; vgl. Straub 2007b; Straub/ Nothnagel/Weidemann i.d.B., Kap. 1).

Überlegungen zu einer hochschuldidaktischen Formalisierung des Auslandssemesters können demnach aufgrund der fehlenden theoretischen Basis und der Vielfalt an Gestaltungsmöglichkeiten eines Auslandssemesters nicht direkt aus dem Handlungsfeld abgeleitet werden. Da die oben genannten Bestimmungsgrößen jedoch den Möglichkeitsraum für das Erleben, für den Verlauf, die Bedeutung und Wirkung des Auslandsstudiums seitens der Studierenden eröffnen, sollten sie im Rahmen eines Lehr-Lernkonzeptes ‚Auslandssemester‘ berücksichtigt werden.

Das Auslandssemester aus hochschuldidaktischer Perspektive

Ein Auslandssemester kann grundsätzlich von Studierenden aller Fachbereiche absolviert werden, und es wird meist vorrangig mit anderen Lehr- und Lernzielen verknüpft sein als dem der interkulturellen Kompetenz. Neben einem Zuwachs an fachspezifischem Wissen und Fremdsprachenerwerb ist dabei auch an persönlichkeits- und entwicklungspsychologische Veränderungen zu denken.[8] Die Entwicklung interkultureller Kompetenz steht natürlich mit den genannten Aspekten in Zusammenhang. Dieser wurde bisher jedoch weder empirisch noch theoretisch fundiert und bleibt demzufolge meist implizit.

Im Anschluss an die einleitenden Überlegungen könnte man – das Ziel der Vermittlung interkultureller Kompetenz vorausgesetzt – zwischen zwei Ausrichtungen von Auslandssemestern unterscheiden, nämlich

1. dem Fachstudium im Ausland mit einem *Add-on* an interkultureller Kompetenz und
2. Auslandsstudienprogrammen, die die Ausbildung interkultureller Kompetenz in den Mittelpunkt stellen.

In diesem Zusammenhang sind insbesondere interkulturell ausgerichtete Studiengänge (vgl. Weidemann/Weidemann/Straub 2007) interessant, da Auslandssemester, die in solchen Studiengängen verankert sind, eine Mischform darstellen: Interkulturelle Kompetenz ist hier Teil des Fachstudiums und somit nicht allein als Schlüsselqualifikation, sondern auch als theoretisches Konstrukt sowie als Forschungsgegenstand relevant. Gerade in interkulturell ausgerichteten Studienangeboten gilt das Auslandssemester zudem als ein wichtiges Feld für – eben auch für das Fachstudium selbst relevante – Fremderfahrungen, sodass es naheliegt, diese Möglichkeit für Fremderfahrungen im Rahmen des Gesamtstudiums gezielt für die Ausbildung interkultureller Kompetenz nutzbar zu machen. Grundsätzlich kann – im Sinne der ersten Ausrichtung – das Auslandssemester aber auch in allen anderen Studienangeboten als eine Variante der Vermittlung interkultureller Kompetenz betrachtet und genutzt werden. Die zweite Ausrichtung ist in diesem Kontext hingegen eher unüblich.

Am Beispiel von interkulturell ausgerichteten Studiengängen in Deutschland sollen im Folgenden zunächst Formen, Ziele und Inhalte von Auslandssemestern dargestellt werden, da sich hieran zeigen lässt, welche Relevanz

---

8   In Studien aus dem Bereich der Forschung zu Jugend-/Schüleraustausch, wurden die Entwicklung der Fremdsprachenkenntnisse wie auch – in Ansätzen – persönlichkeitskeits- und entwicklungspsychologische Veränderungen vielfach gezeigt (z.B. Thomas/Chang/Abt 2007; AFS 2005; Busse/Langenhoff/Engelhardt 2000).

solche Auslandsstudienaufenthalte sowie das damit verbundene Ziel der Ausbildung interkultureller Kompetenz momentan überhaupt haben. Zudem wird
dabei deutlich, wie das Auslandssemester derzeit in der Hochschullehre verankert ist. Ich stütze mich dabei auf die Analyse von Studiendokumenten von
ca. 45 interkulturell ausgerichteten Studiengängen an deutschen Hochschulen
und Universitäten, wobei sich die Auswahl der Studiengänge primär aus deren Benennung ergab.

Das Auslandssemester in interkulturell ausgerichteten Studiengängen: Status Quo

Ein Blick auf die Studiendokumente von interkulturell ausgerichteten Studiengängen an deutschen Hochschulen zeigt, dass sich Auslandssemester ‚formal‘
hinsichtlich des Zeitpunkts im Studienverlauf, der Dauer, der Studieninhalte,
dem Zielland sowie bezüglich den Vor- und Nachbereitungsmaßnahmen unterscheiden. In ungefähr einem Viertel der Studienangebote ist das Auslandssemester obligatorischer Bestandteil des Studiums, meist wird es lediglich
empfohlen. Die Unterscheidungsmerkmale wiederum sind teils in der Studi-
en- und Prüfungsordnung festgelegt, unterliegen einer Wahlfreiheit, haben
Empfehlungscharakter oder sind ungeregelt.

Es lassen sich grundlegend zwei Typen unterscheiden. Zunächst gibt es
Auslandssemester, die freiwillig oder obligatorisch zu einem selbstgewählten
Zeitpunkt und mit einem selbstgesetzten Ziel (Zielland und Studieninhalte)
von den Studierenden unternommen werden. Diese Form ist typisch für Ma-
gister- und teilweise auch für Diplomstudiengänge, sie erschwert jedoch aus
strukturellen Gründen – die Studierenden gehen zu unterschiedlichen Zeitpunkten, in ganz unterschiedliche Länder – eine gezielte Vor- und Nachbereitung des Auslandssemesters. Der zweite Typ zeichnet sich dadurch aus, dass
es sich um einen obligatorischen Auslandsaufenthalt handelt, bei dem der
Zeitpunkt, das Zielland und die Studieninhalte größtenteils vorgegeben sind.
Dieser Ansatz setzt sich bis zum Auslandsstudium in bi- oder trinationalen
Studiengängen fort, bei denen die inhaltliche Abstimmung zwischen den kooperierenden Fachbereichen so gestaltet ist, dass das Studium mit einem internationalen Doppel- oder Mehrfachabschluss beendet wird.

Die Studiendokumente geben nur in wenigen Fällen Auskunft über konkrete Studieninhalte und -ziele des Auslandssemesters. Es lassen sind inhaltlich dennoch vier Bereiche – zwei Wissens- und zwei Kompetenzbereiche –
unterscheiden. Das Auslandssemester soll demnach dazu dienen,

- *Fachwissen* (häufig in den Bereichen Kulturraumstudien, Medien- und
  Wirtschaftswissenschaften) auszubauen;
- aufgrund zunehmenden *Allgemeinwissens* über das Zielland ein Verständnis für dessen Kultur und Gesellschaft zu entwickeln;

- Fremdsprachenkenntnisse bzw. die *fremdsprachliche Kompetenz* zu verbessern und

- *interkulturelle Kompetenz*/interkulturelles Lernen zu fördern.

Aufgrund der wenigen veröffentlichten Informationen und der geringen Anzahl an relevanten Studiengängen lässt sich nicht beurteilen, ob sich die Inhalte, Formen und Ziele des Auslandssemesters sowie deren Vor- und Nachbereitung systematisch anhand der *Studienschwerpunkte* (fachspezifisch, kulturspezifisch – meist entsprechend einer Schwerpunktsetzung auf einen bestimmten Sprachraum [z.B. frankophon, hispanophon, etc.] – vs. kulturallgemein) und der *Art der Kooperationsvereinbarungen* unterscheiden. Auffällig ist jedoch, dass in bi- und trinationalen Studiengängen häufig keine Vor- und/ oder Nachbereitungsveranstaltungen angeboten werden.[9]

In den meisten Studiengängen ist es den Studierenden nach wie vor selbst überlassen, sich mit den Anforderungen eines Auslandsstudiums auseinanderzusetzen. Nur sehr wenige Studiengänge zeichnen sich durch eine didaktische Begleitung des Auslandsstudienaufenthaltes aus.[10] Die Bemühungen reichen hier von der Beratung bis zur Organisation des Studienaufenthaltes (die jedoch teilweise auch von den Akademischen Auslandsämtern[11] übernommen wird), von Intensivsprachkursen bis hin zu semesterbegleitenden Vor- und Nachbereitungsseminaren.[12] Das Ziel der Vermittlung ‚interkultureller Kom-

---

9   Bi- und trinationale Studiengänge unterscheiden sich allerdings hinsichtlich ihrer Bestimmungsgrößen von einem ‚normalen‘ Auslandsstudium. Die Beteiligten studieren nicht nur bereits in einer international zusammengesetzten Gruppe, sondern häufig auch zusammen mit den Studierenden des Ziellandes. Man kann daher davon ausgehen, dass die Studierenden einerseits von Beginn ihres Studiums an mit kultureller Differenz konfrontiert sind, dass sie im Ziel- bzw. Gastland bereits über die vorhandenen sozialen Netze ihrer Kommilitonen verfügen und dass die Rückkehr mit der Beendigung des Studiums zeitlich zusammenfallen kann. Diese Aspekte erfordern möglicherweise ähnliche Angebote zur angeleiteten Reflexion (vor allem im Rahmen der Begleitung), die jedoch zeitlich anders strukturiert sein und den sich unterscheidenden Rahmenbedingungen Rechnung tragen sollten. Zudem sind die Studieninhalte in bi- und trinationalen Studiengängen von vornherein aufeinander abgestimmt, so dass auch hier auf Dozierendenebene eine Zusammenarbeit leichter möglich erscheint.

10 Dies gilt auch für Auslandsaufenthalte im Rahmen der Fremdsprachenlehrerausbildung, siehe dazu Ehrenreich (2004).

11 Die Akademischen Auslandsämter bzw. internationalen Universitätszentren sind hinsichtlich der Fördermaßnahmen von studentischer Mobilität stärker im ‚Incoming-Bereich‘ aufgestellt. Dies dient vor allem auch der Internationalisierung der deutschen Hochschulen; siehe dazu etwa das Programm zur Förderung der Integration ausländischer Studierender (PROFIN) vom DAAD (2009).

12 Ungefähr ein Zehntel aller untersuchten Studiengänge haben Vor- und/oder Nachbereitungsangebote für ein Auslandsstudium oder Auslandspraktikum in ihren Studiendokumenten festgelegt. In den Studiengängen ‚Interkulturelle Europastudien‘ (M.A.) (Universität Regensburg) und insbesondere im Studiengang

petenz' wird dabei selten explizit als Lehrziel genannt, geschweige denn differenziert.

Vor- und Nachbereitungsangebote gibt es vermehrt in Studiengängen, in denen ein Auslandspraktikum bzw. ein Praktikum in einem interkulturellen oder internationalen Arbeitsumfeld verpflichtend ist. Solche Lehrveranstaltungen beziehen sich dann auf das Auslandspraktikum und ggf. auch gleich auf das Auslandsstudium mit. In den Vorbereitungsseminaren stehen vor allem Spezifika des jeweils anderen Hochschulsystems und des Ziellandes allgemein (Regionen, Sprachen, Traditionen, Gesellschaft, Geschichte, Lebensart, Wirtschaft) im Vordergrund. Daran knüpfen sich organisatorische und formale Fragen an (z.b. bezüglich der Visabestimmungen, Bewerbung, Finanzierung, Immatrikulations-, Studien- und Prüfungsbestimmungen, Wohnungssuche, des Status etc.) sowie eine Vorbereitung auf konkrete Interaktionssituationen im Ausland. In Nachbereitungsseminaren setzen sich die Studierenden vor dem Hintergrund theoretischer Konzepte interkultureller Kommunikation (interkulturelle Kompetenz, interkulturelles Lernen, interkulturelles Training etc.) mit ihren eigenen kulturellen Differenzerfahrungen auseinander. Dies geschieht z.B. durch die Teilnahme an Übungen und Planspielen, die Entwicklung von ‚Critical-Incident'-Trainingsmodulen sowie die Ausarbeitung von Länderportraits auf Basis des Wissens- und Erfahrungsschatzes nach dem Auslandsaufenthalt oder durch ‚Lessons Learned'.

Der Dynamik sowie den Gestaltungsspielräumen im didaktischen Feld des Auslandssemesters kann im Rahmen einer Analyse von Studiendokumenten natürlich nicht Rechnung getragen werden. Es ist mithin davon auszugehen, dass jenseits dieser Studiendokumente in der Praxis interkulturell ausgerichteter Studiengänge hier und da (weitere) interessante *Best-Practice*-Beispiele zu finden sind.[13]

‚Languages and Business Administration' (B.A.) (Westsächsische Hochschule Zwickau), in denen das Auslandsstudium obligatorisch ist, werden Vor- und/oder Nachbereitungsveranstaltungen durchgeführt. Dies gilt auch für die Studiengänge ‚Internationale Betriebswirtschaft und interkulturelle Studien' (B.A.) (Hochschule Heilbronn), ‚Sozialwissenschaften mit Schwerpunkt interkulturelle Beziehungen' (B.A.) und ‚Intercultural Communication und European Studies' (M.A.) (Hochschule Fulda), in denen das Auslandsstudium lediglich empfohlen wird. Die Vor- und Nachbereitungsangebote beziehen sich meist gleichermaßen auf Auslandsstudium und Auslandspraktikum.

13 Die vorgestellte Situation unterscheidet sich deutlich von anderen Ländern. In den USA beispielsweise findet seit den 1970er Jahren eine Diskussion um Auslandsstudienaufhalte und deren Gestaltung statt (siehe dazu u.a. das Forum on Education abroad, http://www.forumea.org; Frontiers, http://www.frontierjournal.com; DePaul/Hoffa 2009). Zudem nimmt auch gerade an Hochschulen im englischsprachigen Ausland (USA; Großbritannien, Kanada, Australien) oder in Skandinavien und den Niederlanden die Betreuung internationaler Studierender traditionell einen viel größeren Stellenwert ein als in Deutschland. Dies steht mög-

Lehr-Lernkonzept ‚Auslandssemester'

Ein wesentlicher Grund für die eingangs benannten Probleme besteht darin, dass es sich bei einem Auslandssemester nicht um eine genuine Form oder Methode der Hochschullehre handelt. Einerseits sind Auslandsstudienaufenthalte zwar speziell an den Hochschulkontext geknüpft, andererseits werden sie aber – von einigen Ausnahmen abgesehen – in Deutschland im Hinblick auf die Vermittlung interkultureller Kompetenz bisher eher als Erfahrungsraum, denn als didaktisch zu begleitendes Unterfangen verstanden. Aus wissenschaftlicher Perspektive besteht hingegen ein Konsens darüber, dass sich interkulturelle Kompetenz nicht allein aufgrund von Auslandsaufenthalten einstellt, sondern erst eine angeleitete Reflexion dieser Erfahrungen maßgeblich zum Erwerb interkultureller Kompetenz beiträgt (vgl. Straub i.d.B., Kap. 2.1; Cushner/Karim 2004; Ehrenreich 2008; Paige 1993a; Weidemann/Weidemann/Straub 2007: 819; Vande Berg 2009).

Hier soll das Auslandssemester als ein Lehr-Lernkonzept verstanden werden, welches als eine methodische Großform verschiedene Inhalte, den Einsatz verschiedener Lehrformen und -methoden sowie deren zeitliche Abfolge mittel- bis längerfristig strukturiert.[14]

Die Vermittlung interkultureller Kompetenz hebt dabei darauf ab, dass Studierende zunächst an der Gastuniversität, im weiteren Studienverlauf und

licherweise mit den jeweiligen Internationalisierungsstrategien im Zusammenhang. Universitäten, die für ausländische Bewerber aufgrund der (Unterrichts-) Sprache und des Renommees eine hohe Attraktivität aufweisen, setzen sich nicht zuletzt auch aus wettbewerbsstrategischen Gründen gezielt mit der Attraktivität ihres Standortes und den Motiven von Austauschstudierenden auseinander (vgl. z.B. Llewellyn-Smith/McCabe 2008). Solche Unterschiede zwischen den Hochschulen sind mit dem jeweiligen Hochschulsystem, der Wissenschaftstradition sowie mit gesellschaftlichen Anforderungen und Diskursen verwoben und wirken sich sowohl auf die konkreten interkulturell ausgerichteten Reflexionsangebote für internationale Studierende als auch auf die Forschungspraxis aus.

14 Der Lernbegriff im Wortpaar Lehr-Lernkonzept verweist hier nicht allein darauf, dass sich Lehr- und Lernprozesse nicht strikt voneinander trennen lassen, und der Lerner sowie Lernprozesse in aktuellen didaktischen Ansätzen (siehe dazu z.B. Lernerzentrierung im bolognagerechten Hochschulunterricht, Ertel/ Wehr 2007; Blüml i.d.B., Kap. 3.3) stärker in den Fokus geraten. Mit dem Lernbegriff wird vor allem der Versuch betont, sich im Lehrkontext gezielt auf Erfahrungen und Lernprozesse rückzubeziehen, die die Lerner ohne Anleitung in informellen (siehe zum informellen Lernen Overwien 2006) oder auch formellen Kontexten während ihres Auslandsstudiums sammeln und die charakteristisch für das Auslandssemester sind (Einen Eindruck von den vielfältigen Erfahrungen sowie individuellen Herausforderungen und Potentialen eines Auslandsstudiums bieten beispielsweise Erfahrungsberichte z.B. DAAD 2007. Zu in mancher Hinsicht ähnlichen Erfahrungen im Jugendaustausch siehe z.B. Zeutschel 2004).

schließlich im Rahmen ihrer Berufstätigkeit in der Lage sind, ihre Studien- und Berufsziele in interkulturellen Kontexten bestmöglich zu erreichen.[15] Bei Studierenden in interkulturell ausgerichteten Studiengängen geht es neben einer theoretischen Auseinandersetzung mit interkultureller Kompetenz nicht nur darum, gezielt interkulturelle Kompetenz zu erwerben und selbst weiterzuentwickeln, sondern diese auch auf andere Kontexte übertragen zu können sowie ggf. selbst interkulturelle Kompetenz lehren und auch erforschen zu lernen.

Konkretisierungen hinsichtlich des Lehr- und Lernziels interkultureller Kompetenz gestalten sich schwierig, da sich interkulturelle Kompetenz als ein komplexes und vielschichtiges Lehr- und Lernziel nicht allgemein im Sinne lernzieldidaktischer Bestrebungen operationalisieren lässt (vgl. Blüml i.d.B., Kap. 3.3; Straub/Nothnagel/Weidemann i.d.B., Kap. 1). Zudem lässt sich ein dem Konstrukt interkultureller Kompetenz zugrunde liegender Kulturbegriff zwar theoretisch bestimmen. Es ist jedoch praktisch unklar und höchst variabel, ob und wie kulturelle Differenz von den Studierenden wahrgenommen wird. Daraus ergeben sich nicht nur Probleme hinsichtlich der Vermittlung, sondern auch der Überprüfung interkultureller Kompetenz (vgl. Arnold/Mayer i.d.B., Kap. 5; Blüml i.d.B., Kap. 3.3; Weidemann/Nothnagel i.d.B., Kap. 3.1). Eine genauere Bestimmung und Ausdifferenzierung der Lehrziele und -inhalte ist somit an die jeweiligen mit dem Auslandssemester verbundenen Studienziele, an das Gastland, die Studierenden selbst sowie den antizipierten beruflichen Anwendungskontext geknüpft.

Es ist offensichtlich, dass das Auslandssemester ein für Studierende komplexes Handlungs- und Lernfeld darstellt. Für die Lehrenden ist dies in Folge auch mit besonderen Herausforderungen, vor allem hinsichtlich der folgenden Fragen, verbunden: Welche Formen instruierten Lernens können die Studierenden auf das Auslandssemester vorbereiten? Wie können im Zuge von Betreuungsangeboten während des Auslandsaufenthaltes, Nachbereitungskursen sowie weiterführenden Veranstaltungen die heterogenen Erfahrungen aus dem Auslandsstudium für die Vermittlung interkultureller Kompetenz nutzbar gemacht werden?

Aus didaktischer Sicht beginnt und endet das Auslandssemester nicht mit der Anreise ins Gastland bzw. der Rückkehr ins Herkunftsland, sondern wird einschließlich der Vor- und Nachbereitungsphase betrachtet. Der Auslandsaufenthalt lässt sich demnach in die Phasen der *Vorbereitung*, der *Betreuung*

---

15 Normativ-humanistisch geprägte Gehalte lassen sich von dieser ziel- und zweckorientierten Perspektive natürlich nicht ohne weiteres abkoppeln, da erzieherisches Handeln von jeher mit Idealen der „Vervollkommnung der Menschheit" (Kant 1803/1983: 700, zit. nach Koller 2009: 32) bzw. der Orientierung am Bild einer „in irgendeiner Hinsicht vollkommeneren Persönlichkeit" (Brezinka 1978: 44, zit. nach Koller 2009: 52) verbunden ist.

(während des Auslandsaufenthalts) und der *Nachbereitung* (Rückkehr und Wiedereingliederung) unterteilen. Im Folgenden sollen im Hinblick auf die drei Phasen insbesondere Ziele und Inhalte zur Ausbildung interkultureller Kompetenz überblicksartig aufgezeigt werden. Die Darstellung richtet sich dabei – der Unterscheidung in *Technik* und *Material* von Rathje (i.d.B., Kap. 4.1) folgend – stärker auf die zu erlernenden Inhalte, also das Material. Somit werde ich an geeigneten Stellen lediglich auf exemplarische Techniken bzw. Verfahren verweisen.

Vorbereitung (Orientierung)

Die Vorbereitung auf einen Auslandsstudienaufenthalt sollte zunächst grundlegende formale Aspekte eines Auslandsaufenthaltes beinhalten. Dazu gehören u.a. Fragen zur Gasthochschule bzw. zum Hochschulsystem des Gastlandes, zur Anrechnung von Studienleistungen, zum Status, zu den Immatrikulations-, Studien- und Prüfungsbestimmungen, zur Finanzierung, Wohnungssuche sowie ggf. zu den Visabestimmungen. Eine solche *informatorische Vorbereitung*, die sich an den Bedingungen der Herkunfts- sowie der Gastuniversität orientiert, zielt darauf ab, dass die Studierenden selbstständig ihren Auslandsaufenthalt planen, organisieren und durchführen können. Zudem stellt sie auch für interkulturelles Lernen eine von mehreren Voraussetzungen dar, da das erworbene Wissen den Studierenden insbesondere in den ersten Tagen und Wochen des Auslandsaufenthaltes zur Orientierung dienen kann. Den Studierenden bleibt dann mehr Zeit und Energie, ihr eigenes Verhalten, das Verhalten anderer Personen, mit denen sie in der neuen Umgebung konfrontiert sind, von Anfang an zu beobachten, zu hinterfragen und zu reflektieren.

An die informatorische Vorbereitung schließt sich die Vorbereitung auf eine gezielte Auseinandersetzung mit kulturellen Differenzerfahrungen (im Sinne der Ausbildung interkultureller Kompetenz) an, oder sie flankiert diese. Hierbei kann den Studierenden Folgendes vermittelt werden:
- *Kulturallgemeines Wissen* über die Grundzüge (ggf. auch die Varianten) eines anthropologischen Kulturbegriffs sowie Aspekte der Fremdwahrnehmung (Stereotypisierung, Vorurteile, Exotismus). Die Aneignung dieses Wissens zielt nicht auf eine theoretische, sondern eine alltagspraktische Auseinandersetzung mit Kultur ab. Daher sollten vor allem Inhalte im Fokus stehen, die an Erfahrungen (und Emotionen) der Teilnehmer anknüpfen und z.B. in der aktiven Auseinandersetzung mit dem individuellen Umgang mit Eigenem und Fremden bestehen. Das bedeutet, dass hier auf bisherige Lebenserfahrungen zurückgegriffen werden kann oder Studierende im Rahmen der Vorbereitungsmaßnahme angeleitet neue Erfahrungen machen (zum Erfahrungslernen vgl. Edelmann 2000; Rathje i.d.B., Kap. 4.1) und diese vor dem Hintergrund der Phänomene sozialer Wahr-

447

nehmung reflektieren. Ziel dabei ist es, dass die Studierenden für die Bedeutung von kulturellen Aspekten in Kommunikationsprozessen sensibilisiert werden und neue Perspektiven einzunehmen lernen. Als Verfahren
erscheinen hier Rollenspiele, Planspiele und Simulationen geeignet (vgl.
Rathje i.d.B., Kap. 4.1; Strohschneider i.d.B., Kap. 4.2), die eine erfahrungsbasierte Diskussion und Reflexion von eigenen Verhaltensmustern
und Emotionen (Angst, Empathie etc.) in einer als fremd erlebten Situation ermöglichen. Ebenso kann die Auseinandersetzung mit einem für das
Zielland entwickelten *Culture Assimilator* für Studierende (z.b. Hufna-
gel/Thomas 2006)[16] oder einem *General Culture Assimilator* (vgl. Brislin
1995) das Nachvollziehen und Entwickeln von unterschiedlichen Perspektiven fördern sowie den relationalen Charakter von Kultur(standards) aufzeigen.[17]

• *Kulturspezifisches Wissen*, welches einerseits aus landeskundlichem Wissen über das Zielland bzw. die Region der Gastuniversität besteht. Dieses
knüpft an die informatorische Vorbereitung auf das Auslandssemester an,
indem für Studierende relevante Charakteristika des Ziellandes bzw. der
Zielregion vermittelt werden. Dazu können ausgewählte Informationen
über Sprache(n), Traditionen, Gesellschaft, Geschichte, Religion(en),
Weltanschauungen, Lebensart, Politik und Wirtschaft gehören. Den Studierenden kann das Wissen um z.B. historische und politische Zusammenhänge einen schnelleren Einstieg in aktuelle gesellschaftliche Diskurse ermöglichen und damit ebenso zu einer besseren Orientierungsfähigkeit
im Gastland beitragen. Zudem stellt dieses Wissen die Voraussetzung für
die Entwicklung eines tieferen bzw. umfassenderen Verständnisses des
Ziellandes und damit ggf. auch der potentiellen Interaktionspartner dar.

16 Der Einsatz von Kulturassimilatoren ist wegen ihrer Generierung sowie dem
zugrunde liegenden Kulturverständnis (meist Nationalkulturen, relativ statisch,
reifizierend) vor allem im Hinblick auf kulturspezifisch ausgerichtete Varianten
kritisch zu betrachten. Studierenden, die bereits über Vorwissen auf diesem Gebiet verfügen, kann eine *kritische* Auseinandersetzung mit einem Culture Assimilator helfen, ein komplexeres Verständnis (z.B. jenseits von nationalen Kul-
turkonzepten) von Kultur anzuwenden und zu vertiefen sowie eine kritische
Haltung gegenüber der Aufbereitung und Anwendung so genannten kulturspezifischen Wissens zu entwickeln. Auch aus diesem Grund ist der Culture Assimilator hier bereits bei dem kulturallgemeinen Wissen aufgeführt.
17 Die Trainingsliteratur (z.B. Paige 1993b) bezieht sich nach wie vor auf die klassischen Modelle der sozialpsychologischen Akkulturationsforschung (U-Kurve,
W-Kurve), obwohl diese aufgrund zahlreicher empirischer Studien nicht bestätigt werden konnten (vgl. Martin/Harrell 2004; D. Weidemann 2007). Demnach
ist fraglich inwieweit diese im Rahmen der Vor- und Nachbereitung eines Auslandssemesters eingesetzt werden sollten. Die Vermittlung dieser Modelle führt
vermutlich eher dazu, dass diese von den Studierenden lediglich reproduziert
werden. Dies schließt jedoch nicht aus, über typische Probleme und Schwierigkeiten, die im Verlauf des Auslandssemesters auftreten können, zu sprechen.

Dazu können u.a. Zeitungen, Länderbeschreibungen, Literatur oder auch Filme eingesetzt werden (vgl. zu Literatur und Kunst: Volkmann i.d.B., Kap. 4.7; Köhnen i.d.B., Kap. 4.8; zu Film: Gieselmann i.d.B., Kap. 4.9; Bauer i.d.B., Kap. 4.10). Neben der Vermittlung landeskundlichem Wissens, welches vor allem expliziten Charakter besitzt, gehört auch die Vermittlung bzw. ‚Einübung' von implizitem (auch praktischem oder handlungsleitendem) Wissen (vgl. Straub 2010) über die kulturellen Praxen der antizipierten Interaktionspartner des Gastlandes. Dieses ist notwendig, um das Handeln von Mitgliedern einer anderen ‚Kultur' verstehen, aber vor allem um das eigene Handlungspotential (Boesch 1991: 105f.) vergrößern zu können. Die angeleitete Interpretation von Literatur und Film kann auch einen Beitrag zur Vermittlung solchen Wissens leisten, indem implizites Wissen, welches den Handlungen der Protagonisten zu Grunde liegt, explizit gemacht wird. Typischerweise besitzen allgemeine Erklärungen von antizipiertem und als fremd empfundenem Verhalten sowie konkrete Verhaltensempfehlungen für das Leben im Gastland für die Lerner einen hohen subjektiven Wert. Nimmt man jedoch die Ausführungen zum Kulturbegriff wie auch die Unterscheidung von explizitem und implizitem Wissen ernst (hier nach Straub 2007a: 15ff., 2010), dann wird deutlich, dass kulturspezifisches Wissen im Sinne von Verhaltenserklärungen (wie sie etwa in einem *Culture Assimilator* auf Basis von Kulturstandards oder Kulturdimensionen vorkommen; siehe zu kritischen Interaktionssituationen/Kulturstandards: Utler/Thomas i.d.B., Kap. 4.6; kritisch: Layes 2007) nur eine beschränkte Reichweite besitzt. Dies gilt insbesondere für Vorbereitungsseminare, in denen die Lerner noch nicht über einen umfangreichen Erfahrungsschatz aus dem Leben im Gastland verfügen und somit das Gelernte selbstständig nicht kontextualisieren können. Die Beschreibung einer Kultur bezieht sich immer auf eine Mehrzahl von Personen (ein Kollektiv) und versucht den Referenzrahmen bzw. das Bezugssystem im Sinne eines Zeichen-, Wissens- und Orientierungssystems zu rekonstruieren, welches für das Handeln seiner Mitglieder maßgeblich ist. Eine solche Beschreibung kann jedoch nicht das Handeln einzelner Individuen vorwegnehmen oder gar vorhersagen. Auch eine synonyme Verwendung von ‚Kultur' und ‚Land' (wie es im Kontext von interkulturell ausgerichteten und kulturspezifischen Qualifizierungsmaßnahmen nicht nur im Hochschulkontext üblich ist) wird einem solchen Kulturbegriff mitnichten gerecht, denn das kulturelle Wissen der antizipierten Interaktionspartner im Auslandsstudium verweist nicht nur auf ein, sondern auf eine Vielzahl von kulturellen Bezugssystemen. Es gilt demnach, den Studierenden nicht Wissen über ‚die' Kultur des Gastlandes zu vermitteln, sondern sie dabei zu unterstützen, sich selbstständig Wissen über das in Interaktionen handlungswirksame kulturelle Wissen der antizipierten Interaktionspartner aneignen zu können. Ein solches Unterfangen ist hinreichend anspruchsvoll, da einerseits vor dem Auslandsaufenthalt die konkrete Lebenssituation des Studierenden im Ausland noch nicht bekannt ist. Andererseits fehlen als Grundlage dafür in den meisten Fällen wissenschaftliche Analysen der betreffenden Lebenswelt, die das Handeln der antizipierten Interaktionspartner in Relation zur aktuellen Lebenswelt der Studierenden beschreiben, erklären und damit als Grundlage erfahrungsorientierter Trainingsmaßnahmen dienen könnten. Die Veränderlichkeit des Handelns bzw. die das Handeln begleitende oder dem Handeln vorausgehende Auslegung kultureller Bezugsrahmen sowie der implizite und praktische Charakter kulturellen Wissens erschweren eine vorherige Aneignung zudem beträchtlich. Am geeignetsten erscheint hier – falls vorhanden – hochschulkontextspezifisches Wissen, welches unterschiedliche Lehr- und Lernstile, unterschiedliche Rollenerwartungen sowie differente Auffassungen von Wissenschaft und wissenschaftlichem Arbeiten etc. (siehe zu den Herausforderungen an Studierende im *international classroom*: Weidemann/ Nothnagel i.d.B., Kap. 3.1) sowie Wissen über Kommunikationsverhalten bzw. Diskursstrategien in den Blick nimmt.

- Aus den genannten Gründen sollte gerade vor dem Auslandsaufenthalt stärker das Fördern einer offenen, neugierigen, fragenden also einer forschenden Haltung bei den Studierenden im Vordergrund stehen. Die Studierenden sollten willens und in der Lage sein, sich ein kontext- und situationsbezogenes Wissen vor Ort selbst aneignen zu können. Dafür eignen sich grundlegende Kenntnisse über ausgewählte Verfahren der empirischen Sozialforschung sowie deren Anwendung – *Methodenkompetenz*. Da es im Kontext des Auslandssemesters insbesondere um Prozesse des Fremdverstehens geht, sind qualitative bzw. interpretative Verfahren empirischer Sozialforschung (neben Gesprächs- bzw. Diskursanalyse, siehe dazu Ehlich/tenThije i.d.B., Kap. 4.3, v.a. ethnografische Verfahren) von besonderem Interesse. Methodenkompetenz erweitert die Möglichkeit der Studierenden, eigenständig kulturelle Unterschiede (zunächst vor allem anhand von Beobachtungen) überhaupt bzw. zunehmend differenzierter wahrzunehmen, ohne bei der Bestätigung erwartbarer stereotyper Zuschreibungen stehen zu bleiben. Hieran schließt sich in einem zweiten Schritt (in Kombination mit kulturallgemeinem und kulturspezifischem Wissen sowie weiteren Beobachtungen und Befragungen im Rahmen ethnografischer Erkundungen) die Fähigkeit an, selbst mögliche Erklärungen für kulturelle Differenzen zu finden, auf Basis dieses Wissens angemessene Handlungsoptionen zu erkennen und entsprechend zu handeln sowie sukzessive das eigene Wissen über das handlungswirksame kulturelle Wissen der anderen anreichern und miteinander in Bezug setzen zu können (vgl. zur praktischen Umsetzung im Rahmen von Lehrforschung: Weidemann i.d.B., Kap. 4.16 und von Exkursionen: Jackson 2008, 2009).

• Schließlich erscheint es nützlich, den Studierenden *Wissen über die physischen und psychischen Herausforderungen eines Auslandsstudiums* zu vermitteln. Dies umfasst eine grobe Kenntnis empirischer Befunde, die im Zusammenhang mit den oben genannten Bestimmungsfaktoren eines Auslandssemesters stehen. Auf Basis des Wissens um bspw. die Bedeutung des Wohnarrangements oder der Freizeitgestaltung für die Etablierung sozialer Beziehungen sowie mögliche Belastungsfaktoren können Studierende oder ggf. Programmorganisatoren bereits bei der Planung, aber auch bei der Durchführung des Auslandsaufenthaltes mögliche Voraussetzungen für interkulturelles Lernen (bestenfalls individuell) berücksichtigen. Eine wichtige Grundlage dafür stellt wiederum die Kenntnis der Spezifika des Gastlandes, der Gastuniversität sowie die individuellen Ziele der Studierenden dar. Die Studierenden sollten sich aufbauend auf ihrem kulturallgemeinen Wissen darüber bewusst werden, in welcher Relation interkulturelle Kompetenz zu ihren individuellen und studienbezogenen Zielen steht und idealerweise das *Lehr*ziel ‚interkulturelle Kompetenz‘ als *Lern*ziel verfolgen.[18]

Eine *Auswahl* von Studierenden für einen Auslandsstudium findet im Hochschulkontext meist nicht statt. Es handelt sich dabei eher um einen selbstselektiven Prozess (vgl. Cushner/Karim 2004: 295). Die Studierenden entscheiden sich entweder während ihres Studiums oder bereits bei der Wahl eines Studiengangs, der einen obligatorischen Auslandsstudienaufenthalt enthält, für ein Auslandssemester. Eignungsdiagnostische Verfahren spielen daher keine Rolle. Spezifische Testverfahren zur Messung interkultureller Kompetenz bzw. interkultureller Entwicklungsstufen (vgl. Deller/Albrecht 2007: 749ff.)[19] können, soweit sie zur Verfügung stehen, unter Berücksichtigung ihrer Grenzen dennoch eingesetzt werden. Dabei geht es vorrangig nicht darum,

---

18 In diesem Punkt liegt (neben den bereits benannten Problemen) aus lerntheoretischer Perspektive eine zentrale Schwierigkeit von Vorbereitungsmaßnahmen. Für die Studierenden ist vor ihrem Auslandsaufenthalt möglicherweise noch gar keine ‚Lernproblematik‘ erkennbar, da sich diese erst während des Auslandsstudiums für jeden Studierenden auch im Hinblick auf bestimmte Facetten interkultureller Kompetenz individuell ergibt (vgl. Holzkamp 1995, zit. nach Straub i.d.B., Kap. 2.1).

19 Eignungsdiagnostische Verfahren zur Prognose eines ‚erfolgreichen‘ Auslandsaufenthaltes werden vor allem in Organisations- und Unternehmenskontexten insbesondere im Rahmen der Auslandsentsendung von Fach- und Führungskräften eingesetzt (vgl. Deller/Albrecht 2007). Die den Verfahren zugrunde liegenden Erfolgskriterien und Konstrukte für eine Auslandsentsendung von Fach- und Führungskräften unterscheiden sich jedoch aufgrund der jeweils relevanten Bedingungen, Anforderungen und Ziele von denen eines Auslandsstudiums.

dass sich die Studierenden das Testergebnis unhinterfragt zu eigen machen oder dies der Fremdeinschätzung durch eine Lehrperson dient, sondern dass die Studierenden die in der Auseinandersetzung mit dem Testverfahren und -ergebnis zu Tage tretende Selbsteinschätzung ihrer interkulturellen Kompetenz reflektieren. Dies gilt allerdings stärker für interkulturell ausgerichtete Studienangebote, in denen die Auseinandersetzung mit einem solchen Testverfahren sowie dem dahinterstehenden theoretischen Modell auch für andere Studienziele sinnvoll erscheint und Studierende eher dazu neigen, ihre interkulturelle Kompetenz zu überschätzen. Am populärsten – insbesondere im US-amerikanischen Kontext – ist der *Intercultural Development Inventory* (Hammer/Bennett/Wiseman 2003), der auf dem *Developmental Model of Intercultural Sensitivity* (Bennett 1993) basiert und nicht zuletzt auch eingesetzt wird, um *Study-Abroad*-Programme zu evaluieren (vgl. Pederson 2009; Jackson 2009; Vande Berg 2009) und diese schließlich auch zu legitimieren.[20]

Betreuung (während des Auslandsaufenthalts)

Die Betreuung sollte die Studierenden dabei unterstützen, kulturelle Differenzen wahrzunehmen, diese zu reflektieren, zu diskutieren und zu ‚erforschen‘, um sodann den eigenen Umgang mit als kulturell different Erlebtem zu hinterfragen und eigene Verhaltensveränderungen wahrzunehmen und ggf. gezielt alternative Verhaltensweisen auszuprobieren. Anknüpfungspunkte dafür bilden zum einen die in der Vorbereitungsphase erarbeiteten Aspekte, zum anderen die Erlebnisse und Erfahrungen während des Auslandsstudienaufenthaltes.

Wenn die Betreuung nicht vor Ort durchgeführt werden kann oder soll, erscheinen hier insbesondere web-basierte Lernplattformen als Lernumgebung geeignet (z.B. *Virtual Classrooms*; vgl. Fetscher i.d.B., Kap. 4.13).[21] Mit Hilfe eines solchen Systems können Lernende und Lehrende (d.h. Dozentinnen, Tutoren, Mentoren) miteinander kommunizieren (Chat, Forum etc.) sowie eigene Erfahrungen und Erlebnisse personenbezogen (z.B. in Form eines Weblogs) speichern und alle oder ausgewählte Beiträge zur Diskussion stellen (vgl. Fetscher i.d.B., Kap. 4.13). Am Ende des Auslandssemesters können die Studierenden zudem die gespeicherten Beiträge und Diskussionsbeteiligungen

---

20 Für eine kritische Einschätzung des dem IDI zugrunde liegenden Stufenmodells siehe z.B. D. Weidemann (2007).

21 Ein weiterer Grund für den Einsatz von web-basierten Lernplattformen ist die Vertrautheit der Studierenden im Umgang mit technisch ähnlichen Medien (z.B. „facebook" oder „studiVZ"), die von Studierenden ohnehin genutzt werden, um mit Verwandten und Freunden zu Hause, aber auch in aller Welt in Kontakt zu bleiben. Für einen Überblick über bestehende Kommunikations-, Lern- und Arbeitsplattformen in der Hochschule siehe http://www.bildungsserver.de/zeigen .html?seite=5812 (Abruf: 19.01.2010).

nutzen, um ihren individuellen Lernprozess nachzuvollziehen. Darüber hinaus kann eine solche Plattform auch zu Zwecken der Lehr-Lernforschung eingesetzt werden. [22]

Im Rahmen einer formalisierten Ausbildung interkultureller Kompetenz sollten die Studierenden im Verlauf ihres Auslandsaufenthaltes konkrete Aufgabenstellungen bearbeiten. Folgende Aspekte können dabei Ansatzpunkte für Aufgaben bieten:

• Studierende können aufgefordert werden, sich über das Verfassen von Erfahrungsberichten mit selbst erlebten kritischen Interaktionssituationen auseinanderzusetzen. Kritische Interaktionssituationen kann man als Geschichten bezeichnen, „in denen die handelnden Personen auf ‚Barrieren' stoßen oder ‚Widerfahrnisse' erleben" (Layes 2007: 389). Solche als bedeutsam (z.B. un- oder missverständlich, konfliktträchtig oder auch außergewöhnlich) erlebten Barrieren oder Widerfahrnisse sollen zunächst verschriftlicht werden. In einem zweiten Schritt sollten die Studierenden selbst unterschiedliche Perspektiven im Sinne von Erklärungsalternativen hinsichtlich der beschriebenen Situation entwickeln und die mögliche Bedeutung kultureller Differenz für dieses Erlebnis ausloten. In einer moderierten Diskussion können die jeweils individuell entwickelten Perspektiven mit den Perspektiven anderer Studierender zum gleichen oder zu ähnlichen Beiträgen angereichert werden. Solche kritischen Interaktionssituationen dienen als Möglichkeit zur Reflexion persönlicher Widerfahrnisse und bieten insbesondere in Gruppendiskussionen den Vorteil, „dass sich in ihnen die impliziten Kulturbegriffe der einzelnen Teilnehmer offenbaren und somit thematisiert werden können" (Layes 2007: 389). Eine andere Möglichkeit ist der Einsatz von Fragebögen, die Themen (z.B. Lebenssituation und Alltagskultur, Sprachkenntnisse/Alltagssprache/Studium/Praktikum, soziale Beziehungen, Gefühle/das Verhältnis von Erwartungen und Realität) vorgeben und die Bearbeitung der Themen durch konkrete Fragestellungen vorstrukturieren (Berkenbusch/Fetscher 2009). Die Vorbereitungsmaßnahme sollte die Studierenden bereits für kritische Interaktionssituationen sowie dafür, dass es natürlich nicht allein um eine auf Differenzen orientierte Sichtweise geht, sensibilisiert haben.

• Neben der selbstreflexiven Auseinandersetzung mit Barrieren und Widerfahrnissen bietet sich eine zweite Form von Aufgaben an, bei denen Studierenden anhand von selbstgewählten oder auch vorgegebenen Frage- bzw. Themenstellungen und ggf. aufbauend auf den eigenen Erfahrungen und Selbstreflexionen selbst aktiv werden. Dies kann einerseits bedeuten,

---

22 An der Westsächsischen Hochschule Zwickau werden Studierende während ihres Auslandsjahres (Auslandssemester und Auslandspraktikum) bereits von Lehrenden im Rahmen eines Portfolio-Pilotprojekts begleitet (vgl. Berkenbusch/Fetscher 2009).

dass Verhaltensoptionen, die in Auseinandersetzung mit den kritischen Interaktionssituationen eruiert wurden, gezielt ausprobiert und die Erlebnisse anschließend erneut reflektiert werden. Andererseits können Studierende anhand von thematisch ausgerichteten Feldforschungsprojekten ihr Wissen gezielt und themenspezifisch ausbauen.

Die Betreuung während des Auslandsaufenthaltes ist für die Studierenden wie auch für die Lehrenden eine sehr zeitaufwendige Angelegenheit, die zudem insbesondere für die Lehrenden besondere Herausforderungen mit sich bringt. Dabei geht es um Fragen der Entwicklung der Lernaufgaben, der Motivation der Studierenden, der Etablierung und Gestaltung der Lernplattform, regelmäßiges Feedback, Einsatz und Ausbildung von Tutoren, um Fragen der Anerkennung von Studienleistungen sowie der Evaluation (Berkenbusch/Fetscher 2009). Problematisch ist u.a., dass einige Themen (z.B. soziale Beziehungen und Partnerschaft), die geradezu prädestiniert für kulturelle Differenzerfahrungen sein können, häufig in sehr private Lebensbereiche der Studierende hineinragen und daher zu Zwecken der Selbstreflexion in diesem Arrangement nicht nutzbar gemacht werden können (ebd.).

Die Betreuung sollte schließlich nicht dazu dienen, den Studierenden wichtige Aufgaben, die für die Bewältigung des Auslandssemesters zu lösen sind, abzunehmen und damit den Raum für Herausforderungen und Lernanregungen einzuschränken.

Nachbereitung

Im Mittelpunkt der Nachbereitung eines Auslandssemesters sollte die Aufarbeitung der Erfahrungen mit kultureller Differenz stehen, die während des Auslandsaufenthaltes noch nicht oder nicht hinreichend bearbeitet werden konnten. Dazu gehören auch Aspekte, die sich erst nach der Rückkehr an den ‚heimischen' Studien- und/oder Wohnort zeigen.

Die Auseinandersetzung mit der Rückkehr selbst ist nicht nur für die Phase der Nachbereitung relevant, sondern sollte bereits in der Vorbereitung beginnen und während des Auslandsaufenthaltes vor allem unmittelbar vor der Rückreise (*Pre-Entry*-Phase) fortgesetzt werden. Solche umfassenden Re-Entry Programme, wie sie z.B. Martin und Harrell (2004) oder LaBrack (1993) vorschlagen, zielen im Sinne einer besseren Lebensbewältigung vorrangig darauf ab, dass Studierende die Rückkehr positiv bewältigen, ihre eigenen Erfahrungen und Veränderungen reflektieren und verstehen sowie die Fähigkeit entwickeln, das Gelernte auf die Lebenssituation nach der Rückkehr zu übertragen. Wegen des hier vorliegenden Fokus auf der Vermittlung interkultureller Kompetenz soll im Folgenden nicht die Problematik sowie der Umgang mit der Rückkehr im Vordergrund stehen, sondern die Ausbildung interkultureller Kompetenz im Anschluss an den Auslandsaufenthalt.[23]

In der Nachbereitung sollten vor dem Hintergrund der Reaktivierung und ggf. Vertiefung des kulturallgemeinen Wissens (aus der Vorbereitungsveranstaltung) Aufgaben zur Bearbeitung von kritischen Interaktionssituationen (ähnlich wie im Fall der Aufgaben in der Betreuungsphase) gestellt werden. Solche Aufgaben können sich auf Themen beziehen, die während des Auslandsaufenthaltes noch nicht bearbeitet worden sind, als auch auf die Erfahrungen nach der Rückkehr. Den Studierenden werden in der Auseinandersetzung mit der Familie und den Freunden am ‚heimischen‘ Studien- und Wohnort, insbesondere mit deren Einstellungen und Gewohnheiten, eine Vielzahl von Phänomenen und Aspekten, die im Zusammenhang mit kultureller Differenz stehen, überhaupt erst bewusst. Dasselbe gilt für durchlebte eigene Veränderungen. Dies geschieht außer beim alltäglichen Beobachten z.B. beim Erzählen ihrer Erlebnisse und Erfahrungen und/oder aufgrund der Reaktionen der Zuhörer (z.B. wenn sie seitens ihrer Interaktionspartner mit stereotypen Zuschreibungen über die Kultur bzw. die Angehörigen des Gastlandes konfrontiert werden). Solche Erlebnisse können die Reflexion über das Eigene und das Fremde nach der Rückkehr anregen und sollten im Rahmen der Nachbereitung ausgetauscht werden.

Zudem bietet ein Rückblick auf die Erfahrungsberichte, Reflexionen und Feldforschungen, die während des Auslandssemesters verfasst bzw. bearbeitet wurden, den Studierenden die Möglichkeit, ihren Lernfortschritt – z.B. bei der Erstellung einer Lernkurve – prozessual nachzuvollziehen und anschließend auch im Austausch mit anderen auf Basis ihrer Erfahrungen zu lernen. Schließlich gibt es in der Nachbereitung auch die Möglichkeit für die Betreuer, eine Rückmeldung bzw. ein Feedback über die Leistungen während des Auslandssemesters zu geben. Praktisch kann die Nachbereitungsmaßnahme auch auf bereits genannte Techniken der Vermittlung interkultureller Kompetenz zurückgreifen (z.B. Übungen, Planspiele, Filme, Literatur, Entwicklung von *Critical-Incident*-Trainingsmodulen).

---

23 Re-Entry Trainings stehen folglich mit ihren Zielen im Zusammenhang mit der Ausbildung interkultureller Kompetenz. Das Phänomen der Rückkehr ist allerdings für den Kontext deutscher Studierender mit durchschnittlich vier- bis sechsmonatigen Auslandssemestern bislang nicht ausreichend erforscht. Man kann davon ausgehen, dass (wie oben bereits für den Auslandsaufenthalt beschrieben) eine Vielzahl an Faktoren den Verlauf der Rückkehr individuell sehr unterschiedlich prägt und hier auch nur partiell ein Zusammenhang mit Phänomenen kultureller Differenz besteht. Die Konzeption einer Nachbereitungsmaßnahme mit dem Ziel der Vermittlung interkultureller Kompetenz lässt sich m.E. daher nicht aus spezifischen Problemen der Rückkehr ableiten, auch wenn die Annahme nahe liegt, dass die Bearbeitung der Rückkehr und der Wiedereingliederung die Ausbildung interkultureller Kompetenz unterstützen kann.

Die Vor- und Nachbereitung sowie die Begleitung eines Auslandssemesters lässt sich schließlich nicht ohne Berücksichtigung des Gesamtstudiums durchführen. Davon hängt zudem ab, welche Teilaspekte interkultureller Kompetenz fokussiert werden, welche Kenntnisse und Fähigkeiten die Studierenden überhaupt mitbringen und welches Niveau an interkultureller Kompetenz folglich angestrebt werden kann.

Ausblick

Im Zuge der Internationalisierung von Universitäten gibt es seitens der deutschen und europäischen Bildungspolitik seit längerem große Bestrebungen, die Mobilität von Studierenden zu erhöhen. Im Idealfall sollte mindestens jeder zweite Studierende zeitweise im Ausland studiert haben (vgl. Schwarzburger 2006). Zudem hat sich auch der Bologna-Prozess der Förderung der Mobilität verschrieben. Im Gegenzug lässt sich beobachten, dass gerade die Einführung der Bachelor- und Masterstudiengänge den allgemeinen Mobilitätsinteressen im Wege steht. Die Planung von Auslandsstudienaufenthalten geht vor allem bei den Bachelorstudierenden zurück. Bereits jetzt verfügen diese über weniger Auslandserfahrung als Studierende in Diplom- und Magisterstudiengängen gleichen Semesters (BMBF 2008: 114, 214). Die strikten Curricula lassen keine Freiräume mehr für ein freiwilliges Auslandsstudium (vgl. Goerke 2009), und für ein Auslandsstudium zwischen dem Bachelor- und Masterstudium müssen Studierende an einer Universität eingeschrieben sein. Die Diskussion über diese Problematik (im Rahmen einer Vielzahl von Debatten über den Bologna-Prozess) hat jedoch bereits eingesetzt. Auslandsstudienaufenthalte sollten demnach stärker in die Curricula integriert bzw. flexiblere Curricula (Mobilitätsfenster) entwickelt werden.

Zudem ist deutlich geworden, dass eine formalisierte Ausbildung interkultureller Kompetenz im Rahmen eines Auslandsstudienaufenthaltes auch damit verbunden ist, dass einerseits an Hochschulen mehr Ressourcen (z.B. Personal) dafür zur Verfügung gestellt werden müssen, andererseits sich die Dozierenden in diesem Bereich nicht wenigen Anforderungen und Herausforderungen im Bereich der Lehre interkultureller Kompetenz gegenübergestellt sehen (siehe dazu Weidemann/Nothnagel i.d.B., Kap. 3.1). Deutlich wird bei näherer Betrachtung auch, dass sich interkulturelle Kompetenz nicht von allein oder ‚irgendwie nebenbei' einstellt, sondern dass den Studierenden – insbesondere während des Auslandsaufenthaltes selbst – für aktive Selbstreflexion in Kombination mit dem Bearbeiten von konkreten Aufgabenstellungen sowohl die notwendige Zeit eingeräumt, als auch eine Anerkennung ihrer Leistungen gewährleistet werden sollte.

Festzustellen bleibt also, dass das Lernpotenzial von Auslandssemestern (nicht nur im Hinblick auf interkulturelle Kompetenz) nur dann wenigstens ansatzweise ausgeschöpft werden kann, wenn das vorübergehende Studium im Ausland erstens curricular verankert und zweitens durch Vorbereitungs-, Betreuung und Nachbereitungsmaßnahmen flankiert wird. Nur dann kann es gelingen, aus individuellen Erlebnissen erfahrungsbasiertes Lernen zu machen und dies auch theoretisch zu fundieren.

Literatur

AFS interkulturelle Begegnungen e.V. (2005): AFS Educational Results Study, Hamburg.

Apeltauer, Ernst (1994): Aus Erfahrung lernen. Exkursionen und Auslandspraktika im Bereich Deutsch als Zweit- und Fremdsprache, Baltmannsweiler: Schneider Verlag Hohengehren.

Bennett, Milton J. (1993): „Towards ethnorelativism: a developmental model of intercultural sensitivity". In: R. Michael Paige (Hg.), Education for the intercultural experience, Yarmouth: Intercultural Press, S. 21-71.

Berkenbusch, Gabriele/Fetscher, Doris (2009): Portfolio-Pilotprojekt zur Auslandsbegleitung. Vortrag auf der Konferenz „Methodische Vielfalt in der Erforschung interkultureller Kommunikation an deutschen Hochschulen" Universität Hildesheim, 15.-17.10.2009, http://www.uni-hildesheim.de/ikk 2009/doku/Workshop_Hi09_Berkenbusch-Fetscher-Silva.pdf, 19.01.2010.

Boesch, Ernst E. (1991): Symbolic action theory and cultural psychology, Berlin: Springer.

Brislin, Richard W. (1995): „The culture-general assimilator". In: Sandra M. Fowler/Monica G. Mumford (Hg.), Intercultural sourcebook: Cross-cultural training methods, 1. Aufl., Yarmouth: Intercultural Press, S. 169-178.

Budke, Alexandra (2003): Wahrnehmungs- und Handlungsmuster im Kulturkontakt. Studien über Austauschstudenten in wechselnden Kontexten. Osnabrücker Studien zur Geographie (25), Göttingen: V-und-R-Unipress; zugl. Universität Osnabrück, Dissertation, 1999.

Bundesministerium für Bildung und Forschung (2008): Studiensituation und studentische Orientierungen. 10. Studierendensurvey an Universitäten und Fachhochschulen, Bonn/Berlin.

Busse, Gerd/Langenhoff, Georg/Engelhardt, Kay (2000): ‚Gelernt an sich zu glauben' – Junge Berufstätige in die USA. Studie zu den Langzeiteffekten des Parlamentarischen Patenschafts-Programms, Sozialforschungsstelle Dortmund, Köln: Carl Duisburg Gesellschaft e.V.

Cohen, Erik (1972): „Towards a sociology of international tourism". Social Research 39, S. 164-189.

Cohen, Erik (1977): Expatriate communities, London: Sage.

Cushner, Kenneth/Karim, Ata U. (2004): „Study Abroad at the University Level". In: Dan Landis/Janet M. Bennett/Milton J. Bennett (Hg.), Handbook of intercultural training, 3. Aufl., Thousand Oaks/London/New Delhi: Sage Publications, S. 289-308.

Deardorff, Darla K. (2006): „Assessing intercultural competence in study abroad students". In: Michael Byram/Anwei Feng (Hg.), Living and studying abroad. Research and practice, Clevedon, Buffalo, Toronto: Multilingual Matters, S. 232-256.

Deller, Jürgen/Albrecht, Anne-Grit (2007): „Interkulturelle Eignungsdiagnostik". In: Jürgen Straub/Arne Weidemann/Doris Weidemann (Hg.), Handbuch interkulturelle Kommunikation und Kompetenz, Stuttgart/Weimar: Metzler, S. 741-754.

DePaul, Stephen/Hoffa, William W. (2010): „A history of US study abroad: 1965 to present". Frontiers: The Interdisciplinary Journal of Study Abroad, Special Issue (in Vorbereitung).

Deutscher Akademischer Austauschdienst e.V. (2007): Außergewöhnliche Geschichten und Erlebnisse ehemaliger ERASMUS-Studierender. Success Stories V, Bonn: DCM.

Deutscher Akademischer Austauschdienst e.V./Nationale Agentur für EU Hochschulzusammenarbeit (2008): ERASMUS-Auslandsstudium (SMS), http://eu. daad.de/eu/llp/informationen-fuer-studierende/studium/09338.html, 19.01.2010.

Deutscher Akademischer Austauschdienst e.V. (2009): Programm zur Förderung der Integration ausländischer Studierender, http://www.daad.de/hochschulen/betreuung/profin/09239.de.html, 19.01.2010.

Edelmann, Walter (2000): Lernpsychologie, 6. Aufl., Weinheim: Beltz PVU.

Ehrenreich, Susanne (2004): Auslandsaufenthalt und Fremdsprachenlehrerbildung. Das Assistant-Jahr als Ausbildungsbiographische Phase, München: Langenscheidt.

Ehrenreich, Susanne (2008): „Auslandsaufenthalte quer gedacht – aktuelle Trends und Forschungsaufgaben. Anmerkungen aus deutscher Warte". In: Susanne Ehrenreich/Gill Woodman/Marion Perrefort (Hg.), Auslandsaufenthalte in Schule und Studium, Münster/New York/München/Berlin: Waxmann, S. 29-38.

Engle, Lilli/Engle, John (2003): „Study abroad levels: Toward a classification of program types". Frontiers: The Interdisciplinary Journal of Study Abroad IX, hg. von Michael Vande Berg, S. 1-20.

Ertel, Helmut/Wehr, Silke (2007): „Bolognagerechter Hochschulunterricht. Herausforderungen durch Kompetenzorientierung und Lernerzentrierung". In: Silke Wehr/Helmut Ertel (Hg.), Aufbruch in der Hochschullehre. Kompetenzen und Lernende im Zentrum. Beiträge aus der hochschuldidaktischen Praxis, Bern: Haupt, S. 13-28.

Frick, Marike (2009): „Entwickeln Sie sich weiter! Warum man trotz engem Studienplan ins Ausland gehen sollte und wann man am besten was macht, sagt der DAAD-Experte Claudius Habbich", http://www.zeit.de/campus/2009/03/service-interview, 19.01.2010.

Frohs, Verena (2005): Erfahrungen deutscher Studierender an der University of Denver, Colorado: Eine qualitative Untersuchung zur subjektiven Bedeutung eines Auslandsstudienaufenthaltes in den USA. Technische Universität Chemnitz, Interkulturelle Kommunikation, Prof. Dr. Jürgen Straub: Magisterarbeit, http://archiv.tu-chemnitz.de/pub/2008/0116/index.html, 19.01.2010.

Goerke, Tobias (2009): Auslandsstudium: Erasmus läuft nicht mehr rund. Spiegel Online: http://www.spiegel.de/unispiegel/studium/0,1518,604679,00.html, 19.01.2010.

Hahn, Claudia (1998): „Und da war's einfach fremdes Land und fremde Sprache und alles war anders." Biographische Erzählungen über die Zeit eines Auslandsstudienaufenthaltes und dessen subjektive Bedeutung für die Beteiligten. Eine psychologisch-interpretative Betrachtung. Unveröffentlichte Diplomarbeit, Prof. Dr. Jürgen Straub, Universität Erlangen-Nürnberg.

Heublein, Ulrich/Hutzsch, Christopher/Schreiber, Jochen/Sommer, Dieter (2007): Internationale Mobilität im Studium. Studienbezogene Aufenthalte deutscher Studierender in anderen Ländern, Deutscher Akademischer Austauschdienst, Hannover: HIS Hochschul-Informations-System GmbH.

Hammer, Mitchell R./Bennett, Milton J./Wiseman, Richard L. (2003): „Measuring intercultural sensitivity: the intercultural development inventory". International Journal of Intercultural Relations 27, S. 421-443.

Hufnagel, Andrea/Thomas, Alexander (2006): Leben und studieren in den USA. Trainingsprogramm für Studenten, Schüler und Praktikanten, Handlungskompetenz im Ausland, Göttingen: Vandenhoeck & Ruprecht.

Isserstedt, Wolfgang/Link, Judith (2008): Internationalisierung des Studiums. Ausländische Studierende in Deutschland. Deutsche Studierende im Ausland. Ergebnisse der 18. Sozialerhebung des Deutschen Studentenwerks durchgeführt durch HIS Hochschul-Informations-System, Bonn/Berlin: BMBF.

Jackson, Jane (2008): „Globalization, internationalization, and short-term stays abroad". International Journal of Intercultural Relations 32, S. 349-358.

Jackson, Jane (2009): „Intercultural learning on short-term sojourns". Intercultural Education 20 (4), Sonderheft 1, S. 59-71.

Koller, Hans-Christoph (2009): Grundbegriffe, Theorien und Methoden der Erziehungswissenschaft, Stuttgart: Kohlhammer.

LaBrack, Bruce (1993): „The missing linkage: The process of integrating orientation and reentry". In: Michael Paige (Hg.), Education for the intercultural experience, Yarmouth/ME: Intercultural Press, S. 241-279.

Layes, Gabriel (2007): „Kritische Interaktionssituationen". In: Jürgen Straub/ Arne Weidemann/Doris Weidemann (Hg.), Handbuch interkulturelle Kommunikation und Kompetenz, Stuttgart/Weimar: Metzler, S. 384-391.

Llewellyn-Smith, Catherine/McCabe, Vivienne S. (2008): „What is the attraction for exchange students: the host destination or host university? Empirical evidence from a study of an Australian University". International Journal of Tourism Research 10, S. 593-607.

Martin, Judith N./Harrell, Teresa (2004): „Intercultural reentry of students and professionals". In: Dan Landis/Janet M. Bennett/Milton J. Bennett (Hg.), Handbook of intercultural training, Thousand Oaks/London/New Delhi: Sage, S. 309-336.

Moosmüller, Alois (2007): „Lebenswelten von Expatriates". In: Jürgen Straub/Arne Weidemann/Doris Weidemann (Hg.), Handbuch interkulturelle Kommunikation und Kompetenz, Stuttgart: Metzler, S. 480-488.

Overwien, Bernd (2006): „Informelles Lernen – zum Stand der internationalen Diskussion". In: Thomas Rauschenbach/Wiebken Düx/Erich Sass (Hg.), Informelles Lernen im Jugendalter. Vernachlässigte Dimensionen der Bildungsdebatte, Weinheim/München: Juventa, S. 35-62.

Paige, R. Michael (1993a): „On the nature of intercultural experiences and intercultural education". In: R. Michael Paige (Hg.), Education for the intercultural experience, Yarmouth: Intercultural Press, S. 1-19.

Paige, Michael R. (1993b) (Hg.): Education for the intercultural experience, Yarmouth: Intercultural Press.

Pederson, Paula J. (2009): „Teaching towards an ethnorelative worldview through psychology study abroad". Intercultural Education 20 (4), Sonderheft 1, S. 73-86.

Schwarzburger, Heiko (2006): Jeder Zweite Soll ins Ausland, http://www.daad-magazin.de/06326/index.html, 19.01.2010.

Straub, Jürgen (2007a): „Kultur". In: Jürgen Straub/Arne Weidemann/Doris Weidemann (Hg.), Handbuch interkulturelle Kommunikation und Kompetenz, Stuttgart: Metzler, S. 7-24.

Straub, Jürgen (2007b): „Kompetenz". In: Jürgen Straub/Arne Weidemann/Doris Weidemann (Hg.), Handbuch interkulturelle Kommunikation und Kompetenz, Stuttgart: Metzler, S. 35-46.

Straub, Jürgen (2010): „Das Verstehen kultureller Unterschiede: Rationale Hermeneutik und komparative Analyse in der Kulturpsychologie". In: Gabriele Cappai/Shingo Shimada/Jürgen Straub (Hg.), Interpretative Sozialforschung und Kulturanalyse. Hermeneutik und die komparative Analyse kulturellen Handelns, Bielefeld: transcript (im Druck).

Thomas, Alexander/Chang, Celine/Abt, Heike (2007): Erlebnisse, die verändern. Langzeitwirkungen der Teilnahme an internationalen Jugendbegegnungen, Göttingen: Vandenhoeck & Ruprecht.

Vande Berg, Michael (2009): „Intervening in student learning abroad: A research-based inquiry". Intercultural Education 20 (4), Sonderheft 1, S. 15-27.

Ward, Colleen/Bochner, Stephen/Furnham, Adrian (2001): The psychology of culture shock, London: Routledge.

Weidemann, Arne (2007): „Tourismus". In: Jürgen Straub/Arne Weidemann/ Doris Weidemann (Hg.), Handbuch interkulturelle Kommunikation und Kompetenz, Stuttgart: Metzler, S. 613-627.

Weidemann, Doris (2007): „Akkulturation und interkulturelles Lernen". In: Jürgen Straub/Arne Weidemann/Doris Weidemann (Hg.), Handbuch interkulturelle Kommunikation und Kompetenz, Stuttgart: Metzler, S. 488-498.

Weidemann, Doris/Weidemann, Arne/Straub, Jürgen (2007): „Interkulturell ausgerichtete Studiengänge". In: Jürgen Straub/Arne Weidemann/Doris Weidemann (Hg.), Handbuch interkulturelle Kommunikation und Kompetenz, Stuttgart: Metzler, S. 815-828.

Zeutschel, Ulrich (2004): Jugendaustausch – und dann...? Erkenntnisse und Folgerungen aus Wirkungsstudien und Nachbetreuungsangeboten im internationalen Jugendaustausch, Bensberg: Thomas-Morus-Akademie.

4.15 Fremdsprachenunterricht

WINFRIED THIELMANN

Das Verhältnis von Kultur und Sprache gilt als so eng, dass Edmondson und House (1998) Sprachenlernen als Interkulturelles Lernen, und damit den Fremdsprachenunterricht als per se interkulturellen Unterricht begreifen. Wie sich das Verhältnis zwischen Sprache und Kultur gestaltet, ist jedoch weitgehend abhängig vom Sprach- und Kulturbegriff des einzelnen Wissenschaftlers. Dabei ist die Bestimmung von Sprache und Kultur nicht etwa „Definitionssache", sondern Rekonstruktionsaufgabe. Sprache und Kultur sind wissenschaftliche Gegenstände, keine wissenschaftlichen Kategorien. Sie sind Explananda (Ehlich 1996: 922).

Das Anliegen dieses Beitrags ist es daher nicht, zunächst die Explananda Sprache und Kultur zu klären (oder gar zu ‚definieren'), um dann daraus abzuleiten, inwieweit und auf welche Weise Fremdsprachenunterricht an Hochschulen zur interkulturellen Kompetenz beitragen könnte. Das Anliegen ist vielmehr ein Umgekehrtes: Es soll darum gehen, an den Gegenständen Sprache und kommunikative Praxis einige Aspekte zu identifizieren, deren Thematisierung im Sprachunterricht mit Blick darauf unternommen werden könnte, den Lernern die Differenzen zwischen den eigenen und den fremden sprachlichen Handlungsmöglichkeiten und -wegen vor Augen zu führen.[1]

Ich versuche daher zunächst eine allgemeine Charakterisierung möglicher Unterschiede zwischen Sprachen und zwischen kommunikativen Praxen, um anschließend einige Konsequenzen für den Umgang mit diesen Differenzen im Fremdsprachenunterricht an Hochschulen zu formulieren.

---

1 Interkulturelle Kompetenz bestünde nach dieser Auffassung in einem Wi
um sprachliche Differenzen und Differenzen der kommunikativen Praxis, c
den Handelnden gestattet, eine Wahl zwischen ‚eigenen' und ‚fremden' '
lungsmöglichkeiten zu treffen.

Sprachlich gebundene Unterschiede

In gattungsgeschichtlicher Hinsicht sind die Gesellschaftlichkeit und die Sprachlichkeit des Menschen gleichursprünglich. Besonders über das Mittel der Symbolisierung (Bühler 1934/1982), also über Nennwörter, kann Wirklichkeit kollektiv verfügbar gemacht werden, indem auch dasjenige, was nicht zum je gegenwärtig wahrnehmbaren Wirklichkeitsausschnitt der Sprecher gehört (vergangene oder zukünftige Wirklichkeitskonstellationen, Handlungen, Pläne etc.) der gemeinsamen Bearbeitung zugänglich ist (siehe Rehbein 1977: 109). Die sprachliche Fixierung von wiederholt auftretenden Wirklichkeitskonstellationen und -elementen sowie von deren Bearbeitungsmöglichkeiten erlaubt die Konstituierung einer gesellschaftlichen Praxis[2].

In dieser Praxis lässt sich grundsätzlich ein Bereich identifizieren, an dem alle Mitglieder der Gesellschaft Anteil haben, die *Elementarpraxis*, und es lassen sich Bereiche ausmachen, an denen nicht alle Mitglieder der Gesellschaft Anteil haben, die *abgeleiteten Praxen*, die häufig, aber nicht ausschließlich, *institutionelle Praxen* sind. Die abgeleiteten Praxen beinhalten Teile der Elementarpraxis (nicht jeder fährt Auto, aber die rote Ampel gilt für Fußgänger und Autofahrer gleichermaßen).

Für die Praxen zweier Mitglieder einer Gesellschaft, X und Y, ergibt sich also die Situation, dass sie die Elementarpraxis sowie den elementarpraktischen Anteil abgeleiteter Praxen gemeinsam haben, bestimmte abgeleitete Praxen jedoch nicht unbedingt. Dieser Sachverhalt ist in Abbildung 1 dargestellt. Die Praxen von X und Y (die für bestimmte Einflüsse sozusagen durchlässig sind, daher die gestrichelten Umrisse) überlappen sich im Bereich der Elementarpraxis (gestrichelter Bereich); die jeweils weiß verbleibenden Bereiche sind die nicht geteilten abgeleiteten Praxen. Es ist leicht einzusehen, dass die Schnittmenge zwischen den Praxen tendenziell umso kleiner wird, je höher spezialisiert, d.h. je arbeitsteiliger die entsprechende Gesellschaft ist. Kommunikation zwischen Vertretern verschiedener abgeleiteter Praxen ist ein Fall für dasjenige, was Redder und Rehbein (1987) als *„interkulturelle Kommunikation im engeren Sinne"* bezeichnet haben.[3]

---

2   Während ich ‚Kultur', wie einleitend gesagt, als ein Explanandum ansehe, halte ich gesellschaftliche Praxis für empirisch rekonstruierbar.

3   Aus dieser Perspektive ist praktisch die gesamte Kommunikation zwischen institutionellen Agenten und Klienten interkulturelle Kommunikation im engeren Sinne, die zugleich *asymmetrisch* ist (vgl. Günthner/Luckmann 1995; Thielmann 2007).

Abbildung 1: Schnittmenge zwischen Elementarpraxis und abgeleiteten Praxen

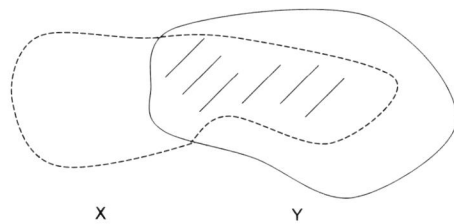

Die Differenz zwischen Elementarpraxis und abgeleiteter Praxis hat für die *Sprachlichkeit im Symbolfeldbereich* zur Folge, dass für die zu benennenden Elemente der abgeleiteten Praxen Benennungen bestehen, die nur den Teilhabern dieser Praxen bekannt sind. Für den Fall, dass sich die abgeleiteten Praxen durch Innovation, Ausdifferenzierung und Akzeleration verändern, sind hierfür wachsende Benennungserfordernisse zu befriedigen, es findet also *Sprachausbau* statt. Der Sprachausbau bedient sich hierbei der strukturellen Möglichkeiten der gesellschaftlichen Sprachlichkeit (z.B. Ricken 1995).[4]

Wir befassen uns nun mit *den Praxen zweier verschiedener Gesellschaften (X und Y) verschiedener Sprachlichkeit*.[5] Auch hier kann man i.d.R. davon ausgehen, dass sich diese Praxen in einem mehr oder weniger großen Elementarbereich überlappen.[6] Hinsichtlich der abgeleiteten Praxen und des großen institutionellen Anteils hieran ist davon auszugehen, dass es in diesem Bereich zu sehr gesellschaftsspezifischen Lösungen kommt (z.B. Naturrecht versus kodifiziertes Recht versus Fallrecht).

Abgesehen von der differenten Lautlichkeit der sprachlichen Mittel, auf die hier nicht eingegangen werden soll[7], lassen sich über sprachliche Diffe-

---

4 In modernen Gesellschaften ist die Aneignung der Basiskonzepte abgeleiteter Praxen, wie sie im Rahmen der schulischen Begriffsbildung erfolgt, ein äußerst langwieriger Prozess, der praktisch erst mit dem Eintritt ins Erwachsenenalter abgeschlossen ist (Vygotskij 1964).

5 Die Verschiedenheit von Gesellschaften (und damit ihre jeweilige Identität) verdankt sich komplexen Prozessen, die hier nicht diskutiert werden können (exempl. Auer 2004; Dragosavljević 2002; Hill 2002).

6 Dies gilt natürlich nicht für die Praxen z.B. industrialisierter Gesellschaften und hochspezialisierter Stammesgesellschaften. So hatte sich der Stamm der Shuara in Ecuador entschieden, die eigene Sprache auszubauen, um die Inhalte des offiziellen Schullehrplans in der Stammessprache vermitteln zu können. Eine der größten Schwierigkeiten hierbei war die weitgehende Nichtüberlappung auch schon der Elementarpraxen (vgl. Kummer 1985).

7 Zu fundamentalen Differenzen in diesem Bereich kommt es vor allem zwischen Sprachen, die Intonation diakritisch einsetzen (sog. Tonsprachen) und solchen,

renzen zweier verschiedener Gesellschaften verschiedener Sprachlichkeit allgemein folgende Aussagen machen, nämlich zum einen über Differenzen hinsichtlich sprachlicher Mittel im Bereich des Symbolfelds, zum anderen über Differenzen hinsichtlich sprachlicher Mittel anderer kommunikativer Bereiche.

Differenzen hinsichtlich sprachlicher Mittel im Bereich des Symbolfelds

- Bereits für den Bereich der sich überlappenden Praxen kann nicht davon ausgegangen werden, dass in beiden Gesellschaften jeweils dieselben Elemente benannt sind (vgl. engl. *road* und *street* mit dt. *Straße*).
- Im Bereich der abgeleiteten Praxen ist davon auszugehen, dass jeweils sprachliche Mittel für gesellschafts*spezifisch* institutionalisierte Wirklichkeit geschaffen worden sind (daher lässt sich z.b. der an die Fallrechtstradition geknüpfte englische Rechtsterminus *equity* nicht ins Deutsche übersetzen).
- Je nach sprachtypologischer Nähe und Ferne werden symbolische Mittel in ähnlicher oder sehr unterschiedlicher Form, etwa als freie Morpheme (Chinesisch) oder als Wortformen (flektierte Stämme, z.B. Russisch) vorliegen, was z.b. darauf einen Einfluss hat, ob es im Symbolfeld zur Ausdifferenzierung von Wortarten und damit an diese Wortarten gebundenen ontologischen Basiskategorien kommt (vgl. Vogel 2000; Redder 2005; Thielmann 2009a). Dies hat direkten Einfluss auf die sprachlichen Möglichkeiten zur Befriedigung der Benennungserfordernisse im Rahmen des Sprachausbaus. Für die Sprachlichkeit der abgeleiteten Praxis Wissenschaft stellt sich dies, z.B. auf das Deutsche und Englische bezogen, folgendermaßen dar:

„So gehört es zu den Vorzügen der deutschen Sprache, Komposita bilden zu können, die strukturell transparent sind und durch die Semantik der Wortbildungselemente eine innere Form der Bedeutung erkennen lassen. Daraus folgt ein intellektueller Leistungsanspruch für die Begriffsbildung. Denn dadurch kann wiederum die Struktur des realen Sachverhalts sprachlich verdeutlicht oder doch jedenfalls angedeutet werden. Über diese Möglichkeit verfügt das Englische aufgrund der sprachhistorisch bedingten Dissoziierung seiner Lexik nur im eingeschränkten Maße. Viele englische Begriffe sind deshalb – im Vergleich mit den deutschen Äquivalenten – opak, also undurchsichtig. Andererseits sind im Englischen die Grenzen zwischen mehrgliedrigen Komposita und Nominalphra-

---

die ihre Ausdrücke durch Serialisierung von Lauten erzeugen (vgl. Ehlich 1981/1982).

sen fließend, was ein Vorteil sein kann, aber durch die höhere Kontextabhängigkeit nicht unbedingt zu terminologischer Präzision führt." (Meyer 2007: 13)[8]

Differenzen hinsichtlich sprachlicher Mittel anderer kommunikativer Bereiche

Aus der Fülle der Möglichkeiten seien hier exemplarisch drei Bereiche herausgegriffen:

- Nennt der Sprecher einen abwesenden Gegenstand, so ist dieser Gegenstand dem Hörer nur im Wissen zugänglich. Sprachen differieren nun erheblich dahingehend, ob diese Inanspruchnahme des Hörerwissens hinsichtlich ihrer Einverständigkeit zu indizieren ist oder nicht. Dieser Zweckbereich ist derjenige der *Determination* (exempl. Leiss 2000; Ehlich 2003; Hoffmann 2007). In den meisten slawischen Sprachen ist dieser Zweckbereich nicht bearbeitet. Wie das folgende Beispiel einer Klausurantwort zeigt, haben Lerner des Deutschen mit einer slawischen Sprache als Erstsprache daher auch bei hohem Niveau der Sprachbeherrschung mit dem deutschen Artikelsystem große Schwierigkeiten, d.h. mit der Frage, ob der bestimmte, der unbestimmte oder der Nullartikel zu setzen ist:

„Sind Pidginsprachen ein Resultat von Sprachkontakt? Begründen Sie Ihre Antwort.
Ja. Pidginsprache ist eine Mischung von Muttersprache und z. B. Kolonialsprache (z. B. Englisch). Die Muttersprache wird unterdrück und übernimmt gewisse Begriffe von Kolonialsprache." (Thielmann 2009b: 54).

- Die sprachliche Erfassung der Beziehungen zwischen Dingen im Raum und deren Übertragung auf die Versprachlichungserfordernisse abgeleiteter Praxen (vgl. *am Kiosk* versus *am Sonntag*; *er geht ins Gymnasium* versus *er geht auf das Gymnasium*) ist eine Relationierung bereits sprachlich gefasster und kategorisierter *mentaler* Repräsentationen von Wirklichkeit (siehe Grießhaber 1999: 251), wiederum ein Zweck, für dessen Realisierung höchst unterschiedliche sprachspezifische Lösungen entwickelt worden sind: Manche Sprachen, wie etwa die meisten europäischen Sprachen, haben hierfür eine eigene Wortart, nämlich die Präpositionen, ausgebildet. Andere Sprachen wiederum, wie etwa das Türkische oder Ungarische, bearbeiten diesen Zweckbereich durch Nominalflexion.
- Die Organisation von Verständigung ist ein weiterer – und in der sprachwissenschaftlichen Forschung noch nicht lange als Gegenstand präsenter – Zweckbereich, für den Sprachen höchst unterschiedliche Mittel zur Ver-

---

8 Siehe hierzu auch Thielmann (2009a).

fügung stellen. So ist der Bereich der sogenannten Hörerrückmeldungen (*hm*) höchst sprachspezifisch ausdifferenziert (exempl. Liedke 1994).

Differenzen hinsichtlich der sprachlichen Praxis[9]

Über die sprachlich gebundenen Unterschiede hinaus werden sich die *sprachlichen Praxen* der beiden Gesellschaften verschiedener Sprachlichkeit unterscheiden. Diese Unterschiede können zunächst betreffen (vgl. Liedke/Redder/Scheiter 2002: 150):

* die *Anlässe sprachlicher Kommunikation selbst* (wird z.b. beim gemeinsamen Warten sprachlicher Kontakt aufgenommen oder nicht?);
* *das erforderliche Maß an sprachlicher Kommunikation* in Situationen hoher aktionaler Routine bzw. Empraxie (Fahrkartenkauf, etc.);
* die *Organisation des Sprecherwechsels* (Turn-taking);
* die *Art der Bezugnahme auf den Gesprächspartner* (Anrede, Höflichkeit, unterstellte Gemeinsamkeit im Wissen etc.).

Zur sprachlichen Bearbeitung häufig auftretender Bedürfniskonstellationen bilden Gesellschaften *sprachliche Handlungsmuster* aus (Ehlich/Rehbein 1979). Es handelt sich hierbei um Routinen, die aus mentalen und interaktionalen Schritten bestehen. Das Handlungsmuster Frage-Antwort hat beispielsweise folgende Ablaufschritte:

„Die mentale Entscheidung (1), eine *Wissenslücke* zu beheben, ist Eingangsvoraussetzung für das Muster. Der Sprecher verbalisiert ein bestimmtes Nicht-Gewusstes (2). Hörerseitig erfolgt nun eine *mentale Überprüfung*, ob der Hörer über das erfragte Wissenselement verfügt. Ist dies der Fall (3), macht der Hörer dem Sprecher das gewünschte Wissen zugänglich (5). Ist dies nicht der Fall (4), drückt der Hörer sein Nichtwissen aus (6). Der Sprecher überprüft, ob die Hörerreaktion seine Wissenslücke füllt. Tut sie dies (8), wird das Handlungsmuster verlassen. Ist die Wissenslücke des Sprechers nicht gefüllt, kann er einen erneuten Durchlauf durch das Muster anstreben (7). Der erfolgreiche Musterverlauf wird von dem Sprecher häufig in einer Rückbestätigung angezeigt (9)." (Graefen/Liedke 2008, 268, Hvg. i.O.)

Während bestimmte Zwecke, wie z.B. derjenige der Behebung eines Wissensdefizits, in den meisten Gesellschaften bearbeitet werden dürften, können die Wege, die hierfür ausgearbeitet sind, stark differieren. Sprachliche Handlungsmuster sind keine Universalien. Wie die obige Analyse des Handlungs-

---

9   Auf Aspekte der nonverbalen Kommunikation kann hier nicht eingegangen werden.

musters Frage-Antwort deutlich macht, greift der Sprecher durch eine Frage direkt auf die mentale Sphäre des Hörers zu.

Nach einer mündlichen Mitteilung von Frau Gedda Fortey von der Australian National University werden in der Stammesgesellschaft der westaustralischen Bardi Wissensdefizite sprachlich hingegen auf eine andere Weise bearbeitet: Der Sprecher assertiert ein hypothetisches Wissen und lässt dies vom Hörer/von den Hörern betätigen oder für falsch erklären, etwa:

+ Wir essen heute Schildkröte.
– Ist doch gar nicht wahr!

Auch wenn die Kinder des Stammes die indigene Sprache häufig nur noch rudimentär beherrschen, behalten sie das Handlungsmuster auf Englisch bei, so dass sie auf den direkten Wissenszugriff durch die Lehrerfrage im Schulunterricht entweder ratlos oder aggressiv reagieren.

Institutionelle Praxen bringen häufig spezifische Handlungsmuster wie etwa die Reklamation (Schnieders 2005) sowie *diskursive Verfahren* hervor (für einen Überblick siehe Redder 2008), so z.B. das Arzt-Patienten-Gespräch (exempl. Löning/Rehbein 1993), die Zeugenaussage (exempl. Hoffmann 1983) oder den Seminardiskurs (exempl. Moll 2001). Aufgrund der großen Differenzen institutioneller Praxen auch schon bei geografisch eng benachbarten Gesellschaften mit langer Interaktionsgeschichte bestehen hinsichtlich der Realisierung der Diskursarten i.d.R. substantielle Unterschiede (exempl. Mattel-Pegam 1985; Koerfer 1994).

Weitere Unterschiede in der sprachlichen Praxis auch sehr ähnlicher Gesellschaften finden sich beispielsweise in der thematischen Gestaltung von Diskursen und Texten. So unterscheiden sich das Deutsche und das Englische grundlegend hinsichtlich der inneren Struktur von Diskursbeiträgen: Während im Englischen das Wichtigste eines Redebeitrags i.d.R. sofort gesagt wird, wird im Deutschen häufig zunächst der Denkprozess verbalisiert, der zu dem Punkt führt, den der Sprecher machen möchte. Zur Veranschaulichung dieses Sachverhalts mögen zwei Soundbites dienen:

„JOHN HOWARD: I believe that given all of the circumstances his decision to offer his resignation was correct. It's the right decision to take in the circumstances. It is his decision and a decision in which I believe he's placed concern for the office and his sense of obligation and duty to the Australian people above other considerations." (Kommentar des australischen Premierministers John Howard zum Rücktritt des Governor General Peter Hollingworth wegen Strafvereitelung. ABC 26.05.2003)

„GERHARD SCHRÖDER: Weil Herr Klimmt gesagt hat, er wolle sich selbst und der Partei die Belastungen, die mit dem Gerichtsverfahren verbunden sind, auch sicherlich die öffentliche Diskussion nicht zumuten und er ist deshalb zurückgetreten und ich finde, das muss man respektieren." (Der Bundeskanzler Gerhard Schröder anlässlich des Rücktritts von Verkehrsminister Klimmt wegen Korruptionsvorwürfen. Das Journal, 16.11.2000)

Man sieht hier deutlich die unterschiedlichen Diskursstrukturen: Man könnte den letzten und vorletzten Satz von Howards Statement tilgen und hätte immer noch einen funktionalen Diskursabschnitt. Der Beitrag von Schröder ist hingegen die Verbalisierung eines – transgrammatischen – Denkprozesses, der in der abschließenden Äußerung „und ich finde, das muss man respektieren" kulminiert. Es ist dies eine Struktur, bei der durch die Verbalisierung des Denkprozesses beim Hörer ein Verstehen des Denkresultats vorbereitet und ermöglicht werden soll. Solche Diskursstrukturen können auch auf die Strukturen von Texten einwirken (Thielmann 2003, 2010). Die folgenden beiden Textstücke, die jeweils einen kompletten Absatz umfassen, stammen aus einem deutschen und einem amerikanischen Zeitungskommentar zum irischen Nein zum Lissabonner Vertrag. Das deutsche Textstück beginnt mit einer Narration zum Thema „europäische Vertragsänderungen", die in der Schlussbeobachtung kulminiert:

„Die Europäer werden mit ihren Vertragsänderungen nicht mehr froh. Vor drei Jahren torpedierten Wähler in Frankreich und in den Niederlanden die sogenannte Verfassung, und nun haben die Wähler in Irland einen dicken Stich durch Brüsseler Rechnungen gemacht und auch den abgespeckten Vertrag von Lissabon abgelehnt. Ob das jene Katastrophe ist, die um jeden Preis hatte vermieden werden sollen, steht dahin; aber ein Rückschlag für die Bemühungen um mehr Transparenz, Effizienz und demokratische Kontrolle ist es zweifellos. *Die Europäische Union steckt, zumindest in ihrer Selbstwahrnehmung, wieder in jener Krise, aus der sie sich erst im vergangenen Jahr hatte befreien können.*" (FAZ, 14.06.2008)

Das englische Textstück hingegen beginnt typischerweise mit einem „topic sentence":

„That treaty [= the Lisbon Treaty], encrypted in 300 pages of jargon, was a thinly disguised substitute for the EU constitution Dutch and French voters turned down in 2005. As such, the Lisbon text was crafted to be impenetrable to the masses. So successful were the authors in obscuring its meaning that the chairman of the Irish Referendum Commission, one Iarfhlaith O'Neill, lapsed into embarrassed silence when asked to explain a befogged point during a recent press conference." (The Boston Globe, in: International Herald Tribune, 17.06.2008)

Auch hier ist es so, dass eine Reduktion des englischen Absatzes auf den ersten Satz immer noch in einem Textstück resultieren würde, das im Wesentlichen die Funktion des gesamten Absatzes noch übernehmen könnte:

„That treaty [= the Lisbon Treaty], encrypted in 300 pages of jargon, was a thinly disguised substitute for the EU constitution Dutch and French voters turned down in 2005."

Im Deutschen wäre dies nicht der Fall:

„Die Europäer werden mit ihren Vertragsänderungen nicht mehr froh."

Die Beziehungen zwischen Sprachstruktur und sprachlicher Praxis sind noch kaum untersucht. Auf das Sprachenpaar Deutsch und Englisch bezogen lässt sich u.a. folgendes beobachten: Eine Diskurs- und Textstruktur, die, wie die Deutsche, bezüglich des evolvierenden Hauptpunktes Verstehen herstellt, ist verstärkt darauf angewiesen, eineindeutige Bezüge zu vorher verbalisierten Elementen herstellen zu können. Das deutsche System der wiederaufnehmenden und refokussierenden Ausdrücke (Anaphern und deiktische Ausdrücke) ist nicht nur differenzierter als das Englische, sondern auch, aufgrund des grammatischen Genus, vergleichsweise eindeutiger einsetzbar:

„Wäre die bisherige Bilanz der "Stiftungsinitiative der deutschen Wirtschaft" ein Indiz für den Zustand der deutschen Wirtschaft insgesamt, dann müsste man auf der Stelle verzweifeln: *Sie* beherrscht das Lamentieren weit besser als das Organisieren. *Sie* ist auf überraschende Weise ineffizient. *Sie* verfügt über keine Autorität, über keine Persönlichkeit mit Vorbild stiftender Kraft. *Sie* ist nicht in der Lage, Zusagen einzuhalten. *Sie versucht mit Tricks und Finessen, das Ergebnis ihrer bisherigen Bemühungen zu schönen.*" (Süddeutsche Zeitung, 18.10.2000)[10]

Es ließe sich also sagen, dass zwischen den sprachlichen Mitteln des Rückbezugs auf vorher Verbalisiertes (Deiktische Ausdrücke und Anaphern), grammatischem Genus und der deutschen Diskursstruktur ein enger Zusammenhang besteht, oder, mit anderen Worten, dass der Erhalt dreier Genera im Sprachsystem u.a. auch auf die Erfordernisse sprachlicher Praxis zurückgeführt werden könnte (Thielmann 2003).

---

10 Bei einer Übersetzung des Textstücks ins Englische wäre die erste anaphorische Wiederaufnahme (‚sie') nicht durch ‚it' zu leisten, da ‚it' sich auch auf „overall state of the German economy" beziehen könnte.

Interkulturelle Kommunikation „im weiteren Sinne"

Bei der Kommunikation zwischen Sprechern verschiedener Sprachen aus verschiedenen Gesellschaften handelt es sich nach der Unterscheidung von Redder und Rehbein 1987) um *„interkulturelle Kommunikation im weiteren Sinne"*. Die Kommunikation zwischen diesen Sprechern kann nun so erfolgen, dass der eine Sprecher sich die Sprache des anderen angeeignet hat, oder so, dass beide Sprecher sich einer von ihnen gemeinsam beherrschten dritten Sprache bedienen. Wird eine dritte Sprache benutzt, so lässt sich aufgrund der bisher durchgeführten Überlegungen folgendes sagen: In einer solchen Situation wird die dritte Sprache als *Mittel bloßer Verständigung* genutzt. Der Diskurs zwischen diesen Sprechern wird also dadurch geprägt sein, dass

a) beide Sprecher hinsichtlich ihrer Aneignung der dritten Sprache jeweils andere sprachlich gebundene Differenzen zu bearbeiten hatten;

b) die verschiedenen sprachlichen Praxen der beiden Sprecher auch ein Stück weit bei der Kommunikation in der dritten Sprache zum Tragen kommen.

Die hieraus resultierende Nichtbelastbarkeit sprachlicher Strukturen und Verfahren führt zu einer speziellen Kommunikationspraxis:

„As a general rule, the linguistic behaviour of participants in lingua franca face-to-face conversations seems to be governed by the following two principles:
Participants wish to save face. They avoid insulting behaviour and putting their partners into embarrassing situations by e.g. using expressions their interlocutors may not understand.
As a result of the uncertainty regarding the cultural norms and standards that apply to lingua franca conversations, participants wish to assure each other of a benevolent attitude. The high amount of supportive back-channels – both verbal or in the form of laughter – as well as the excessive use of cajolers found in the corpus are discoursive manifestations of this intention." (Meierkord 2000)

Hat sich Sprecher A die Sprache von B, zumindest ein Stück weit, angeeignet, so lässt sich zu dieser Situation allgemein folgendes sagen: Sprecher A wird seine kommunikativen Ziele umso besser erreichen können, je besser er die sprachlich gebundenen Differenzen zwischen seiner Sprache und der von B sowie die Differenzen hinsichtlich der sprachlichen Praxen der Gesellschaften von A und B überwinden kann. Anhand von Einstellungsgesprächen mit türkischen Jugendlichen in Deutschland hat Grießhaber (1990) nachgewiesen, dass es in solchen Situationen oft zu Problemen kommt, die durch die unterschiedlichen Sprachstrukturen bedingt sind:

• Bereits im Bereich der Elementarpraxis gibt es im Symbolfeld unterschiedliche Differenzierungen im Bereich der Verwandtschaftsbezeichnungen (die türkischen Verwandtschaftsbezeichnungen sind differenzierter als die deutschen).

- Das Türkische hat kein Genus, weswegen der Gebrauch von genusdifferenzierten Referenzausdrücken Schwierigkeiten bereitet.
- Das Türkische zählt zu den sogenannten „Pro-drop-Sprachen", d.h. es erfordert keine eigens realisierten Anaphern (z.B. *er*) in Subjektposition.

Wie Grießhaber zeigt, kommt es in allen drei Bereichen zu *Transfers* türkischer Strukturen ins Deutsche, also zu linguozentrischen Realisierungen, die geeignet sind, das Verständnis zu beeinträchtigen. Schwerer als diese strukturellen Probleme wiegen aber Transfers im Bereich der sprachlichen Praxis, und es sind Transfers dieser Art, die dafür verantwortlich sind, dass die Jugendlichen ihre kommunikativen Ziele, nämlich die Einstellung, nicht erreichen: Bewerber werden in Einstellungsgesprächen häufig gefragt, ob sie sich einer bestimmten Aufgabe auch gewachsen fühlen. Deutsche Bewerber verweisen in einer solchen Situation typischerweise auf ihre Qualifikationen oder darauf, dass sie bereits ähnliche Aufgaben gemeistert haben. Eine türkische Bewerberin (Tbi) antwortet hingegen auf die Frage der Sachbearbeiterin, ob sie sich den Anforderungen der Berufsschule gewachsen fühle, folgendermaßen:

(…)
(6)   Tbi   Aber man muß sch/ (schweren), ja?
(7)   Das kann schwer sagen, ah *man muß das versuchen.*
(8)   Man . man muß
(9)   . . wie soll ich dat sagen
(10)   Wenn man nicht macht, . was
              gibt(s) (dann)? (danach?)
(Grießhaber 1990: 405)

Grießhaber zeigt, dass hier der Transfer eines Handlungsmusters aus dem Türkischen vorliegt, dass also die gleiche Handlungskonstellation der Konfrontation eines Bewerbers mit der Schwere der Aufgabe in beiden Gesellschaften mit unterschiedlichen sprachlichen Verfahren bearbeitet wird, und resümiert:

„Während der Sprecher im Deutschen […] auf eigenes Können und eigene Fähigkeiten verweist, wird dies im Türkischen anders gemacht; aus dem Hinweis auf die Schwere kann der Hörer erschließen, dass sich der Betroffene über das Ausmaß der aufzuwendenden Kraft bewusst ist, woraus auch folgt, dass er in irgendeiner Weise mit solchen Aufgaben vertraut ist. Damit und durch die Bekräftigung, die Aufgabe ernsthaft anzugehen, wird gleichzeitig eine Verpflichtung eingegangen." (Grießhaber 1990: 407)

Durch Untersuchungen dieser Art (vgl. auch Grießhaber 1987; Helmolt 1997; Koole/ten Thije 1994; Schilling 1996; Kameyama 2004; Rehbein 2007), wovon es immer noch viel zu wenige gibt, können Differenzen in den Tiefenstrukturen der Kommunikation aufgezeigt und – etwa im Rahmen von Sprachunterricht oder interkulturellem Training (Lambertini/ten Thije 2004) – thematisiert werden.

Vermittlung interkultureller Kompetenz im Rahmen von Sprachunterricht an Hochschulen

Interkulturelle Kompetenz im Sprachunterricht – didaktische Voraussetzungen

Unter der Vermittlung von interkultureller Kompetenz im Sprachunterricht soll im Folgenden verstanden werden, dass im Sprachunterricht sprachgebundene Differenzen sowie Differenzen hinsichtlich der sprachlichen Praxis thematisiert werden, die ihrerseits eng mit Differenzen hinsichtlich der Elementarpraxis sowie der abgeleiteten Praxen verbunden sind (siehe hierzu auch Toulmin 2001).[11]

Begreift man Didaktik als die Disziplin, die mit der Bestimmung der Lehr- und Lernziele, der Bestimmung und Auswahl der Lehrgegenstände und deren Anordnung zu einem Curriculum befasst ist, so lässt sich sagen, dass die Vermittlung interkultureller Kompetenz im Sprachunterricht es zur Voraussetzung hat, dass sprachgebundene Differenzen und Differenzen der sprachlichen Praxis *Teil der Sprachdidaktik werden.* Hierzu ist es zu allererst erforderlich, dass diese Gegenstände in der Sprachdidaktik nicht einfach nur vorkommen, sondern für die *Zwecke der Vermittlung bestimmt* worden sind. Zu diesem langwierigen und schwierigen Prozess nun einige illustrierende Bemerkungen.

Die Genese des Faches Deutsch als Fremdsprache ist wesentlich der Einsicht geschuldet, dass die Vermittlung des Deutschen als Fremdsprache andere Voraussetzungen hat als die Vermittlung des Deutschen als Muttersprache,

---

11 Nach der hier vertretenen Auffassung sind diese Differenzen Resultat differenter gesellschaftlicher Bewältigung der Wirklichkeit und damit auch nur über eine empirisch basierte komparative Rekonstruktion der Praxen fassbar. Eine Empirie, die die Trivialmetapher des Algorithmus bemühend („programming of the mind", Hofstede 1997: 5) schon hinsichtlich ihrer Kategorien über ein halbes Dutzend Spielarten gesellschaftlicher Differenz nicht hinauskommt („cultural dimensions"), hat den Gegenstand in seiner Komplexität von vornherein verspielt.

wie sie z.B. in den deutschen Schulen durch Deutschlehrer geschieht. Die Tatsache, dass deutsche Nebensätze Verbendstellung aufweisen (‚obwohl es geregnet hat' statt ‚obwohl es hat geregnet'), ist im Rahmen des muttersprachlichen Deutschunterrichts eine sekundäre, im Rahmen von Deutsch als Fremdsprache eine recht zentrale Tatsache. Aus diesen Gründen werden bestimmte grammatische Gegenstände schon seit langem in der Didaktik des Deutschen als Fremdsprache berücksichtigt, die im muttersprachlichen Unterricht praktisch keine Rolle spielen. Einschlägige Grammatiken für Deutsch als Fremdsprache wie etwa Helbig und Buscha (1989) oder Weinrich (1993) zeigen diese unterschiedliche Gewichtung sehr deutlich. Demgegenüber ist der komplexe Bereich der Determination, also des Artikelgebrauchs, für die Zwecke der Sprachdidaktik noch nicht hinreichend erschlossen (Thielmann 2009b). Ähnlich steht es mit der Didaktik der sprachlichen Praxis: Solange die hier bestehenden Differenzen noch kaum erforscht sind, können sie der Sprachdidaktik auch kaum zum Gegenstand werden. Und was in der Didaktik fehlt, bringt die beste Methodik nicht in den Unterricht hinein.

Im Folgenden werden nun für die Vermittlung interkultureller Kompetenz im Sprachunterricht allgemein einige systematische Konsequenzen aus den bisherigen Überlegungen formuliert.

Vermittlung interkultureller Kompetenz im Rahmen interkultureller Kommunikation im engeren Sinne

Die Einführung in komplexe abgeleitete Praxen kann die Einführung in sprachliche Aspekte dieser Praxen erfordern, so z.B. die Einführung auch deutscher Studierender in die Sprachlichkeit sowie in die Diskurs- und Textarten der deutschen Wissenschaftskommunikation. Während diese Gegenstände in früheren Diplom- und Magisterstudiengängen weitgehend imitativ-improvisierend und sanktionsfrei angeeignet werden konnten, scheinen die kleinschrittig verschulten BA/MA-Studiengänge hier eine sehr weitgehende spezifische Förderung notwendig zu machen, die verhindern könnte, dass „in den Sand gesetzte" Belegarbeiten, wie sie der wissenschaftliche Sozialisationsprozess eigentlich erfordert, den Studierenden den Abschluss verderben. Die heute auch bei muttersprachlichen Studierenden auftretenden Schwierigkeiten mit der deutschen Wissenschaftssprache seien mit einem kleinen Ausschnitt aus einem studentischen Seminarprotokoll illustriert:

„Was ist eine Hypothese? Eine wissenschaftliche Hypothese muss aus dem theoretischen Ansatz informiert werden. Eine Hypothese leitet Forschung an, stellt Fragen die zu beantworten sind und haben die Eigenschaft, dass sie falsifiziert werden können."

Der unmotivierte Modalverbgebrauch (*muss...informiert werden*), der weder textuell noch begrifflich gerechtfertigte Definitartikel (*dem theoretischen Ansatz*), der Kongruenzfehler (*Eine Hypothese...haben die Eigenschaft*) sowie die Vorstellung von wissenschaftlicher Heuristik, dass „eine Hypothese...Fragen stellt", lassen darauf schließen, dass Wissenschaftskommunikation für diesen Studenten noch interkulturelle Kommunikation im engeren Sinne ist.

Vermittlung interkultureller Kompetenz bezüglich sprachlich gebundener Unterschiede

Wie weiter oben ausgeführt, ist bezüglich der sprachlich gebundenen Unterschiede zu sagen, dass bereits Elemente sich überlappender Praxen verschieden differenziert und die Elemente abgeleiteter Praxen idiosynkratisch benannt sind und dass es, je nach typologischer Differenz, zu unterschiedlichen Graden der Ausprägung von Symbolfeldwortarten und damit der in diesen bereits „abgelegten" ontologischen Basiskategorien kommen kann. Bereiche wie etwa die Organisation von Verständigung oder die Indizierung der Gemeinsamkeit im Wissen (Determination) sind in den Sprachen ebenfalls sehr unterschiedlich angelegt.

Diese Differenzen sind bisher z.T. noch recht wenig erforscht und verstanden, da sie über das formal-grammatisch Beschreibbare hinausgehen und ohne geeignete Vergleichskategorien kaum konzeptualisierbar sind.[12] Dies ist der Hauptgrund, warum ihre Thematisierung im Fremdsprachenunterricht nur in wenigen Fällen wissenschaftlich informiert erfolgen kann und daher im Wesentlichen von der Intuition der Sprachlehrer abhängt. Die komparative Erforschung der – über formalgrammatisch beschreibbare Gegebenheiten hinausgehenden – sprachlich gebundenen Unterschiede ist mithin eine der Sprachwissenschaft noch weitgehend bevorstehende Aufgabe.

Die Bearbeitung dieser Differenzen im Sprachunterricht wird nun ganz allgemein zusätzlich noch dadurch erschwert, dass der Sprachunterricht, um nicht die Lerner zu demotivieren, sehr rasch Minimalmöglichkeiten der Interaktion sicherstellen muss. Hierzu ist es erforderlich, dass der Unterricht weitestmöglich von Gemeinsamkeiten ausgeht, beziehungsweise Gemeinsamkeit zunächst auch dort unterstellt, wo diese nicht gegeben ist.

So bleibt zu konstatieren, dass diejenigen Mittel der Fremdsprache, die der Bearbeitung von Zwecken dienen, die in der Erstsprache der Lerner keine Bearbeitung erfahren, auch von sehr fortgeschrittenen Lernern häufig nicht

---

12 So liegt m.E. mit Redder (2005) erstmals ein Ansatz vor, der es gestatten könnte, die Wortartenproblematik sprachübergreifend zu klären. Untersuchungen wie Liedke (1994) zur Mikroorganisation von Verständigung liegen nur zu wenigen Sprachenpaaren vor.

angeeignet werden können (so z.B. das deutsche Determinationssystem für Lerner mit einer slawischen Sprache als Erstsprache oder das russische Aspektsystem für deutsche Lerner).

Es bleibt daher zu hoffen, dass die Sprachkomparatistik es möglich macht, dass irgendwann auch solche komplexen sprachlich gebundenen Unterschiede im Sprachunterricht in einer Weise thematisiert werden können, die den Lernern eine Aneignung bis zur Stufe des Sprachkönnens ermöglicht.

Vermittlung interkultureller Kompetenz in Bezug auf Differenzen in der sprachlichen Praxis

Während offensichtliche Bereiche wie Grüßen, Anrede etc. im Sprachunterricht i.d.R. thematisiert werden, sind weniger offensichtliche, aber gleich wichtige Aspekte wie die Tiefenstrukturen sprachlichen Handelns sowie Diskurs- und Textstrukturen i.d.R. eher nicht Gegenstand. Der Hauptgrund hierfür dürfte sein, dass die Sprachwissenschaft von diesen Differenzen noch nicht lange weiß (bzw. wissen möchte). Dies führt dazu, dass die Sprachkonzeption des modernen Sprachunterrichts im Prinzip immer noch hauptsächlich in der Auffassung von Sprache als einem Ensemble von Grammatik und Lexikon besteht, das, seit Aufkommen des kommunikativen Ansatzes, eben ‚kommunikativ' zu vermitteln ist, ohne dass „Kommunikation" in diesem Zusammenhang eine begriffliche Reflexion erfahren hätte.

‚Kommunikation' bedeutet im Fremdsprachenunterricht aber nach wie vor meist Wechselrede in der Fremdsprache zwischen Lehrer und Lerner oder unter Lernern. Diese ‚Kommunikation' weist gegenüber tatsächlicher sprachlicher Kommunikation einige charakteristische Verschiebungen auf:

- Es handelt sich um institutionelle Kommunikation, und zwar um Lehr-Lern-Diskurse mit schulspezifischen Adaptionen von Handlungsmustern (Ehlich/Rehbein 1986) (auch ein Sprachlehrer fragt nicht, weil er etwas wissen will, sondern weil er wissen möchte, ob seine Lerner etwas wissen, oder weil er seine Lerner irgendwohin steuern möchte etc.).
- Die Wechselrede bedient sich oft präfabrizierter ‚Redemittel' und geschieht um ihrer selbst willen, nicht weil die Lerner eigene Zwecke sprachlich handelnd realisieren möchten. Die so produzierte scheinbare Interaktion geschieht mithin um des Sprachprodukts, und nicht um handelnd verfolgter Zwecke willen. Hierin ist das *illokutive Paradox* (Rehbein 1978/1984) des Fremdsprachenunterrichts zu sehen: man redet, ohne dass es um etwas anderes als das Geredete geht.

Dieses Paradox wird noch dadurch verstärkt, dass die sprachliche Evidenz, die Lerner geboten bekommen, abgesehen von den Lehreräußerungen, in mündlichen und schriftlichen *Texten* besteht, die Evidenz dafür abgeben, wie sich Lehrwerksautoren ohne Evidenz sprachliches Handeln vorstellen. Der als ‚Rollenspiel' abgearbeitete Lehrbuchdialog ist zitierendes Handeln (Grießhaber 1987) zweiter Stufe: Die Lerner zitieren hierbei einen Text, der wiederum ein Handeln zitiert, von dem der Autor des Textes nur die Oberfläche überhaupt zur Kenntnis genommen hat, da es im Sprachunterricht auch nur um diese zu gehen scheint.[13]

Es entsteht so, durch Sprachunterricht, eine Situation, in der Sprache zum reinen Verständigungsmittel degradiert wird[14], und das Verhältnis der Lerner zur Fremdsprache tendenziell dem eines Lingua-franca-Sprechers zur Lingua-franca entspricht.

Wechsel der Sozialformen und alternative Vermittlungsmethoden (Tandem, Nutzung neuer Medien etc.) können hieran wenig ändern. Denn Differenzen der sprachlichen Praxis müssen erst einmal thematisiert werden, bevor sie von Lernern wahrgenommen und beim eigenen sprachlichen Handeln berücksichtigt werden können.

Eine solche Situation ist nur dadurch zu verbessern, dass, wie auch im Falle der sprachlich gebundenen Unterschiede, Differenzen der sprachlichen Praxis vermehrt auch zum Forschungsgegenstand gemacht werden, damit sie irgendwann auch zum Gegenstand der Sprachdidaktik und schließlich des Sprachunterrichts werden können. Es ist immer noch erstaunlich, wie wenig *authentische* interkulturelle Kommunikation im weiteren Sinne bisher Gegenstand linguistischer Untersuchung sowie Erkenntnisgegenstand interkulturell ausgerichteter Studienangebote gewesen ist.

Sprachunterricht an Hochschulen

An deutschen Hochschulen wird Sprachunterricht i.d.R. in Sprachenzentren erteilt; einige Philologien halten auch Lektorenstellen o.ä. vor. Auch der Deutschunterricht für ausländische Studierende findet heute meist in universitären Sprachenzentren statt; einige Universitäten, wie etwa die LMU München, haben für diesen Zweck andere Lösungen entwickelt (Deutschkurse für Ausländer e.V.). Zugleich wird, z.B. durch die Arbeit der DAAD-Lektoren, das Angebot von Deutschunterricht an Universitäten im Ausland ergänzt. Auf die deutsche Situation bezogen, ist u.a. zwischen folgenden Vermittlungssituationen zu differenzieren:

---

13 Dadurch, dass auch der Gemeinsame Europäische Referenzrahmen im Wesentlichen diejenigen Kategorien reproduziert, in denen die kommunikative Sprachdidaktik schon immer das zitierende Handeln gefasst hat, dürfte sich diese Art der Didaktik auch mit gutem institutionellen Gewissen fortsetzen.

14 Auch die immer noch recht anekdotenbasierte sog. interkulturelle Sprachdidaktik (exempl. Roche 2001) will mir nicht als ein Weg erscheinen, diesen Mangel zu beheben.

a) deutsche Studierende, die in einer universitären Institution eine fremde Sprache lernen;

b) deutsche Studierende und Wissenschaftler, die im Hinblick auf die Teilnahme an einem fremden Wissenschaftsdiskurs eine sprachlichen Begleitung erfahren;

c) ausländische Studierende, die in einer universitären Institution eine nicht deutsche Sprache lernen;

d) ausländische Studierende, die in einer universitären Institution das Deutsche erlernen oder ihre Deutschkenntnisse vertiefen;

e) ausländische Studierende, die an einer Hochschule im Ausland Deutsch bei einem von einer deutschen Institution (DAAD) entsandten Dozenten/Lektor/Lehrer lernen;

f) deutsche Studierende, die z.B. für die Einführung in die Wissenschaftskommunikation, eine sprachliche Begleitung erfahren.

Wie man sieht, ist dies eine Reihe verschiedener Vermittlungssituationen, denen gemeinsam ist, dass man bei den Lernern im Allgemeinen eine hohe Motivation und differenzierte kommunikative Bedürfnisse erwarten kann, da die Sprachen i.d.R. gelernt werden, um in ihnen auf einem hohen Niveau handlungsfähig zu sein. Den Situationen d) und e) ist gemeinsam, dass ausländische Studierende auch auf den Nachweis deutscher Sprachkenntnisse für den Hochschulzugang (DSH im Inland, TestDaF im Ausland) vorbereitet werden. In diesem Zusammenhang erfolgt auch häufig eine Einführung in die Wissenschaftskommunikation. Situation f) betrifft interkulturelle Kommunikation im engeren Sinne (s.o.).

Chancen für die Vermittlung interkultureller Kompetenz im Fremdsprachenunterricht an Hochschulen

Der Fremdsprachenunterricht, der für die Vermittlung interkultureller Kompetenz geradezu prädestiniert erscheint (Edmondson/House 1998), läuft, wie bisher ausgeführt, Gefahr, sich gegen die Vermittlungsmöglichkeit interkultureller Kompetenz geradezu zu immunisieren. Während dies in den Anfangsphasen sicher auch z.T. notwendig ist, wäre gerade im Zusammenhang der hohen kommunikativen Bedürfnisse studentischer Sprachlerner eine Thematisierung sprachgebundener Differenzen sowie Differenzen der sprachlichen Praxis wünschenswert. Dies setzt voraus, dass die in diesem Zusammenhang tätigen Lehrkräfte bereit sind, über das enge Konzept von Sprache als Ensemble von Grammatik und Lexikon hinaus auch weitere Dimensionen von Sprache und sprachlichem Handeln zu berücksichtigen und neuere diesbezügliche Erkenntnisse in ihren Unterricht einfließen zu lassen.

Hierfür bietet die universitäre Situation prinzipiell gute Möglichkeiten, da der an universitären Institutionen erteilte Sprachunterricht wissenschaftlich angeleitet werden kann. In Sprachenzentren sind oft Lehrkräfte tätig, die selbst Linguisten sind und eigene Forschung betreiben; mitunter sind, wie z.b. an der Universität Münster, auch Studiengänge wie angewandte Linguistik und Sprachlehrforschung am Sprachenzentrum angesiedelt.

Gute Bedingungen für die Vermittlung interkultureller Kompetenz im Sprachunterricht lassen sich besonders für folgende Gegenstände erwarten (die Beispiele für Kurstitel sind der Homepage des Sprachenzentrums der Universität Münster entnommen):

- Elementarpraxis und elementare abgeleitete Praxis („Vorbereitung auf den Studienalltag in Italien");
- Konzeptualisierung der Differenzen abgeleiteter Praxen im fachsprachlichen Unterricht (z.b. „Lineamenti di diritto italiano" [Grundlagen italienischen Rechts], „Terminologie pour les sciences humaines et sociales");
- Vermittlung fachlicher Diskurs- und Textarten („Exposer et argumenter en science économiques", „Legal translating", „Schreibwerkstatt")

Eine besonders gute Ausgangssituation für die Vermittlung interkultureller Kompetenz an deutschen Hochschulen ist der im Folgenden zu behandelnde Bereich der *Wissenschaftskommunikation*, da hier die Forschung schon so weit fortgeschritten ist, das erste Ansätze zu einer Didaktik möglich sind.

Wissenschafts- und Hochschulkommunikation und ihre Didaktik

Die moderne Wissenschaft, als eine der komplexesten abgeleiteten Praxen überhaupt, zeichnet sich – im Unterschied zur Scholastik – dadurch aus, dass sie hinsichtlich ihrer Gegenstände offen ist und dass ihre Erkenntnisse in der Gemeinschaft der mit einem Gegenstandsbereich befassten Wissenschaftler ratifiziert werden. Die Erkenntnisse unterliegen dem „Veröffentlichungsgebot" und dem „Kritikgebot" (Weinrich 1985:, 496f.). Wissenschaftliche Texte kommen mithin nicht einfach dadurch zustande, dass Wissenschaftler neue Ergebnisse durch eine Verkettung von Assertionen mitteilen. Vielmehr beziehen sie neues Wissen auf bekanntes, distanzieren sich von etwas, was andere für gesichertes Wissen halten mögen, räumen ein, dass etwas der Fall sein könnte, etc. Wissenschaftliche Texte sind auf eine Kommunikationssituation hin konzipiert, in der neues Wissen prinzipiell strittig ist. „Wir finden also als illokutive Qualität neben der *assertiven* Struktur eine weitere Grundstruktur, nämlich eine Struktur der *Eristik*" (Ehlich 1995: 29; Hvg. i.O.). Typisch für Wissenschaftssprache ist nach Ehlich (ebd.) darüber hinaus ein Bestand an sprachlichen Mitteln, der einer terminologieorientierten Forschung mit Notwendigkeit entgehen musste. Es handelt sich um solche Mittel, in denen Konzeptionen des wissenschaftlichen Erkenntnisprozesses selbst abgebunden sind, z.b. *einen Grundsatz aus etwas ableiten, eine Erkenntnis setzt sich unter Fachleuten durch.* Diese Mittel sind Teil der „alltäglichen Wissenschaftssprache", die eine „Metasprache für die institutionelle Wissenschaftspraxis" darstellt (ebd.: 344). Wie Ehlich anhand von Belegen aus PNDS-Prüfungen[15] nachweist, stellt die alltägliche Wissenschaftssprache aufgrund der in ihr aufgehobenen einzelsprach- und wissenschaftskulturspezifischen Konzeptionen eine der größten Barrieren für den Erwerb einer fremden Wissenschaftssprache (in diesem Fall der deutschen) dar. Betrachten wir hierzu einen kurzen Abschnitt aus der Einleitung eines Aufsatzes zu Heideggers Wissenschaftskritik:

„Während *sich* die deutschsprachige Heidegger-*Forschung* bislang vor allem *der Wissenschaftskritik zuwandte*[FN], *wird* besonders *unter amerikanischen Philosophen* seit den 60er Jahren *eine intensive Debatte um* Heideggers ‚philosophy of science' als Konzept post-metaphysischer/-positivistischer Wissenschaftstheorie *geführt* [FN]. *Im Zuge einer ‚pragmatischen Wende' schenkt man* auch hierzulande *den wissenschaftstheoretischen Implikationen* der Heideggerschen Daseinsanalyse *mehr Aufmerksamkeit* [FN].
Ausgehend von ‚Sein und Zeit' soll hier untersucht werden, was jenes Programm zu einer Theorie der Wissenschaften beiträgt, und welche Schwierigkeiten dabei auftreten. [...]" (Wolf 2003: 95, Hvg. W.T.; FN=Fußnoten in Original)

Es handelt sich hier um den in Einleitungen typischerweise auftretenden Abschnitt, in welchem der Forschungsstand evaluiert wird, bevor der Autor kurz sein eigenes Vorhaben umreißt. Zwei Dinge sind hier festzuhalten:
a) Bei den kursiv hervorgehobenen Stellen handelt es sich um Formulierungen, mit denen der Autor bestimmte Forschungsrichtungen charakterisiert. Diese Formulierungen bedienen sich weitgehend gemeinsprachlicher Mittel (*sich einer Sache zuwenden, unter X wird eine Debatte um Y geführt, im Zuge von X, einer Sache Aufmerksamkeit schenken*). Zugleich haben diese – unauffälligen – Formulierungen ein typisch wissenschaftssprachliches Gepräge, was sich nicht zuletzt ihrer z.T. außerordentlich komplexen Syntax und ihrer recht spezifischen Semantik verdankt: *unter X wird eine Debatte um Y geführt* ist nicht nur eine syntaktisch aufwendige Formulierung, sondern zugleich eine Wendung, in der sich auch ein spezifisches Wissenschaftsverständnis, nämlich die Konzeption von Wissenschaft als Auseinandersetzung, artikuliert.

---

15 Die PNDS, die „Prüfung zum Nachweis deutscher Sprachkenntnisse", war die Vorläuferin der DSH, der „Deutschen Sprachprüfung für den Hochschulzugang".

b) Der Sachverhalt, dass das eigene Vorhaben des Autors durch die „Aufmerksamkeit", die die wissenschaftstheoretischen Implikationen von Heideggers Philosophie erfahren, *begründet* ist (Thielmann 1999), wird vom Autor nicht sprachlich realisiert, sondern ist vom Leser auf Basis von Musterwissen zu erschließen. Ein Leser, der weiß, wie deutsche wissenschaftliche Einleitungen funktionieren, liest den Absatz zum Forschungsstand als Begründung des Vorhabens des Autors. Ein englischer Leser, dem man eine wortgetreue Übersetzung dieser Einleitung zu lesen gäbe, würde diesem „Übergang" fassungslos gegenüberstehen, weil er vom Autor nicht sprachlich angeleitet wird (ebd.). Man hat es hier mit einer spezifischen Problemlösung bezüglich der inneren Struktur einer Textart, der Wissenschaftlichen Einleitung, zu tun, bei der das diskursive Handlungsmuster des Begründens textartkonstitutiv geworden ist, indem wissenschaftliche Autoren es als Musterwissen beim Leser voraussetzen können (ebd.).

Untersuchungen zum universitären wissenschaftlichen Sprechen und Schreiben, etwa zum Wissenschaftlichen Seminarprotokoll (Moll 2001), zum Argumentieren (Trautmann 2004) und zum mündlichen Referat (Guckelsberger 2005) und Labordiskurs (Chen 1995) sowie zum interkulturellen Wissenschaftsdiskurs (Wiesmann 1999) haben derartige Einsichten bestätigen und differenzieren können, ebenso wie Untersuchungen zu wissenschaftlichen Textarten (exempl. Graefen 1997; Graefen/Thielmann 2007). Handlungsmuster wie ‚Begründen', ‚Erklären' und ‚Einschätzen' (Redder 2002b) erweisen sich hierbei als für die Hochschulkommunikation besonders einschlägig. Etliche der in diesen Arbeiten erzielten Einsichten und Ergebnisse wurden am Institut für Deutsch als Fremdsprache in München bereits hochschuldidaktisch, vor allem im Zusammenhang des wissenschaftlichen Schreibens, ein- und umgesetzt (exempl. Steets 2000; Ehlich/Graefen 2001; Redder 2002a; Ehlich/Heller 2006). Auch liegen bereits erste komparative Untersuchungen zu Diskurs- und Textstrukturen (Fandrych/Graefen 2002; Hohenstein 2006) und zu einzelnen sprachlichen Mitteln (z.B. Redder 2001; Wiesmann 2003; Fandrych 2007; Dalmas/Foschi/Neuland 2009; Thielmann 2009a) vor.

Fazit

Bezogen auf die hier vertretene Perspektive, dass interkulturelle Kompetenz im sprachlichen Bereich in der Einsicht in sprachlich gebundene Differenzen und Differenzen der sprachlichen Praxis besteht, hat sich, vielleicht etwas überraschend, ergeben, dass der Vermittlung so verstandener interkultureller Kompetenz im Sprachunterricht allgemein einige Hindernisse entgegenstehen:

- Die Funktionalität sprachlicher Mittel, die sprachlich gebundene Differenzen konstituieren, ist häufig noch zu wenig verstanden, als dass sie hinreichend thematisiert werden könnte (dies ist der Grund, warum auch Lernern auf einem sehr hohen Niveau manche Mittel und Strukturen verschlossen bleiben müssen).
- Indem im Sprachunterricht das Sprachprodukt, und nicht die mit ihm vollzogene sprachliche Handlung, zentral steht (illokutives Paradoxon), sind der Vermittlung sprachlichen Handelns gewisse Grenzen gesetzt, die u.U. auch mit modernen Methoden nicht nennenswert zu verschieben sind.
- Sprachliche Handlungsmuster, die Tiefenstrukturen sprachlichen Handelns, sind bisher zu wenig komparativ untersucht, als dass aus dieser Forschung bereits Ansätze für eine Didaktik abzuleiten wären; sowohl in der Sprachwissenschaft als auch in der IKK ist bisher viel zu wenig authentische interkulturelle Kommunikation untersucht worden.

Besonders gute Chancen für die Vermittlung interkultureller Kompetenz an den Universitäten und Hochschulen bestehen daher besonders in dem Bereich der bereits z.T. recht gut komparativ verstandenen Wissenschaftskommunikation.

Literatur

Auer, Peter (2004): „Sprache, Grenze, Raum". Zeitschrift für Sprachwissenschaft 23 (2), S. 149-179.

Bühler, Karl (1934/1982): Sprachtheorie, Stuttgart: Fischer.

Chen, Shin-lung (1995): Pragmatik des Passivs in chemischer Fachkommunikation. Empirische Analyse von Labordiskursen, Versuchsanleitungen, Vorlesungen und Lehrwerken, Arbeiten zur Sprachanalyse 23, Frankfurt/M.: Lang.

Dalmas, Martine/Foschi, Marina/Neuland, Eva (Hg.) (2009): Wissenschaftliche Textsorten im Germanistikstudium deutsch-italienisch-französisch kontrastiv. Trilaterales Forschungsprojekt in der Villa Vigoni (2007-2008), Villa Vigoni, http://www.villavigoni.it/index.php?id=79, 15.09.2009.

Dragosavljevič, Andjelija (2002): „Language and politics in the Republika Srpska". In: Anthony Liddicoat/Karis Muller (Hg.), Perspectives on Europe. Language Issues and Language Planning in Europe, Melbourne: Language Australia, S. 141-152.

Edmondson, Willis/House, Juliane (1998): „Interkulturelles Lernen. Ein überflüssiger Begriff". Zeitschrift für Fremdsprachenforschung 9 (2), S. 161-188.

Ehlich, Konrad (1981/1982): Sprachmittel und Sprachzwecke. Antrittsvorlesung Universität Düsseldorf, Tilburg: Tilburg University, Papers in Language and Literature.

Ehlich, Konrad (1995): „Die Lehre der deutschen Wissenschaftssprache: sprachliche Strukturen, didaktische Desiderate". In: Heinz L. Kretzenbacher/Harald Weinrich (Hg.), Linguistik der Wissenschaftssprache, Akademie der Wissenschaften zu Berlin, Forschungsbericht 10, Berlin/New York: de Gruyter, S. 325-352.

Ehlich, Konrad (1996): „Interkulturelle Kommunikation". In: Hans Goebl/Peter H. Nelde/Zdenek Stary (Hg.), Kontaktlinguistik, Berlin/New York: de Gruyter, S. 920-931.

Ehlich, Konrad (2003): „Determination. Eine funktional-pragmatische Analyse am Beispiel hebräischer Strukturen". In: Ludger Hoffmann (Hg.), Funktionale Syntax. Die pragmatische Perspektive, Berlin/New York: de Gruyter, S. 307-334.

Ehlich, Konrad/Graefen, Gabriele (2001): „Sprachliches Handeln als Medium diskursiven Denkens. Überlegungen zur sukkursiven Einübung in die deutsche Wissenschaftskommunikation". Jahrbuch DaF 27, S. 351-378.

Ehlich, Konrad/Heller, Dorothee (Hg.) (2006): Die Wissenschaft und ihre Sprachen, Bern: Lang.

Ehlich, Konrad/Rehbein, Jochen (1979): „Sprachliche Handlungsmuster". In: Georg Soeffner (Hg.), Interpretatorische Verfahren in den Sozial- und Textwissenschaften, Stuttgart: Metzler, S. 243-274.

Ehlich, Konrad/Rehbein, Jochen (1986): Muster und Institution. Untersuchungen zur schulischen Kommunikation, Tübingen: Narr.

Fandrych, Christian (2007): „Herausarbeiten vs. *illustrate*: Kontraste bei der Versprachlichung von Sprechhandlungen in der englischen und deutschen Wissenschaftssprache". In: Konrad Ehlich (Hg.), Mehrsprachige Wissenschaft, Heidelberg: Synchron.

Fandrych, Christian/Graefen, Gabriele (2002): „Text commenting devices in German and English academic articles". Multilingua 21, S. 17-43.

Graefen, Gabriele (1997): Der Wissenschaftliche Artikel – Textart und Textorganisation, Frankfurt/M.: Lang.

Graefen, Gabriele/Liedke, Martina (2008): Germanistische Sprachwissenschaft. Deutsch als Erst-, Zweit- oder Fremdsprache, Tübingen/Basel: Francke.

Graefen, Gabriele/Thielmann, Winfried (2007): „Der wissenschaftliche Artikel". In: Peter Auer/Harald Baßler (Hg.), Reden und Schreiben in der Wissenschaft, Frankfurt/M.: Campus.

Grießhaber, Wilhelm (1987): Authentisches und zitierendes Handeln, Bd. I/II, Tübingen: Narr.

Grießhaber, Wilhelm (1990): „Transfer, diskursanalytisch betrachtet". Linguistische Berichte 129 (90), S. 386-414.

Grießhaber, Wilhelm (1999): „Präpositionen als relationierende Prozeduren". In: Angelika Redder/Jochen Rehbein (Hg.), Grammatik und mentale Prozesse, Tübingen: Stauffenburg, S. 241-260.

Guckelsberger, Susanne (2005): Mündliche Referate in universitären Lehrveranstaltungen. Diskursanalytische Untersuchungen im Hinblick auf eine wissenschaftsbezogene Qualifizierung von Studierenden, München: iudicium.

Günthner, Susanne/Luckmann, Thomas (1995): Asymmetries of knowledge in intercultural communication: The relevance of cultural repertoire of communicative genres, Konstanz: Fachgruppe Sprachwissenschaft der Universität Konstanz, Arbeitspapier Nr. 72.

Helbig, Gerhard/Buscha, Joachim (1989): Deutsche Grammatik. Ein Handbuch für den Ausländerunterricht, Leipzig: Verlag Enzyklopädie.

Helmolt, Katharina von (1997): Kommunikation in internationalen Arbeitsgruppen. Eine Fallstudie über divergierende Konventionen der Modalitätskonstituierung, München: iudicium.

Hill, Peter M. (2002): „Language and national identity". In: Anthony Liddicoat/Karis Muller (Hg.), Perspectives on Europe. Language issues and language planning in Europe, Melbourne: Language Australia, S. 11-20.

Hoffmann, Ludger (1983): Kommunikation vor Gericht, Tübingen: Narr

Hoffmann, Ludger (2007): „Determinativ". In: ders. (Hg.), Handbuch der deutschen Wortarten, Berlin/New York: de Gruyter, S. 293-356.

Hofstede, Geert (1997): Cultures and organizations: software of the mind, London: Mc Graw Hill.

Hohenstein, Christiane (2006): Erklärendes Handeln im Wissenschaftlichen Vortrag. Ein Vergleich des Deutschen mit dem Japanischen, München: iudicium.

Kameyama, Shinichi (2004): Verständnissicherndes Handeln. Zur reparativen Bearbeitung von Rezeptionsdefiziten in deutschen und japanischen Diskursen, Münster/New York: Waxmann.

Koerfer, Armin (1994): „Interkulturelle Kommunikation vor Gericht. Verständigungsprobleme beim fremdsprachlichen Handeln in einer kommunikationsintensiven Institution". In: Gisela Brünner/Gabriele Graefen (Hg.), Texte und Diskurse. Methoden und Forschungsergebnisse der funktionalen Pragmatik, Opladen: Westdeutscher Verlag, S. 351-373.

Koole, Tom/ten Thije, Jan D. (1994:) „Der interkulturelle Diskurs von Teambesprechungen. Zu einer Pragmatik der Mehrsprachigkeit". In: Gisela Brünner/Gabriele Graefen (Hg.), Texte und Diskurse, Opladen: Westdeutscher Verlag, S. 412-434.

Kummer, Werner (1985): „Probleme der Funktionserweiterung von Sprachen: Der Sprachausbau bei den Shuara in Ecuador". In: Jochen Rehbein (Hg.), Interkulturelle Kommunikation, Tübingen: Narr, S. 166-174.

Lambertini, Lucia/ten Thije, Jan D. (2004): „Die Vermittlung interkulturellen Handlungswissens mittels der Simulation authentischer Fälle". In: Michael Becker-Mrotzek/Gisela Brünner (Hg.), Analyse und Vermittlung von Gesprächskompetenz, Bd. 43, Frankfurt/M.: Lang, S. 175-199.

Leiss, Elisabeth (2000): Artikel und Aspekt: die grammatischen Muster von Definitheit, Berlin: de Gruyter.

Liedke, Martina (1994): Die Mikroorganisation von Verständigung, Frankfurt/M. u.a.: Lang.

Liedke, Martina/Redder, Angelika/Scheiter, Susanne (2002): „Interkulturelles Handeln lehren – ein diskursanalytischer Trainingsansatz". In: Gisela Brünner/Reinhard Fiehler/Walther Kindt (Hg.), Angewandte Diskursforschung, Bd. 2: Methoden und Anwendungsbereiche, Radolfzell: Verlag für Gesprächsforschung, S. 148-179.

Löning, Petra/Rehbein, Jochen (Hg.) (1993): Arzt-Patienten-Kommunikation. Analysen zu einem interdisziplinären Problem, Berlin: de Gruyter.

Mattel-Pegam, Gesine (1985): „Ein italienischer Strafgefangener konsultiert einen deutschen Rechtsanwalt". In: Jochen Rehbein (Hg.), Interkulturelle Kommunikation, Tübingen: Narr, S. 299-323.

Meierkord, Christiane (2000): „Interpreting successful lingua franca interaction. An analysis of non-native-/non-native small talk conversations in English". Linguistik online 5, http://www.linguistik-online.de/1_00/MEIERKOR.HTM, 21.01.2010.

Meyer, Hans Joachim (2007): „Kommunikation oder Dominanz?". In: Deutsch als Wissenschaftssprache, Sektion III „Wissenschaft ist mehrsprachig" im Rahmen des Festivals „Die Macht der Sprache", Berlin, Akademie der Künste, 15.-16.06. 2007, Bonn: DAAD, S. 9-22.

Moll, Melanie (2001): Das wissenschaftliche Protokoll. Vom Seminardiskurs zur Textart: empirische Rekonstruktionen und Erfordernisse für die Praxis, München: iudicium.

Redder, Angelika (2001): „Modalverben in wissenschaftlicher Argumentation: Deutsch und Englisch im Vergleich". Jahrbuch DaF 27, S. 313-330.

Redder, Angelika (2002b): „Sprachliches Handeln in der Universität – das Einschätzen zum Beispiel". In: dies. (Hg.), Effektiv studieren, Texte und Diskurse in der Universität, OBST-Beiheft 12 (Osnabrücker Beiträge zur Sprachtheorie), S. 5-28.

Redder, Angelika (2005): „Wortarten oder sprachliche Felder, Wortartenwechsel oder Feldtransposition?". In: Clemens Knobloch/Burkhard Schaeder (Hg.), Wortarten und Grammatikalisierung. Perspektiven in System und Erwerb, Berlin/New York: de Gruyter, S. 43-66.

Redder, Angelika (2008): „Functional pragmatics". In: Gerd Antos/Karlfried Knapp (Hg.), Handbooks of applied linguistics, Berlin/New York: de Gruyter, S. 133-178.

Redder, Angelika (Hg.) (2002a): „Effektiv studieren". Texte und Diskurse in der Universität, OBST-Beiheft 12 (Osnabrücker Beiträge zur Sprachtheorie).

Redder, Angelika/Rehbein, Jochen (1987): „Zum Begriff der Kultur". Osnabrücker Beiträge zur Sprachtheorie (OBST) 38, S. 7-21.

Rehbein, Jochen (1977): Komplexes Handeln. Elemente zur Handlungstheorie der Sprache, Stuttgart: Metzler.

Rehbein, Jochen (1978/1984): Reparative Handlungsmuster und ihre Verwendung im Fremdsprachenunterricht, ROLIGpapir 34, Roskilde: Universitetscenter.

Rehbein, Jochen (2007): „Narrative Verarbeitung des Arbeitsplatzes. Wiedergaben, Erläuterungen und Konnektivität in Gesprächen mit türkischen Arbeitern". In: Shinichi Kameyama/Bernd Meyer (Hg.), Mehrsprachigkeit am Arbeitsplatz, Frankfurt/M. u.a.: Lang, S. 25-55.

Ricken, Ulrich (1995): „Zum Thema Christian Wolff und die Wissenschaftssprache der deutschen Aufklärung". In: Heinz L. Kretzenbacher/Harald Weinrich (Hg.), Linguistik der Wissenschaftssprache, Akademie der Wissenschaftssprachen zu Berlin, Forschungsbericht 10, Berlin: de Gruyter, S. 41-90.

Roche, Jörg (2001): Interkulturelle Sprachdidaktik – Eine Einführung, Tübingen: Narr.

Schilling, Andrea (1996): „Das Bewerbungsgespräch: empirische Untersuchungen und fremdsprachendidaktische Schlussfolgerungen". In: Konrad Ehlich/Angelika Redder (Hg.), Schnittstelle Didaktik. Untersuchungen zum DaF-Unterricht, Regensburg: Fachverband DaF, S. 145-164.

Schnieders, Guido (2005): Reklamationsgespräche. Eine diskursanalytische Studie, Tübingen: Narr.

Steets, Angelika (2000): „Überlegungen zu einem Curriculum für die Vorbereitung auf wissenschaftliches Schreiben". In: Armin Wolff/Elmar Winters-Ohle (Hg.), Wie schwer ist die deutsche Sprache wirklich? Materialien Deutsch als Fremdsprache, Bd. 58, Regensburg: Fachverband DaF, S. 211-228.

Thielmann, Winfried (1999): „Begründungen versus advance organizers – Zur Problematik des Englischen als lingua franca der Wissenschaft". Deutsche Sprache 4 (99), S. 370-378.

Thielmann, Winfried (2003): „Are Germans rude or just doing things differently?" In: Joseph Lo Bianco/Chantal Crozet (Hg.), Teaching invisible culture. Classroom practice and theory, Melbourne: Language Australia, S. 147-176.

Thielmann, Winfried (2007): „Power and dominance in intercultural communication". In: Helga Kotthoff/Helen Spencer-Oatey/Karlfried Knapp/ Gerd Antos (Hg.), Handbook of applied linguistics, Vol. Intercultural communication, Berlin: de Gruyter, S. 395-414.

Thielmann, Winfried (2009a): Deutsche und englische Wissenschaftssprache im Vergleich: Hinführen – Verknüpfen – Benennen, Wissenschaftskommunikation 3, Heidelberg: Synchron.

Thielmann, Winfried (2009b): „‚Artikelwörter' – grammatische Kategorienbildung und ihre Konsequenzen für die Sprachdidaktik". Zielsprache Deutsch 36 (2), S. 51-66.

Thielmann, Winfried (2010): „‚I can't find any opinion in that' – Leitartikel zur komparativen Betrachtung von Textarten". In: Antonie Hornung (Hg.), Lingue di cultura in periculo? Il caso del tedesco e dell'italiano nella formazione accademica e nei piccoli gruppi bilingui (im Druck).

Toulmin, Stephen (2001): Return to Reason, Cambridge, Mass.: Harvard UP.

Trautmann, Caroline (2004): Argumentieren. Funktional-pragmatische Analysen praktischer und wissenschaftlicher Diskurse, Arbeiten zur Sprachanalyse 43, Frankfurt/M.: Lang.

Vogel, Petra (2000): „Grammaticalisation and part-of-speech systems". In: Petra Maria Vogel/Bernard Comrie (Hg.), Approaches to the Typology of Word Classes, Berlin/New York: de Gruyter.

Vygotskij, Lev S. (1964): Denken und Sprechen, Berlin: Akademie.

Weinrich, Harald (1985): „Sprache und Wissenschaft". Merkur 39, S. 496-506.

Weinrich, Harald (1993): Textgrammatik der deutschen Sprache, Mannheim: Dudenverlag.

Wiesmann, Bettina (1999): Mündliche Kommunikation im Studium: Diskursanalysen von Lehrveranstaltungen und Konzeptualisierung der Sprachqualifizierung ausländischer Studienbewerber, München: iudicium.

Wiesmann, Bettina (2003): „Problemlösen, Kategorisieren, Einschätzen. Zur Konzeptualisierung von Wissenschaft in deutsch- und spanischsprachigen Texten". In: Konrad Ehlich/Angelika Steets (Hg.), Wissenschaftlich schreiben, lehren und lernen, Berlin/New York: de Gruyter, S. 289-304.

Wolf, Thomas (2003): „Konstitution und Kritik der Wissenschaften bei Heidegger". Zeitschrift für philosophische Forschung 57 (1), S. 95-110.

4.16 Lehrforschung und Lehrforschungsprojekte

ARNE WEIDEMANN

In fremdkulturellen Kontexten bzw. in interkulturellen Überschneidungssituationen adäquat handeln zu können, erfordert die Fähigkeit, Neues, Unbekanntes, Fremdes als solches erkennen und zu Bekanntem, Eigenem in Bezug setzen sowie in der Folge Handlungsalternativen entwickeln und ausprobieren zu können. In ihren kulturallgemeinen Aspekten umfasst interkulturelle Kompetenz insbesondere die Fähigkeit zum Umgang mit Unbekanntem, über das sich per definitionem im Vorfeld kein kontextspezifisches Wissen aneignen lässt, sondern das nur durch entdeckendes bzw. forschendes Lernen (Bruner 1961, 1966) in situ erschlossen werden kann und muss. Geht es nun um die universitäre Ausbildung interkultureller Kompetenz, kommt der Ausbildung einer solchen Lernhaltung und auch der Vermittlung geeigneter Forschungsmethoden eine besondere Bedeutung zu.

Während die Studiendokumente zu interkulturell ausgerichteten Studiengängen allgemein Auskunft zu den Zielen des Studienganges geben und auf die vielfältigen beruflichen Tätigkeiten sowie Praxisfelder verweisen (siehe z.B. die Studienordnung zum Masterstudiengang „Interkulturelle Kommunikation – Interkulturelle Kompetenz" in Chemnitz; vgl. Weidemann/Weidemann/Straub 2007) und dabei in der Regel auch die Ausbildung von Schlüsselqualifikationen und Softskills angesprochen wird, finden diese im Zusammenhang mit der Methodenausbildung häufig keine Erwähnung (siehe jedoch ebd.: 818). Dabei fordert gerade die intensive Auseinandersetzung mit den Prinzipien qualitativer Sozialforschung sowie deren angeleitete und diskursiv reflektierte Anwendung insbesondere auch die Fähigkeiten der Studierenden zu Kommunikation, Selbstreflexion, Selbststeuerung und dem Aushalten von Unsicherheit und Intransparenz sowie ihre Geduld und Flexibilität im Umgang mit sich selbst und anderen heraus – und fördert diese Fähigkeiten.

Eine Möglichkeit, im Rahmen interkulturell ausgerichteter Studiengänge Methoden qualitativer Sozialforschung zu lehren, besteht in der Durchführung von Lehrforschung bzw. Lehrforschungsprojekten, bei denen Studierende unter Anleitung selbst forschend tätig werden und dabei die Möglichkeit erhalten, Methodenkenntnisse praktisch anzuwenden, inhaltliches Wissen aufzubauen und mit der Projektarbeit, dem Thema sowie den verwendeten Methoden verbundene Softskills auszubauen.

Nach einer begrifflichen Klärung wird am Beispiel der Methodenausbildung in den interkulturell ausgerichteten Studiengängen an der TU Chemnitz dargestellt, wie die Ausbildung in qualitativer Sozialforschung im Rahmen von Lehrforschung curricular und lehr-/lernpraktisch umgesetzt werden kann. Ausgehend von den Herausforderungen und Problemen, die für die Studierenden damit verbunden sind, werden Potentiale für die Ausbildung ‚interkultureller Kompetenz‘ aufgezeigt und die sich hieraus ergebenden Herausforderungen für Dozenten einschließlich grundsätzlicher ethischer Fragen diskutiert. Abschließend werden die notwendigen Rahmenbedingungen und die mit (qualitativen) Lehrforschungsprojekten einhergehenden Anforderungen an die Lehrenden dargestellt.

Lehrforschung und Lehrforschungsprojekte

Der Begriff ‚Lehrforschung‘ wird in zwei verschiedenen Bedeutungszusammenhängen verwendet und bezeichnet zum einen die Erforschung von Lehre, zum anderen die Anwendung von Forschungsmethoden im Rahmen von Lehrveranstaltungen. Der zweiten Begriffsverwendung steht auf Seiten der Studierenden der schon erwähnte Begriff des ‚forschenden Lernens‘ gegenüber, das in der Regel zumeist in mehr oder weniger umfangreiche und anspruchsvolle ‚Praktika‘ bzw. Lehrforschungsprojekte eingebettet ist, um die es im Weiteren gehen soll.[1]

Allgemein gesagt ist ein Lehrforschungsprojekt eine Lehrveranstaltung, in der Studierende auf Basis ihres bereits erworbenen methodologischen und theoretischen Wissens und unter Anwendung bereits erlernter (bzw. im Rahmen der Lehrveranstaltung zu erwerbender) Methoden selbständig eine Forschungsfrage bearbeiten und ein kleines Forschungsprojekt durchführen, wobei sie sich forschend nicht nur inhaltlich-thematisches Wissen erarbeiten, sondern auch Forschen lernen.

---

1 Aus naheliegenden Gründen verbinden sich beide Bedeutungen, wenn im Rahmen der Lehrerausbildung forschend gelernt wird. Aus diesem Bereich stammen eine ganze Reihe von jüngeren Publikationen zu Lehrforschungsprojekten, die sich ebenfalls mit dem Erwerb von Schlüsselkompetenzen durch die Ausbildung in Methoden qualitativer Sozialforschung befassen und in diesen ein wesentliches Instrument in der Professionalisierung der Lehrpraxis sehen (siehe z.B. Meyer/ Gebken 2003; Arens/Koch-Priewe/Kovermann/Roters/Schneider/Sommerfeld 2006; Schneider/Wildt 2007; Hallitzky 2008). Die Entwicklung einer „forschenden Grundhaltung" bei der Lehrersausbildung wird auch vom Wissenschaftsrat gefordert (Wissenschaftsrat 2001: 41).

Recherchiert man nach dem Begriff ‚Lehrforschungsprojekt‘ im Zusammenhang mit aktuellen Studiengängen, so wird jedoch deutlich, dass es weder eine einheitliche Begriffsverwendung noch einheitliche Durchführungskonzepte gibt. So unterscheiden sich als Lehrforschungsprojekt bezeichnete Lehrveranstaltungen u.a. nach folgenden Kriterien:

- Integration in den Studiengang (ja oder nein);[2]
- Bezug zu Forschung(-sprojekt): Einbindung in bestehendes Projekt, eigenständiges Projekt, kein Bezug;[3]
- Fragestellung/Thema (vorgegeben/nicht vorgegeben);
- Methoden (vorgegeben/nicht vorgegeben);
- Durchführung (Gesamt- oder Teilforschungsprozess);
- Fokus im LFP (auf Erwerb von Methodenkompetenz, Erwerb themenbezogenen Wissens oder Kombination aus beidem);
- Ziel des LFP (Forschen können, Forschungsergebnisse oder Kombination aus beidem);
- Angestrebter Output (Lehrforschungsberichte, öffentlicher Vortrag, wissenschaftliche Publikation, Projektantrag);[4]
- Themenbearbeitung (in Kleingruppen oder einzeln);
- Zeitrahmen (1-3 Semester);
- Umfang in SW (2-4) und Zeitplan (wöchentlich, zweiwöchentlich oder in Blocksitzungen);
- Betreuung der individuellen Arbeiten (durch Dozent, in Plenumsarbeit oder in Kombination aus beidem);

---

2 Beispiele für eine curriculare Verankerung von zweisemestrigen qualitativen Lehrforschungsprojekten in Studiengänge wären neben der IKK in Chemnitz etwa die Soziologie (Bielefeld) oder Ethnologie (FU Berlin). Kürzere Lehrforschungsprojekte sind als Bestandteil von Methodenseminaren (insbesondere zu ethnografischen Verfahren) in diverse interkulturell ausgerichtete Studiengänge integriert, werden in der Regel aber dann als Feldforschungsübung o.ä bezeichnet.

3 Ein Beispiel für die Integration von Lehrforschung in ein größeres Forschungsprojekt stellt etwa das SFB-Teilprojekt „Beschäftigungssysteme, Unsicherheit und Erwerbsorientierungen. Theoretische und empirische Befunde" (Universität Jena, SFB 580, Köhler/Loudovici 2007) dar. Die Autoren gehen in der umfangreichen Publikation auch auf die Möglichkeiten und Beschränkungen von Lehrforschung ein.

4 Beispiele für publizierte Lehrforschungsergebnisse unter Mitautorschaft der beteiligten Studierenden sind etwa der Bericht über Tourismus und Straßenkinder in Madagaskar (Gössling/Schumacher/Morelle/Bergerz/ Heck 2004) oder „Zentrale Überlebensstrategien und biographische Selbstentwürfe männlicher Jugendlicher in Haft" (Bereswill 2001a). Auf die Bedeutung, die mehrschrittiges Veröffentlichen gerade auch für die Lehrforschung hat, weisen Meyer und Gebken (2003: 5) hin, denn „Forschung lebt von einer funktionierenden kritischen Öffentlichkeit".

- im hier interessierenden Kontext zudem, ob es bei der Themenstellung um interkulturelle Kommunikation oder kulturelle Differenz geht oder nicht;
- und schlussendlich der Ort der Durchführung („zuhause' oder im Ausland[5]).

Hier sind natürlich verschiedenste Kombinationen möglich und in der universitären Ausbildung anzutreffen. Im Zusammenhang mit der Lehre qualitativer Forschungsverfahren sind zudem auch andere Begriffe und Lehr-Lernformen geläufig, die in die Betrachtung mit einbezogen werden könnten. Zu diesen gehören etwa ‚Methodenwerkstatt‘, ‚Forschungswerkstatt‘ (z.b. Bielefeld Magdeburg, Bayreuth, Berlin etc.), ‚Forschungskolloquium‘ (z.b. Chemnitz) oder – am anderen Ende des Spektrums – das ‚Projektstudium‘ (vgl. Griesehop/Hanses 2005). Während erstere gewissermaßen quer zu den beteiligten Studiengängen stehen, indem sie ein Forum für Studierende und Graduierte bieten, ihre jeweiligen Qualifizierungsarbeiten zu diskutieren und forschungspraktische Probleme zu besprechen, ist bei letzterem der ganze Studiengang weitgehend in Projektform aufgebaut.

Lehrforschungsprojekte: Ein Praxisbeispiel

Im Folgenden wird es – am Beispiel des Master-Studiengangs „Interkulturelle Kommunikation – Interkulturelle Kompetenz" an der TU Chemnitz – um Lehrforschungsprojekte gehen, die integraler Bestandteil von Studiengängen sind.[6]

Lehrforschungsprojekte gibt es in Chemnitz seit dem Sommersemester 2003. Diese wurden unter Leitung von Jürgen Straub (von WS02/03 bis WS07/08 Inhaber der Professur für Interkulturelle Kommunikation) im Rahmen des Magisterstudiengangs „Interkulturelle Kommunikation" eingeführt

---

5   Ein Beispiel für Lehrforschungsprojekte im Ausland stellen die in den USA etablierten Study abroad-Programme dar, bei denen eine ganze Schulklasse oder Seminargruppe mit Dozenten für einen längeren Zeitraum in Übersee arbeitet (siehe Ladd 1990). Da es ähnlich langfristige Projekte im deutschsprachigen Raum m.W. nicht gibt und Beobachtungsübungen etc. im Rahmen kürzerer Exkursionen (wie sie z.B. im MA-Studienganges „Interkulturelle Kommunikation – Interkulturelle Kompetenz" an der TU Chemnitz obligatorisch und auch andernorts etabliert sind) allenfalls als Lehrforschungsprojekte vorbereitende erste Gehübungen in eigenem Forschen darstellen, gehe ich in diesem Artikel nicht näher darauf ein.

6   Ein alternatives Beispiel wäre z.B. das Lehrforschungsprojekt im Bachelorstudiengang „Kulturanthropologie und Europäische Ethnologie" in Frankfurt am Main, das ähnlich aufgebaut ist wie das im Masterstudiengang „Interkulturelle Kommunikation – Interkulturelle Kompetenz" in Chemnitz und weitgehend dieselben Ziele verfolgt – nicht zuletzt den „Erwerb zukunftsorientierter Schlüsselqualifikationen" (Faßler 2006: 72).

und in Zusammenarbeit mit den damals an der Professur und Juniorprofessur beschäftigten Dozent/innen[7] durchgeführt. Neben dem Ziel, die Studierenden auf empirische Magisterarbeiten vorzubereiten und den Studierenden die Möglichkeit zu geben, selbst forschend Forschen zu lernen, sollten die Lehrforschungsprojekte auch dazu dienen, im Rahmen der IKK-Forschung bislang wenig behandelte Themen zu erschließen. Ab dem WS 2003/2004 bildete sich eine Form des Lehrforschungsprojektes heraus, welche einen zentralen Bestandteil des Masterstudiengangs „Interkulturelle Kommunikation – Interkulturelle Kompetenz" darstellt.[8]

In meinen weiteren Ausführungen beziehe ich mich auf folgende Lehrforschungsprojekte:

- „Third Culture Kids? Auslandsentsendungen mit Kindern und Jugendlichen",
- „Gastfamilien von Austauschschülern" sowie
- „Indiengeschichten – Konstitution von und Umgang mit kultureller Differenz in den reisebiografischen Erzählungen von deutschen Indientouristen".

An diesen Lehrveranstaltungen war ich in Zusammenarbeit mit meinen Kolleginnen an der systematischen Reflexion und Weiterentwicklung der Methode ‚Lehrforschungsprojekt' für den spezifischen Kontext des Studienganges beteiligt. Eine ausführliche Darstellung dieses Prozesses und der ihn mitbestimmenden Einflussfaktoren wäre interessant, würde aber den Rahmen dieses Artikels sprengen. Die drei genannten Lehrforschungsprojekte sollen lediglich kurz dargestellt werden, um die Entwicklung des Lehrforschungskonzepts nachvollziehbar zu machen.

Das Lehrforschungsprojekt „Third Culture Kids"

Das von Doris Weidemann und mir im Wintersemester 2003/2004 begonnene Lehrforschungsprojekt: „‚Third Culture Kids'? – Auslandsentsendung mit Kindern und Jugendlichen" war einsemestrig angelegt und wurde bis zum Wintersemester 2005/2006 insgesamt viermal mit Magister-Studierenden durchgeführt.[9]

Während der erste Durchgang des Projekts thematisch noch relativ offen war, den gesamten Entsendungszyklus berücksichtigte und auch das Intervie-

---

7   Zu den beteiligten DozentInnen gehörten die Juniorprofessorin Claire O'Reilly und die wissenschaftlichen Mitarbeiter Ulrich Bauer und Doris Weidemann.
8   Zum Überblick über alle an der Professur für Interkulturelle Kommunikation durchgeführten Lehrforschungsprojekte sowie weiterer Lehrforschungsaktivitäten siehe: http://www.tu-chemnitz.de/phil/ifgk/ikk/ik/files/de/content-34.html.
9   Ab WS2004/2005 unter alleiniger Leitung von Doris Weidemann.

wen von Eltern möglich war, wurde der Fokus in den darauf folgenden Durchgängen auf die Perspektive und Selbstdarstellung mitausgereister Kinder eingeschränkt, um eine bessere Vergleichbarkeit der einzelnen Studien zu erreichen und die Arbeit im Plenum zu erleichtern. Außerdem wurde von der Arbeit in Kleingruppen Abstand genommen, da Schwierigkeiten innerhalb einzelner Gruppen z.T. zu erheblichen Verzögerungen während der Projektdurchführung und auch zu Verschlechterungen der Gesamtleistung einzelner Gruppen geführt hatten.

Der Anspruch an die Ergebnisträchtigkeit der einzelnen Studien wurde im Rahmen des Magisterstudienganges relativ niedrig gehalten. Die Studierenden sollten den Forschungsprozess jeweils selbst vollständig durchlaufen und neben einer souveränen Darstellung des Forschungsstandes und der verwendeten Methoden die von ihren Interviewpartnern relevant gesetzten Aspekte beschreiben können. Wurde darüber hinaus das eigene Forschungshandeln kritisch reflektiert und damit der Lernfortschritt aufgezeigt und konnten weitergehende Analyseperspektiven entwickelt werden, so wurde dies als ‚sehr gut' bewertet.[10] Zum Abschluss des ersten Projektdurchlaufs wurden das Lehrforschungsprojekt und die zentralen Ergebnisse der einzelnen Gruppen zudem erstmals in einer öffentlichen Präsentation im Rahmen des Forschungskolloquiums der Professur vorgestellt.

Darüber hinaus entwickelte D. Weidemann einen Beurteilungsbogen für Lehrforschungsberichte, der die Beurteilungskriterien für die Studierenden transparent machen und eine systematische Bewertung der schriftlichen Arbeiten erleichtern sollte. Dieser Beurteilungsbogen wurde für die folgenden Lehrforschungsprojekte weiter überarbeitet und dient sowohl der Vorbereitung auf die schriftlichen Arbeiten als auch als Grundlage für die ausführlichen Feedbackgespräche (s.u.).[11]

Das Lehrforschungsprojekt „Gastfamilien von Austauschschülern"

Das im Wintersemester 2006/2007 von Frances Blüml gestartete und ebenfalls einsemestrig angelegte Lehrforschungsprojekt „Gastfamilie – einmaliges Erleben oder bleibende Bereicherung?" gründete sich auf ihre Forschungsin-

---

10 Dies entspricht den Bewertungskriterien, die auch von anderen Lehrforschungsprojektleiter/innen beschrieben werden (z.B. Griesehop/Hanses 2005: 2).

11 Der Beurteilungsbogen orientiert sich am üblichen Aufbau sozialwissenschaftlich-empirischer Forschungsberichte und gibt formale wie inhaltliche Kriterien vor. Zusätzlich werden aber auch übergreifende Dimensionen (z.B. Selbstständigkeit, Problemverständnis etc.) erfasst, die sich nicht ausschließlich auf die schriftliche Arbeit, sondern auch auf die Beteiligung im Lehrforschungsprojekt(team) beziehen.

teressen im Bereich der Austauschforschung und insbesondere auf den trotz hoher gesellschaftlicher Relevanz immer noch nur unzureichend erforschten Schüleraustausch (vgl. Thomas 2007). Vor allem hinsichtlich der Perspektive der Gastfamilien von Austauschschülern gibt es kaum empirische Studien, so dass es sinnvoll erschien, das Lehrforschungsprojekt von Anfang an als Basis für weitergehende Forschungsarbeiten zu planen.

Aufbauend auf den Erfahrungen und Vorarbeiten aus den Third Culture Kids-Lehrforschungsprojekten wurde deshalb eine weitere Standardisierung des Forschungsprozesses angestrebt, um die bessere Vergleichbarkeit der Ergebnisse sicherzustellen. Außerdem wurde zu Beginn des Lehrforschungsprojekts mit den Magisterstudierenden eine Übung zur Interviewführung durchgeführt, um die Qualität der Interviews zu verbessern und die Brauchbarkeit für eine weitere Verwendung der Daten zu erhöhen. Schlussendlich wurden die Interpretationssitzungen von uns im Dozentantandem durchgeführt. Das Lehrforschungsprojekt wurde von mir im Rahmen des MA-Studiengangs bis WS 2007/2008 fortgeführt. Die Studierenden schlossen das Projekt mit einer öffentlichen Präsentation im Forschungskolloquium im Januar 2008 ab, im Rahmen einer Masterarbeit (Khokhleva 2009) wurden die zwanzig narrativ-biografischen Interviews noch einmal einem vertiefenden Fallvergleich unterzogen, außerdem wurden zentrale Ergebnisse aus dem Projekt von den Dozenten auf einer internationalen Konferenz zum Jugendaustausch präsentiert und publiziert (Weidemann/Blüml 2008, 2009).

Das Lehrforschungsprojekt „Indiengeschichten"

Im Rahmen des Masterstudienganges wurde im Sommersemester 2008 das Lehrforschungsprojekt „Indiengeschichten – Konstitution von und Umgang mit kultureller Differenz in den reisebiografischen Erzählungen von deutschen Indientouristen" begonnen und zum Ende des Wintersemesters 2008/2009 abgeschlossen. Das Projekt war inhaltlich an meine eigenen Forschungen zu touristischen Interaktionen in Indien angebunden und schloss in der Methodenauswahl an die im vorangegangenen Semester erworbenen Kenntnisse bezüglich erzählorientierter und ethnografischer[12] Verfahren an. In der begleitenden Übung „Interviewverfahren und Textanalyse" (1. Lehrforschungssemester, siehe Tabelle 1) wurden gezielt die für das Lehrforschungsprojekt nötigen Fertigkeiten praktisch eingeübt. Inhaltlich flankiert wurde das Projekt durch ein Wahlpflichtseminar zum Länderschwerpunkt Indien, begleitend stand zudem eine umfangreiche Bibliothek mit kultur- und sozialwissenschaftlichen Texten zu Tourismus zur Verfügung.

---

12 Hierbei vor allem Bild- und Artefaktanalyse in Anlehnung an die von Lueger (2000) beschriebene Vorgehensweise.

Um eine genügend große Datenbasis für Fallvergleiche aufbauen zu können, wurden eine gemeinsame Forschungsfragestellung, ein einheitlicher Gesprächseinstieg sowie ein Katalog von Leitfragen erarbeitet. Die Aufgabe der Studierenden bestand neben der eigenständigen Akquise von Interviewpartner/innen darin, zum einen ein erzählorientiertes reisebiografisches Interview zu führen, zu transkribieren und anhand des Codierverfahrens der Grounded Theory-Methodologie zu analysieren, zum anderen sollte gleichzeitig ein Augenmerk auf von den Indienreisenden erwähnte Medien (Reiseführer, Bücher, Fotoausstellungen, Spiel- und Dokumentarfilme, Diashows etc.) gelegt werden, die diese mit der Reise nach Indien in Verbindung bringen bzw. die sie zu Reisezwecken genutzt haben. Diese Medien wurden im Rahmen der Auswertung zur Analyse pragma-semantischer Zusammenhänge mit herangezogen, teilweise ergänzt durch die Analyse seitens der Interviewpartner erstellter Objektivationen (Fotos, Weblogs etc.). Auf diese Weise konnte das pragma-semantische Netz (re-)konstruiert werden, in dem die jeweilige(n) Reise(n) als sinnhafte Erlebnisse bedeutungsstrukturiert und Bedeutung strukturierend ‚aufgespannt‘ sind.[13]

Obwohl die Studierenden primär ihre eigenen Interviews bearbeiteten, konnte durch die gemeinsame Forschungsfrage und das einheitliche Methodenrepertoire sichergestellt werden, dass alle Teilnehmerinnen gleichermaßen von der Bearbeitung einzelner Fälle im Plenum profitieren konnten.

Der studentische ‚Output‘ des Lehrforschungsprojekts bestand zum einen in einem (obligatorischen) öffentlichen Vortrag am Ende des zweiten Lehrforschungssemesters, der im Gesamtteam zu erarbeiten war und gleichermaßen das Gesamtprojekt sinnvoll vorstellen wie auch wesentliche Analyseergebnisse aus den individuellen Arbeiten berücksichtigen sollte. Zum anderen wurden als Einzelleistung Lehrforschungsberichte ausgearbeitet (jeweils ca. 40 Seiten zuzüglich Anhang), die als Prüfungsleistung die Bewertungsgrundlage für das Modul ‚Lehrforschungsprojekt‘ im Master darstellen. Da das Projekt eine Reihe interessanter – und in der Tourismusforschung wie auch der Erforschung interkultureller Kommunikation bislang nur wenig beachtete – Aspekte hervorgebracht hat, ist zudem eine Publikation der Ergebnisse unter Beteiligung einiger Studierender geplant.

Lehrforschung als integraler Bestandteil des Studiengangs

Mit der Einführung des Masterstudiengangs „Interkulturelle Kommunikation – Interkulturelle Kompetenz" wurde unter Federführung von Jürgen Straub die Ausbildung in qualitativer Sozialforschung systematisiert, curricular verankert und mit den anderen Studieninhalten verzahnt. Insbesondere war es

---

13 Zur pragma-semantischen Analyse siehe ausführlich Weidemann (2009).

auch möglich, das Lehrforschungsprojekt offiziell zu einer zweisemestrigen Veranstaltung auszubauen. Da es sich in Chemnitz um einen forschungsorientierten Masterstudiengang handelt, erhält die Methodenausbildung nicht nur vom Umfang her großes Gewicht. Die Methodenausbildung stellt in gewisser Weise die zentrale Achse des Studienganges dar, die durch Vorlesungen und Seminare zu sozial- und kulturwissenschaftlichen Theorien, zur Wissenschaftstheorie und zur Methodologie interpretativer Forschung fundiert und von begriffs- und themenorientierten Studieninhalten flankiert und inhaltlich spezifiziert wird (siehe Tabelle 1 sowie ausführlich die Studienordnung[14]).

Prämissen

Bei der Durchführung der Lehrforschungsprojekte und insgesamt der Methodenausbildung sind im MA-Studiengang „Interkulturelle Kommunikation – Interkulturelle Kompetenz" in Chemnitz (wie auch schon im Magisterstudiengang) folgende Prämissen leitend:

- Fundierung in Handlungstheorie, narrative und Kulturpsychologie (Erlanger Schule, Werbik/Straub u.a.; Saarbrückener Schule, Boesch/Eckensberger u.a.);
- das interpretative Paradigma und die komparative Analyse, da Methoden qualitativer Sozialforschung grundsätzlich am besten geeignet sind, um komplexe Sinn- und Handlungszusammenhänge – Lebenswelten (sensu Schütz) – zu erforschen (Nohl 2007; Straub 1999). Dies gilt auch für die Erforschung interkultureller Kommunikation, Kooperation und Koexistenz;
- Einsatz der Grounded Theory-Methodologie (GTM) als Forschungsstrategie (Glaser/Strauss 1967; Strauss 1998; Strauss/Corbin 1990), die mit ihrer „geplanten Flexibilität" des Forschens am ehesten dem Handeln von Menschen entsprechen kann, das „[n]atürlicherweise [...] nur diffus teleologisch" ist (Joas 1988: 423; Alheit 2005: 8);
- die Notwendigkeit von Interdisziplinarität;
- Forschen lernt man am besten durch eigenes Tun.

Ziele und Anspruch der Lehrforschungsprojekte

Die mit den Master-Student/innen durchgeführten Lehrforschungsprojekte dienen verschiedenen Zielen:

---

14 Die Studienordnung einschließlich Studienablaufplan und Modulbeschreibung (TUC 2006) ist online verfügbar unter http://www.tu-chemnitz.de/verwaltung/ studentenamt/zpa/ordnungen/SoPo_master/ikk/ikk_SO_20060814.pdf.

- der Ausbildung einer forschenden Grundhaltung und methodischer Kompetenz in qualitativer Sozialforschung;
- der induktiven Annäherung an Themen und Inhalte, die im Rahmen der IKK-Forschung eine Rolle spielen;
- der Ausbildung von Softskills (z.B. Durchhaltevermögen, Ambiguitätstoleranz etc.) bzw. sozialen Kompetenzen (Teamfähigkeit, Kommunikationsfähigkeit, Durchsetzungsvermögen etc.) einschließlich interkultureller Kompetenz;
- der Generierung von Forschungsergebnissen, die auch für die Fachöffentlichkeit von Interesse sind.

Wie Tabelle 1 zeigt, nimmt das Schwerpunktmodul ‚Lehrforschungsprojekt‘ im Aufbau der Methodenausbildung den zentralen Platz ein und hat verschiedene Funktionen:

- Durchführung eines gesamten Forschungsprozesses *unter Anleitung,* in der *Gruppe* und *ohne den Druck*, den die Abschlussarbeit mit sich bringt: *Probleme und Fehler sind im Rahmen des Lehrforschungsprojekts Teil des Lehrprozesses* (vgl. Bolland 2005: 7), insofern sie im Rahmen der Sitzungen aufgegriffen und gemeinsam bearbeitet werden, und der Transfer auf die Arbeiten anderer Teilnehmerinnen leicht möglich ist;
- intensive Bearbeitung empirischen Materials mit *ausreichend langem Zeithorizont,* der einerseits dem langsameren Tempo von Forschungsanfänger/innen Rechnung trägt und andererseits entsprechend *höhere Erwartungen an die Sorgfalt* bei den einzelnen Forschungsschritten wie auch *‚tiefer‘ gehende Analysen* erlaubt, als dies im Rahmen etwa des Seminars „Ethnografische Verfahren" oder der „Auslandsexkursion" möglich wäre.
- die Einbettung der individuellen Arbeit in den Kontext eines Gesamtprojektes: Zum einen kann hierdurch das vermieden werden, was im Rahmen von Kolloquien, Forschungswerkstätten etc. in späteren Arbeitsphasen immer wieder zum Problem wird, dass nämlich die anderen Teilnehmer mit Fortschreiten der Analysen inhaltlich sukzessive „abgehängt" sind und die einzelne Forscherin keinen inhaltlich gleichkompetenten Ansprechpartner mehr hat (vgl. Breuer 1996: 125). Zum anderen werden auf diese Weise neben konkreten Arbeitstechniken auch weitere in Forschungs-, aber auch anderen Zusammenhängen wichtige Fähigkeiten eingeübt: Zeitmanagement, projektorientiertes Arbeiten, (Selbst-)Reflexionsfähigkeit, Teamfähigkeit, Präsentieren eigener Ergebnisse und Ideen, Kritik und Anerkennung äußern etc., ohne dass gleichzeitig die mit der Arbeit in Kleingruppen oft verbundenen Schwierigkeiten auftreten.

Tabelle 1: Methodenausbildung im MA-Studienganges „Interkulturelle Kommunikation – Interkulturelle Kompetenz" an der TU Chemnitz (wiedergegeben nach der Studienordnung vom 14. August 2006, Anlage 1 Studienablaufplan, TUC 2006)

	1. Semester:	2. Semester	3. Semester	4. Semester
SM2 Forschungs- methoden **360 AS**	Textkonstitu- tion und Text- analyse (90 AS) Gesprächs- analyse PL: Klausur (90 AS) Ethnografi- sche Verfah- ren (90 AS) Exkursion (ca. 7 Tage) PL: For- schungsbericht (90 AS)			
SM5 Lehr- forschungs- projekt **360 AS**		Interview- verfahren und Textanalyse (90 AS) Lehrfor- schungs- projekt (90 AS)	Lehrfor- schungs- projekt PL: Lehrfor- schungsbericht (180 AS)	
MMA Master- Arbeit **720 AS**				Masterarbeit (nicht zwin- gend empi- risch) + Ver- teidigung (720 AS)

- der Umfang und Anspruch des Lehrforschungsprojekts erlaubt es auch, Forschung zu betreiben, bei der ‚etwas herauskommt'. Der Sinnhorizont des jeweiligen Projekts erstreckt sich somit nicht nur über das LFP, sondern auch über das Studium selbst hinaus – insbesondere da bevorzugt neue, bislang noch wenig erforschte Themen bearbeitet werden. Dadurch, dass die Gesamtgruppe außerdem eine größere Datenbasis erzeugt, als dies in Einzelarbeiten möglich wäre, werden zudem nicht nur die im Lehrforschungsprojekt erzeugten Lesarten und Analyseperspektiven vielfältiger, sondern gewinnt das Projekt insgesamt an Gewicht – sei es als Basis für Vorträge und Publikationen oder Forschungsanträge.

Wie wohl schon deutlich geworden ist, stand der bereits erwähnte „Erwerb zukunftsorientierter Schlüsselqualifikationen" (Faßler 2006: 72) als Lehr-/ Lernziel ursprünglich deutlich hinter dem Lernziel ‚Methoden anwenden und forschen können' zurück. Erst die immer wiederkehrenden *grundlegenden* Schwierigkeiten der Studierenden mit der Anwendung qualitativer Methoden führten – nicht nur in der IKK in Chemnitz, sondern in jüngster Zeit auch in anderen Studiengängen – zu einer systematischen Reflexion der Lehrforschungspraxis und mithin zur Erkenntnis, dass im Rahmen qualitativer Sozialforschung neben Methodenkenntnis insbesondere auch soziale und andere Schlüsselkompetenzen wie Reflexionsfähigkeit, Zeitmanagement, projektorientiertes Arbeiten etc. vonnöten sind und im Rahmen des Lehrforschungsprojektes erworben bzw. ausgebaut werden können (siehe z.B. Thon/Rothe/Mecheril/Dausien 2005; Schneider/Wildt 2007; Arens et al. 2006 oder die Beiträge zur von Margrit Schreier, Franz Breuer und Wolff-Michael Roth moderierten Debatte zum „Lehren und Lernen der Methoden qualitativer Sozialforschung" im Forum Qualitative Sozialforschung 2007[15]).

Erfahrungen mit den Lehrforschungsprojekten

Im Folgenden sollen die Erfahrungen aus den eingangs genannten Lehrforschungsprojekten aggregiert dargestellt werden. Insbesondere beziehe ich mich dabei auf die Ergebnisse systematischer Befragungen. Im Rahmen des Lehrforschungsprojektes „Gastfamilien von Austauschschülern" hatte ich die Teilnehmer/innen vor Fertigstellung ihrer Lehrforschungsberichte gebeten, ihre (Lern-)Erfahrung mit dem (Lehr-)Forschen in selbst gewählter Weise grafisch darzustellen und zu kommentieren. Die entstandenen Grafiken wurden dann in der Gruppe vorgestellt und um weitere Aspekte ergänzt, wenn diese bei der Erläuterung durch die Student/innen selbst erwähnt wurden. Die so

---

15 http://www.qualitative-research.net/index.php/fqs/search/sectionDetails/Debate%3A%20Teaching%20and%20Learning.

identifizierten ‚Problemzonen‘ habe ich dann erneut mit den Studierenden besprochen und ggf. modifiziert bzw. ergänzt. Eine ähnliche Befragung habe ich mit den Teilnehmerinnen des „Indiengeschichten“-Projektes durchgeführt, allerdings nach Abgabe und Beurteilung der LFP-Berichte. In diesem Fall wurden die Lern- und Motivationsverläufe zudem in Einzelgesprächen besprochen, und auf dieser Basis dann die Beurteilung der Berichte erörtert. Abschließend hatten die Studentinnen die Möglichkeit, ihrerseits Feedback zu geben. Darüber hinaus beziehe ich mich auf die in vielen Einzelsprechstunden und Pausengesprächen insbesondere aber auch in den Lehrforschungssitzungen selbst geäußerten bzw. erfragten Erfahrungen, Probleme und Kritikpunkte.

Motivationale Aspekte

Die Motivation der Studierenden ist dann besonders hoch, wenn sie ein persönliches Interesse am Thema und das Gefühl haben, kreativ zu sein und ihr Handlungspotential erleben, weil sie selbstorganisiert ‚forschen‘ oder einen Arbeitsschritt mit sichtbarem Ergebnis abgeschlossen haben. Angesichts ihrer Unerfahrenheit und Unsicherheit hinsichtlich qualitativer Sozialforschung beziehen sie ihre Erfolgserlebnisse primär aus der Interviewsituation und der anschließenden Transkription der Interviewaufnahme. Nach einer intensiven Vorbereitung auf das Interview und der subjektiv erlebten Ungewissheit, ob sie ein ‚brauchbares‘ Interview zustande bringen würden, erleben sie dieses zumeist in mehrfacher Hinsicht als motivierend: Sie erfahren etwas Interessantes und sind stolz, wenn ein Interviewpartner ausführlich erzählt. Da lange narrative Passagen im Rahmen erzählorientierter Interviews als Kennzeichen ‚gelungener‘ Interviewführung gelten können, bilden sie für die Studierenden ein (vermeintlich objektives) Erfolgsmaß, an dem sie ihr Handlungspotential erkennen können. Ähnliches gilt, wenn es ihnen gelingt, einen guten Rapport mit ihren Interviewpartnern herzustellen. Dies führt zu mehr persönlicher Involviertheit, sie fühlen sich ernst genommen und erfahren die Sinnhaftigkeit des eigenen (Forschungs-)Interesses.

Trotz des hohen Aufwandes bei der Transkription umfangreicher Interviewdaten erleben die Studierenden auch diesen Schritt als motivierend, da die Transkription ein sichtbares Ergebnis produziert, das anhand ‚objektiver‘ Kriterien/Maßstäbe für ‚Erfolg‘ (z.B. die Transkription entspricht den Vorgaben) bewertet werden kann und als sichtbare ‚Spur‘ des eigenen Handelns sowohl Auto-Feedback ermöglicht als auch Handlungspotential erleben lässt.

Diesen motivierenden Aspekten, die expansives Lernen erleichtern, stehen eine ganze Reihe von Problemen gegenüber, mit denen sich die Studierenden konfrontiert sehen und die dazu führen, dass über lange Strecken eher defen-

siv gelernt wird.[16] Hierbei muss unterschieden werden zwischen Schwierigkeiten und Problemen, die die Studierenden im Seminar oder in der Sprech-
stunde selbst äußern (können) und jenen, welche sie mangels (ja erst noch zu
entwickelnder) Sozialforschungs- und interkultureller Kompetenz selbst gar
nicht als Probleme bemerken, die jedoch aus der Perspektive erfahrener Dozenten bald zutage treten.

Probleme der Studierenden im Lehrforschungsprozess

Von den Studierenden immer wieder infragegestellt wird der *Sinn* des Lehrforschungsprojekts und qualitativer Sozialforschung überhaupt. Sie fragen,
sich, wozu sie den erheblichen Zeitaufwand betreiben sollen, da sie über et-
waiges persönliches Interesse an der Thematik hinaus nicht erkennen, was
diese – ihnen unverständliche – Art der Forschung mit interkultureller Kommunikation zu tun hat und wie man davon für die angestrebte berufliche Praxis profitieren kann.

Sie klagen immer wieder über *Motivationsprobleme*, die sich primär aus
der Unklarheit und Unsicherheit hinsichtlich ihrer Aufgaben ergeben (Wie ist
der Ablauf empirischer Sozialforschung? Was hat die Forschungsfrage für einen Sinn? Warum hat Interpretation so einen hohen Stellenwert, und was hat
man dann davon?). Demotivierend wirkt auf einige, wenn das Thema des
Lehrforschungsprojekts vorgegeben ist, wenngleich dieser Aspekt mit fortschreitender Arbeit am Projekt und zunehmender Erkenntnis über Gegenstand
und Forschungsweise weitgehend in den Hintergrund rückt. Problematisch
auf die Motivation wirken sich teils auch *Gruppenprozesse* aus, etwa wenn
bei der Gruppenarbeit Ungleichgewichte hinsichtlich Aufgabenbearbeitung,
Engagement und Fähigkeiten wirksam werden oder im Plenum bei Einzelnen
das Gefühl entsteht, schlechter zu sein als die anderen.

Insbesondere der hohe *Zeitaufwand* für das Lehrforschungsprojekt stellt
die Studierenden vor *organisatorische* und *motivationale Probleme*. Nicht nur
ist das Lehrforschungsprojekt sehr lang und das Arbeitspensum hoch, sodass
es teilweise zu Kollisionen mit anderen Studieninhalten kommen kann, sondern der Prozess ist auch nur teilweise im Voraus planbar und kann von Studierenden ohne vorherige Forschungserfahrung nicht überblickt werden. Hinzu kommt, dass einzelne Schritte schwieriger, aufwändiger und langwieriger
ausfallen als erwartet. Dies betrifft die Akquise von Interviewpartnern, die
Transkription langer, d.h. ,gelungener' Interviews und vermeintlich überflüs-
sige Zwischenschritte wie das Paraphrasieren. Insbesondere wird seitens der
Studierenden aber der Aufwand für die Analyse des Materials unterschätzt, da

---

16 Zu den Begriffen ,expansives' und ,defensives' Lernen siehe Holzkamp (1995
    sowie Straub i.d.B. Kap. 2.1). Für eine Anwendung des Holzkamp'schen Lern-
    begriffs auf Lehr-/Lernforschung in der Musikpädagogik siehe Niessen (2008).

hinsichtlich dessen, was Interpretation ist und wie man dabei vorgeht, grundsätzliche Verständnisschwierigkeiten und ein meist offenkundiger Mangel an einschlägigen Erfahrungen bestehen.

Darüber hinaus nennen die Studierenden eine Reihe von Problemen, die sich auf Methodenaspekte einzelner Arbeitsschritte des Lehrforschungsprozesses beziehen, letztlich aber ebenfalls auf ein noch mangelhaftes Verständnis für den Kern qualitativer Sozialforschung zurückgeführt werden können. Dies betrifft die Interviewführung, das Codieren und die Entwicklung von Kategorien sowie die Theoriebildung im Rahmen des Grounded Theory-Ansatzes (Was ist ein Code, was eine Kategorie? Wie kommt man zu einer Theorie? Was heißt überhaupt ‚Theorie‘?), viel grundsätzlicher aber auch die Unsicherheit, überhaupt zu identifizieren, was als Phänomen für sie selbst und für das Projekt von Interesse sein könnte (Was ist wichtig?).

Während die Studierenden im Hinblick auf die Interviewführung selbstreflexiv konkrete Schwierigkeiten (z.B. offene, erzählgenerierende Fragen zu stellen, nicht zu unterbrechen, den Interviewpartner den Gesprächsprozess steuern zu lassen, Pausen auszuhalten, Informationen parallel zu verarbeiten und später zu klärende Aspekte zu erinnern) benennen und Verbesserungsvorschläge formulieren können, gelingt ihnen dies trotz Anleitungen und Hilfestellung im Hinblick auf die Analyse ihrer Daten zumeist erst gegen Ende des Lehrforschungsprojekts, wenn sie ihre Forschungsberichte schreiben und gemeinsam den vorgesehenen öffentlichen Vortrag ausarbeiten. Dies ist umso auffälliger, als es praktisch allen Teilnehmer/innen der Lehrforschungsprojekte bei aller Unsicherheit durchaus gelingt, relevante Interviewpassagen zu identifizieren und eigene Analyseperspektiven zu entwickeln. Häufiger erschließt sich ihnen jedoch erst im Nachhinein – in einem großen qualitativen Schritt – der Sinn der einzelnen Arbeitsschritte (siehe Abbildung 1). Insofern ist es nicht verwunderlich, dass die Arbeit der Studierenden sich über lange Strecken durch ‚Verstöße‘ gegen die ihnen (aus den Methodenseminare sehr wohl bekannten) Prinzipien qualitativer Sozialforschung (siehe z.B. Appelsmeyer/Kochinka/Straub 1997: 711ff.; Lamnek 1995) auszeichnet.

Wie die Transkripte der geführten Interviews zeigen, fällt es vielen schwer, in der Interviewsituation wie auch bei der Interpretation ausreichend offen für die Perspektive der Interviewpartner zu sein und sich auf *deren* Geschichte einzulassen. Selbst auf entsprechende Hinweise hin werden Interviewartefakte lange Zeit nicht als solche verstanden. Die Studierenden haben bisweilen große Schwierigkeiten, eigene Vorannahmen zu identifizieren und zu explizieren sowie Phänomene nicht-wertend zu beschreiben. Während es ihnen beim Codieren einerseits sehr schwer fällt, sich hinreichend vom Text zu lösen, um zu einem angemessenen Gegenstandverständnis zu kommen, fällt es ihnen andererseits aber auch schwer, abstrakte, theoretische Codes zu entwickeln, die nicht völlig vom Text abgehoben, sondern darin begründet sind.

Die im Zusammenhang mit hermeneutischen Verfahren im Rahmen qualitativer Sozialforschung wie auch in interkulturellen Kommunikationssituationen besonders gravierenden Schwierigkeiten bestehen in der *mangelnden Fähigkeit zum Perspektivenwechsel* (d.h. die Studierenden sind nicht ausreichend in der Lage, ihre eigene Perspektive zu suspendieren und eine emische Perspektive zu entwickeln), sowie einer gewissen *Normativität*, die sich darin äußert, dass die Studierenden oft weder ihre Werte und Wertungen hinterfragen, noch eigene Normalitätserwartungen als solche identifizieren können.

Während die bislang genannten Aspekte den Kern qualitativen Sozialforschens betreffen und deshalb in den Lehrforschungssitzungen anlassbezogen thematisiert werden müssen (und erfolgreich bearbeitet werden können), fallen mindestens zwei weitere Schwierigkeiten ins Gewicht, die selbst im Rahmen eines in einen einschlägigen Masterstudiengang eingebetteten zweisemestrigen Lehrforschungsprojekts nur bedingt aufgefangen werden können: Abhängig von Alter, biografischem Hintergrund und (akademischem) Bildungsweg verfügen die Studierenden über nur *rudimentäre theoretische Vorkenntnisse* und in manchen Bereichen noch über relativ *wenig Lebenserfahrung*, was ihre Möglichkeiten, bei der Interpretationsarbeit auf entsprechende Vergleichshorizonte[17] zu rekurrieren, stark einschränkt. Die Studierenden haben nicht nur Schwierigkeiten, vorhandene *theoretische* Wissensbestände zu aktivieren und mit Phänomenen zu verknüpfen (vgl. Schnapp/Wiesner 2006: 14), mangels Lebenserfahrung und eingeschränkter Kenntnis unterschiedlicher Lebensweisen haben sie teils auch sehr wenig Möglichkeit, Transfer zu leisten, an ‚Eigenes' anzuknüpfen und Vergleiche zu ziehen. Aber auch jenen Studierenden, die aufgrund von Alter und Biografie über vielfältige Vergleichsmöglichkeiten verfügen, fällt es oft sehr schwer, diese zu aktivieren und konstruktiv zu nutzen. Angesichts einer langjährigen Sozialisation in ein spezifisches Wissenschaftsverständnis, bei dem die wesentlichen Qualitätsmerkmale Objektivität, Reliabilität und damit verbunden die explizite Ausklammerung alles Subjektiven sind, erfordert es offenbar (immer noch) erheblichen Mut, im interpretativen Paradigma gerade diese Subjektivität zu einer Ressource zu machen. Dieser Aspekt ist insofern von Bedeutung, als die Interpretation fremdkultureller Bedeutungsgewebe, Sinn- und Verweisungszu-

---

17 Siehe hierzu Straub (1993, 2006, 2010), der a) explizit empirisch fundierte VH, b) Alltagswissen des oder der Interpretierenden, c) in anderen empirischen Studien angebotene sowie theoretisch begründete VH und d) imaginative z.B. utopische, gedankenexperimentelle VH unterscheidet; für ein aktuelles Beispiel, wie mit diesem (leicht modifizierten) Ansatz empirisch stringent gearbeitet werden kann siehe Weidemann (2009).

sammenhänge als *fremd*kulturell die intime Kenntnis und differenzierte Wahrnehmung des Eigenen voraussetzt.

Neben diesen, die einzelnen Studierenden betreffenden Schwierigkeiten besteht eine Herausforderung für die Gruppe (und den Dozenten) darin, dass die Studierenden über höchst unterschiedliches akademisches Vorwissen verfügen. Im Sinne vielfältiger Vergleichhorizonte eigentlich ein Vorteil, wird dies leicht zum Problem, wenn es sich um nicht kanonisiertes (disziplinär sozialisiertes) Vorwissen (in anderen Worten: „willkürlich zusammen geflickte[s] Halbwissen", Straub/Nothnagel 2007: 219) handelt – wie dies für interdisziplinäre (Bachelor-)Studiengänge, aus denen sich die Studentenschaft interkulturell ausgerichteter Masterstudiengänge überwiegend rekrutiert, manchmal leider charakteristisch ist.

Die Erfahrungen aus den genannten Lehrforschungsprojekten decken sich zu weiten Teilen mit denen aus der Forschungswerkstatt von Breuer (1996), denen aus dem von Griesehop und Hanses (2005) beschriebenen Projektstudium an der Universität Bremen sowie den von Bereswill (2001b) oder Schnapp und Wiesner (2006) beschriebenen Lehrforschungserfahrungen (vgl. auch die Reflexionen im Rahmen des 2. Berliner Methodenworkshops 2006[18] und die Debatte auf FQS 2007[19] sowie das Kompetenzstufenmodell von Schneider und Wildt 2007: 15).

Hierzu gehört auch die Erfahrung der Dozent/innen, dass sich der Sinn des qualitativ-interpretativen Forschens den Studierenden trotz umfangreicher methodologischer und theoretischer Unterfütterung erst im Laufe des eigenen Forschungshandelns erschließt (siehe Abbildung 1). So verweist etwa auch Bereswill auf die erheblichen Widerstände seitens der Studierenden gegen den Grounded Theory-Ansatz und insbesondere dessen „Umständlichkeit":

„Dabei spielte die Fixierung auf Effizienz eine zentrale Rolle. Das vehement vorgebrachte Zeitargument sollte verdeutlichen, was für einen Unsinn wir uns da vorgenommen hätten [...] Erst mit der Zeit wich dieser Widerstand gegen die eigensinnige Langsamkeit und Kleinschrittigkeit von Verstehensprozessen." (Bereswill 2001b: 3)

All dies verweist auf die *Notwendigkeit* einer induktiven Vorgehensweise, die es den Studierenden ermöglicht, tatsächlich *eigene Erfahrungen* mit dem Forschen zu machen. Es stellt sich somit auch die Frage, wieso die Studierenden erst relativ spät begreifen, was qualitativ-empirisches Forschen ist, was eigentlich Interpretieren heißt – und das, obwohl sie im Lernfeld ‚Lehrforschungsprojekt' sowie in vorausgehenden Methodenseminaren immer wieder

---

18 http://www.qualitative-forschung.de/methodentreffen/archiv/ (19.01.2010).
19 http://www.qualitative-research.net/index.php/fqs/search/sectionDetails/Debate %3A%20Teaching%20and%20Learning (Zugriff: 19.01.2010).

Abbildung 1: Lehrforschungsprozess/-schritte (Lernersicht): Einbettung in Lebensplanung und Studiengang sowie Sinnhorizonte und Verstehenkönnen der einzelnen LFP-Schritte.

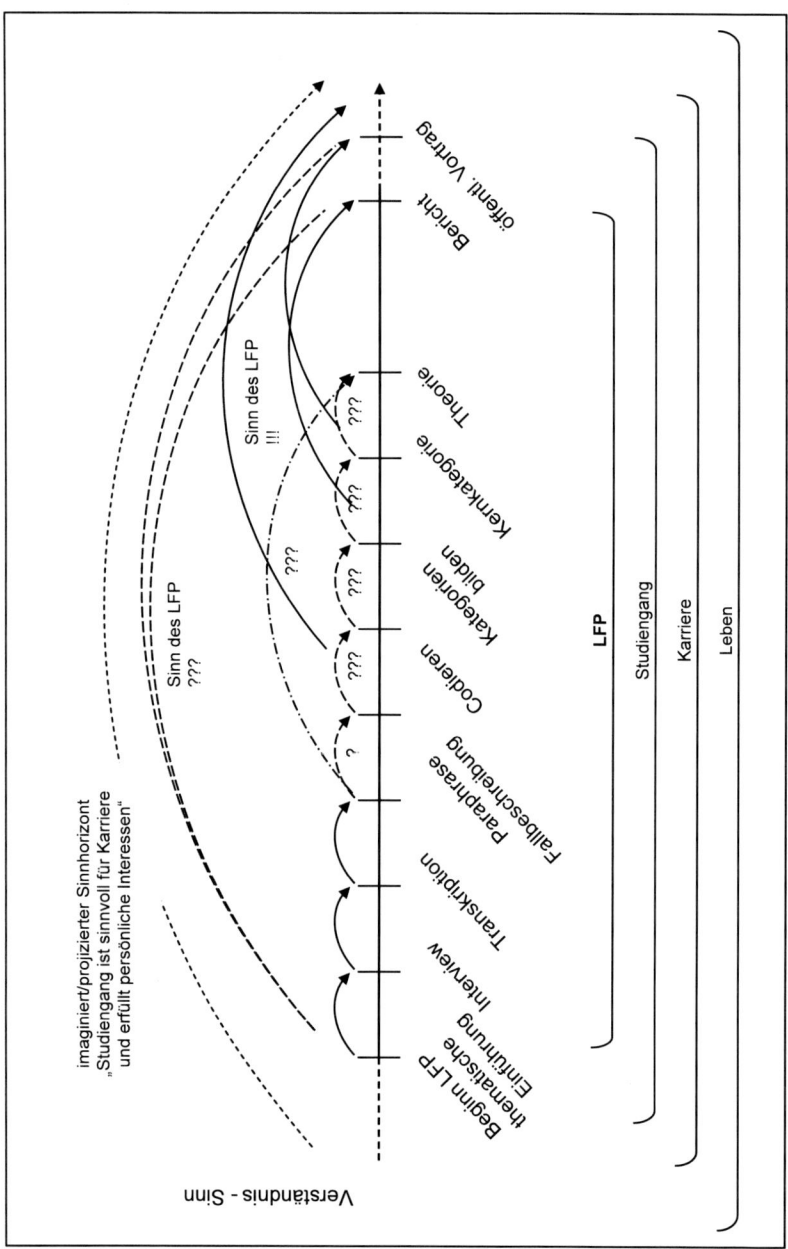

mit Theorie und Methodologie konfrontiert sind und Methoden auch praktisch üben. Die Frage ist: Warum verstehen die Studierenden die gleichen Erläuterungen und Instruktionen zu Sinn und Vorgehen im Lehrforschungsprojekt lange Zeit oft nicht, bis dahin, dass sie das Gefühl haben, keine ‚klaren Anweisungen' zu den Arbeitsschritten erhalten zu haben?

Mit Blick auf die von den Studierenden explizierten und kommentierten subjektiven Verlaufskurven scheint es so zu sein, dass die Lern*angebote* im Lernfeld ‚LFP' nicht immer ausreichen, um die angestrebten Lernerfolge – insbesondere im Hinblick auf das Interpretieren (Codieren, Kategorien und Theorie bilden) – zu erzielen. Es müssen weitere Aspekte hinzukommen, wozu auch gehört, dass das Lehrforschungsprojekt den Studierenden Zwänge auferlegt, denen sie nicht ohne Weiteres ausweichen können. Darüber hinaus – und das ist möglicherweise wichtiger – scheint es so zu sein, dass erst in dem Moment, wo – auf unerwartete Weise – an Persönliches, an Selbstnahes, angeknüpft werden kann, der ‚Groschen fällt'. Dies passiert tatsächlich oft plötzlich und stellt dann das dar, was Karl Bühler (1934/1999) „Aha-Erlebnis" genannt hat. Zusammengenommen heißt dies, dass ‚qualitatives Forschen/Interpretieren' erst dann gelernt werden kann, wenn das, worum es dabei geht, so personen- bzw. selbstnah ist, dass die Studentin das Gefühl hat, dass es für *sie* um etwas geht – d.h. wenn aus einer diffusen Lernsituation für *sie* eine Lernproblematik im Sinne Holzkamps (1995; Straub i.d.B., Kap. 2.1) geworden ist, die sie *selbst* bearbeiten *will* bzw. erkannt hat, dass sie dies aus eigenem Interesse muss. Genau dies ist aber auch eines der Ergebnisse aus D. Weidemanns Forschungen zu interkulturellem Lernen bei Expats und Sprachstudent/innen in Taiwan (2004: 299).

Beim Erwerb qualitativer Sozialforschungskompetenz hat man es ganz offensichtlich mit einem langwierigen, schwer plan- und steuerbaren individuell höchst unterschiedlichen Lernprozess zu tun, in dem persönliche *Erfahrung* – des Forschungshandelns wie auch als wertvolle Vergleichshorizonte – von ebenso großer Bedeutung ist wie die Vermittlung kognitiven Wissens über Methoden, Methodologie und Theorien qualitativer Sozialforschung. Insofern erscheint es sinnvoll, sowohl entwicklungspsychologische als auch insbesondere subjektzentrierte Lerntheorien heranzuziehen, um die genannten Beobachtungen erklären zu können (siehe dazu Straub i.d.B., Kap. 2.1).

Qualitative Sozialforschung, interkulturelles Lernen und interkulturelle Kompetenz

Methoden qualitativer Sozialforschung sind in besonderem Maße dazu geeignet, interkulturelle Kommunikation oder Prozesse interkulturellen Lernens zu erforschen (z.B. D. Weidemann/Straub 2000; D. Weidemann 2004; Weidemann/Weidemann/Straub 2007: 817), weshalb ich dies hier nicht weiter ausführen möchte. Stattdessen möchte ich die Frage aufwerfen, ob bzw. inwieweit und unter welchen Bedingungen man davon sprechen kann, dass qualitative Forschungspraxis selbst schon interkulturelles Lernen bedeutet. Dies berührt zuerst natürlich die grundsätzliche Frage danach, wann man von interkulturellem Lernen sprechen kann.

Bestimmt man, der Argumentation von D. Weidemann (2007: 494) folgend, auf Basis eines allgemeinen psychologischen Lernbegriffs (z.B. Zimbardo 1992: 227) ‚interkulturelles Lernen' als 1) „psychische Veränderung aufgrund von Erfahrungen kultureller Differenz" oder/und 2) „psychische Veränderungen, die sich auf eine veränderte Wahrnehmung von und einen veränderten Umgang mit kultureller Differenz beziehen", so wird deutlich, dass man im Zusammenhang mit einem hermeneutisch Sinn auslegenden Umgang mit Wirklichkeit *zwangsläufig* mit interkulturellem Lernen zu tun hat.

Ausgehend von einem kulturpsychologischen Verständnis, demzufolge „meaning making" (Bruner 1990) und allgemein jegliche menschliche Handlung immer kulturell ist (vgl. Boesch 1980, 1991; Boesch/Straub 2007; Straub 1999), bedeutet die Auseinandersetzung mit der Lebenspraxis von Menschen *immer* auch die Auseinandersetzung mit kultureller Differenz, da auch das Eigene, ‚Normale' nur vor dem Hintergrund des Differenten verstanden werden kann (vgl. Ricken/Balzer 2007; Kögler 2007; Rosa 2007). Interkulturelles Lernen setzt voraus, dass im ‚meaning making' Aspekte kultureller Differenz *relevant gesetzt* werden.

Für die Ausbildung in Methoden qualitativer Sozialforschung im Rahmen interkulturell ausgerichteter Studiengänge bedeutet dies: praktisch immer – und zwar deshalb, weil die Materialien, an denen gearbeitet wird, gezielt für die Analyse kultureller Differenz und den Umgang damit ausgewählt oder zu diesem Zweck gar erst erhoben werden.

Ob – etwa im Rahmen einer Lehrforschungssitzung, beim Interviewen oder Codieren – interkulturell gelernt wird, müsste jedoch jeweils im Einzelfall geklärt werden; dasselbe gilt für die Frage, inwiefern dabei auch interkulturelle Kompetenz ausgebildet wird. Es sei aber daran erinnert, dass interkulturelles Lernen nicht automatisch zu interkultureller Kompetenz im eher normativ humanistisch verstandenen Sinne führen muss (vgl. hierzu die Diskussionen in Straub 2007; D. Weidemann 2004, 2007; sowie die Diskussion in Erwägen Wissen Ethik 14/2003, dritte Diskussionseinheit).

Ruft man sich die genannten Probleme, die Studierende mit dem Erlernen qualitativer Sozialforschung haben (bzw. die von ihnen als problematisch empfundenen Erfahrungen), in Erinnerung und vergegenwärtigt sich, dass qualitative Sozialforschung eben „nicht nur wissenschaftliche Techniken, sondern Einstellungen, einen professionellen Habitus so zu sagen" (Alheit 2005: 13) trainiert und „basic skills einübt, ‚Schlüsselqualifikationen' für die

Praxis: die tolerante Geduld, dem Fremden und Anderen zu begegnen z.b., die gleichschwebende Aufmerksamkeit zuzuhören, das selbstverständliche Interesse an lebensweltlichen Hintergründen, den Blick für verschüttete Ressourcen, die Idee für rettende Netzwerke" (ebd.), so erinnern die genannten Aspekte ebenso wie die Argumentationen z.b. von Breuer (1996), Griesehop und Hanses (2005) oder Dausien, Mecheril, Rothe und Thon (2005) nicht nur an die als Zieldimension interkulturell ausgerichteter Studiengänge aufgeführten Schlüsselqualifikationen für eine Berufspraxis in einem internationalisierten Umfeld, sondern eben auch an die Auflistungen von Komponenten interkultureller Kompetenz (z.b. Hatzer/Layes 2003: 141; Thomas 2003; vgl. Straub 2007: 44).[20]

Die Betrachtung der Lernprozesse auf dem Weg zu interkultureller bzw. qualitativer Sozialforschungskompetenz zeigt darüber hinaus auf, dass es auch hier gewisse Ähnlichkeiten gibt. Verwunderlich ist das nicht, geht es doch in beiden Fällen um das Überwinden einer ‚paradigmatischen Grenze' zwischen Nicht-Verstehen und Verstehen von Fremdem (es heißt im interpretativen Paradigma nicht zufällig oft statt Verstehen: Fremdverstehen). Dass es beim Erwerb qualitativer Sozialforschungskompetenz eine solche Grenze gibt, darauf lassen die Erfahrungen aus den Lehrforschungsprojekten und die Analyse der erhobenen Lernkurven schließen: *Plötzlich* stehen den jeweiligen Studierenden nicht nur die latenten Sinngehalte der von ihnen geführten Interviews offen, sondern sie verstehen *plötzlich* auch, was mit ‚latentem Sinngehalt' eigentlich gemeint ist, was ‚Interpretieren' heißt. Erst dann erschließt sich ihnen, im Rückblick, auch der Sinn der einzelnen Forschungsschritte, während ihnen umgekehrt nicht mehr verständlich ist, warum sie all dies nicht vorher schon verstanden haben.[21] Meines Erachtens handelt es sich hierbei um dieselbe Grenze, an der Milton J. Bennett in seinem „Developmental Model of Intercultural Sensitivity" (1993) die „ethnozentrischen" von den „ethnorelativen" Stufen trennt.

Wie D. Weidemann (2004) im Rahmen ihrer Untersuchung zu interkulturellem Lernen Deutscher in Taiwan am Beispiel von ‚Gesicht' gezeigt hat,

---

20 Als Persönlichkeitsmerkmale interkultureller Kompetenz nennen z.b. Hatzer und Layes (2003: 141; nach Straub 2007: 44): Kontaktfreudigkeit, Optimismus, Offenheit und Non-Ethnozentrismus, Toleranz, Fähigkeit zur Perspektivenübernahme, Einfühlungsvermögen, Frustrationstoleranz, Ambiguitätstoleranz, Rollenflexibilität, Geduld, die Bereitschaft, seine soziale Wahrnehmungen zu hinterfragen, ein positives Selbstkonzept, soziale Problemlösungskompetenz, Zielorientierung, Veränderungsbereitschaft und Lernfähigkeit.

21 Hiermit soll natürlich nicht ausgeschlossen werden, dass es Studierende gibt, die Interpretationskompetenz bereits mitbringen; auch unterscheiden sich die Studierenden nicht zuletzt hinsichtlich relevanter Persönlichkeitseigenschaften (Offenheit, Ambiguitätstoleranz etc.), sodass die Prozesse unterschiedlich schnell und verschieden ‚heftig' ablaufen.

„ist das Erleben von Differenz bezüglich ‚Gesicht' auf das zumindest partielle Verstehen der fremden Praxis angewiesen [...] Ohne (erfahrungsgesättigte) Kenntnis von ‚Gesicht' bleibt in Taiwan ein diesbezügliches Differenzerleben aus!" (ebd.: 309f.). Geht man davon aus, dass Differenzerleben andererseits eine wesentliche Voraussetzung für (Fremd-)Verstehen ist, ergibt sich für die *Ausbildung* qualitativer Sozialforschungs- wie interkultureller Kompetenz zwangsläufig die Notwendigkeit, *erfahrungsgesättigte* Kenntnis fremder Praxis herzustellen. Dies verweist wiederum auf die große Wichtigkeit, die eigener (lebens-)praktischer Erfahrung zukommt – und zwar sowohl hinsichtlich des Forschens, als auch als persönliche Vergleichshorizonte.

Herausforderungen für Dozenten[22]

Die Herausforderungen, denen sich Dozenten in Lehrforschungsprojekten gegenübersehen, ergeben sich somit teils aus dem Lehr-/Lernziel ‚Qualitative Sozialforschung' und den für die Studierenden hiermit verbundenen Problemen, teils aus der Spezifik der Erforschung interkultureller Themenstellungen und teils aus Gruppenprozessen. Sie bestehen im Einzelnen aus:

- dem unterschiedlichen Vermögen der Studierenden zu verstehen, was ‚Forschen' (und insbesondere qualitative Sozialforschung und Interpretation) ausmacht;
- der Schwierigkeit, die Studierenden an diese ‚paradigmatische Grenze' heran- und darüber hinauszuführen zu einer interpretativ-hermeneutischen und ethnorelativen Grundhaltung;
- der Entwicklung geeigneter Beurteilungskriterien und dabei insbesondere der Entscheidung, ob bzw. inwieweit an ‚objektiven', externen Outcome/ Output-Kriterien (z.B. entspricht der Lehrforschungsbericht in Form, Inhalt und Niveau den Konventionen empirischer Sozialforschungsberichte?) oder relativ zum Lernprozess der einzelnen Studierenden bzw. der Lehrforschungsgruppe Lernerfolg gemessen wird – was angesichts der paradigmatischen Grenze eine besonders relevante Überlegung ist);
- dem hohen (und nur begrenzt im Vorfeld kalkulierbaren) Zeitaufwand für Vor-/Nachbereitung der Sitzungen, Betreuung und Coaching, Lektüre großer Datenmengen, Begutachtung umfangreicher Lehrforschungsberichte bis hin zur Planung und Durchführung von öffentlichen Vorträgen und Projektpublikationen, während sich die Kapazitätsberechnung ausschließlich auf die vergleichsweise geringe Anzahl curricular festgelegter Semesterwochenstunden bezieht;

---

22 Vgl. hierzu z.B. Köhler/Loudovici (2007), Schnapp/Wiesner (2006), Bereswill 2001b, insbesondere aber die lesenswerten Ausführungen von Ladd (1990) zu ihren Erfahrungen mit einem Study-abroad-Programm mit dediziert interkultureller Perspektive.

- dem von ihnen immer wieder geäußerten Zweifel der Studierenden am Sinn des Ganzen, ihrer Unlust, Frustrationen und dem – nicht einlösbaren – Wunsch nach einfachen Lösungen;
- den z.T. auch hieraus entstehenden negativen gruppendynamischen Prozessen, die nicht nur den Studienerfolg einzelner Projektteilnehmer/innen beeinträchtigen, sondern das ganze Projekt gefährden können;
- den Teamproblemen, die insbesondere auch in Gruppen mit gemischtkulturellem Hintergrund aufgrund unterschiedlicher Arbeits-, Lern-, Diskussionsstile aber auch Sprachkenntnisse etc. entstehen; sowie
- der hiermit aber auch mit interkulturellen Themenstellungen grundsätzlich verbundenen Schwierigkeit, als Dozent selbst mit kultureller Differenz konfrontiert zu sein und sich nur bedingt auf vorhandenes Wissen zurückziehen zu können.

Ethische Herausforderungen

Die Ausbildung eines hermeneutisch geprägten (selbst-)reflexiven Habitus beinhaltet zudem ethische Herausforderungen. Sie macht den/die Dozent/innen, die interkulturelle Kompetenz und qualitative Sozialforschungskompetenz vermitteln sollen, notwendigerweise zu ‚change agents‘, die in persönliche Lern- und Entwicklungsprozesse eingreifen (Paige 1996). In den Lehrforschungsprojekten werden die Studierenden auf Basis des Wissenschaftsverständnisses, des Habitus und der Weltanschauung der Lehrenden rigoros immer wieder mit sich selbst, mit ihren Normalitätserwartungen, ihrem Mangel an Offenheit und Toleranz, der Begrenztheit ihrer Wertmaßstäbe, der Normativität ihres Umgangs mit Welt – und nicht zuletzt mit den Dozent/innen selbst konfrontiert. Damit aber verlassen wir, wie andernorts bereits gesagt,

„die im Hochschulsystem vorgesehenen Rollen als ‚Lehrer‘ oder ‚Prüfer‘ und übernehmen Funktionen, die nicht länger formal geregelt – und für die [wir] vielleicht nicht speziell ausgebildet – sind. Es ist leicht ersichtlich, dass die unterschiedlichen Rollen mit jeweils unterschiedlich egalitären Kommunikationsstrukturen einhergehen, ein unterschiedliches Maß an Offenheit und Veränderungsbereitschaft der Lehrenden erfordern und unterschiedlich nahe Beziehungen zwischen Studierenden und Lehrenden beinhalten. Übernehmen Dozent/innen unterschiedliche Rollen gleichzeitig, [führt] dies [also] nicht nur aus Sicht der Studierenden zu Konfusion [wie sich ja an den Unklarheiten bezüglich Sinn und Aufgabenstellung im Lehrforschungsprojekt deutlich zeigt, AW], sondern auch auf Seiten der Lehrenden zu Schwierigkeiten, da sie teilweise inkompatible Aufgaben und Interaktionsmodi professionell zu trennen bzw. zu integrieren [haben]. [Selbstkritisch, AW] [z]u diskutieren wäre in diesem Zusammenhang deshalb auch, ob die Bearbeitung persönlichkeitsnaher Aspekte (die bisweilen therapienahen Charakter annehmen mag) nicht bestimmter pädagogischer oder psychologischer Kompetenzen sowie einer professionellen Unterstützung und Kontrolle der Lehrenden (z.B. der Supervision) bedarf." (Weidemann/Weidemann/Straub 2007: 821)

Hiermit sind durchaus ernstzunehmende ethische Fragen aufgeworfen, die nicht nur im kritischen Einzelfall Fragen von Verantwortung den Studierenden, den von ihnen untersuchten Personen wie sich selbst gegenüber mitbringen, sondern teils fundamentaler Art sind.[23] „Wenn wir", wie Angela Bolland (2005: 3) schreibt,

„mit John Dewey (1964/1993: 22f.) davon ausgehen können, dass der Prozess der Erfahrung ein Versuchen darstellt, ein ‚Experiment mit der Welt zum Zwecke ihrer Erkennung', dann zielt das forschende Handeln von Studierenden im Unterricht auf eben erfahrungsbegründete und erfahrungsermöglichende Erkennensexperimente ab."

Erfahrung jedoch ist nicht notwendigerweise positiv zu betrachten, auch ist Erkenntnis nicht in jedem Falle ‚angenehm' und in bestimmten Fällen und Situationen möglicherweise weder notwendig noch nützlich.[24]

Die der Ausbildung interkultureller Kompetenz wie auch von Methoden qualitativer Sozialforschung zugrunde liegende positive Bewertung von Erfahrung und Erkenntnis ist in hohem Maße weltanschaulich gebunden, was aus ethischen Erwägungen immer wieder kritisch reflektiert werden sollte. Dies deshalb, weil eine erfolgreiche Ausbildung in Methoden qualitativer Sozialforschung, also die Einübung und Übernahme eines hermeneutisch orientierten, selbstreflexiv nach Erkenntnis strebenden Habitus den Studierenden – und den Dozenten – etwas zumutet, das immer wieder außerhalb des Erträglichen liegen mag, zumindest jedoch gezielt die Grenzen des bereits Bekannten

---

23 Zu den verschiedenen „ethischen Entscheidungsebenen in der qualitativen Forschung" (Roth 2004) siehe z.B. die Debatte über qualitative Forschung und Ethik auf FQS (http://www.qualitative-research.net/index.php/fqs/search/section Details/Debate%3A%20Ethics; 19.01.2010).

24 Während Lehrende und Studierende bewusst eigene Forschungs- und Ausbildungsziele mit ihrer Untersuchung verbinden und über Steuerungsmöglichkeiten im Hinblick auf den Forschungsprozess bis hin zum Umgang mit Forschungsergebnissen verfügen, gilt dies für die von ihnen erforschten Personen – wenn überhaupt – in sehr viel geringerem Maße. Sowohl hieraus wie auch aus der Tatsache, dass die Studierenden noch nicht über entsprechende Sozial(forschungs)kompetenz verfügen, ergibt sich für die Dozenten in doppelter Hinsicht ethische Verantwortung gegenüber den von den Studierenden untersuchten Personen. Nicht zuletzt deshalb müssen ethische Aspekte qualitativer Sozialforschung bereits bei der Planung von Lehrforschungsprojekten bedacht sowie mit den Studierenden vorbereitend besprochen werden – erfahrungsgemäß besteht in dieser Hinsicht aber auch großer Klärungsbedarf seitens der Studierenden.

(und Gewollten) strapaziert (vgl. Weidemann/Weidemann/Straub 2007: 822). Immerhin geht es nicht einfach nur darum, Fremdes und Anderes zu erkennen und als sinnvoll Mögliches anzuerkennen (vgl. Nothdurft 2007), sondern gleichzeitig notwendigerweise auch darum, sich selbst zu erkennen und besser zu verstehen (vgl. Kögler 2007).

Voraussetzungen für die Durchführung

Im Rahmen interkulturell ausgerichteter Studienangebote/Studiengänge kann interkulturelle Kompetenz mehr sein, als ein angenehmer Nebeneffekt der Ausbildung in Methoden der Text- und Konversationsanalyse oder ethnografischen Verfahren. Folgt man der in diesem Kapitel entwickelten Argumentation, ergeben sich aus der Methodenausbildung und insbesondere der Umsetzung in kleinere oder größere Lehrforschungsprojekte vielfältige Ansatzpunkte, interkulturelle Kompetenz *gezielt* zu fördern, und zwar auf kognitiver und konativer, insbesondere aber affektiver Ebene. Damit dies gelingen kann, bedarf es geeigneter Rahmenbedingungen auf Hochschul- bzw. Studiengangsebene. Auch müssen die Dozenten bestimmte Anforderungen erfüllen, von denen die wichtigsten kurz genannt werden sollen.

Rahmenbedingungen auf Hochschul- bzw. Studiengangsebene

- Die zum Aufbau interkultureller Kompetenz und für gelingende interkulturelle Kommunikation nötige forschende Lernhaltung muss als übergeordnetes Lernziel des jeweiligen Studienangebots curricular verankert werden – und zwar auch, wenn es sich um praxisorientierte Studiengänge handelt. Darüber hinaus ist es sinnvoll, Lehrforschungsprojekte nicht als ,Stand alone'-Veranstaltungen zu konzipieren, sondern eng mit den anderen Modulen/Veranstaltungen zu verzahnen.
- Es sind Learning-Outcomes zu definieren und zu operationalisieren, die der Komplexität von forschendem Lernen in Projektarbeit gerecht werden und es erlauben, Vergleichbarkeit über Studiengangsgrenzen hinweg sicherzustellen – und es sind entsprechende Prüfungsmodalitäten zu entwickeln, die es erlauben, auch Softskills zu bewerten (siehe Blüml i.d.B., Kap. 3.3; Reis/Ruschin 2007).[25]
- Die Vergabe von Leistungspunkten muss in Relation zum durch die Studierenden zu leistenden Aufwand geschehen können – was es schwierig macht, Lehrforschungsprojekte in bestehende Module bzw. Seminare ein-

---

25 Als eine Möglichkeit für die gerechte Bewertung der Gruppenbeteiligung in Lehrforschungsprojekten nennen Schnapp und Wiesner (2006: 15) die von Maranto und Gresham (1998) beschriebene ,Knickrehm'-Methode.

zubauen, wenn deren Aufbau den erhöhten Aufwand für Lehrforschung nicht von vornherein berücksichtigt.

- Das Curriculum muss die für Lehrforschungsprojekte nötige inhaltliche, räumliche und zeitliche Flexibilität erlauben: ersteres, um unterschiedliche und wechselnde Themenstellungen vornehmen zu können, letzteres, um die sich teils erst im Verlauf des Projekts ergebenden Zeit- und Raumbedürfnisse des Projektteams akkommodieren zu können. Hierzu gehört insbesondere auch, flexibel nutzbare Räume mit loser Bestuhlung zur Verfügung zu haben und verlängerte ‚Unterrichts-Einheiten' nutzen zu können.

- Es sollten Haushaltsmittel für Exkursionen, Publikationen, Konferenzen etc. zur Verfügung gestellt werden, um die Dozenten von der Drittmitteleinwerbung zu entlasten.

- Zudem muss der – gegenüber anderen Veranstaltungsformen erheblich höhere – Zeitaufwand auf Seiten der Dozenten bei der Berechnung von Lehrkapazitäten berücksichtigt werden. Hierzu gehört auch, für umfangreichere Lehrforschungsprojekte Dozenten-Teams einzusetzen, was sich in qualitativer Sozialforschung zur Generierung unterschiedlicher Lesarten sowieso anbietet. Wird in interkulturellem Kontext und plurikultureller Teamzusammensetzung Lehrforschung betrieben, steigt die Nützlichkeit von Dozententeams, die dann allerdings gemischtkulturell zusammengesetzt sein sollten (vgl. Fetscher i.d.B., Kap. 4.13).

- Soll Lehrforschung langfristig in Ausbildungsangebote zu interkultureller Kommunikation und Kompetenz integriert werden, müsste darüber hinaus gezielt Personalentwicklung betrieben werden, die sich an den spezifischen Anforderungen, die Lehrforschung an Dozenten stellt, sowie den Herausforderungen, denen diese sich in der Lehrforschungspraxis gegenübersehen, orientiert. Auch unter Gesichtspunkten der Personalentwicklung erscheint es nützlich, Tandems zur Projektleitung einzusetzen, bei denen sich die Dozent/innen in ihren Kompetenzen und ihrem Wissen sinnvoll ergänzen und sich durch gegenseitiges Feedback gezielt weiterentwickeln können.

Anforderungen an Dozenten

Es versteht sich von selbst, dass Dozenten, die im Rahmen interkulturell ausgerichteter Studienangebote Methoden qualitativer Sozialforschung vermitteln sollen, über umfangreiche Methodenkenntnisse und praktische Erfahrung mit deren Anwendung auf interkulturelle Themenstellungen verfügen müssen. Um Lehrforschungsprojekte erfolgreich leiten zu können, müssen die Dozenten jedoch eine Reihe weiterer Fähigkeiten und Fertigkeiten besitzen, die aus ganz anderen als universitären Kontexten wohlbekannt sind:

- Zum einen sind *Moderations-, Team- und Führungsfähigkeiten* erforderlich, um eine Gruppe Studierender zu einem Team zu machen, das Team sowie jeden Einzelnen auf das gemeinsame Ziel des Forschungsprojektes ‚einzuschwören‘, die Teilnehmer/innen zu fortwährenden Anstrengungen zu motivieren, sich selbst als Berater, Mentor aber auch Kritiker und Beurteilender in das Projekt einzubringen sowie Gruppenprozesse anzuleiten, zu steuern und allfällige Konflikte zu moderieren.

- Sobald die Projektgruppe aus Mitgliedern mit verschiedenkulturellen Hintergründen besteht und/oder in einem internationalen Umfeld geforscht wird, müssen Dozenten von Lehrforschungsprojekten zudem die Fähigkeit besitzen, kulturelle Aspekte unterschiedlicher Arbeits-, Lern- und Diskussionsstile sowie Interpretationen nicht nur zu erkennen, sondern für die Studierenden und das Projekt als Ressource nutzbar zu machen. *Interkulturelle Kompetenz* ist natürlich auch für andere Aspekte der Zusammenarbeit in und Führung von internationalen Teams erforderlich.

- Darüber hinaus sollte der Dozent/die Dozentin auch in der Lage sein, sich flexibel auf vorher unbekannte Situationen im Seminar und unplanbare Lehrprozesse einzustellen, sowie bereit und fähig sein, empathisch und unterstützend mit den persönlichen Problemen, die Studierende im Lehrforschungsprozess unweigerlich erleben, umzugehen. Dies bedeutet nicht nur, eine im Wesentlichen lernerzentrierte Perspektive einzunehmen, sondern insbesondere auch, immer wieder zwischen den seitens Studiengang bzw. Dozent/in vorgegebenen Zielen und Anforderungen und den Zielen der Studierenden vermitteln zu können, um defensives Lernen abzubauen und expansives Lernen zu fördern.

- Schließlich erfordert die Leitung von Lehrforschungsprojekten von den Dozenten großes Engagement und die Bereitschaft, selbst zu lernen und sich selbst zu verändern. Hierzu gehört neben der Fähigkeit, Übertragungsphänomene seitens der Studierenden zu erkennen und zu parieren, auch, für Gegenübertragungsphänomene sensibel zu sein. Auf den Wert dieser psychoanalytischen Grundregel für die Erforschung fremdkultureller Zusammenhänge hat Devereux (1976/1992) eindrücklich hingewiesen. Im Lehrzusammenhang, der – wie oben schon erwähnt – zuweilen durchaus therapeutische Züge annehmen kann, ist ein Bewusstsein für Gegenübertragungsprozesse wohl noch wichtiger: nicht nur als Bestandteil professioneller Lehrtätigkeit, die eine „forschende Grundhaltung" gegenüber der eigenen Praxis erfordert (vgl. Wissenschaftsrat 2001: 41), sondern vor allem auch im Sinne eines verantwortungsvollen Umgangs mit den Studierenden.

Fazit

„Qualitative Forschungsmethoden zu lehren und zu erlernen", ist nicht nur, wie Bereswill (2001b: 1) schreibt, „eine Herausforderung an die eigene Kreativität", die „von *allen* Beteiligten die Bereitschaft zu Umwegen, Erfindungsreichtum und Durchhaltevermögen" fordert (ebd., Herv. AW): An den Schwierigkeiten, die die Studierenden im Zusammenhang mit dem Erlernen und der Anwendung von Methoden qualitativer Sozialforschung im Rahmen der in diesem Kapitel vorgestellten Form von Lehrforschung haben, zeigt sich auch die Notwendigkeit und Nützlichkeit entsprechender Ausbildungsformen gerade in interkulturell ausgerichteten Studienangeboten. Werden die damit verbundenen Herausforderungen mit Bedacht angegangen und im Verlauf der Lehrforschung sukzessive gemeistert, bieten sich nicht nur reale Chancen, durch die Projektarbeit forschen zu lernen, sondern – beinahe im selben Atemzug – interkulturell kompetenter zu werden.

Literatur

Alheit, Peter (2005): „Neugier, Beobachtung, Praxis – Forschendes Lernen als Methode erziehungswissenschaftlichen Studierens". In: Christine Thon/ Daniela Rothe/Paul Mecheril/Bettina Dausien (Hg.), Qualitative Forschungsmethoden im erziehungswissenschaftlichen Studium, Universität Bielefeld, http://bieson.ub.uni-bielefeld.de/volltexte/2006/810/html/Alheit .pdf, 19.01.2010.

Appelsmeyer, Heide/Kochinka, Alexander/Straub, Jürgen (1997): „Qualitative Methoden". In: Jürgen Straub/Wilhelm Kempf/Hans Werbik (Hg.), Psychologie – Eine Einführung. Grundlagen, Methoden, Perspektiven, München: Deutscher Taschenbuch Verlag, S. 709-742.

Arens, Barbara/Koch-Priewe, Barbara/Kovermann, Brigitta/Roters, Bianca/ Schneider, Ralf/Sommerfeld, Dagmar (2006): Hochschuldidaktische Konzeptionen zum Forschenden Lernen: das Dortmunder Modell. Reader zum Theorie-Praxis-Modul (TPM), Bd 1, Dortmund: Universität Dortmund, http://www.fb12.uni-dortmund.de/einrichtungen/pbla, 19.01.2010.

Bennett, Milton J. (1993): „Towards ethnorelativism: a developmental model of intercultural sensitivity". In: Michael R. Paige (Hg.), Education for the intercultural experience, Yarmouth: Intercultural press, S. 21-71.

Bereswill, Mechthild (Hg.) (2001a): Haft (er) Leben. Zentrale Überlebensstrategien und biographische Selbstentwürfe männlicher Jugendlicher in Haft. Fünf Fallanalysen aus einem Forschungsseminar (JuSt-Bericht Nr. 6), Hannover: Kriminologisches Forschungsinstitut Niedersachsen e.V.

Bereswill, Mechthild (2001b): „Forschendes Lernen im Kontext qualitativer Sozialforschung: Rückblick auf einen kreativen Arbeitsprozeß". In: Mechthild Bereswill (Hg.), Haft (er) Leben. Zentrale Überlebensstrategien und biographische Selbstentwürfe männlicher Jugendlicher in Haft. Fünf Fallanalysen aus einem Forschungsseminar (JuSt-Bericht Nr. 6), Hannover: Kriminologisches Forschungsinstitut Niedersachsen e.V., S. 1-5.

Boesch, Ernst E. (1980): Kultur und Handlung. Einführung in die Kulturpsychologie, Bern: Huber.

Boesch, Ernst E. (1991): Symbolic action theory and cultural psychology, Berlin/New York: Springer.

Boesch, Ernst E./Straub, Jürgen (2007): „Kulturpsychologie. Prinzipien, Orientierungen, Konzeptionen". In: Hans-Joachim Kornadt/Gisela Trommsdorff (Hg.), Kulturvergleichende Psychologie. Enzyklopädie der Psychologie. Serie VII. Themenbereich C „Theorie und Forschung", Göttingen: Hogrefe, S. 25-95.

Bolland, Angela (2005): „Das Sieb des beständigen Versuchens – Forschendes Lernen und Freinet-Pädagogik in der LehrerInnenbildung". In: Christine Thon/Daniela Rothe/Paul Mecheril/Bettina Dausien (Hg.), Qualitative Forschungsmethoden im erziehungswissenschaftlichen Studium, Universität Bielefeld, http://bieson.ub.uni-bielefeld.de/volltexte/2006/810/html/Bolland.pdf, 19.01.2010.

Breuer, Franz (Hg.) (1996): Qualitative Psychologie – Grundlagen, Methoden und Anwendungen eines Forschungsstils, Opladen: Westdeutscher Verlag, http://www.qualitative-forschung.de/information/publikation/modelle/breuer/, 19.01.2010.

Bruner, Jerome S. (1990): Acts of Meaning, Cambridge, MA/London: Harvard UP.

Bruner, Jerome S. (1961): „The act of discovery". Harvard Educational Review 31, S. 21-32.

Bruner, Jerome S. (1966): Towards a theory of instruction, Cambridge, MA: Harvard UP.

Bühler, Karl (1934/1999): Sprachtheorie. Die Darstellungsfunktion der Sprache, Stuttgart: Lucius & Lucius.

Dausien, Bettina/Mecheril, Paul/Rothe, Daniela/Thon, Christine (2005): „Einleitung". In: Christine Thon/Daniela Rothe/Paul Mecheril/Bettina Dausien (Hg.), Qualitative Forschungsmethoden im erziehungswissenschaftlichen Studium, Bielefeld, http://bieson.ub.uni-bielefeld.de/volltexte/2006/810/html/Einleitung.pdf, 19.01.2010.

Devereux, George (1976/1992): Angst und Methode in den Verhaltenswissenschaften, Frankfurt/M.: Suhrkamp.

Dewey, John (1964/1993): Demokratie und Erziehung, Nachdruck 3. Aufl., Weinheim/Basel: Beltz.

Faßler, Manfred (2006): „Kulturanthropologie und Europäische Ethnologie an der Johann Wolfgang Goethe-Universität in Frankfurt am Main". Kulturpolitische Mitteilungen 112 (1), S. 72.

Glaser, Barney G./Strauss, Anselm L. (1967): The discovery of grounded theory: Strategies for qualitative research, Chicago: Aldine.

Gössling, Stefan/Schumacher, Kim/Morelle, Marie/Bergerz, Ralf/Heck, Nadine (2004): „Tourism and street children in Antananarivo, Madagascar". Tourism and Hospitality Research 5 (2), S. 131-149.

Griesehop, Hedwig Rosa/Hanses, Andreas (2005): „Forschungspraktika im Studium der Sozialen Arbeit – über die Bedeutung sozialer Lernprozesse hinsichtlich der Aneignung rekonstruktiver Methoden und Perspektiven". In: Christine Thon/Daniela Rothe/Paul Mecheril/Bettina Dausien (Hg.), Qualitative Forschungsmethoden im erziehungswissenschaftlichen Studium, Universität Bielefeld, http://bieson.ub.uni-bielefeld.de/volltexte/2006/810/html/Griesehop_Hanses.pdf, 19.01.2010.

Hallitzky, Maria (2008): „Forschendes und selbstreflexives Lernen im Umgang mit Komplexität". In: Inka Bormann/Gerhard de Haan (Hg.), Kompetenzen der Bildung für nachhaltige Entwicklung. Operationalisierung, Messung, Rahmenbedingungen, Befunde, Wiesbaden: VS Verlag für Sozialwissenschaften, S. 159-178.

Hatzer, Barbara/Layes, Gabriel (2003): „Interkulturelle Handlungskompetenz". In: Alexander Thomas/Eva-Ulrike Kinast/Sylvia Schroll-Machl (Hg.), Handbuch interkulturelle Kommunikation und Kooperation, Bd. 1: Grundlagen und Praxisfelder, Göttingen: Vandenhoeck & Ruprecht, S. 138-148.

Holzkamp, Klaus (1995): Lernen. Subjektwissenschaftliche Grundlegung, Frankfurt/M.: Campus.

Joas, Hans (1988): „Symbolischer Interaktionismus. Von der Philosophie des Pragmatismus zu einer soziologischen Forschungstradition". Kölner Zeitschrift für Soziologie und Sozialpsychologie 40, S. 417-446.

Khokhleva, Dina (2009): Gastfamilien im internationalen Schüleraustausch. TU Chemnitz (unveröffentlichte Masterarbeit im MA-Studiengang „Interkulturelle Kommunikation – Interkulturelle Kompetenz").

Kögler, Hans-Herbert (2007): „Verstehen". In: Jürgen Straub/Arne Weidemann/Doris Weidemann (Hg.), Handbuch interkulturelle Kommunikation und Kompetenz, Stuttgart/Weimar: Metzler, S. 76-86.

Köhler, Christoph/Loudovici, Kai (Hg.) (2007): „Beschäftigungssysteme, Unsicherheit und Erwerbsorientierungen. Theoretische und empirische Befunde". SFB 580 Heft 022, http://www.sfb580.uni-jena.de/typo3/uploads/tx_publicationlist/sfb580_Heft_022.pdf, 19.01.2010.

Ladd, Jennifer (1990): Subject: India. A Semester abroad, Yarmouth: Intercultural Press.

Lamnek, Siegfried (1995): Qualitative Sozialforschung. Bd. 1: Methodologie, Weinheim: Beltz.

Lueger, Manfred (2000): Grundlagen qualitativer Feldforschung, Wien: WUV.

Maranto, Robert/Gresham, April (1998): „Using ‚World Series Shares' to fight free riding in group projects". Political Science & Politics 31, S. 789-792.

Meyer, Hilbert/Gebken, Ulf (2003): „Oldenburger Teamforschung – Wiederbelebung der Aktionsforschung in der Lehrer/innenbildung". ph I akzente 2, S. 3-7.

Niessen, Anne (2008): „Individualkonzepte von Lehrenden – Subjektive didaktische Theorien im Fokus musikpädagogischer Lehr-/Lernforschung". Forum Qualitative Sozialforschung/Forum Qualitative Social Research 9 (1), http://www.qualitative-research.net/index.php/fqs/article/view/339/739, 19.01.2010.

Nohl, Arnd-Michael (2007): „Komparative Analyse als qualitative Forschungsstrategie". In: Jürgen Straub/Arne Weidemann/Doris Weidemann (Hg.), Handbuch interkulturelle Kommunikation und Kompetenz, Stuttgart/Weimar: Metzler, S. 391-403.

Nothdurft, Werner (2007): „Anerkennung". In: Jürgen Straub/Arne Weidemann/Doris Weidemann (Hg.), Handbuch interkulturelle Kommunikation und Kompetenz, Stuttgart/Weimar: Metzler, S. 110-122.

Paige, R. Michael (1996): „Intercultural trainer competencies". In: Dan Landis/Rabi S. Bhagat (Hg.), Handbook of intercultural training, Thousand Oaks: Sage, S. 148-164.

Reis, Oliver/Ruschin, Sylvia (2007): „Kompetenzorientiertes Prüfen als zentrales Element gelungener Modularisierung". Journal Hochschuldidaktik 18 (2), S. 6-9.

Ricken, Norbert/Balzer, Nicole (2007): Differenz: Verschiedenheit – Andersheit – Fremdheit. In: Jürgen Straub/Arne Weidemann/Doris Weidemann (Hg.), Handbuch interkulturelle Kommunikation und Kompetenz, Stuttgart/Weimar: Metzler, S. 56-69.

Rosa, Hartmut (2007): „Identität". In: Jürgen Straub/Arne Weidemann/Doris Weidemann (Hg.), Handbuch interkulturelle Kommunikation und Kompetenz, Stuttgart/Weimar: Metzler, S. 47-56.

Roth, Wolff-Michael (2004): „Ethik als soziale Praxis: Einführung zur Debatte über qualitative Forschung und Ethik". Forum Qualitative Sozialforschung/Forum Qualitative Social Research 6 (1), http://www.qualitative-research.net/index.php/fqs/article/view/526/1138, 19.01.2010.

Schnapp, Kai-Uwe/Wiesner, Tina (2006): „„Es macht 'n Haufen Arbeit, aber es macht auch richtig Spaß'. Ein Beitrag zur Didaktik der Methodenausbildung". Beiträge zu empirischen Methoden der Politikwissenschaft 1

(1), Teilgebiet: Didaktik, http://www.dvpw-akmethoden.uni-hamburg.de/ meth/beitraege/beitrag1.pdf, 19.01.2010.

Schneider, Ralf/Wildt, Johannes (2007): „Forschendes Lernen in Praxisstudien – Ein hochschuldidaktisches Konzept zur Förderung professioneller Kompetenzen in der Lehrerbildung". Journal Hochschuldidaktik 18 (2), S. 11-15.

Schreier, Margit/Breuer, Franz/Roth, Wolff-Michael (Mod.) (2007ff.): FQS-Debatte „Lehren und Lernen der Methoden qualitativer Sozialforschung". Forum Qualitative Sozialforschung/Forum Qualitative Social Research 8 (1), http://www.qualitative-research.net/index.php/fqs/issue/view/6, 19.01.2010.

Straub, Jürgen (1993): „Zeit, Erzählung, Interpretation. Zur Konstruktion und Analyse von Erzähltexten in der narrativen Biographieforschung". In: Hedwig Röckelein (Hg.), Möglichkeiten und Grenzen der psychohistorischen Biographieforschung, Tübingen: edition discord, S. 143-183.

Straub, Jürgen (1999): Handlung, Interpretation, Kritik – Grundzüge einer textwissenschaftlichen Handlungs- und Kulturpsychologie, Berlin/New York: de Gruyter.

Straub, Jürgen (2006): „Understanding cultural differences: Relational Hermeneutics and Comparative Analysis in Cultural Psychology". In: Jürgen Straub/Doris Weidemann/Carlos Kölbl/Barbara Zielke (Hg.), Pursuit of Meaning. Advances in Cultural and Cross-Cultural Psychology, Bielefeld: Transcript, S. 163-213.

Straub, Jürgen (2007): „Kompetenz". In: Jürgen Straub/Arne Weidemann/Doris Weidemann (Hg.), Handbuch interkulturelle Kommunikation und Kompetenz, Stuttgart/Weimar: Metzler, S. 35-46.

Straub, Jürgen (2010): „Kulturelle Differenzen verstehen: Relationale Hermeneutik und komparative Analyse in der Kulturpsychologie". In: Gabriele Cappai/Shingo Shimada/Jürgen Straub (Hg.), Interpretative Sozialforschung und Kulturanalyse. Hermeneutik und die komparative Analyse kulturellen Handelns, Bielefeld: transcript, (im Druck).

Straub, Jürgen/Nothnagel, Steffi (2007): „Über das Studium interkulturelle Kommunikation und Kompetenz – Akademische Anforderungen und curriculare Ausbildung in einem interdisziplinären Master-Studiengang der Universität Chemnitz". In: Matthias Otten/Alexander Scheitza/Andrea Cnyrim (Hg.), Interkulturelle Kompetenz im Wandel: Diskurse, Konzepte und Ausbildung in Praxis und Wissenschaft, Frankfurt/M.: IKO Verlag, S. 215-244.

Strauss, Anselm L. (1998): Grundlagen qualitativer Sozialforschung, München: Wilhelm Fink.

Strauss, Anselm L./Corbin, Juliet (1990): Basics of qualitative research. Grounded theory procedures and techniques, Newbury Park: Sage.

Thomas, Alexander (2003): „Interkulturelle Kompetenz – Grundlagen, Probleme und Konzepte". Erwägen Wissen Ethik Jahrgang 14, Dritte Diskussionseinheit, Heft 1, S. 137-150.

Thomas, Alexander (2007): „Jugendaustausch". In: Jürgen Straub/Arne Weidemann/Doris Weidemann (Hg.), Handbuch interkulturelle Kommunikation und Kompetenz, Stuttgart/Weimar: Metzler, S. 657-667.

Thon, Christine/Rothe, Daniela/Mecheril, Paul/Dausien, Bettina (Hg.) (2005): Qualitative Forschungsmethoden im erziehungswissenschaftlichen Studium, Universität Bielefeld, http://bieson.ub.uni-bielefeld.de/volltexte/2006/810/, 19.01.2010.

TUC (2006): Studienordnung für den nicht-konsekutiven Studiengang Interkulturelle Kommunikation – Interkulturelle Kompetenz mit dem Abschluss Master of Arts (M.A.) an der Technischen Universität Chemnitz vom 14. August 2006, Chemnitz: Technische Universität Chemnitz, http://www.tu-chemnitz.de/verwaltung/studentenamt/zpa/ordnungen/SoPo_master/ikk/ ikk_SO_20060814.pdf, 19.01.2010.

Weidemann, Arne (2009): „Pragma-semantische Analysen zur Erforschung interkultureller Kommunikation". Forum Qualitative Sozialforschung/Forum Qualitative Social Research 10 (1), http://www.qualitative-research.net/index.php/fqs/article/view/1228/2671, 19.01.2010.

Weidemann, Arne/Blüml, Frances (2008): Problem or potential? Experiences and coping strategies of host families in International Youth Exchange. Vortrag auf der AFS-Konferenz „Moving beyond Mobility" in Berlin, 13.-14. 10. 2008. Berlin, Handout: http://www.tu-chemnitz.de/phil/ifgk/ikk/ik/files/file/20081012_MBM_WEIDEMANN_&_BLUEML_handout.pdf, 19.01.2010.

Weidemann, Arne/Blüml, Frances (2009): „Experiences and coping strategies of host families in International Youth Exchange". Intercultural Education 20 (4), Sonderheft 1, S. 87-102.

Weidemann, Doris (2004): Interkulturelles Lernen. Erfahrungen mit dem chinesischen ‚Gesicht': Deutsche in Taiwan, Bielefeld: transcript.

Weidemann, Doris (2007): „Akkulturation und interkulturelles Lernen". In: Jürgen Straub/Arne Weidemann/Doris Weidemann (Hg.), Handbuch Interkulturelle Kommunikation und Kompetenz, Stuttgart/Weimar: Metzler, S. 488-498.

Weidemann, Doris/Straub, Jürgen (2000): „Psychologie interkulturellen Handelns". In: Jürgen Straub/Alexander Kochinka/Hans Werbik (Hg.), Psychologie in der Praxis. Anwendungs- und Berufsfelder einer modernen Wissenschaft, München: Deutscher Taschenbuch Verlag, S. 830-855.

Weidemann, Doris/Weidemann, Arne/Straub, Jürgen (2007): „Interkulturell ausgerichtete Studiengänge". In: Jürgen Straub/Arne Weidemann/Doris

Weidemann (Hg.), Handbuch interkulturelle Kommunikation und Kompetenz, Stuttgart/Weimar: Metzler, S. 815-825.

Wissenschaftsrat (2001): Empfehlungen zur künftigen Struktur der Lehrerbildung. Drucksache 5065/01, Berlin, 16.11.01/mo.

Zimbardo, Philip G. (1992): Psychologie, Berlin u.a.: Springer.

Teil 5

Evaluation

5 Evaluation

MAIK ARNOLD UND THOMAS MAYER

Unter Evaluation soll hier die Bewertung der Wirksamkeit und Effizienz, Qualität und Güte, des Nutzens und der Kosten von Maßnahmen, Programmen, Prozessen oder Produkten verstanden werden. Je nach Anwendungsbereich oder Fachgebiet wird der zu evaluierende Gegenstand eingegrenzt.[1] Hier betrachten wir Studienangebote zur Vermittlung interkulturellen Kompetenz im Hochschulkontext und grenzen damit Evaluation auf die Bewertung von „psychologischen Interventionsmaßnahmen" (Hager/Patry/Brezing 2000) ein, welche auf eine Verbesserung von Fähigkeiten, Vertiefung von Wissen, Leistungssteigerung der beteiligten Akteure und effektivere Kommunikation und Kooperation mit anderen Personen ausgerichtet sind (Kealey/Protheroe 1996) – und zwar speziell in interkulturellen Konstellationen. In jedem Fall ist das Verständnis von Evaluation maßgeblich vom zugrunde gelegten theoretischen Bezugsrahmen und von der methodischen Vorgehensweise abhängig (vgl. u.a. Arnold 2005; Mendenhall/Stahl/Ehnert/Oddou/Osland/Kühlmann 2004). Die weiteren Ausführungen widmen sich der Frage, wie und in welcher Form in der Hochschullehre anwendbare Verfahren und Methoden zur Ausbildung interkultureller Kompetenz (siehe Teil 4 i.d.B.) im Sinne der Qualitätssicherung (siehe Blüml i.d.B., Kap. 3.3.) evaluiert werden können. Dafür soll eine theoretisch fundierte und methodisch verfahrende Evaluationsstrategie vorgeschlagen werden.

---

1 Die Deutsche Gesellschaft für Evaluation (DeGEval) listet auf dem Deckblatt ihrer „Standards für Evaluation" in loser Folge eine Sammlung verschiedenster Anwendungsbereiche auf, u.a. Hochschulen, Verwaltungen, Schulen, Gesundheitswesen, soziale Dienstleistungen, Aus- und Weiterbildung, betriebliche und berufliche Bildung, Entwicklungszusammenarbeit, Forschungs-, Technologie- und Innovationspolitik, Umweltpolitik, Kommunikation und Medien, Stadt- und Regionalentwicklung; dies spiegelt letztlich die Breite ihrer Mitgliedsinteressen wider, die sich auch in entsprechenden Arbeitskreisen niederschlagen (DeGEval – Deutsche Gesellschaft für Evaluation e.V. 2008).

Nach einer kurzen begrifflichen Einführung zum allgemeinen Verständnis von ‚Evaluation' bzw. dem Praxis- und Forschungsfeld ‚Evaluieren' im zweiten Abschnitt konzentrieren wir uns im dritten Teil auf die Planung, Durchführung und Implementierung von Evaluationsstrategien in interkulturell ausgerichteten Aus- und Weiterbildungsmaßnahmen an Hochschulen. Dabei stehen die Fragen im Vordergrund: *Wer* soll *was* mit *wem, wozu, wann, wie, womit* und unter welchen *Bedingungen* evaluieren? Diese Fragestellungen leiten die weiteren Ausführungen an, sie sind jedoch nicht abschließend bzw. grundsätzlich beantwortbar, sondern bei jeder Evaluation wieder neu zu stellen und zu beantworten. In die Darstellung fließen zudem aktuelle Forschungsbefunde zur Einschätzung der Wirkungen von Interventions- und Qualifikationsmaßnahmen zur Vermittlung interkultureller Kompetenz aus anderen (meist wirtschaftlichen) Kontexten ein (vgl. Landis/Bennett/Bennett 2004). Es ist dabei auch kritisch zu fragen, welche Erfahrungen bisher mit welchen forschungspraktischen Vorgehensweisen in der Untersuchung der Effektivität von (interkulturellen) Qualifizierungsmaßnahmen gemacht wurden, welche Schwierigkeiten und Probleme im interessierenden Bereich erwartbar sind, wie diese überwunden werden können, und welche Forschungsperspektiven und -ergebnisse aus der interkulturellen Trainings- und Evaluationsforschung sich überhaupt auf die Lehr-Lernpraxis an Hochschulen übertragen lassen. In diesem Zusammenhang wird abschließend auf die Grenzen und mögliche Forschungsperspektiven der Evaluation in der Hochschullehre einzugehen sein.

Begriff und Konzept

In der Literatur existiert eine beinahe unüberschaubare Vielfalt an Definitionen des Begriffs ‚Evaluation'. Begriffsbestimmungen variieren aufgrund der zu beurteilenden Gegenstände, der dabei verfolgten Ziele und Strategien sowie der eingesetzten Methoden und Verfahren erheblich. Von Evaluieren (*lat.* valor ‚Wert'; valere ‚wert sein'; e-/ex-valere ‚einen Wert aus etwas ziehen') wird i.d.R. immer dann gesprochen, wenn der Wert eines zu beurteilenden Gegenstandes bestimmt bzw. eingeschätzt werden soll (Scriven 1991). Wenngleich der Begriff in der alltäglichen Kommunikation kaum Verwendung findet, stellt Evaluieren auch eine alltägliche Handlungspraxis dar. Mit der menschlichen Wahrnehmung ist immer auch eine Bewertung verbunden, z.B. immer dann, wenn etwas als gut oder schlecht, schön oder hässlich, erlaubt oder nicht erlaubt, nützlich oder wertlos empfunden wird.

Kommen im Prozess der Festlegung und Beurteilung des Wertes einer Sache explizit (sozial-)wissenschaftliche Forschungsmethoden und -verfahren zum Einsatz, so kann man von ‚Evaluationsforschung' sprechen. Eine viel zitierte Definition stammt von Rossi und Freeman (1993: 5): „Evaluation research is the systematic application of social research procedures in assessing the conceptualization and design, implementation, and utility of social intervention programs". In ähnlicher Weise fasst auch die Deutsche Gesellschaft für Evaluation die Bewertung eines Programms als

„die systematische Untersuchung des Nutzens oder Wertes eines Gegenstandes. Solche Evaluationsgegenstände können z.B. Programme, Projekte, Produkte, Maßnahmen, Leistungen, Organisationen, Politik, Technologien oder Forschung sein. Die erzielten Ergebnisse, Schlussfolgerungen oder Empfehlungen müssen nachvollziehbar auf empirisch gewonnenen qualitativen bzw. quantitativen Daten beruhen." (DeGEval – Deutsche Gesellschaft für Evaluation e.V. 2008: 13)

Die Evaluationsforschung wird – im Gegensatz zur deskriptiven und explanativen Grundlagenforschung (Daumenlang/Altstötter/Sourisseaux 1999) – als „Anwendungsforschung" (Patton 2002) oder als „Begleitforschung" (Kromrey 1988) aufgefasst, weil sie die praktische Umsetzung oder Anwendung von Maßnahmen (begleitend) untersucht und dabei meist an Ziele und Rahmenbedingungen der Auftraggeber gebunden ist und unter Ergebniszwang steht. Bei der Evaluationsforschung handelt es sich um ein disziplinenübergreifendes Feld, das sich mittlerweile u.a. in den Erziehungswissenschaften und Wirtschaftswissenschaften, der Psychologie und Pädagogik fest etabliert hat und zunehmend auch in anderen Forschungsbereichen thematisiert wird.

Eine genaue Begriffsbestimmung wird dadurch erschwert, dass der Begriff ‚Evaluation' häufig synonym mit anderen Begriffen wie *‚program evaluation'*, ‚Erfolgskontrolle', ‚Wirkungsanalyse', ‚(Bildungs-)Controlling', ‚Effizienzforschung', ‚Qualitätskontrolle' oder ‚Begleitforschung' verwendet wird (Beywl/Schobert 2000). Die Evaluation von (sozialen) Interventionsmaßnahmen wird im Allgemeinen als ‚Programm-Evaluation' (Rossi/Freeman 1993) bezeichnet. Bei dem wissenschaftlichen Konzept ‚Evaluation' handelt es sich (1) um eine systematische, prozesshafte Vorgehensweise, die dazu dient, (2) unter Einsatz von Methoden und Verfahren der Sozialwissenschaften (3) Informationen über das zu beurteilende Programm oder die Maßnahme zu gewinnen, welche (4) zur Planung, Konzeption und Implementierung sowie für wichtige Entscheidungen über die Veränderung, Fortführung oder Liquidierung eines Programms bzw. einer Maßnahme und (5) zur Bewertung damit verwobener Handlungsalternativen herangezogen werden können (Kardorff 2007; Wottawa/Thierau 2003). Von Evaluation wird im Folgenden immer dann gesprochen, wenn Bewertungen systematisch vorgenommen werden, um damit ein bestimmtes Ziel zu verfolgen.

Wenn man danach fragt, welche intendierten und nicht-intendierten Wirkungen eine Maßnahme oder ein Programm entfaltet oder wie deren konkrete Ergebnisse oder Effektivität beurteilt werden sollen, ist dies von der Werteposition des Beurteilers abhängig (Beywl 2006). Der Modus des Bewertens kann unterschieden werden von der Beschreibung eines Gegenstandes. Eine Beschreibung enthält keine Beurteilung, Handlungsempfehlung oder Normierung (vgl. Arnold 2005, 2009). Sie beschränkt sich auf die Darstellung dessen was *war*, *ist* oder *sein wird*. Bewertungen setzen dagegen Kriterien und Ansprüche voraus, legen einen Maßstab an, definieren und beurteilen Qualitäten.

Evaluation ist immer auch Teil eines „Entwicklungszyklus" von Lernsystemen (Mayer 2001: 327ff.). Diese Modellvorstellung sieht vor, dass Bewertungsprozesse stets auf allen Ebenen eines Lernsystems vorgenommen werden – von der Makro-Ebene, die das Lernsystem als Ganzes umfasst (z.B. ein kompletter Hochschulstudiengang) bis zur Mikro-Ebene, bestehend aus den Einzelinteraktionen als kleinsten Bestandteilen eines Lernsystems (z.B. Frage eines Dozenten – Antwort eines Studierenden). Auf allen Ebenen, von der Makro- über ggf. mehrere Meso-Ebenen bis zur Mikro-Ebene wiederholt sich ein kontinuierlicher Entwicklungs- und Veränderungszyklus aus Aktivitäten (1) der *Entstehung* (auch Planung, Konzeption, Design, Herstellung), (2) der *Durchführung* (die Lehre selbst) und (3) der *Bewertung*. Die Erkenntnisse aus den Bewertungen können zu *Veränderungen* (entspricht neuerlicher Entstehung) führen, womit der Zyklus sich schließt.

Am Beispiel eines Studiengangs zur Ausbildung interkultureller Kompetenz könnte der Zyklus auf der Makro-Ebene so aussehen: (1) Entstehung: Ein interdisziplinäres Gründungsgremium entwickelt zunächst eine Mantelnote, einen Rahmenstudienplan, den Studienablaufplan und Modulbeschreibungen sowie die Studien- und Prüfungsordnungen, welche an einschlägige Lehrveranstaltungskonzepte anknüpfen und am übergeordneten Ziel des Studienangebots ausgerichtet sind. (2) Durchführung: Das Studienangebot wird mit einer Pilotgruppe von Studierenden erstmalig durchgeführt. (3) Bewertung: Der Studiengang wird im Rahmen eines Akkreditierungsprozesses einer eingehenden Prüfung unterzogen. Das Ergebnis dieser (Über-)Prüfung führt zu Veränderungen in den Studiendokumenten (1), die in eine zweite Durchführung (2) münden. Diese wird dann idealerweise mit einer Begleitforschung evaluiert (3), daraufhin weiter entwickelt (1), und in der dritten Durchführung (2) installiert die Studienleitung ein kontinuierliches Verbesserungssystem. Derartige Entwicklungszyklen finden zugleich – explizit oder implizit – auch auf den tieferen Ebenen des Lernsystems statt: So kann sich eine Dozentin, die mit der Konzeption und Durchführung z.B. eines Seminars beauftragt ist, im Zyklus aus Entstehung, Durchführung, Bewertung und Verbesserung wiederfinden – hinsichtlich ihrer Lehrveranstaltungen als Ganzes, aber auch für jede einzelne Sitzung. Das setzt sich fort, bis schließlich auf der Mikro-Ebene für die angenommen kleinste Einheit der Einzelinteraktion mit dem Lerner unterstellt wird, dass z.B. eine Frage (1) durch Vorüberlegungen der Dozentin zur Formulierung der Frage *entsteht*, (2) in Form der Frage der Dozentin und der Antwort des Studierenden *durchgeführt* und (3) durch das Urteil der Dozentin über die Geltung, Eignung und Reichweite ihrer Frage *bewertet* wird. Erhält die Dozentin auf ihre Frage keine Antwort, könnte dies dazu führen, dass sie ihre Frage überdenken und sich eine andere einfallen lassen muss, womit der Zyklus von vorn beginnt. Mit diesem Modell soll verdeutlicht werden, dass Bewertungen mehr oder weniger explizit oder implizit, systematisch oder unsystematisch, gezielt oder planlos, objektiv oder subjektiv, bewusst oder unbewusst, summativ-effektorientiert oder formativ-prozessorientiert auf allen operativen Ebenen der Lehr-Lern-Prozesse eines Lernsystems erfolgen können. *Bewertung* als informeller Prozess der Interpretation von Erfahrungen und Handlungen, Erwartungen und Interaktionen in einem Lernsystem durch einen der beteiligten Akteure findet kontinuierlich statt, während *Evaluation* ein explizit planvolles Vorgehen darstellt.

Bewertungen spielen eine wichtige Rolle bei der Qualitätssicherung und der Wirkungseinschätzung von Lehrprozessen sowie der Beurteilung des Lernerfolgs. Einerseits werden die Dozenten bzw. Lehrenden die Wirkungen ihrer gezielten Interaktionen mit den Studierenden mehr oder weniger bewusst einschätzen und beurteilen, um danach das eigene Handeln auszurichten bzw. anzupassen. Andererseits wirken auch die Universitäts-, Fakultäts- und Institutsleitenden darauf hin, dass die Qualität der Lehre gesichert sowie ein geeignetes Qualitätssicherungssystem etabliert wird. Der Vorgang des Bewertens spielt sich im Spannungsverhältnis zweier eng miteinander verwobenen Perspektiven ab: Bewertungen stützen sich einerseits auf die – idealerweise empirisch fundierten und theoretisch gesättigten – Sichtweisen und Einschätzungen, Wertorientierungen und Interpretationen der Evaluierenden und andererseits auf die Aussagen der Befragten der Evaluation. In aller Regel werden im Evaluationsprozess auch ethisch-moralische Bewertungen vorgenommen, wenn sich die Bewertungsvorgänge z.B. auf eine Beeinflussung, Steuerung und Kontrolle menschlicher Handlungen sowie damit verbundener Orientierungen, Einstellungen und Überzeugungen beziehen (Wottawa/Thierau 2003).

Nach diesen begriffsgeschichtlichen und theoretischen Vorbemerkungen skizzieren die folgenden Ausführungen eine Vorgehensweise für die Evaluation von Lehr-Lern-Systemen in der Hochschulausbildung, die das Ziel verfolgen, interkulturelle Kompetenz zu vermitteln und zu vertiefen.

Evaluation von Verfahren zur Vermittlung interkultureller Kompetenz in der Hochschule

Aufgrund der oben dargestellten Heterogenität von Begriff und Praxis der Evaluation ergibt sich die Notwendigkeit, im konkreten Einzelfall zu prüfen und zu entscheiden, wie ein Evaluationsvorhaben geplant, konzipiert und entsprechend durchgeführt werden soll, d.h. welche Ziele und Vorgehensweisen gewählt werden sollen, um die Wirkungen ausgewählter Lehrmethoden beurteilen zu können. Die Evaluation von interkulturell ausgerichteten Studienangeboten kann sich auf eine Vielzahl von Ansätzen, Manualen, Kriterien- und Empfehlungskatalogen stützen, um Merkmale guter Lehre und Kriterien für ihre Beurteilung aufzustellen (u.a. Becker-Richter/Habel/Rinke/Tegethoff 2002; Spiel 2001). Bisherige Lehrevaluationen haben neben der Frage nach der Erreichung explizit definierter Lehr- und Lernziele allerdings vorwiegend nach den Rahmenbedingungen der Lehre (z.b. Bewertungen didaktischer Aspekte, Betreuungsverhältnisse und Administrationsaufwand) gefragt. Im Rahmen der Erreichung der Lehr-/Lernziele und der Qualität der Rahmenbedingungen kann zur Bewertung der Qualität der Hochschullehre insbesondere die Frage nach der Vermittlung von Schlüsselqualifikationen gestellt werden. Als Merkmale einer ‚guten‘ Lehre wurden neben Fachkompetenzen auch der Erwerb bzw. die Entwicklung von (berufs-)praxisrelevanten Kompetenzen identifiziert, welche aus den spezifischen Bedürfnissen des Arbeitsmarktes hervorgehen; ebenso wurden auch analytische, methodische, soziale und (selbst-)reflexive Kompetenzen herangezogen. Zunehmend wird in diesem Sinne auch ein Bedarf zur Entwicklung interkultureller Kompetenz in durch kulturelle Differenzen, Andersheit und Fremdheit gekennzeichneten Anwendungs- und Praxisfeldern gesehen. Bei der Planung, Durchführung und Implementierung von Evaluationsmaßnahmen im Kontext von Studium und Lehre am Lernort Hochschule kann darüber hinaus auch auf die Forschungsergebnisse und -perspektiven verschiedener Evaluationsstudien der Lehr-Lernforschung im Rahmen der Vermittlung interkultureller Kompetenz an Schulen und in der Erwachsenenbildung zurückgegriffen werden, welche z.B. den Erwerb bzw. die Entwicklung interkultureller Kompetenz im Rahmen der schulischen Sozialisation zum Thema ihrer Untersuchungen machen (z.B. Bertels/Eylert/Lütkes/de Vries 2004). Diese Studien bedürfen jedoch sowohl hinsichtlich ihrer konzeptuellen Vorgehensweise als auch in Bezug auf die systematische Entwicklung von Evaluationsmaßnahmen und den Einsatz von kombinierten Evaluationsinstrumenten noch entsprechender Weiterentwicklungen.

Aus dem zentralen Anliegen dieses Handbuchs leitet sich die für die folgenden Überlegungen wesentliche Frage ab, wie gängige Verfahren und Methoden der Vermittlung interkultureller Kompetenz in der Hochschulausbildung (siehe Teil 4 i.d.B.) beurteilt und optimiert werden können. Die Entwicklung eines problemadäquaten, die organisationalen und institutionellen Bedingungen des Lernumfeldes berücksichtigenden Evaluationskonzeptes orientiert sich an den folgenden acht (Teil-)Fragekomplexen, die geeignet erscheinen, die Evaluation von Maßnahmen und Programmen im Allgemeinen und speziell von interkulturell ausgerichteten Studien- und Weiterbildungsangeboten zu kennzeichnen. Mitunter sind auch allgemeine Bemerkungen zur Gestaltung von Evaluationsmaßnahmen notwendig, da ein grundlegendes Verständnis von dem, was Evaluation in der Hochschullehre eigentlich leisten kann, erst erarbeitet und kritisch diskutiert werden muss, bevor man überhaupt an eine Übertragung von Erkenntnissen aus anderen Untersuchungs- und Anwendungsbereichen denken kann.

1. *Was* soll evaluiert werden? – *Evaluationsgegenstand*: Am Anfang steht die Frage, was, überhaupt evaluiert werden soll, also welches Programm, Projekt oder welche Intervention Gegenstand der Bewertung sein soll. Im Folgenden wird der Gegenstand eingegrenzt auf soziale Interventionsmaßnahmen der *Hochschullehre*, die aufgrund ihrer inhaltlichen Ausrichtung auf die *Vermittlung interkultureller Kompetenz* abzielen.

2. *Wozu* soll eine Evaluation durchgeführt werden? – *Evaluationsziele*: Die Planung, Durchführung und Implementierung einer Evaluation ist von ihren konkreten Zielen abhängig. Darum wird hier mit einer Zieltaxonomie (s.u.) ein systematisches Raster vorgelegt, um zu transparenten Entscheidungen über Evaluationsziele für Lernsysteme gelangen zu können.

3. *Wie* soll die Evaluation durchgeführt werden? – *Evaluationsdesign*: Hier werden Fragen geklärt, wie die Evaluation formalstrukturell ausgestaltet werden muss, und wie konzeptuelle Rahmenbedingungen zur Einschätzung der Güte, Qualität und Validität der Evaluationsergebnisse geschaffen werden können.

4. *Womit* wird evaluiert? – *Erhebungs- und Auswertungsinstrumente*: Auf Grundlage der Entscheidung des grundlegenden Evaluationsdesigns geht es um die einzusetzenden Methoden und Instrumente der Datenerhebung, -aufbereitung und -auswertung.

5. *Wann* wird evaluiert? – *Evaluationszeitpunkt*: Auf Grundlage des Designs, der Evaluationsziele und der verwendeten Methoden werden die Zeitpunkte für den Untersuchungsablauf festgelegt.

6. *Wer* soll die Evaluation durchführen? – *Evaluator/in bzw. Evaluatorenteams*: Es muss geklärt werden, welche Personen die Evaluation durchführen, und es muss entschieden werden, in welcher Form sich diese an der Evaluation beteiligen bzw. welche Rolle sie im Evaluationsprozess einnehmen sollen.

7. *Wen* betrifft die Evaluation? – *Akteure, Teilnehmer und Stakeholder*: Es müssen geeignete Forschungspartner gefunden werden, die bereit sind, an der Untersuchung teilzunehmen. Je nach Fragestellung kommen sowohl die Teilnehmer der Interventionsmaßnahme als auch andere Interessensgruppen bzw. Akteure im Kontext Hochschule (siehe Weidemann/Nothnagel i.d.B., Kap. 3.1) in Betracht.

8. Unter welchen *Bedingungen* wird evaluiert? – *Evaluationsstandards und Gütekriterien*: Bei der Planung, Durchführung und Implementierung von

Evaluationsstrategien müssen Qualitätsstandards und Gütekriterien beachtet werden, die unmittelbaren Einfluss auf die Güte und Aussagekraft der Evaluationsergebnisse haben.

Evaluationsgegenstand

Gegenstand der Evaluation können verschiedene Interventionsmaßnahmen im Bildungsbereich sein. Für den hier betrachteten Kontext der Hochschullehre kann das Evaluationsobjekt mithilfe von vier Komponenten inhaltlich bestimmt werden: (1) Die Evaluation findet im Lehr-Lernsystem und *Kontext ,Hochschule'* statt. (2) Der konkret zu evaluierende Gegenstand stellt eine *Maßnahme der Hochschullehre* dar, in der (3) bestimmte *Methoden und Verfahren* mit dem Ziel der (4) *Vermittlung interkultureller Kompetenz* eingesetzt werden. Diese vier gegenstandsverankerten Merkmale der Evaluation bedürfen einer näheren Bestimmung.

Hochschule als Lernsystem und Kontext der Evaluation

Die Hochschule stellt den Ort und den spezifischen Lehr-Lernkontext der Evaluation dar. Für das komplexe Gebilde ,Hochschule' gibt es weder ein präzise definierbares ,Programm' mit einheitlich vorgegebenen Zielen, damit zusammenhängenden konkreten Maßnahmen und bestimmten Kriterien zur Erreichung dieser Ziele, noch existiert ein universell abgrenzbares ,Produkt', dessen Güte, Wert und Qualität mithilfe von standardisierten Methoden und Verfahren der Sozialwissenschaften bestimmt werden könnte (Kromrey 2000). Grundsätzlich stellt eine Hochschule ein Lernsystem dar, in dem spezifische Gruppen mit je unterschiedlichen Zielen und Vorstellungen beschäftigt sind. Alle Beteiligten besitzen – ungeachtet aller Unterschiede – ein tradiertes Handlungs- und Erfahrungswissen darüber, wie diese besondere Organisationsform und deren Infrastruktur aufgebaut ist und weiterentwickelt werden könnte. Die beiden vorrangigen Ziele der Hochschulen sind: erstens Forschung zu betreiben, um damit neues Wissen zu generieren, und zweitens im Rahmen wissenschaftlicher Lehre spezifische Kenntnisse und Fähigkeiten an Studierende zu vermitteln und dafür formale Qualifikationszertifikate, z.B. akademische Grade zu verleihen. Im System Hochschule treffen unterschiedliche Gruppen mit teilweise differierenden Interessen aufeinander: die Studierenden (Lernende), Dozenten (Lehrende), die Universitäts-, Fakultäts- und Institutsleitung sowie verschiedene Stellen der Hochschulverwaltung (siehe Weidemann/Nothnagel i.d.B., Kap. 3.1). Diese Akteursgruppen sind in verschiedenen Organisationsformen, wie z.B. durch Administrativ- und Selbstverwaltungsorgane der Hochschule (z.B. Rektorat bzw. Präsidium, Senat, Studierendenschaft, Studien-, Prüfungsausschüsse und Studiengänge), zusammengeschlossen. Die unterschiedlichen Interessen und Erwartungen bedingen sich gegenseitig und müssen gemeinsam betrachtet werden. Auch wenn die Hochschule hier als Kontext für den eigentlichen Evaluationsgegenstand von Maßnahmen der Hochschullehre betrachtet wird, so ist zu erwähnen, dass auch die Qualität einer Hochschule als gesamtes Lernsystem Gegenstand von Evaluation sein kann.

Maßnahmen der Hochschullehre als konkreter Gegenstand der Evaluation

Der deutsche Wissenschaftsrat (2008) hat in seinen „Empfehlungen zur Qualitätsverbesserung in Studium und Lehre" konstatiert, dass die Hochschullehre darauf ausgerichtet sein muss, die Studierenden in ihrem Lernen in geeigneter Weise zu unterstützen, wobei spezifische Studienangebote konzipiert werden sollen, die möglichst genau den Fähigkeiten und persönlichen Interessen der Studierenden zu entsprechen haben. Im Vordergrund der Hochschulausbildung steht dabei die Förderung von selbstorganisiertem Lernen durch die Lehrenden und damit auch die Vermittlung von nicht nur fachlichen, sondern auch sozialen und fachübergreifenden Kompetenzen. Die Studierenden sollen beim wissenschaftlichen Lernen und Forschen unterstützt werden sowie sich durch ihr selbstständiges und eigenverantwortliches Handeln weiterentwickeln können. Um dieses Ziel zu erreichen, sind alle Personen im Berufs- und Tätigkeitsfeld Hochschule dazu aufgefordert, geeignete Lehr- und Lernsituationen zu schaffen und Lernprozesse anzuleiten.

Es wird außerdem empfohlen, konkrete Maßnahmen (z.B. Lehrmethoden) einzusetzen, die eine Erfassung und Bewertung des Bildungserfolges an Hochschulen ermöglichen und die Einrichtung eines Informationssystems für Lehre und Studium fördern (ebd.: 77ff.). Eine systematische Qualitätssicherung durch eine Orientierung an ‚Learning Outcomes‘ (siehe Blüml i.d.B., Kap. 3.3) wird in verschiedenen Bereichen der Hochschule gefordert, z.B. bei der Entwicklung, Akkreditierung und Umwandlung von Studiengängen und der Überprüfung der Eignung von Lehr-Lernmethoden für spezifische Lernkontexte. Studiengänge stellen in diesem Zusammenhang formale Bezugsrahmen dar, welche durch spezifische Studien- und Prüfungsordnungen geregelt sind und unter Einsatz von geeigneten Lehr- und Lernformen auf Basis einer spezifischen disziplinären Verankerung umgesetzt werden (Kromrey 2000; Weidemann/Weidemann/Straub 2007).

Lehr- und Vermittlungsmethoden

Die Evaluation in der Hochschullehre ist eng an die Untersuchung der Wirksamkeit der eingesetzten Lehr- und Vermittlungsmethoden zur Erreichung von intendierten Lernzielen geknüpft. In der Hochschulausbildung kommen üblicherweise die klassischen Lehrformen wie Vorlesung, Seminar, Tutorium, Übung und das Selbststudium zum Einsatz. In interkulturell ausgerichteten Studienangeboten (zu deren Funktionen und Organisationsformen siehe Otten i.d.B., Kap. 3.2) werden zudem aus dem breiten Spektrum an Vermittlungs-methoden vermehrt auch Lehrformen wie Simulationen, Planspiele (siehe Strohschneider i.d.B, Kap. 4.2), Feldforschungen bzw. Exkursionen sowie methodisch angeleitete Lehrforschungsprojekte (siehe Weidemann i.d.B., Kap. 4.16) angewendet (für einen Überblick siehe Teil 4 i.d.B.), deren Wirk-weisen nur unzureichend geklärt sind. Darüber hinaus kommen außerdem einzelne Lehrbausteine, wie z.b. Videosequenzen (Gieselmann i.d.B., Kap. 4.9; Bauer i.d.B., Kap. 4.10; Oberlik i.d.B., Kap. 4.11), Unterrichtsmaterial (McDaniel/McDaniel/McDaniel 1988) und Auslandsaufenthalte zum Zwecke von Praktika oder Studienvorhaben (Blake/Heslin 1983; Nothnagel i.d.B., Kap. 4.14) zum Einsatz. Die Wahl der geeigneten Methode bzw. anzuwen-denden Vermittlungsverfahren variiert je nach Bildungsangebot und -bedarf, ist i.d.R. aber von den Universitätsleitungen bzw. den Akkreditierungsinstitu-tionen vorgegeben (Otten i.d.B., Kap. 3.2; Weidemann et al. 2007).

Die Entscheidung über den Einsatz einer bestimmten Lehrform bzw. Vermittlungsmethode ist auch abhängig davon, inwieweit die Studierenden für mögliche Berufs- und Tätigkeitsfelder qualifiziert und auf weiterführende, z.T. forschungsorientierte Studiengänge vorbereitet werden sollen. Teilweise lassen sich hier auch Erkenntnisse der Evaluationsforschung insbesondere von interkulturellen Qualifizierungsmaßnahmen heranziehen. Um den Lernerfolg in der Hochschullehre zu sichern, lassen sich verschiedene Vermittlungsan-sätze miteinander kombinieren, wie z.B. didaktische, kognitive und informa-torische mit erfahrungsorientierten, interaktiven und experimentellen Lehrme-thoden, wobei letztere als effektiver gelten, weil sie die Studierenden stärker involvieren (z.B. Bolten 2000). Dennoch entfalten „interaktive Übungen (wie Rollenspiele) [...] ohne ausreichendes kulturelles Wissen und Verständnis" kaum positive Wirkungen (Ehnert 2007: 445; vgl. auch Gannon/Poon 1997).

Vermittlung interkultureller Kompetenz als Lernziel

‚Interkulturelle Kompetenz' als allgemeine ‚Schlüsselqualifikation', überfach-liche soziale Fähigkeit und Fertigkeit, wird neben dem für verschiedene Be-rufs- und Tätigkeitsfelder benötigten Fachwissen als eine wesentliche Voraus-setzung für effektives und erfolgreiches professionelles Handeln in kulturell heterogenen Studien- und Arbeitsfeldern angesehen (siehe Straub/Nothnagel/ Weidemann i.d.B., Kap. 1; Straub 2007). Demzufolge wird diese Kompetenz mittlerweile in verschiedenen interkulturell ausgerichteten Studienangeboten als ein wesentlicher Bestandteil vermittelt, z.T. stellt sie außerdem ein explizites Studienziel bzw. den zentralen Ausbildungsgegenstand dar (siehe Otten i.d.B., Kap. 3.2; vgl. Straub/Nothnagel 2007; Bergemann/Bergemann 2003). Konkrete qualitative Inhalte und formale Aspekte interkultureller Kompetenz – wie diese in verschiedenen Definitionen und „Komponenten- und Konstitu-entenmodellen" (Straub 2007: 41ff.) verankert sind – werden im jeweiligen Kontext i.d.R. durch Rekurs auf andere Theorien, Konzepte und Begriffe identifiziert und spezifiziert. Dieser Umstand bringt meist mit sich, dass ei-nerseits alle aus diesem Konstrukt abgeleiteten und ableitbaren Lernziele äu-ßerst heterogen, vielschichtig und nicht vollständig operationalisierbar sind und dass andererseits Bedeutungs- und Handlungszusammenhänge durch ver-schiedene disziplinäre Forschungsperspektiven geprägt sind (ebd.).

Die Komplexität des Konstrukts ‚interkulturelle Kompetenz‘, welches in ein interdisziplinär geprägtes Forschungs- und heterogenes Handlungsfeld eingebettet ist, erschwert nicht zuletzt auch die Operationalisierung von Ziel-erreichungskriterien und die Wahl geeigneter Testverfahren und Instrumente zur diagnostischen Erfassung dieser Kompetenz (z.B. Deller/Albrecht 2007). Stets müssen aus einem umfangreichen Fundus an wissenschaftlichen Tests – die sich aufgrund z.T. nicht explizierter theoretischer Grundlagen und ihrer Validität und Reliabilität erheblich unterscheiden – geeignete Indikatoren ausgewählt werden, um konkrete ‚Learning Outcomes‘ für zu vermittelnde bzw. für zu erweiternde und zu vertiefende (interkulturelle) Kompetenzen der Lernenden zu definieren (vgl. Blüml i.d.B., Kap. 3.3). Dabei gilt: Nicht alle Indikatoren können bei einer Evaluation berücksichtigt werden, nicht alle sind zielführend. Einheitliche Lernziele lassen sich weder über das Lernsystem Hochschule hinweg noch in seinen kleinsten Einheiten, wie z.B. in unmittel-baren Dozenten-Studierenden-Interaktionen, aufstellen. Die Beurteilung der Effekte bzw. Wirkungen von Lehrveranstaltungen variiert letztlich in Abhän-gigkeit von den in die Evaluation einbezogenen abhängigen Variablen, Indi-katoren und Prädiktoren (z.B. Wissen, Verhalten, Anpassung, Zufriedenheit, Einstellungen; vgl. Mendenhall et al. 2004). Letztlich müssen ebenso organi-sationale und institutionelle Bedingungen des Lernumfeldes mit betrachtet werden (siehe Otten i.d.B., Kap. 3.2). Auf die Ableitung von geeigneten und bisher erfassten Zielerreichungskriterien im Rahmen von Evaluationen in der Hochschullehre mit dem Ziel einer Vermittlung interkultureller Kompetenz wird im folgenden Abschnitt eingegangen.

Evaluationsziele

Durch die Eingrenzung auf Evaluationen von Bildungsmaßnahmen der Hoch-schullehre ergibt sich als häufigste Zielsetzung die Ermittlung ihrer Wirksam-keit bezogen auf ihre intendierten Lehr- oder Veränderungsziele. Jedoch sind die möglichen Zielsetzungen einer Evaluation weiter zu differenzieren. Aus den Unterscheidungen von Zielen, Funktionen und Zwecken von oder Erwartungen an Evaluationen (Arnold 1992; Bortz/Döring 2006; Jenzer 1992; Will/Winteler/Krapp 1987; Wottawa/Thierau 2003 – zusammenfassend siehe Mayer 2001; Ehnert 2007), kann eine Taxonomie entlang zweier Dimensionen entwickelt werden: Erstens nach dem *Prozess,* den ein Lernsystem durchläuft, und zweitens nach der *Perspektive* und den Interessen der beteiligten Akteure bzw. der Befragten.

Prozess-Dimension

Wie beschrieben durchlaufen Lernsysteme und deren einzelne Komponenten einen ‚Entwicklungszyklus' im Sinne einer sukzessiven Optimierung. Dieser Zyklus kann kontinuierlich und auf unterschiedlichen Ebenen der Teile des Lernsystems stattfinden. Nach diesem Prozess-Modell können folgende Ziele unterschieden werden:

- *Entstehungs-Ziele:* Dabei werden Fragen im Zusammenhang mit der Herstellung, Konzeption, Planung und dem Design einer Maßnahme oder ihrer Teile gestellt, z.B. Bedarfsanalyse.
- *Durchführungs-Ziele:* Dabei geht es um Fragen zur Umsetzung der Maßnahme oder ihrer Teile, z.B. Steuerung des Ablaufs.
- *Bewertungs-Ziele:* Dabei geht es um die im engeren Sinne evaluativen, weil bewertenden Fragen an die Maßnahme oder ihre Teile, z.B. Untersuchung der intendierten Effekte.

Perspektiven-Dimension

Neben der Differenzierung prozessbezogener Ziele muss unterschieden werden, wessen Ziele mit einer Evaluation verfolgt werden. Wesentlich ist dies, da sich durchaus Zielkonflikte zwischen den Perspektiven verschiedener Akteure und Teilnehmer ergeben können. Hierbei lassen sich drei Perspektiven unterscheiden:

- *Maßnahmenbezogene Ziele:* Evaluationsziele, die sich auf die zu untersuchende Maßnahme selbst beziehen, z.B. effiziente Gestaltung eines Hochschulstudienangebots.
- *Kontextbezogene Ziele:* An eine Evaluation können zugleich Ziele und Erwartungen geknüpft werden, die sich nicht nur auf die konkrete Maßnahme und ihre Wirkung richten, sondern auf die Erfüllung von übergeordneten Interessen verschiedener Akteure und Stakeholder (s.u.) im Kontext der Maßnahme. So könnte etwa der Träger eines Programms entscheiden wollen, ob seine Investitionen weiterhin lohnend sind, inhaltliche und/oder wissenschaftliche Erkenntnisinteressen befriedigt werden,

oder ob die Maßnahme mit übergeordneten politischen Zielen kompatibel ist.

- *Subjektbezogene Ziele:* Schließlich können mit einer Evaluation Ziele verfolgt werden, welche der Erfüllung von individuellen Interessen der einzelnen Lerner als Teilnehmer der Maßnahme dienen, z.B. benötigt ein Studierender Feedback, um seinen Lernprozess individuell zu steuern.

Tabelle 1: Zieltaxonomie anhand der Dimensionen Prozess *(Entstehung, Durchführung oder Bewertung) und* Perspektive *(maßnahmen-, kontext- oder subjektbezogen)*

		Perspektiven		
		maßnahmenbezogene Ziele	kontextbezogene Ziele	subjektbezogene Ziele
Prozess	Entstehungsziele	• Bedarfsanalyse für Zielgruppe • Optimierung der Maßnahme • Auswertung von Metaanalysen • pädagogisch-psychologisches Vorgehen	• Anforderungsanalyse • Aufwandkalkulation • Akkreditierung	• individuelle Bedarfsabfrage • Anpassung von Lernzielen • Auswahl von Lerninhalten • Lernerfreundliche Gestaltung von Bedingungen
	Durchführungsziele	• Steuerung von Ablauf und Organisation des Lehrprozesses • Ausgestaltung von Lehr-Arrangements • Dokumentation	• fachdidaktische Erkenntnis • Dialog und Transparenz zwischen Akteuren	• Steuerung des individuellen Lernprozesses • Ausrichtung der Motivation • Steuerung der Handlungsorientierung für Lerntransfer
	Bewertungsziele	• Zufriedenheit • Lerneffekt • Transfereffekt • situative Veränderungen • Effizienz der Zielerreichung, (ökonomische) Aufwand-Nutzen-Relation • Nachhaltigkeit der Wirkung • Nebenwirkungen • Evaluation der Evaluation und Ergebnisverwendung	• Kontrolle erwünschter Effekte • Legitimation des Aufwands • Legitimation der inhaltlichen Ausrichtung • Entscheidung über die Zukunft der Maßnahme • Meinungsbildung zur Maßnahme • wissenschaftliche Erkenntnis • eigene Ziele von Evaluatoren und/oder deren Auftraggebern • Meta-Evaluation, Meta-Analysen und Evaluationsreviews	• Selbsterkenntnis über aktuelle Kompetenzen • Nachweis formaler Qualifikation (Zertifizierung) • Berechtigung/Zugang zu anschließenden Lehrangeboten

Aus der Kombination dieser Zieldimensionen ergeben sich neun Zielkategorien (siehe Tabelle 1), die im Folgenden konkretisiert werden sollen.

Maßnahmenbezogene Ziele

Die meisten explizit genannten Evaluationsziele beziehen sich auf die zu evaluierende Maßnahme selbst. Daher sollen die maßnahmenbezogenen Ziele zuerst dargestellt werden (um danach die Perspektive zunächst auf den übergeordneten Kontext, in dem die Maßnahme steht, zu erweitern und sie dann schließlich auf die Perspektive des individuellen Teilnehmers zu verengen).

- *Entstehungsziele:* Ein erster wesentlicher Fokus bei der Entstehung eines Lernsystems ist der Bedarf der Zielgruppe. So selbstverständlich eine *Bedarfsanalyse* im Rahmen der Entwicklung eines Lernsystems ist (bzw. sein sollte), so selten wird sie der Evaluation zugerechnet. Zielgruppen für Angebote zur interkulturellen Kommunikation sind häufig heterogen, was eine besondere Herausforderung für die Analyse ihres Bedarfs darstellt (Leenen 2007); dies gilt auch dann, wenn es sich um vermeintlich homogene, rein studentische Zielgruppen eines interkulturell ausgerichteten Studienganges oder Seminars handelt (Weidemann/Nothnagel i.d.B., Kap. 3.1). Nach erfolgter Durchführung können Erkenntnisse aus der Evaluation zur Veränderung und Verbesserung im Sinne einer *Optimierung* der Maßnahme (also neuerliche Entstehung) und/oder zur Entscheidung über deren Weiterführung bzw. Liquidierung verwendet werden (z.B. Kromrey 2000; Stockmann 2006). So kann z.B. die Wahl der Methoden – besonders relevant im Hinblick auf Verhaltens- und Einstellungsänderungen im Kontext interkultureller Kommunikation (Ehnert 2007) – durch das Evaluationsergebnis beeinflusst werden. Die Erstellung oder Auswertung von *Metaanalysen* im Vorfeld einer Neukonzeption liefert systematische Hinweise zur Gestaltung. Bei der Entwicklung und Optimierung von Lehrformen am Lehr- und Lernort Hochschule spielt auch die Gestaltung des *pädagogisch-psychologischen Vorgehens* in den Prozessen und Handlungen der Akteure der Interventionsmaßnahmen eine bedeutende Rolle (z.B. Ergebnis-, Prozess- und Handlungsorientierungen; vgl. Thierau-Brunner/ Stangel-Meseke/Wottawa 1999).
- *Durchführungsziele:* Wesentliches Ziel in Bezug auf die Durchführung der Maßnahme ist es, die *Steuerung des Ablaufs* und die *Organisation des Lehrprozesses* zu unterstützen. Insbesondere bei flexiblen Programmen, die eine heterogene Zielgruppe ansprechen, gilt es, den Ablauf zu überwachen (Monitoring), um ihn günstig beeinflussen zu können. Ein weiteres Ziel kann sich im Zuge der Durchführung auf Entscheidungen über die konkrete *Ausgestaltung der Lernarrangements* beziehen. Auch die *Dokumentation* der Durchführung zum Zweck späterer Recherchen oder Ana-

lysen kann zwar ein eigenes Ziel darstellen. Es ist jedoch zu fragen, ob die Dokumentation tatsächlich Selbstzweck oder nur Prozessschritt zur Datensammlung für weitergehende Bewertungsziele (s.u.) ist (Stockmann 2006). Je innovativer eine Maßnahme ist, desto relevanter wird eine umfassende Dokumentation, um womöglich weitergehende Evaluationsziele, die sich ggf. später erst ergeben, verfolgen zu können.

- *Bewertungsziele:* Im Sinne des hier zugrunde gelegten Evaluationskonzeptes ist dies die am häufigsten genannte Zielkategorie. Scriven (1991) hat dafür den Begriff der *summativen* Evaluation geprägt und damit die Untersuchung von Ergebnissen oder Wirkungen nach oder am Ende eines Programms von einer *formativen* Evaluation unterschieden, deren Ergebnisse sich im Laufe der Entwicklung eines Programms an die einzelnen Akteure des Programms richten. In Scrivens Ansatz wird also die Maßnahme an sich bzw. ihre Effekte im weitesten Sinn bewertet. Kirkpatrick (1979; kritisch z.B. Becker 2005) unterscheidet in seinem Evaluationsmodell dabei folgende vier Ebenen: (1) die *Zufriedenheit* oder Akzeptanz der Lernenden (aber auch von anderen Akteuren wie den Dozenten) als bedeutsames, wenn auch schwer objektivierbarer, wenig reliabler und begrenzt valider Indikator für die Qualität einer Maßnahme (Ebene *reaction*); (2) der *Lerneffekt* bei den Lernenden, messbar als unmittelbar nach Durchführung eintretende Wirkung der Maßnahme (Ebene *learning*); (3) der *Transfereffekt* als nachhaltige Wirkung in Anwendung und Umsetzung des Gelernten durch den Lernenden in dessen Alltagspraxis (Ebene *behavior*); (4) die *situative Veränderung* von äußeren Bedingungen durch die Maßnahme als ebenfalls nachhaltiger Effekt (Ebene *results*). Wenn neben der *Effektivität* (also der Relation zwischen erreichtem und angestrebtem Ziel als Zielerreichungsgrad) auch noch die *Effizienz* der Maßnahme (also der Relation zwischen Zielerreichung und Aufwand bzw. Kosten und Nutzen) gemessen werden soll, so wird von Bildungscontrolling und ‚*return-on-investment*‘ gesprochen. Dabei kann der investierte Aufwand monetäre oder andere materielle wie auch zeitliche Ressourcen betreffen. Ein zu Grunde liegendes ökonomisches Prinzip kommt z.B. im Rahmen von Personalentwicklungs- und Controllingkontexten (u.a. als Kennzahlenauswertung oder Investitionsrechnung; vgl. Thierau-Brunner et al. 1999) zum Tragen. Die *Nachhaltigkeit der Wirkungen* zu überprüfen, zielt darauf ab, wie ‚stabil‘ die erreichten Effekte sind. Schließlich stellt sich die Frage, ob – wie z.B. bei der „zielunabhängigen Evaluation“ (Scriven 1991; Kromrey 1988) – auch *Nebenwirkungen*, d.h. nichtintendierte Effekte, erfasst werden sollen. Bei der Definition von geeigneten und erfassbaren Indikatoren zur Einschätzung der Wirksamkeit, des Lern- und Transfererfolgs im Rahmen der Hochschullehre kann Bezug genommen werden auf die verschiedenen theoretischen Ansätze zur Formulierung von Dimensionen, Konstituenten und Komponenten interkultureller Kompetenz, wie z.b. affektive, kognitive und verhaltensbezogene Merkmale (Bolten 2000: 68) oder personen- und kommunikationsbezogene, psychologische und kulturspezifisch Anpassungskriterien (Chen/Starosta 1996; für einen Überblick siehe Rathje 2006; Straub 2007). Eine besondere Art von Bewertungszielen stellt die *Evaluation der Evaluation* selbst dar, d.h. wenn die Qualität der Bewertungsprozesse selbst untersucht wird. Schließlich beeinflusst auch die *Ergebnisverwendung* den Bewertungsprozess: U.a. wird vor und während der Sammlung von Daten und zu Beginn ihrer Auswertung und Interpretation festgelegt, welche Evaluationsergebnisse tatsächlich genutzt werden sollen.

Kontextbezogene Ziele

Die Evaluationsziele, die sich auf den übergeordneten Kontext einer Maßnahme und die entsprechenden Interessen verschiedener Akteure beziehen, werden gelegentlich auch als tiefer liegender ‚Zweck' einer Evaluation bezeichnet. Der Kontext einer einzelnen Maßnahme umfasst das Lernsystem Hochschule als Ganzes mit ihren verschiedenen Akteuren und deren unterschiedlichen Interessen und Zielen. Entsprechend der Vielfalt der Hochschulangebote zu interkultureller Kommunikation und Kompetenz variieren die kontextuellen Rahmenbedingungen erheblich. Zu den kontextuellen Einflussfaktoren gehören u.a. die Organisationsform des jeweiligen Studienangebotes, die zur Verfügung stehenden Ressourcen, die Ausgestaltungsmöglichkeiten des Lehr- und Lernarrangements, die Strukturen der verantwortlichen Hochschuleinheit sowie die Beteiligung diverser Akteursgruppen (vgl. Kromrey 2000).

- *Entstehungsziele:* Eine Evaluation kann immer auch dann durchgeführt werden, wenn zum Zeitpunkt der Einschätzung und Bewertung ein konkretes Konzept und Design einer bestimmten Maßnahme oder eines Programms noch nicht vorliegt und dieses erst gestaltet bzw. *entwickelt* werden muss. So liefert die Evaluation und Qualitätssicherung einen Beitrag zur *Konzeption*: etwa zur *Anforderungsdefinition* (unter Berücksichtigung der Anforderungen verschiedener Akteure), zur *Aufwandskalkulation* und – wo nötig – zur *Akkreditierung* von Studiengängen. Für zu evaluierende innovative Studienprogramme und Vermittlungsmethoden formulieren Rossi und Freeman (1993) verschiedene Bedingungen. Vor allem zwei der von ihnen aufgeführten Kriterien innovativer Maßnahmen lassen sich auf den hier betrachteten Kontext interkulturell ausgerichteter Studienangebote an Hochschulen übertragen: Erstens handelt es sich meist um neu aufgesetzte bzw. zu entwickelnde Studienangebote, deren Funktionieren und Wirksamkeit zwar angenommen, keinesfalls aber umfassend erprobt wurde; dies gilt auch, wenn es sich um die Umwandlung von Diplom- und Magisterstudiengängen im Rahmen des Bologna-Prozesses handelt.[2] Die zu vermittelnde Qualifikation ‚interkulturelle Kompetenz' ist in den verschiedenen Studiengangsdokumenten (Studien- und Prüfungsordnung) zudem allenfalls sehr vage definiert (Weidemann et al. 2007). Zweitens impliziert die Vermittlung interkultureller Kompetenz häufig wesentlich stärker praxisbezogene und verhaltensorientierte Lernziele als dies im Lehr-Lernsystem Hochschule (insbesondere Universitäten) gewöhnlich umgesetzt wird.

- *Durchführungsziele:* Bezogen auf die Durchführung von Qualifizierungsmaßnahmen wird häufig von Vertretern der Hochschullehrer die übergeordnete Frage gestellt, wie das Wissen über den untersuchten Bereich, seine Strukturen und Prozesse grundsätzlich vertieft und verbreitert werden kann. Bei der Qualitätsverbesserung von Studium und Lehre wird fast immer dieser *fachdidaktische Erkenntniszweck* angesprochen: Man ist daran interessiert, empirisch fundiertes Wissen über den Erfolg der Hochschullehre bzw. des Hochschulstudiums im Allgemeinen und die in diesem Kontext vermittelten interkulturellen Kompetenzen im Besonderen zu erlangen. Ein weiteres Ziel kann die Etablierung eines *Dialogs* zwischen den verschiedenen Akteuren zur Steigerung der *Transparenz* darstellen – auch mit der Absicht, Impulse zur Weiterentwicklung der Maßnahme zu gewinnen.

- *Bewertungsziele:* Fragen nach der Effektivität und Akzeptanz von Maßnahmen richten sich aus übergeordnetem Interesse verschiedener Akteure häufig auf die Steuerung und *Kontrolle in Richtung erwünschter Effekte.* Häufiges Interesse, insbesondere von Kostenträgern ist der effiziente Einsatz von finanziellen Mitteln sowie technischen, zeitlichen und personellen Ressourcen. Hier steht als Ziel die *Legitimation des Mitteleinsatzes* im Vordergrund (vgl. Stockmann 2006). Aus politischen Erwägungen geht es manchen Akteuren auch um die *Legitimation der inhaltlichen Ausrichtung.* Gelegentlich ist die Durchsetzung einer bestimmten *Entscheidung über die Zukunft einer Maßnahme* das Ziel und dazu die Veränderung und Beeinflussung von Personen oder Personengruppen in deren Einstellung oder *Meinungsbildung zur Maßnahme* kann bestimmten Akteuren wichtig sein. Ein verbreitetes übergeordnetes Ziel insbesondere in forschungsorientierten Bereichen ist *wissenschaftliche Erkenntnis* über Vorgänge, Ursachen und Zusammenhänge, die den Effekten der untersuchten Maßnahme zugrunde liegen. Die wissenschaftliche Auseinandersetzung dient

---

2 Als Beispiel mag hier die Umwandlung des Magister-Hauptfaches „Interkulturelle Kommunikation" in den forschungsorientierten Masterstudiengang „Interkulturelle Kommunikation – Interkulturelle Kompetenz" an der TU Chemnitz dienen (siehe Straub/Nothnagel 2007).

dabei oft nicht nur der Optimierung der Maßnahme, sondern auch dem übergeordneten Erkenntnisstreben (Kromrey 2000). Bei den kontextbezogenen Bewertungszielen spielen die unterschiedlichen Interessen der verschiedenen Akteure eine besondere Rolle: Darum ist hier auch die offene Frage nach jedweden *eigenen Zielen von Evaluator/innen und deren Auftraggebern* wichtig, zumal sie leicht der Forderung nach deren Neutralität entgegen läuft. Ein anderes Ziel, das den übergeordneten Kontext betrifft, ist die Anfertigung von *Meta-Evaluationen* bzw. *Evaluationsreviews* und Meta-Analysen, in denen zusammenfassende Bewertungen von Wirkungen sowie ganzheitliche Aussagen über die Effektivität der einbezogenen Interventionsmaßnahmen auf Grundlage mehrerer Evaluationen angestrebt werden.[3]

Subjektbezogene Ziele

Die Evaluationsziele, die die *Interessen der einzelnen Akteure bzw. Teilnehmer* als ,Subjekte' einer Maßnahme bedienen, führen zu einer individualisierten Betrachtung des Prozesses aus subjektiver Perspektive (z.B. der Studierenden oder Lehrenden).[4]

• *Entstehungs-Ziele:* Die *individuelle Anpassung* der Maßnahme an die Lernziele und persönlichen Bedürfnisse der Lernenden stellt einen Qualitätsanspruch an die Lehre dar. Dazu kann eine individuelle *Bedarfsabfrage* oder Erwartungsklärung – wie bei individualisierten Lehrmethoden üblicherweise vorgesehen – etwa von Seiten des Dozenten dienlich sein. Implizit wird eine solche Anpassung stets durch die Natur des Lernprozesses als aktive kognitive *Konstruktion des Lerners* stattfinden. Auch durch die *Auswahl* und individuelle Zusammenstellung zur Wahl stehender alternativer Studienangebote geschieht eine implizite Abstimmung und damit auch eine indirekte Bewertung. Die Interessen von Teilnehmern erstrecken sich nicht nur auf die Ausrichtung des inhaltlichen Angebots auf ihren Bedarf, sondern auf eine *lernerfreundliche Gestaltung von Bedingungen* wie das methodische Vorgehen, Bereitstellung von Lehrmitteln, Gestaltung von Lernorten und Rahmenbedingungen in Administration, Prüfungswesen oder Zertifizierung. All dies aus Lernersicht zu bewer-

---

3 Für Meta-Evaluationen und Evaluationsreviews zu interkulturellen Trainings siehe z.B. Ehnert 2004; Kealey/Protheroe 1996; Mendenhall et al. 2004; zu Meta-Analysen z.B. Deshpande/Viswesvaran 1992; Morris/Robie 2001.
4 Zu den unterschiedlichen Zielen einzelner Akteure und Akteursgruppen bzw. Teilnehmer sowie den damit verbundenen Herausforderungen im Zusammenhang mit der Lehre interkultureller Kommunikation und Kompetenz siehe ausführlich Weidemann/Nothnagel (i.d.B., Kap. 3.1).

ten, um es in der Entstehung oder Verbesserung der Maßnahme zu berücksichtigen, kann ein weiteres Ziel von Evaluation sein.

- *Durchführungs-Ziele:* Für den Lerner ist das zentrale Ziel von Bewertungen die *Steuerung* ihres individuellen Lernprozesses und -fortschritts. Dafür hat Scriven (1991) ursprünglich den Begriff der *formativen* Evaluation geprägt. Dies kann durch den Dozenten in Form mehr oder weniger formalisierter Lernzielkontrollen und Feedback, durch Einschätzungen des Lerners selbst oder durch Abfragen, die durch interaktive Medien bereitgestellt werden, erfolgen. In jedem Fall muss es zu einer Einschätzung des Lernfortschritts oder einer Bewertung der inhaltlichen Interessen kommen. Auf dieser Basis kann durch den Dozenten, durch ein adaptives Medium oder durch den Lerner selbst der Lernprozess individuell angepasst werden. Die jeweils nötige Entscheidungsgrundlage kann durch subjektive Einschätzungen oder aber auch explizite Bewertungen (Tests, Lernzielkontrollen, etc.) geschaffen werden. Teils gilt es auch die Handlungen bzw. *Handlungsorientierungen* von Teilnehmern in studienbezogenen Entscheidungssituationen (etwa bei der Wahl von Studienfächern oder Spezialisierungen) durch Rückmeldung zu steuern (z.B. Wottawa/Thierau 2003). Neben der Förderung gewünschter und der Korrektur unerwünschter Lerneffekte kann auch die Ausrichtung und Begünstigung der *Motivation* der Teilnehmer Ziel von Bewertung sein. Ein weiteres Ziel betrifft den *Transfer*: der Lerner kann Bewertungsergebnisse und Feedback zu seiner Person als handlungsleitende Erkenntnisse für die Umsetzung des Gelernten im Alltag nutzen. Besonders transferrelevant sind Erkenntnisse zum eigenen Verhalten und den eigenen Einstellungen, die im Kontext interkultureller Kompetenzen relevante Lernzielkategorien darstellen. Häufig werden für die Durchführungsziele dieselben Erhebungsinstrumente genutzt wie für die Bewertungsziele, was aber nicht immer im Sinne der genannten Ziele der Lernprozesssteuerung und Transfersteuerung ist.
- *Bewertungs-Ziele:* Die Rückmeldung über erreichte Lernziele an die einzelnen Teilnehmer dient nicht nur der (Selbst-)Steuerung des Lernprozesses, sondern ist unabhängig davon auch Grundlage der *Selbsterkenntnis* für den Lerner, u.a. zur Regulation und Stabilisierung seines Selbstbildes. Vielzitiertes Bewertungsziel ist die *Zertifizierung* der erreichten formalen Qualifikation. Insbesondere die Hochschule wird traditionell und auch mit breiter öffentlicher Akzeptanz als 'Hoheit' zur Vergabe von Qualifizierungsnachweisen anerkannt. Die *Abschlüsse* qualifizieren die Studierenden für berufspraktische und wissenschaftliche Tätigkeiten. Zwischenergebnisse von Studienleistungen entscheiden zunächst aber auch über die *Berechtigung* zur Teilnahme an weiterführenden Lehrveranstaltungen. Instrumente für alle subjektbezogenen Bewertungsziele sind je geeignete Formen von *Prüfungen*.

Die verschiedenen Evaluationsziele können nicht unabhängig voneinander betrachtet werden. Bei der Entscheidung für oder gegen bestimmte Ziele sollten evidente oder potentielle Zielkonflikte berücksichtigt werden. Dies verdeutlicht auch, wie relevant es ist, überhaupt die Ziele eines Evaluationsvorhabens offen zu explizieren. Zu bedenken ist auch, wie realistisch eventuelle Maximalforderungen sind. Schließlich gilt es zu beachten, dass kein Evaluationsprojekt die Wirkung einer Maßnahme bzw. deren Effekte letztgültig identifizieren kann. Dies gilt – nicht zuletzt aufgrund der Komplexität des Konstrukts ‚interkulturelle Kompetenz' und der höchst diversen Anwendungskontexte – insbesondere für die Evaluation interkulturell ausgerichteter Studienangebote. Als hilfreich hat sich die Festlegung von Zwischenzielen erwiesen, an denen die an der Evaluation beteiligten Akteure ihr Handeln ausrichten können.

Evaluationsdesign

Erst nach Klärung von Gegenstand und Zielen kann das dazu passende Vorgehen einer Evaluation festgelegt werden. Die genannten Ziele, Kriterien und Indikatoren können in verschiedenen Evaluationsdesigns erfasst, spezifiziert und eingeschätzt werden, wobei, soweit möglich, auf dokumentierte Erfahrungen bei der Evaluation interkultureller Qualifizierungsmaßnahmen zurückgegriffen werden sollte. Entscheidungen über das Design bzw. die Untersuchungsanlage einer Evaluation dienen dazu, einen konzeptionellen Rahmen zur Planung, Durchführung und Implementierung von Evaluationsmaßnahmen zu schaffen, der eine methodische und theoretische Begründung der Evaluation liefert und meist auf praktischen Evaluationserfahrungen beruht (Beywl 2006), wobei meist unterschiedliche Designs miteinander kombiniert oder ineinander integriert werden können (vgl. Blake/Heslin 1983; Tashakkori/ Teddlie 2003).

Zu solchen Designs von Evaluationen, die sich vorwiegend am „positivistischen Evaluationsparadigma" (Ehnert 2007) orientieren, zählen u.a. experimentelle und quasi-/nicht-experimentelle Designs, Zeitreihenanalysen, Querschnitt- und Längsschnittuntersuchungen, Pretest-Posttest-Designs, Panel-Untersuchungen sowie Meta-Analysen bzw. Meta-Evaluationen (vgl. zum Überblick Mendenhall et al. 2004). In der einschlägigen Literatur wird die Gestaltung einer Evaluation in Form eines quasi-experimentellen Designs deutlich anderen Untersuchungsplänen vorgezogen (vgl. z.B. Beywl 2006; Meyer 2007). Wenn demgegenüber der „Gesprächscharakter der Evaluation" (Bohnsack 2006) bzw. deren „moderierende Funktion" (Kardorff 2007) betont werden soll, z.B. in Form eines gemeinsamen Dialogs zwischen den Evaluator/innen und den intendierten Nutzern der Evaluationsergebnisse über ähnliche und differente Werthaltungen, Handlungsorientierungen und Bewertungen, kann mitunter auch das Verfahren einer „responsiven Evaluation"

(Stake 2004) zum Einsatz kommen. Dabei handelt es sich streng genommen um eine methodische Konkretisierung des kontextbezogenen Durchführungsziels „Dialog zwischen den Akteuren und Teilnehmern", wenn es dabei „im Wesentlichen darum [geht; M.A./T.M.], den beteiligten Gruppen ein gegenseitiges Verständnis für unterschiedliche Erfahrungen, Perspektiven, Bewertungen und Werthaltungen zu ermöglichen" und den/die Evaluator/in dazu zu beauftragen, „der Öffentlichkeit und vor allem den Programmbeteiligten Einblicke in die Standortgebundenheit der Perspektiven der jeweils anderen Beteiligten(-gruppen) zu eröffnen" (Nentwig-Gesemann 2006: 164). Einen wichtigen Beitrag zu einer qualitativen, empirisch fundierten Hochschullehrevaluation vermögen insbesondere die letztgenannten Modelle in Verbindung mit rekonstruktiven Verfahren der Sozialforschung zu liefern (z.B. Bohnsack 2008).

Erhebungs- und Auswertungsinstrumente

Mit der Entscheidung für eine konkrete Evaluationsmethodik bzw. ein Evaluationsdesign ist untrennbar auch die Wahl geeigneter Erhebungs- und Auswertungsinstrumente verbunden, welche an den Evaluationszielen bzw. der zu untersuchenden Fragestellung und dem Evaluationsdesign auszurichten sind. Im Rahmen von Evaluationen werden bekannte Methoden und Verfahren der empirischen Sozialforschung eingesetzt. Dabei können quantitative Methoden, die dem induktiv-statistischen Erklärungsmodell folgen und nach Generalisierbarkeit und Objektivität, Reliabilität und Validität der gefundenen Aussagen streben, von qualitativen Methoden, die dem interpretativen, hermeneutisch-verstehenden Erklärungsmodell folgen und auf eine bereichsspezifische Vertiefung des Orientierungs- und Handlungswissens über einen Forschungsgegenstand abzielen, unterschieden werden (vgl. Kochinka/Werbik 2000). Als geeignete und für die Erforschung interkultureller Kommunikation und Kompetenz sensible Methoden und Verfahren erscheinen u.a. Befragungen und Interviews, Fallanalysen und Analysen kritischer Interaktionssituationen, Experimente und Beobachtungen. Zur Datenauswertung können z.B. Verfahren der deskriptiven, multivariaten (z.B. Faktoren- und Clusteranalyse) und Inferenzstatistik (vgl. Diekmann 2007), aber auch gesprächs- und konversionsanalytische Textanalysemethoden, qualitative Inhaltsanalysen und Textinterpretationsverfahren im Rahmen der interpretativen, rekonstruktiven Sozialforschung (vgl. Bohnsack 2008) eingesetzt werden.

Im Kontext der Evaluation interkulturell ausgerichteter Studienangebote kann auf eine Vielzahl von Testverfahren und Instrumente zur diagnostischen Erfassung interkultureller Kompetenz zurückgegriffen werden, die sich jedoch hinsichtlich ihrer theoretischen Fundierung sowie der Validität und Reliabilität erheblich unterscheiden (Deller/Albrecht 2007). Bisherige Metaevaluationen spiegeln nur ein unzureichendes Bild von der Vielfalt an einsetzbaren Methoden wider. Weitgehend vernachlässigt werden qualitative Ansätze, Verfahren und Methoden, die einen empirischen Zugang zu biografisch und kollektiv geprägten Erlebnissen, Erfahrungshintergründen und Handlungsweisen von Menschen, zu für ihre Alltagspraxis relevanten *common-sense*-Theorien und impliziten (kulturellen), praktischen Orientierungswissen eröffnen können. Das Konzept einer qualitativen Evaluationsforschung ist schließlich in Form einer empirisch gestützten Beschreibung und Analyse von Erlebnis- und Handlungsfeldern der beteiligten Akteure denkbar, wenn damit das Ziel verfolgt wird, nicht nur die institutionelle Praxis des Evaluierens selbst zu untersuchen, sondern auch die alltäglichen Praktiken, die subjektiven Theorien und Diskurse aller beteiligten Akteure in die Evaluation einzubeziehen. Dabei kommen „qualitative, prozess-, kommunikations- und beteiligungsorientierte Verfahren" zum Einsatz (Kardorff 2007: 242), ohne dass die Ansprüche der Effizienzquantifizierung und summativen Evaluation dadurch ersetzt werden. Vielmehr werden letztere durch Einbezug der Interessenlagen und Meinungen der Betroffenen und durch eine weniger ergebnisbezogene, dafür aber ablaufbegleitende, formative Evaluation ergänzt und erweitert. Viele Autoren sprechen sich daher bei der Evaluation interkultureller Interventionsmaßnahmen dafür aus, sowohl quantitative als auch qualitative Verfahren miteinander zu kombinieren (vgl. Mendenhall et al. 2004). Nur so kann schließlich neben der Frage, ob und wie interkulturell ausgerichtete Studienangebote bestimmte Wirkungen erzielen, auch geklärt werden, warum sich bestimmte Effekte bei der Entwicklung interkultureller Kompetenz überhaupt erst entfalten, die sowohl als signifikant positive als auch negative Wirkungen messbar sind und von den an einer Maßnahme Beteiligten relevant gesetzt werden. Durch die Berücksichtigung der individuellen Perspektiven und qualitativen Bedeutsamkeit der Teilnehmer- bzw. Akteursperspektive können schließlich auch die Transfer- und Anwendungsfähigkeit von in der Hochschullehre vermittelten Aspekten interkultureller Kommunikation und Kompetenz auf das fremdkulturelle Handlungs- und Lebensumfeld besser eingeschätzt werden. Mit der Wahl der anzuwendenden Erhebungsinstrumente sowie des einzusetzenden Design wird im gleichen Moment auch eine Entscheidung über den Zeitpunkt der Evaluation, die Beteiligten sowie über die Einhaltung von vorab definierten Evaluationsstandards und Gütekriterien für die Bewertungsvorgänge getroffen.

Evaluationszeitpunkt

Üblicherweise wird bei der Bestimmung der Erhebungszeitpunkte und damit des Ablaufs von Evaluationsmaßnahmen die begriffliche Unterscheidung zwischen formativer und summativer Evaluation in Anspruch genommen.

Hense (2006) weist darauf hin, dass die originäre Bedeutung dieser Begriffe als „intendierte Evaluationszwecke" beachtet werden sollte und es keinerlei Sinn mache, den Zweck der Evaluation einerseits und den Zeitpunkt oder Evaluationsgegenstand andererseits *per se* gleichzusetzen, was fälschlicherweise suggerieren würde, dass damit die Vielfalt möglicher Formen der Evaluation abgebildet werden könne. Einem ähnlichen Vorbehalt unterliegen auch andere Unterscheidungen, wie z.B. in eine ‚ergebnisorientierte' vs. ‚prozessbegleitende' Evaluation (Kardorff 2007).

Trotz dieser begrifflichen Unschärfe kann danach gefragt werden, wann bzw. zu welchen (Mess-)Zeitpunkten Bewertungshandlungen stattfinden sollten. Mendenhall et al. (2004) haben hinsichtlich des Evaluationszeitpunktes gezeigt, dass im Falle der Evaluation interkultureller Interventions- und Qualifikationsmaßnahmen die abhängigen Variablen häufig vor und nach der Maßnahme zur Vermittlung interkultureller Kompetenz, selten auch während der Durchführung des Trainings gemessen wurden. Dieses Verständnis von Erhebungszeitpunkten wurde vielfach kritisiert, denn Evaluationsmaßnahmen können und sollten in allen Stadien eines Lern- und Entwicklungsprozesses ansetzen, um dem Anspruch zu genügen, Qualität zu sichern und Effekte zu erklären, statt nur Wirkung festzustellen. Demnach sollte eine Evaluation bereits vor Durchführung eines Programms, möglichst schon im Entstehungs- und Konzeptionsprozess eines Lernsystems, also mit der Ermittlung der Anforderungen und des Bildungsbedarfs der Zielgruppe, beginnen und auch die daran anschließende Zusammenstellung der zu vermittelnden Lerngegenstände und die Setzung der konkreten Lernziele sowie die Auswahl der anzuwendenden Vermittlungsmethoden sowie die Wahl bzw. Erstellung geeigneter Vermittlungsmedien – mithin den gesamten Prozess der Entstehung einer Maßnahme – umfassen. Eine Evaluation sollte nicht allein als abschließende Tätigkeit am Ende eines Gestaltungs- und Entwicklungsprozesses verstanden werden, sondern auch als kontinuierliche, prozessbegleitende wissenschaftliche Handlung, die den gesamten „Lebenszyklus" des Lernsystems auf Makro-, Meso- und Mikroebene als Evaluationsgegenstand begleitet (Mayer 2001: 327ff.). Bewertung findet dann nicht nur nach Entstehung und Durchführung des Gesamtprogramms, sondern auch nach den kleineren Untereinheiten bis hin zur Einzelinteraktion statt (s.o.). Ein solches Vorgehen wird der Forderung nach einer prozessbegleitenden Evaluation gerecht. Damit können sowohl ergebnisorientierte und prozessbegleitende Aspekte, Komponenten und Bausteine einer Interventionsmaßnahme, als auch einzelne Lernelemente bzw. Lernschritte und deren Qualitäten in Abhängigkeit von vordefinierten und zu erreichenden Lernzielen evaluiert werden (siehe Blüml i.d.B, Kap. 3.3). In diesem Sinne beschränkt sich Evaluation nicht nur auf Ziele der Bewertung der durchgeführten Maßnahme zum Zwecke ihrer Veränderung oder Verbesserung für neuerliche Durchführungen, sondern kann als eine alle Bestandteile, Bausteine und Entwicklungsschritte umfassende ganzheitliche Begleitforschung verstanden werden.

Evaluator/in bzw. Evaluatorenteams

Die Rolle der Evaluator/innen bzw. Evaluatorengruppen im Evaluationsprozess wird durch verschiedene Rahmenbedingungen beeinflusst (Stockmann 2006: 263f.): (1) ihre institutionelle Einbettung in die Evaluationsmaßnahme; (2) ihr implizites Rollenverständnis und Wissen über die Planung, Durchführung und Implementierung geeigneter Evaluationsstrategien; (3) die Ziele der Evaluation.

Je nach Ort der Durchführung und Steuerung sowie institutionellen Einbindung einer Evaluationsmaßnahme kann zwischen einer internen (durch die eigene Organisation) und externen (durch einen von der Organisation beauftragten Dienstleister) Evaluation unterschieden werden (Brandt 2007; Widmer 2000). Wird für die Evaluation ein Rollenverständnis der Evaluatoren angestrebt, welches durch Unabhängigkeit, Neutralität und Objektivität sowie eine professionelle Spezialisierung auf methodisch und wissenschaftlich fundierte Evaluationsdienstleistungen im Zusammenhang mit interkulturell ausgerichteten Weiterbildungsmaßnahmen gekennzeichnet ist, muss i.d.R. auf externe Evaluatoren mit spezifischer Expertise im Bereich 'interkulturelle Kompetenz' zurückgegriffen werden. Während bei den Dozenten der zu evaluierenden Studienangeboten Qualifikationen für und Erfahrungen mit Evaluationsmaßnahmen nicht immer vorausgesetzt werden können, mangelt es hochschulinternen Evaluatoren meist an Fachkenntnis hinsichtlich des Gegenstandsbereichs 'interkulturelle Kompetenz'. Interne Evaluator/innen stehen zudem im Risiko, tendenziell eigenen Zielen und Interessen bzw. denen der Organisationen, der sie angehören, zu folgen.

Dennoch stellen Varianten der *Selbstevaluation* eine möglicherweise nützliche Option dar (Hense 2006). Die Selbstevaluation bildet einen Spezialfall einer internen Evaluation, bei der unmittelbar und mittelbar an einer Evaluation beteiligte bzw. von der zu evaluierenden Maßnahmen betroffene Personen und Interessensgruppen mitwirken und so als *„owners of the process"* (ebd.) einen wesentlichen Einfluss auf Evaluationsziele, Fragestellungen, Design, Umsetzung und Verwendung von Evaluationsergebnissen nehmen können. Eine solche dialogische Evaluationspraxis ist jedoch begleitet von einer Rollenkonfusion der beteiligten Akteure, die zugleich Auftraggeber, Entscheider und Evaluatoren sind (ebd.). Kritiker wenden ein, dass die mit der Subjektfokussierung verbundene Subjektivität die Aussagekraft und Qualität der Ergebnisse und Schlussfolgerungen der Evaluationen gefährde (z.B. Kähler 2006). Zu den Vorteilen der Selbstevaluation gehören neben den schon genannten auch der geringere Aufwand sowie die Integration des Bewertungs-

und Qualitätssicherungsprozesses in den Lehr-Lern-Prozess selbst (Arzberger/Mayer 2004). Wenn im Rahmen einer solchen „integrierten Evaluation" (ebd.) Evaluationsergebnisse zu Entstehung und Durchführung (einschließlich erreichter Lernziele) direkt von den Akteuren, die ein interkulturell ausgerichtetes Studienangebot konzipieren und durchführen, selbst erarbeitet und interpretiert werden, ermöglicht dieses Vorgehen die unmittelbarste und schnellste Umsetzung konkreter Verbesserungs- und Veränderungsprozesse. Zudem kann man davon ausgehen, dass die betroffenen (und an der Selbstevaluation beteiligten) Akteure bzw. Teilnehmer der untersuchten Maßnahme als ‚praktische Experten' die Ergebnisse zu Lernerfolgen (und Misserfolgen) im Detail am besten und mit klarer eigener Motivation zur Veränderung interpretieren können. Rückmeldungen nach Abschluss einer (Fremd-)Evaluation wirken dagegen – wenn überhaupt – nicht derart direkt auf die zu untersuchende und optimierende Maßnahme zurück. Um die Effizienzvorteile der Selbstevaluation nutzen zu können, Transparenz zu ermöglichen und Nachteile (z.B. den Einfluss vordergründiger Eigeninteressen) zu kontrollieren, sollten die Zielsetzung, wesentlichen Fragestellungen, das Design und Vorgehen und vor allem auch die weitere Ergebnissichtung und -verarbeitung jedoch in transparenter Zusammenarbeit mit einer übergeordneten bzw. unabhängigen Instanz vorgenommen werden.

Im Kontext der Hochschullehre kann eine integrierte Evaluation nicht nur die Einschätzungen, je unterschiedlichen Zielvorstellungen und Interessen der verschiedenen Akteure (Dozenten, Studierende, Tutoren, Lehrstuhlinhaber, Hochschulverwaltung, Wissenschaftsministerium etc.) berücksichtigen, sondern diese Personen und Gruppen übernehmen in angemessener Weise auch die Funktionen von (Selbst-)Evaluatoren.

Selbstevaluationen – aber auch alle anderen internen und externen Evaluationen können auf unterschiedlichen organisationalen Ebenen ansetzen:

- bei der *Auswahl von Studierenden* für die Studienangebote: Daran sind neben den Studierenden selbst u.a. die Studiengangsberater der involvierten Fachbereiche, die Universitätsverwaltung in Form der Studentensekretariate sowie externe Dienstleister, wie z.B. die Zentralstelle für die Vergabe von Studienplätzen, beteiligt;
- auf *Ebene der Konzeption und Durchführung von Studienangeboten*: Das betrifft unmittelbar die Studierenden, Dozent/innen und Studiengangsleiter/innen, außerdem die Studienberater und ehemaligen Studierenden;
- auf *Ebene der Hochschule*, z.B. vertreten durch hochschulpolitische und hochschuladministrative Gremien wie etwa Fakultätsleitung, Rektorat bzw. Präsidium und Senat;
- auf *Länder- und Bundesebene*, wie z.B. Kultusministerien, Behörden und Gremien auf Bundes- und Länderebene, die mit hochschulrechtlichen Fragen betraut sind. An einer ideellen und finanziellen Förderung von

Hochschulen in Lehre und Forschung sind ebenso politische, wirtschaftliche und wissenschaftliche Interessengruppen und Verbände interessiert, z.b. Studien- und Forschungsstiftungen, Parteien und Wirtschaftsunternehmen, die Studien- und Forschungsstipendien oder Praktikantenstellen vergeben sowie als Arbeitgeber gegenüber Absolvent/innen auftreten.

Evaluator/innen müssen zwischen den vielfältigen Interessen der unterschiedlichen Stakeholder vermitteln können und ggf. auch in der Lage sein, negativen Einstellungen gegenüber Evaluationshandlungen gegenzusteuern. Nicht immer sind alle an einem Studienangebot beteiligten Akteure und Gruppen gleichermaßen an einer Bewertung durch Evaluation interessiert; mitunter fürchten sie auch negative Konsequenzen bezüglich des zu evaluierenden Studienangebots und/oder ihrer Rolle. Als zielorientiertes und systematisches wissenschaftliches Handeln, das individuelle, institutionelle und politische Aspekte in der Hochschule berührt und Wirkungen auf diese anstrebt und ausübt, ist Evaluation zudem stets in einen höchst sensiblen Rahmen ethischer und moralischer Verantwortung gegenüber allen an der Evaluation Beteiligten und der Öffentlichkeit eingebettet (zum verantwortungsbewussten Handeln von Evaluator/innen s.u.).

Teilnehmer und Stakeholder

Evaluationen in komplexen Lehr-Lernsystemen wie im Kontext der Hochschulbildung zielen nicht nur auf zu evaluierende Gegenstände und Vorgänge (z.B. Studienangebote, Vermittlungsmethoden), sondern ggf. auch auf die an der zu evaluierenden Maßnahme beteiligten Personen. Sowohl als Befragte bzw. ‚Objekte‘ der Evaluation, wie auch als Teilnehmer der evaluierten Maßnahme sind sie mit ihren individuellen, mitunter divergierenden Perspektiven und Sichtweisen, Einstellungen und Handlungsweisen involviert. An Evaluationen sind darüber hinaus verschiedene weitere Interessengruppen bzw. ‚Stakeholder‘ direkt oder indirekt beteiligt oder von dieser betroffen. Da auch sie die Planung, Durchführung und Implementierung begleiten, behindern oder fördern können (Brandt 2007: 165f.), müssen sie bei der Evaluation ebenfalls berücksichtigt werden. Mit einem weiter gefassten Stakeholder-Begriff lässt sich neben den unmittelbaren Auftraggebern und Finanziers außerdem eine weitere große heterogene Gruppe mit mittelbarem Interesse an der Konzeption, Durchführung und Evaluation von interkulturell ausgerichteten Studienangeboten identifizieren. Hierzu zählen neben nationalen und internationalen Behörden und Einrichtungen (z.B. Behörden und Gremien auf Bundes- und EU-Ebene) auch politische, wirtschaftliche und wissenschaftliche Interessengruppen und Verbände (z.B. Parteien und Wirtschaftsunternehmen, Studien- und Forschungsstiftungen), die nicht nur unmittelbar an der finanziellen und ideellen Förderung von Forschung und Lehre zu interkultureller Kommunikation beteiligt und an der Vergabe von Praktikumsstellen bzw. Arbeitsplätzen für Absolvent/innen mit interkultureller Kompetenz interessiert sind. Diese Stakeholder sind nicht zuletzt maßgeblich daran beteiligt, den Bedarf an interkultureller Kompetenz vorzugeben und Studieninhalte mitzubestimmen – wobei die Auffassungen von interkultureller Kompetenz sich durchaus von derjenigen der Gegenstandsexperten unterscheiden kann (Weidemann/Nothnagel i.d.B., Kap. 3.1).

Die Aufgaben und Verantwortungsbereiche der Stakeholder bedürfen im Rahmen der Evaluation einer weiteren Differenzierung (vgl. z.b. die Checkliste von Fitzpatrick/Sanders/Worthen 2004). Diese Akteure können sowohl als Einzelpersonen involviert oder als informelle (z.b. eine Praktikumsgruppe von Studierenden) bzw. formelle Gruppen (z.b. Gremien wie Fachschaftsräte, Senat, Fakultätsrat) in Erscheinung treten. Die Akteure im Handlungsfeld Hochschule bzw. die Stakeholder einer Evaluation können auf unterschiedliche Weise als Informationslieferanten bzw. ‚Datenquellen' bei der Beurteilung von Lehrmethoden und Studienangeboten dienen: (1) Als professionelle Experten in der Hochschule verfügen sie über ein implizites Wissen darüber, wie das Lehr-Lernsystem Hochschule zu funktionieren hat; (2) sie können ihre persönlichen Eindrücke, Meinungen und Einstellungen gegenüber einer Maßnahme sich selbst und anderen Akteuren schildern; (3) Akteure definieren meist unterschiedliche Zielerreichungskriterien; (4) bestimmte Stakeholder können auch als fachliche und wissenschaftliche Experten (z.b. Informationslieferanten, Experten in der Vermittlung interkultureller Kompetenz in der Hochschullehre) fungieren.

Je nach Evaluationsziel und Evaluationsdesign muss – neben der Zusammenstellung des Evaluatorenteams – auch eine Auswahl der Teilnehmer als Evaluationsobjekte getroffen werden, welche dazu beiträgt, den Gegenstand der Evaluation zu präzisieren und zu spezifizieren. Idealerweise werden auch die Stakeholder (bzw. einzelne Vertreter) in die Evaluation integriert. Bei der Auswahl der Evaluationsteilnehmer können verschiedene Datenerhebungstechniken eingesetzt werden, z.b. repräsentative Stichproben oder theoretische, zweckorientierte Auswahlen. So können von der Durchführung, den Ergebnissen und Verwendungszusammenhängen von Evaluationen durchaus Personen und Gruppen betroffen sein, die bewusst oder unbewusst von der Evaluation ausgeschlossen worden sind. Wenn beispielsweise Studierende über Schwierigkeiten bei der studienbezogenen Planung und Durchführung oder Anrechnung von Auslandspraktika und -semester berichten, dann sollten bei der Evaluation ebenso auch vormals vielleicht nicht im Evaluationsdesign berücksichtigte Akteure in der Hochschule einbezogen werden, wie z.B. Studiensekretariate, Prüfungsämter und akademische Auslandsämter (siehe Nothnagel i.d.B., Kap. 4.14).

Evaluationsstandards

Die Beachtung von Evaluationsstandards wird i.d.R. aus zwei miteinander verwobenen Perspektiven diskutiert: zum einen unter dem Aspekt der Integration von Qualitätsansprüchen und Gütekriterien beim Einsatz von sozialwissenschaftlichen Methoden, zum anderen aus Sicht professioneller und wissenschaftlicher Verbände, wie z.b. der Deutschen Gesellschaft für Evaluation und dem Joint Committee on Standards for Educational Evaluation, die Standards und Gütekriterien für Evaluation formuliert haben. In der Auseinandersetzung mit der Güte und Wissenschaftlichkeit empirischer Sozialforschung lassen sich verschiedene Forschungspositionen erkennen (vgl. Steinke 2007). Auf der einen Seite bemüht man sich im Hinblick auf qualitative Evaluation um die Weiterentwicklung und Ausweitung traditioneller Gütekriterien quantitativer Sozialforschung auf die qualitative Forschung (vgl. u.a. Kirk/Miller 1986). Andererseits wird versucht, die Aussagekraft der erhobenen Daten nach anderen als den traditionellen Kriterien (Objektivität, Reliabilität, Validität) zu beurteilen. Bezogen auf den Prozess der Kommunikation und Interaktion der Beteiligten an einer Evaluation kann man mit Hilfe der „kommunikativen Validierung" (vgl. u.a. Kvale 1995) die Aussagekraft der Ergebnisse erhöhen, wenn man diese den Forschungspartnern vorlegt und gemeinsam mit ihnen Reichweite, Vollständigkeit und Breite der Analysen diskutiert. Dies wird z.B. durch externe Audits von Experten und durch die Einbeziehung unterschiedlicher Interessengruppen bzw. Stakeholders ermöglicht (vgl. Kardorff 2007). Zusätzlich erscheint auch die multimethodale und -perspektivische Strategie der Triangulation sinnvoll (vgl. Flick 2004). Dabei werden verschiedene Datenquellen (wie z.B. Selbst- und Fremdberichte der Akteure und reflektierte eigene Erfahrungen der Evaluatoren), Untersuchungsmethoden (wie z.b. offene Interviews, Gruppendiskussionen, moderierte Zielfindungs- und Ergebnisgespräche, Dokumentenanalysen und Verfahren der ethnografischen Feldforschung) sowie Theorien der beteiligten Beobachter und Interpreten bei der Datenerhebung und -auswertung miteinander kombiniert, um die gefundenen Ergebnisse wechselseitig zu überprüfen, zu ergänzen und zu erweitern. Als allgemeines Kriterium der Wissenschaftlichkeit qualitativer Evaluationsforschung gilt ebenso die ‚intersubjektive Nachvollziehbarkeit', die durch die Offenlegung forschungsleitender Interessen und Vorverständnisse, Begründungen der Methodenwahl und die ausführliche Dokumentation der Analyseergebnisse sowie der einzelnen Interpretationsschritte erzielt werden soll (vgl. z.B. Steinke 2007).

Die Beurteilung der Güte von Evaluationsstudien wurde auch in der Evaluationsforschung diskutiert. Als die zwei wesentlichen Faktoren zur Einschätzung der Validität von experimentellen und quasi-experimentellen Forschungsdesigns zur Untersuchung von sozialen Handlungszusammenhängen benennen Cook und Campbell (1979) in ihrer „Checklist": (1) interne Validität; (2) externe Validität, Repräsentativität oder Generalisierbarkeit. Darüber hinaus zählen Hatry und Newcomer (2004) die Glaubwürdigkeit der Ergebnisse und Schlussfolgerungen, statistische Messvalidität, Validität der statistischen Erklärungsmuster und die Reliabilität bzw. Reproduzierbarkeit der Ergebnisse als Gütekriterien auf, welche die Qualität von Evaluationen beeinflussen. Meist handelt es sich aber um *trade-off*-Beziehungen. Verbesserungen der internen Validität können die externe Validität gefährden und umgekehrt (vgl. Blake/Heslin 1983).

In der Evaluationsforschung gibt es in Bezug auf die Qualitätssicherung und die Einführung von Standards der Evaluation eine gesonderte Diskussion über die Wissenschaftlichkeit derartiger Bemühungen. Cronbachs (1983) 95 Thesen bzw. Kriterien für Programmevaluationen gelten als hilfreiche Orientierung (vgl. u.a. Joint Committee on Standards for Educational Evaluation 1999). Ausgehend von einem noch inhaltlich und formalstrukturell unbestimmten Begriff der ‚Qualität' zählt Widmer (2000) verschiedene weitere Beurteilungskriterien für die differenzierende Betrachtung und Beurteilung qualitativer Evaluationsforschung auf: die Evaluationsgegenstände (Programm- vs. Ergebnisevaluation), die Verortung einer Evaluation (interne vs. externe; formative vs. summative; Selbst- vs. Fremdevaluation), Methodenwahl (experimentelles vs. konstruktivistisches Paradigma), die Distanzierung des/r Evaluators/-in von der Evaluation und dem Evaluationsobjekt, der Umfang einer Evaluation (zeitliche, personelle, rechtliche und finanzielle Ressourcen), Erwartungen an die Evaluation seitens der Interessengruppen Politik, Wissenschaft, Öffentlichkeit. Im Zuge der Professionalisierung der Evaluation haben sich in den 1970er Jahren – zunächst in den USA – verschiedene Initiativen gegründet, um Kriterien zur Einschätzung der Güte und Qualität einer Evaluation zu entwickeln. In Folge dessen kam es zur Formulierung von Evaluationsstandards durch das Joint Committee on Standards for Educational Evaluation, wonach u.a. ein Nebeneinander zwischen interpretativen, rekonstruktiven und klassischen, (quasi-)experimentellen Methoden angestrebt wird. Im deutschen Sprachraum blieben diese Standards lange Zeit unbeachtet. Erst Ende der 1990er Jahre kam es zur Übersetzung dieser „Standards" (vgl. Joint Committee on Standards for Educational Evaluation 1999).[5] Das Regelwerk benennt vier heterogene, weitgehend miteinander verflochtene

---

5   Die Deutsche Gesellschaft für Evaluation, die sich aus Institutionen und Personen zur Förderung der Professionalisierung und zum Informationsaustausch rund um das Thema Evaluation zusammengeschlossen hat, übernimmt in Deutschland die Herausgabe und Entwicklung von Standards (DeGEval – Gesellschaft für Evaluation e.V. 2008). Wie die ISO-Normen haben diese Standards keine rechtsverbindliche Wirkung, es sei denn, dass diese zwischen Auftraggeber und -nehmer der Evaluation vertraglich vereinbart wurden.

Bewertungskonzepte: Nützlichkeit, Durchführbarkeit, Fairness und Genauigkeit der Evaluation. Die Anwendbarkeit dieser Evaluationsstandards hat sich in der Evaluationspraxis bisher nur wenig durchgesetzt, da (1) es kaum möglich ist, stets alle Standards einzuhalten, weil diese aufgrund divergierender Zielstellungen der einzelnen Konzepte nur schwer kombinierbar und integrierbar sind; (2) aufgrund der Weite der Definition der einzelnen Standards prinzipiell Probleme bei der Anwendbarkeit im Einzelfall und dem anschließenden Transfer in die Evaluationspraxis auftreten; (3) die Gewichtung der einzelnen Standards meist unklar bleibt; (4) die Kontrollfunktion der Standards nur eingeschränkt entfaltet werden kann, weil es sich im engeren Sinne um Maximalkriterien handelt (Stufflebeam 2003; Widmer 2000).

Für eine verlässliche (auf einem experimentellen Design beruhende) Studie zur Wirksamkeitseinschätzung von interkulturellen Qualifizierungsmaßnahmen und der dabei eingesetzten Methoden und Verfahren empfehlen Kealey und Protheroe (1996) sieben Gütekriterien bzw. Minimalkriterien: (1) Vergleich zwischen Experimental- und Kontrollgruppe; (2) Überprüfung von kognitivem Wissen und Verhaltenskompetenz, sowohl vor als auch nach dem Training. Über diese Minimalkriterien hinaus sollte eine sorgfältig geplante (experimentelle) Studie außerdem folgende Bestandteile beinhalten: (3) Auswahl von Testpersonen (sowohl in Untersuchungs- als auch Kontrollgruppe) auf zufälliger Basis; (4) Einsatz von Langzeitstudien, um die spätere *on-the-job*-Leistung in verschiedenen Intervallen sowohl direkt nach dem Training als auch einige Zeit später überprüfen zu können; (5) Erweiterung und Ergänzung der Selbstauskünfte der Trainingsteilnehmer um Fremdeinschätzungen aus dem nahen Umfeld (z.B. Trainer, Supervisoren, Coaches, andere Trainingsteilnehmer und Personen des Gastlandes); (6) Klarheit und Präzision bei der Bestimmung der unabhängigen Variablen (u.a. Trainingsziele, -methoden und -dauer), so dass die gemessenen Ergebnisse den entsprechenden Variablen zugeordnet werden können; (7) Klarheit und Präzision bei der Messung der abhängigen Variablen ‚Erfolg' und ‚Effektivität' und Erweiterung durch Erfassung externer Faktoren (z.B. persönliche Anpassung oder Zufriedenheit im Gastland, positive zwischenmenschliche Beziehungen mit Angehörigen der Gastkultur und die persönlichen Leistung in Bezug auf Arbeitsanweisungen). Mendenhall et al. (2004) haben im Rahmen einer Meta-Evaluation die zwischen 1988 und 2004 veröffentlichten Studien zu interkulturellen Trainings auf die Einhaltung dieser Gütekriterien hin untersucht und kamen zu dem Ergebnis: „Overall, these results show that there is not a strong fit between the research designs in the studies reviewed in this paper and the criteria for rigor in cross-cultural evaluation research" (ebd.: 138). Dies spiegelt das allgemeine Bild der Evaluationspraxis wider, das dadurch gekennzeichnet ist, dass die geforderten methodischen Gütekriterien empirischer Sozialforschung sowie die Standards zur Durchführung von Evaluationen nicht immer Anwendung bzw. Berücksichtigung finden.

Perspektiven und Probleme bei der Evaluation interkulturell ausgerichteter Studienangebote

Nicht selten stößt Evaluation an ihre Grenzen hinsichtlich der Messbarkeit, Operationalisierbarkeit und Darstellbarkeit der untersuchten Wirkungszusammenhänge und Bewertungsvorgänge. Im hier betrachteten Kontext der Evaluation von Studienangeboten zur Vermittlung interkultureller Kompetenz an Hochschulen erscheinen die Potenziale noch lange nicht ausgeschöpft. Insbesondere in folgenden Bereichen gibt es noch Klärungsbedarf bzw. Verbesserungsmöglichkeiten: (1) Identifikation, Festlegung und Operationalisierung von geeigneten Indikatoren bzw. Prädiktoren bei der Lernerfolgsermittlung; (2) Berücksichtigung von kombinatorischen methodischen Arrangements in der Evaluationsforschung und Ergänzung der vorwiegenden quantitativen Evaluationsforschung durch Aspekte und Prinzipien der qualitativen, rekonstruktiven Sozialforschung; (3) Probleme der Ergebnisdarstellung und -vermittlung; (4) Fokussierung auf Transfereffekte und Anwendbarkeit der vermittelten Schlüsselqualifikationen; (5) bereichsspezifische Evaluationsforschung im Kontext der Hochschullehre.

Die Identifizierung und Operationalisierung von geeigneten Indikatoren für interkulturelle Kompetenz zur Wirkungsmessung im Lehr-Lernsystem Hochschule werden maßgeblich durch Schwierigkeiten bei der Definition, Konzeptualisierung und empirischen Fundierung des Konstrukts ‚interkulturelle Kompetenz' beeinflusst (vgl. Straub 2007; Blüml i.d.B., Kap. 3.3). Die geläufigen (Teil-)Komponentenmodelle und Merkmalslisten (z.B. Bolten 2000: 68; Thomas 2003: 144; vgl. Straub 2007: 41ff.) liefern zwar reichlich Ansatzpunkte für die Präzisierung des Evaluationsgegenstandes hinsichtlich seiner empirisch erfassbaren Beurteilungskriterien. Als hilfreiche Datenquelle erscheinen diesbezüglich etablierte Testverfahren und Instrumente zur diagnostischen Ermittlung, Erfassung und Entwicklung interkultureller Kompetenz (zum Überblick siehe Deller/Albrecht 2007) sowie empirisch überprüfte (interkulturelle) Lernmodelle (zum Überblick siehe D. Weidemann 2007). Die in den diagnostischen Verfahren verwendeten bzw. aus den Lernmodellen abgeleiteten Indikatoren können jedoch nicht uneingeschränkt verwendet werden: Zum einen können nicht alle Teilkomponenten gleichermaßen gut erfasst und gleichzeitig bei einer Evaluation einbezogen werden; zum anderen stellt es häufig ein schwieriges Unterfangen dar, Störvariablen und andere Einflussfaktoren zu kontrollieren bzw. zu steuern. Darüber hinaus bleibt immer das Problem, dass es keine einheitliche Definition interkultureller Kompetenz gibt und sowohl die zu evaluierenden Maßnahmen als auch die Evaluation selbst letztlich je spezifisch definieren müssen, was jeweils als ,interkulturelle Kompetenz' verstanden werden soll. Dies schränkt nicht nur die Vergleichbarkeit drastisch ein, sondern lässt – angesichts der mangelnden theoretischen Fundierung der diagnostischen Verfahren zur Messung interkultureller Kompetenz (vgl. Deller/Albrecht 2007) – auch an der (ökologischen) Validität der Ergebnisse zweifeln.

Evaluationen zur Einschätzung und Beurteilung der Erreichung von Lernzielen bzw. ,Learning Outcomes' müssen letztlich auf unterschiedlichen Ebenen der Hochschulausbildung ansetzen (vgl. Blüml i.d.B., Kap. 3.3). Regelmäßig stellt es eine große Herausforderung dar, sowohl die intendierten als auch nicht intendierte Wirkungen von Lehr- und Lernmethoden zu erfassen. Die Ergebnisse der einbezogenen Evaluationsstudien zu Einschätzung der Effektivität und der Wirkungen von interkulturellen Qualifizierungsmaßnahmen können nur eingeschränkt auf die Lehrevaluation von interkulturell ausgerichteten Studienangeboten übertragen werden, da die Angebote an Hochschulen teils grundlegend anderen Charakter besitzen als z.B. interkulturelle Trainings für Mitarbeiter in Wirtschaftsunternehmen. Dennoch stellen die in diesem Kontext entwickelten Bewertungs- und Qualitätskriterien für die Entwicklung kontextsensibler Indikatoren und Erfolgsprädiktoren eine wichtige Ressource dar. Mit der Messbarmachung sind aber nicht nur Fragen der Transformation des Evaluationsgegenstands in empirisch untersuchbare Zusammenhänge, sondern auch die Wahl entsprechender und für die Evaluationsziele geeigneter Datenerhebungs- und Auswertungsmethoden verbunden.

Wie in diesem Beitrag gezeigt wurde, lassen sich Transfereffekte von sozialen Interventionsmaßnahmen, die Komplexität und Vielschichtigkeit sowie zeitliche Verzögerungen des Eintretens von intendierten Wirkungen, möglichen und beabsichtigten Nebenwirkungen sowie gegensätzlicher, ambivalenter Ergebnisse mit den bisher bekannten und eingesetzten empirischen Methoden der Sozialforschung nicht vollständig erfassen (Daumenlang et al. 1999; Ehnert 2007). Hinsichtlich der Schlüsselqualifikation interkulturelle Kompetenz sollte sich zukünftige Forschung verstärkt mit dem Transfer der kognitiven, affektiven und verhaltensorientierten Lernresultate in die Berufs- und Anwendungspraxis beschäftigen (z.B. mit den Auswirkungen des Gelernten auf das Studierverhalten und die Arbeitsleistung im Studium, während Auslandspraktika und -semester sowie im beruflichen Tätigkeitsfeld nach dem Studium). Die Transfereffekte in die Arbeitspraxis sind jedoch nur schwer zu erfassen, wie auch effektives und erfolgreiches interkulturelles Handeln meist vielschichtig, komplex und von informellen Lernprozessen abhängig ist. Bisherige Bestrebungen zur Durchführung von Evaluationen im Kontext der Hochschullehre und insbesondere zur Vermittlung interkultureller Kompetenzen bedürfen weiterhin der Verfeinerung und Vertiefung. Ein wichtiges Ziel sollte darin bestehen, bereichsspezifische Evaluationsmodelle,

-ansätze bzw. -designs zu erarbeiten, die möglichst vielen der in diesem Beitrag dargestellten theoretischen und methodologisch-methodischen Standards gerecht werden. Ein einfaches Patentrezept wird es dabei auch im Feld der Hochschule nicht geben. Allerdings lässt sich die dort angesiedelte, in vielfältigen Formen vorgenommene Vermittlung interkultureller Kompetenz differenzierter auf den Prüfstand stellen, als es in einschlägigen Evaluationsstudien bislang geschehen ist.

Literatur

Arnold, Rolf (1992): „Evaluierungsansätze in der betrieblichen Weiterbildung". In: Philipp Gonon (Hg.), Evaluation in der Berufsbildung, Aarau: Sauerländer, S. 85-108.

Arnold, Maik (2005): „Von der Evaluation zur Evaluationsforschung. Perspektiven der qualitativen Sozialforschung". SIETAR Journal 11, S. 11-14.

Arnold, Maik (2009): Das religiöse Selbst in der Mission: Kulturpsychologische Analyse missionarischen Handelns deutscher Protestanten, unveröffentlichte Dissertation, Ruhr-Universität Bochum.

Arzberger, Heinz/Mayer, Thomas (2004): „Evaluation als integraler Bestandteil der HR-Arbeit. Integrierte Evaluation beteiligt die Akteure der Personal- und Organisationsentwicklung an der Auswertung ihres Handelns". Personalführung 3, S. 32-38.

Becker-Richter, Marion/Habel, Edna/Rinke, Berhard/Tegethoff, Hans Georg (2002): Evaluation von Studium und Lehre. Verfahren – Methoden – Erfahrungen, Opladen: Leske + Budrich.

Becker, Fred G. (2005): „Den Return on Development messen. Möglichkeiten und Grenzen der Evaluation". Personalführung 4, S. 48-53.

Bergemann, Britta/Bergemann, Niels (2003): „Ausbildung interkultureller Managementkompetenz an deutschen Hochschulen". In: Niels Bergemann (Hg.), Interkulturelles Management, Berlin/Heidelberg: Springer, S. 303-335.

Bertels, Ursula/Eylert, Sabine/Lütkes, Christiana/de Vries, Sandra (2004): Ethnologie in der Schule. Eine Studie zur Vermittlung interkultureller Kompetenz, Münster/New York: Waxmann.

Beywl, Wolfgang (2006): „Evaluationsmodelle und qualitative Methoden". In: Uwe Flick (Hg.), Qualitative Evaluationsforschung. Konzepte – Methoden –Umsetzungen, Reinbek bei Hamburg: Rowohlt, S. 92-116.

Beywl, Wolfgang/Schobert, Berthold (2000): Evaluation – Controlling – Qualitätsmanagement in der betrieblichen Weiterbildung, Bielefeld: Bertelsmann.

Blake, Brian F./Heslin, Richard (1983): „Evaluating cross-cultural training". In: Dan Landis/Richard W. Brislin (Hg.), Handbook of intercultural training, New York: Pergamon Press, S. 203-223.

Bohnsack, Ralf (2006): „Qualitative Evaluation und Handlungspraxis – Grundlagen dokumentarischer Evaluationsforschung". In: Uwe Flick (Hg.), Qualitative Evaluationsforschung. Konzepte – Methoden – Umsetzungen, Reinbek bei Hamburg: Rowohlt, S. 135-155.

Bohnsack, Ralf (2008): Rekonstruktive Sozialforschung. Einführung in qualitative Methoden, Opladen: Leske + Budrich.

Bolten, Jürgen (2000): „Interkultureller Trainingsbedarf aus der Perspektive der Problemerfahrungen entsandter Führungskräfte". In: Klaus Götz (Hg.), Interkulturelles Lernen, interkulturelles Training, München/Mehring: Hampp, S. 57-76.

Bortz, Jürgen/Döring, Nicola (2006): Forschungsmethoden und Evaluation für Human- und Sozialwissenschaftler, Berlin: Springer.

Brandt, Tasso (2007): „Sozialer Kontext der Evaluation". In: Reinhard Stockmann (Hg.), Handbuch zur Evaluation. Eine praktische Handlungsanleitung, Münster/New York: Waxmann, S. 164-194.

Chen, Guo-Ming/Starosta, William J. (1996): „Intercultural communication competence. A synthesis". Communication Yearbook 19, S. 353-383.

Cook, Thomas D./Campbell, Donald Thomas (1979): Quasi-experimentation. Design analysis issues for field settings, Chicago: Rand McNally.

Cronbach, Lee J. (1983): „Ninety-five-theses for reforming program evaluation". In: George F. Madaus/Michael Scriven/Daniel L. Stufflebeam (Hg.), Evaluation models. Viewpoints on educational and human services evaluation, Boston/MA: Kluwer-Nijhoff, S. 405-412.

Daumenlang, Konrad/Altstötter, Christine/Sourisseaux, Andreas (1999): „Evaluation". In: Erwin Roth/Heinz Holling (Hg.), Sozialwissenschaftliche Methoden, München/Wien: Oldenbourg, S. 702-713.

DeGEval – Deutsche Gesellschaft für Evaluation e.V. (Hg.) (2008): Standards für Evaluation, Köln: DeGEval.

Deller, Jürgen/Albrecht, Anne-Grit (2007): „Interkulturelle Eignungsdiagnostik". In: Jürgen Straub/Arne Weidemann/Doris Weidemann (Hg.), Handbuch interkulturelle Kommunikation und Kompetenz, Stuttgart/Metzler: Metzler, S. 741-754.

Deshpande, Satish P./Viswesvaran, Chockalingam (1992): „Is cross-cultural training of expatriate managers effective. A meta analysis". International Journal of Intercultural Relations 16 (3), S. 295-310.

Diekmann, Andreas (2007): Empirische Sozialforschung. Grundlagen, Methoden, Anwendungen, Reinbek bei Hamburg: Rowohlt.

Ehnert, Ina (2004): Die Effektivität von interkulturellen Trainings. Überblick über den aktuellen Forschungsstand, Hamburg: Kovac.

Ehnert, Ina (2007): „Evaluation." In: Jürgen Straub/Arne Weidemann/Doris Weidemann (Hg.), Handbuch interkulturelle Kommunikation und Kompetenz, Stuttgart/Weimar: Metzler, S. 439-450.

Fitzpatrick, Jody L./Sanders, James R./Worthen, Blaine R. (2004): Program evaluation. Alternative approaches and practical guidelines, Boston: Pearson.

Flick, Uwe (2004): Triangulation. Eine Einführung, Wiesbaden: VS.

Gannon, Martin J./Poon, June M.L. (1997): „Effects of alternative instructional approaches on cross-cultural training outcomes". International Journal of Intercultural Relations 21 (4), S. 429-446.

Hager, Willi/Patry, Jean-Luc/Brezing, Hermann (2000): Evaluation psychologischer Interventionsmaßnahmen. Standards und Kriterien. Ein Handbuch, Bern/Göttingen: Huber.

Hatry, Harry P./Newcomer, Kathryn E. (2004): „Pitfalls of evaluation". In: Joseph S. Wholey/Harry P. Hatry/Kathryn E. Newcomer (Hg.), Handbook of practical program evaluation, San Francisco, CA: Jossey-Bass, S. 547-570.

Hense, Jan (2006): Selbstevaluation. Erfolgsfaktoren und Wirkungen eines Ansatzes zur selbstbestimmten Qualitätsentwicklung im schulischen Bereich, Frankfurt/M. u.a.: Peter Lang.

Jenzer, Carlo (1992): „Wem nützt Evaluation – Wozu? Mit Beispielen aus dem Erfahrungshintergrund der Lehrplan- und Gesamtschulevaluation". In: Philipp Gonon (Hg.), Evaluation in der Berufsbildung, Aarau: Sauerländer, S. 13-30.

Joint Committee on Standards for Educational Evaluation (Hg.) (1999): Handbuch der Evaluationsstandards. Die Standards des Joint Committee on Standards for Educational Evaluation, Opladen: Leske + Budrich.

Kähler, Harro Dietrich (2006): „Barrieren der Selbstevaluation – und wie man sie umgehen, überwinden oder schleifen kann". Unsere Jugend 58 (1), S. 3-12.

Kardorff, Ernst von (2007): „Qualitative Evaluationsforschung". In: Uwe Flick/Ernst von Kardorff/Ines Steinke (Hg.), Qualitative Methoden. Ein Handbuch, Reinbek bei Hamburg: Rowohlt, S. 238-250.

Kealey, Daniel J./Protheroe, David R. (1996): „The effectiveness of cross-cultural training for expatriates. An assessment of the literature on the issue". International Journal of Intercultural Relations 20 (2), S. 141-165.

Kirk, Jerome/Miller, Marc L. (1986): Reliability and validity in qualitative research, Thousand Oaks u.a.: Sage.

Kirkpatrick, Donald L. (1979): „Techniques for evaluating training programs". Training and Development Journal 33 (6), S. 78-92.

Kochinka, Alexander/Werbik, Hans (2000): „Logische Propädeutik und Wissenschaftstheorie". In: Jürgen Straub/Wilhelm Kempf/Hans Werbik (Hg.),

Psychologie. Eine Einführung. Grundlagen, Methoden, Perspektiven, München: dtv, S. 42-67.

Kromrey, Helmut (1988): „Akzeptanz- und Begleitforschung. Methodische Ansätze, Möglichkeiten und Grenzen". Massacommunicatie 3, S. 221-242.

Kromrey, Helmut (2000): „Qualität und Evaluation im System Hochschule". In: Reinhard Stockmann (Hg.), Evaluationsforschung. Grundlagen und ausgewählte Forschungsfelder, Opladen: Leske + Budrich, S. 233-258.

Kvale, Steinar (1995): „Validierung. Von der Beobachtung zu Kommunikation und Handeln". In: Uwe Flick/Ernst von Kardorff/Heiner Keupp/Lutz von Rosenstiel/Stephan Wolff (Hg.), Handbuch qualitative Sozialforschung, Weinheim/Basel: PsychologieVerlagsUnion, S. 427-431.

Landis, Dan/Bennett, Janet M./Bennett, Milton J. (Hg.) (2004): Handbook of intercultural training, Thousand Oaks u.a.: Sage.

Leenen, Rainer (2007): „Interkulturelles Training. Psychologische und pädagogische Ansätze". In: Jürgen Straub/Arne Weidemann/Doris Weidemann (Hg.), Handbuch Interkulturelle Kommunikation und Kompetenz, Stuttgart/Weimar: Metzler, S. 773-784.

Mayer, Thomas (2002): I-Learning statt E-Learning: Ein integratives und universelles Modell für Lernsysteme jenseits von Schulbank und Seminarraum, Multimedia und Internet, Dissertation, Friedrich-Alexander Universität Erlangen-Nürnberg, http://www.opus.ub.uni-erlangen.de/opus/frontdoor.php?source_opus=13&la=de, 21.01.2010.

McDaniel, Clyde O./McDaniel, Nettie C./McDaniel, Anita K. (1988): „Transferability of multicultural education from training to practice". International Journal of Intercultural Relations 12 (1), S. 19-33.

Mendenhall, Mark E./Stahl, Günter K./Ehnert, Ina/Oddou, Gary/Osland, Joyce S./Kühlmann, Torsten M. (2004): „Evaluation studies of cross-cultural training programmes. A review of the literature from 1988 to 2000". In: Dan Landis/Janet M. Bennett/Milton J. Bennett (Hg.), Handbook of intercultural training, Thousand Oaks u.a.: Sage, S. 129-143.

Meyer, Wolfgang (2007): „Evaluationsdesigns". In: Reinhard Stockmann (Hg.), Handbuch zur Evaluation. Eine praktische Handlungsanleitung, Münster/New York: Waxmann, S. 143-163.

Morris, Mark A./Robie, Chet (2001): „A meta-analysis of the effects of cross-cultural training on expatriate performance and adjustment". International Journal of Training and Development 5 (2), S. 112-125.

Nentwig-Gesemann, Iris (2006): „Dokumentarische Evaluationsforschung". In: Uwe Flick (Hg.), Qualitative Evaluationsforschung. Konzepte – Methoden – Umsetzungen, Reinbek bei Hamburg: Rowohlt, S. 159-182.

Patton, Michael Quinn (2002): Qualitative Evaluation and Research Methods, Newbury Park u.a.: Sage.

Rathje, Stefanie (2006): „Interkulturelle Kompetenz. Zustand und Zukunft eines umstrittenen Konzepts". Zeitschrift für Interkulturellen Fremdsprachenunterricht 11 (3), http://zif.spz.tu-darmstadt.de/jg-11-3/beitrag/Rathje1.htm,
21.01.2010.

Rossi, Peter H./Freeman, Howard E. (1993): Evaluation. A systematic approach, Thousand Oaks u.a.: Sage.

Scriven, Michael (1991): Evaluation Thesaurus, Newbury Park/CA: Sage.

Spiel, Christiane (Hg.) (2001): Evaluation universitärer Lehre. Zwischen Qualitätsmanagement und Selbstzweck, Münster u.a.: Waxmann.

Stake, Robert E. (2004): Standards-based & responsive evaluation, Thousand
Oaks u.a.: Sage.

Steinke, Ines (2007): „Gütekriterien qualitativer Forschung". In: Uwe Flick/
Ernst von Kardorff/Ines Steinke (Hg.), Qualitative Forschung. Ein Handbuch, Reinbek bei Hamburg: Rowohlt, S. 319-331.

Stockmann, Reinhard (2006): Evaluation und Qualitätsentwicklung. Eine
Grundlage für wirkungsorientiertes Qualitätsmanagement, Münster u.a.:
Waxmann.

Straub, Jürgen (2007): „Kompetenz". In: Jürgen Straub/Arne Weidemann/
Doris Weidemann (Hg.), Handbuch interkulturelle Kommunikation und
Kompetenz, Stuttgart/Weimar: Metzler, S. 35-46.

Straub, Jürgen/Nothnagel, Steffi (2007): „Über das Studium interkultureller
Kommunikation und Kompetenz. Akademische Anforderungen und curri-
culare Ausbildung in einem interdisziplinären Master-Studiengang der
Universität Chemnitz". In: Matthias Otten/Alexander Scheitza/Andrea
Cnyrim (Hg.), Interkulturelle Kompetenz im Wandel. Bd. 2: Ausbildung,
Training und Beratung, Frankfurt/M./London: IKO Verlag, S. 215-244.

Stufflebeam, Daniel L. (2003): „Professional standards and principles of
evaluations". In: Thomas Kellaghan/Daniel L. Stufflebeam (Hg.), International handbook of educational evaluation. Part 1: Perspectives, Dord-
recht: Kluwer Academic Publishers, S. 279-302.

Tashakkori, Abbas/Teddlie, Charles (2003): „Major issues and controversies
in the use of mixed methods in the social and behavioral sciences". In:
Abbas Tashakkori/Charles Teddlie (Hg.), Handbook of mixed methods in
social & behavioral research, Thousand Oaks/CA: Sage, S. 3-50.

Thierau-Brunner, Heike/Stangel-Meseke, Martina/Wottawa, Heinrich (1999):
„Methoden der Evaluation von Personalentwicklungsmaßnahmen". In:
Karlheinz Sonntag (Hg.), Personalentwicklung in Organisationen. Psycho-
logische Grundlagen, Methoden und Strategien, Göttingen u.a.: Hogrefe,
S. 266-286.

Thomas, Alexander (2003): „Interkulturelle Kompetenz. Grundlagen, Probleme und Konzepte". 2. Aufl. Erwägen – Wissen – Ethik 14 (1), Stuttgart: Lucius & Lucius, S. 137-150.

Weidemann, Doris (2007): „Akkulturation und interkulturelles Lernen". In: Jürgen Straub/Arne Weidemann/Doris Weidemann (Hg.), Handbuch interkulturelle Kommunikation und Kompetenz, Stuttgart/Weimar: Metzler, S. 488-498.

Weidemann, Doris/Weidemann, Arne/Straub, Jürgen (2007): „Interkulturell ausgerichtete Studiengänge". In: Jürgen Straub/Arne Weidemann/Doris Weidemann (Hg.), Handbuch interkulturelle Kommunikation und Kompetenz, Stuttgart/Weimar: Metzler, S. 815-824.

Widmer, Thomas (2000): Qualität der Evaluation – Wenn Wissenschaft zur praktischen Kunst wird. In: Reinhard Stockmann (Hg.), Evaluationsforschung. Grundlagen und ausgewählte Forschungsfelder, Opladen: Leske+ Budrich, S. 77-102.

Will, Hermann/Winteler, Adolf/Krapp, Andreas (1987): „Von der Erfolgskontrolle zur Evaluation". In: dies. (Hg.), Evaluation in der betrieblichen Aus- und Weiterbildung, Heidelberg: Sauer, S. 11-42.

Wissenschaftsrat (2008): Empfehlungen zur Qualität von Lehre und Studium, vom 07.07.2008, Berlin, http://www.wissenschaftsrat.de/presse/hginfo_ 1408.pdf, 23.12.2009.

Wottawa, Heinrich/Thierau, Heike (2003): Lehrbuch Evaluation, Bern/Göttingen: Huber.

Autorinnen und Autoren

Arnold, Maik, Dipl.-Kfm., ist wissenschaftlicher Mitarbeiter der Professur für Interkulturelle Kommunikation an der Technischen Universität Chemnitz. Forschungsschwerpunkte: Interkulturelle Kommunikation und Kompetenz; (Religiöse) Identitätskonzepte; missionarisches Handeln und religiöses Erfahren im Schnittfeld zwischen Religions-, Sozial und Kulturwissenschaft; Evaluation interkultureller Trainings; Methodologie und Methodik interpretativer, qualitativer Sozial- und Biografieforschung. Kontakt: maik.arnold@phil.tu-chemnitz.de.

Bauer, Gerd Ulrich, Dr. phil., Akademischer Rat im Fachgebiet Interkulturelle Germanistik (Deutsch als Fremdsprache) der Universität Bayreuth. Forschungsschwerpunkte: Auswärtige Kultur- und Bildungspolitik, visuelle Anthropologie und ethnografischer Film, Kulturbegegnung und Austauschforschung, Kulturwissenschaften, kulturwissenschaftliche Fremdheitsforschung (Xenologie). Kontakt: gerd.ulrich.bauer@uni-bayreuth.de.

Bechtel, Mark, Dr. phil., ist wissenschaftlicher Mitarbeiter der Professur für Didaktik der romanischen Sprachen der Universität Bremen. Zurzeit vertritt er die Professur. Forschungsschwerpunkte: Interkulturelles Lernen beim Lehren und Lernen fremder Sprachen, Tandem, Aufgaben- und Kompetenzorientierung im Fremdsprachenunterricht. Kontakt: bechtel@uni-bremen.de.

Blüml, Frances, M.A., ist Mitarbeiterin im Bereich Quality Management & Program Delivery der Wirtschaftsuniversität Wien, Tätigkeitsschwerpunkte: Lehr-/Lernunterstützung und -entwicklung, Feedback und Evaluierungen, Auszeichnungen in der Lehre, Programmentwicklung. Ehem. wissenschaftliche Mitarbeiterin der Professur für Interkulturelle Kommunikation an der Technischen Universität Chemnitz. Kontakt: frances.blueml@wu-wien.ac.at.

Bolten, Jürgen, Prof. Dr., Universität Jena, Fachgebiet Interkulturelle Wirtschaftskommunikation. Forschungsschwerpunkte: Interkulturelle Personalentwicklung, Organisationskommunikation, Theorien interkulturellen Handelns, Interkulturelles Lernen via E-Learning, Kulturspezifik interkultureller Methoden. Kontakt: juergen.bolten@uni-jena.de.

Bredella, Lothar, Prof. em., an der Universität Gießen, an der er von 1975 bis 2004 den Lehrstuhl für Didaktik der englischen Sprache und Literatur am Institut für Anglistik innehatte. Forschungsschwerpunkte: Literaturtheorie und Literaturdidaktik, Didaktik des Fremdverstehens und des interkulturellen Verstehens, Entwicklung von Unterrichtsmethoden und Unterrichtsmaterialien. Kontakt: Lothar.Bredella@anglistik.uni-giessen.de.

Ehlich, Konrad, Prof. Dr. Dr. h. c., lehrte von 1992 bis 2007 – nach Professuren an der Universiteit van Tilburg (Niederlande) und der Universität Dortmund – als Leiter des Instituts für Deutsch als Fremdsprache/Transnationale Germanistik an der Ludwig-Maximilians-Universität München. Derzeit ist er als Honorarprofessor am Institut für Deutsche und Niederländische Philologie der Freien Universität Berlin tätig. Forschungsschwerpunkte: Allgemeine Sprachwissenschaft, linguistische Pragmatik, Diskurs- und Textlinguistik, Deutsch als Fremdsprache/Zweitsprache, institutionelle und interkulturelle Kommunikation, Wissenschaftskommunikation, gesprochene Sprache, Theorie der Schrift, Sprachsoziologie, Sprachpolitik und Hebraistik. Kontakt: konrad.ehlich@ehlich-berlin.de

Fetscher, Doris, Dr. phil., ist Professorin für Interkulturelles Training mit dem Schwerpunkt romanischer Kulturraum und International Business Administration an der Westsächsischen Hochschule Zwickau. Forschungsschwerpunkte: Interkulturelle Virtuelle Kommunikation, Kommunikationsanalyse, Interkulturelle Lehrforschung, Methoden und Evaluation Interkultureller Trainings mit dem Schwerpunkt Videoanalyse und Videofeedback. Beteiligung an der Erstellung von E-Learningkursen für die Virtuelle Hochschule Bayern und am Forschungsinstitut betriebliche Bildung (f-bb) der bayerischen Wirtschaft. Kontakt: doris.fetscher@fh-zwickau.de.

Gieselmann, Martin, Dr. phil., ist Geschäftsführer des Südasieninstituts (SAI) der Universität Heidelberg. Forschungsschwerpunkte: Zeitgenössischer chinesischer Film, experimentelles Theater in China, interkulturelles Theater, moderne chinesische Literatur, Filmhistoriografie, transkulturelle mediale und visuelle Theorie; regionale Schwerpunkte: Hongkong, Taiwan, Volksrepublik China. Kontakt: gieselmann@sai.uni-heidelberg.de.

Köhnen, Ralph, PD Dr. phil., Akademischer Rat am Germanistischen Institut der Ruhr-Universität Bochum. Forschungsschwerpunkte: Literatur-, Medien- und Kulturwissenschaften vom 17. Jahrhundert bis zur Gegenwart, Didaktik der Literatur, journalistische Arbeiten zur Gegenwartskunst. Kontakt: ralph.koehnen@rub.de.

Mayer, Thomas, Dr. phil., Dipl.-Psych., leitet ein Beratungsunternehmen für Qualifizierung und Personalentwicklung und hält Lehraufträge an der Georg-Simon-Ohm Hochschule Nürnberg sowie der Friedrich-Alexander-Universität Erlangen-Nürnberg. Tätigkeits- und Forschungsschwerpunkte: Qualifizierungskonzepte, Qualitätssicherung, Evaluation in Bildung und Personalentwicklung. Kontakt: thomas.mayer@my-conet.de

Murti, Kamakshi P., Ph.D., Professor em., lehrte bis 2009 Deutsch am Middlebury College, Vermont, USA, und ist Associate Director der German Summer School des Colleges. Sie hat über Kolonialismus im 19. Jahrhundert sowie über den postkolonialen Minderheiten-Diskurs in Deutschland publiziert. Forschungsschwerpunkte: Indienrezeption in Deutschland, Fremdwahrnehmung und Fremdenfeindlichkeit, Deliberative Dialogue. Kontakt: kmurti@middlebury.edu.

Nothnagel, Steffi, M.A., ist seit dem WS09/10 wissenschaftliche Mitarbeiterin an der Professur Erziehungswissenschaft an der Technischen Universität Chemnitz. Zuvor arbeitete sie dreieinhalb Jahre an der Professur für Interkulturelle Kommunikation in Chemnitz. Sie ist Mitglied im Fachbereit von AFS Interkulturelle Begegnungen e.V. Forschungsschwerpunkte: interkulturelles Lernen (Schüleraustausch, Auslandsstudium), Lehre interkultureller Kompetenz an Hochschulen, Methodologie und Methodik qualitativer/interpretativer Sozialforschung. Kontakt: steffi.nothnagel@phil.tu-chemnitz.de.

Oberlik, Nik, M.A., Projektleiter (2004-2008) bei „KUSTOS" (Kultur- und Studienorientierung für internationale Studierende) und NIKADU (Netzwerk Interkulturelle Kompetenz an deutschen Universitäten) (2007/2008). Er promoviert an der Humboldt-Universität zu Berlin zu Akkulturationsprozessen osteuropäischer Studierender. Forschungsschwerpunkte: Didaktik interkulturellen Handelns, Akkulturation, Internationale Hochschulforschung; regionale Schwerpunkte: Russland, Ukraine, Belarus. Kontakt: oberlik@web.de.

Otten, Matthias, Dr. phil., ist Professor für Politikwissenschaft und Interkulturelle Bildung an der Fachhochschule Köln Forschungsschwerpunkte: Interkulturelle Kommunikation, Migrationsforschung, Bildungs- und Organisationssoziologie, internationale Hochschulforschung und Methoden der Qualitativen Sozialforschung. Kontakt: matthias.otten@fh-koeln.de.

Rathje, Stefanie, Dr. phil., ist seit 2008 Professorin für Unternehmensführung und Kommunikation im Bereich Wirtschaftskommunikation an der HTW Berlin. Nach ihrer Tätigkeit als Unternehmensberaterin in einer internationalen Strategieberatung war sie zuvor Juniorprofessorin für Interkulturelle Wirtschaftskommunikation an der Friedrich-Schiller-Universität Jena. Forschungsschwerpunkte: Kulturtheorie, interkulturelle Unternehmensführung und Kommunikation, internationale Kooperationsgestaltung, interkulturelle Kompetenz. Kontakt: stefanie.rathje@htw-berlin.de.

Straub, Jürgen, Prof. Dr. phil., ist seit dem SS 2008 Inhaber des Lehrstuhls für Sozialtheorie und Sozialpsychologie an der Ruhr-Universität Bochum. Von 2002 bis 2008 war er Professor für Interkulturelle Kommunikation an der Technischen Universität Chemnitz. Forschungsschwerpunkte: Sozial- und Kulturpsychologie, interdisziplinäre Sozial- und Kulturtheorie/komparative Sozialforschung und Kulturanalyse; interkulturelle Kommunikation und Kompetenz; Gewalt in modernen Gesellschaften; Handlungstheorie, Identitätstheorie, Erzähltheorie, Gedächtnistheorie und Biografietheorie; Theorie, Methodologie und Methodik qualitativer/interpretativer Forschung. Kontakt: juergen.straub@rub.de.

Strohschneider, Stefan, Dr. phil., ist Professor für Interkulturelle Kommunikation an der Friedrich-Schiller-Universität Jena. Forschungsschwerpunkte: Entwicklung und Erprobung von Computersimulation für Teamtrainings, interkulturelle Teamarbeit und Emergency Management, kulturvergleichende Psychologie des Denkens und Problemlösens, interorganisationale Zusammenarbeit, Interesse an allen Fragen der Kulturanthropologie und Kulturgeschichte. Kontakt: stefan.strohschneider@uni-jena.de.

ten Thije, Jan D., Dr. phil., ist Senior lecturer/researcher an der Universität Utrecht, Niederlande. Zuvor lehrte er von 1996 bis 2002 als Hochschuldozent für Interkulturelle Kommunikation und Interkulturelles Training an der Technischen Universität Chemnitz. Forschungsschwerpunkte: rezeptive Mehrsprachigkeit, institutionelle und interkulturelle Diskurse; interkulturelle Mediation; interkulturelles Training in verschiedenen Organisationen; funktional-pragmatische Diskursanalyse. Kontakt: J.D.tenThije@uu.nl.

Thielmann, Winfried, Prof. Dr. phil. habil., ist Professor für Deutsch als Fremd- und Zweitsprache an der Technischen Universität Chemnitz. Forschungsschwerpunkte: Linguistik des Deutschen, Wissenschaftssprache (auch komparativ Deutsch/Englisch), Sprachtheorie, linguistisch basierte Wissenschaftstheorie, interkulturelle Kommunikation und die Didaktik des Deutschen als Fremdsprache. Kontakt: winfried.thielmann@phil.tu-chemnitz.de.

Thomas, Alexander, Dr. phil., Professor em. für Sozial- und Organisationspsychologie an der Universität Regensburg. Forschungsschwerpunkte: Handlungspsychologie, Psychologie interkulturellen Handelns, Kulturvergleichende Psychologie und Organisationspsychologie.
Kontakt: alexander.thomas@psychologie.uni-regensburg.de.

Utler, Astrid, Dipl.-Psych., Sprecherzieherin (univ.), promoviert am Lehrstuhl für Sozialtheorie und Sozialpsychologie an der Ruhr Universität Bochum. Forschungsschwerpunkte: Interkulturelles Training, Interkulturelle Psychologie, Migration und Intergruppenbeziehungen.
Kontakt: astrid.utler@gmx.de.

Volkmann, Laurenz, Dr. phil., ist Professor für Englische Fachdidaktik an der Friedrich-Schiller-Universität Jena. Forschungsschwerpunkte: Literatur- und kulturwissenschaftliche Fragestellungen, Interkulturelles Lernen, Kommunikationstheorien, Mediendidaktik, besonders: Kultur- und Literaturtheorie und unterrichtliche Praxis, William Shakespeare, Romandidaktik, Landes- und Kulturkunde der USA und der New English Cultures, Gender Studies und Fremdsprachenunterricht, Dramendidaktik, Vermittlung von „Popular Culture", Musikvideoclips, Kritik der visuellen oder digitalen Medien, Konversationsroutinen. Kontakt: l.volk@uni-jena.de.

Weidemann, Arne, Dipl.-Psych., ist wissenschaftlicher Mitarbeiter der Professur für Interkulturelle Kommunikation an der Technischen Universität Chemnitz. Von 2004 bis 2006 war er Assistent des Graduiertenkollegs „Interkulturelle Kommunikation – Interkulturelle Kompetenz" unter Leitung von Jürgen Straub und Jörn Rüsen. Forschungsschwerpunkte: Kulturpsychologie, Symbolic Action Theory (Ernst E. Boesch), Methodologie, Methoden und Lehre qualitativer Sozialforschung, Pragma-semantische Analyse, Repräsentation des Fremden, Tourismus; regionaler Schwerpunkt: Indien.
Kontakt: arne.weidemann@phil.tu-chemnitz.de.

Gert Jugert, Sevim Kabak, Peter Notz

Fit for Differences

Training interkultureller und sozialer Kompetenz für Jugendliche

Pädagogisches Training. 2006, 336 S. Manual mit Kopiervorlagen A4 im Ordner, € 76,- (2133-2)

In einer Welt, die sich auf Vernetzung und Internationalisierung hin entwickelt, stellt sich den Menschen die Aufgabe, die kognitiven und emotionalen Barrieren abzutragen und gegenseitiges Annehmen und Verstehen zu üben. An dieser Stelle setzt dieses interkulturelle und soziale Training an. Zielgruppe sind dreizehn- bis achtzehnjährige Jugendliche jedweder Nationalität, Kultur und Religion.

Der Abbau von fremdenfeindlichen Einstellungen und die Entwicklung und Weiterentwicklung interkultureller (Handlungs-) Kompetenzen sind das Hauptziel des Programms. Zugleich soll es die allgemeine soziale Kompetenz der Jugendlichen fördern, weil sie als Basis für den Aufbau interkultureller Kompetenz zu gelten hat. Mit der Förderung sozialer Kompetenz geht die Entwicklung von Arbeitsverhalten und anderen beruflichen Schlüsselqualifikationen einher.

Das Trainingsmanual beschreibt neben den theoretischen Grundlagen und den eingesetzten Methoden angemessenes TrainerInnenverhalten und die erforderlichen Rahmenbedingungen. Zudem werden die Ergebnisse der Evaluation dargestellt. Der Hauptteil bietet in 17 Modulen detailliert ausgearbeitete Trainingsvorschläge und Arbeitsblätter zur Förderung interkultureller und sozialer Kompetenz.

Mehr Info im Internet: http:///www.juventa.de

Juventa Verlag, Ehretstraße 3, D-69469 Weinheim

Sabine Handschuck, Willy Klawe

Interkulturelle Verständigung in der Sozialen Arbeit

Ein Erfahrungs-, Lern- und Übungsprogramm zum Erwerb interkultureller Kompetenz

Pädagogisches Training. 2. Auflage 2006, 400 S. Manual mit Kopiervorlagen, € 68,00 (0376-5)

In dem Band wird zunächst grundsätzlich und allgemein ausgeführt, welche gesellschaftlichen Prozesse dazu führen, dass Interkulturalität auch langfristig gesellschaftliche Realität bleiben wird und welche Herausforderungen sich daraus für die Soziale Arbeit ergeben. Ausführlich und differenziert wird hergeleitet, welche Kompetenzen für professionelle Akteure erforderlich sind, um diesen Herausforderungen angemessen zu begegnen, und wie diese zu vermitteln sind.

Der Hauptteil des Materials ist ein Erfahrungs-, Lern- und Übungsbaukasten. Er enthält die einzelnen Bausteine zum Erwerb der für eine erfolgreiche interkulturelle Verständigung erforderlichen Kompetenzen. Hier werden die einzelnen Übungen methodisch erläutert, die erforderlichen Arbeitsmaterialien vorgestellt und Anwendungsvariationen praxisbezogen diskutiert. Das Material ist ein anregender, praxisbezogener und anspruchsvoller Leitfaden.

JUVENTA

Kultur und soziale Praxis

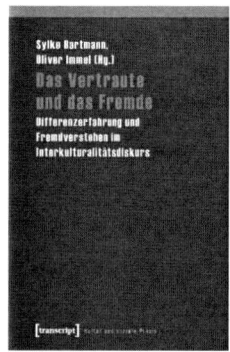

SYLKE BARTMANN, OLIVER IMMEL (HG.)
Das Vertraute und das Fremde
Differenzerfahrung und Fremdverstehen
im Interkulturalitätsdiskurs

Juni 2010, ca. 240 Seiten, kart., ca. 29,80 €,
ISBN 978-3-8376-1292-9

GABRIELE CAPPAI, SHINGO SHIMADA,
JÜRGEN STRAUB (HG.)
Interpretative Sozialforschung und Kulturanalyse
Hermeneutik und die komparative Analyse
kulturellen Handelns

Juni 2010, ca. 280 Seiten, kart., ca. 27,80 €,
ISBN 978-3-89942-793-6

ÖZKAN EZLI (HG.)
Kultur als Ereignis
Fatih Akins Film »Auf der anderen Seite«
als transkulturelle Narration

August 2010, ca. 150 Seiten, kart., ca. 22,80 €,
ISBN 978-3-8376-1386-5

Leseproben, weitere Informationen und Bestellmöglichkeiten
finden Sie unter www.transcript-verlag.de

Kultur und soziale Praxis

JÖRG GERTEL
Globalisierte Nahrungskrisen
Bruchzone Kairo

Juli 2010, ca. 450 Seiten, kart., ca. 35,80 €,
ISBN 978-3-8376-1114-4

SABINE HESS, JANA BINDER,
JOHANNES MOSER (HG.)
No integration?!
Kulturwissenschaftliche Beiträge
zur Integrationsdebatte in Europa

2009, 246 Seiten, kart., 24,80 €,
ISBN 978-3-89942-890-2

DORIS WEIDEMANN, JINFU TAN
Fit für Studium und Praktikum in China
Ein interkulturelles Trainingsprogramm

Juli 2010, ca. 200 Seiten, kart., ca. 16,80 €,
ISBN 978-3-8376-1465-7

**Leseproben, weitere Informationen und Bestellmöglichkeiten
finden Sie unter www.transcript-verlag.de**

Kultur und soziale Praxis

IMAN ATTIA
Die »westliche Kultur«
und ihr Anderes
Zur Dekonstruktion
von Orientalismus und
antimuslimischem Rassismus
2009, 186 Seiten, kart., 21,80 €,
ISBN 978-3-8376-1081-9

JUTTA AUMÜLLER
Assimilation
Kontroversen um ein
migrationspolitisches Konzept
2009, 278 Seiten, kart., 28,80 €,
ISBN 978-3-8376-1236-3

AIDA BOSCH
Konsum und Exklusion
Eine Kultursoziologie der Dinge
Januar 2010, 504 Seiten, kart.,
zahlr. farb. Abb., 33,80 €,
ISBN 978-3-8376-1326-1

ANNE BRODEN, PAUL MECHERIL (HG.)
Rassismus bildet
Bildungswissenschaftliche
Beiträge zu Normalisierung
und Subjektivierung in der
Migrationsgesellschaft
Mai 2010, 294 Seiten, kart., ca. 28,80 €,
ISBN 978-3-8376-1456-5

LUCYNA DAROWSKA,
THOMAS LÜTTENBERG,
CLAUDIA MACHOLD (HG.)
Hochschule als trans-
kultureller Raum?
Kultur, Bildung und Differenz
in der Universität
Juni 2010, ca. 146 Seiten, kart., ca. 19,80 €,
ISBN 978-3-8376-1375-9

KATHRIN DÜSENER
Integration durch Engagement?
Migrantinnen und Migranten
auf der Suche nach Inklusion
Januar 2010, 290 Seiten,
kart., zahlr. Abb., 29,80 €,
ISBN 978-3-8376-1188-5

JÖRG GERTEL, INGO BREUER (HG.)
Alltags-Mobilitäten
Aufbruch marokkanischer
Lebenswelten
Juni 2010, ca. 350 Seiten,
kart., zahlr. Abb., ca. 29,80 €,
ISBN 978-3-89942-928-2

MARTINA GRIMMIG
Goldene Tropen
Zur Koproduktion natürlicher
Ressourcen und kultureller
Differenz in Guayana
September 2010, ca. 320 Seiten,
kart., ca. 34,80 €,
ISBN 978-3-89942-751-6

HANS-WALTER SCHMUHL (HG.)
Kulturrelativismus und
Antirassismus
Der Anthropologe Franz Boas
(1858-1942)
2009, 350 Seiten, kart.,
inkl. Begleit-CD-ROM, 34,80 €,
ISBN 978-3-8376-1071-0

TOBIAS SCHWARZ
Bedrohung, Gastrecht,
Integrationspflicht
Differenzkonstruktionen im
deutschen Ausweisungsdiskurs
April 2010, 314 Seiten,
kart., 29,80 €,
ISBN 978-3-8376-1439-8

Leseproben, weitere Informationen und Bestellmöglichkeiten
finden Sie unter www.transcript-verlag.de